民国卢龙县志校注

周艳清◎主编

李利锋◎校注

光明日报出版社

图书在版编目（CIP）数据

民国卢龙县志校注 ／ 周艳清主编 . -- 北京：光明
日报出版社，2018.12

ISBN 978 - 7 - 5194 - 4351 - 1

Ⅰ . ①民… Ⅱ . ①周… Ⅲ . ①卢龙县—地方志—注释
—民国 Ⅳ . ①K292. 24

中国版本图书馆 CIP 数据核字（2018）第 281767 号

民国卢龙县志校注

MINGUO LULONG XIANZHI JIAOZHU

主　　编：周艳清	校　　注：李利锋
责任编辑：陆希宇	责任校对：赵鸣鸣
封面设计：中联学林	责任印制：曹　诤

出版发行：光明日报出版社

地　　址：北京市西城区永安路 106 号，100050

电　　话：010 - 63131930（邮购）

传　　真：010 - 67078227，67078255

网　　址：http：//book. gmw. cn

E - mail：luxiyu@ gmw. cn

法律顾问：北京德恒律师事务所龚柳方律师

印　　刷：三河市华东印刷有限公司

装　　订：三河市华东印刷有限公司

本书如有破损、缺页、装订错误，请与本社联系调换，电话：010 - 67019571

开　　本：185mm×260mm

字　　数：868 千字　　　　　　印　　张：42.5

版　　次：2019 年 1 月第 1 版　　印　　次：2019 年 1 月第 1 次印刷

书　　号：ISBN 978 - 7 - 5194 - 4351 - 1

定　　价：165. 00 元

《民国卢龙县志校注》编辑委员会

民国二十年《卢龙县志》书影

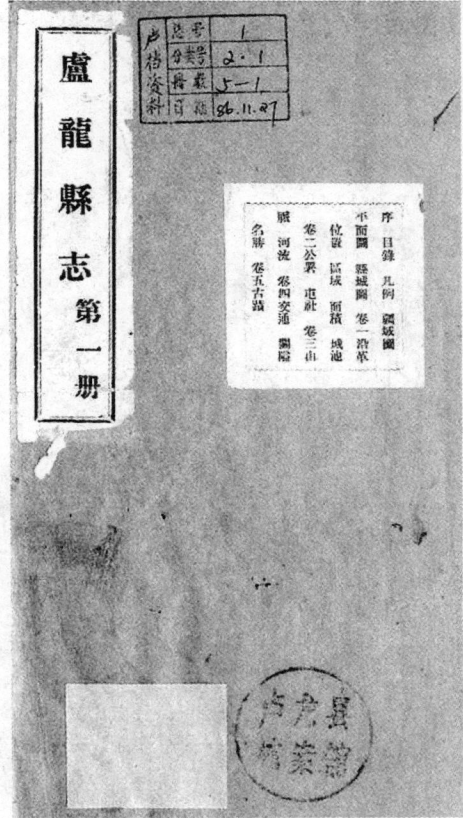

民国二十年《卢龙县志》书影

清光绪三十年手绘直隶永平府全图

民国二十年《卢龙县志》卢龙县疆域图

清光绪五年《永平府志》卢龙县疆域图

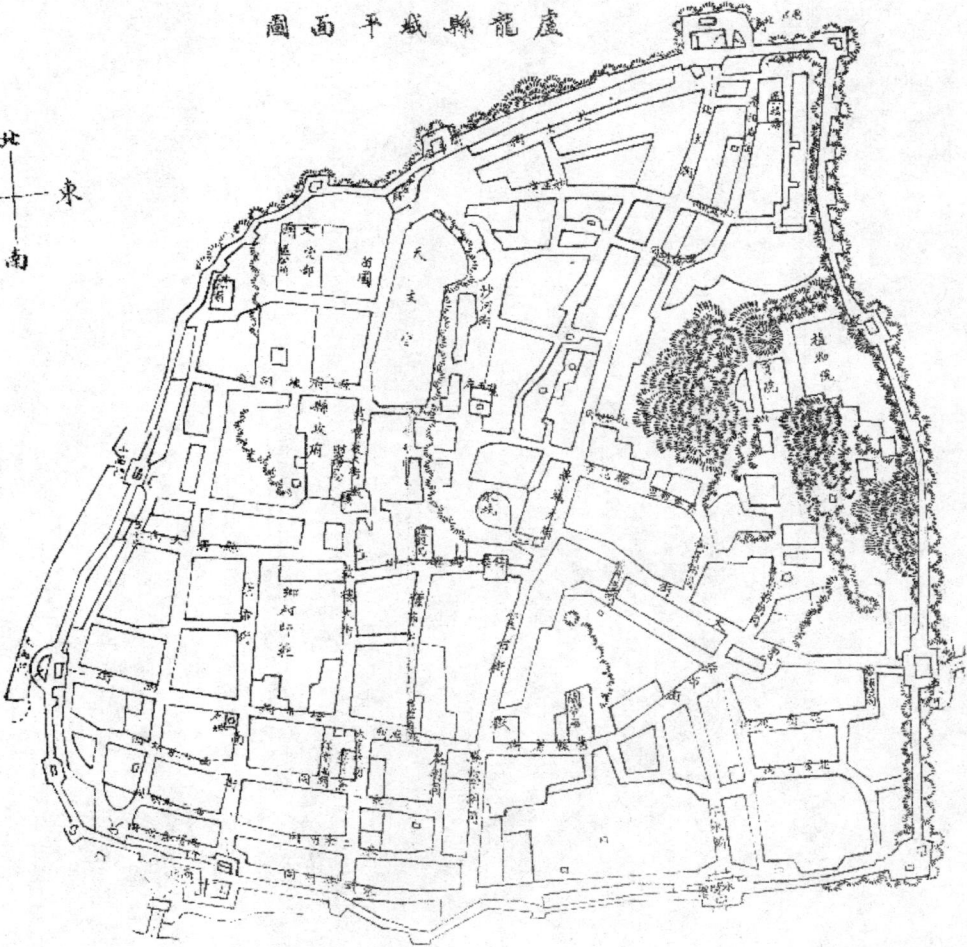

民国二十年《卢龙县志》卢龙县城平面图

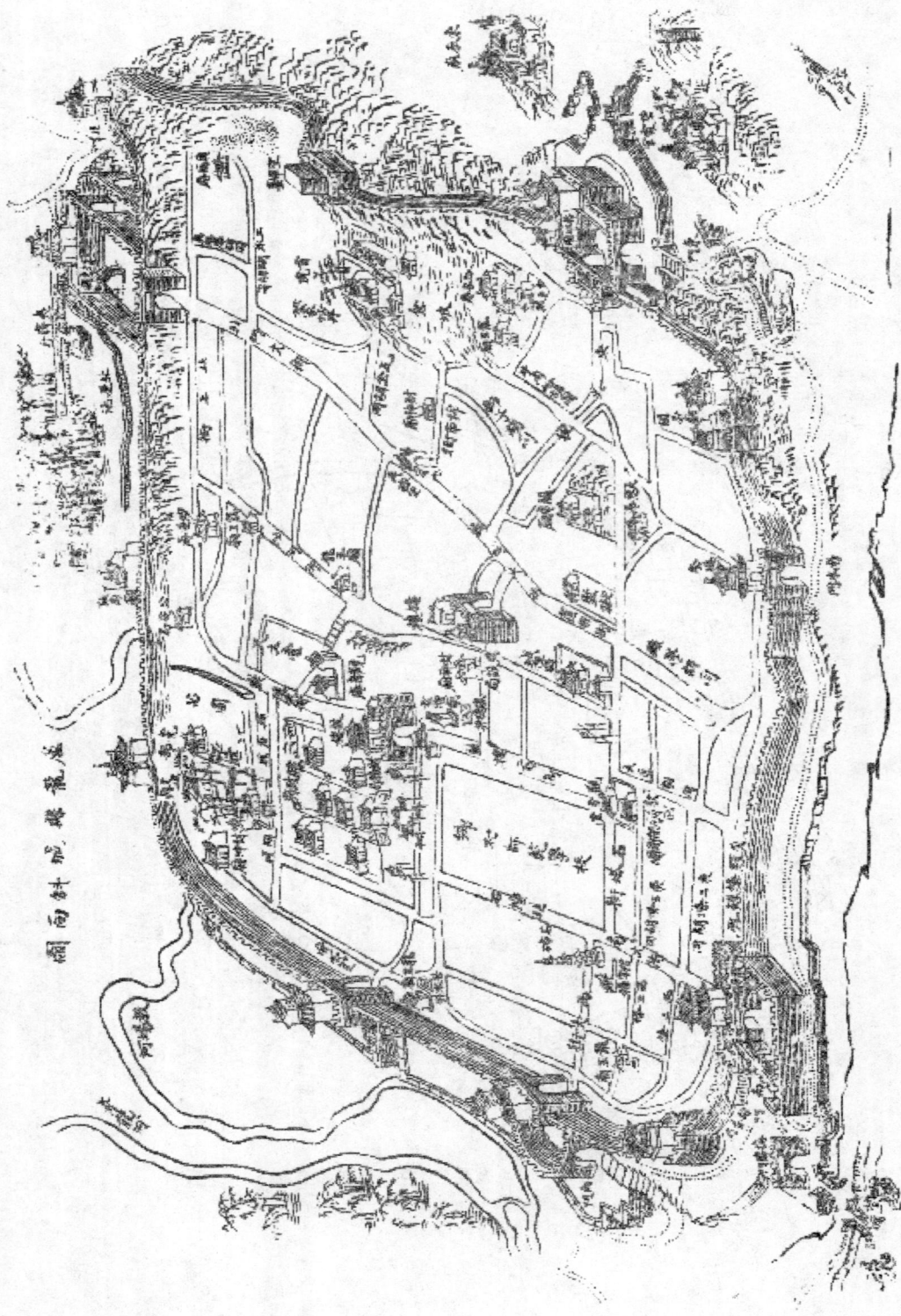

民国二十年《卢龙县志》卢龙县城斜面图

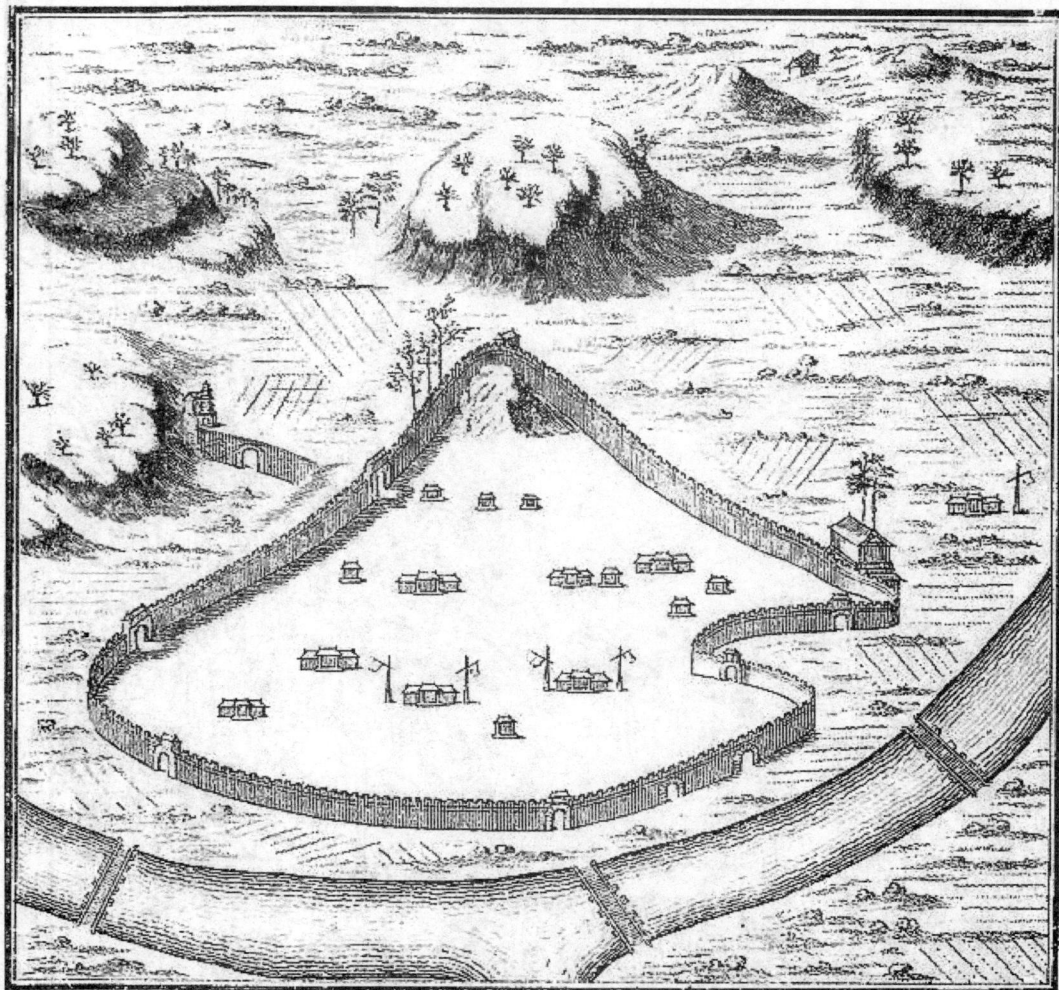

1735 年（清雍正十三年）法国人杜赫德（Jean Baptiste Du Halde）编纂出版的《中华帝国全志》（Description De La Chine）中永平府城地形图

伯夷、叔齐叩马而谏图　　（日）冈田玉山编绘《唐土名胜图会》

李广射虎石　（日）冈田玉山编绘《唐土名胜图会》(1805 年)

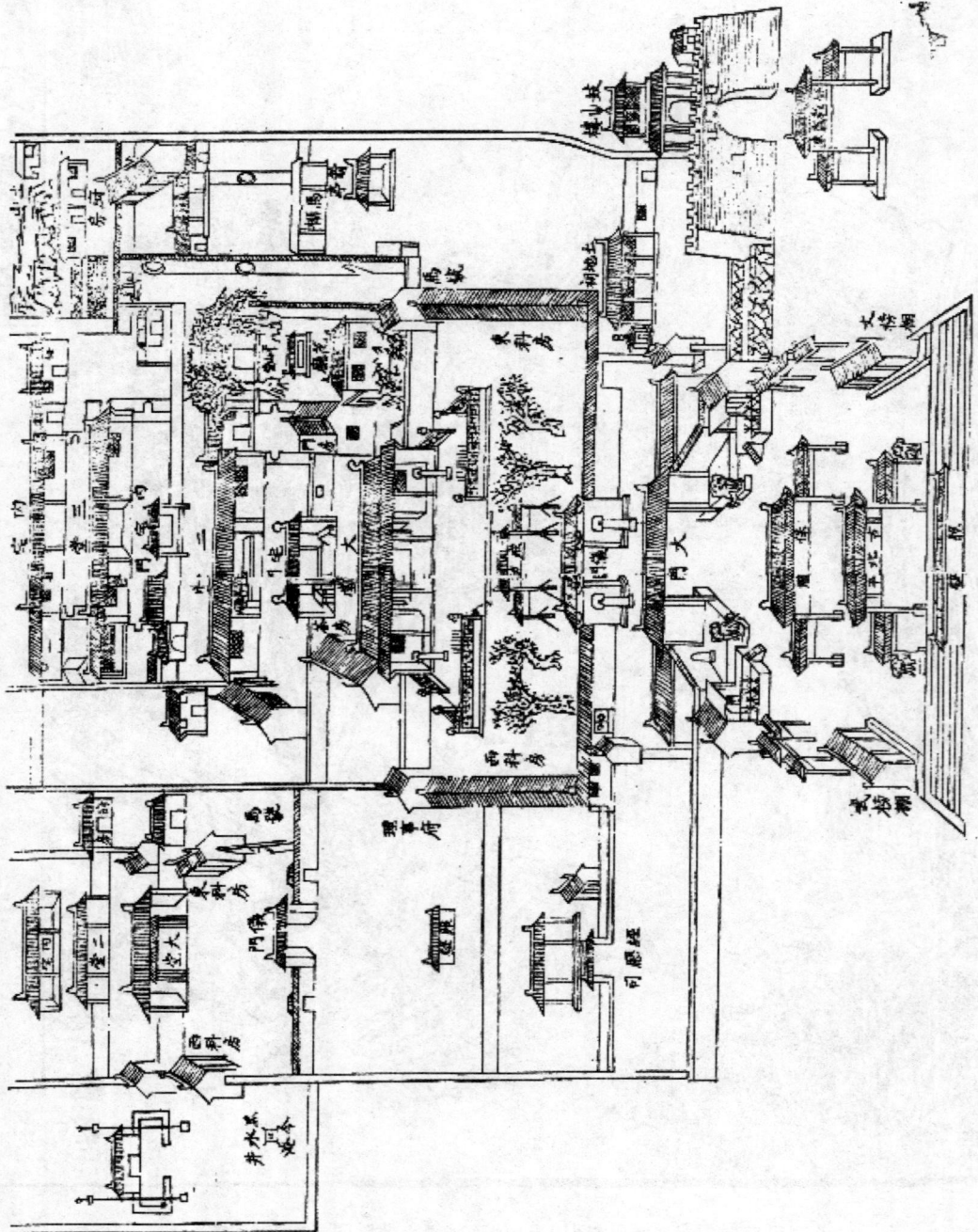

永平府治图

清光绪五年《永平府志》

永平府学宫图

清光绪五年《永平府志》

燕河营城图　清光绪五年《永平府志》

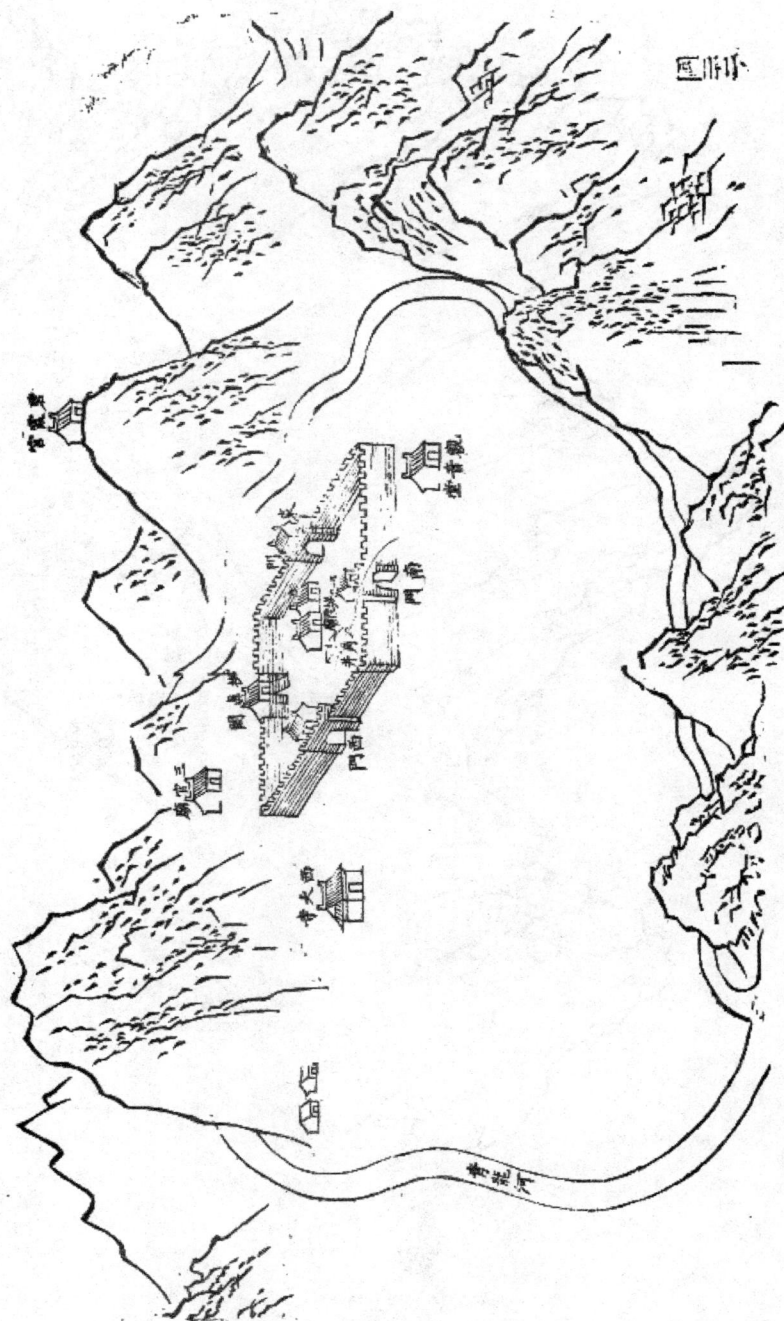

桃林营城图　清光绪五年《永平府志》

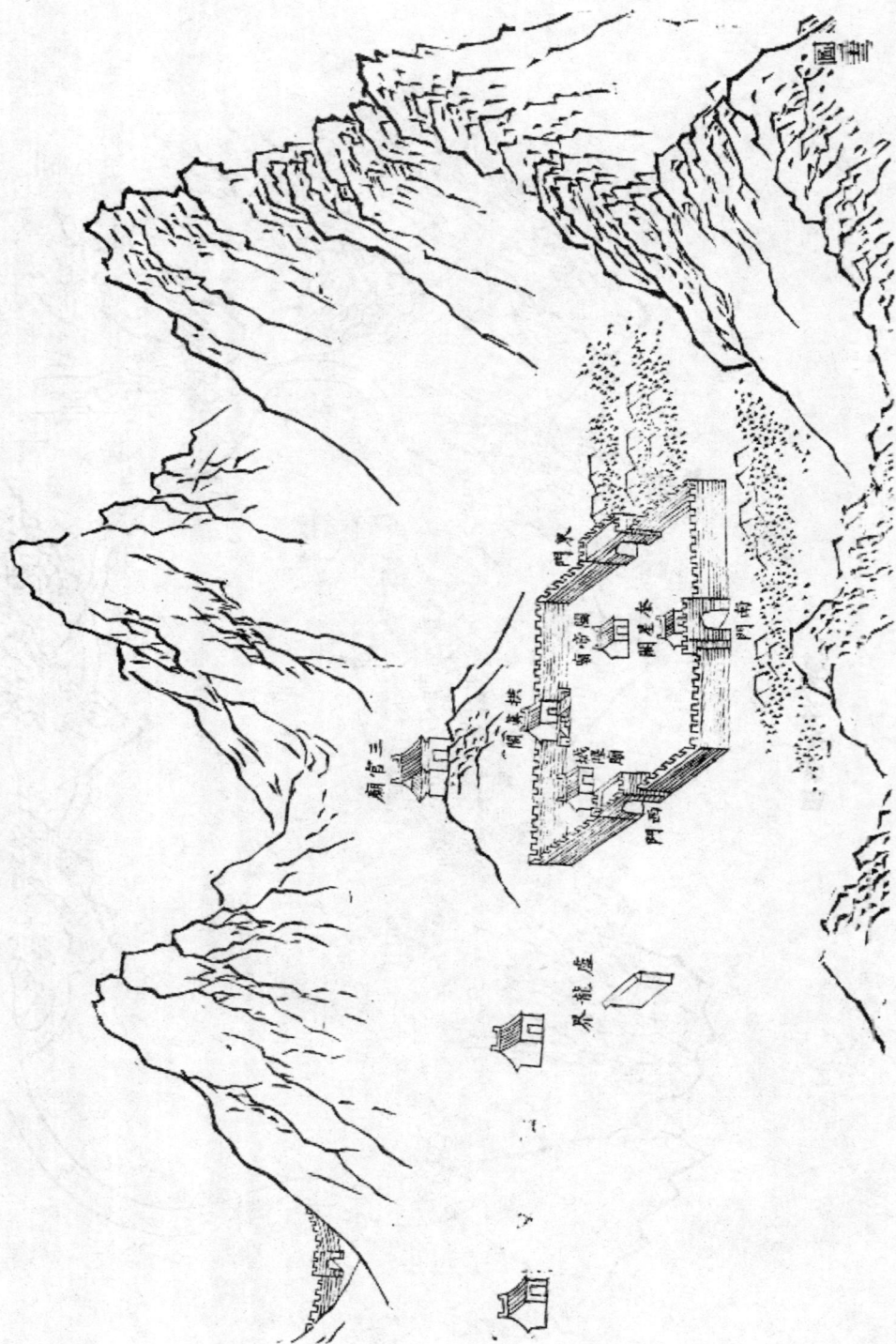

刘家营城图

清光绪五年《永平府志》

民国二十年《卢龙县志》卢龙县衙

民国二十年《卢龙县志》文庙

民国二十年《卢龙县志》府圣庙

民国二十年《卢龙县志》大佛顶尊胜陀罗尼经幢

民国二十年《卢龙县志》雪峰寺

民国二十年《卢龙县志》虎头石

孤竹城清节祠图 明万历二十八年白瑜著《夷齐志》

民国二十年《卢龙县志》夷齐庙

TEMPLE TO GOD OF AGRICULTURE, YUNG P'ING FU.

1904~1906 年永平府夷齐庙，Tramps in Dark Mongolia（《在黑暗的蒙古旅行》），英国传教士约翰·亨利（**John Hedley**）著，1910 年伦敦出版

民国时期永平府夷齐庙盘龙松（国家图书馆藏）

民国时期夷齐庙后清风台

民国时期夷齐庙清风台后滦河捕鱼

1904～1906 年永平府城钟楼 上匾"明远楼" 下匾"声教畿东" Tramps in Dark Mongolia（《在黑暗的蒙古旅行》），英国传教士约翰·亨利（John Hedley）著，1910 年伦敦出版

原永平府城南门"推车换伞"石刻，后挪西门

Kathedraal en Seminarie.

清末永平府天主教堂

清光绪九年探花、永平府知府管廷献

清光绪二十八年永平府知府管廷献题"永平府中学堂"匾额（今藏于唐山市一中）

1900 年永平府义和团

民国二十年《卢龙县志》蔡家坟

清末蔡家坟明信片（蔡士英、蔡毓荣父子墓区）

总督蔡士英画像

伯夷列傳第一

史記六十一

夫學者載籍極博，猶考信於六蓺。詩書雖缺，然虞夏之文可知也。

聖清廟記

欽定四庫全書

石田文集　卷八

大元建國全燕以御華夏，永平為甸服股肱之郡。至元十有八年，世祖皇帝甫平江南五歲矣，即裹干戈，放馬牛而不用，大名儒修禮樂之事，敕有司咸秩無文。于是永平郡臣以其邦為孤竹舊壤，伯夷叔齊兄弟讓國之所逃者也，列文以請，大臣以聞。上曰：其命代言為書，命以襃之，謚曰清惠。于今又五十年矣，郡臣前後凡不計幾人，漫不茲省。某年某官等乃狀上尚書曰：郡境廟象清惠仁惠之神，歲無牲牢，祭品不備，領祠無官。尚書秩宗伯禮有儀，謹以告。其日會太常議制，白丞相

27

明汲古阁刊本《汉书》

蔡寅封肥如侯

北宋沈括《梦溪笔谈》

元大德九年刻本

28

孟子曰伯夷非其君不事非其友不友
不立於惡人之朝不與惡人言立於惡
人之朝與惡人言如以朝衣朝冠坐於
塗炭推惡惡之心思與鄉人立其冠不
正望望然去之若將浼焉是故諸侯雖
有善其辭命而至者不受也不受也者
是亦不屑就已、

南宋朱熹注《孟子》

明汲古閣刊本
《隋書·地理志》
北平郡盧龍縣

骨軍幽州東節度使符存審遣人出戰敗之擒其將裴

命堯骨攻幽州迭剌部夷离堇覿烈狪山西地庚申堯

其事夏四月已酉梁遣使來聘吳越王遣使來貢癸丑

誅其黨三百人沉之狗河置奚墮瑰部以勃魯恩權總

使三月戊寅軍于箭笴山討叛奚胡損獲之射以鬼箭

禪將張崇二月如平州甲子以平州爲盧龍軍置節度

二年春正月丙申大元帥堯骨克平州獲刺史趙思溫

薊北

之十一月壬寅命皇子堯骨爲天下兵馬大元帥畧地

南院夷离堇詔分北大濃兀爲二部立兩節度使以統

三十一年西伯治兵于畢得呂尚以爲師

三十年春三月西伯率諸侯入貢

二十九年釋西伯諸侯逆西伯歸于程

二十三年囚西伯于羑里

二十二年冬大蒐于渭

竹歸于周

二十一年春正月諸侯朝周○伯夷叔齊自孤

十七年西伯伐翟○冬王遊於洪

十年夏六月王畋于西郊

30

上詔授虎符者入覲千戶以下並從行省授官丙戌揚
州行省上將校軍功凡百三十四人授官有差丙申從
播州安撫楊邦憲請以鼎山仍隸播州庚子敕長春宮
修金籙大醮七晝夜丙午禁玉泉山樵採漁弋戊申以
叙州等處禿老蠻殺使臣撒里蠻命發兵討之封伯夷
為昭義清惠公叔齊為崇讓仁惠公以十六年曆日賜

《元史·世祖本纪》

至元十五年十二月，诏封伯夷、叔齐

吏部尚書趙挺之為尚書右丞六月已丑祔欽成皇后
神主于太廟壬辰減西京河陽鄭州四罪一等民緣山
陵役者蠲其賦癸卯詔六曹尚書有事奏陳許獨員上
殿已酉太白晝見壬子改渝州為恭州癸丑詔倣唐六
典修神宗所定官制封伯夷為清惠侯叔齊為仁惠侯

《宋史·徽宗本纪》

诏封伯夷、叔齐

太祖高皇帝實錄卷之四十三

洪武二年六月癸亥朔○甲子賜國子生夏衣○直天平千戶

沂時隨丁壕土蕭率帥師降遂置千戶所以頓為千戶○直平

陽衛○寧州父老詣大將軍徐達降達遣指揮吳宏往撫諭之

并據俺卯州等處○乙丑以元分省叅政崔文耀署平濼府事

文耀先守平濼以其州縣來降故有是命○丙寅功臣廟成命

明太祖實錄　卷六二

二

之等從之○壬寅皇第十一子椿生惠妃郭氏出也○陝西延

安府膚施縣以旱聞詔免其田租二萬八千二百餘石○改北

平平濼府為永平府○　上以兵革之後中原民多流亡臨濠

《明太祖实录》洪武二年六月置平滦府，洪武四年三月改称永平府。

夷齊廟 并序

永平府治西古孤竹城夷齊廟在焉灤水經其前清
風臺峙其後倚巖俯流足以登眺夫夷齊孤竹君之
二子也能讓侯封不食周粟採薇首陽山獨行其志
孟子以聖之清稱之盖人惟能立節自可垂名夷齊
之去國潔身不求人知而廟貌千古迄今猶存吁造
詣其可忽乎哉

灤河水清駛荒山屹然峙上有孤竹城亂石半傾圮堂
庶幾具觀廟貌亦儼爾緬惟商代末天下漸披靡兹地
實藩封人民差可恃兄弟以義讓富貴如敝屣叩馬諫
周王數語昭青史遺跡首陽山薇蕨何其美萬載挹高

康熙皇帝御制
《夷齐庙诗》

夷齊廟

御製詩四集《卷一百》

墨胎或謂夷齊姓劬 應謂夷之君姓然 司馬貞史

初宗隱云孤竹君是殷湯所封夷齊之父名
字子朝伯夷名允字公信叔齊名智字公
其達民非其墨胎氏之國君姓以泥塑像為是墨胎夷齊乃
戌註姜女祠云
曾註明其詩

千古氏誰能辨實二人行果足
稱賢頑夫廉以懦夫立公信原魴公達傳古
廟辦香仍下拜清風颯颯起遙天

乾隆皇帝御制
《夷齐庙诗》

33

清乾隆二十八年蘅塘退士孙洙编
选的《唐诗三百首》

清道光二十二年(1842年)文锦堂刊印的
《唐诗三百首注疏》

染莊社記契丹時遼興軍風堯者行貨路收一卵
儀歸置錦囊繫臍不月餘出蛇如簪飼之以肉漸長
盈丈圍將尺許乃縱之野任其自食嘗命以名曰於
雅撫首示不忍別雅如人戀戀然但不能言而去後
數歲益大始食野禽繼而噬知其必雅乃應
於契丹榜募能捕者堯知其舊而
呼其名而至敘故舊而數其罪蛇俛首伏誅血流及
近村土石悉染紅而莊老以堯能施恩除害
而祀之雅能知恩服罪而配焉是歲里人修祠落之
記其歲月金至窜元年仲秋辛卯興平路猛安蒲察
孟里記或以雅知罪伏辜堯憐而葬之而以昌黎古
蹟城西北三十里蛇皮王墓是雅之葬處也殊謬

清光绪五年《永平府志》染庄社记

染莊蛇

余輯遼詩話遍閱十六州志乘無足採者即遼時事
迹亦甚寥寥惟永平府志所載昌黎染莊社記最為
竒異埏入齊諧之志幾同海棠之談覺生義而未
仁不足專美矣因作絕句詠之云國土醉知已由來
未足誇報恩拼一死不見染莊蛇
契丹時遼興軍風堯者行貨路收一卵於籃歸
置錦囊繫臍下月餘出蛇雖傾篋居之而力
不能任矣乃縱之於斷任其自食嘗命以名曰
雅撫首似不忍別雅如人戀戀然但不能言而
去數歲益大始食野禽繼而噬人有司制之無

遼詩話卷下

策乃聞於契丹榜募能捕者堯知其必雅乃應
募而抵於處呼其名而至敘故舊而數其罪蛇
遂俛首伏誅其血流及近村土石悉染紅而莊
以名莊老以堯能施恩除害成記其歲月金
服罪而配焉是歲里人修祠落之雅能知恩
至窜元年仲秋辛卯興平路猛安蒲察孟里記
染莊社記 案風堯姓名甚奇其字頗金國書
不可識又疑風卽風通志氏族略風作古
堯字元有此姓堯疑為
風字之譌未知是否

清周春辑《辽诗话》染庄蛇

中国近代地理学家白眉初

白眉初著《最新物质建设精解》

卢龙城内陀罗尼经幢　2011 年

卢龙古城南门　2011 年

卢龙古城西门　2011 年

卢龙古城西门内门　2011 年

清福建总督郎廷佐墓　2011 年

目 录
CONTENTS

弘扬悠久文化　铸就发展之魂

卢龙是河北省为数不多的"千年古县"。3600 年前,商王成汤灭夏桀后,封墨胎氏孤竹国于此。1972 年,在东阚各庄发现一座商代晚期墓葬,出土饕餮纹铜鼎、乳钉纹铜簋、铜弓形器和金臂钏各一件,带有典型的商文化元素,反映出孤竹侯国与商王朝的密切关系。周惠王十三年(公元前 664 年),孤竹国为齐桓公所灭,其地属燕国。孤竹国存续了近千年,形成了独特的地域文化——孤竹文化。周景王十五年(公元前 530 年),晋灭肥,肥子奔燕,燕封肥子国于此。西汉高祖六年(公元前 201 年),封车骑将军蔡寅为肥如侯于此,传三代,嗣绝国除。汉景帝后元三年(公元前 141 年)改置肥如县。北魏延和二年(433 年),太武帝拓跋焘征讨和龙(今辽宁朝阳一带),徙辽东新昌(在今辽宁海城市一带)民,于今卢龙县城侨置新昌县。隋开皇六年(586 年),省肥如,入新昌。开皇十八年(598 年)改新昌为卢龙县,相沿至今。

历史上,卢龙地区始终是京东地区政治、军事、经济、文化中心。商周时期,卢龙是孤竹国的核心区域。北魏时期,肥如县为平州州治、辽西郡治。隋唐时期,卢龙为平州州治、北平郡治。唐朝天宝二年(743 年)置卢龙军于此。隋炀帝、唐太宗东征高丽,过往于此。辽代为平州州治,置辽兴军。金代仍为平州州治,置兴平军。元代为永平路治所,直隶中书省。明清为永平府治。明朝为边关重镇,清代为"两京孔道",帝王大臣、戍边将士、地方官吏、文人雅士屡有抵足,留下了宸翰华章。

悠久的历史,厚重的文化积淀,赋予卢龙无穷的魅力。"老马识途""精诚所至,金石为开"故事就发生在这片古老的大地上。唐太宗的《于北平作》一诗讴歌了卢龙的美好景色,高适的《燕歌行》描述了边塞征战之苦。明代王世贞,朝鲜使臣柳梦寅,清初顾炎武、魏象枢、陈廷敬等先后抵达永平,写下鸿篇巨制。卢龙古"八景"(漆流带玉、阳山列屏、虎头唤渡、雪岛闻钟、万柳含烟、千松积翠、钓台月白、孤竹风清),既是自然风光的精准描述,又是人文精神的高度浓缩。在漫长的岁月里,勤劳智慧的卢龙人民创造了很多的奇迹。创建于唐朝、重修于金代的尊胜陀罗尼经幢保存至今,令人叹为观止。素有"月牙城"之称的平州古城"三山不见,四门不对",见证了不同时期城市发展的历程,体现出古人的独具匠心。卢龙古城四门皆有传说,东门"金鸡叫",西门"牛虎斗",南门"推车换伞",北门"铁棒锤",源远流长,寓意深刻,趣味隽永,特别是"推车换伞"故事表达了民众对循吏的追思和期盼。

　　卢龙大地名人辈出、人文荟萃、流芳后世。伯夷、叔齐的清风高节令孔孟钦佩称道,视为儒家的道德楷模,司马迁将伯夷作为《史记》列传之首,其影响不仅在中国,而且扩展到东南亚,乃至世界。唐朝魏博节度使田弘正坚守臣节,以民族大义为重,至今为人称道。明代韩应庚为官直言敢谏,执法无私,居乡屡行善事,邑人受其惠,怀其德。清初川陕总督孟乔芳精忠报国,卫戍边疆,鞠躬尽瘁。清初兵备道宋琬、推官尤侗曾经在卢龙这片热土上挥毫泼墨,抒发家国情怀。康熙年间知县卫立鼎爱民如子,廉洁奉公,百姓称颂。乾隆年间知县孙洙潜心编选的《唐诗三百首》家喻户晓,至今畅销不衰。乾隆十二年,知府卢见曾创办的敬胜书院,一直保持到清末。清代史学大师章学诚、书法家于令淓等曾主讲于此。光绪二十八年,知府管廷献改为永平府中学堂,中国近代著名地理学家白眉初、革命先驱李大钊曾就读于此。

　　文化是一种软实力,它的影响是潜移默化的,又是经久不衰的,岁月越久远,积淀越深厚,文化气息就越加浓厚。文化需要挖掘整理,更需要代代传承。明清以来,卢龙县作为永平府附郭,在历代《永平府志》中都有较为详细的记载,修县志次数不多。清顺治十七年(1660年)知县李士模创修《卢龙县志》,康熙十九年(1680年)知县卫立鼎又增补刊印。光绪二年(1876年)曾有"茂堂者"收集采访,留有《卢龙县志采访稿》,未刊印,手稿藏于北京师范大学图书馆。民国二十年(1931年)6月,县长董天华主持编修县志,邑人胡应麟、李茂林等编纂,同年9月付梓。全书共二十四卷,记述了数百年来卢龙县人文地理、政治经济、文化教育、城市建设、名胜古迹、气候物产、风土人情等多方面内容。历经八十余载,民国版县志存世不多,且为繁体字、竖排版、八股文体,今人不易读懂,使这一宝贵的文化资源没能发挥应有的作用。县档案馆以挖掘弘扬历史文化为己任,继2012年编辑出版《康熙卢龙县志校注》之后,又推出了这部力作《民国卢龙县志校注》。这是一部沟通古今、传承文明的百科全书,也是我县文化生活中的一件大事。该书既保持了原貌,又进行了注释,对于普通大众来说,是一部既能"买得起",又能"看得懂"的乡土教材,能够使人更加真切地感受到卢龙历史的悠久,文化的深厚,山川的壮丽,风光的秀美,民风的质朴,人民的智慧。它的出版发行，必将进一步激发全县人民热爱卢龙，建设家乡的热情，进一步打响卢龙的知名度、美誉度，相信每一位卢龙人，每一位热爱卢龙、关心卢龙的朋友，在读过本书之后，都会有所启迪，有所感悟，有所作为。

文化是经济社会高质量发展之魂。今后，我们将坚定不移地实施"文明铸县"战略，进一步传承发扬卢龙优秀文化，大力倡导"仁义诚信、务实重行、艰苦奋斗、事争一流"的新时代卢龙精神，凝聚起强大的干事创业正能量。继续繁荣发展文化事业，深入推进非物质文化遗产的传承保护，抓实抓好孤竹文化博物馆、冀东民俗文化博物馆、"一渠百库"博物馆和卢龙大剧院"三馆一院"建设。做大做强全域旅游，找准文化和旅游融合发展的最佳契合点，接续举办县旅发大会，大力发展"文化＋康养度假""文化＋特色农业"等新兴文化产业项目，把文化资源优势转化为旅游产业优势，让深厚文化底蕴和优秀文化传统成为卢龙经济社会高质量发展的不竭动力。

是为序。

中共卢龙县委书记

卢龙县人民政府县长

2018 年 4 月 10 日

民国卢龙县志校注凡例

　　本书以民国 20 年县长董天华主修的铅印本《卢龙县志》为底本，参照弘治十四年、万历二十七年、康熙十八年及五十年、乾隆三十九年、光绪五年《永平府志》《二十五史》《明实录》《清实录》《寰宇通志》《大明一统志》《四镇三关志》《大清一统志》等典籍加以校注，书名为《民国卢龙县志校注》。

　　一、原志书为繁体字、竖排版，为便于读者阅读，改为简体字、横排版。书中简体字以 1986 年国家语言文字工作委员会公布的《简化字总表》为准。容易出现歧义的或电脑字库中无简体字者仍用繁体字，无字者造字。有些繁体字一字多义，如"塗"，既可简化为"涂"，又可简化为"途"；又如书中"沈"，作姓氏时为"沈"，作动词时为"沉"，根据上下文字义来判断。又如"赈灾"之"赈"字，常写作"振"字，为避免歧义，一律改作"赈"字。

　　二、对原书内容进行断句、标点，难以读懂之处加以注释，系于正文之下，前有注释者后面不再赘述。

　　三、民国县志成书仓促，书中错讹之处颇多。凡旧志勘误表所列错误，此次校注逐一订正。勘误表中未标明的错字以（）[ ]加以订正，（）中为原字，[ ]中为正字，如"张朝宗"，则改为"张朝（宗）[琮]"；遗漏之字用（）加以补充。书中空格之处，以"○"标示。缺字或不清晰之字，以"□"来标明。

　　四、旧志年号岁次中"乙""己""巳"和"戌""戊"等常常混淆，今根据 2007 年文物出版社《中国历史年代简表》订正之。为节省篇幅，书中干支纪年后（）中注明公元纪年，以便读者对比。

　　五、旧县志中有大量的清代避讳文字，年轻读者读之容易误解，将本字予以[ ]注出。如"元水"系避清圣祖玄烨之讳而改，校注时改为"元[玄]水"；"崇正"为避雍正帝胤禛讳，用"崇正[祯]"来体现；避乾隆帝弘历的"宏治"改注为"宏[弘]治"。"邱"，本作"丘"，清雍正三年，为避孔子讳改"丘"为"邱"。书中不再作注释。

六、对书中涉及的重要历史人物记载简略的,以注释形式加以补充。如乾隆年间知县孙洙为风靡至今的《唐诗三百首》的编选者"蘅塘退士",因任职时间较短,乾隆三十九年、光绪五年《永平府志》和民国二十年《卢龙县志》中仅载其名,校注时以注释形式做简要介绍。

七、为帮助读者了解诗文作者生平,正文之后附有【作者简介】,查不到者略之。

八、对旧志中所涉及的有关重要历史记载以【补录】形式系于正文条下,便于读者了解。

九、民国旧志中清晰的图片被收录,不甚清晰的图片未选用;又选用几幅与本志内容有关的图片。图下均有来源说明。

民国二十年铅印本

卢龙县志

董天华　主修

胡应麟　李茂林　编纂

河北省卢龙县档案馆
河北省卢龙县地方志办公室　编印

卢龙县志序

　　今举百里内之山川、人物，经二百余年之因革、废兴，而欲一一萃诸简编，了如指掌，岂有他术哉？亦不外考献征文已也。

　　卢龙，古为冀州之域，在商为孤竹国，在春秋为肥子国。而"卢龙"之名则始于隋之开皇①，嗣后屡有更易。明洪武四年（1371年），改平滦府为永平府②，卢龙为附郭首县。前清入关，因其旧制。民国肇始，府缺胥裁，遂以旧府治为卢龙县治焉。其地负关阻塞，襟漆带滦，夷齐故里，清圣遗风。李将军③虎石扬威，魏武帝④乌桓定霸。步浑⑤焚山刊石，元谭⑥据险扼要。虽蕞尔⑦小邑，往事固有可纪也。

　　天华于本年五月承乏⑧兹土，适逢征取志料时期，考卢志自清康熙十九年（1680年）后沿至近今，偻指而计，二三百年迄未补修。沧海桑田，人事代谢，既无世族之家乘⑨著述以资参证，其士之带经而锄者，又皆恓惶无华，罔谙掌故。抑且近岁迭遭兵燹，卷档多失，其文其献，考据无凭。而省令綦严，殊难诿卸，若再长此蹉跎，代愈远，年逾湮，删述补杞宋⑩之缺，恐宣尼⑪亦且束手也。爰于六月提会决议，招集绅耆，开始编纂，委员采访，博考旁搜，事必征实，人不假借。所幸历年虽久，旧志尚有残余，互相参酌，门径可寻，增减厘订，克期蒇事⑫，于是卢龙又有新乘矣！然固不敢谓为完璧也。夫王文恪公《姑苏志》⑬，韩五泉《朝邑志》⑭，有时或且讥之，况其下焉者乎？天华固殚竭心力，而诸绅耆实冒暑，挥汗相臂，助以底于成也。是为序。

　　中华民国二十年（1931年）九月卢龙县县长合肥董天华撰

【作者简介】

　　董天华，字佩实，安徽合肥人。约1895年出生。早年投身于东北军。1930年9月，随东北军陆军独立第9旅（旅长何柱国）驻防临（榆）永（平）一带。1931年5月任卢龙县长，主持修撰《卢龙县志》。直隶省立第四中学校迁往唐山后，在旧址上筹建三年制卢龙县乡村师范学校（今卢龙中学），兼任校长。1933年4月15日，日军攻占卢龙县城，董天华逃走。9月被河北省政府省长于学忠派到玉田县任县县长，因地方势力掣肘，难以展布,不久去天津不返。1934年1月任饶阳县长。1935年7月,任骑兵军(军长何柱国)军法处少将处长。1937年8月,任骑兵第二军(军长何柱国)军法处长。1941年5月,任第十五集团军(总司令何柱国)军法处少将处长,同年10月10日,应驻界首的何柱国将军之邀请,董天华创办《颍川日报》,并兼任社长。20世纪50年代初云世。

【注释】

①隋之开皇:隋文帝杨坚年号(581～600年)。隋文帝开皇十八年(598年)改新昌县为卢龙县。《隋书·地理志》:北平郡"开皇六年又省肥如入新昌,十八年改名卢龙。"

②永平府:《明史·地理志》:"永平府:元永平路,直隶中书省。洪武二年改为平滦府。四年三月为永平府。"《明太祖实录》:"洪武四年三月乙酉朔。壬寅(十八日),改北平平滦府为永平府。"下辖一州(滦州)、五县(卢龙、抚宁、昌黎、乐亭、迁安)及六卫(永平卫、卢龙卫、东胜左卫、山海卫、抚宁卫、兴州右屯卫)。清乾隆二年,割抚宁东部,设临榆县,又增辖临榆县。

③李将军:西汉右北平太守李广,匈奴称之"飞将军"。卢龙县城南有虎头石,俗称李广射虎处。

④魏武帝:曹操。曹丕称帝后,追尊其父曹操为魏武帝。《三国志·武帝纪》:"建安十二年夏五月,至无终。秋七月,大水,傍海道不通,田畴请为乡导,公从之。引军出卢龙塞,塞外道绝不通,乃堑山堙谷五百余里,经白檀,历平冈,涉鲜卑庭,东指柳城。八月,登白狼山,卒与虏遇,众甚盛。公车重在后,被甲者少,左右皆惧。公登高,望虏陈不整,乃纵兵击之,使张辽为先锋,虏众大崩,斩蹋顿及名王已下,胡、汉降者二十余万口。""陈"通"阵"。

⑤步浑:《水经注》:"燕景昭元玺二年(353年),遣将军步浑治卢龙塞道,焚山刊石,令通方轨,刻石岭上,以记事功。"

⑥元谭:河南洛阳人。北魏宗室大臣。初为羽林监,出为高阳太守。肃宗元诩即位,入为直阁将军,历太仆、宗正少卿,加冠军将军。督军讨伐杜洛周,次于军都,为杜洛周所败。还,除安西将军、秦州刺史。《魏书·肃宗纪》:"孝昌元年秋八月癸酉,柔玄镇人杜洛周率众反于上谷,攻没郡县,南围燕州。九月丙辰,诏左将军、幽州刺史常景为行台,征虏将军元谭为都督,以讨洛周。二年正月,都督元谭次于军都,为洛周所败。"《魏书·常景传》:"杜洛周反于燕州,仍以景兼尚书为行台,与幽州都督、平北将军元谭以御之。别敕谭西至军都关,北从卢龙塞,据此二险,以杜贼出入之路。"

⑦蕞尔:形容地域小。《左传·昭公七年》:"郑虽无腆,抑谚曰'蕞尔国',而三世执其政柄。"

⑧承乏:担任某种职务的谦辞。

⑨家乘:家谱。春秋时晋国的史书称"乘",后泛指一般的史书。县志,又称邑乘。

⑩杞宋:杞宋无征,指资料不足,不能证明。《论语·八佾》:"夏礼吾能言之,杞不足

征也;殷礼吾能言之,宋不足征也。文献不足故也。足,则吾能征之矣。"

⑪宣尼:孔丘。西汉平帝元始元年(公元1年)追谥孔子为褒成宣尼公,后因称孔子为宣尼。俗传孔子删定中国第一部编年体史书《春秋》。

⑫蒇事:事情办理完成。

⑬王文恪公《姑苏志》:明王鏊编纂的苏州地方志《姑苏志》,在明清两代修纂的苏州府志中,此志最受称道。《四库全书总目》称"繁简得中,考核精当。在明人地志中,尤为近古。"清方志学家章学诚称"《姑苏志》为世盛称"。王鏊,字济之,号守溪,江苏吴县(今苏州)人。成化十年乡试解元,成化十一年会试会元、殿试探花。授编修,弘治时历侍讲学士,充讲官,擢吏部右侍郎,正德初进户部尚书、文渊阁大学士,晋少傅兼太子太傅,武英殿大学士。卒,谥文恪。

⑭韩五泉《朝邑志》:明正德十四年韩邦靖编纂的《朝邑县志》。《四库全书总目》称"总共不过六七千言,用纸不过十六七番。志乘之简,无有过于此者。"韩邦靖,字汝度,号五泉,陕西朝邑(今大荔东)人。正德三年进士,由工部主事进员外郎。嘉靖初,起任山西左参议,分守大同。以病归,寻卒。

总修　卢龙县县长　董天华
监修　薛福全　阎士　许　惠
编纂　胡应麟　李茂林
校阅　阎恩纶　阎恩培
采访　王宝枢　张述远　薛祥麟　方向明　张汝梅　程捷三

卢龙县志原序

卢龙为永平府附郭，从无专志①。余令于是邑②也，搜访遗编，博询故老，考校历代史书，旁参稗官诸乘，凡邑之山川形势、疆（场）[域]沿革、风俗勤俭、人物贤良，大而学校、城池，小而丘陇、寺刹；重而户口、赋役，轻而物产、市集；远而后妃、封爵，近而官师、科贡。无论先圣名宦，烈士孝子，义夫节妇，皆所必书，即流寓、仙释，一善足录、一事可纪者亦重褒焉。志分六卷，而其类别则四十有六，将登之枣梨，藏之库舍，为纪载传信之书也。余复为之序曰：噫，先王制度文物之盛，后人祖述宪章之详也。洪荒以前，结绳而治，虽上之日月星汉，下之山河草木，莫可名状。迨大禹《禹贡》③一书出，分疆列土，即土之黎赤，坟垆上下高卑，以及筊簜菌籇④、石磬龟鱼之类，靡不罗列，载籍一何悉也。后有姬公⑤创造《周礼》，读其职方所载，山薮川泽、桑麻田舍、草木昆虫之粗且纤者，无不悉焉。若汉之兰台班氏⑥《地理志》中更悉于政事之缓急，风俗之奢俭，自此寰海之内，郡则有统纪，邑则有分志，一乡一里亦有风土。方舆之书，无非推广乎制度文物而祖述宪章乎《禹贡》职方与《地理志》也。但所可异者，史与志同，志与史异，史载美刺，志则有褒而无贬，史贵简洁，志则务详而无略。于是后世经术之士过都历国，观风问俗，不过稽其险阨，审其厝制而已。至著作之家则探奇搜怪，辟险创幽，履车辙之所不至，详闻见之所罕知，以发其轶荡深渊之思，是皆未知夫作史与志之道也。盖史以传信，志亦以传信，虽史志之文与辞不同，而史志之体与理则一也。余于志中传信者则书之，传疑者则辨之，若夫牴牾，疑似伪错挂漏者，不惜广搜肆论焉。此又余辑志之余绪，而欲远追夫作史者之本旨也。遂书以为序。

顺治十七年（1660年）二月仲春吉赐同进士出身⑦直隶永平府卢龙县（知县）高密李士模撰

【作者简介】

李士模，字公冶，号可庵，山东高密人。清初书法家、画家、鉴赏家。顺治九年进士，授桐柏知县。顺治十一年三月，丁父忧归。顺治十四年任卢龙知县。康熙四年擢大理寺评事。

【注释】

①从无专志：此说疑有误。明天顺六年杨士奇编《文渊阁书目》卷十九"暑字号第一橱书目·旧志"有"卢龙县图志二册"；卷二十"往字号第一橱书目·新志"中有"卢龙县志"。马蓉等编《永乐大典方志辑佚》有"卢龙县志"记载（中华书局 2004 年 4 月出版），据"前言"介绍："即使是明志，也修于永乐三年之前。"明建文年间，永平府为靖难征伐之地，定无暇顾及修志。永乐初，正当移民实边，亦不会修志。故如有志，当在洪武中后期所修。

②令于是邑：任卢龙县令。

③《禹贡》：中国古代地理志《尚书》中的一篇，主要记述大禹时期天下地理情况和贡赋之法。

④筿簜箘簬：筿（xiǎo），同"筱"，小竹。簜，大竹。筿簜（筱簜），引申为使高尚、美好。箘簬（jùn lù），亦作"箘簬""箘露"，美竹，箭竹。

⑤姬公：周公，姬姓，名旦，周文王姬昌第四子，周武王姬发的弟弟，曾两次辅佐周武王东伐纣王，并制作礼乐。世传《周礼》为周公旦所著。

⑥兰台班氏：班固，字孟坚，扶风安陵人。东汉史学家、文学家。汉明帝时曾任兰台令史，升校书郎，纂修国史。历时 25 年，完成了《汉书》的撰写工作。《汉书》中有"地理志"一章，记述全国地理情况。

⑦赐同进士出身：明清时期科举，殿试名次分为一、二、三甲，第一甲三人：状元（第一名）、榜眼（第二名）、探花（第三名），赐进士及第；第二甲若干人，赐进士出身，多数授予京官；第三甲若干人，赐同进士出身，一般外放府州县任职。李士模在顺治九年壬辰科殿试中考中第三甲第 231 名进士（是科二甲 77 名，三甲 317 名）。

重修卢龙县志序

卢龙为永平附郭,其星野、山川、城池、形胜,皆与府同,可以无志;其不同者,府志为一州、五县之纲领,志中所载,不过撮其大纲,总其成数,若夫钱粮、户口、沿革、增减,今昔异同,苟不详悉,于万一后之留心民务者,欲镜前辙而扩新图,何以洞晰其利弊而痛为之兴除哉?此卢龙一志不可少也。永志毁于兵燹百有余岁,志之一途,杳如空谷。考前志所载,国朝顺治拾四年(1657年)丁酉孟秋,莱阳宋公①整饬永平,念文献无征,一方缺典,乃集永之学博、绅士共谋修举,而卢之绅士亦谋分修卢龙专志,卢龙志始于此。今又阅二十春秋矣,然其间土地、人民、政事,质诸已往,俟其将来非续补全备,其何以征前而垂后耶?况卢龙又为国朝发祥经过之区,曩者世祖章皇帝入关时,首驻跸于东郭门外大坡之上,今上又经四驻跸于滦水之西,其间朝见、赐(晏)[宴]、赏赉、迎送、服色、仪注,大有可记载者,先志未详,今特增世纪一项,以备征考。他如星野、沿革、疆域、形胜、山川、里社、风俗、物产,今古不易。牌坊、驿传、津梁、市集、丘墓、祀典、祠庙,已有定制。盐政、官爵、边关、后妃、封爵,曾经考注。先圣、仙释,皆不世出。勋宦、封荫、武卫,亦经旧载,俱无庸增补外,或有关于公家之祀典,或有藉以壮山川之形胜者,不可不详悉其始末,以备顾问也。古迹一项,其间北有黑石,界卢、迁两县之封疆;南有虎石,砥滦漆会合之澎湃,虽文中间有带言之者,今仍专列其迹,以志将来之不忘也。城池一项,府为六邑中枢,北近泚、洳,西逼滦、漆,其泊岸、墙垣,时有倾塌,上关国帑,下系民生,爰考旧日分修成数,乃勒石以为将来之成规。公署、学校、宫室三者,自经裁减,无项修理,然亦酌权变以修之,不然目为传舍,兴补无日矣。直书其捐修姓氏、年月,虑将来设有款项,俾知今日艰难,非派民社也。若灾祥,或上而星流云变,雷迅雨淫,巽二②施威,滕六③肆虐,或旱魃④为祟,或河伯⑤扬波,或景星庆云,时雨甘露,灵椿芝草,瑞鸟祥麟,及大稌大有⑥,或灾以示警,祥以鸣休,虽万方俱瞻,然见于一方者,亦关政治之得失,地方之盛衰,必为悉心考载,以志其详焉。至户口、赋役,国计所关,民命所系,即向者时有裁留,亦经更定,今安得不仍分列原额,定为画⑦一乎?盐政、官爵、边关、后妃、封爵五者,已经更定,今无添补。若夫官师为一邑纲领,四方表帅,必详为续补之。名宦一项,一以表先辈之典型,一以寓将来之劝惩,前志简略未详,今复专卷以分列之。科目、贡士、武科,又以征境内之人文,官师之教化,

1

其人物至节孝、义烈,乃国家之祥瑞,地方之修征,今虚公延访,不遗寒微,一以起潜德之色,一以励后世之操也。文艺、韵部两者,虽似无关于政事,然考诸上古,击壤而歌,首见尧唐,弹琴解愠,征诸舜代,次及一十五国风诗,天子采之,太史陈之,且清圣咏采薇之歌,忠节两尽。夫子羡沧浪之咏,清浊以别此途歌巷咏之迩言,咸关国家至治之要道,讵可忽乎?况卢龙昔近秦城汉塞,今为两京咽喉,其间重译⑧来朝,(黄)[皇]华⑨驻节者,代不乏人。与夫骚客游士多会于此,或西瞻两圣之清风,东望昌黎之秀气,登虎岩而慕李将军⑩之穿杨,泛滦江而思墨胎氏之孤竹,多有经国筹边之至论;鸣鸾佩玉之奇文,或地因人重,诗以人传者,曷敢沉没?所宜详为搜访,备列于编。呜呼!志与史相辅而行也。志者,记也,一方象纬,百年文献,上以备国史之搜罗,下以供太史之采择,厥典匪轻。余莅任初,即逢宪檄催补邑乘,乃进郡博及原造前志之绅士,虚公修补,余亦稍出所见,亲为指点,近两旬,乃竣厥事。其造志纸笔、供给及梓人刊刻工价,俱出自捐,乃为之备,述其事,以为卢志弁首,以记之云尔⑪。

康熙十九年(1680年)岁次庚申中秋日知卢龙县事⑫太行卫立鼎题

【作者简介】

卫立鼎,字慎之,山西阳城人。康熙二年举人,康熙十九年任卢龙知县,康熙二十五年行取户部江西清吏司主事,升浙江清吏司郎中,秩满,擢福建福州知府。

【注释】

①宋公:宋琬,字玉叔,号荔裳,山东莱阳人。顺治四年进士,授吏部主事。顺治十年八月,升陕西按察司佥事、陇西道。顺治十三年十一月升山东按察使司副使、永平道。顺治十六年闰三月,擢浙江布政使司参政,分守宁绍台道。顺治十七年十二月,晋浙江按察使。康熙二年十一月,被诬系狱。康熙十一年三月,改任四川按察使。在永平期间,命人纂修《永平府志》,于康熙二年刊印。

②巽二:古时传说中的风神名。

③滕六:古代传说中的雪神名。

④旱魃:古代神话传说中引起旱灾的怪物。

⑤河伯:古代神话传说中水神,原名冯夷。

⑥大祲大有:大祲,严重歉收,大饥荒;大有,大丰收。

⑦画:原字为"畫",通"劃",今作"划"。

⑧重译来朝:重译,经过辗转翻译,多重翻译。形容远方的国家来到中国朝拜。

⑨黄华:当作"皇华",称颂使臣之词。《诗·小雅》:"《皇皇者华》,君遣使臣也。送之以礼乐,言远而有光华也。"

⑩李将军:李广,西汉名将,任右北平太守。

⑪云尔:语气助词,表限制,如此罢了,如此而已。

⑫知卢龙县事:即任卢龙县知县。知某县事,简称知县。知,主持。

凡　例

　　——卢龙为旧永平府附郭首县，关于古右北平、辽西二郡事迹最多，未便尽行删除，故本编于详记县志外，仍将旧日官爵、城池、公署、纪事等一并叙入；

　　——志乘必详舆图，惟旧县志图多讹舛，旧府志卢龙图亦嫌略，兹另绘新图一幅，划分自治区域、集镇等以征现制，合县城图并列卷首；

　　——原志料疆域门列目有四，本编增入城池、公署、屯社三目，以资考查；

　　——原志料地理门列目有六，本编增入庙坛、祠宇、寺观、邱[丘]墓等目，虽庙宇间属迷信，而神道设教，先王不废缁黄栖身之地，多为骚客所流连，其名人茔兆，亦古迹所系，故并录之；

　　——本编气候门系略举境内实况，人口门系依最近调查记载；

　　——本编物产门，取最关民生产额较多，或属珍异者，其他微细物产，无裨实际，则姑从略；

　　——本编于行政门内，增入惠政、盐法二目，俾知该项现况；

　　——本编于教育门内，增入旧日学宫、文庙祀位及书院义学等三目，以资存古而明改革；

　　——人物门范围较广，爰参照旧志，分为封爵、职官、选举、列女、忠烈、孝子、仕绩、隐逸、耆寿、流寓、乡贤、名宦、行谊十三目，惟职官目内，则于永平、卢龙、兴州等卫及游击、都司、守备等存其官，略其人，以免繁琐；选举门内，则以国体变更，出身亦异，旧志选举限于选贡，本编则以大学毕业资格为取舍，而行谊可嘉，耆寿可征，以及列女中之节孝堪资矜式者，凡有所得，无不分别记载，以昭激劝；

　　——县境连遭兵燹，官司卷册，强半遗失，应行查报，多无依据，所有本编新事得自采访，尽量叙录，但时间迫促，不无遗漏，应俟文献委员会随时采撷，有所补正；

　　——本编编者殊愧不文，凡所记载，多取资于旧志，至于宏文巨制，惟俟诸博雅君子。

卢龙县志卷一

疆　域

沿革　位置　区域　面积　城池　公署　屯社

沿　革

县本古冀州之域,虞分冀州东北为营州,夏仍为冀州。商为孤竹国,周属幽州,春秋为肥子国[①]。秦属辽西郡。汉为肥如县[②],属燕国[③]。武帝时属辽西郡;王莽改县名"肥而"[④]。后汉复为肥如,又为阳乐县[⑤]地;后汉属辽西郡治,魏晋因之。燕慕容熙[⑥]以冀州刺史镇肥如,高云[⑦]以幽、冀二州牧镇肥如。后魏为辽西郡肥如及北平郡朝鲜、新昌三县[⑧],其肥如为辽西郡治所。北齐省朝鲜入新昌[⑨],又省辽西郡并所领海阳县入肥如。周因之。

隋开皇六年(586 年),省肥如入新昌,改郡为平州。十八年(598 年),改名卢龙(《隋书》云开皇十八年改名,《唐书》云武德二年改名)。大业初,改州为北平郡。

唐武德初,改郡为平州,又析置抚宁县,二年(619 年)改为肥如(刘昫曰平州治临渝)。是年,移治肥如,仍改县为卢龙,七年(624 年)省抚宁县。天宝元年(742 年),改州为北平郡。二年(743 年)又置卢龙军。乾元元年(758 年),复改郡为平州。

辽天赞二年(923 年)取之,为平州辽兴军。宋宣和四年(1122 年),改为渔阳郡,升抚宁军,改县名卢城。五年(1123 年),辽将张毂据城降宋,寻为金所取。天辅七年(1123 年),改兴平军,以平州为南京。天会四年(1126 年),复以南京为平州。

元太祖十年(1215 年),改兴平府。中统元年(1260 年),升平滦路。至元二年(1265 年),省迁安入卢龙,后复(至)[置][⑩]。大德四年(1300 年),以水患改永平路。

明洪武元年(1368 年)改平滦府,四年(1371 年)改永平府,而卢龙自唐以来为治所,其名不改。清因之。

中华民国元年(1912 年),裁卢龙县,留永平府。二年(1913)改为永平县。三年(1914 年)仍名卢龙县云。

【注释】

①肥子国:肥国,春秋时白狄肥族人建立的诸侯国,被周朝封为五等爵之"子爵"。周景王十五年(公元前530年)被晋国所灭。《左传》:昭公十二年(公元前530年),"晋荀吴伪会齐师者,假道于鲜虞,遂入昔阳。秋八月壬午,灭肥,以肥子绵皋归。"西晋杜预《春秋左传集解》:"鲜虞,白狄别种,在中山新市县。昔阳,肥国都,乐平沾县东有昔阳城。""肥,白狄也。绵皋,其君名。"东汉乐平郡沾县,即今山西省昔阳县,为肥之国都。晋灭肥国后,一支投奔燕国,燕封之于孤竹国故地,因名肥子国。《史记索隐》:"应劭曰:肥子奔燕,燕封于此。肥,国也;如,往也;因以为县也。"一支逃到今山东肥城市,汉置肥城县;一支逃到今河北石家庄市藁城区,汉置肥累县。

②肥如县:西汉初年,汉高祖刘邦封车骑将军蔡寅为肥如侯于此。蔡寅,陈留(今河南杞县)人,初为魏国太仆,秦末起兵,汉高祖三年(公元前204年)投奔刘邦,任车骑都尉(《汉书》作"车骑将军")。其后,因击败楚将龙且,破彭城有功,于汉高祖六年(公元前201年)被封为肥如侯,食千户,建肥如侯国。《史记·高祖功臣侯者年表》:"肥如敬侯蔡寅,以魏太仆(高祖)三年初从,以车骑都尉破龙且及彭城。六年三月庚子,敬侯蔡寅元年。"蔡寅薨,追谥敬侯。子蔡(戎)[成]袭,薨,追庄侯。汉文帝前元三年(公元前177年),蔡成元年;汉文帝后元元年(公元前163年),蔡成薨,子蔡奴袭;汉景帝前元元年(公元前156年),蔡奴薨,无子,国除。汉宣帝元康四年(公元前62年),蔡寅曾孙肥如大夫蔡福被封为肥如侯,复置肥如侯国,蔡福卒,无嗣国除。《汉书·功臣侯表》:"元康四年,肥如侯寅曾孙肥如大夫福诏复家。"1986年版《河北省地名志·秦皇岛市分册》称肥如县"西汉后元庚子年(公元前141年)置"。1994年版《卢龙县志》称"西汉景帝后元三年(公元前141年)始置肥如县"。肥如县治所:清顾祖禹《读史方舆纪要》称"府西北三十里";《大清一统志》称"肥如城在卢龙县西北三十里"。具体地点有两种说法:一是1979年谭其骧主编的《中国历史地图集(东北地区资料汇编)》和1988年谭其骧主编的《中国历史地图集释文汇编(东北卷)》推测"肥如于今迁安县东万军山"。1979年第4期《社会科学辑刊》发表的王钟翰、陈连开《战国秦汉辽东辽西郡县考略》一文也认为肥如县城在"今迁安县东万军山"。二是1990年《卢龙通览》、1994年《卢龙县志》均称龙虎寺殷商遗址"在潘庄镇沈庄,地处青龙河、冷口沙河(迁安境)汇合处,肥如城旧址。"

③属燕国:齐桓公灭孤竹后,其地属燕国。此语引自康熙十九年增补本《卢龙县志》,记载有误。西汉时肥如县"属辽西郡"。《汉书·地理志》载,辽西郡统县十四:其一为"肥如"。

④肥而:王莽篡汉后,将肥如改称肥而。《汉书·地理志》:辽西郡"肥如:莽曰肥而。"肥,肥子;而,如。肥而,即肥子到达的地方。清顾炎武《日知录》:"而《孟子》:'望道而未之见。'集注:'而'读为'如',古字通用。《汉书·地理志》:'辽西郡,肥如,莽曰肥而。'盖即读'而'为'如'也。唐人诗多用'而今',亦作'如今'。"《康熙字典》:

"《笺》:而,亦如也。"

⑤阳乐县:《后汉书·郡国志》:辽西郡"阳乐、海阳、令支(有孤竹城)、肥如、临渝。"东汉时卢龙之地仍属肥如县,不属阳乐县地。

⑥慕容熙:字道文,鲜卑人。后燕成武帝慕容垂少子,惠愍帝慕容宝之弟,五胡十六国时期后燕国君主。后燕长乐三年(401年),慕容盛被叛军杀害,慕容熙即天王位。建始元年(407年),被慕容云所杀,时年23岁,共在位7年,谥号昭文皇帝。《晋书·载记·慕容熙传》:"大城肥如及宿军,以仇尼倪为镇东大将军、营州刺史,镇宿军;上庸公懿为镇西将军、幽州刺史,镇令支;尚书刘木为镇南大将军、冀州刺史,镇肥如。"

⑦高云:即慕容云,后燕惠愍帝慕容宝的养子。后燕永康二年(397年),慕容宝之子慕容会谋反,慕容云因率军击败叛军,被慕容宝收为养子,赐姓慕容氏,封夕阳公。后燕建初元年(407年),冯跋反叛,杀死皇帝慕容熙,慕容云即天王位,改元正始,国号大燕,恢复高姓。正始三年(409年),被禁卫离班、桃仁所杀,被追谥为惠懿皇帝。《晋书·地理志》:"平州:高云以幽、冀二州牧镇肥如。"

⑧后魏为辽西郡肥如及北平郡朝鲜、新昌三县:《魏书·地形志》:"平州(晋置,治肥如城。领郡二、县五:辽西郡,领县三:肥如、阳乐、海阳。北平郡,领县二:朝鲜。延和元年徙朝鲜民于肥如,复置,属焉。新昌,有卢龙山。"海阳县为今唐山市滦县一带。肥如县为今卢龙、迁安部分地区。肥如县为辽西郡治,朝鲜县为北平郡治。

⑨北齐省朝鲜入新昌:《隋书·地理志》:"北平郡:旧置平州。统县一:卢龙,旧置北平郡,领新昌、朝鲜二县。后齐省朝鲜入新昌,又省辽西郡并所领海阳县入肥如。开皇六年又省肥如入新昌,十八年改名卢龙。"

⑩后复(至)[置]:《元史·地理志》:永平路"迁安:下。至元二年,省入卢龙县,后复置。"

位 置

《汉书·地理志》:燕地,箕、尾之分野。

《晋书·天文志》:右北平,入尾七度。

《唐书·天文志》:初,尾七度,余二千七百五十,秒二十一少。

《宋史·天文志》:北斗七星,五曰玉衡,为音,主土。其分为燕。

《元史·历志》:太阳黄道,尾三度九十七分七十二秒外入燕析木之次,辰在寅。

《明史·天文志》:永平府,尾分。

《清一统志》:永平府,《禹贡》冀州之域,尾分野。

旧志舆地:经纬度,北极高三十九度五十五分三十秒偏东二度二十八分三十秒,以北京为中线,现属平辽路。

东至双望堡抚宁县界三十五里,到县七十里。

西至赤峰堡迁安界三十七里,到迁安县四十里,到丰润县一百六十里。

南至刘各庄滦(州)[县]界三十里,到县四十里。

北至刘家营迁安县界五十里。

东南至黑石店昌黎县界二十里,到县七十里。

东北至燕河营抚宁县界五十里。

西南至九百户镇七十里。

西北至分水(领)[岭]迁安县界二十里,到迁属建昌营城七十里。

区　域

治城　本永平府附郭首县。县治,旧在府后。隆庆二年(1568年),知县赵敬简申请移建于府治东南。有清[①]一代,其制未改。民国三年(1914年),实行裁府改县,遂移治于旧府署内,而旧县治迄今已仅余少数房间,渐趋泯没矣。

教育局　设南街东三道胡同旧牛痘局内。

建设局　设钟楼上坡旧福神庙内。

财务局　设明远楼并土地祠。

公安总局　设北上街西首(旧火星庙址)。全县分九警区,(民国)十八年(1929年)改为六区,现又奉令缩为三区:第一区,公安局局长自代分驻所,设城内新城大街;第二公安分局,设油榨镇,分驻所设九百户镇;第三公安分局,设燕河营,分驻所设横河镇。

民国十九年(1930年),设自治区六:第一区公所,设城内文庙西庑;第二区公所,设油榨镇;第三区公所,设九百户镇;第四区公所,设横河镇;第五区公所,设燕河营;第六区公所,设印各庄。

【注释】

①有清:大清。有清一代,清代。有,词头,冠在朝代之前,无实意。

面　积

县境东西广七十里,南北袤八十里,截长补短,面积为五千六百方里,惟西南一隅,东西狭而长,最远处距城七十里。

城　池

今之治城,即昔之永平府城也。城高三丈有奇,厚二丈,周九里十三步,计一千六百二十六丈五尺。前代修建年月无考。明洪武四年(1371年),指挥费愚等拓其东而筑之,砌以砖石。门四①:东曰镇东,南曰德胜,西曰望京,北曰拱辰。其西北别有一门,曰小水西门。各有台,有楼,有重门,曲而尽制。景泰中参将胡镛、知府张茂,宏[弘]治中知府吴杰,嘉靖中兵备副使温景葵,隆庆中知府刘庠,万历中知府张世(杰)[烈]、任铠、马崇谦、徐准,推官沈之吟,天启中兵备副使张春,皆经修葺。

【注释】

①门四:永平府城四门皆有匾额,不同时期,匾额文字不同,反映出不同时代统治者对永平府城的地位和作用认识是不一样的。明弘治十四年《永平府志》:"城门四:东曰高明,西曰镇平,南曰得胜,北曰拱辰。"万历二十七年《永平府志》:"嘉靖四十二年,兵备温景葵睹七楼大坏,一切重新,改东之'高明'曰'通辽',南之'德胜'曰'望海',西之'镇平'曰'护蓟',北之'拱辰'曰'威胡'。"清康熙十八年《永平府志》:"门四:东曰通辽,南曰观海,西曰望京,北曰镇平。"康熙五十年、乾隆三十九年和光绪五年《永平府志》:"门四:东曰镇东,南曰德胜,西曰望京,北曰拱辰。"

清康熙十二年(1673年),城西北倾塌六丈余,知府唐敬一公捐(俸)补筑。三十六年(1697年),被水复倾,知府梁世勋、同知彭尔年修筑。乾隆十八年(1753年)知县劳宗发,二十三年(1758年)知县方立经,皆请帑修补。乾隆三十一年(1766年),奉帑重修,额东门为迎旭。光绪元年(1875年),各门谯楼俱已倾堕,而西北城垣坍毁尤甚,知府游智开捐资重修,一律坚整。光绪二十六年(1900年),东城楼为洋兵轰毁。民国十五年(1926年)之战,以滦河为焦点,城垣被砲轰击,致多损坏。十九年(1930年),城东北上水关城墙被雨灌塌外皮八丈,现经修补齐整。其余内外城墙及南西北各城楼,各火药楼,俱已残破,无欵兴修。

池深二丈,广五尺,有东西二堤。元大德中,吏部员外同都水官监修。明宏[弘]治中知府吴杰,万历中副使叶梦熊,清顺治中副使宋琬重修。雍正五年(1727年),郡人蔡总督珽捐修。乾隆二十六年(1761年),知县顾光重修。三十八年(1773年),知府李公奉翰修浚下水关一带城壕,加筑土坝二座。迨清光绪年间,漆、滦两河连年涨水,西门外堤石多被冲倒,湮没于池濠者甚多。

旧日青龙河水沿西堤而下,船只得以傍岸,故土人均称西堤为泊岸。堤用长条巨石修筑,接笋处嵌以生铁,内用石灰灌浆,坚固异常。今因河水西移,堤岸虽倒,无人过问。

明陈循《重建永平府城楼碑记》云:京师之东有永平府,盖孤竹国也,虽为《禹贡》①冀州之地,然舜分十有二州,已隶于幽矣。至秦为辽西郡,汉属右北平,魏为卢龙郡,元为永平路。国朝始改路为府,置永平卫戍守。府故有城,筑土而已,卑隘不称。

洪武四年(1371年),指挥费愚廓其东而大之,周围至九里十三步,其形势则东表碣石,西界滦河,大海在其南,群山限其北,山之外为朔漠之地。城有四门,东曰高明,南曰(德)[得]胜②,西曰镇平,北曰拱辰。门上有楼,(旁)[傍]③有雉堞相属,已壮伟宏丽矣。

而于城之东、南暨北三最高处又各为楼，以望烽火，名之曰望高楼。太宗文皇帝建北京，以其畿内东藩，且为重镇④襟喉之地，朝鲜诸番朝贡必由之路，乃增置卢龙、东胜左(二)卫⑤，所以控制守御乎一方者严矣。近岁朝廷虑典兵者久则或生懈惰，往往简命大臣之刚廉者，俾总其事，且典其机焉。(今)圣天子践祚⑥之初，都察院(左)[右]佥都御史麻城邹公来学⑦实以提督军务巡抚是邦(而至)，(公)既遍阅关隘，悉设险固(戍)守，以防外患(于不测矣)。顾视永平城楼颓毁，俱尽无以壮观内服，威视远方⑧。会岁屡登⑨，人用咸给，乃聚工材，悉仍其旧而重建之，赞襄之者则总兵官都督佥事宗胜⑩、左参将、都指挥佥事胡镛⑪暨都指挥佥事罗政⑫，永平府知府张茂⑬，亦皆协力助成其事。盖经始于景泰二年(1451年)秋七月十六日，而落成于是年之十月十五日。文武勤于奉公，故用虽费而不以为侈，军民乐于趋事，故成虽速而不以为劳，其视致力于释、老无益之祠庙，若其他所为者，何可同日而语也哉？既成，宗公以为不可以不记其成之岁月，乃介翰林庶吉士刘宣⑭来请文书于石，且以彰邹公之美焉。宣，予同郡人，尝自永平戍举进士，固予所爱重者，而邹、宗二公又都宪⑮、总戎⑯之贤者也，故不辞而书以归之。

【作者简介】

陈循(1385~1464)，字德遵，江西泰和人。永乐十三年状元，授翰林修撰。历任侍讲、侍讲学士、经筵讲官、翰林学士，正统九年入文渊阁，典机要事务。正统十年进户部右侍郎兼翰林学士，正统十四年升户部尚书。景泰元年升内阁首辅，翌年晋少保兼太子太傅，文渊阁大学士，进华盖殿大学士。景泰七年主持编成明代第一部官修地理总志《寰宇通志》119卷。英宗复辟后，受诬陷系狱，谪戍铁岭卫，后释为民。著有《芳洲集》《东行百咏集句》等。

【注释】

①《禹贡》：中国古代地理志《尚书》中的一篇，记述大禹的行迹。成书于周代或者春秋战国时期。

②德胜：弘治十四年、万历二十七年、康熙五十年《永平府志》、康熙二十一年《畿辅通志》为"得胜"。

③旁：弘治、万历、康熙《永平府志》、康熙《畿辅通志》为"傍"。

④重镇：弘治、万历《永平府志》为"夷夏"，康熙《畿辅通志》、康熙《永平府志》改为"重镇"。清代，为避免明人对蒙古、满族等少数民族带有歧视性称呼，如"夷""胡""虏""奴"等，根据上下文改为中性词汇。

⑤卢龙、东胜左卫：弘治、万历《永平府志》为"卢龙、东胜左二卫"。

⑥(今)圣天子践祚：皇帝即位，登基。弘治、万历《永平府志》有"今"字，康熙《畿辅通志》、康熙《永平府志》删之。

⑦邹公来学：邹来学，字时敏，湖北麻城人。宣德八年进士，授户部主事，升员外郎，晋郎中。正统十二年十月升通政司右参议，督理永平、山海等处粮草。正统十四年(1449

年）八月土木堡之变后，擢都察院右佥都御史，提督京东军务。申严号令，简练部伍，往来要害之处，躬亲相度。景泰四年十月，升左副都御史，明年巡抚南畿。乾隆三十九年《永平府志》："景帝景泰元年（1450年），提督京东军务右佥都御史邹来学修喜峰迤东至一片石各关城池。"

⑧远方：弘治、万历《永平府志》为"远夷"，康熙《畿辅通志》、康熙《永平府志》改为"远方"。"夷""虏"等都为明朝对少数民族的蔑称。清朝时期，官方志书将带有歧视性、贬低性词语改为中性词。如"平虏卫"改为"平鲁卫"，"杀胡口"改为"杀虎口"，"胡尘"改为"烽烟"。"胡""虏"，为明人对蒙古部族的蔑称。

⑨屡登：弘治、万历《永平府志》为"屡丰"；康熙《永平府志》为"屡登"。

⑩宗胜：遵化卫人，正统七年九月由都指挥同知任右参将，协守蓟州永平山海等处。正统十四年十月，升都督佥事、蓟镇总兵。天顺三年三月，以病解任。

⑪胡镛：初为永平卫指挥佥事，正统十四年十月，升燕河路参将。天顺三年三月，升都督佥事，蓟镇总兵。天顺五年三月，以病解任。

⑫罗政：永平卫人。正统时任永平守备。景泰元年闰正月由永平卫指挥使升署都指挥佥事，提督守备永平。景泰七年五月，年老退役，其子罗纲代为永平卫指挥同知。

⑬张茂：陕西咸宁人。宣德八年进士，授户部主事。正统四年二月授大理寺右评事。正统十年三月，由大理寺副升永平府知府。正统十二年，修建永平府治，建立官署、粮仓、望高楼等。景泰四年，在永平府城西北十八里漆河之滨重建夷齐庙。景泰四年六月，升山西布政司左布政使。天顺七年七月，因讦误降河南府知府。

⑭刘宣：字绍和，号静斋，江西吉安人。代父戍卢龙，为卫使养马。正统末，都御史邹来学来永平督粮储，因对弈而结识刘宣，邹来学命刘宣与其子读书。景泰元年中顺天乡试解元，景泰二年第进士，授编修，历太常寺卿、吏部侍郎，官至南京工部尚书。卒，谥文懿。

⑮都宪：都察院都御史的别称。

⑯总戎：总兵官的别称。

上水关　在城东北。清雍正间，塞此关，迁河于城外。

下水关　在城东南奎楼下，旧在看花楼下。

明邑人兵备白养（科）[粹]《重修下水关孤竹闸记》云：宇内之龙有九，三入中国，蓟东属艮之孙枝，发脉（虎）[处]不□（可）（朔）[溯]。而古北平则近自界岭，历桃林，委蛇南走，折而北，复揖南而为郡治。以是西北之水千溪万派，皆潴于青河、滦河，汇北平而达于海。其势澎湃，至雪峰寺，两山峙立，喷薄不及，乃逆行，怒而斗，斗而溢，溢则必啮城，荡荡方割，不辨牛马室，可堑市，可舟民，与蛟龙争一旦之命，从来患此久矣！独万历之十五年（1587年）、三十二三年（1604、1605年）为甚，而今天启二年（1622年）之七月，殆尤甚焉。先是下水关看花楼下有水闸足障，而葺修无法，往往溃决不能御，徒切望洋之叹。

我历下孙公止孝①来凡求瘰抚字，罔不竭心力，一时百度维新，悯兹水患，捐伇甓（修），不括民间一钱，子来功就，天堑地平，中流一柱，河伯海若难以肆虐矣！北平士若民相与饮功德水，请记于予，予以公之三善政参志之，公不尝练乡兵乎？《语》曰："兵，犹水也。"其冲突，若波涛之卒至。公讲武于闾井，闻而兴起，今可战者，得君子营五千人，公治兵即治水也。公不尝修学校乎？堪舆家九星以文曲为水。卢邑人士久不达于公车②，公振起之，而崔氏昆季③翻锦浪而出其余，鼓鳞甲以待秋风者尤众，公之治士即治水也。至其令如流水，转民清波，澡德浴身，不受浊淖则渊渟，泽湄北川而东之矣！嗟乎！苍赤④犹水，能载舟，犹能覆舟，故曰"防民之口甚于防川"，有公若此，安忍不传之后世，而见之版筑之力，造福北平哉？是役费金钱百八十四两，俱公捐处。工肇天启五年九月，落成于十月，其神速乃尔。予为之记而赓其歌。歌曰：

万川兮千折而必东，河溆兮翕受而汤容。肥蟺兮驾鳌山而雷响，荡折兮若蛙灶之沉空。玄夷兮授金简之绿字，奋雷兮若云凑而龙从。春流无恙兮桃花之水，秋色依然兮瓠子之宫。不必沉白马兮（银）［钜］效西门之凿，即特锡玄圭兮争颂禹疏之功。（知）［刜］同楼橹城隍，次第而金汤兮，为郡藩之陈守⑤，观察之张公⑥。更复有继贤而起者，宁晋之张令⑦卓然树骏而流鸿。予恐使其肤功懋绩湮以没兮，敬作歌以为四公之标铜。

崇祯岁次戊辰（元年，1628年）菊月吉日

【作者简介】

白养科，实"白养粹"之误，东胜左卫人，刑部左侍郎白瑜之子。万历三十二年二甲三十三名进士，累升山东武德道兵备佥事、辽东辽阳道。天启元年四月迁宁前兵备参政，坐事解任。崇祯三年正月，皇太极取永平，白养粹降清，授永平巡抚。五月，明军攻克滦州，趋永平，白养粹被贝勒阿敏所杀。

【注释】

①孙公止孝：孙止孝，山东济南府历城县人。天启二年进士，授卢龙县令，晋升户部郎中。崇祯三年二月擢密云道河南佥事，崇祯四年五月以忤权贵回乡。崇祯十二年正月，清兵攻陷济南，自缢死。

②公车：汉代官署名。《后汉书·张衡传》："安帝雅闻衡善术学，公车特征拜郎中，再迁为太史令。"汉代曾用公家车马接送应举的人，后便以"公车"泛指入京应试的举人。

③崔氏昆季：昆季，兄弟。天启四年，崔启亨、崔及第考中举人。天启五年崔及第考中进士，授行人司行人。崇祯三年正月，后金兵攻陷永平府城后降清。五月，被贝勒阿敏所杀。

④苍赤：谕指百姓。康熙十九年《卢龙县志》为"民亦"。

⑤陈守：太守陈所立，福建长乐人，万历四年举人，天启年间任永平府知府，迁贵州兵备副使。太守，即知府之美称。

⑥张公：张春，同州人，万历二十八年举人，天启二年任永平兵备道、山东按察司佥

事。崇祯元年改关内道。崇祯三年正月,迁永平兵备参议,进参政,加太仆寺少卿。观察,按察使司官员的美称。

⑦张令:张养初,山西曲沃人,天启五年进士,崇祯初年任卢龙县知县。崇祯三年正月,后金兵攻陷永平府城后降清,授永平知府。五月,被贝勒阿敏所杀。

钟楼 在县府东,旧在城之东偏城址上。明代费愚拓其东,而月牙城之形状遂改旧观,今人以此楼适居中心也,故又名为中心台。楼之东额曰重镇,西额曰通衢。上有玄帝阁。清光绪庚子(二十六年,1900年)之役,台之楼阁为洋兵焚毁,嗣后钟楼复建,其庙遂废。

鼓楼 在县府大门东。内绘汉飞将军李广射虎图,前额曰明远楼,后额曰东渐于海(今废)。其下前有坊,额曰声教畿东。楼建自明代正统七年(1442年),据山川之形胜,为合郡之壮观。清道光十一年(1831年)四月毁于火,经永平知府阮常生率属捐廉重修。今之楼为二层,旧为三层。

清郡守张朝琮《新修鼓楼记》云:予至永平之三年,岁则大熟,嘉谷盈野,自两穗至于四五穗者①踵而献,盖尝陟明远之楼,以临郊牧,而望西成②时,则有若宾客寮友列坐而语岁丰,客有告予者曰:"公前来摄是邦,曾指斯楼,谓吾侪③曰:'此屋不修且坏,我若久于是必新之。'黄山、濡水与闻斯言,今公为政亦既三年矣,犹未可以云久乎? 公所至,喜修废坠,岂独无情于是邦乎?"予应曰:"然是吾心也,微子命予几食言。"于是,栋梁椽柱槛栏之欲朽者赘𪲾瓱甂之,残破不完者丹腹粉饰之,毁者修之治之,复其旧观。工既毕,又会同人命酒以落之,抑且私念其故,以告于客。昔者鲁为长府④,楚建章华⑤,君子讥其改作而病其速成,意者(勤)[剿]民⑥兴筑之事,得已而不已,非为政者所宜有也,而予今之所以不食其言者,无乃自贰其过也欤? 客曰:"不然。我闻三代之际,天子之庭,鸡人嘻旦⑦,诸侯则掌漏告时。凡所以谨夙夜示警守也。今郡国守臣,实惟古者大国之诸侯,而斯楼之制,则周官掌固夜三鼕以号戒之意也。夫固可以一鼓而作勤政之气,再鼓而宜从欲之风,三鼓而鸣天地之朗也,不然而昔之作之者谓何而岂得已也哉?"予深喜客之有以启我也,于是乎记。若其云山之胜,风物之美,游览者宜自得焉? 至于资财之所出,工力之所费,其不足书者皆不复云也。

【作者简介】

张朝琮,字式玉,浙江绍兴府萧山县(今杭州市萧山区)人,例监,康熙三十年由鸿胪寺主簿迁文安县令,三年秩满调任三河县令,康熙三十三年三月擢蓟州知州。康熙四十一年再任蓟州知州。康熙四十六年至五十二年任永平府知府。康熙四十三年主修《蓟州志》,康熙五十年续修《永平府志》。

【注释】

①两穗至于四五穗者:乾隆三十九年《永平府志·纪事》:"康熙四十九年秋,大有年,谷二三穗至四五穗者甚多。"大有年,大丰收。

②望西成：即西成之望，丰收在望。西成，谓秋天庄稼已熟，农事告成。《书·尧典》："平秩西成。"孔颖达疏："秋位在西，於时万物成熟。"

③吾侪：我辈，我们这些人。

④鲁为长府：《论语》："鲁人为长府。闵子骞曰：'仍旧贯，如之何？何必改作？'子曰：'夫人不言，言必有中。'"鲁人，指鲁国当权者。为长府，改建国库。为，改建。长府，春秋时鲁国库藏名，藏财货、武器的府库。

⑤楚建章华：楚国修建章华宫，豪华富丽，楚王为天下人唾。晋平公建虒祁宫，欲与章华媲美，与楚竞誉。落成，遍邀诸侯来贺。晋为霸主，诸侯多讥讽，然不得不朝。

⑥(勤)[剿]民：劳民。

⑦鸡人嘑(hū)旦：鸡人，周官名，掌供办鸡牲。凡举行大典，则报时以警夜。《周礼·春官·鸡人》："鸡人掌共鸡牲，辨其物。大祭祀，夜嘑旦以嘂(jiào)百官。凡国之大宾客、会同、军旅、丧纪，亦如之。凡国事为期，则告之时。凡祭祀，面禳衅，共其鸡牲。"嘑旦，呼叫以报晓。嘂，鸣叫。

明

王世贞《永平道中》诗云：卢龙左冯翊①，白马旧安西。浴日沧溟小，摧天碣石低。虎沉飞将羽②，龙出慕容题③。驱传令支塞④，问津卑耳溪⑤。荒祠孤竹并，让国大名齐。引首哀兵镞，沾膺愧马蹄。榆关秋一带，慎莫动征鼙。

【作者简介】

王世贞，字元美，号凤洲，又号弇州山人，江苏太仓人。嘉靖二十六年进士，授刑部主事，迁员外郎、郎中。嘉靖三十五年春至永平府，冬出任青州兵备山东按察司副使。隆庆二年转大名兵备河南副使，擢浙江布政司右参政，分守湖州。万历元年起为湖广按察使，升广西右布政使，迁太仆寺卿。万历二年九月，以右副都御史抚治郧阳。万历十二年任应天府尹，晋南京兵部右侍郎。万历十七年六月擢南京刑部尚书。万历十八年正月以疾辞归。万历二十一年卒于家，赠太子少保。清钱大昕《王世贞年谱》："嘉靖三十五年丙辰，在刑部任。春被命省讞畿辅诸郡，至蓟门。"

【注释】

①左冯翊(yì)：汉太初元年(公元前104年)改左内史置，为拱卫首都长安的三辅(京兆尹、左冯翊、右扶风)之一。治所在长安(今西安市西北)。此指卢龙县为京畿重地。

②虎沉飞将羽：汉飞将军李广射虎，箭石没簇。

③龙出慕容题：《晋书·前燕·慕容皝载记》："咸康七年皝迁都龙城……起龙城宫阙。时有黑龙白龙各一见于龙山，皝亲率群寮观之，去龙二百余步，祭以太牢。二龙交首嬉翔，解角而去。皝大悦！还宫赦其境内，号新宫曰和龙，立龙翔佛寺于山上。"明弘治十四年《永平府志》："静安社：在昌黎县西五十里，古柳城县，元省入昌黎。其城廓见有周围

三里,高一丈八尺。按《方舆胜览》燕慕容皝僭号,有黑白二龙降于西山,交首嬉戏,祀以太牢,改柳城为龙城而都之,以柳城西北龙山之南为福地。今龙山正在静安西北。"

④令支塞:卢龙塞,古塞名,在今唐山市迁西县潘家口水库一带。令支县,汉置,在今迁安市、迁西县一带。

⑤卑耳溪:此处指滦河。

东荫商《永平》诗云:肥子城高北斗悬,燕关东去路依然。谁知戎骑挥戈地,翻见边疆撒堠年。春转渔阳霜压碛,云开碣石水连天。墨胎社稷今何处?独有西山二子传。

【作者简介】

东荫商,字云雒,陕西华州人,明崇祯九年举人。擅长诗文,尤好书画。著有《华山经》《洛川志》等。

谷继宗《卢龙道中》诗云:白雪卢龙道,青毡使客车。日瞻沧海近,云带碧山斜。烽火宵传警,材官晓建牙。降王能款塞,归及报重华。

【作者简介】

谷继宗,字嗣兴,号少岱,山东济南府历城县人。正德八年举于乡,嘉靖五年第进士。嘉靖十一年任宜兴知县,卒于任。

【补录】

永平道中　明·吴鹏

疏雨未滑道,秋风随使轺。磴危频下马,溪断不逢桥。板屋居何陋,蒲蛮习更骄。暝投孤馆宿,寂寞听邻箫。(乾隆三十九年《永平府志》、《御选明诗》)

【作者简介】

吴鹏,字万里,号默泉,浙江秀水人。嘉靖二年进士,由工部主事历升江西左布政使,江西巡抚都御史,工部右侍郎、刑部左侍郎、工部尚书、吏部尚书。

清

昆山顾炎武《永平》诗云:流落天涯意自如,孤踪终与世情疏。冯驩①原不曾弹铗,关令②安能强著书?榆塞晚花重发后,滦河秋雁独飞初。从兹一览神州去,万里徜徉兴有余。

【作者简介】

顾炎武,原名绛,字忠清,江苏昆山人。明亡后,改名炎武,字宁人,学者尊为亭林先生。清初著名学者。顺治十三年北上,遍游华北。顺治十五年秋,从山东莱州潍县赴北京,经蓟州、遵化、玉田到达永平府。冬,游历卢龙,登孤竹山,谒夷齐庙。翌年春出山海关,返昌黎。康熙十六年后,客居山西、陕西,潜心著述。康熙二十一年,卒于曲沃。撰有《天下郡国利病书》《肇域志》《日知录》《亭林诗文集》。

【注释】

①冯骥:《史记·孟尝君传》作"冯骥",《战国策·齐策》作"冯谖",齐国人,为孟尝君田文的门客,终日粗茶淡饭,怀才不遇。冯谖三弹其铗而歌,一曰:"长铗归来乎!食无鱼!"二曰:"长铗归来乎!出无车!"三曰:"长铗归来乎!无以为家!"孟尝君一一满足其要求,使冯食有鱼,出有车,冯母供养无乏。冯谖从此不再弹铗,为孟尝君"烧债契市义",辅佐孟尝君夺回齐相宝座,并安居高位数十年。

②关令:尹喜,字文公,号文始先生,甘肃天水人,周代楚康王大夫。周昭王二十三年,见天下将乱,请任函谷关令。老子过函谷关,尹喜令作《道德经》,后随老子西去。《史记·老子传》:"(老子)居周之久,见周之衰,乃遂去。至关,关令尹喜曰:'子将隐矣,强为我著书。'于是老子乃著书上下篇,言道德之意五千余言而去。"

泽州陈廷敬《北平①怀古》诗云:浅草寒沙路,春风数骑行。常思射虎石,何处北平城?没羽边云动,收弦塞月横。书生无燕颔,因尔倍含情。

又《次北平》诗云:蓟门行已尽,杳杳复孤征。落日辽西郡,春风右北平。登高望远海,饮马出长城。不作关山使,谁知边塞情。

【作者简介】

陈廷敬,字子端,号说岩,山西泽州人。顺治十五年进士,授秘书院检讨,迁翰林院侍讲学士、内阁学士、礼部侍郎,改翰林院掌院学士,入直南书房,迁吏部侍郎,擢左都御史,历工部、刑部、户部、吏部尚书,拜文渊阁大学士兼吏部尚书。著有《康熙字典》《午亭文编》等。

【注释】

①北平:永平府的别称。隋唐时期,永平府为北平郡地。

大兴朱珪《恭和御制 <过永平府咏事> 元韵》云:天兵振旅指东旋,埽荡雄风迅破坚。王气云龙迟震业,使臣首鼠递惩愆。义宣不杀迁三舍,仁算无遗出万全。禹迹山河归一统,抚时揽胜更光先。

【作者简介】

朱珪,字石君,顺天府大兴县(今北京市大兴区)人。乾隆十三年进士,授编修。乾隆四十年,授侍讲学士,直上书房,担任皇子永琰老师。嘉庆元年,授两广总督兼署广东巡抚。二年升兵部尚书、吏部和户部尚书,仍留任巡抚。嘉庆四年正月,命直南书房,管户部三库,加太子少保。不久任上书房总师傅,调户部尚书。五年,兼署吏部尚书。七年,任协办大学士,不久兼翰林院掌院学士,晋太子少傅。十年,拜体仁阁大学士,管理工部。嘉庆十年、二十三年,曾随侍清仁宗东巡,过往永平府。

滇西师范《永平道中次南池①韵》云:漠漠黄云带野平,朔风吹送晚鸦声。石桥沙碛空春水,落日寒烟见古城。山接九边青不断,柳当三月翠初生。即今海宇无征战,漏永严关角自鸣。

又《永平郡郭闻钟》诗云:荡荡古卢龙,孤城锁万峰。河流吞郡阔,草色入关浓。国已迷肥子,碑犹纪慕容。临边无限感,坐倚一楼钟。

【作者简介】

师范(1751~1811),字端人,号荔扉,又号金华山樵,云南大理赵州(今弥渡县)人。乾隆三十六年,其父师问忠任石碑场大使,师范随往乐亭县。乾隆三十九年中乡试亚元(举人第二名),屡试进士不第。乾隆五十二年任剑川州学学正。嘉庆六年以军功保授安徽望江县知县,嘉庆十三年以疾去官。

【注释】

①南池:彭翥,字少鹏,一字南池,号竹林,云南蒙化县人。乾隆三十五年举人,乾隆四十七年任广东封川县知县,乾隆五十一年调香山县知县,升湖南岳州同知、广东琼州同知。

新化欧阳绍洛《卢龙道中》诗云:畿东形胜数平州,有客来为汗漫游。终古云烟迷海气,一天风雪拥边楼。关山未改燕辽旧,鞍马频惊岁月周。莫指遗踪夸射虎,汉家飞将不封侯。

【作者简介】

欧阳绍洛(1767~1841),后改欧阳辂,字念祖,一字洞东,湖南新化人。乾隆五十九年中举人。屡试春官不遇,乃南走粤,北游燕、代。"嘉庆年间掌永平敬胜书院"(史梦兰《尔尔书屋文钞》)。著有《洞东诗钞》十卷,《清史列传》行于世。

南皮张太复《登北平郡城》诗云:群峰四绕郁崔巍,睥睨横空亦壮哉。石矗虎头衔日落,河翻龙势破山来。凉风朔雪三冬尽,白草黄云万里开。一望榆关接辽沈,当年戈甲仰边才。

【作者简介】

张太复,原名景运,字静旂,号春岩,别号秋坪,河北南皮人。乾隆四十一年,诏试津门,任四库全书馆誊录。乾隆四十二年拔贡生,任益津县训导,升浙江太平知县。嘉庆二十年改任迁安县教谕。有《因树山房诗钞》《令文游览集》《晋游草》。

昌黎齐乔年《登北平城楼》诗云:西风吹朔漠,白露下遥天。日落千峰静,河流一带烟。采薇歌尚在,射虎事空传。不尽苍茫意,低徊念古贤。

【作者简介】

齐乔年,字松五,昌黎县人。乾隆年间增贡生,性情恬淡,学识渊博,撰有《北山时草》。

辽阳刘文麟《永平府》诗云:边风如箭客衣单,白草黄沙一望宽。水为太清偏激急,山非甚峻自峰峦。层崖细路征轮缓,落日孤城画角寒。太息汉家飞将勇,不侯因失佞臣欢。

【作者简介】

刘文麟(1815~1867),字仁甫,号仙樵,辽阳城东沙浒人。道光十七年、道光十八年联捷成进士。道光十九年任广东平远知县,为总督林则徐所器重。后迁海南文昌县知县。咸丰元年,调任河南沈丘县令。因揭发官署积年库亏,被参劾而降职,弃官还乡。先受聘主讲沈阳萃升书院,后回到辽阳故里,闭门读书著述,著有《仙樵诗钞》十二卷。

昌黎王煦《卢龙怀古》诗云:平州重镇控燕幽,拔地峰峦郭外周。一带春云凝远塞,千家烟树覆层楼。采薇公子常辞国,射虎将军竟不侯。吊古闲行经晚渡,漆漆呜咽抱城流。

【作者简介】

王煦,号渻厓,昌黎县人。乾隆五十九年中举,道光二年进士,历任河南延津、孟县和江苏武进等知县。返乡后任永平府敬胜书院、迁安安昌书院等主讲,书法苍秀,造诣颇深,有《爱日堂类稿》。

乐亭张凤翔《晚登永平城楼》诗云:危楼直上与云齐,绕郭峰峦一望迷。万点星光天咫尺,满城灯火屋高低。长街露冷秋虫咽,绝塞风凉战马嘶。乡思怦怦消不得,几声归雁过河西。

【作者简介】

张凤翔,乐亭人。咸丰九年举人。

张山《卢龙道中》诗云:匹马卢龙道,风沙二月天。凿山通细路,叠石护高田。野店难留宿,舟人横索钱。不禁行役苦,僮仆亦凄然。

又《发郡城》诗云:乱山围不住,匹马出平州。旧垒如峰立,长河带石流。抗怀飞将事,回首少年游。无限沧桑感,萧萧两鬓秋。

【作者简介】

张山,字仙,一字景君,乐亭县药王阁人,清末岁贡,候选训导。

【补录】

《临江仙·永平道中》 清·纳兰性德

独客单衾①谁念我,晓来凉雨飕飕。缄书欲寄又还休。个侬②憔悴,禁得更添愁。

曾记年年三月病,而今病向深秋。卢龙风景白人头。药炉烟里,支枕听河流。

《临江仙·卢龙大树》 清·纳兰性德

雨打风吹都似此,将军③一去谁怜。画图曾见绿阴圆,旧时遗镞地,今日种瓜田。

系马南枝④犹在否,萧萧欲下长川。九秋黄叶五更烟,只应摇落尽,不必问当年。(清纳兰性德《饮水词》)

【作者简介】

纳兰性德,叶赫那拉氏,字容若,号楞伽山人,满洲正黄旗人,大学士明珠长子。清初著名词人。18岁考中举人,次年成为贡士。康熙十二年因病错过殿试。康熙十五年补殿试,考中第二甲第七名进士,深受康熙皇帝赏识,授三等侍卫,不久晋升为一等侍卫。康熙二十一年,随康熙皇帝东巡,过往永平府。

【注释】

①单衾:薄被。

②个侬:那个人。指纳兰性德夫人卢氏,两广总督卢兴祖之女,汉军镶白旗人,祖籍永平府(清中书舍人叶舒崇撰《皇清纳腊室卢氏墓志铭》称"夫人卢氏,奉天人,其先永平人也。")。康熙十三年18岁时与纳兰性德结婚,康熙十六年五月三十日,因难产而亡。康熙二十一年,纳兰性德侍驾过永平,作词表达对亡妻的思念之情。

③将军:指将军树,即大树。《后汉书·冯异传》:"每所止舍,诸将并坐论功,异常独屏树下,军中号'大将军树'。"后遂以"将军树"借指大树,亦用为建立军功之典。

④南枝:朝南的树枝,比喻温暖舒适的地方。《古诗十九首·行行重行行》:"胡马依北风,越鸟巢南枝。"因以指故土故国。

浣溪沙·永平道中作 　　　　清·张惠言

风柳疏疏飐酒旗,夕阳下尽月来时,一般情绪少人知。梦里镇长无觅处,晓来何苦又相思,人间天上两空期。(清张惠言《茗柯词》)

【作者简介】

张惠言,原名一鸣,字皋文,号茗柯,武进(今江苏常州)人。嘉庆四年进士,选庶吉士,充实录馆纂修官。六年,散馆,奉旨以部属用,授翰林院编修。卒于官。

登永平城楼 　　　　清·史梦兰

风雨孤城暮,危楼接太清。乱山肥子国,野水汉家营。飞鸟冲烟出,长虹压浦明。古来征战地,凭吊不胜情。(清史梦兰《尔尔书屋诗草》)

【作者简介】

史梦兰,字香崖,乐亭县人。清末著名学者、方志学家,有"京东第一才子"之称。道光二十年举人,授朝城知县,以母老不赴。筑别业于碣石山,名曰止园,奉母其中。提督直隶学政周德润以学行荐,加四品卿衔。先后编纂《迁安县志》《抚宁县志》《乐亭县志》《永平府志》等,著有《尔尔书屋诗草》《尔尔书屋文钞》等。

望高阁 　在城东门之北,今其阁虽废,而址尚存,土人呼为望远台,邑中人士多登临游览。

凭虚阁 　在下水关城上(久废)。

武备楼 　在城西北隅(久废)。

玄览楼 　在上水关城上(久废)。

文会亭 　在城北隅(久废)。

安山堡 　在城北三十里。

松崖堡 　在城北三十里。

安河堡 　在城西二十里。

赤峰堡 　在城西三十里。

新罗寨^①　在城东三十里。

双望堡^②　在城东三十五里。明嘉靖间建(案《读史方舆纪要》,以上皆民堡,今俱废。惟双望东西有门。明嘉靖三十八年,蒙古入犯,至双望堡,即此)。

泽州陈廷敬《双望堡》诗云:千里营平道,青冥万仞山。烟烽双望堡,征戍几人还。塞柳春光断,边鸿夕照间。萧条怀古意,匹马近榆关。

【注释】

①新罗寨:即今新挪寨村,属陈官屯乡,位于卢龙县城东北 16.7 公里处。相传唐贞观年间,高丽人入侵此地,"唐王东征"时他们要求留下把零散的村庄搬到一起居住,得名新挪寨。新罗(公元前 57 年~935 年),朝鲜半岛东南部的国家之一,660 年新罗联合唐朝灭掉百济,668 年又与唐联合灭高句丽。9 世纪末又分裂成三个国家。935 年被高丽统一。新罗寨,即新罗人居住的村寨。北魏延和元年(432 年)魏太武带拓跋焘征讨北燕冯私,徒朝鲜民于肥如县。《魏书·地形志》:北平郡朝鲜县"延和元年徒朝鲜民于肥如县复置(朝鲜县)。北齐天保七年(556 年),省朝鲜县入新昌县。隋开皇十八年(598 年)改新昌为卢龙县。

②双望堡:位于抚宁与卢龙交界处。清末、民国时期,双望属抚宁、卢龙两县共管。据光绪三年《抚宁县志》载,茶棚堡所辖有茶棚、桃园、西湾子、上官营、下官营、李官营、苏官营、韩官营、苗官营和双望东关。民国二十一年《抚宁县志料》载:抚宁县第五区第十四乡"双望乡",下辖坨上庄、苗官营、韩官营。1984 年 4 月卢龙县地名办公室编《卢龙县地名资料汇编》:"民国年间该镇属两县所辖,东部属抚宁县,西部属卢龙县管辖。中华人民共和国成立后将抚宁县所辖一、二村划为卢龙县管辖。"

【补录】

双望村　清·顾学潮

邻邑多民事,频将晓色探。秋声连海壮,雨意带山酣。一统无中外,分村有北南。区区尔我见,政体更谁谙。(乾隆三十九年《永平府志》)

【作者简介】

顾学潮,字小韩,江南元和县人。乾隆十七年副榜贡生。历任山西繁峙、太原、宁武、汾阳县知县,乾隆二十九年任滦州知州,乾隆三十四年擢浙江金华府知府,乾隆三十八年调任永平府知府。乾隆四十六年由河间府知府转任保定府知府,升直隶清河道。乾隆五十一年进浙江布政使。

桃林营堡　在城北五十里,距边城十三里。明万历间建,砖城,高一丈二尺,周里半,东西南三门。

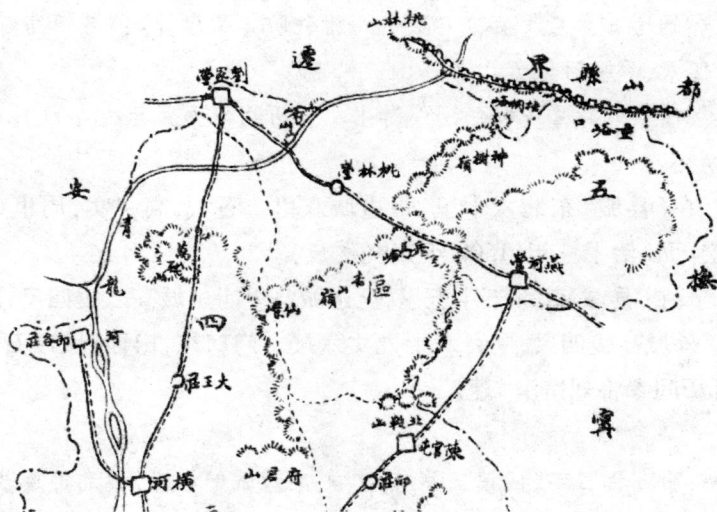

桃林口城^①　在县北六十三里。砖城,高三丈六尺,周里半,南北西三门。

明兵备刘景耀《桃林》诗云:野水年年去不还,荒林面面出高山。小舟晚泊鸳鸯渚,画角秋生虎豹关。出塞将军谁侠骨?中原赤子正愁颜。悲笳遥对啼猿急,暮日争如归鸟闲。

【作者简介】

刘景耀,号嵩曜,河南登封人。天启二年进士,历任大城知县、兵部车驾司主事、员外郎。崇祯六年任永平兵备道山东按察副使。崇祯十年四月,耻于向总监关宁太监高启潜行属礼,辞官归里。崇祯十二年升山东巡抚,在任七个月,因积劳成疾,卒于官。

【注释】

①桃林口城:明万历四年《四镇三关志》:"桃林营城堡一座,洪武年建。""桃林口关,洪武年建。通大川,平漫,河东极冲。"《明太祖实录》:"洪武十五年九月丁未朔。丁卯,北平都司言:边卫之设,所以限隔内外,宜谨烽火,远斥堠,控守要害,然后可以耆服胡虏,抚辑边氓。按所辖关隘曰一片石,曰黄土岭……曰界岭口,曰青山口,曰干涧儿,曰桃林口,曰重峪口……曰金水口,凡二百处,宜以各卫校卒戍守其地。诏从之。"

燕河营城^①　在(县城)东北五十里,距边城十里。砖石城,高二丈四尺。门四,周三里余,明万历间建。城外西南隅旧有教场、将台,厅壁刻"仁、智、信、勇"四大字,高丈余,少保戚继光题,本路参将高如桂^②刻石,幕下陈忠言书。

【注释】

①燕河营城:万历四年《四镇三关志》:"燕河营城堡一座,洪武年建。""燕河营:正统年设参将一员,领中军一员,千把总九员。额兵三千一百二十八名,尖哨一百名,夜不收三百名。"夜不收,明代时派往敌营的哨探,因经常在夜间从事侦察敌情活动而得名。明戚国祚等编《戚少保(戚继光)年谱耆编》:"万历七年(1579年),议修燕河营城。"清张廷

玉等编《皇朝文献通考·兵考·直隶省兵·八旗驻防·绿旗营》:"燕河路都司一人,驻扎燕河营城;把总四人,兵一百六十八名。"

②高如桂:绥德卫人。隆庆初任延绥游击。万历八年九月至九年八月由延绥西路参将补任燕河路参将。

重峪口堡　在(县城)东北六十里,距边城八里。石城,高一丈,周里余。东西门各二,南门一,明宏[弘]治十三年(1500 年)建(久废)。

刘家营城①　在(县城)正北五十五里,至边城八里。里城高二丈四尺,周百二十三丈八尺。门曰南。外城高丈四尺,周百六十九丈六尺。门曰东,曰西,城以石为骨,外(傅)[附]以砖,明万历间参将刘宗汉②建。

【注释】

①刘家营城:明万历四年《四镇三关志》:"刘家营城堡一座,洪武年建。"

②刘宗汉:万历十九年五月任都司佥书,管广东虎头门寨把总事。万历二十四年十月任广西浔梧参将,迁神池守备、义州参将。万历三十八年五月补任建昌路参将。天启三年改任紫荆关参将。天启六年闰六月升洮岷副总兵。

卢龙县志卷二

公 署

今县政府,即旧永平府署也,在城中平山,明洪武二年(1369年)建。大堂东经历司(清改官厅,今废)。次库。西照磨所(久废)。次架阁库。前抱厦、露台,缭以短垣(今废)。中甬道、戒石牌亭(今废)。前仪门,两翼东署门,次八房,次銮驾库(今俱废)。西署门,次八房,次大润库(今俱废)。大堂后为穿堂(清改为宅门),入为二堂,左为花厅(清改平山堂),北为内宅。东为理刑厅(清改为幕厅,今改为第一二两科,又承审科办公处,又乡治处)、马政厅。又前为检校宅(今俱裁废)。堂西为清军厅、粮捕厅(清改理事厅,今废)。又前为知事(久废)、照磨(久废)、经历宅。次列吏舍(今俱废)。仪门外,东土地祠(今财务局址)、寅宾馆(久废),西司狱司(清改经历署,今废)。大门前,东申明亭①,西旌善亭②(俱废)。亭前即东西道,左有坊曰辽左咽喉(民国十八年涂为"实现民治"),右有坊曰京东屏翰(民国十八年涂为"拥护党权"),中有坊曰保厘(民国十八年涂为"世界大同",今剥落,仍现旧字)。东为文官厅,西为武官厅(俱废)。前有坊曰古北平。东西榜棚各四间(今俱废)。又前即照壁,正统中知府李文定、张茂,成化中周晟,嘉靖中曹怀,万历中刘泽深,清康熙中梁世勋、张朝琮,乾隆中卢见曾、刘羲,皆经修茸。光绪三年(1877年),知府游智开重修。

【注释】

①申明亭:明太祖朱元璋于洪武五年(1372)创建的读法、明理、彰善抑恶、剖决争讼小事、辅弼刑治之所。每里推选一年高有德之人掌其事,定期向里中编户宣读并讲解《大诰》《大明律》《教民榜》,使全里人户知法畏法,不敢犯法。申明亭内定期张贴朝廷文告,公布本地罪犯或犯错人员的姓名及其罪错内容,推举德高望重之人,在申明亭主持调解民间轻微纠纷。

②旌善亭:在申明亭对面,必设旌善亭,亭内粘贴榜文,公布本地的孝子贤孙、贞女节妇之事,从而达到教化乡民之目的。

明知府曹怀《改建永平府门记》云:古之王者,向明而治。明之义,阳也,离也,南方之象也;阳则动物,离则照物,动则变,变则不穷,照则远,远则不蔽,兹天下之所由治也。臣行君之政而致之民者也,台省、郡县之设制,皆南向,无庸少贬,求以治民焉尔。我圣祖肃清华夷,奄有天下,郡县之制,悉遵旧典,间有东西向者,拘之以形势,仍之以习染,泥之以风水,识治体者恒病之。

岁丁亥(嘉靖六年,1527 年),予忝承宠命,握符兹土,道出蓟门,谒宪台熊公①间,谓予曰:"永之门东向,前守者时阻群议,子其图之。"予闻而病焉。抵郡之日,斋宿公所,首谒诸少府兰阳杨君士魁②辈,曰:"政以治民,门以出政。治之有门,犹身之有首,首不正则形体痿,门不正则规模陋。永之门,诚若熊公之言邪?"杨君曰:"然。治之南,为清军局地若干;局之西,为民家王贡等地又若干。已檄上诸当道,幸相厥成。"予慰曰:"殆先得我心之所病者乎?"遂躬任厥事,图维厥终。三月甲辰,命工择日,撤旧门之材,置诸南向,楹三间,台四丈,高下广狭一无愆素,第腐者易之,朽者新之,缺者全之。越四月乙已,工聿告成,官不为费,民不知劳,门于是乎改观矣!杨君以迁去,代之者兖郡孙君允中③,别驾洛阳管君世禄④,阳曲孙君让⑤节推去任,曹州李君凤⑥、平度李君学诗⑦佥谓余不可无作以识岁月,乃记之,曰:嗟乎!民诚可与乐,成不可与虑始哉。始予经营厥工,庶誾于道,士哗于室,(室)[至]有持郡志告者曰:门创自洪武二年,公其慎动。计其意无他,而世俗之见,有未能尽脱者。予力排群议,百年之谬一旦始革。由今观之,两衙既放,重门洞开,幽隐毕达,私曲悉见,出入有稽,吏胥辈不敢夤缘为奸,向之得民,邪正果孰多邪?偕我二三僚寀试登门驻望,南山在前,具瞻在念,端乃威仪,慎乃政令,矢乃操守,协乃心力,上布皇明求治之意,下广斯民乐成之心。是门也,岂特伟厥瞻宏厥度而已哉?相度旧门隙地,创厅事三间,扁曰公止。凡我僚寀相与,顾名思义,求无失断金之利,斯可矣!因并记之。嘉靖七年(1528 年)戊子三月。

【作者简介】

曹怀,字于德,南直隶无锡人。正德十二年进士,选庶吉士,改户科给事中。历吏科,迁兵科左。嘉靖初,诏廷臣集议大礼,忤旨,下诏狱,杖于廷。再疏论当事诸臣,受廷杖并系狱。奉命稽察甘肃仓储兵器。嘉靖六年出守永平,调思恩,致仕。

【注释】

①宪台熊公:熊相(1473～1530),字尚弼,号台峰,江西瑞州府高安人。弘治十七年中举人,正德三年举进士,历任临海知县、河南御史、南京刷卷、四川按察使、山东按察司副使、整饬密云、蓟州等处兵备道,福建按察司副使等职,诰授通奉大夫。

②杨君士魁:杨士魁,河南兰阳人,正德三年进士,时任永平府同知。官至郑府长史。

③兖郡孙君允中:孙允中,字信道,号洙滨,山东兖州人,嘉靖二年进士,嘉靖七年授直隶永年县令,迁襄垣县令,升永平府同知,嘉靖十一年升山西按察司佥事。

④管君世禄:管世禄,河南洛阳人,举人,嘉靖初任永平府通判。

⑤孙君让:孙让,山西阳曲人,举人,嘉靖初任永平府通判。

⑥曹州李君凤:李凤,河南人,嘉靖五年进士,时任永平府推官。

⑦平度李君学诗：李学诗，山东平度州人，进士，嘉靖五年任永平府推官。

知府宋大武《永平府题名记》云：夫永平，本燕冀故墟，自商有孤竹国以来，世历汉魏、隋唐，虽制殊、沿革，代为名邦，（逮）[迨]后汉迄于宋、元，没于夷虏，相将二百余年，故典章、文物散漫无纪。惟我太祖廓清宇内，始恢复卢龙故地而郡县之，暨成祖定鼎金台①，永平遂为股肱郡，出守兹土者，累不乏人。随时搜辑规度、仪物，或存什一于千百，独题名一石，尚有缺焉。盖地邻边境，庶务丛委，故有所未暇焉耳！

嘉靖辛亥（三十年，1551年），晋阳郭丹泉氏②尝志是而欲记诸石矣，越癸丑（嘉靖三十二年，1553年）春，秉宪中原，乃未获成其志。何双泉氏③又复砻石以待，而其石尚仆，弗克立也。予至自夏四月牒牍旁午，逾秋及稍得休暇间，尝取丹泉所记而读之，觉传写有舛讹处，且言守而不及于同寅诸公，殆非题名意也。予故更为删定，自知府而下，同知、通判、推官凡若干人，各分列一行，以序登记，庶有得于共事法守云耳。

况自洪武以至永乐，近得数人，而甲第、履历一无可考。成、宏[弘]以及于今，虽存名姓，而宦绩亦鲜所据。予为此惧，亟谋于石，非敢欲寄不朽也。抑因以知叙迁之岁月而已，若其人之贤否，政之善恶因而美刺兴焉，劝惩立焉，则系于观者之自择也，奚俟予言。嘉靖甲寅（三十三年，1554年）孟夏。

【作者简介】

宋大武，字文成，浙江余姚人。嘉靖二十年进士，授刑部主事，升郎中。嘉靖三十二年至三十五年任永平府知府。升广东副使，擢参政。

【注释】

①金台：燕京。公元前311年，燕昭王即位，于易水旁修筑黄金台，广招天下人才，乐毅、邹衍、剧辛等前来投奔。明永乐十九年，明成祖朱棣把首都从南京应天府迁到北京顺天府。

②晋阳郭丹泉氏：郭鉴，山西高平人，嘉靖十四年进士，历任刑部主事、户部员外郎、郎中，出为顺德府知府。嘉靖二十九年至三十二年任永平府知府。升河南按察司副使。

③何双泉氏：何继武，字克绍，号双泉，河南灵宝人。正德间，以祖何钧户部侍郎恩荫官生，授光禄寺署丞，升山东莱州府推官、直隶大名府通判。嘉靖二十二年至二十四年任山西隰州知州。后迁临洮府同知，转永平府同知（光绪二十四年《续修隰州志》：云梦山石刻，石壁刻何继武《次龙泉洞韵》《观水帘洞》二诗后注："嘉靖壬寅（二十一年，1542年）九月一日，余守关回。游观云梦山，见龙泉水帘之景甚奇，偶成二绝书之，并岁月云尔。隰州知州桃林双泉子何继武识。"）。

知府辛应乾《北平创建总记》云：夫土木之工，劳民伤财，贤者多避而不为，恐丛怨招谤也。然事有补于地方，民劳而不为厉也，财费而不为靡也，求无愧于心而已，畏嫌裕蛊，如职守何？

予自隆庆五年（1571年）春叨承上命，典守兹郡，体念边氓疾苦，极力节省，至于兴作数事,不免劳民费财,推原本心,非私计也。今工已告竣,予亦秩满,谨述其工作,次第勒之石,以俟察者。

夫城池,保障军民,城池不固,职守之责,况永平去边仅五十里,较之腹里,城池最为紧要。前守刘公①于隆庆元年虏患之后,修筑城垣,工方竣,任满迁秩,池尚未浚。议者佥谓缺典。予代公守任后,即移文当道,锐意浚池,为保障计,遂于城居军民照房,分派夫役,不足者量派于州县里甲,共计夫一千余名。浚完池濠,周围一千二百丈余,高、深二丈。池边植柳一万五千余株。工始于隆庆五年三月,告成于万历元年(1573年)六月。董斯役者,省祭官②杨华、季问赐;先后督工官,照磨③尹时鹏、检校傅一敬也。

公馆以待使者,府城旧止察院④一诸司,并临假馆民居,少不如意,怒形于色,有司每以此为苦。予于察院东加建察院一座,大堂、退堂并内外厢房、门房,共计四十二间。西建道、本府官厅,东建本官厅,共计内外房一十六间。始于隆庆五年八月,竣于隆庆六年十月。其夫役拨派城操,木料出课税,自砖瓦、灰箔、工匠食米出自罚赎。董役者,千户杨应龙、省祭(官)阚九思、戴铭,仍以照磨尹时鹏督之。

储养人材,有司第一义也,予于府后空地建书院一座,大堂、退堂并内外厢房、号房,共计四十八间。工始于隆庆六年二月,竣于万历元年五月。夫役取之本府并州县,缺官皂快,木料、砖灰、匠作食米出自罚赎。助工者,省祭官朱文、邹文达。董役者,杨应龙、阚九思。

城隍之祠,载在祀典,与社稷坛,所以佐守令而同福斯民者也。久旱祈祷,屡有征验。庙久就颓,神何所依?予与同寅见峰陈君⑤、西河赵君⑥、淑斋徐君守城⑦、双桥李君并所属州县各捐俸,命工重修示报。其殿寝室并内外廊房共三十间,俱更而新之。创建大门、二门各三间,斋宿所三间,东西厢房四间。工始于隆庆六年二月,告成于万历元年七月。夫役出自本府空闲民皂,不足者借拨大小二河水夫,间有尚义乡民捐资助工者,其详载于庙记。董斯役者,义官杨汝谦也。府门系一方观瞻,政令所由出焉。旧制狭隘,前守屡议扩充,竟尔中止。予承兵宪孙公⑧之议,用银二百九十两,买监生廖汝枬房地五间,省祭官杨守房一间。南向开街,以便出入。建立坊牌二座,匾其南曰神京左辅,北曰承流宣化。更建大门五间,东西申明亭共六间。坊牌之南,东建州县官厅三间,西建卫所官厅三间。东西各建榜棚四间,前建□□三间。工始于隆庆六年七月,告成于万历元年六月。夫役即衙门空闲壮皂,木料出自抽取商课,匠作工食、砖瓦颜料随时设处,同寅陈君等各捐俸以充不足之费。董斯役者,亦杨应龙、阚九思也。

夫修城池、公馆,建书院,修庙宇,开府街,劳民伤财,固所不免,然役可劳之民,费无碍之财,为地方计而不为身家计,反之于心实无愧焉。知我、罪我,有公论在,敢曰托石以自文也。是为记。万历元年仲冬。

【作者简介】

辛应乾,字伯符,号顺庵,山东安丘人。嘉靖四十一年进士,授山西长治县令,行取户部浙江清吏司主事,升郎中。隆庆五年至万历二年任永平府知府。历升山西按察使、山西巡抚都御史、兵部左侍郎、工部尚书等。

【注释】

①前守刘公:刘庠,湖广钟祥人,进士,隆庆元年任永平府知府。隆庆四年七月升山东按察副使。万历元年正月改左参政。三年正月调四川按察使。五年正月擢四川右布政使。六年八月改左布政使。九年六月升应天府尹。十年二月擢右副都御史,巡抚贵州。十一年十二月升南京兵部右侍郎。

②省祭官:古散官名,即省察官,官阶级别较低,未入流,明清时期设于州县,负责"纠察""督察"之责。"祭",古"察"字。

③照磨:元代始置,为掌管宗卷、钱谷的属吏,负责钱粮、财务收支审计监督工作。《元史·百官志》:"照磨一员正八品,掌磨勘左右司钱谷出纳缮科例,凡数计文牍簿籍之事。"《明史·职官志》:"照磨、检校,照刷文卷,计录赃赎。"都察院"照磨所,照磨正八品,检校正九品。"

④察院:都察院监察御史在各地的衙署。

⑤见峰陈君:陈王道,山西临汾人,隆庆二年进士,隆庆六年至万历二年任永平府同知。

⑥西河赵君:赵兰,陕西西宁卫人,岁贡,隆庆五年任永平府通判。

⑦淑斋徐君守城:徐学孟,直隶庐江人,举人,万历元年任永平府管粮通判。

⑧兵宪孙公:孙应元,湖广承天卫(今湖北钟祥)人,嘉靖四十一年进士,授兵部职方司主事。嘉靖四十三年改任山海关兵部主事。隆庆四年至六年任永平道。万历五年正月升山西巡抚。

《清知府李文耀德政碑》云:大泽旁敷,除弊即所以兴利;仁恩广被,守旧弥切于更新。此固闾阎黎庶引领翘首,期其然而未敢必其然者也。兹何幸我郡宪李公①来守其邦,有以恤民隐而惬民情焉。

永郭西北里许有渡口曰宋家哨,其水环绕边隅,蜿蜒而来,达于海,即带玉之漆流也。夏秋非船莫济,冬春非桥莫通,需用不赀,并无公费,百余年来,皆两号九庄民间备办,而长民者,念其勤劳,免其力役,所以预备车马,承办杂差,秋毫无扰,历任邑侯皆然。

乾隆丙子(二十一年,1756年)岁,我公视篆卢邑,更沛鸿慈,久已颂声载道矣!第恐时移日积,法久弊生,胥吏舞文,狡狯营私,草野疾苦,壅于上闻。今我公抚绥永郡,卢邑仍隶宇下,因复渎叩蒙批准,照旧办理,免派杂差,捧读之下,群情感戴,积弊除矣!大利兴焉,旧政复矣!新猷焕焉,爰勒贞珉,永志不朽。

夫我公为一郡福星,七邑蒙庥,岂我一邑之愚氓沐其慈惠,九庄之百姓仰其仁明而已哉?然即此一地一事,亦可概其大凡,吾知德隆福厚,望重位尊,出而开府建节,周召争光;入而赞化调元,伊、吕②比列,皆将以此卜之。

公名文耀，字芟裳，号云巢，福建清流人。

乾隆三十六年（1771年）卢龙岁贡生翟赐书撰文。

【注释】

①郡宪李公：李文耀，福建清流人，拔贡，乾隆七年至十年任上海县知县，调束鹿县令。乾隆二十一年至二十二年任卢龙县知县，升赵州知州，历任广信、顺德、正定、保定知府，乾隆三十五年至三十六年任永平府知府。

②伊、吕：指伊尹和吕尚，典出《汉书》卷五十六《董仲舒传赞》。商伊尹辅商汤，西周吕尚佐周武王，皆有大功，后因并称伊、吕。泛指辅弼重臣。

《清永平知府游智开德政碑》云：永平为令支旧壤，士敦古处。自前太守卢公见曾①创立敬胜书院，文风一振，迄今百有余年。其间虽续有修明，未臻美备。今太守游公莅任，因其旧而扩充之，经营缔造，阅岁而成，洋洋乎称大观焉。

公名智开，字子代，湖南新化人。宋儒游定夫先生②之裔也。承立雪③之家风，授徒讲学，安贫乐道，萧然如在鹿山之麓。辛亥（咸丰元年，1851年），膺乡荐，益究心经世有用书，并宋元明诸儒语录，体用兼赅，识者咸以名臣相许。同治四年（1865年），以知州筮仕皖省，权篆历阳，一以兴废举坠、化民成俗为务。前直隶督曾文正公④以公治行为江南第一⑤奏调畿辅，旋摄深州，治行又为直隶冠。十年，赴滦州，补任日坐堂，皇清积牍，惩奸胥，务本节用，举孝兴廉，一洗从前疲俗。未期年，荣膺简命，擢守北平。去滦之日，遮道攀辕者亿万计。方公之在滦任也，闻郡城书院残破，尝筹款千金解府，作修理计，时以费用不敷中止。及拜守郡之命，遂毅然以兴复为己任，甫下车⑥，即驰诣书院，相度基址，勘估工程，日夜筹思，集资巨万，鸠工庀材，躬董其役。落成后，延师加课，并购书数百种，藏之院中，以供博览。朔望必亲诣，为肄业诸生口讲指画，不啻严师之诲弟子，每逢局门，考课执艺，请益者数百余人，非心悦诚服，何以及此？孔子曰："德之流行，速于置邮。"而传命行见，家弦户诵，经明行修，蔚为圣朝械朴菁莪之盛，皆我公提倡而眙之休也。又岂仅与前太守卢公后先媲美已哉？至若劝耕课织，公之实心也；崇俭黜华，公之实政也；敬老怜贫，公之实惠也；除暴安良，公之实功也。善政殆不可更仆，数他当载之郡志，与古召、杜争辉，无容德等缕述。惟此振兴人材，挽回风气，其教泽之在人，皎如日月之经天，沛若江河之行地，得窥公之万一，并知阖郡之文风蒸蒸日上，为有自云。

同治十三年（1874年）七月卢龙王铭德撰文

【注释】

①卢公见曾：卢见曾，字抱孙，号雅雨山人，山东德州人。康熙六十年进士。历官洪雅知县、颍州知州、两淮盐运使，乾隆五年因被诬陷，充军发配塞外。乾隆九年任滦州知州，乾隆十年升永平府知府，乾隆十二年创建敬胜书院。乾隆十八年复任两淮盐运使。著有《雅雨堂诗文集》等，刻有《雅雨堂丛书》。

②游定夫先生：游酢（zuò），字定夫，又称豸山先生，建阳长坪人。北宋理学家、教育

家、书法家。宋元丰五年(1082)进士,官历萧山尉、太学录、太学博士、监察御史、知州、知军等职。曾到河南洛阳拜程颐为师,学习理学,留下"程门立雪"传世佳话。后载道南来,开朱子理学之先河,宋理宗特敕文表彰,并在其故里建阳敕建豸山书院,为道南学派主要创始人之一,上承程颢、程颐,下启朱熹,对理学起了中继作用。清同治六年游智开撰有《游定夫先生年谱》,重刊《游定夫先生集》。

③立雪:"程门立雪"的简称。《宋史·杨时传》:"至是,游酢、杨时见程颐于洛,时盖年四十矣。一日见颐,颐偶瞑坐,游酢与时侍立不去。颐既觉,则门外雪深一尺矣。"指学生恭敬受教,比喻求学心切和对有学问长者的尊敬。

④曾文正公:曾国藩,字伯函,号涤生,湖南长沙府湘乡县人。道光十八年中进士,累迁内阁学士、礼部侍郎,署兵、工、刑、吏部侍郎。咸丰二年,前往长沙,招募创建湘军。数年后,率领湘军攻灭太平天国。官至两江总督、直隶总督、武英殿大学士,封一等毅勇侯,谥号"文正",后世称"曾文正"。

⑤治行为江南第一:《清史稿·游智开传》:"补无为州,署泗州,治盗尤严。曾国藩称其治行为江南第一,移督直隶,调智开署深州。"

⑥下车:官吏到任。《后汉书·张衡传》:"衡下车,治威严。"

《清永平太守游公实政碑》①云:永平(太)守游公,名智开,字子代,湖南新化人。以孝廉②起家,初筮仕江南,受知于湘乡曾文正公。文正移节畿辅③,奏调北来。同治十年(1871年),补滦州牧。未期年,政成民和,奉简命擢本郡守,盖异数也。

公性廉勤,精力过人,政无巨细必躬亲。在滦时,尝微行访民间善恶,分簿记载。事发④,赏罚必当。或有见破帽疲驴、紫面而髯者相遇于道,辄相惊以为公。以故群情震慑,拆虏吏不能乘势为奸,而谋奸合(侠)[任]⑤、游博持掩⑥之徒亦相率潜踪而不敢出。既擢守,益勤敏任事,凡修阴教端,蒙养敬耆老、育人才诸大端,以及坛庙桥梁,罔不废兴坠举⑦。时官道府者,率多以不侵官为名,凡事诿之牧令⑧,而公则不然,讼牍鏖午⑨,皆手自屏当⑩,日坐堂皇,朱墨并下。少暇,即出巡所部,问民间疾苦。敝车羸马⑪,所至无厨传迎送之劳。是以官吏不厌其来,士民恒冀⑫其来。善祥良懦之人怀其德,闻其来也,举欣欣然相告曰:"游公来矣!"鞮鞪啙窳⑬之人怵其威,闻其来也,举愁愁然相戒曰:"游公来矣!"(夫)欣欣然喜其来者,孺子之爱慈母也;愁愁然畏其来者,弟子之畏严师也。公何以得此于民哉?兰尝拟以"游公来"(三字)制辞为乐府,邀同人赋之,以附于《古今风谣》之末。兹者诸同人⑭以合郡爱戴之意,欲胪陈⑮公之事,实勒之贞珉,而以文来属,兰瞿然曰:公之治行,已熟之口碑久矣,奚以文为?虽然,公固不待文以传而文或藉公以传。公之可传者甚多,兰拙于文,不能备传,则仍以"游公来"⑯三字传之,爰为之谣曰:

游公来,来何迟,百年父老今见之;游公来,来何数,广平阳春称有脚⑰;国家设官为养民,养民胡然反扰民,独不见我游公来。游公之来何有哉?一车一盖一舆台。

光绪元年(1875年)九月乐亭举人史梦兰撰文

【注释】

①清永平太守游公实政碑：史梦兰《尔尔书屋文钞》题目为《永平太守游公德政碑》。

②孝廉："孝顺亲长、廉能正直"之意。汉武帝时设立的察举考试科目。明清时期用于举人的雅称。

③畿辅：直隶省，辖今北京市、天津市、河北省全境。总督府设在保定。史梦兰《尔尔书屋文钞》为"保阳"。自明朝以来，保定府河以北即为阳，所以保定也称保阳。

④事发：史梦兰《尔尔书屋文钞》为"事至"。

⑤合（侠）[任]：《尔尔书屋文钞》为"合任"，意为聚在一起，同为任侠之事。

⑥游博持掩：嬉游博戏。博谓六博，古代的一种棋类游戏。《后汉书·王符传》："或以谋奸合任为业，或以游博持掩为事。"李贤注："博谓六博，掩谓意钱也。"持掩，意钱为博。意钱，一种博戏。

⑦凡修阴教端……罔不废兴坠举：《尔尔书屋文钞》："凡城池、坛庙、试院、书院、讲武厅，无不兴废举坠。"与游公德政碑碑文略有出入。

⑧凡事谘之牧令：《尔尔书屋文钞》在"牧令"之后，"而公"之前，尚有"深居简出，优游养望而已。"

⑨蠭（páng）午：同"蜂午""旁午"，纷然并起貌，犹杂沓也。比喻纷繁忙碌。

⑩屏当：收拾；整理。

⑪敝车羸（léi）马：破车瘦马。比喻处境贫穷。

⑫冀：《尔尔书屋文钞》为"望"。

⑬呰窳（zǐ yǔ）：形容懒惰。《汉书·地理志下》："果蓏蠃蛤，食物常足。故呰窳偷生，而亡积聚。"颜师古注："呰，短也。窳，弱也。言短力弱材不能勤作，故朝夕取给而无储偫也。"

⑭兹者诸同人：《尔尔书屋文钞》为"迄因循未果，今七属绅耆"。

⑮胪陈：逐一陈述。

⑯游公来：史梦兰《尔尔书屋文钞》："游公来，来何暮，叔度使民歌五袴。游公来，来何频，广平有脚称阳春。国家设官为养民，养民之官能几人？游公来，谁能如我游公来。游公之来，何有哉？一车一盖一舆台。"

⑰广平阳春称有脚：宋璟，字广平，唐代邢州南和县人。弱冠中进士，历任上党尉、凤阁舍人、御史台中丞、吏部侍郎、吏部尚书、刑部尚书等职。唐玄宗开元十七年（729 年）拜尚书右丞相，授开府仪同三司，晋爵广平郡开国公。与宰相姚崇创造了开元盛世。五代王仁裕《开元天宝遗事·有脚阳春》："宋璟爱民恤物，朝野归美，时人咸谓璟为有脚阳春，言所至之处，如阳春煦物也。"后人用"有脚阳春"来称颂百姓爱戴的官员。

《升任永定河道前永平府游公德政碑》云：盖闻上帝监观，爱简循良之宰，下民懿好，不忘慈惠之师，是以荫蔽甘棠，召公①布政，膏流芃黍②，郇伯③宣猷，手诏亲除，汉代褒扬乎卓茂④,面容薄醉,邳州供俸乎韩棱⑤,若今永定河道、前永平知府子代游公者,殆其人欤?

公三湘望族,七穆名宗。早岁登科,便奏霓裳之曲。中年捧檄,聿崇露冕之勋。移徽歙慈云,作幽并甘雨。牧滦三载,守永八年。九重承特达之知,亿兆获更生之庆。综观德政,可略言焉。公酌水怀清,挥金恐浼,悬双鱼于户下,屏绝苞苴,携一鹤于车前,萧闲卤簿。盘惟竹笋,饱加太守之餐;帐簇梅花,暖拥公孙之被⑥。每当颁春,按部抚夏,巡边饩牵,自取诸宫中馈问,何须乎门外?往往轻车入境而属吏未知,供帐来庭而行程已远,其洁己有如此者。公缮葺城工,尊崇庙祀,一邱[丘]一壑,奇观务与搜罗,半郭半村,古迹重为补缀,增修郡志,萃山川险易为一书,博采乡型,辨人物流为上等,辟青鸟之妄说,野禁停棺,怜黄鹄之孤飞,门标绰楔⑦,干旌⑧造访,恒趋义士之庐;菁臼留题,亲拜孝娥之墓。案前积牍,扫万叶以皆空,座上持衡,判五花而其服㔉荛可采,有善俱庸,稂莠当除,无强不拔,警夜则探丸敛迹,防秋而鸣镝销声,其敏事有如此者。

公宽能容物,谦以下人,怀杨尉之四知⑨,陋规悉免,恕许丞之重听⑩,苛礼全除,鹤俸常蠲,为周匦乏骥才未展必与称扬洎乎?敬诵官箴,勤求民瘼,则又妍媸⑪寓目,高下在心,下萧监州之符⑫,令行流水,定李参军⑬之案,法重如山,阍人不敢私交隶役,但资公食,朗朗如镜中之照,兢兢踏冰上而行,其察吏有如此者。

公屡谒学宫,重修讲院,聘康成⑭于北海,致以后车,延德秀⑮于西山,尊之前席。三千学士就夏屋者万间,五百门人分晓灯者十稔。种遍满城桃李,培成上国菁莪,或鹿鸣于桂子丹时,或凤翙于槐花黄候,敬扶轮之父老,齿尊而常馈珍羞,爱挟册之儿童,背诵而各贻笔砚,其待士有如此者。

公救渴疗饥,庇寒荫暍,钧石一遵平准,不取羡余,斗箕重悯苛徭,务为休息。李文靖⑯时,逢旱潦灾必上闻;范纯仁⑰路见孤贫,惠先下逮;劝市民之速返为慰,倚间禁关吏之横征,岂容当道蜜丸愈疾?仙人采药之心,牛痘施仁,佛子散花之手,追呼靖面,尨无夜吠,化育蕃而雉亦春驯,其恤民有如此者。

公任太宰之九职⑱,明司徒之五伦⑲。男趣扈耕,妇勤蚕织。蜂喧蝶闹,屏六代之淫;哇雄喝枭,呼投五方之戏。具钱须度日,花会停摇字。倘零星竹篮,劝拾讼平,铜匦⑳杜金人告密之门,罚贷金锾,启小青㉑更新之路,遂使临榆塞内户敦孝弟睦姻,孤竹城中版上和亲康乐,其驯俗有如此者。

今也缁衣㉒,我赋有愿瞻韩㉓,赤舄㉔人归,无缘借寇㉕。公方勒功彝鼎,铭德旗常,藐兹下里之一言,何当神君之百行,然而文翁㉖教授,梓郡弗谖;朱邑㉗廉能,桐乡永赖。虽马公柱下,千誉无心,而羊傅㉘碑前,感恩有泪。公望与景山㉙比峻,难刊遗爱之文,民情偕滦水,俱深敢效长生之祝,乃任颂曰:

英英游公,备三不朽,为百僚师,为众人母。榛栗盈衢,桑麻满路。自公来,止丰年屡奏,芹池星聚,槐市云蒸;自公蒞止,弦诵相闻,老安少怀,公沐庇荫,女慦男憧,服公教训,公居民乐,公去民思。何以报德? 叩首天墀,愿公眉寿康强,杖履俾公,子孙簪缨蔚起。卢龙古驿,白马通津,万有千岁,视此贞珉。

　　光绪□□(年)七月十日黄冈张绍江撰文

【作者简介】

张绍江,字晴舫,湖北黄冈人。同治十二年癸酉科举人。

【注释】

①召公:姬奭,周武王的弟弟。《史记·燕召公世家》:"周武王之灭纣,封召公于北燕……召公巡行乡邑(今陕西省扶风县召公镇),有棠树,决狱政事其下,自侯伯至庶人各得其所,无失职者。召公卒,而民人思召公之政,怀棠树不敢伐,歌咏之,作《甘棠》之诗。"后遂以"甘棠"称颂循吏的美政和遗爱。

②膏流芃黍:滋润着茂盛的禾苗。膏流,滋润。《诗经·黍苗》:"芃芃黍苗,阴雨膏之。悠悠南行,召伯劳之。"芃芃,草木茂盛的样子。

③郇伯:郇侯,周文王第十七子姬葡,封于古郇国(今山西临城),为州伯,有治诸侯之功。

④卓茂:字子康,西汉南阳宛人。汉元帝时学于长安,师从博士江生,世称为通儒。初辟丞相府史,后以儒术举为侍郎,给事黄门,迁密令。王莽秉政时,迁为京部丞。王莽篡汉,辞官归里。汉光武帝时任太傅,封襃德侯。

⑤韩棱:字伯师,东汉颍川舞阳人。初任郡功曹,五迁为尚书令,以才能称。迁为南阳太守,入为太仆,升为司空。汉章帝时任下邳令。"俗美而政异,邳人追思,立庙奉祀"。在邳州峄阳山(今巨山)之阳,有一座渊德公庙,供奉韩棱。

⑥公孙之被:西汉丞相公孙弘盖的布被。《汉书·公孙弘传》:汲黯曰:"弘位在三公,奉禄甚多,然为布被,此诈也。"公孙弘,齐地淄川人,西汉名臣。汉武帝时征为博士,从待诏金马门擢升三公之首,封平津侯。先后任左内史、御史大夫、丞相等职。

⑦绰楔:古时树于正门两旁,用以表彰孝义的木柱。

⑧干旄:旌旗的一种。以五色鸟羽饰旗竿,树于车后,以为仪仗。《诗·墉风·干旄》:"孑孑干旄,在浚之城。""干旄"是赞美"卫文公臣子多好善"之作,后因以"干旄"指好善或好善的显贵者。

⑨四知:杨震,字伯起,东汉弘农华阴人。举茂才,四迁荆州刺史、东莱太守。推举荆州秀才王密为昌邑令。路过昌邑,"至夜怀金十斤以遗震。震曰:'故人知君,君不知故人,何也?'密曰:'暮夜无知者。'震曰:'天知,神知,我知,子知。何谓无知!'密愧而出。"(《后汉书·杨震传》)。

⑩许丞之重听:许县县丞年老耳聋。黄霸,字次公,西汉淮阳阳夏人。汉武帝末出任河南太守丞、廷尉正、扬州刺史、颍川太守等职。为官廉政、治理有方,政绩突出。汉宣帝时出任丞相。《汉书·黄霸传》:"许丞老,病聋,督邮白欲逐之,霸曰:'许丞廉吏,虽老,

尚能拜起送迎,正颜重听,何伤?且善助之,毋失贤者意。'或问其故,霸曰:'数易长吏,送故迎新之费及奸吏缘绝簿书盗财物,公私费耗甚多,皆当出于民,所易新吏又未必贤,或不如其故,徒相益为乱。'"

⑪妍媸(chīchī):美丑。妍,指美丽;媸,指相貌丑陋。

⑫萧监州之符:萧景,字子昭,梁武帝堂弟。任领军将军、吴平侯。以安右将军监扬州。《梁书·萧景传》:"(萧)景居扬州,在州尤称明断,符教严整。有田舍老姥尝诉得符,还至县,县吏未即发。姥语曰:'萧监州符,火栮汝手,何敢留之?'其为人所畏敬如此。"

⑬李参军:李士谦,字子约,隋越郡平棘(今赵县)人。魏广平王辟为参军。后因北齐篡魏,去官归家。家道殷实,经常赈济,施舍穷民,乡民德之。

⑭康成:郑玄,字康成,东汉北海高密人。东汉末年儒家学者、经学大师。

⑮德秀:巩庭芝,字德秀,山东须城人。南宋建炎初年迁至武义,在明招寺办学,朱熹、叶适、吕祖谦等名流先后莅临讲学,学者纷至沓来,有弟子数百人。

⑯李文靖:李沆,字太初,洺州肥乡人。北宋名相、政治家。太平兴国五年(980年)进士,咸平年间,拜中书侍郎,加门下侍郎,加尚书右仆射。卒,谥文靖。

⑰范纯仁:字尧夫,参知政事范仲淹次子。北宋大臣。宋仁宗皇祐元年进士。宋哲宗立,拜官给事中,元祐元年同知枢密院事,后拜相。宋徽宗立,官复观文殿大学士。卒,谥忠宣。

⑱九职:周代的九种职业。《周礼·天官·大宰》:"(周)以九职任万民:一曰三农,生九谷;二曰园圃,毓草木;三曰虞衡,作山泽之材;四曰薮牧,养蕃鸟兽;五曰百工,饬化八材;六曰商贾,阜通货贿;七曰嫔妇,化治丝枲;八曰臣妾,聚敛疏材;九曰闲民,无常职,转移执事。"

⑲五伦:古代五种人伦关系和言行准则。即古人所谓君臣、父子、兄弟、夫妇、朋友五种人伦关系。用忠、孝、悌、忍、善为"五伦"关系准则。

⑳铜匦:武则天称帝时所创的一种检举箱,只有武则天可以拆开。

㉑小青:侍婢的代称。古时侍婢多穿青色衣服。

㉒缁衣:黑色的衣服,古代卿大夫和官员所穿的衣服。

㉓瞻韩:唐李白《与韩荆州书》:"白闻天下谈士相聚而言曰:'生不用封万户侯,但愿一识韩荆州。'何令人之景慕一至于此耶!"唐荆州长史韩朝宗喜拔用后进,为时人所重。后因以"瞻韩"为初见面的敬词,意谓久欲相识。

㉔赤舄(tuō):古代天子、诸侯所穿的鞋。赤色,重底。

㉕借寇:指地方挽留官吏。寇恂,字子翼,上谷昌平人。后汉建武三年,寇恂为汝南太守,恂至,盗贼肃清。建武七年,任执金吾。建武八年,颍川盗贼群起。寇恂随汉光武帝南征至颍川,群盗全部投降。百姓遮道曰:"愿从陛下复借寇君一年。"光武帝命寇恂暂

住长社县。(《后汉书·邓寇列传》)

㉖文翁:名党,字仲翁,庐江郡舒县人,西汉循吏。汉景帝末年为蜀郡守,兴教育、举贤能、修水利,政绩卓著。

㉗朱邑:字仲卿,庐江舒县人。初任桐乡(今安徽桐城)啬夫,秉公办事,以仁义之心广施于民,深受吏民的爱戴和尊敬。汉昭帝时,任大司农丞。汉宣帝时,升北海太守,拜大司农。

㉘羊傅:羊祜,字叔子,泰山郡南城人。晋武帝司马炎时镇守襄阳,都督荆州诸军事,屯田兴学,以德怀柔,深得民心。卒,赠太傅。

㉙景山:徐邈,字景山,燕国蓟人。三国曹魏重臣。初任丞相军谋掾、奉高县令、尚书郎、陇西太守等职。曹丕称帝后,任谯国相、安平太守、颍川典农中郎将。政绩卓著,赐爵关内侯,迁抚军大将军军师。后出任凉州刺史,持节,领护羌校尉。正始元年(240年)任大司农,迁司隶校尉,拜光禄大夫。

清知府卢见曾《平山堂菊花》①诗云:三朝前已度重阳,何故东篱未绽香?晓唤酿夫催漉酒,夜来檐瓦着轻霜。

又

乞(裁)[栽]②远郡走书频,五载常添色样新。宦兴已阑花转盛,知花原自媚幽人。

【注释】

①平山堂菊花:卢见曾《雅雨堂诗集》题目为"庚午年菊花更盛于前,赋诗赏之"。"庚午年"为乾隆十五年,公元1750年。

②裁:卢见曾《雅雨堂诗集》,乾隆三十九年、光绪五年《永平府志》为"栽"。

清大门联云:二千石纲纪人伦,愿孤竹遗民孝友风行三代上;五百里屏藩甸服,望卢龙古塞山川秀发两京中。

清宜门联云:峻岭启重门,亿万家暑雨祁寒,有境皆须入目;分阴惜春日,七百里农桑畜牧,何时能不关心。

□□□联云:扶伦纪于千秋大节,昭垂晤孤竹新堂,当遄思懦立顽廉,古今盛化;同车书于万里皇图,远届守令支旧地,靡不欣东渐西被,左右神京。

□□联云:卓鲁①若同时也无过吏畏民怀,惟愿七属寅僚共追彼美;龚黄②虽异代岂不闻人存政举,肯将千秋事业尽让前贤。

【注释】

①卓鲁:汉代循吏卓茂、鲁恭的并称。后因以指贤能的官吏。

②龚黄:汉代循吏龚遂、黄霸的合称。

莒州管廷献大堂联云:地据东陲,历汉唐以来久称剧郡;人居北海,缅夷齐虽往敢玷清风。

新化游智开联云:与同僚求郅治良谟,近师文正①,远法清端②,纵期念切黎元感乎草偃风行;候是东道入京首郡,蒙古连镳,朝鲜接轨,奚以欢腾山海讴歌柳往雪来中。

【注释】

①文正:曾国藩,晚清两江总督、直隶总督,武英殿大学士,封一等毅勇侯。卒,谥文正。

②清端:于成龙,字北溟,清山西永宁州人。副贡生。康熙十九年任直隶巡抚,康熙二十年任江南江西总督,加兵部尚书、都察院右副都御史。康熙二十三年兼署江苏巡抚、安徽巡抚。以政绩卓异和廉洁著称。寻卒,谥清端。

□□□宜门内北面抱柱联云:滦水环流,一派清光涵几席;平山入座,千年佳气拥风云。

大堂联云:滦水映公堂,堂清似水;平山倚判案,案定如山。

县衙院内的两株老槐树　民国20年摄

县长董天华题二堂联云:一私不存,愿与万民誓河水;群生咸遂,喜看四境种桑麻。

又《咏府中东厅二古槐》云:不知干颖植何年?并立婆娑意适然。梁栋未施身已老,冰霜久历性犹坚。落花飘荡黄铺地,凉阴参差绿障天。长夏消闲喜相对,槐厅私拟慕唐贤。

王宝枢《和董县长原韵四首》云:老树杈枒不记年,炎凉饱阅性超然。阴浓匝地千层密,干巨凌霜百炼坚。秋影婆娑司马第,奇姿掩映夕阳天。双双别有孤高志,懒学时趋学古贤。

屡易星霜享大年，古槐并峙势巍然。长材屈久神犹健，老态横秋骨自坚。翠接平山墙外影，阴连滦水雨余天。清标未入卢龙志，他日重编赖后贤。

或唐或宋几何年？听颂宜槐语果然。饱历风波穷益健，数经烽火久弥坚。灵根接武文明地，老干凌空咫尺天。并峙巍巍休剪伐，一言端赖古人贤。

双双老树几经年？峙立庭前濯濯然。性等枌榆形更古，质输松柏节同坚。新凉一枕黄花地，落日三竿翠幕天。单父鸣琴资盛治，绿阴眠处效前贤。

理事同知署　在府大堂西，旧为清军厅、粮捕厅。大门东向，仪门南向，入为大堂、为宅门、为二堂、为后堂。西为箭亭，树木森然，遥岑在望。乾隆三十二年（1767 年），萨灵阿①详请修理（今废）。

【注释】

①萨灵阿：镶蓝旗蒙古人。乾隆二十六年至三十二年任永平府理事同知。

经历署　在府仪门西，旧东向，颇湫隘。乾隆三十二年经历祁标改建南向，拓而广之。现改为警备队队长室及看守所。

龙亭　在旧府治南，东西两朝房，岁久倾圮。清光绪元年（1875 年），知府游智开率属重修。光绪二十七年（1901 年），改为第四中学校。

督学院行署　在永丰山巅。清康熙间，知府张朝琼重修。乾隆间，卢见曾修理，坐号甃以砖。光绪元年，知府游智开复于号板下，植以石。其余门垣均修理坚整。光绪三十一年（1905 年），改为永七①初级师范学校。宣统二年（1910 年），改为县立高等小学校。民国十三年（1924 年）后，军事叠兴，房间不堪入目。

【注释】

①永七：永平府所属滦州、卢龙、迁安、抚宁、昌黎、乐亭、临榆七个州县。

顺天督学梅之珩《重修考院碑记》云：圣天子崇学右文，三年简儒臣按试诸郡，厥有公廨为考校地。顾京畿首善，人文所系甚重。永平为京东名区，廯踞平山巅，规模极伟，以历久风雨，鸟鼠渐患倾颓。岁丁亥（康熙四十六年，1707 年），余校士兹土，适太守张君甫下车，余闻其牧蓟州①时，前学使按部将调考，君悯诸生童往返维艰，捐赀创立考场，俾无忧跋涉，都人士咸啧啧称道。因卜其材猷精敏，治剧有余，乃以临行时进诸生而告以栋宇之朽坏，盍请诸新守，吁以修葺，而又惧斯役之不易也。及科试余，入署环视，则坏者新矣，衺者正矣，坚缴周好，焕然改观，而生童之入院应试者风雨不侵，燥湿无患，含毫濡墨，得尽所长。昔少陵②诗云："安得广厦千万间，大庇天下寒士皆欢颜，风雨不动安如山。"此不过悬拟虚愿之辞耳！而今乃见诸实事，因叹道路口碑之不谬，而太守之留心人文者随在，皆托蛼蠓③也。

夫永平，兴胜之地，襟山带海，实产异才。自孤竹清圣仁惠，而韩退之④以文高北海，起衰八代，后之继起者绳绳不乏，特以辽左咽喉，历代为用武地，未免文事稍弛。自我皇清奠鼎以来，中外一家，士皆得鼓箧，逊业科，岁两试，遴选无虚。今君又从诸生请，为一劳永逸计,经营不日告成,则凡所谓兴贤育材,崇奖风教者,亦慨见于斯矣。不诚,多士之厚幸哉? 将来日浸月盛,俊彦蒸蒸蔚起,以应盛朝文武将相之选者,其毋忘贤太守之嘉赐。是为记。

太守张君,讳朝琮,浙江萧山人。

【作者简介】

梅之珩(1649～1734),字左白,号月川,江西南城人。康熙二十四年乙丑科进士,历官中允、侍讲学士。康熙四十四年至四十五年提督顺天学政。康熙五十二年擢詹事府少詹事兼翰林院侍讲学士。康熙五十三年出任江南乡试正考官。(光绪《天津府志》载:康熙三十九年至四十二年以谕德任直隶提督学政)。

【注释】

①牧蓟州:即任蓟州知州。张朝琮,康熙三十三年二月任蓟州知州,康熙三十九年二月丁母忧解任。康熙四十一年复任。道光十一年《蓟州志·张朝琮传》:"城中无力读书子弟,设义学,供修脯,延儒以训迪之,而文风丕振。"

②少陵:杜甫,字子美,自号少陵野老,河南巩县人。唐代大诗人。

③帡幪(píng méng):庇荫,庇护。

④韩退之:韩愈,字退之,唐代文学家,河南河阳人。贞元八年(792年)进士,由宣武军节度使观察推官累升至吏部侍郎。卒,谥文,人称韩文公,又称韩昌黎。

句容李东怀《试院三松歌》云:松关茆屋江水东,欲去不去淹春冬。軺轩使者①香案吏,后车②载我旋提封。滦(漆)[凉]襟带雄三辅,南台孤竹高巃嵸。城闉官廨三古松,翠(蛇)[虬]③扬鬐鹿养(茸)[茸]。令支邶墟燕国故,不知何代长此青茏葱? 此行诘曲(龙)[陇]坂恶,草木摧落山皆童④。桃(褫)[橄]李萸⑤不可见,惊沙极目迷荒墟。西斋坐久群动息,惟闻院宇谡谡来天风。生人⑥不如丁令鹤⑦,又不能为葛陂龙⑧。征轮蓬转敞裘裂,侧身旅食天涯踪。大枝臃肿小拳曲,颇遭诟厉同非同。牺尊⑨青黄夸世用,不尔⑩吐蕚飞韶红。平鳞铲甲吁可惜,霜(欺)[凄]⑪雪虐时有穷。此松敷荣欣得地,交柯摩戛相铮(纵)[鏦]⑫。饱经岁月天使独,斧斤⑬不到神灵钟。古根盘礴化为石,苔缠藓剥辞磨砻。我从燕南历边塞,新月已见三弯弓。青山万叠蔽归路,独抚古物舒心胸。婆娑清影吟不寐,素壁先已铿(黥)[鲸]钟⑭。

【作者简介】

李东怀(钱陈群《香树斋诗集》《清代官员履历档案全编》作"李东櫰"),字兆一,江南江宁府句容人。清雍正元年举人,雍正六年任福建宁化县知县,卒于官。

【注释】

①軺轩使者:钱陈群《香树斋诗集》为"軺轩太史"。軺轩,古代使臣乘坐的一种轻车,古代使臣的代称。太史,翰林院官员的别称。明清时期,翰林院兼修国史,故称。此处指钱陈群。

②后车:副车,侍从所乘的车。

③翠(蛇)[虬]:光绪五年《永平府志》为"翠蛇",误。钱陈群《香树斋诗集》、乾隆三十九年《永平府志》为"翠虬",青龙的别称,此处指古松虬根。

④童:秃。

⑤桃(裰)[樲](sì)李荑(yù):樲桃荑李,山桃、山李。

⑥生人:光绪五年《永平府志为》亦为"生人",误。钱陈群《香树斋诗集》、乾隆三十九年《永平府志》为"人生"。

⑦丁令鹤:丁令威,西汉时辽东人。学道于灵虚山,后化鹤归辽,集城门华表柱。时有少年举弓欲射之,鹤乃飞(《搜神后记》)。

⑧葛陂龙:龙竹,龙须竹。晋葛洪《神仙传·壶公》:"房(费长房)忧不得到家,公(壶公)以一竹杖与之曰:'但骑此得到家耳。'房骑竹杖辞去,忽如睡,已到家……所骑竹杖,弃葛陂中,视之乃青龙耳。"后因以"龙竹"指拐杖或比喻得道成仙。

⑨牺尊:春秋晚期的青铜器。

⑩不尔:不然,不如此。

⑪霜(欺)[凄]:钱陈群《香树斋诗集》为"霜凄"。

⑫铮鏦(zhēng cōng):象声词。常形容金属撞击声、乐器演奏声、流水声等。鏦,古代一种小矛。

⑬斧斤:亦作"斧斫",泛指各种斧子。钱陈群《香树斋诗集》为"斤斧"。斤斧不到,不露斧斤,看不到刀斧加工的痕迹,天然造化,巧夺天工。

⑭(黥)[鲸]钟:古代的大钟。钟纽为蒲牢状,钟杆为鲸鱼形。《香树斋诗集》《永平府志》均为"鲸钟"。

学使钱陈群《北平试院三松歌,用壁间李东怀孝廉韵》云:七年三度马首东,历春而夏秋未冬①。来时百卉竞献秀,鱼钥一一开题封。缘坡登磴就平处,堂宇肃肃当龓縦。入门案牍不挂眼,敛容②振襟寻揖三高松③。两株并耸轩之后,似踞虎豹登蒙茸④。低者随肩高俯首,各有本性含蒨葱。一株平铺荫十丈,高张车盖青童童。月斜倒影城郭外,下瞰⑤雉堞如垣墉。笙簧间作自酬答,况有万窍来清风。退之⑥老而愚,乃欲东野化为龙。何如三松非龙亦非云,龙蟠云护相追踪。由来后凋质御攘,冰雪千古同。奈何相赏在春夏⑦,坐令奇节群嫣红。松也有知若欲语,忍见众草丁其穷。坐客感之为起舞,剑佩摩戞鸣铮鏦。句容词客青莲裔⑧,拳曲臃肿遭龙钟。想其醉后泼墨题素壁,肝肠镂刻工磨礲。调孤似弄云和瑟,力大拟挽乌号弓⑨。我从校士(德)[得]清暇,长廊缓步开心胸。读罢涛声落众壑,高歌一撞蒲牢钟⑩。

【作者简介】

钱陈群(1686~1774),字主敬,浙江嘉兴人。康熙六十年进士,改庶吉士,授翰林院编修。雍正间,迁右通政、督顺天学政,以翰林院侍讲学士充日讲起居注官。乾隆初,迁内阁学士。三年十月,提督直隶学政。七年六月,擢刑部右侍郎。二十六年,加刑部尚书衔。三十年,加太子太傅。卒赠太傅,谥文端。钱陈群《香树斋诗集》题目为"北平使院三松歌,用壁间李孝廉东槐韵"。

【注释】

①历春而夏秋未冬:钱陈群《香树斋诗集》、乾隆三十九年《永平府志》自注云:"余(予)三至北平,皆非冬时。"

②敛容:钱陈群《香树斋诗集》无此二字。乾隆、光绪《永平府志》有"敛容"二字。

③三高松:乾隆、光绪《永平府志》为"三高松",钱陈群《香树斋诗集》为"三乔松"。

④登蒙茸:乾隆、光绪《永平府志》为"登蒙茸",钱陈群《香树斋诗集》为"披蒙茸"。蒙茸,茂盛葱茏。

⑤下�瞷:钱陈群《香树斋诗集》为"下瞰"。

⑥退之:韩愈,字退之,官至吏部侍郎、唐代文学家。卒,谥文,世称韩文公。

⑦春夏:钱陈群《香树斋诗集》为"盛夏"。

⑧青莲裔:李东槐为唐代杰出诗人李白的后裔。李白,字太白,号青莲居士。

⑨乌号弓:良弓,相传为黄帝使用过的弓。

⑩蒲牢钟:蒲牢,相传为龙的第四子,居住海边,惧怕鲸鱼,恐惧时发出吼叫声。三国薛淙《西京赋》注曰:"海中有大鱼曰鲸,海边又有兽名蒲牢,蒲牢素畏鲸,鲸鱼击蒲牢,辄大鸣。凡钟欲令声大者,故作蒲牢于上,所以撞之为鲸鱼。"后因以蒲牢为钟的别名。洪钟上的龙形兽纽就是蒲牢。

□□(秀水)范长发《和韵》云:狂澜欲倒孰障东,古音歇响如蛰冬。空廊题句纷唱和,长歌磊落扫尘封。我来北平春欲暮,院静谡谡开龙嵸。乔柯鼎峙张云暮,乃有千古偃盖三虬松。此松得地最高洁,山海盘踞超五茸①。前庭卓立耸霄汉,后院屹向挺青葱。昨秋天雄咏古柏,摩挲翠干双童童。即(今)[今]孤竹山堂复见岁寒友,淋漓翰藻洒崇墉。缅想采薇作歌标峻节,草木犹带古清风。句曲仙山卓荦士,独挥健笔走游龙。迩来大雅何寥落,少陵千载渺云踪。歌词跌宕风格老,宗工击节非雷同。要自奇(岖)[崛]②傲霜骨,讵学桃杏争春红?惜乎斯人已化鹤,坷③毋乃坐诗穷。仅留疥壁④尝一指,松涛墨沈⑤相铮鏦。英锋自来造物妒,散材何限老龙钟。流行坎止亦遇耳,偃息免受匠氏砻。昔余西逾瀚海路,万里曾挂天山弓。白头尚走卢龙塞,天令老干荡奇胸。不嫌技痒雕枯肾,诗成一笑寸筳⑥撞洪钟。

【作者简介】

范长发,字廷舒,浙江秀水人。康熙三十三年进士,授南城知县,行取礼部主事,考选广西道御史,转掌浙江道。遣戍,予额外主事衔,随都统图腊赴征西将军营。还,驻归化城。后命赴察汉新台。归,以原职休致。

【注释】

①五茸:春秋时吴王的猎场,又称五茸城,在今上海市松江区。

②奇(岖)[崛]:钱陈群《香树斋诗集》为"奇崛"。

③坎壈(kǎnlǎn):困顿,不得志。

④疥壁:谓壁上所题书画如疥癣,令人厌恶。此为谦辞,意思诗作不佳。

⑤墨沈:墨汁。

⑥寸筳:小竹枝。古代称卷丝的小竹管为筳。

新化欧阳绍洛《北平试院听松呈祝三兄太守①》诗云:北平试院双古松,两年见汝冰雪容。升堂扫榻三日(座)[坐]②,爱汝谡谡窗前风。海门高寒朔气动,中宵③起舞鞭虬龙。初疑江湖夜(朝)[潮]④满,倒泻溪谷穿堤塘。忽如万马蹴坚阵,鼙鼓杂沓旌旗讧。须臾急雨洒檐瓦,半天瀑溜鸣淙淙。山岳摆荡天地震,鬼神战斗雷霆雄。众山声势亦相倚,万窍响答迷西东。夜深侧耳不复寐,起对烛影摇残红。心惊所(记)[托]⑤定何所,此身似在苍茫中。晓来影定响亦寂,两株苍玉撑晴空。回飙吹散夜来雨,化为十顷烟岚浓。两廊昼敞秋日永,诸生程艺声隆隆。旧游检点了无恙,但有微径苍苔封。我生漂泊落尘海,浮萍备历风波攻。人间变幻有如此,嗟尔阅世霜髯翁。午窗吟讽寄遥慨,中天丽日悬(瞳瞳)[曈曈]⑥。

【作者简介】

欧阳绍洛(1767～1841),字碉东,又字念祖,晚年更名欧阳辂,湖南新化县人。乾隆五十九年考中举人。屡试进士不第,乃南走粤,北游燕、代。

【注释】

①祝三兄太守:祝庆承,河南固始人。乾隆五十四年进士,嘉庆八年至十四年两任永平府知府,迁直隶通永道,署大名道。嘉庆二十年六月升广西按察使,嘉庆二十二年三月擢云南布政使。嘉庆二十四年调直隶布政使。道光元年升太仆寺卿。

②三日(座)[坐]:欧阳辂《碉东诗钞》为"三日坐"。

③中宵:中夜,半夜。

④夜(朝)[潮]:欧阳辂《碉东诗钞》为"夜潮"。

⑤所(记)[托]:欧阳辂《碉东诗钞》、光绪五年《永平府志》为"所托"。

⑥(瞳瞳)[曈曈]:欧阳辂《碉东诗钞》为"曈曈",明亮貌。

察院①　在督学行署东(废置已久,瓦石皆无。民初以后,改为植树场)。

【注释】

①察院:明清时期都察院的简称。监察御史在地方的衙署也称察院。职掌监察巡按,考察举劾。

太仆公馆①　在城外东南二里(久废)。

【注释】

①太仆公馆:太仆寺官员的办公场所。太仆寺,主管养马和马政的机构。

永平监军兵备道　在治东南一百步。旧为南察院,嘉靖中改建。清康熙八年(1669年)改为通永道,移驻通州,乃为工部分司署,继裁工部,遂废(今人呼糠市街为道局街,八字墙及石狮是其遗迹。又张大院内有石碑刻,清初工部道仲姓去思碑等文字)。

户部分司署　在治东北,永丰山西麓,久废(今其巷有石狮,俗名狮子胡同,即旧称户部口子也)。

税课司　在谯楼前(久废)。

阴阳正术①　在治东南(久废)。

【注释】

①正术:清代设于各府之阴阳官,掌一府之阴阳学,并兼辖星学。每府一员,品秩未入流。由所辖有司遴选行端者送礼部移咨吏部注册。

医正科　在治东(久废)。

僧纲司①　在城南三里隆教寺(久废)。

【注释】

①僧纲司:明清时期,每府置僧纲司,管理地方僧尼,设都纲、副都纲各一员;县设僧会司,设僧会一员。

朝鲜馆①　在治南(清末改为积谷城(苍)[仓],现改为县立高小学校体操场)。

【注释】

①朝鲜馆:接待入燕进贡朝拜的朝鲜使臣的场所。

接官厅　在南关外。清光绪二年(1876年)知府游智开创建(久废)。

卢龙旧县署　原在府治后,明隆庆二年(1568年)知县赵敬简移建于府治东南。堂左右为库房。仪门外,东为寅宾馆、土地祠(今俱废);西为监狱(今存)。堂后为宅门(今废)、为二堂(今有土平房),北为内宅(今有空瓦房三间)。西为书房(今废)。清康熙间知县魏师段、吕宪武,乾隆中魏源旰,皆经修葺。

《清知县魏师段德政碑记》云:时岁在甲寅(康熙十三年,1674年),魏公老父母①于庚戌(康熙九年,1670年)秋来知卢龙邑事②,至是将四稔③矣。今孟夏奉命荣迁,邑四民德公、感公,不能舍公,众为借寇之请,奈君门万里,弗获进见而言情,虽图卧辙、攀辕之举,莫挽行旌也,金(谌)[谋]仿古立祠,记碑事。乃于城南二里许有古刹南台寺,择地而良,庀材鸠工,构祠三楹,肖公像焉,曰:"公去矣,无能留矣,卢民思公于心者可见于目,见公于目者故思公于心,益不忘。"群匄余为记,勒公绩于石,以志不朽,且以为后贤(法)[劝]也。然余栖息棠荫久矣,公之治行,余何敢默?因思天下最难强者民心也,然民有爱慕,惓惓于衷而不解者,余不知其何心,要非实有以被其泽洽,其隐何以能使民心之感(戴)若是乎?

夫卢龙处畿左辅，为永平附郭，地狭土瘠，民疲兼之，膏腴不隶，治版细弱，半去公（堂）［室］。今之卢龙治亦难矣。自公莅兹土，下车日，民甫望见公，即欣欣有安全色。公朗中惠外，周仁处厚，智足御众，而独用宽和不锋厉，以市能声不峻绝，以树威望，惟（嘱）［瞩］乎疾苦之原，而轻重布之，莫不群服其德，教而畏其神明。其为治也，击强拔薙，则凭城社为（祟）［祟］者息矣；仁育义正，则比阳鱄于名教者屏矣；宽赋税，杜诛求之扰，则室家安矣；均丁徭，革烦重之弊，则劳逸公矣；明听断，（雪）覆盆之冤则摘发神矣。至清簿书则六案如冰焉，哀茕独则万姓如子焉，而且作人有化焉，而且恤商有政焉，而且野无草窃，稀鸣桴于砥路，狱无（蛰）［絷］囚，鞠草茂于圜扉④焉。公善政之可述，岂能尽仆数哉？不惟此也，卢龙为二京咽喉，圣驾东狩，两驻跸于邑，而轮蹄旁午，人所张皇失措者，公从容应之而自足。当时上召对而嘉美⑤，下安堵而蒙麻，是公才于繁剧间而益恢恢有余。其度量含宏［弘］，其识力慷慨，虽疑难重大事，而经画担当过人更远矣。大都公为治，肃括济以和平强明，出之仁恕，有公仪休之廉而不刿，有范史云之清而不皦，有陶士行之勤而不烦，有羊叔子之简而不疎，有朱仲卿之严而不苛。卢民日游宇下，若不知有桴（古）［鼓］⑥之警，石壕吏⑦之怒呼者，真所谓恺悌父母也耶！稽古循良，若荀勖、张戬、召信臣、狄仁杰、房彦谦、贾敦颐诸公，民感仁化，颂嘉绩者，安阳、金堂、南阳，或为立祠宁州、长葛、洛州，或为纪碑，以公方之不亦齐美⑧后先哉？夫民祠公、纪公，在公固无事于斯，然公德泽之在民心，民自不能释然于公也。今而后，将见官卢邑者，以前无公若也，自公始也，以后皆公若也，又自公倡也，孰谓祠之纪之之可忽乎哉？虽然，公非仅吏治才，异日晋秩台衡，公将勋铭彝鼎，像绘麟阁，又宁止著芳卢龙一邑也乎？公，湖广黄冈人，讳师段，字松岩，今升广东肇庆府同知。

康熙十三年迁安刘鸿儒撰文

【作者简介】

刘鸿儒（1610～1673），字鲁一，号文安，迁安县人。顺治三年进士，历任兵科给事中、户科右给事中、兵科右给事中、兵科左给事中、户科都给事中、顺天府府丞、通政使司左通政、太常寺卿、通政使司通政使、兵部右侍郎、兵部左侍郎、户部左侍郎。康熙十二年八月擢都察院左都御史，同年卒。康熙十九年增补《卢龙县志》卷之六《魏松岩生祠碑记》作者署名"王基文，拔贡，邑人"，民国二十年《卢龙县志》卷六"庙坛祠宇"一节有"魏公祠"收录《魏松岩生祠碑记》一文，署名"卢龙王基文"，落款"康熙十三年甲寅"。

【注释】

①魏公老父母：魏师段，字松岩，湖广黄冈县人。崇祯年间保定巡抚魏公韩子，崇祯十二年岁贡，顺治年间任湖广阳新县训导。康熙三年任河南汤阴县令，九年任卢龙县知县，十三年升广东肇庆府同知，二十三年至二十六年任山西潞安府同知。

②知卢龙邑事：即任卢龙县知县。知县，知××县事的简称，

③稔（rěn）：庄稼成熟。古代谷一熟为年。

④圜扉：狱门。亦借指为牢狱。

⑤上召对而嘉美：清唐敬一《续补永平志》："康熙十年辛亥秋九月，皇上东幸谒陵，驻跸于滦河之西。卢龙县预备桥梁、龙坊、龙舟、帐幔如仪。皇上登舟观鱼，见桥梁坚固，各项预备有方，嘉悦，赏银二十两。召见卢龙县知县魏师段，面询爱民之实，又询其籍贯，奏对称旨，亲降玉音'用心做官'。命内院宣敕一道，又命速赴鸿胪寺记名。"光绪十年《畿辅通志·魏师段传》："值圣驾东巡，召见，询以爱民之实，奏对称旨。"

⑥枹（古）[鼓]：康熙十九年增补《卢龙县志》为"抱鼓"，鼓槌。枹，通"抱"。

⑦石壕吏：唐代大诗人杜甫所作的五言古诗，描述石壕吏乘夜捉人的故事。

⑧齐美：《永平府志》为"齐美"，康熙十九年增补《卢龙县志》为"媲美"。

《清知县怡堂凌公①去思碑记》云：同治二年（1863 年），余侨居永平郡城，越明年，怡堂凌公莅治卢龙，因得与之相接见。公恬静谦抑，恂恂若儒生，四座倾谈，公独不轻启口，间有言，皆朴实恳切。公尝曰："牧令之设，所以为民也，乃世之逞才使智者，置斯民于度外，而竞走别径，附托津要，工于夤缘；悦谀当路，工于迎合；沽恩市义，工于牢笼；敲骨剔髓，工于科敛。若此者，吾不能为，亦不愿为也。读书学古，处则谨守其身，出则求济于世。为亲民之官，宜将民之休养、疾苦事事萦怀，竭吾力之所及，以不负民者，不负官庶，自问稍安耳！"聆公之言，其为官可想见矣！

公宰兹邑三年，合境康乂②，颂声盈耳，不幸丁艰以去。夫人当在官时抖威逞势，高下任意，视群黎不啻土芥，如是而去，去将恨晚，恐更有不堪名言者，去后之思，固未可强致也。公之去，送者塞道，且致有泣下者。然或一时惓恋，久则渐忘。今相距已数年矣，邑人犹念之不置，属余为文，欲以镵石，非仁政之沦浃肌肤，奚可臻此？余谓邑人曰："君等于公去后思而植碑，意良厚矣！盍即被泽之实，为余陈之。"有农夫前曰："公以农为民之根本，常躬历阡陌，奖勤戒惰。又凡婚嫁丧祭，谕民以从俭去奢，由是家给人足，窃盗衰息，是宜志。"有士子前曰："公每月局门课士，予给膏火文之瑕瑜，亲为讲授，且训诸士曰：'人之作文，非止为科举计也，阐圣贤之理，即法圣贤之行，其文乃非空言，而人之体用兼备。'服其教者，无不进而日上，是宜志。"有曾讼者前曰："公之理讼明，与公不待言而不恃刑，威以理与情，委婉开导，直者不以胜而自矜，曲者不以不胜而少怨，恺恻所感，两造俱知，向善是不可不志。"有曾应差徭者前曰："旧岁兵差络绎，官吏多藉以肥己。公独恐民之伤财失业，敷用之外，一车一马不忍多派。嘻，真好官也，异日大展其用，蒙芘护者无穷限矣！是又不可不志。"余曰："止举其数端，公之心挚于民，概可类推。"余亦无庸赘词，即以是垂诸贞珉，可也。公名颛德，河南西华人。

同治九年九月渤海张印西撰文

【作者简介】

张铭晓，号印西，山东滨县人。道光二十年进士，咸丰元年授宿迁知县，二年调任青浦县令，三年九月因"匪徒滋事"被革职。著有《历史地域撮要》。

【注释】

①顗德凌公：凌顗德，字怡堂，河南西华县人。诸生。初授灵寿县令，丁母忧归。补卢龙知县，丁父忧归。署临榆县令，迁雄县令。光绪元年调河间，改肃宁，光绪七年署大名县令，补武邑，光绪十一年卒。

②康乂：安治，健康平安。

《清知县廉夫李公①实政碑记》云：凡人中有所蕴一端之施，即足显当时而传后世。廉夫李公莅新昌②数月，邑中绅士耆老来言于余曰："世之称牧令者，皆曰父母官，副其实者盖鲜，若吾刺史李公洵可谓民之父母矣！"钱粮、仓库、驿站、缉捕以及劝农、课士诸务，公之谨循成规，一一周妥，缕述莫罄，而阖邑之诚服爱戴，惟治狱为最深。夫民不得已而有讼，乃一纸入公门，淹滞拖累，黑白颠倒，甚至纳赂受托，长奸屈良，卒使民不敢讼而后已。此而奉之曰父母，父母云乎哉？公则有讼即讯，一讯即结，是非曲直，区处允谐两造，各餍其意以去父母之教诫其子，不是过矣。因属余为文以志之。余曰："案无留牍，勤也；烛无隐迹，明也；予夺奖惩，无（偏）[偏]私，公也。此公之德与才也，而德与才之所由，著固有本矣。人必有实心，然后有实政。讼之至也，实心恐民之耗财失业，不期勤而勤，实心探民之真衷诞念，不期明而明，实心望民之向正远邪？不期公而公，不然心无一毫在民，徒汲汲于钓誉梯荣，急遽为勤，勤必舛，伺察为明，明必苛，拘迂为公，公必窒。浅识者或目为好官，而欲民之实被其益而舆情感孚不得也。"吾闻公宰魏昌③，建书院以训民俗，除豪蠹以安民生，浚泉筑城以兴民利而卫民居。当事者欲以民田移河流，公极力阻止，几因庇民之故被谪而不恤，知其置怀起虑，刻刻在民。今抚兹土而理讼不恃权，不仗刑，揆理原情，婉导曲谕，恺恻恳挚，沁肝沦脾，由是悍者驯，顽者悟，胜者因而愈劝，不胜者因而知奋。当对簿时，圜阶观听，每数十百人，或欢呼称快，或感激泣下，一狱之断，动人若此。然则德与才著于民者，公之实政而皆本为民之实心，积而出也，伪心不能成一事，实心可以成万事，内而道义，外而勋业，极之通天彻地，奇变百出，无不由实心为之，造就运量。公异日得竟其用，吾岂能有以测其所至也哉？是为志。公名葆贞，湖北松滋人。

【注释】

①廉夫李公：李葆贞，字廉夫，湖北松滋人。由翰林院供事同治七年任无极县令，同治九年四月调任卢龙县令，同治十一年任、光绪元年复任怀安知县，同治十二年署延庆州知州。

②新昌：卢龙县的别称。北魏时析肥如县，置新昌县（治今卢龙县城），为北平郡治。隋开皇十八年（598年），改新昌为卢龙县。

③魏昌：光绪五年《永平府》和民国二十年《卢龙县志》均为"魏昌"。当指卢龙县，北魏新昌县。

明王世贞《卢龙署（中）偶成》诗云：朱（廉）[帘]翠箔过杨花，睡起中庭日未斜。却似深闺娇小妇，楼头痴坐怨天涯。

又《卢龙署中有寄》云:山城小雨鹧鸪啼,杨柳辞寒绿正齐。我梦春闺独不见,怕乘云雨(问)[过]辽西。

清石赞清大门联云:抚此地舆图,西南多水,东北多山,问四境桑麻有几;与吾民休息,凿井而饮,耕田而食,愿三章法令全删。

【作者简介】

石赞清(1805~1869),字次臬、襄臣,贵州省黄平县人。清道光十八年进士,授阜城知县,署献县知县,调正定、卢龙知县,升芦台抚民通判,署永定河北岸同知,升顺天府治中,署通永道、霸昌道。咸丰六年五月补天津知府。十年十一月擢顺天府尹。同治元年以府尹兼署刑部右侍郎,九月补授直隶布政使。二年调湖南布政使,后又护理湖南巡抚。五年任太堂寺卿、稽察左翼觉罗学,转宗人府府丞。六年补授都察院左副都御史,再补工部右侍郎。

清乐观韶大堂联云:不识不知,济济庭前皆赤子;民视民听,明明头上是青天。

二堂联云:瘠缺值灾荒,更兼征调频繁,仙方谁授点金术;贫官非巧妇,何堪应酬络绎,妙手真为无米炊。

【作者简介】

乐观韶(1840~1922),字芝田,云南江川县人。光绪三年进士,授直隶衡水知县,转迁安县知县,光绪七年至八年任卢龙县令。光绪十六年调任卢龙知县,光绪十七年兼署昌黎知县。光绪二十八年升围场粮捕同知。

典史署　在旧县署西(今废)。

满洲驻防　在城内西街。清康熙三十四年(1695年),自滦州移驻,旧署在东南隅(久废)。

山海路游击署　在城东南隅旧副将署。明系永镇中营,设副将一员,旧无公署,清顺治间改统辖副将,即白氏花园遗址改立(久废)。

协标左营　在城东南,清改为中营千总署(今废)。

协标右营　在城东门内,清改为右司把总(管)[署](今废)。

左司把总　无署

燕河路都司署　旧参将府,在燕河城内,距府五十里。把总无署,赁住民房。

演武厅　在西门外青龙河西(今废)。

清知府游智开《演武厅重建记》云:永平在汉为右北平郡,昔李广为太守,与匈奴大小七十余战,匈奴避之,称曰飞将军。今阳山之阴有虎头石,盖其当年射石没羽处也。余自同治于十一年(1872年)擢守此郡,间或登山临眺,览其遗踪,未尝不望古遥集,低徊不忍去。

郡城西旧有演武厅,与虎头石隔河相望,岁久倾(隤)(颓)。近又为卢水所败,只椽片瓦无存者。余久欲改建,时以资绌未遑也。今书院、贡院诸工相次告竣,因卜地于故址之西里许,重建演武厅。砌以崇阶,后增筑三楹。暨落成,命工绘飞将军射石故事于壁,设木主以祀之。自兹以往,凡讲武于此者,其或庶几有善骑射如将军其人者乎?然吾又有说焉。《史记》将军传云:"广行无部伍,行阵就善水草屯舍止,人人自便,不击刁斗以自卫。"又云:"其射见敌急,非在数步之内,度不中不发,发即应弦而倒。"夫度不中不发,发即应弦而倒者,此审固之良规,致胜之极,则吾愿人之学之也。行无部伍,行阵不击刁斗以自卫,此将军神勇不拘成法,人皆不能学,亦不可学,吾不愿人之遽学之也。人苟于将军而善学之,则一旦有事,出而应将帅之选,将百战百胜,博取侯封,直分内事,即不幸数奇如将军,亦必如将军威名炫赫千载,懔懔有生气。彼将军同时诸部校尉以下,才能不及中人,以击胡功取侯者,又何羡哉?此则吾改建演武厅而尸祝李将军之意也。遂书以记之。光绪元年春三月。

屯　社

在城社　西南二十里。

凤头香社　西南二十五里。

南堂社　西南三十里。

台上社　清分台上、台下两社,东北三十五里。

大河南社　西北二十七里。

周王庄社　清分周上、周下两社,北五十里。

赤峰社　清改北赤峰社,西四十里。

丰隆屯　清改为隆上、隆下两社,城北三十里。

丰润屯　清改为丰润社,西北三十里。

丰稔屯　清改为丰稔社,西南二十里。

丰成屯　清改丰成社,东二十里。

卢龙县志卷三

地　理

山　脉　河　流

山　脉

　　境内山岭丛杂，绵亘起伏，络绎不绝。最初起点来自阴山，迤逦东至迁属口外之都山，兹山峰峦矗耸，高凌云汉，六月积雪，土人罕至其巅，为河北省第一高峰也。南下之脉，蜿蜒边城一带，西至密云，东至绥中，中包卢、迁、遵、抚各县。自昔总名为卢龙塞，盖为都山下脉也，一支由白家坊东面南下与抚界；一支由重峪东偏南下，过兴隆庄，直趋燕河营之城东；一支由桃林口至椿树岭西南，折至桃林营东，群山环抱，中起一峰，名盘龙山。南即兵马峪南面，在李各庄西，与东山相对；中间即燕河北沟，由李各庄西南转入东南者，至燕河庄北之红山，与抚界。由李各庄西南趋者，南分一支，至上下梨峪一结，至土山一结，至仙景山一大结（仙景山即三角山）。仙景山高百余丈，西分一支，经上下新庄、滤马庄、亮甲峪，至大岭乱石山，西逾青龙河，连白蟒山、罗家山，至八里坨而止；一支在刘家营东南，由北山下脉至薛各庄，横起秃峰三四，至青龙河上突起尖峰，名峰山，又名水螺山，迤南又一横峰，名卧牛山。此峰东西四五里，南北一二里，上有东西行路，名长岭。西趋塔盘山，与迁界。仙景山东趋一小支，由北安山马兰坡至青石峪，则入抚宁界。仙景山南趋为石虎山，西南趋为莺窝峪，为架砲山，伏而为牛毛岭，南则为千松岭，为东岭。千松岭东趋一支，为桃花峪、部落岭，至烟墩山而止。东岭迤南即阳山一带，古称"阳山列屏"是也。他如笔架、大王等山，均此一带乱山，高下居户零星，而阳山之西则为芝麻山、凤头山、南台山、龙王坡、虎头石、雪峰、一柱峰，东南则与昌黎界，诸山相连，逾滦河而西为与滦县交界之横山，北趋为佛洞山、灰山、柏家山、清凉山，至赤峰堡之赤峰山为一结。柏家山迤北石崖洞山，北趋一大支为龙山，横亘县境西面，北至迁界龙山头而止。总之，县境北面诸山，绕出东面，折而南，至南台山之龙王坡，作一环形，由龙王坡西南联横山一带，北趋至龙山头，即迁属爪村庄，为一大环形。从前堪舆家谓为"双龙回顾"，殆附会之词矣!

平山　在治城中,以其与南台山平,故名。

南台山　一名印山,在治城南三里。

凤头山　在城南二里,迤东为试剑石。

龙王坡　在城南五里,南台山右,上有祠(今废),滦水先经其下,今改而西。

盘头山　塔盘山　城南六里。

近阳山　城南十五里。

雪峰　城南十五里,有寺,为卢龙八景之一。

人首山　城南十五里。磈垒万片,纵横有章,若人累而成者,为取石者凿崩。《畿辅志》云在城北四十五里。

千头岭　城南十五里,有岨,临青龙河。

乐亭张凤翔《千头岭》诗云:石径一线通,日影蔽云树。险巇少人行,足底河声怒。下视心骇然,目眩不敢顾。登顿脚力穷,蹒跚频缩步。东北最高峰,绝顶悬瀑布。天晴风雨来,潇潇在云雾。下岭日已昏,野寺钟声度。回首晚烟中,峰影青无数。

【作者简介】

张凤翔,乐亭县人。清咸丰九年举人。

羁徨岭　(镇)[城]南十五里。

笔架山　城南十五里。峰峦秀峭,形似笔架。

范家峪　城南十五里。

小岭　城南十五里,岭南属昌黎。

涧子山　城南十五里,有三跳涧。

行虎山　城南二十里。

一柱峰　城南二十里。

孤孤岭　城南二十里。

鸽子崖　城南二十五里。

灰山　城南三十里,下有龙潭。

石花岭　城南三十里。

瓦陇山　城南三十五里。

佛洞山　城南三十五里,一名窟窿山。

烟墩山　城南十里。

周王山[1]　城西南二十里,滦水绕之。

【注释】

①周王山:在今滦县城北周王山村,位于卢龙县城西南二十里。旧置周王庄铺于此。弘治十四年《永平府志》:"周王庄铺,在(卢龙)县南二十里。"

狼望山　城西南三十里。

四㟞山　一名狼窝山,城西南二十里,有寺,圣水源出焉。

石崖　城西南二十三里。

九泉山　城西南二十里。

五连山　城西二十六里,一名老虎山,山中有井泉。

独子山　城西南三十五里,会圣安之流及清凉山泉,为横河,入于滦。

门楼山　城西南三十五里。

龟峪　城西南。

龙山　在城西四十里。山势蜿蜒,其形似龙。相近者曰赤峰岭,亦名赤峰山。又西有烽火山,一名西安山。又西北曰石崖儿,连峰数十里。北出为瓦硵诸山,皆设险处也(《读史方舆纪要》)。

烽火山　城西南五十里。一名西安山,安河之源也。

龙王岛　城西石梯子,下滦河中流,旧有龙王祠(今废)。

赤峰山　城西二十五里。在洞山之西,社以之名,前为鹞鹰崖。

洞山①　城西十八里。古孤竹山也。孤竹城在其阴,其嵊有洞,下滦水会之,或曰即古卑耳溪。崖际镌“月素风清”四字,不著姓氏。清风台在其上(旧志云:山麓有青莲寺。案:《读史方舆纪要》:洞山在城西十五里。山产铁,有铁冶在焉。《地志集略》:肥水之西,洞山之北,地称险固,是也)。

【注释】

①洞山:在今滦县油榨镇孙薛菅村南,明清时期朝鲜使者和当地人亦称之为首阳山。明天顺五年《大明一统志》:“洞山,在府城西一十五里,其上产铁,有冶。”清顾祖禹《读史方舆纪要》:“洞山……或以为即古孤竹山。《水经注》:孤竹祠,在山上,城在山侧。今山阴,即古孤竹城。”孤竹城、夷齐庙在村北滦河南岸。《魏书·地形志》:肥如县有孤竹山祠。

城子山　在城西□□□里。山上有城迹,无考。

厜㕒①洞　城西十五里。

【注释】

①厜㕒(chuíwēi):山巅。

俞儿山　城西二十里,洞山之阳。

《管子·小问·杂篇》:桓公北伐孤竹,未至卑耳之溪十里,闿然止。暳然视,援弓将射,引而未敢发也。谓左右曰:“见是前人乎?”左右对曰:“不见也。”公曰:“事其不济乎?寡人大惑。(今者)寡人见人长尺而人物具焉:冠,右祛衣,走马前疾。事其不济乎?寡人大惑。岂有人若此者乎?”管仲对曰:“臣闻登山之神有俞儿者,长尺而人物具焉。霸王之君兴,而登山神见。且走马前疾,道也。祛衣,示前有水也。右祛衣,示从右方涉也。”至卑耳之溪,有赞(之)[水]者曰:"从左方涉,其深及冠;从右方涉,其深至膝。若右涉,其大济。"桓公立拜管仲于马前曰:"仲父之圣至若此,寡人之抵罪也久矣!"管仲对曰:"夷吾闻之,圣人先知无形。今已有形,而后知之,臣非圣人也,善承教也。"

裂坡山　城西三十五里,下有龙潭。

铁石垞　城西北十五里。

分水岭　城西北二十里。水从西北来者,左由挝角山、盘头山入漆;右由塔盘山、马鞭山入滦,与迁安接界。

清凉山　城西八十里。一名分水岭,与迁、滦接界。

双子山①　城西北二十里。孤竹长君之墓在焉,一名长君山(今俗名磨盘山)。

马鞭山②　在双子山西。孤竹少君墓在焉,一名少君山。

【注释】

①双子山:今称磨盘山,又称抓髻山,海拔124米,在迁安市城区东南13公里处,徐家沟村北。俗传伯夷葬此。明景泰七年《寰宇通志·坟墓》:"孤竹三冢:俱在府城西北。双子山有孤竹长君之冢,团子山有孤竹次君之冢,马鞭山有孤竹少君之冢。"团子山,一称团山,今称棒槌山,海拔155.4米,在迁安市城区东南10公里处。俗称孤竹次君葬于此。

②马鞭山:在今迁安市城区东南。俗传叔齐葬于此。

罗家山　在八里垞西北。

明邑人朱鉴《北山神祠记》云:罗山之阳,众脉皆南走,其一支起伏而东南,约二里许。又蜿蜒而南,仅一里许,结为陵,状如覆釜。厥土青黎,厥草畅茂,乃其钟灵毓秀于此而结焉者也。自是而南,地皆平衍,漆水绕乎其东,滦江经乎其西,阳山环抱乎其前,东阡南陌之参错,远村近疃之联络,鸡犬相闻,牛羊被野,乃卢龙第一乐土也。先是有祠瓦木脱朽,古杏一株,疏干少花,罹兵燹而禁风雨者,不知其经几变故,乡人旦夕往来。其下雉者、猎者、负者、载者,远而凝望,心皆怅然,至而顾瞻,罔不兴怀。余髫年时犹及见之,今莫考其年代,为某姓名,意者昔在先民,为春祈秋报而建焉,则断乎无疑矣。逮余历官中外①,殆二十,正德丁丑岁(十二年,1517年)致政归田,有时杖履散步,徘徊故墟,但见瓦铄半见于沙碛,石峰岿然于山巅,祠之旧物惟此而已。向②之朽林老杏,无复余屑,俯仰今昔,未尝不迟迟吾行也。

嘉靖癸未(二年,1523年)秋,北乡舍余王宣辈谒余于桑梓下而言曰:"北山有祠,岁久则颓,势使然也。我辈欲重建,复敢丐一言,以纪岁月。"余即欣然而诺。盖以敬神而有合焉,不可以不文辞。是岁孟冬,工落成,祠宇一间,深一丈,广九尺有奇,高如广之数,中题木主曰③五土五稷之神一,风云雷雨之神一,山川之神一,八蜡之神一。祠之前,抱厦四楹,栋如之,为置炉④香火朔望展拜之地。祠之内,东西两壁加以黝垩,绘以丹青,象春生夏长秋收冬藏,除五谷、草木、山川、风云之外不画焉,山灵亦知余文之不流于俗也。噫!人敬神而知礼,神福民而血食,感登梁兴思之怀,遵春祈秋报之典,是岂创淫祠(邀)[徼]

非望之福(老)[者]之比哉？生于斯者览余文,而知其重修岁月、乡人姓名,且因以知祠之创建不肇于今日,而祠之修废不能不望于后日也。

【作者简介】

朱鉴,字缉熙,卢龙县人,弘治十二年己未科进士,授刑部主事,升郎中,正德四年出任建宁府知府,丁忧归。正德七年补任青州知府。

【注释】

①余历官中外:康熙十九年增补本《卢龙县志》作"余倖弘治己未科,莅官中外";康熙五十年《永平府志》为"余侥幸弘治己未科,莅官中外",乾隆三十九年、光绪五年《永平府志》删之。

②向:康熙《卢龙县志》、康熙《永平府志》为"曩",乾隆、光绪《永平府志》为"向"。

③曰:康熙十九年《卢龙县志》为"曰",康熙、乾隆《永平府志》为"四"。

④置炉:康熙、光绪《永平府志》为"置炉",康熙《卢龙县志》、乾隆《永平府志》为"贮炉"。

龙王岩　城北五里。

菊花坡　城北五里。

白蟒山　城北十五里。

架砲山　城北十八里。

茶叶山　城北二十里。

卧龙山　城北二十里。燕河营西,山势蟠结,俨若卧龙。

鹰窝峪　城北二十里,有古洞。

大王山　城北二十五里,有虎洞,深丈余。

青龙岩　城北二十五里。

鸽子岩　城北二十五里,燕河营东。

红山　城东北四十里,在双望堡北,与抚宁界。

杏儿山　城东北五十里。

石矸山　城东北五十五里(《畿辅志》作"石砱山")。

石门山　城东北五十五里,在燕河营北,两山如壁,有龙潭。

叉都岭　城北三十里。

大岭　城北三十五里。

常福山　城北三十五里(案:卢龙旧志云:自淘金河沿而西南为笔架山,西为常福山。又西为涧子山,似常福山,亦在城南。今云在城北三十五里,疑有误)。

兵马峪　城北三十五里。

三角山　城北四十里。

牛尾岭　城北四十五里。

梯子山　城北四十五里。

盘龙山　城北五十里。

峰山　城北五十里。

桃林山　城北五十里。昔人于此种桃成林,故名(案:桃林山,在桃林营东,与桃林关尚隔五十里。旧志谓山产桃因名关,大谬)。

挝角山(应作"鬌角")　城北五十里。

黑崖峪　城北五十五里。

狑狗峪　城北五十五里。在燕河营北,过峪即迁安界(案:卢龙旧志:行虎山、刨钱山、狑狗峪、沙井坡,俱在石梯子西,与此俱不合)。

棋盘山　城北五十五里。

松崖　城北五十七里,有堡。

鹿尾山　城北五十八里,高峰四围,悬于绝谷。

佛堂峪(一作神堂峪)　城北六十里(案:卢龙旧志:佛堂峪去烟墩岭二里,又三里为鹰窝峪。今于烟墩岭云在城东北十里,佛堂峪云在城北六十里,鹰窝峪在城北二十里,疑有误)。

梧桐峪　城北六十里,在燕河营北。

沙石坡　城北六十七里。

烟墩岭　城东北十里。

桃花峪　城东北十里。

石虎山　城东北二十五里。山势狰狞若虎,又名蝎虎山。近山无蝎(案:山今俗名府君山,上有崔府君庙,庙碑称宁山,土人不知其名)。

阿罗卜山　城东北二十五里。

亭子岭　城东北二十五里。

大牛山　城东北三十里。

狮子岭　城东北三十里。

北安山　城东北三十五里。下有河,常起白云,日出方散,故其寺名白云寺(案:《说文》云:安,止也。土人以高平处为安,故永平以安名者甚多,如五重安、静安社之类,比比皆然。旧志谓山形如鞍者非也)。

景封坨　城东北三十五里。

狮子岭　城东三十里。

马兰坡　城东三十里。

青沙岭　城东南四里。

孤峰　城东南五里。

青石峪　城东南十里。

正水峪　城东南十二里。

芝麻山　城东南十五里。

老虎洞　城东南十五里,洞深丈余。

铜矿山　城东南四十里。或曰昔曾于此掘得铜鼓,故亦名铜鼓山。

黄獐峪　在府城东南,与碣石山西麓相近(案:"峪",一作"谷"。刘(昫)[昫]①曰平州(在)[有]②西峡石、东峡石二戍③,与西峡石近者又有黄獐谷③。"峡石",盖"碣石"之(伪)[讹]也。唐武后万岁登封初,契丹军师李尽忠等作乱,寇檀州,将军曹仁师击之,为契丹所诱,先进至黄獐谷,寇复遣老弱伪降,仁师等不设备,轻军争入,战于峡石谷,败没。谷,盖近昌黎界)。

【注释】

①刘(昫)[昫]:字耀远,涿州归义人。后唐庄宗时太常博士、翰林学士。历迁兵部侍郎、端明殿学士,中书侍郎兼刑部尚书、同中书门下平章事,吏部尚书、门下侍郎,监修国史。后晋高祖时,以为东都留守,判盐铁。开运中,超拜司空、同中书门下平章事,复判三司。二年,与赵莹等诸人所作《旧唐书》200卷。

②平州(在)[有]西峡石、东峡石二戍:光绪五年《永平府志》亦为"在"字,误,当为"有"字。峡石,一作硖石。《新唐书·地理志》:平州北平郡"有温沟、白望、西硖石、东硖石、绿畴、米砖、长杨、黄花、紫蒙、白狼、昌黎、辽西等十二戍。"1986年齐鲁书社出版、冯惠民编《通鉴地理注词典》:"硖石谷,平州有西硖石、东硖石二戍。""戍",唐朝时驻军营垒、营寨。

③黄獐谷:武则天万岁通天元年(696年)五月十二日,契丹松漠都督李尽忠及其妻兄归、诚州刺史孙万荣起兵反唐,攻陷营州(治所今辽宁朝阳市一带),杀死都督赵文翙。唐朝派遣左鹰扬卫大将军曹仁师等征讨契丹。八月二十八日,唐军与契丹、奚等战于东硖石谷附近的黄獐谷,唐军大败。神功元年(697年)三月十二日,唐清边道行军总管王孝杰、副总管苏宏晖统兵十八万抵御契丹,在东硖石谷被契丹孙万荣部包围,苏宏晖畏敌而逃,王孝杰孤军深入,坠崖身亡,唐军惨败。清顾祖禹《读史方舆纪要·北直·永平府》:"黄獐谷,在(永平)府东南,与碣石山西麓相近。"若依顾氏所言,黄獐谷当在今卢龙县东南刘田各庄镇柳河圈至蛤泊镇鲍子沟一带,与昌黎县碣石山脉相连接。1996年上海辞书出版社出版的《中国历史大辞典》说:"黄獐谷在今河北卢龙县东南"。2005年7月上海辞书出版社出版、戴均良等主编《中国古今地名大词典》:"黄獐谷,在今河北省卢龙县东南。《资治通鉴》:唐万岁通天元年(696年),契丹松漠都督李尽忠作乱,攻陷营州,遣曹仁师等击之,进'至黄獐谷',为契丹诱击,败没。即此。"《旧唐书·王孝杰传》:"万岁通天年,契丹李尽忠、孙万荣反叛,复诏孝杰白衣起为清边道总管,统兵十八万以讨之。孝杰军至东峡石谷遇贼,道隘,虏甚众,孝杰率精锐之士为先锋,且战且前,及出谷,布方阵以捍贼。后军总管苏宏晖畏贼众,弃甲而遁。孝杰既无后继,为贼所乘,营中溃乱,孝

杰堕谷而死,兵士为贼所杀及奔践而死殆尽。"《旧唐书·则天皇后本纪》:"万岁登封元年夏四月改元为万岁通天。五月,营州城傍契丹首领松漠都督李尽忠与其妻兄归诚州刺史孙万荣杀都督赵文翙,举兵反,攻陷营州。乙丑,命鹰扬将军曹仁师、右金吾大将军张玄遇、右武威大将军李多祚、司农少卿麻仁节等二十八将讨之。制改李尽忠为尽灭,孙万荣为万斩。秋八月,张玄遇、曹仁师、麻仁节与李尽灭战于西硖石黄麞谷,官军败绩,玄遇、仁节并为贼所虏。"城傍,唐代将内徙蕃族置于军镇旁,保持其兵牧合一的部落组织形式,战时发其备鞍马从行。

　　大黑山　城西七十里。石黑色,重量逾于常石,中含铁质。清光绪三年(1877 年),丰润县人张佩经偕洋人来此,带去石数块,以备化验。迄今五十余年,查勘不下数十次,乃铁矿,终未成立,旁有小山,铁质尤多。

　　九顶朝阳山　城西六十五里。清仁宗东巡过此致祭,又名老爷山。

　　玉带山　城西七十里。三山相连,形似玉带。

　　福珠山　城西七十里,九百户庄西,山阳有王氏墓。其中树木皆三百年物,浓云密布,老干参差。王氏族人无敢毁伤(以上大黑山、九顶朝阳山、玉带山、福珠山,皆清凉山支派)。

　　瞭望山　城东北五十八里,嶕峣崒嵂,下有洞,深二十丈,广五六丈。四壁五(采)[彩]如绘,前有水,颇艰涉,刻曰"普陀真境"。

　　梦山　城东北六十里,一云墓山,相传高丽国王葬于此。

　　鹰觜山　城东北六十里。

　　甑山　城东北六十里,以形名,山巅有孔,周七丈许,深四十丈,直洞悬峡,下视青龙河如镜。

　　千松岭　城东三里。

　　红坡　城东十里。

　　刨钱山　城东十九里。

　　部落岭　城东二十七里(案:《读史方舆纪要》作"城东十八里"。旧志云:唐初,居黑水部于此,因名。明建文二年(1400 年),辽东兵克昌黎,燕将谷祥败辽东兵于汀流河,又追败之于部落岭)。

　　茄子山　城东三十里,与昌黎县界(《畿辅志》作"茹子山",误)。

　　阳山　城东南十五里,首山之阳也。

　　青石山　城西北二十里。

　　迷谷山　城西二十五里(俗名泥沟)。

　　鹞鹰山　城西二十里。

　　团山　在县西北,一名团子山,旧名釜盆山,孤竹次君墓在焉,今属迁界。

河 流

境内之水，以滦河、青龙河二水为最大，受益少而被害多，利用水力者仅青龙河、撒河，少数香磨而已。每遇夏季，河水泛滥，田庐、人畜恒遭湮没，沿河两岸地多冲刷，夏则一片巨浸，冬则满目平沙。卢龙古称瘠苦之区职此之故。顾以水性无定，抵御无方，亦惟有徒叹奈何耳！

兹述其原委如下：

滦河，源出宣化县西一百二十里炭山东北，流经云州堡北六十里、马营堡南二十余里，又北流经故恒州南入旧开平卫界，土人谓之商(郡)[都](“商郡”，即“上都”音讹也)。东南流古北口边外七百里，与九流河及诸水合，逶迤而东，入柳河(柳河在遵化县北口外)。又有青龙河及宽河，自都山西来入之，又东南过潘家口，铁门关水注之。又东入团亭寨口内地，又东南经(挑)[桃]源庄，与撒河合。又东至中峰山，与横河合。又东过唐山，与长河合。又东至官寨，与清河合。又东过黄台山之箕石，去迁安县三里，纳要孤水。滦河至此，其势愈大，每夏秋水盛，波涛濉湃若江湖。又南入卢龙县界，又西过清节庙，又南至虎头石，与漆河合。又南至偏凉汀，入滦县界。又南经岩山下，与别故河合。又南五十里，至岳婆沙港，入乐亭县界。东歧为二：左曰胡芦河，右曰定流河。胡芦河在县东北三十里，流径县东二十里，南流入海，谓之东滦河，明景泰中淤塞，定流河遂独承滦河，至县南四十里刘家墩入海。自嘉庆十八年(1813年)滦水东迁，定流河遂闭，后惟蔺家营及老米沟入海之处，尚属乐境。其余尽入昌黎，今蔺家营河已闭。又东往，自昌黎甜水沟入海。

《元史·河渠志》：大德五年(1301年)，平滦路言：六月九日霖雨，至十五日夜，滦河与淝、洳三河并溢，冲圮城东西二处旧护城堤东、西、南三面城墙，横流入城，漂郭外三关濒河及在城官民屋庐、粮物，没田苗，溺人畜，死者甚众，而雨犹不止。至二十四日夜，滦、漆、淝、洳诸河水复涨入城，余屋漂荡殆尽，乃委吏部马员外同都水监官修之，东西二堤计用工三十一万一千五十。

旧志：乾隆五十五年(1790年)，府城大水，城外田庐存者十一。道光二十九年(1849年)六月，大水，城外田庐存者十二，而城中屋宇有水及檐者。说者谓乾隆五十五年在乡之水大于在城，道光二十九年在城之水大于在乡。

【补录】

乾隆五十五年庚戌秋七月己卯朔。乙酉，谕曰：阎正祥奏：据山永协副将黄大谋禀报：六月下旬，雨水连绵，永平府城外河水涨发，由南水门漾入城内，低洼地方水深一丈有余，至八九尺不等。驻防官署及守备衙署，兵民房屋被水淹浸坍塌。城外各乡村水势漫溢，人口亦有被淹之处现在一面雇觅水手，将淹浸地方，及压伤人口分往救护；一面将本身应得养廉,备具印领支借仓米五十石赏给灾民等语。永平府城河水暴涨,兵民仓猝被灾,殊堪轸悯。著梁肯堂,即派委妥干道员一人,驰往该处确切查勘将被淹户口,给予口粮,分别抚赈。其压伤人口,亦即查明,酌给银两,以示体恤。并著该督严饬所属,实心经理,妥协赈给,毋使一夫失所以副轸念灾黎至意。至该副将黄大谋于郡城猝被水患之时,即带同兵役协力保救,并指廉借领米石,散给灾民,俾资口食尚有见识。黄大谋著交部议叙。

又谕:据台斐音奏称:永平府六月二十八日河水涨溢,城内水深数尺,至丈余不等,官房坍塌一百九十余间,并未伤及人口等语。该处自六月二十六日大雨,清河、滦河涨溢,城内水深数尺至一丈不等。官房倒坏,官员兵丁暂就民房、庙宇栖止,殊堪悯恻。更念旗人俱赖钱粮度日。今所住房屋被水,生计未免拮据。著加恩兵丁各赏一月钱粮。所有被水官房,著交台斐音详细查勘,即行办理具奏。(《清高宗实录》)

道光二十九年夏六月大雨连旬,水入城。秋七月十八日,滦河大溢,平地水深四五尺至丈余不等,郡城不没者三版。(光绪五年《永平府志·纪事》)

清高宗御制《滦河濡水源考证》云:濡水见史传者,凡五:(《说文》出安东入漆涑者,涿(都)[郡]之濡也。《广舆记》出易州穷独山一名圣女水者,易州之濡也。并音"儒"。《左传》出高阳者,河间之濡也,音"而"。三水皆由天津入海。此独石口外之濡,读"如难",音与"滦"近。其水自由永平府之乐亭县入海,与畿内三濡迥不相涉。又《水经注》苍梧之濡水,出永丰县濡山,字亦音"儒",名亦适相同耳),而惟滦河之濡水,源远流长,雄于其四,郦道元《水经注》所云出御夷镇者也。昨岁命方观承①考濡源委,亦既绘其梗概,条分缕析,而为之说矣。然以汉文训蒙古语,未如《同文韵统》得字音之正,而"鄂博"之类,穿凿更甚(蒙古语谓(推)[堆]砌石以表祭处为"鄂博"。方观承乃书作"峩载",且引郑氏及《诗·大雅》之言,证为"载祭行路神"之意,凿而谬矣。曾为《鄂博说》④以正其误。他如"们绰克"之为"们催","达巴罕"之为"大坝",类此者不可枚举,难以一一为之辨订也。)。因命向道大臣努三②,挈方观承所遣同知黄立隆③者,重循其源,以至其委。于是二千余里之滦河,曲折分合,尽得其实,因详注其地名及诸水之汇流。而郦道元、欧阳修等并《元史·河渠志》所载相舛误者,都为四条考证如左:

【注释】

①方观承:安徽桐城人。历任内阁中书、军机章京、吏部郎中,乾隆七年升直隶清河道,翌年升直隶按察使,乾隆九年迁直隶布政使。乾隆十一年署山东巡抚,乾隆十三年授浙江巡抚、都察院右副都御史。乾隆十四年升直隶总督兼理河道、兵部右侍郎、都察院右都御史。乾隆二十年署陕甘总督。乾隆二十八年授直隶总督管巡抚事。

②努三:瓜尔佳氏,吉林满洲正黄旗人。雍正末乾隆初由蓝翎侍卫升头等侍卫,御前行走,乾清门行走。乾隆十四年任正蓝旗护军统领、镶白旗蒙古副都统,向导处行走(向导大臣)。乾隆十九年任参赞大臣。乾隆二十年向导章京上行走。累升镶蓝旗蒙古都

统,署正红旗护军统领,御前大臣,正蓝旗满洲都统等职。向道,即向导。"道",通"導"(导)。《钦定热河志》时间为"己丑"(乾隆三十四年,1769年)。

③黄立隆:字定之,湖南宁乡人。乾隆十八年拔贡。乾隆十九年四月授直隶完县(今保定市顺平县)知县,署保定县令。擢河间府同知,奉旨随向导大臣努三勘察滦河河道,协助撰写《滦河濡水源考证》。升大名府知府,护理大名道。调任天津府知府。

④《鄂博说》:清高宗所撰,见光绪十年《畿辅通志》。主要是纠正方观承引用汉郑玄注《诗经·大雅》,将"濡经察汗峨轪"中"峨轪"解释为"轪祭行路神"之误。"鄂博"为蒙古语"堆砌"之意。

夫江、淮、河、济,中国之"四渎"也。其理大物博,较之滦河、濡水,不啻倍蓰,而《禹贡》以数语尽之。兹注濡水数千言,犹有未尽焉,古今相去不可及者如此。盖得其简则足以提要,而欲其详,反不免致繁,抑以塞外中土,语言不同,人迹罕至,斯固难易所由殊。然则就《同文韵统》会中外而传濡水之实,讵不在此时乎哉!

滦河源出独石口外东北一百余里巴延屯图古尔山(山为兴安正干,自张家口向东至独石口外为大山,折而西北,过上都城,入于围场之海喇堪,与兴安大岭相连属,出泉处较兴安山梁尤为特出。山阳山阴,树木茂密,与他异,信为名山。山阳为民人居址,山阴皆察哈尔蒙古游牧地)。四泉涌出,名"都尔本诺尔",涓流曲折,伏而复现。西北(经)纳克里和洛,有小水自东注之。又北经哈丹和硕之西,噶尔都思台之水自东注之。又曲折西北流至茂罕和硕(自都尔本诺尔至此,计七十余里),三道河自东来汇之(其水一出摩霍尔达巴罕,一出伊克达巴罕,一出楚库尔苏达巴罕,各相距十余里,汇为一河),河流始畅。又西北流,复有二小水:一自布尔噶苏台,一自克尔哈达,先后来注之。八十里经察汗格尔(俗名西凉亭)、乌兰河屯至上都店(入多伦诺尔界)。又北流十余里,经淖海和硕,折而东北二百五十余里,经博洛河屯,至库尔图巴尔噶逊河屯,喀喇乌苏自东注之。又三十余里,至上都河屯(上都,即元开平府,滦水经其城南,故名上都河),察汗诺尔自北注之。又六十余里,经都什巴延珠尔克山,至察汗鄂博东,克伊绷河自东北来汇之(河出兴安山梁之阳,南流,伊克霍尔昆、巴罕霍尔昆、伊札尔三水至东注之,西与海留台河合而为一,入于上都河),河水倍畅。折而东南流十八里至磴口,额尔德尼布拉克自西注(其水经多伦诺尔之北)。又十二里至大河口,图尔根伊札尔河自东北来汇之(其水亦出兴安山梁之阳,逶迤西南流,锡喇札拜自北入之,又西南流,摩霍尔、伊札尔自东南入之,汇注于此)。又南流七里,沙岱布拉克自西注之。又折而西南流二里,霍洛图布拉克自东注之。又九里,海拉苏台河自西注之。又一里,搜集布拉克自东注之。又南流一里,浑齐布拉克自东注之。又十里,察汗郭勒自西注之。又十一里,什巴尔台河自东北注之(其水出伊克空鄂洛鄂博西,为木兰围场西界)。又折而西,复折而南八里,克筹布拉克自西注之。又十七里,经雁北滩(入四旗厅界),布尔噶苏台哈丹和硕河自西注之。又十七里,经半壁山,又南经大庙湾,折而东,复折而西南五十八里,头道河自西注之。又二里,罗密塔子亦自西注之。转而东南流三十二里至木厂，又折而东流二十四里，经韭菜梁，又九十五里经小辽东，至瓜地，摩霍尔阿尔善所出之汤泉自南注之。又二十七里，经西屯，库尔奇勒河（俗名小滦河）自北来汇之（其水出兴安山梁之阳，三支分引，过托霍隆和洛合为一；西南流，会玛尼图卡伦、哈朗圭达巴罕、珠尔噶台、海拉苏台诸水，折而东南，会霍来郭勒、哈尔浑诸水，又噶拜卓索阿鲁布拉克昂阿诸水复先后会之，合为一河，注于此）。自此遂名滦河。

　　又廿七里至郭家屯，折而南流四十里至大对山，又折而东，复折而南，屈行八十余里至兴隆庄（入喀喇河屯界），南流五十九里，经五道河，折而西南流四十九里至张博湾，兴州河自西北来汇之（其源出沙尔呼山西，经土城子东南流，曲注于此）。折而东流七十余里，经喀喇河屯，绕行宫东流，（伊）逊河自北来汇之（其水发源围场内，南流，经博洛河屯，与伊玛图河合，西南流，屈折注此）。东南流卅四里至石门（入热河厅界）。又四十七里，经凤凰岭，固都尔呼河自东北来汇之（其源出固都尔呼达巴罕，西南流，与茅沟河合，又与赛音郭勒河合。三源既汇，沿避暑山庄东北，其水会茅沟后，即与汤泉合。至是行宫内，亦有温泉流出汇之，遂名热河）。水至此益大，折而南流四十三里，白河（自）西注之（此与发源玛尼图达巴罕，经密云县会潮河之白河异）。又三十三里，老牛河自东北注之。又三十三里至滴水崖，南二河自东注之。又十里，柳河自西注之。又六里，车河自西注之。

　　又三十余里至门子哨（入迁安县界），黄花川自西注之。又三十二里，清河自东注之。又九里，豹河自东北注之。折而西流二十里，经滦河滩，又南流，折而东，复折而西，经杨柳峪，又东南流二十一里，入潘家口，折而东，又折而西十里，经走马哨，又二十四里至澈河桥，澈河自西注之。又曲折东南流七十余里，至白布店，恒河自西北注之。又折而东流十余里，至煤峪口，长河自东北注之。又七十三里过平崖子，清河自东北注之（此与黄花川南之清河异）。折而南流二十余里至峡口，蛤螺河自东注之。又二十九里，过迁安县西，经黄台山，又二十三里折而东，三里河自东注之（其河与二道泉合）。

　　又南流二十余里，经孤竹城（入卢龙县界），又三十五里至合河口，（清）[青]龙河自东北来汇之（其源出特布克，入桃林口，复有一水自冷口会之，经永平府城西，过虎头石入于滦）。河流至此，势益宽大。又十一里绕雪峰寺，又廿一里，过武山西，横河自西注之。又三里至偏凉汀（入滦州界），又东南流五十六里，过定流河（入乐亭县界），又三十六里至老河口（滦水故道，今涸），又西南流二十里至小河崖，清河自西北注之（此与黄花川南及平崖子之清河俱异）。又七里至石家坨，滦自此分支（名高密河，常涸，大雨时仍分流达海）。折而西南流五十余里至新桥口，入于海。自河源至此约二千余里。

　　郦道元《水经注》云："濡水出御夷镇东南"。按：御夷镇为北魏六镇之一，其建镇之所虽不可考，而《魏太祖纪》云："筑长城于长川之西，自赤城西至五原，延袤二千里。"又魏始祖"破蠕蠕，列置降人于漠南，东至濡源，西暨五原、阴山，分六镇。"是御夷居六镇之东，自独石口外至开平皆其故地。以今所考，上都河源方向核之，道元所言非尽无稽，惟云"二源双引夹山，西北流"则未能实辨。都尔本诺尔为濡水正源，而以夹山来会之三道河误为濡源"双引"。其云"出山合成一川",则即今之茂罕和硕耳。至云"又西北迳御夷故城东",其遗迹无可据,惟以镇北百四十里计之,当在今乌兰河屯之地。其余诸山水,虽与今图不能悉合,然所云"又北迳箕安山东,屈而东北流",似即今之多伦鄂博图。其云"迳沙野西,又迳沙野北",则似指伊克们绰克至喀喇乌苏一带沙碛言之。其云"三泉雁次,合为一水""注吕泉水",则似今之克伊绷河合伊克霍尔昆等三源也。云"逆流水",则似今之伊札尔也。云"木林山水",则似今之海留台水也。云"又东盘泉水自西北东南流,注濡河",则似今额尔德尼布拉克也。又所云"东南水流回曲,谓之曲河镇",以今图屈折形势观之,盖即今之大河口。自此以下,道元即"阑入白檀、要阳",按其地距所云"会武列水之热河境"尚七百余里,汉时郡县安得至此? 其舛尚何待深辨乎? 至云"濡水又东南迳卢龙塞",则为今之潘家口无疑。其云"塞道自无终东出,渡濡水,向林兰陉,东至(清)[青]陉",无终为今玉田;林兰陉,盖今喜峰口;(清)[青]陉,即今冷口。即此以证,不特塞垣疆界了然,即田畴引曹操回军卢龙(塞)之处,亦可得其(大)概矣。其自潘家口以内至入海处,郦注所记州邑山水,虽名称今昔不同,而以志乘订之,皆约略可数,而未至大舛。盖道元于诸水源委,询考綦详,故所言时有相合者,惟未尝亲履其地,且以汉言志蒙古山水名目,往往传讹附会,更不免谬以千里,则泥古而不知核实之过也。

欧阳修云:"滦水出炭山东北。"胡三省《通鉴》注因之。其后陈组绶《职方图考》、顾祖禹《方舆纪要》皆从其说。今考独石口外,无所谓"炭山"者,惟巴延屯图古尔山,据努三云土人名其山为"黑老山"。按昔人有谓"濡水出黑龙山"者,"龙""老"音转承讹,"黑龙山"之言似不为妄。今巴延屯图古尔山,其阳石色黝黑,所谓"炭山",或即指此,而《明统志》乃以万全县南之"炭山"当之,其地距独石三百余里,则更风马牛不相及矣。

《元史·河渠志》:"滦水出金莲川中"。今独石口外濡源相近处,无所谓"金莲川"者。按《金史·地理志》云:"恒州曷里浒东川,更名曰'金莲川'。"又《元史·地理志》云:"世祖命刘秉忠相宅于(恒)[桓]州东、滦水北之龙冈。中统元年(1260年)为开平府。五年加号上都。"即今之上都河屯,正在滦水之北,(恒)[桓]州尚在其西。考元周伯琦《扈从北行记》云:"至失八尔图,地多泥淖,驿路至此相合,地多异花,有名金莲花者,似荷而黄。至察罕脑儿,犹汉言白海也。历数驿,始至(恒)[桓]州。"又王恽《中堂事记》云:"滦野,盖金人驻夏金莲"云云。考其地,皆与上都河屯相近。"失八尔图",当为"什巴尔台",蒙古语"泥泞处"也,在上都西少北。"察罕脑儿",当为"察汗诺尔",蒙古语"白湖"也,在上都南少西。"金莲川",当在什巴尔台、察汗诺尔之间。元陈孚《金莲川》诗云:"茫茫金莲川,日暎山色赪。昔人建离宫,今存但古瓦。"盖金时于此建景明宫,为避暑之所。许安仁疏有"金莲,千里之外"语。以距京师道里计之,亦相合。又今什巴尔台少西北,有和洛和山,盖即《金史》所谓"曷里浒"者,川在其东,去独石口几五百里,其非濡源明甚。周伯琦《赋得滦河送苏伯修》诗云:"清滦悠悠北斗北,千折萦环护邦国。直疑银汉天上来,金莲满川浮如拭。"盖滦河先经金莲,后至上都。伯琦咏滦河而兼及金莲,殆指河流所经言之。修《元史》者，直以为滦出金莲川中，误矣。

元宋本《滦河吟》云：滦河上游隘，涓涓仅如带。偏岭下横渡，复绕行都外。颇闻会众潦，既远势滂沛。虽为禹贡遗，独与东海会。乃知能自致，天壤无广大。

【作者简介】

宋本（1281～1334），字诚夫，元大都人。至治元年（1321年）状元，授翰林修撰。泰定元年（1324年），除监察御史。天历间，历任吏部侍郎、礼部侍郎。至顺二年（1331年），擢礼部尚书。元统二年（1334年），累升集贤学士兼国子祭酒，卒于官，谥正献。

明乐亭卢耿麒《过滦河有感》诗云：吾怜双鸳鸯，泛泛河之滨。飞随鸣唱和，终日无猜嗔。如何平生友，意气若相亲。一言稍不合，当面分胡秦。羽族汝不知，恻恻伤心神。

【作者简介】

卢耿麒，字仁淑，永平府乐亭县人。嘉靖二年进士，授工部虞衡司主事，历员外郎、陕西佥事、江西佥事，升山西参议、山东参议，升山西副使，以疾卒，年四十有五。

清圣祖御制《滦河》诗云：塞边远绕至滦河，澈底清明不见波。驻跸徘徊千万里，石鲸两岸影嵯峨。

又《滦水泛舟》诗云：平沙漠漠接长河，天际浮云落照多。两岸苍山相竦峙，扁舟一棹任清波。

又《经永平城南》诗云：三代幽偏地，秦时右北平。川原绵大陆，形胜借坚城。晴日初迎辇，春风暗拂旌。龙山遥入目，缥缈白云横。

又《永平驻跸》诗云：飒飒风声响画旗，滦河东岸猎归时。庙堂几务亲裁决，非是行帏寐独迟。

清高宗《渡滦河》诗云：清跸转辰游，霜华（画）[尽]罕浮。初冬回帝里，千里此滦州。揽景目难给，题诗兴辄留。偏凉汀畔水，待我再凭流。

清知县高密李士模《滦水歌》云：滦水一何清，喧豗日不止。回风喷雪过大荒，渡壑穿岩数千里。入关几处抱岩城，形势如弓复如矢。岸边荒沙高接云，波底惊石纷若齿。黯黮能令白日寒，天阴时有蛟龙起。忆昔榆关正用兵，旌旗白羽乱纵横。万舸平冲波上月，清笳吹彻鼋鼍惊。物换星移仍此水，不改涛声改战垒。两两沙鸥弄夕阳，秋风落叶伤游子。

嘉兴钱陈群《渡滦水作》诗云：山根左折势回旋，一道中开到日边。估客暮收东海市，戍楼春冷北平烟。白云自拥卢龙塞，断碣犹题贞观年。三月滦河重问渡，当流立马听溅溅。

乐亭张九鼎《滦河夜发》云：鼓枻下滦河，归梦水云里。秋波净如练，平铺吹不起。疏钟天未晓，已行三十里。举头月在山，低头月在水。

【作者简介】

张九鼎，字象之，号雪樵，乐亭县人。清末岁贡生。家多藏书，博学强识，精力一归于诗。

漆河 在治城西门外，源出塞外，土人呼为乌填河，南流入桃林口，鹿尾山诸流会之，南行至峰山，合沙河（《畿辅志》云：漆河，即古玄水也。《水经注》：玄水出肥如东北玄溪，西南流，右合卢水。肥如故城在卢龙北界桃林关。"玄溪"，即旧志所云"鹿尾山诸水"也。卢水，即青龙、白洋二河。桑钦[①]所谓"卢水二渠，大沮、小沮合而入玄"者也）。

【注释】

①桑钦：东汉地理学家，《水经》作者。北魏郦道元加以补注，作《水经注》。

青龙河 又谓之凉河，源出都山东南豹崖之三岔，又二十里合寺儿崖三温泉，三里入冷口关，经建昌营，与白洋河会，南入卢龙界，下至虎头石[①]，入于滦，乃卢水之小沮也（《水经注》云：小沮水发冷溪，世谓冷池。又南温泉注之，又南与大沮合为卢）。

案：旧志及《畿辅志》皆云青龙河入冷口关，而《迁安县志》云：源出刀儿磴西北众山沟，入桃林口，经鹿尾山。不知入桃林口，经鹿尾山者，自是漆河，窃意漆与冷口皆青龙之上游，迨合于卢龙界，乃谓之青龙，后乃混而称之耳！至大沮，旧志以阳乐水当之。《畿辅志》则谓系白洋河，其说近是。

李沧溟[②]云：卢者，黑也；龙者，水也。北人谓黑水为卢龙。故昔或名此地为卢龙军，或名为卢龙塞，以其城郭邻于漆河之义也。

【注释】

①南入卢龙界，下至虎头石：光绪五年《永平府志》云："南入卢龙界，至孤竹故城之阴，中流有石如砥柱，又西至虎头石"。

②李沧溟：李攀龙，字于麟，号沧溟，山东济南府历城人。嘉靖二十一年进士，历官刑部主事、员外郎、郎中，嘉靖三十二年任顺德府（治今河北邢台）知府。三十五年夏，升陕西按察司提学副使。隆庆元年，改浙江按察副使。三年升河南按察使。"北人谓黑水为卢龙"这句话引自康熙十九年增补本《卢龙县志》，但是李攀龙《沧溟集》中并未找到，倒是北宋地理学家沈括的《梦溪笔谈》中说："大底北方水多黑色，故有卢龙郡。北人谓水为龙，卢龙即黑水也。"

凉水河 在漆西里许八里垞下（今废）。

温河 在城北十二里。源出部落岭，即古温泉也，一曰肥如水，西行合白沟河入漆（案：《读史方舆纪要》：肥如河，在府东二十里，亦名濡河，源出口北，流经部落岭，又西流，入于漆河，或曰即滦河支流，《水经注》所云"小濡水"是也）。

白沟河 在城东南十五里。源出阳山，过石槽，绕城东北，西流入青龙河，为阳口，即古阳乐水也（案：阳乐水，初由上水关入城，经砖桥，沙河流入洋沟，穿过新城大街，出东南水门，归于永安桥下，流入青龙河。雍正间，因郡城数经水患，乃迁河于城外，上水关遂塞）。

淘金河 在城南十里。源出笔架山东北诸山谷，水西流入滦，其水产金，地名沙金厂。

横河　源出独子山,合安河东西山水,南入横山营后北沙岸下,东至泡石淀,经榆山后刘家庄,至偏凉汀而合于滦。

饮马河　在长君山北(长君山在城西北二十里。前城南八十里之清凉山云。又西为料马台,有饮马河。二者以方向、里数相较,当必有一误①)。

【注释】

①长君山在城西北……当必有一误:此段引自光绪五年《永平府志》,而"清凉山"条下云:"清凉山,城西八十里,一名分水岭,与迁滦接界。南崖下有石刻曰'仰止'。又西为料马台。""城西八十里"已不属于卢龙县界了。所谓长君山,即"双子山,在城西北二十里,孤竹长君之墓在焉。"雍正十三年《畿辅通志》:"清凉山,在府城西南九十五里。"康熙十九年《卢龙县志》:"又北为双子山(南崖下其石黝,刻曰仰止),孤竹长君墓在焉,一名长君山。又北为料马台(以昔征辽兵过此料马,故名),有饮马河。"

倒流河　在北安山北,由宋庄、阎家洼起,东北流,经染庄、后官地入阳河。

陷龙河　在燕河营西门外,有三源:一出重峪口,一出鹰嘴山,一出兵马峪,绕会于燕河城西,顺流而南,至于抚宁燕河庄,东入于洋河。又燕河营东门外河,源出于道士洞,流经石门山龙潭,会众流至抚宁花台堡,入于洋河。

圣水　出自乞山。

安水　城西三十里,出烽山。

谷沟泉　有三涌出,如瀑布,并流为煖泉河,至徐流营,西南入青龙,为水田。

鸽子崖泉　流入青龙河。

孤窑寨泉　在燕河营城东,西流入青龙河。

石龟峪泉　西流至莲花池而绝。

五里峪泉　自狼家谷西流至道东而绝("峪",县志作"塔")。

白望泉　自双子山流至白沙崖青石头而绝。

杜台西峪泉　自部落岭阳岛谷合,出于肥如水,至坛西而绝。

卢龙县志卷四

交　通

大道　津渡　汽车路　电报　电话

大　道

大道,即旧京奉大道,清季因滦县通有铁路,此道遂废。今又用为汽车路。

津　渡

滦河渡一:石梯子(城西南十里,系官渡。冬建桥,夏造船,可通舆马)。

漆河渡六:(即青龙河)南邱庄(城西二里许,河旧在西门外,今移此,系官渡。冬建桥,夏造船,可通舆马)、夹河滩(城西北五里,系私渡,冬建桥,夏有小船渡人)、横河(城北二十里,系私渡。冬建桥,夏造船,可通舆马)、郎各庄(城北三十里,系私渡,设置同上)、柴家哨(城北五十里,私渡,设置同上)、刘家营(城北五十五里,私渡,设置同上)。

横河渡一:(城西南三十里许,刘各庄南。河流不广,冬建桥,夏小船渡人)。

汽车路

汽车路,东西经过各地点:沙河驿、唐庄子、沙河堡、野鸡坨、西安河、东安河、望府台、范家庄、南邱庄、县城、驴槽庄、十八里铺、部落岭、腰站、五搭营、双望镇。

又滦县、迁安县南北经过各地点:杨家沟、松树营、张百户、坎西樊各庄、赤峰铺。

电　报

城内设有二等电报局一处,线路南通滦县,北通迁安县。

电 话

电报局附设长途电话线路,借用电报线,南达滦县,北达迁安县。

市 集

(甲)第一区

城内:第四、九日为大集,二、七日为小集。

粮市:四街轮流,二日在南街石幢下,四日在东街,七日在北街,九日在钟楼上坡。

牲畜市:冬春在北门外,夏秋在东门外,但二、七日不互市。

筐市:在新城大街南首。

糠市:在道局街。

果市:秋日在南门外,但早餐后即罢;冬日在棉市西首。

棉市:在夷齐里。

饭市:在东街西口。

柴市:在石幢北,又东街东首,又新城大街北首。

(沿革)案:旧志载:城内每日一集,一日南关厢,二日石幢子,三日西柴市,四日城隍庙,五日钟楼下,六日砖桥,七日西沙河,八日上街,九日东柴市,十日石幢北。后来四、九集期不知改自何年,以钟楼上坡为固定粮市。至清光、宣之交,又改为四街轮流,惟对于钟楼上坡仍称老粮市。

(乙)第二区

油榨镇:每一、六日为集期。

粮市:一日在东街,六日在西街。

牲畜市:在庄南。

(沿革)相传在先原名任庄,因村之东北有废油榨一具,互市者咸休息其上,后遂名为油榨镇。父老传闻如此,然不可考矣。

柏家店:前为市镇,每三、八日为集期,现在重心移于油榨,每期不过数人,该市已渐废弃矣。

(丙)第三区

九百户镇:每四、九日为集期。粮市:四日在东街,九日在西街。牲畜市:常年在北小河。

(沿革)旧志只载四、九集期,余无考。相传清初李氏族众卜居于九百户,由滦县宜安迁移于此。市场即在大街中心。

崔各庄：每四、九日为集期，地点在该村大寺东，无街巷。

（沿革）民国十四年，请准立案，但市面萧条，自远望之，不似集市也。

（丁）第四区

横河镇：每五、十日为集期。粮市：五日在北街，十日在西街。冬日则以东场为固定地点。柴市：在北街口。肉市：在西街东口，又大街北口。牲畜市：在东街东首。

（沿革）相传明万历间由北沙沟庄、周王庄、兴隆庄三村成为大横河镇，是为立集之始，但无可考。

郎各庄：每二、八日为集期。旧日粮市在财神庙门口，今移庵子庙后。

（沿革）清光绪十八年（1892年）立市。

（戊）第五区

燕河营镇：每二、七日为大集，五、十日为小集。粮市轮流，牲畜市在南门外。

（沿革）明万历七年（1579年）筑城，大约设市在此前后。

刘家营镇：每三、八日为集期。粮市：三日在南关，八日在西关。牲畜市在西关。

（沿革）无考，但城系明万历年所筑。

（巳）第六区

陈官屯镇：每三、八日为大集，一、六日为小集。粮市在东街，牲畜市在南街。

（沿革）无考。

双望镇：每四、九日为大集，二、七日为小集。四日在东门外，九日在抚宁县界娘娘庙前。

（沿革）旧志只载四、九日集期，其成立年月无考。该镇旧有砖城，今尽废，惟西门尚存，大约集市或设于筑城时。

关　隘

重峪口关　在城北六十里。东西山不甚高，左右回抱如掩衣襟，北横一山，关门设于山脊，盘折而上，仅容马。关北二里许曰对面山，高插云汉，下视涧底，深数百丈，涧水皆东西分流，由口缘山而下，口内东西皆无路，南至堡四里，由堡东至白家房卢、抚分界处八里，西至桃林口十五里。

桃林口关　在城北七十里，桃林山口也。关南凡二路：大路自秀各庄涉青龙河，循北涯行约半里抵水关楼，堞已圮，故址仅存。小路西北行，过栗树岭梁抵北关，可通马。关西五里为瞭望山，即佛爷洞，其中峰抽下为经摩岭，城建岭上，奇峛不整，右抱者为栗树岭，转而东北，俯瞰河流，为晾马山，山侧有照影石，光明如镜。土人相传管仲伐山戎，逐墨如驻兵于此。左抱者为兜罗崖，连崖而起，南山石纹皆侧立，约高千仞，无径可攀。边城南尽经摩岭，东接南山，中为青龙河，天然险阻。地属卢、迁两界，距迁安县八十里，内小口三：一正水峪口、一孤窑口、一正佛儿口，皆通桃林口大路，南至桃林营十五里，西至迁属刘家口二十五里（清代承平日久，裁兵撤戍。近自匪患时起，则重峪、桃林二口转视为重要防区，连同附近之刘家口，虽为迁属，乃将本县第四区团局设置于此，严加戒备。案：《读史方舆纪要》引《边略》云：桃林口北十四里有梳头崖，亦汛守要地，自口以东曰梧桐谷、重峪口等皆筑城置戍处也）。

名　胜

平山　在县城中，以其与南台山平，故名。山岭为提督学政行署，自东北迤南为府治。

明兵部员外许令典《平山游记》云：男儿志在四方，上不能为国家佐命策勋，垂青书白，次不能为一身趋时媒进，蹜膝[①]升阶，庸庸碌碌，逐队随行，间膺任使，出关塞，阅戎马，历山川，逢凤好，十余年陈人面孔相向，欣然若新，亦是四方快事！（其忍泯诸）平山年友韩继之[②]，与余同师门、同吴令、同杯酒，啸咏山水，兴契最厚，一在海之东，一在海之北，居最远。自辛亥（万历三十九年，1611年）至甲子（天启四年，1624年）别最久，其间居处不同，坎壈一致。迩来继之偶困二竖[③]，（信信相慰），兀坐斋居，绝不见客，惟冀余一见之为快。兹岁冬仲，天子遣大司马经略三韩[④]，有犒师之役，遴闲曹郎往。余以是月廿八日冒雪舁金，其行徐徐，腊月六日过榛子镇，晤继之，喜剧，匆匆饭去。初十，抵关。十一，移寓陈司马尔翔[⑤]署中，午后同尔翔出关十里，饮望夫石，戎装跃马，壮哉！十二，董司理配公[⑥]至，复饮。十三，大雪，不能行，烧烛拥炉，饮至夜半。十四，同配公还。十五，宿其署。十六，赴郡伯陈如有[⑦]酌，宿继之郡居小年斋中，其子广业字子有主之，又贻余诗，有"天涯鸥鹭皆兄弟，膝上儿童作主宾"之句。十七，同继之从弟开西[⑧]、西宾管席之[⑨]游平圃，圃依北城，西邻蒙恬井，又名扶苏泉，泉甚冽，南构一亭于石壁，嶙峋中曰平山，石隐雪中如嵌玉。出城东三里为驴槽村，俗传为张果老喂驴处。隔肥水，临榆关孔道，一楼曰飞布。当西、戌东围失守[⑩]，风鹤屡惊，人心惶惑，继之日率诸弟子习骑射投距，贾勇以安集之，俾无恐，冀露布[⑪]早捷故云。内有墅畦，清逸堂、枕云居、抚弦室，三径纡婉，轩敞高闶，一带阳山尽收睫底，卉木繁植，两葡萄高数丈，夏月绿阴可荫数亩，尚多旷址，经理未竟。继之休沐来，次第所构别业止此。十八，开西拉游侍御公[⑫]土门庄，在北门外里许，即李广土门寨，四面皆山，庭前突起一石，高丈许，曰土门一柱。循墙而东，南面皆松，摘唐句曰"一望松"。门前有驰道，夹道有荷，一亭曰采莲，稍上又一亭曰隐松。出土门东北里许，踏水涉肥，为李确斋方伯[⑬]万柳庄。庄临流，亭曰醉流，壁有朝鲜使臣柳梦寅排律十六韵。植三松曰三大夫，亦以李氏三世为大夫故。西有杰阁高数十仞，曰轻阴，阁外多奇松，垣外富枣栗，今属其后诸生李熙，字春如，即继之东床也。暮归东城，礼碧霞元君祠，祠松更奇。又南数武⑭为开西梨花庄，又名皆可园，园内亭曰醉雪。入城，登恒足堂，为司农郎永丰仓公署。登堂南山一带尽在几席，青翠层叠，若拱若屏，北平大观也。西诣郡庠，谒宣圣观五松，又胜元君祠，平山奇松甚多，此更绝，恨不能写之归耳！十九，开西复拉出东门十里，盘谷深（睅）[靓]，上下溪坂，游刘、麻二山。刘山为侍御西元[玄]公手筑调象居，居后皆石壁，藤萝牵挂，高峻不可登。前卧一石，如象鼻袅袅欲动，骑象而观，四山凸凹，起伏万变。余笑曰："若隐此中，纵潢池兵起⑮，能深入谷中犯狂象鼻锋乎？"北里许为响水峪，冰坚响绝。西二里为麻山，山有石鼓，高丈，圆半之，端之彭彭有声，曲洞水至，淙淙不绝，今亦冻雪中。山房有侍御公手书绝句云："松楼待月三更后，石鼓催花二月天。近日麻山松又好，明年花月共谁怜？"时年七十有三，明年化去，亦诗谶也。刘、麻名非古，其买山自刘即刘，自麻即麻，山非旧而姓空留。余题一绝云："沧海桑田几变更，住山何必以山名。天台玉女知何处？只有空名未识荆？"二十，别开西、席之而西，子有携榼饯余城西二十里夷齐庙。庙乃元时所建，据地清高如其人，周遭皆石，石最高处有清风台。台前绕古松，后临滦河，深广倍他所，水北平石为孤竹君庙。庙前水中又一石隆起，非舟不渡，有隔水而祭者。庙无守，渐圮。当事者当图善后，毋令子掩父也。二十一巳刻，复至榛子镇继之繁祉堂。堂左右皆暖房，与其仲兄成之⑯炙胡饼，列长几，呼卢共饮。继之久戒酒，犹喉痒，攘臂一掷，尽兴乃止，醉卧砖榻，有奇温。次日，强别，犹邃期。继之旦暮出山，重会于三竺、（西）[两]湖之滨，不知得此胜缘否？大抵平山之胜，未易覼缕⑰，其山自三河始东，至榛子镇而锁。故继之王父封侍御公⑱自九百户徙居，始一传，而赠长洲南（立）[玄]年伯⑲以明经荐，高尚不仕，积功累仁，为乡祭酒。南宫之捷⑳，继之始由镇而东二百二十里至深河，复开北山连塞，山顶粉堞如线，南即海，至关山尽、海无涯。其水自塞外潘家口入大溪细涧，曲折澄泓，无所不讫，各家园亭藉以点缀，蔽流巨木，不减邓林㉑。鱼大而肥，冬月冰坚，渔者卧冰，求之即得。松皆可栽，独盛于侍御土门、刘麻诸山，诸松皆奇，更奇于郡序五株，寒威减于关上，烈于长安，风气庞厚，不逐纤趋。吾不知其他。若韩开西为继之从弟，与余无生平，一见如故。子有甫弱冠，端凝善承父志，视余如父，饮余如与其父饮，不必将命。榛镇次公成之亦别十五年，视余如兄。见其三子居业、修业、昭业，异姓同胞，恍然一家，不知孰为许，孰为韩也。诸子咸执菽问盲，裁句索和，无不心赏。噫！韩氏先世之培植如彼，其厚也；满门之和气如彼，其蒸也；子弟之美秀如彼，其稠也。受于天乎？受于人乎？受于山川乎？此行兴殊不浅，故呵冻记之，（以志山川人物之胜。美哉！继之占之矣，基之矣）。

【作者简介】

许令典（1567～1631），字稚则，号同生，浙江海宁县人。万历三十五年进士，授上饶知县，万历三十六年至三十七年任无锡县令，升兵部员外郎，官至淮安知府。

【注释】

①躐臄(lièhū):喻指官阶晋升。

②韩继之:韩原善,字继之,别号鹏南。万历三十五年进士,历任青浦、长洲县令,天启初升开原兵备。有二子:韩广业、韩弘业。

③二竖:《左传·成公十年》:"公梦疾为二竖子……"。后用以称病魔。

④三韩:代指辽东。

⑤陈司马尔翔:陈祖苞(1586~1639)字尔翔,号令威,海宁盐官人。万历四十一年(1613)进士。四十二年任昆山县令。天启四年任山海关理刑推官,五年改山海关兵部分司主事。崇祯十年以右副都御史,巡抚顺天。次年坐失事系狱,饮鸩死。

⑥董司理配公:董志稷,字配公,海宁人。万历四十四年进士,天启时任永平理刑推官,迁工部郎中。崇祯四年累升山西汾州府知府。

⑦郡伯陈如有:陈所立,字如有,福建长乐人。万历四年举人。天启二年由淮安府同知升任永平府知府。仕至贵州兵备副使。

⑧开西:韩原洞,字开之,别号开西,御史韩应庚次子,诸生。崇祯三年正月守永平府城殉难。

⑨西宾管席之:西宾,古代私塾老师。管珍,字席之,长洲人。万历末年恩贡,长洲知县韩原善聘之教授子弟,寓居永平。

⑩酉、戌东围失守:天启元年岁次辛酉,1621年;天启二年岁次壬戌,1622年。《明史·熹宗本纪》:"天启元年三月乙卯,大清兵取沈阳,总兵官尤世功、贺世贤战死。总兵官陈策、童仲揆、戚金、张名世帅诸将援辽,战于浑河,皆败没。壬戌,大清兵取辽阳,经略袁应泰等死之。巡按御史张铨被执,不屈死。丙子,辽东巡抚佥都御史薛国用为兵部侍郎,经略辽东。参议王化贞为右佥都御史,巡抚广宁。六月丙子熊廷弼为兵部尚书兼右副都御史,经略辽东。辛巳,兵部尚书王象乾总督蓟、辽军务。""天启二年春正月丁巳,大清兵取西平堡,副将罗一贵死之。镇武营总兵官刘渠、祁秉忠逆战于平阳桥,败没。王化贞走闾阳,与熊廷弼等俱入关。参政高邦佐留松山,死之。"

⑪露布:一种写有文字并用以通报四方的帛制旗子,多用来传递军事捷报。

⑫侍御公:御史韩应庚,字希轩,一字西玄,万历五年进士,万历十年六月授福建道监察御史,巡按陕西。

⑬李确斋方伯:李充浊,字澄之,号确斋,嘉靖五年进士,累官至贵州左布政使。方伯,明清时期对布政使的尊称。

⑭武:半步,为三尺。步,六尺。

⑮潢池兵起:潢池弄兵,旧时指农民起义,或发动兵变。潢池,积水塘。

⑯成之:韩原性,原善二哥,廪生,崇祯三年守榛子镇,以身殉国。

⑰靦缕(luó lǚ):.犹言弯弯曲曲。

⑱王父封侍御公：韩廷义，以长子韩应庚封福建道御史。王父，即祖父。

⑲赠长洲南（立）[玄]年伯：韩应箕，号南轩，一作南玄，长洲知县韩原善父，赠长洲知县。封建社会里，皇帝赐予官员父母、妻室爵位名号，存者称封，已死者曰赠。

⑳南宫之捷：考中进士。南宫，明清时礼部的别称。古代进士考试在礼部进行。

㉑邓林：古代神话传说中的树林。《山海经·海外北经》："夸父与日逐走……道渴而死，弃其杖，化为邓林。"

南台山　一名印山，在城南三里。上有开元寺，亦呼南台寺，西有振衣庭三楹，今（折）[拆]毁，仅遗佛殿矣。

清莱阳宋琬《初夏同杨九章太（守）①王心任郡丞②宴南台寺》诗云：孤台缥缈俯长河，参佐追陪到薜萝。黄鸟鸣时烟树合，白鸥飞尽夕阳多。渡头吹笛闻渔唱，月下烹泉试茗柯。此日接䍦须倒载，莫教归骑促笙歌。

【作者简介】

宋琬，字玉叔，号荔裳，山东莱阳人。顺治四年进士，历任户部河南司主事、吏部稽勋司主事、陇西右道金事。顺治十三年十一月任山东按察副使、永平道。顺治十六年闰三月升浙江布政使司参政，分守宁绍台道。顺治十八年擢浙江按察使。翌年春，被诬告"谋反"下狱。康熙二年十一月，因查无实证而释放。康熙十一年晋四川按察使。

【注释】

①杨九章太守：杨呈彩，字九章，河南林县人。崇祯十五年举人。顺治三年授陕西临洮府推官，历任江西广信府同知、陕西延安府同知、山东青州府同知，约顺治十四年前后升直隶永平府知府，被诬解任。事白，补任陕西平凉府知府，卒于官。

②王心任郡丞：王觉民，字心任，安徽颖上县人。顺治八年由岁贡授广东潮阳县知县，顺治十一年升永平府同知。顺治十七年至康熙七年任太原府知府，十年考满，治行第一，赐三品服，升参议道，卒于官。

王金英《登南台》诗云：天风吹我此遨游，一度登台一度呕。领略烟光朝复暮，徘徊杖履去仍留。群峰叠起趋龙塞，二水交流①到虎头。故国山川春梦里，摄衣如上阅江楼②。

【作者简介】

王金英，字菊庄，一字澹人，江南江宁府上元人。乾隆二十七年举人。乾隆中任永平府敬胜书院山长，纂修乾隆三十九年《永平府志》。乾隆四十七年至四十八年任宁国府训导。

【注释】

①交流：乾隆三十九年《永平府志》为"交驰"。

②阅江楼：位于南京市鼓楼区下关狮子山巅。公元317年，晋元帝司马睿初渡长江，见此岭似北方的卢龙塞，遂赐名"卢龙山"。明洪武七年（1374年）春，明太祖朱元璋将卢龙山改名为狮子山，并下诏建造阅江楼，亲自撰写《阅江楼记》。乾隆三十九年《永平府

志》自注云:"金陵卢塞山以似北地卢龙而名,明太祖欲建阅江楼于上。"

李斐章《南台寺》诗云:野寺高台上,登临感慨生。河流经绝塞,山势抱孤城。破灶残僧去,长廊落日明。空阶余老树,时有怪鸦鸣。

【作者简介】

李斐章,字茂先,号简安,清初乐安人。文学。著有《春晖堂诗》。

张元《游南台寺》诗云:琳宫遥指问山灵,胜日登临蜡屐停。返照平分秋涧紫,晴云高压晚峰青。香灯杳霭留残榻,花树扶疏散客亭。试倚双林舒远眺,几行鸥鹭下沙汀。

【作者简介】

张元(1672-1756),字长四,一字殿传,号榆村,山东淄川夏庄北贾村人。幼承家教,力学过人,久于济南名士朱缃家设帐授徒。雍正四年五十余岁中举,数上春官不第。乾隆十四年,任永平府敬胜书院山长。卢见曾《雅雨堂遗集·绿筠轩集序》说:"余守永平之五年,岁己巳(乾隆十四年,1749),延吾同年友张式九先生(张元之父永跻,字式九)长公榆村来主教帷。"晚年就任鱼台县教谕,年八十五卒于任。著有《书香堂制艺》《绿筠轩诗集》行世。雍正三年为《聊斋志异》作者蒲松龄撰写《柳泉蒲先生墓表》。

丰润鲁克恭《南台寺》诗云:城郭看如画,巉崖碧四围。松涛寒作雨,柳黛浅描眉。怖鸽冲檐出。山僧荷锸归。惊沙河北起,又见马蹄飞(自注:时方较射)。

【作者简介】

鲁克恭,字伯敬,丰润人。雍正七年举人,乾隆初授遂安县令,调秀水知县,乾隆十七年卒于任。有《野鹤山人诗钞》。

卢龙辛大成《登南台寺》诗云:著来双不借,拾磴古招提。地接滦江近,山回孤竹低。雄风生大壑,落日满长堤。吊古情何极,苍茫塞草迷。

【作者简介】

辛大成,字展亭,号萝村,直隶卢龙人,寄居抚宁县台头营。乾隆三十一年进士,授四川冕宁县令。四十七年拟升会理州知州,丁母忧,回籍守制。

临(渝)[榆]蔺士元《九日登南台寺和郭廉夫①韵》云:恰喜无风雨,登高寄兴豪。城包群树暗,河避断山牢。雁字秋千里,渔船水半篙。唱酬诗有料,何必定题糕。

【作者简介】

蔺士元,字胪三,清末临榆县(山海关)廪生。

【注释】

①郭廉夫:郭长清(1813~1880),字怿琴,号廉夫,一号种树山人,河北临榆县(今山海关)人。清咸丰四年进士,官刑部郎中。著有《种树轩遗集》。同治四年(1865年)夏,来卢龙,与史梦兰会面,商讨《永平诗存》付梓事宜。

乐亭张九鼎《登南台寺》云:寻胜忘途远,穿云到寺门。寒山青客眼,秋色瘦诗魂。碑缺文难读,僧贫佛不尊。禅房堪小憩,归去近黄昏。

【作者简介】

张九鼎,字象之,号雪樵,乐亭人。府学岁贡,晚清京东著名田园诗人。

又《张山携同人由隆教寺至南台寺振衣庭》诗云:出城为游山,游山从寺始。山中复有寺,相隔尚三里。偶然得一径,却入空翠里。梯崖踏乱云,触足石齿齿。路狭人贯鱼,峰回磨旋蟷。前几踏后肩,下乃承上趾。俯仰相招呼,攀顿暂憩止。贾勇造极巅,城垣落足底。下视接苍茫,群山争拱峙。险过境始奇,惊定心方喜。有庭名振衣,喘息供徙倚。座上见征帆,风生滦漆水。筋力疲来途,欲归气先馁。灵运①兴固豪,退之②哭有以③。甘作退缩人,先行谢诸子。诸子指示余,落日燕支紫。

【作者简介】

张山,又名亦仙,一字景君,乐亭县药王阁人。张九鼎子。清末岁贡生,候选训导。著有《退学斋诗文集》。

【注释】

①灵运:谢灵运(385~433),原名公义,字灵运,以字行于世。南北朝时期杰出诗人、文学家、旅行家。东晋名将谢玄之孙,袭康乐公,曾出任大司马行军参军、抚军将军记室参军、太尉参军等职。刘宋代晋后,降封康乐侯,历任永嘉太守、秘书监、临川内史,终于元嘉十年(433年)被宋文帝刘义隆杀害。

②退之:韩愈,字退之,贞元八年进士,唐代文学家。元和十二年八月,任行军司马,随宰相裴度平淮西吴元济叛乱,因功授刑部侍郎。元和十四年正月,唐宪宗派人去凤阳迎佛骨,韩愈上《论佛骨表》,极力劝止,同年十月谪降为袁州刺史。长庆二年九月任吏部侍郎。

③有以:犹有因,有道理,有规律。

阳山①　在城东南十五里。旧志云:中有大洼寺。今山阴有九莲庵,境最幽,为县内胜地,故列入"八景",曰阳山列屏。

【注释】

①阳山:关于夷齐饿死处,其说有五处,其一卢龙境内阳山是也。东汉许慎《说文解字》云:"崵山,在辽西。"清段玉裁《说文解字注》以为"首阳山",并说"按许(慎)意首阳山即伯夷叔齐饿于首阳之下也"。

唐胡曾《首阳山》诗云:孤竹夷齐耻战争,望尘遮道请休兵。首阳山倒为平地,应始无人说姓名。

【作者简介】

胡曾,号秋田,唐代邵州邵阳人。唐懿宗咸通十二年(871年),路岩为剑南西川节度使,召胡曾为掌书记。乾符元年(874),复为剑南西川节度使高骈掌书记。乾符五年,高骈迁荆南节度使,又从赴荆南。

元陈赓《首阳望雪》诗云:天风吹琼瑶,白冒首阳顶。欲和采薇歌,千山冻云冷。

【作者简介】

陈赓(1190～1274),字子飏,号默轩,临晋人。金元交替之际著名学者、诗人。金正大年间登进士第,监蓝田子午酒,后改陕州盐场管勾。入元后,任解州节度使幕僚,后改盐司判官。中统元年(1260年),任河东两路宣抚司参议。中统二年改行省参议,后又改河东宣抚司参议。1243年冬,陈赓途经段成己隐居的龙门山,登门拜访。诗中所述为今山西永济市境内雷首山景色。光绪十年《畿辅通志》收录胡曾、陈赓、段成己诗,皆因乾隆皇帝和《大清一统志》认为许慎《说文》所云"崵山"即"在辽西"的"首阳山"。

元段成己《首阳望雪①》诗云:薇歌一曲对青山,万古千秋老翠峦。望断空岩人不见,光摇银海玉峰寒。

【作者简介】

段成己,字诚之,号菊轩,绛州稷山(今山西稷山县)人。金正大七年(1230年)词赋进士,授宜阳主簿。金亡,避居龙门山(今山西河津黄河边),后徙居晋宁北郭,闭门读书,近40年。元世祖忽必烈降诏征为平阳府儒学提举,坚拒不赴。

【注释】

①首阳望雪:段成己《二妙集》题目为"首阳晴雪",诗云:"薇歌一曲对西山,万古清愁老翠峦。望断空岩人不见,光摇银海玉峰间。"

清迁安潘文本《阳山射虎行》云:孟氏家儿力如虎,乡塾辄将塾师侮。盗父厩马奔长安,贵戚小侯相尔汝。击剑蹴鞠鸣雕弓,诸公碌碌何足数。归来发箧读阴符,闲复射猎阳山①隈。霹雳弓鸣白额死,腥风殷血相模糊。笑向山灵仰天誓,侯封不博非丈夫。鼍鼓逢逢真龙起,杖策军门谒天子②。朱明荆棘埋铜驼,留侯③誓欲报韩死。逐寇褒斜④,盗贼如麻。枭鸟破獍,膏血军牙⑤。一十七万收降虏,充国屯田议汉家。恩遇一旦通侯贵,帐下貔貅⑥竞趋侍。回忆城南射猎时,男儿不负生平志。去公⑦经今百八年,北平犹是旧山川。嵩岳降神当胜世⑧,自惭头脑滞儒冠(案:此盖为孟忠毅乔芳作也)。

【作者简介】

潘文本,字立堂,号石湖,清末迁安人。诸生。著有《石湖诗草》。

【注释】

①阳山:清同治十年史梦兰编《永平诗存》作"南山"。光绪五年《永平府志》亦作"阳山"。

②谒天子:崇祯三年正月,孟乔芳等降于皇太极。《永平诗存》注云:"明崇祯庚午,谒太宗于军门。"《满文老档》:"天聪四年正月初六日,授孟乔芳以副将职。"《清太宗实录》:"天聪四年庚午春正月辛巳朔。壬午,大军发自滦河,辰刻至永平。甲申寅刻,我军列梯牌攻永平城。我兵遂乘势登城。革职副将孟乔芳、杨文魁等皆降。丙戌,以革职官孟乔芳、杨文魁为副将,简阅兵丁。"

③留侯:张良,字子房,西汉杰出军事谋略家。辅佐汉高祖刘邦夺取天下,汉高祖六

年,封留侯。

④逐寇褒斜:《永平诗存》注云:"闯逆奔陕,公追击之。"

⑤膏血军牙:《永平诗存》注云:"谓兴安、河西、平阳诸寇。"

⑥帐下貔貅:《永平诗存》注云:"任珍、马宁、张勇、陈德诸公并出麾下。"

⑦去公:原志有误。《永平诗存》《永平府志》皆作"公去"。

⑧胜世:清史梦兰编《永平诗存》《永平府志》皆为"圣世"。

乐亭杨在汶《阳山晚眺》诗云:乡关一望遥,孤岭上岧峣。远树青围蓟,长河白入辽。斜阳收急雨,野烧助飞飚。忽听笳声起,城头月色饶。

【作者简介】

杨在汶,字鲁田,乐亭人。道光十四年举人,选授邢台教谕,未满任而卒。

清王金英《游九莲庵记》云:郡城东十余里为阳山,古(阳)乐水出焉。其阴有小寺,即九莲庵也。同年友孟炎初尝言其可游,而予未暇往。学博丁远亭①曾偕同僚游之,句意若歉然未惬。蔡梦堂②闻之,曰:"是未尝造其胜耳!"癸巳(乾隆三十八年,1773年)八月晦日,县尉方君③具壶榼相邀,远亭以梦堂之言乍疑乍信,亦奋然从之,益以学博李君④、处士苏君凡五人并辔连镳出郭外。是日,天气清朗,秋光如拭,过驴槽村外小憩,由红坡南入山。山岭起伏,倏升倏降,约五六里许,至张家沟而径渐幽,红叶离离拂帽檐,诸君咸相顾色喜。既而攀磴而上,林际隐隐,见墙屋则庵在焉。规模颇隘,佛宇三楹,左右厢数楹而已。山僧延入客座。望屋后,峰峦巍然。予曰:"是可登乎?"僧曰:"否,否。"予曰:"闻是中有山水佳境,从小屋穿出,其安在耶?"僧乃导予辈行,至则群峰环拱,万松夹涧,水声潺潺起足下,心目豁然,盖别一洞天矣!遂于清泉白石间,各据地坐。李君欲穷泉源,独傍崖迤逦行,山石荦确,不得道而返。老僧携茶果至,远亭向索象棋,与李君对着,苏君从靴�出纸笔作绘事。予嗒然且吃茶,忽忆老友杨默堂④侍御诗曰:"四海几人成独契?百年此石亦三生。"不觉喟然发叹。远亭回顾曰:"君殆有所思乎?"予谓之曰:"人生踪迹如云,随风飘飘,然不可拘执。予与诸君,东西南北之人也,忽而聚于郡,忽而聚于是山,且居郡数载,偕游者屡矣,而独未尝至是山。南台非不可以眺远也,清风台非不可以吊古也,而幽窅之至则俱不及是山。是山在郡境阅数千年,曾无人亟称之。近日梦堂、炎初称之,而言之不详,要非身至斯地,不能言之必详也,然而身至斯地亦不能言之必详也,惟自得者心领之而已。"诸君皆曰唯、唯。是不可以无记,故(授)[援]笔书之。

【注释】

①丁远亭:丁廷辅,字远亭,顺天府大兴县人,乾隆二十四年举人,乾隆三十四年至四十五年任卢龙县教谕。学博,亦称广文,学官教谕、训导的别称。

②蔡梦堂:蔡瓶福,字梦堂,监生,乾隆年间奉天正白旗人。乾隆三十九年《永平府志》分修。

③县尉方君:方向西,广东惠来人。乾隆三十四年任卢龙县典史。典史,在知县下主

管缉捕、监狱的属官,县丞、主簿裁撤时,其职责由典史兼管。县尉,典史的美称,又称少府。

④学博李君:李锡朋,西宁人,廪贡,乾隆三十五年任永平府训导。

⑤杨默堂:杨方立,字念中,号默堂,江西瑞金人。乾隆十三年进士,授编修。乾隆十九年授浙江道监察御史。乾隆三十二年升鸿胪寺卿。

又王金英《偕丁、李二广文、方少府、苏处士访阳乐水于阳山下,得九莲庵,杳僻幽静,真仙境也,欣题二十四韵》诗云:昔我同年友①,结庐城东郊。为言阳山胜,未至心切切。兹来寻水源,兼以快游遨。跨蹇出郭门,迤行②果老槽③。勒辔过红坡④,清流何滔滔。引人渐入胜,步步登云霄。小庵构山麓,崒嵂群峰包。入门逸兴豁,穿室趋山椒。天开一片石,平洁临素涛。松风鸣其上,入耳如闻韶。仿佛遗世立,顿令百虑消。同人三五辈,跌卧随逍遥。山果熟堪摘,枰局静可敲。就中吴门客,墨妙倪迂⑤(遭)[曹]。拟写真面目,拂苔铺生绡。人山两相肖,山人宛相招⑥。老衲亦解事,隔林送壶醪。坐久共忘倦,结邻欲诛茅⑦。平山五载住,游历遍(湿)[隰]皋⑧。他山那及此,洵是山之翘。胡为名不著,有似淹贤豪。信耳不用目⑨,毋乃山灵嘲。久宿既未得,倏别生郁陶。奋笔聊题句,纪实良非褒。

【作者简介】

王金英,字菊庄,江南江宁人,乾隆二十七年举人,乾隆三十七年任永平府敬胜书院山长,乾隆三十九年编纂《永平府志》。

【注释】

①同年友:乾隆三十九年《永平府志》后注云:"谓孟炎初"。

②迤行:光绪《永平府志》、民国《卢龙县志》为"迄行",疑误。乾隆《永平府志》为"迤行"。

③老槽:乾隆《永平府志》后注云:"东郭外五里驴槽村,俗谓张果老喂驴处。"

④红坡:在卢龙县城东十里。清川陕总督、兵部尚书孟乔芳家族墓地所在。

⑤倪迂:倪瓒,字泰宇,自称倪迂,江苏无锡人。元末明初画家、诗人。

⑥山人宛相招:乾隆《永平府志》后注云:"仙者,山人也。"

⑦诛茅:芟除茅草,引申为结庐安居。

⑧(湿)[隰]皋:水边低湿之地。

⑨信耳不用目:乾隆《永平府志》为"信耳不信目"。

丁廷辅《游九莲庵》诗云:为访河源信马蹄,深幽疑是武陵溪。凡心到此皆冰释,小寺无名许鹤栖。白石临流堪作枕,青松夹涧不成溪。人间粉本从兹有,笑看龙眠一卷携①。

【注释】

①笑看龙眠一卷携:乾隆《永平府志》后注云:"时苏君作图归。"

李锡朋《九莲庵》诗云:古刹阳山曲,凭临景物幽。坐看青嶂合,行听细泉流。籁发千松韵,凉生六月秋。闲曹无个事,风雨亦须游。

乐亭张山《游九莲庵》诗云:一径入幽壑,松风起翠涛。云阴山色重,石峭水声高。选地安吟席,邀僧尽浊醪。荒庵聊小憩,倚壁听蒲牢。

乐亭史梦兰《止园笔谈》云:吾乡为清圣故里,首阳山在永郡城南,志所称"阳山列屏"者是也。案《史记正(本)[义]》①,首阳山凡五所。王伯厚②考《曾子书》,以为在蒲版舜都者得之。然郦道元《水经注》已两说互存。清高宗东巡,《过夷齐庙诗》云:"何分陇右与蒲左,天下清风尽首阳。"大哉!王言包(括)[扫]③一切矣!然如所传耻食周粟、饿死首阳之说,于心终不能无疑。后阅《金罍子·论夷齐》一条,不觉豁然。其论曰:"二子以清圣于天下,故非君不事,不立于恶人之朝。当纣之时,(而)居北海之滨,以待天下之清也。夫其居而以待天下之清也,腥闻④之。纣无复悔(过)[祸]之期矣!真人应命,与天下而共诛之,将使宇内廓清,秽气不流。固二子之所以伏其身而有待也,如之何其非之,必是⑤胥天下为纣而可耶?非二子之夙心矣!古之贤者,诚重其死,虽爵于人之本朝,亦其君为社稷死则死之也。武王入商而商之元子奔,太师遁北海之滨。夫乃独枵腹而死义,斯何以哉?且(伯)夷与太公事文王,又同为天下之大老。天子有问,无北面而诏之者也。新君行大事而不即谋于黄发,(伯)夷固可孑然去,就谋之宜以时,诤诤而不听,则北海之北已矣。今也不闻一言诤之于廷,而顾邀之于路,不救帷幄密谋之初,而欲力夺之干戈倥偬之日,第不知白旄既举,可复偃耶?孟津之会既集,可复涣耶?亦不相于机而空言矣。天下理无二是者也。今一人为之是也,而一人非之,又不非也,是理可以二是而世无一定之执也。武王之举,为(代)[伐]暴而顺天,而非之者不以为不知天命而妄讥,吾不知也。曰然,则二子之首阳,饿而死也,则何如?曰二子者,盖求仁以逃国,违不仁以逃世也。其介绝而不求于人,以时濒于饿则有之,未闻其以饿死也。孔子曰'伯夷、叔齐饿于首阳之下',而世以为死也。曰然,则二子固终事武王耶?曰亦未之前闻也。王荆公⑥曰:'商衰而纣以不仁残天下,天下孰不病纣?而尤者,伯夷也。尝与太公闻西伯善养老,则往归之。当是之时,欲夷纣者,二人之意岂异耶?及武王一奋,太公相之,伯夷乃不与。盖二老所谓天下之大老,行年八十余,而春秋固已高矣。文王之兴,以至武王之世,岁亦不下十数,岂其至文王之都,而不足以及武王之世而死耶?'荆公持论固多好异,此其言之切理者也。吁!推伯夷恶恶之心,使及武王而事之,又复见纣恶之甚,其君孤竹当不后八百诸侯,其犹大老于周也,抑岂十乱臣之下乎?"《金罍子》一书,明上虞陈绛著。绛,字用扬,居金罍山麓,故以自号云。

【注释】

①《史记正义》:对《史记》按照条目加注释(正义)的形式进行注解,唐张守节撰,成书于开元二十四年(736年)。

②王伯厚:王应麟,字伯厚,南宋庆元府鄞县人,著名经学家。宋理宗淳祐元年进士,历官太常寺主簿、通判台州、秘节监、权中书舍人,知徽州,礼部尚书兼给事中等职。著有

《三字经》《困学纪闻》等。王应麟《困学纪闻·公羊传》："《史记正义》：首阳山有五。颜师古注《汉书》云：'伯夷歌登彼西山，当以陇西为是。'石曼卿诗曰：'耻生汤武干戈日，宁死唐虞揖逊区。'谓首阳在河东蒲坂，乃舜都也。余尝考之《曾子书》，以为夷、齐死于济、洓之间，其仁成名于天下。又云：'二子居河、济之间。'则曼卿谓首阳在蒲，为得其实。洓，水名，《左氏》所谓汾洓。"

③包（括）[扫]：民国县志作"包括"。史梦兰《止园笔谈》作"包扫"（《续修四库全书》影印本）。

④腥闻：原谓酒腥上闻于天，后用指丑恶的名声或恶名远播。

⑤必是：陈绎《金罍子》作"是必"。

⑥王荆公：王安石，字介甫，号半山，北宋著名政治家、文学家。庆历二年进士，熙宁二年任参知政事，翌年拜相。卒谥文，封荆国公。有《伯夷论》一文。

虎头石 在城南六里许，状若虎踞。旧传为汉李广射虎处。其下滦、漆合流，向有渡口，故入"八景"曰虎头唤渡。

清长洲尤侗《虎头石》诗云：将军射虎阳山下，视之石也虎所化。至今石虎尚狰狞，当日将军何叱咤。数奇不遇高皇封，时去反遭醉尉骂。世上谁无万户侯，过此张弓不敢射。

【作者简介】

尤侗，字展成，号悔庵，晚号艮斋、西堂老人，苏州府长洲人。顺治三年副榜贡生，九年授永平推官。顺治十三年春，因杖责鱼肉乡里的"旗丁"，反遭弹劾，尤侗愤然辞官。康熙十八年举博学鸿儒，授翰林院检讨。四十二年晋升侍讲。

莱阳宋琬《夏雨初晴，同路（圮）[屺]望太守①、王心任郡丞、刘声玉司李②、李公治令君③泛舟虎头石作》云：出郭病良已，物色新霁后。旭日霭平畴，轻烟冒远岫。柳岸杂莺啼，麦陇闻雊雏④。参佐命方舟，乘流望岩窦。昔人挽大黄⑤，殪发拳石透。遗迹榛莽间，於菟⑥昂其首。我辈际时康，边亭罢斥堠。所憎簿领繁，困人如介胄。自公偶然暇，壶觞款清昼。举网出鳜鲂，开林走鼯鼬。山暝匆遽归，渔人可相就。

【注释】

①路（圮）[屺]望太守：路遴，字子将，号屺望，江南宜兴人，顺治九年进士。授刑部主事，顺治末任永平府知府，修河堤数百丈，以除水患；抑强扶弱，以息词讼；参订府志，康熙二年刊印。在任三年，直隶巡按、督学并荐治行第一，卒于官。

②刘声玉司李：刘瓒，（字号不详），潜江人。崇祯十二年举人。顺治年间由永平府推官升南康府同知（顺治间永平府有刘姓推官二：刘浑孙，字厚存，号曙浦，景陵人，顺治九年进士，任永平推官，寻卒于行署）。

③李公治令君：李士模，字公治，号可庵，山东高密人。顺治十四年至康熙四年任卢龙县令。

④雊雏（gòu）：雄性野鸡鸣叫。

⑤大黄：大黄弩，又称黄肩弩。汉代弩的强度分为一石至十石，大约引满一石弩需27~30公斤的力量，其中十石弩最强又被称为黄肩弩、大黄力弩。李广就使用大黄弩。《史记·李将军列传》："广身自以大黄射其裨将，杀数人。"

⑥於菟（wū tú）：虎的别称。

泽州陈廷敬《射虎行》云：北平太守飞将军，城南射猎天气昏。射虎中石没羽箭[①]，至今石戴霜花痕。萧关昔日良家子，结发从军动边鄙。寂寞南山忆夜行，霸陵亭尉醉呵止[②]。一朝飞盖来北平，三边夜无刁斗声。将军善射出天性，射敌欲尽兼射生。虎也腾伤上猿臂，将军意气轻搏刺。怒形威振万物伏，精爽足可贯厚地。我来访古卢龙傍，广不逢时吾黯伤。吹箫屠狗有异表，时来起作诸侯王。

【作者简介】

陈廷敬，字子端，号说岩，晚号午亭，山西泽州（今晋城市阳城县）人。顺治十五年进士，授翰林院检讨，升起居注日讲官、翰林院侍讲学士、掌院学士，累升左都御史、工部、户部、刑部、吏部尚书，文渊阁大学士兼礼部尚书，主持编修《康熙字典》。

【注释】

①中石没羽箭：《史记·李将军列传》："广出猎，见草中石，以为虎而射之，中石没镞。"

②霸陵廷尉醉呵止：李广出雁门关，击匈奴，因敌众我寡被俘，侥幸逃脱，被废为庶人。《史记·李将军列传》："家居数岁。尝夜从一骑出，从人田间饮。还至霸陵亭，霸陵尉醉，呵止广。广骑曰：'故李将军。'尉曰：'今将军尚不得夜行，何乃故也！'止广宿亭下。"

蔡泓《汉飞将军射虎处》诗云：茂草丰碑立水滨，题名犹记汉将军。雕弧劲挽天边月，骏马狂嘶塞上云。万古英雄余片石，千秋功业付斜曛。行人莫话封侯事，呜咽滩声不忍闻。

【作者简介】

蔡泓，正白旗汉军，居卢龙，乾隆元年恩科武举，江淮三帮领运千总。

南皮张太复《李将军射虎石歌》云：世无飞将军，有虎不敢射。岂知精诚之所贯，白羽一发乃没石。君不见北平太守南山来，驰骋林薄披蒿莱。马头倏然见伏虎，须磔蝟毛太守怒。大黄满毂去若飞，白草飅飅风偃树。树风倒卷虎不动，弃弓大笑射已洞。只有肉虎寝虎皮，谁知顽石同丽龟。持弓引满一再发，石光迸火镞不没。乃知得失判俄顷，无心有心间一发。猗欤飞将军，善射能通神。不得当单于，壮志空轮困若令飞，而食肉万里外，挂弓天山清瀚海。区区一虎何足射，况乃顽石对碨垒。沧桑陵谷几变迁，剩有虎石垂千年。天阴月黑恐行客，英风猛气相回旋。将军新故堪歔欷，欲把狂吟销意气。只愁落日归骑迟，犹有都亭呵醉尉。

【作者简介】

张太复，原名景运，字静旃，号春岩，别号秋坪，直隶南皮县人。乾隆四十二年拔贡生，授浙江太平知县。嘉庆二十年改迁安县教谕。

抚宁宋赫《虎头石》诗云：衰草槭槭秋欲暮，落叶萧萧埋荒路。残碑剥落戍烟横，云是昔人射虎处。当年射虎人已去，此石依然卧林坞。引弦注矢石饮羽，石犹如此况其虎。飞将军，北平守，虏骑望风尽北走。卢龙祠庙何其多，从无人与浇杯酒。卫青天幸辄有功，李蔡为人仅下中。将军善射空猿臂，七十余战终不利。岂是吾相不当侯，至竟耻对刀笔吏。将军才气雄无双，将军数奇不肯降。太息为摩草中石，千载悠悠空滦江。我生何幸罢烽燧，携樽今日真大醉。归去不须觅封侯，何物知有霸陵尉。

【作者简介】

宋赫，字东野，抚宁县台头营埜各庄人。乾隆三十三年举人。

迁安潘文本《射虎石怀古》诗云：壮不能封万户侯，七十余战空戈矛。老不能对刀笔吏，百姓闻之尽垂涕。英风浩气安在哉？北平片石犹崔嵬。石崔嵬，俨白额，摩挲当年射虎迹。当年射虎真通神，胡为再射空逡巡？当年射虎乃余事，胡不生逢汉高帝？高帝逐鹿走中原，从龙起者如云屯。虎狼之秦早授首，区区虎石安足论。猗嗟将军休扼腕，烹狗藏弓亦堪叹。当时武皇非寡恩，年老数奇知公深。侯封不博等闲事，咄咄陵也伤公心。

滦州王一翰《射虎石》诗云：汉代将军北平守，野戍风尘静刁斗。弯弓擒得射雕儿，寇不窥边皆北走。一朝围猎向阳山，大驱猛兽歼群丑。射石没镞事尤神，虎石至今犹俯首。古碣摩挲传已久，将军不侯数不偶①。汉家片土竟何有，将军此石传不朽。

【作者简介】

王一翰，字宗斋，滦州王官寨村人，清末监生。史梦兰舅舅。

【注释】

①将军不侯数不偶：因为命运不佳，李广未能封侯。

辽阳刘文麟《射虎石》诗云：南山顽石作虎卧，掉尾磨牙伺人过。狂风四卷边云阴，模糊月黑青枫林。猿臂将军瞥眼见，马上腾身疾于电。硬弓十夫挽不开，霹雳一声弦激箭。猛气所到山为摧，狐兔惊号伥鬼窜。古人去矣不更回，我经山下重徘徊。跃上虎身拍虎背，瘢痕细认爬苍苔。垂头踒伏不敢动，犹恐将军复飞来。

【作者简介】

刘文麟（1815～1867），字仁甫，号仙樵，辽宁辽阳人。道光十八年进士，授广东平远知县，为总督林则徐所器重。后改海南文昌知县。咸丰元年，任河南沈丘县令。后弃官还乡。先受聘主讲沈阳萃升书院，后回到辽阳故里，闭门读书著述，著有《仙樵诗钞》十二卷。

乐亭张九鼎《舟泊虎头石》诗云：枫叶萧萧两岸秋，惊涛似雪打行舟。此生合有看山分，又乘风帆到虎头。

又史梦兰《自滦州抵卢龙道中口号》云:乱峰合沓接榆关,滦水(荣)[萦]回路几弯。日暮不逢人射虎,短衣匹马过秋山。

又张山《过虎头石》诗云:轻舟南下绿波皱,草色山光两岸春。射虎遗踪何处问,矶头闲杀钓鱼人。

董县长天华《与何司令柱国①游虎头石》诗云:山环水抱石高耸,乱草依稀认虎头。一箭威名传万古,数奇功业亦千秋。强邻蛇豕今犹急,往代英雄不可求。幸与将军共游侣,安攘大计赖贤谋。

【注释】

①何司令柱国:何柱国,别号铸戈,广西玉林容县人。保定东关大学堂、日本士官学校毕业。1928年11月任东北陆军第三旅中将旅长。1930年9月,率东北步兵独立第三旅进驻山海关。1931年1月,东北易帜后,第三旅改为第九旅,仍任中将旅长。1932年7月,兼任临永警备司令,负责临榆至永平一带防御。1933年2月升任五十七军军长。1933年1~5月在山海关、抚宁境内率部参加长城抗战。

雪峰①　在城南二十里。峰峙滦河内,上有寺,故"八景"称为雪岛闻钟。

【注释】

①雪峰:雪峰岛,位于今滦县城北十五里周王山村东,滦河河心有一座小岛,占地约四亩多。东北西三面均是峭壁,危崖耸立,怪石危垒,南坡稍缓。明嘉靖十六年(1537年),岛上建一座雪峰寺。清康熙四十三年(1704年)、乾隆六十年(1795年)两次重修。岛上环境幽雅,林木茂密,钟声悠扬。"雪岛闻钟"为卢龙古"八景"之一。毁于1966年和1976年唐山大地震中。此地原属卢龙县管辖,1946年7月以后划属滦县。

清李士模《雪峰寺回舟即事》诗云:薄暮垂山霭,中流落照红。舟行蓼影上,人语水声中。芦酒①堪迟月,(稀)[絺]衣②不耐风。隔林灯火近,归路响秋虫。

【注释】

①芦酒:以芦管插酒桶中吸而饮之。这种饮酒方法称"芦酒"。

②(稀)[絺]衣:细葛布所制有纹饰之衣。

乐亭杨在汶《舟泊雪峰寺下》诗云:前路暝烟稠,蒲帆傍岸收。钟声山寺晚,渔火大江秋。夜久霜侵幔,天寒月入舟。晓来红日上,荡桨起沙鸥。

乐亭张凤翔《舟过雪峰寺》诗云:轻舟过处水溶溶,两岸山光拥万重。层叠僧楼深嶂里,西风吹下数声钟。

钓鱼台　在城南二十五里,一柱峰下面,北临滦河,韩御史筑为别墅,有月白楼,在钓台之右,今俱废,而台座仅存,故"八景"称为钓台月白。

明滦州伦�‌浃《钓台记》云:平郡山水隩区,西南二十里为钓台山,名初不载郡志中,而筑台以栖,自侍御韩公始。公素好山水,虽身历宦途,常愿得一邱[丘]一壑,栖息其间,于是请告以归,卜幽胜之处,乃得钓台山。兹山形从郡城东平山逶迤而南为南台,又南为虎头石，连亘数里为安乐峪，曲折而西则为钓台山。东西横峙，面北，下临河。河固漆、滦二流，交会于虎头石下，南流夹雪峰，直抵安乐峪之崖，折而西流二百步许，其上为台。台址为石矶，右傍突起孤峰，由石矶东上丈余有小岩，盖舟子停泊之地。稍西上二丈余有复岭，可置杖屦，即公所号为台者，因而广除，东西阔十余丈，南北半是凿石，层累之以为基，高三丈余。由基东横筑一壁，壁间设门。入门有巨石蹲踞，可当屏，由石右转西向又一门。入门北转则履台之端平处，北面直承而上，构七楹小轩，其檐宇飞覆。台之外，中三楹，向北牗启扉，下瞰河。西二楹为庖湢，东二楹贮器用，各分壁界门，窦轩内敞豁。南距数武，架楼三楹。楼东西各翼一小阁楼，下中半为堂。东西各一室，为寝榻。堂中设屏，由屏后蹑梯东上则为楼上层。北面周以栏槛，凭眺则连郡山川与夫烟云林树一览在目。楼后基址渐高，即山为壁。东西阔数丈，南北丈许，西面复缭以垣。上接山阿，下接轩之西檐。循南崖而东上，峻岭十余丈，有一洞悬壁，自洞还，东出有石阶，下出门即所升入之门，盖周围曲达如此。连山上下，树松千余章，苍翠可爱。然自河下升台，路皆崎峭，不易攀跻。于是为砌磴凡三转折，共得九十阶，以白石为之。拾级而上，英英若白云梯。梯下尽即渡，河北岸有护沙围绕。又北上二百余步，有（围）[团]峦与台对峙，蹲踞如龙。堪舆家言：此地脉灵秀，亦自西北而来，临河结聚，东则安乐峪，西则灰山，相向（共）[拱]抱，最为吉壤。公修为元[玄]宅①，树松数百，郁郁葱葱，如列画屏。向后北转，则此山之拖尾也，多五色石，绚若错绣。逶迤而北三里许，则为雪峰。峰之对面高岭处，又筑一台，与钓台南北相望，曰钓雪台。岭东西原有樵径，崎岖不可置足。自卜筑钓台，因辟为驰道。北面临渊，栏以石壁。舆马往来，经行宛在云路中。由驰道西下转北，雪峰之西岸为张家村，有腴田置庐，治（稼）[穑]事，以赡家之食指。雪峰之东南，下渡河，林皋郁然，为宣家村别墅，田二百亩，计岁入以资钓台缮修之用，是皆缘建置后所增设者。盖台之经始，在万历丁亥（十五年，1587年），阅几稔而后告成。其诸次第修补，不悉记，姑记其略如此。韩公名应庚，字希白，别号西轩，万历丁丑（五年，1577年）成进士，初授彰德府司理，擢福建道监察御史，历巡甘肃、山东。自归隐七徵不起，称钓台山人云。

【作者简介】

伦浃，字元谷，滦州人。明末廪生。

【注释】

①元[玄]宅：指坟墓、坟茔。

韩应庚《钓台》诗云：结榭青山里，栖迟得自由。困来眠小榻，兴到驾轻舟。事业惭鸣凤，生涯叹拙鸠。尘缨何处濯，台下有清流。

又《台上吟》云：华阳陶隐君，仍号山中宰。我已出世缘，询谋岂堪采。孤竹城边水，阳山顶上薇。并作渔台供，水香薇亦肥。卸却惠文冠，裁成（薛）[薜]荔服。闲来理钓丝，时复寻樵牧。辞别京华路，归来三十霜。山居耽习静，身世两相忘。

韩应奎《钓台月白楼》诗云：载酒过滦江，登歌兴欲狂。台朝天北极，人在水中央。月白芦烟淡,楼高海气凉。一竿垂钓罢,清梦到羲皇。

滦州高辅辰《登钓台吊韩开之^①烈士》诗云:立马松原下,遥江过鹭轻。暗楸连雨黛,高嶂奄人声。威斗麟栖冷,颌珠骊卧腥。水仙空谷意,徒有碎琴情。

【作者简介】

高辅辰,字钦亮,人称二亮先生,直隶永平府滦州人。兵部尚书高第之子。天启四年举人,崇祯十六年进士。初任河南安阳县令。清顺治二年,补授山东范县知县。在任五阅月,盗戢民安,未几,托疾引去。

【注释】

①韩开之:韩原洞,字开之,明诸生,御史韩应庚次子。崇祯三年正月初四日,后金汗皇太极率兵攻打榛子镇,韩原洞守城战死。

清桐城方文《游韩御史钓台》诗云:绣斧^①文孙老布衣,风标栖遁^②继前徽。三公不(剔)[易]青山乐,一艇长随白鸟飞。瀚海愁闻新战伐,滦河久别旧渔矶。故园邱[丘]壑今如此,胡不携家自雒归(自注云:公之孙鼎业避地中州^③)。

【作者简介】

方文,原名孔文,字尔止,号嵞(tú)山,安徽安庆府桐城人,明末诸生,入清不仕,靠游食、卖卜、行医或充塾师为生。著有《嵞山集》。与宋琬相交甚厚,顺治十五年三月,方文到永平府拜访宋琬。

【注释】

①绣斧:《方嵞山诗集·北游草》为"豸绣"。

②风标栖遁:康熙《卢龙县志》为"风标俊爽",《方嵞山诗集·北游草》为"标持风节"。

③公之孙鼎业避地中州:《方嵞山诗集·北游草》注云:"侍御孙子新家于鄢陵。"

昆山顾绛诗云:我登钓台山,喟焉念先民。韩公昔盛年,隐此甘垂纶。九原不可作,山水留清真。于今有哲孙,逸韵追芳尘。独抱文献怀,愧我非其人。徒坚狷士节,与公映千春。鸿爪虽暂留,龙性终难驯。结交尽四海,落落星向晨。江(胡)[湖]傥相忘,一笑情弥亲。

【作者简介】

顾绛,即顾炎武,南直隶苏州府昆山人。学者称为亭林先生。明末清初杰出思想家、经学家、史地学家和音韵学家,与黄宗羲、王夫之并称为明末清初"三大儒"。顺治十五年登泰山,拜曲阜,过蓟县,抵永平府。翌年春由永平抵昌平天寿山。

沈阳范承谟《永平秋夜钓台泛月》诗云:极望知流尽,轻舟岸岸移。恰回丛树后,已在小桥西。星动渔灯乱,天寒雁阵低。隐沦何处觅,此地有夷齐。

【作者简介】

范承谟,字觐公,号螺山,沈阳人,大学士范文程次子。顺治九年进士,授弘文院编修。后累迁至秘书院学士。康熙七年,任浙江巡抚。康熙十一年十月,升福建总督,加兵部右侍郎兼右副都御史。康熙十五年九月十六日,被耿精忠所害。

莱阳宋琬《游韩御史钓台》诗云:先生早岁返邱[丘]园,选胜垂纶此结轩。(到)[赴]海遥看千派入,倚云高见一峰尊。月明华表松杉影(先生墓在台北),雨洗丹梯杖履痕。谁谓风流难再嗣!客星今已属诸孙(自注云:先生孙桃平隐浙东,子新居密县,并有文名,称高士云)。

又《钓台图歌赠马兰台山人①》诗云:九嵕山②人聊玩世,伏波将军③之苗裔。家在渼陂紫阁间,孤情独与烟霞契。弹筝叩缶本秦声,裂芰为衣皆楚制。儒冠误人几半生,秋风屡雪刘蕡④涕。长焚笔砚事丹青,泼墨吮毫称绝艺。横皴酷似黄大痴⑤。细染还宗吴仲圭⑥。近代以来数文沈⑦,嘉隆而后作者谁?山人工意不工似,匠心自出无专师。卢龙山水颇不恶,韩家钓台尤最奇。一峰高入白云里,登楼坐见沧海湄⑧。游人欲绘每束手,譬如写照难须眉。一日坐我悠然堂,解衣盘礴无人窥。须臾图成挂诸壁,高岩邃谷光参差。濒澹旋涡渔艇立,窈冥洞口烟萝垂。主人韩生⑨有狂癖,此台自尔高曾贻。见图再拜悲且喜,重之不啻商尊彝。便买贞珉勒山侧,酹酒欲告山灵知。山人此别欲何往?赠汝一枝筇竹杖。避世宜从麋鹿群,结庐高卧仙人掌。宁恤床头妻子饥,要令胸中邱[丘]壑长。我今持节越王城,兰渚剡溪恣偃仰。预拂霜绡以待君,一挥欲使群山响。记取雪深一丈时,山人须鼓山阴桨。

【注释】

①马兰台山人:马羲征,号兰台山人,清初画家。余事不详。

②九嵕山:在陕西礼泉县境内。

③伏波将军:马援,字文渊,扶风茂陵人。东汉开国功臣。建武元年,投奔光武帝刘秀,任太中大夫,迁陇西太守,抚定羌乱,以功升虎贲中郎将。授伏波将军,平定岭南,封新息侯。马兰台山人,为马援之后裔。

④刘蕡(fén):字去华,唐宝历二年进士,幽州昌平人。善作文,耿介嫉恶。大和二年(828年)颁诏举荐贤良方正,刘蕡上疏《对贤良方正直言极谏策》,指斥宦官乱政误国,痛陈兴利除弊之策,在场的谏官、御史激动得涕泗横流,但朝廷没用刘蕡。其后,先后被山南东道节度使令狐楚、山南西道节度使牛僧儒征召为幕僚从事,授秘书郎。后又被诬告,贬为柳州司户参军。

⑤黄大痴:黄公望,字子久,号大痴道人,江浙行省常熟县人。元代全真派著名道士、画家,擅画山水。

⑥吴仲圭:吴镇,字仲圭,浙江嘉兴人。元代著名画家,以善画山水和墨竹著称。

⑦文沈:文徵明、沈周。文徵明,长洲(今江苏苏州)人,明代画家、书法家、文学家。在画史上与沈周、唐伯虎、仇英合称明四家(吴门四家),在诗文上,与祝允明、唐寅、徐祯卿并称吴中四才子。沈周,字启南,号石田,长洲人。明朝画家,吴门画派的创始人,明四

家之一。

⑧沧海湄：清王士祯《感旧集》为"沧海湄"，清陈维崧辑《箧衍集》、民国徐世昌编《晚晴簃诗汇》为"海沧湄"。

⑨韩生：韩鼎业，字子新，御史韩应庚孙、清初著名学者孙奇逢门生。

又《滦河放舟暮登钓台得十八韵》云：放棹下飞湍，川原正薄寒。岸遥沙似月，霜冷叶初丹。漆水交流驶，滦江引派宽。篙师轻舴艋，石子碎琅玕。归鸟纷何向？秋云无定端。村烟林外暝，野烧谷中残。日脚连红岫，星光满碧澜。高台临濆洞，孤嶂插巉岏。状类三寻戟，名同七里滩。阴崖巢鹤宿，深濑蛰蛟蟠。石笋堪为杖，藤须或碍冠。横槎施蟹籪，束苇照渔竿。山鬼啸还灭，惊鸦去复安。客怀方悄悄，徒旅欲啴啴。胜地回舟懒，劳人载酒难。北崦松桂好，更拟拨云看。

又《游钓台作》云：未雨山如醉，既雨山如醒。遥遥水云间，苍翠无时定。我携筇竹根，扪萝践危磴。平穿鸥鹭群，幽造鹿麋径。高峰矗层霄，突兀有余劲。鸣（椰）[榔]潭底（遥）[摇]，吹箫谷中应。僧房水鸟栖，松际孤烟凝。薄暮且投纶，阑干醉复凭。

长洲尤侗《陪周伯衡黄门①游一柱峰、钓鱼台和韵二首》云：偶然走马看花回，却喜登临接赋才。山势遥吞射虎石，水声长绕钓鱼台。风吹古墓无人到，月白高楼有雁来。弹指春光半零落，谁教轻放掌中杯。

又云：平生荡桨在江涯，载酒河干忘日斜。疑有山僧点寺石，只无村女浣溪沙。渡头客散空流水，马上人归满杏花。紫塞东风暂行乐，严城灯火又悲笳。

【注释】

①周伯衡黄门：周体观，字伯衡，直隶遵化人。顺治六年进士，授户科给事中、吏科给事中，出为江南按察司副使分巡池太道、江西布政司参政分守南瑞道。黄门，给事中的别称。

卢龙蔡珽《钓台村南坡》诗云：朝阳上东岭，草树含辉光。爱此南坡行，澹然松露香。林禽咮幽哢，涧阴余夜凉。徙倚坐白石，沉吟恋众芳。青山寂无事，素心机亦忘。（情）[清]赏妙两惬，镇日同徜徉。

又《钓台村居》诗云：茆屋与尘隔，云峰自一关。五株陶令柳①，数亩谢家山②。晴岭卧黄犊，幽溪下白鹇。如何，垂钓客，日暮不知还。

【作者简介】

蔡珽，字若璞，漕运总督蔡士英孙、云贵总督蔡毓荣子。早年居住永平府。康熙三十六年进士，历官翰林院掌院学士兼礼部侍郎，吏部、兵部尚书兼左都御史和正白旗汉军都统，署直隶总督。雍正五年判斩监候。乾隆八年卒。

【注释】

①陶令柳：陶渊明，字元亮，号五柳先生，浔阳柴桑人。东晋末、南朝宋初伟大诗人、辞赋家。义熙元年（405 年）八月，为彭泽令。十一月，解印辞官，从此归隐田园。

②谢家山：谢灵运，会稽始宁人。南北朝时期著名山水诗人、文学家、旅行家。晋安帝义熙年间，出任琅琊王、大司马司马德文的行军参军、太尉参军、中书侍郎、抚军将军、豫州刺史刘毅记室参军、宋国黄门侍郎。永初三年（422年），任永嘉郡太守。

乐亭史梦兰《韩御史钓台歌》云：一柱峰前水如注，旁有石矶临古渡。舟人指点说遗踪，云是韩公栖隐处。韩公化去三百年，至今遗爱留人间。出为司李入（待）[侍]御，绯鱼①骢马②鹓鸾③班。我昔少年读公传，如从纸上觌公面。有脚阳春宋广平④，雍梁兖豫行皆（偏）[遍]。苍生待命方殷殷，掉头忽尔辞朝绅。十载恩膏布阴雨，半生富贵轻浮云。古来勇退谁如此，乞归年甫逾强仕。月白高楼当蒐裘，图书花鸟供驱使。钓台上山峥嵘，钓台下水澄清。先生所乐在山水，山水因以先生名。君不见君家淮阴⑤功第一，当年羞与哙⑥等匹。钓台一去不归来，终教吕雉⑦囚钟室。人生隐见须有时，塞翁祸福尤难知。今我⑧独上钓台望，俯仰高躅生遐思。子陵⑨不仕汉，尚父⑩终臣姬。渭滨严滩同钓耳，一出一处不相师。先生出处俱不苟，遂合千古名臣高士兼得之。我生四十犹潦倒，名场端合抽身早。愿向先生借钓台，一竿坐对江天晓（自注云：钓台旧有月白楼）。

【注释】

①绯鱼：绯鱼袋，绯衣与鱼符袋。旧时朝官的服饰。唐宋时期，五品以上佩鱼符袋。

②骢马：青白色的马。后汉时，侍御史桓典常乘骢马，"执政无所回避""京师畏惮"，人称"骢马御史"，后因称御史。

③鹓鸾：鹓、鸾，古代传说中的瑞鸟，比喻高贵的人。

④宋广平：宋璟，唐玄宗时名相，耿介有大节，以刚正不阿著称于世。因曾封广平郡公，故名。

⑤淮阴：韩信，江苏淮阴人，西汉开国功臣、著名军事家，与萧何、张良称为汉初三杰。经萧何推荐，汉高祖刘邦拜为大将军，在楚汉战争中立下奇功，被封为齐王，后被贬为淮阴侯。

⑥哙：樊哙，沛县人。西汉开国元勋，大将军，左丞相，被封为舞阳侯。韩信功高盖世，对樊哙等平庸之辈不屑一顾。《史记·淮阴侯列传》："居常鞅鞅，羞与绛、灌等列。信尝过樊将军哙，哙跪拜送迎。信出门，笑曰：'生乃与哙等为伍！'"

⑦吕雉：汉高祖刘邦的皇后，史称吕后。与丞相萧何密谋，于长乐宫钟室杀害韩信。

⑧今我：光绪《永平府志》为"今我"，史梦兰《尔尔书屋诗草》为"我今"。

⑨子陵：东汉隐士严光，字子陵，会稽余姚人。本姓庄，因避汉明帝刘庄讳改为严姓。少年与后汉光武帝刘秀同学，亦为好友，曾经帮助刘秀起兵。刘秀即位后，屡征不出。严光隐姓埋名，隐居到杭州桐庐富春江畔，以耕读垂钓为乐。

⑩尚父：姜姓，吕氏，名尚，字子牙，商末东海人。垂钓于渭水之滨，遇周文王姬昌，拜为太师，被周武王尊为"师尚父"，辅佐姬发灭商，建立周朝，成就霸业。

一柱峰　在城南二十里。孤石直秀，雄立滦河之浒。

永平推官长洲尤侗《九日同沈旭轮夫子①、罗芸皋太守②、王心海总戎③登一柱峰，再和前韵二首》云：去去方舟联骑回，登高谁继大夫才。只今歌舞卢龙塞，何处江山戏马台。寒菊一丛随客老，怨鸿万字背秋来。相逢半是东南侣，莫惜风前数引杯。望断楞（加）[伽]④水一涯，行春桥傍画船斜。笙歌子夜犹灯火，士女轻妆杂縠纱。绝塞自来饶白发，故人相对只黄花。且堪痛饮添悲壮，楼堞当风叠鼓笳。

【注释】

①沈旭轮夫子：沈以曦，字旭轮，湖广临湘人。崇祯十三年进士，入清由长洲令迁苏州府推官。顺治十年重阳节至永平府。顺治十一年降谪为深州州判，升博兴知县。

②罗芸皋太守：罗廷玙，字芸皋，江西新建人。贡生。崇祯十四年以父朝国荫任刑部山东司郎中。顺治十年接任永平府知府。顺治十三年升浙江金衢巡道。

③王心海总戎：王国栋，临清卫人。明末临清副将。顺治元年五月降清后，署临清总兵。顺治五年调任山永协镇副总兵。康熙十三年升陕西固原总兵，改潮州总兵。总戎，总兵的别称。

④楞（加）[伽]：《楞伽经》，有三种译本。刘宋时，中天竺沙门求那跋陀罗（义译为功德贤）所译之《楞伽阿跋多罗宝经》四卷。元魏时，北天竺沙门菩提留支所译之《入楞伽经》十卷。唐时于阗三藏法师实叉难陀所译之《大乘入楞伽经》七卷。

佛洞山①　在城南三十五里，一名窟窿山。洞在绝壁，下临滦河。自石龛右入洞，左折半里，转龛右而出。冬暖夏凉，龛前旧有寺宇，今坍毁，人迹罕到。

案：旧志：崆龙山有"淮安王避难洞"，石上有"大安五年"字可辨。历称大安者，秦苻丕元年，慕容垂建元不称之矣，是年燕余岩以建节将军叛，为慕容农所平，但丕即亡，无五年也。惟北魏大安四年则高宗至辽西黄山营，筑坛记行，或五年有刻也。辽道宗太康大安凡十年，无事且未尝东游也。淮安王，不知谁，其避难无考，或伪乱借称耳！

【注释】

①佛洞山：在今滦县老车站以北四公里，紧靠滦河西岸，山高229米。

乐亭张山《游记》云：郡南三十里，有山曰崆龙。东临滦河，崖高丈百余，不能尽。石壁插入水底，势陡绝。侧径盘旋，右峭左削，步慄慄若将坠坠。蛇行里许，忽见舍宇悬头上。盖径在山腰，西依峭壁，壁上为寺，遂疑空中楼阁忽堕，势将压人然。又南行数十步，再折而北，（拾）级而登，始达寺所。寺北得一洞，东向，峭壁中立，口南北各一。持火由北口入，西行转而南，而东，乃自南口出。洞中两壁石，如禽如兽，如鬼怪如龙蛇，嶙嶙峋峋，不可以目。其西壁复现洞口二，望之俱漆漆然黑。相传愈入愈深，中有佳境。心窃自计，倘遇桃源鸡犬，便留此不返也。寺西山愈高，有石壁峭立数丈而空其中，远衬天光，望之若破镜，土人谓之"南天门"。寺南有石壁，亦高数丈，石磴鳞次高下，以横壁上镌"白云梯"大字三，为石花所掩，仅可辨认。缘云梯登绝顶，山势东回，如人曲肱状。有洞，北面，与"南天门"遥遥相对。传为郡人蔡斑读书处。藤蔓纠结，无径可入。由洞东行，为山东面之尽处。下俯滦河,如兕①象之饮于水。余是时足不敢举,惧为云气裹去,为天风吹坠,不敢俯视,波涛汹涌,惧有蛟龙来攫拿。余兴素豪,至此心悸力尽,嗒然若失,虽有幽林邃谷,不能复穷矣。循旧路返,入寺少憩。宗人肃亭孝廉②读书于此,告余曰:"每当水涨时,澎湃荡击,如万马奔腾,山谷俱响,窗户为之震动。夜来渔火星光,荡漾万顷。"此又余所未见也。道光壬寅年(二十二年,1842)四月记。

【注释】

①兕:雌性犀牛。

②肃亭孝廉:张堂,字肃亭,滦州人。道光二十四年举人。咸丰三年,以大挑一等需次陕西知县,未补缺,卒。

滦州知州祁之鏴《花朝①前一日邀同焦笠泉②、史君牧③、张景君④、顾晓村游崆峒山》诗云:仲春风日佳,簿领得闲旷。挈榼邀朋俦,扁舟溯(晴)[晴]涨。隰草初萌芽,沙禽乍引吭。中流剧谈谐,延赏极幽畅。一山枕河滨,苍翠颇殊状。琳宫结天半,四顾绝依傍。峰回得薜磴,联步悬崖上。攀林目屡眩,憩石胆稍壮。何年洞府辟,古佛屹相向。左转益深邃,巨石逆而抗。清泉滴乳窦,阴(泾)[湿]疑古圹。跛僧燃烛导,入隘如入巷。百步尽黡黪,一隙忽爎阆。石坳类仰盂,岩空等覆盎。如诵柳州文⑤,幽奥境别创。如参惠始禅⑥,穷探秘密藏。云梯贾余勇,猎猎天风飏。舒啸答遥岑,快意双眼放。山灵意可感,尽以奇景贶。徙倚神自怡,登顿劳乃忘。苍然暮色来,斜晖隐西嶂。舟人理棹归,烟波晚溶漾。蓬窗一回首,峰峦犹在望。只惜春风寒,韶光未驰荡。相期岸花发,拿舟更来访。流连须竟日,泛舟听渔唱。夕景延澄鲜,尘襟共涤荡。

【作者简介】

祁之鏴,字季闻,山西高平人。刑部尚书祁土贡(谥恭恪)之子。清道光二十三年举人,选授广西富川知县,升云南姚州知州,迁通州知州。咸丰四年以知州署乐亭知县,咸丰五年至六年、八年,同治元年三任滦州知州。嗜篆、隶书,山水疏简饶意趣。著有《荃提室诗文集》《过亭词》。

【注释】

①花朝:花朝节、花朝日,百花生日,在农历二月十五日。史梦兰《尔尔书屋诗草》有《和祁季闻刺史之鏴〈游崆崟山〉原韵》:"忆昔岁在丑,往游意颇畅。石窟辟蜂房,大小各殊状。"根据祁之鏴任期,乙丑岁为同治四年(1865年)。

②焦笠泉:焦友麟,字子恭,号铁珊,又号笠泉,山东章丘人。道光十三年进士,选翰林院庶吉士,历官刑科给事中、湖广道御史、山西学政。有《鉴舫诗存》。咸丰五年正月,刑科给事中焦友麟赴滦州,观赏皮影,赋诗《影戏》,史一经作《影戏和焦笠泉》。据光绪二十四年《滦州志》记载,道光二十八年至二十九年,咸丰元年至二年,山东章丘人焦家麟两任滦州知州。

③史君牧:史一经,字研余,号君牧,江苏溧阳人。咸丰四年,知州祁之鏴署乐亭县

令,史一经随之赴任为记室(秘书、师爷),与史梦兰结识,相交甚厚。同治十二年,史梦兰出资为史一经刊刻《洮渔遗诗》四卷。

④张景君:张山,字景君,乐亭人。史梦兰得意门生。

⑤柳州文:柳宗元的文章。柳宗元,字子厚,河东人。唐代文学家。元和十年(815年),任柳州刺史。元和十四年,病逝于柳州。因而人称柳柳州。

⑥惠始禅:惠远,俗姓贾,雁门郡娄烦县人。东晋著名僧人。居庐山,与刘遗民等同修净土,为净土宗之始祖。

溧阳史一经诗云:滦江清且长,崆巃枕其沚。上有太古穴,玲珑若层累。不知何年凿,斧工役神鬼。居人谈最胜,游客愿随喜。盘陀峻如削,侧磴劣容趾。嵌釜欲生云,剽为入江底。循蹊转屈曲,始到山腰里。就壁筑小庵,喘息供徒倚。悬崖两石门,天然相对启。蛇行秉烛入,黝黑难极视。深或隘巷如,仰或覆釜似。衣或罥①崭崭,肤或触齿齿。崖空多旁窦,杳窅②畏移跬。景奇辟岩腹,气蒸滴石髓。出洞更升巅,云梯隐蚁蟓。其中颇宏朗,曾栖读书士。兹境自昔开,我闻盖如此。朋游多好事,相约穷嵬礧。放舟自偏凉③,一去十五里。春江漾平渌,风急浪华④起。远岸多桃花,寒迟未吐蕊。江行颇放旷,眼界俗尘洗。中流洽谈谐,煎茶试江水。时见眠沙鸳,惊飞度浅沚。层峦如送迎,绿岸去迤逦。峰回石矶出,系缆傍沙嘴。石径悬半空,危垠暗已圮。年衰筋力疲,未上气先馁。平生登陟兴,口嗫不敢哆。惭无济胜具,贾勇谢诸子。黄门亦倦登,相与话船尾。更期载月游,看花及上巳⑤。

【注释】

①罥(quǎn):挂,系取。光绪五年《永平府志》为"罥",光绪二十四年《滦州志》为"罩"。

②杳窅(jiào):深远貌。

③偏凉:偏凉汀,在滦县古城北五里横山东麓,左临滦水,右倚峭壁,中为平台。清乾隆四十三年(1778年),清高宗东巡驻跸于此,建行宫一座。盛夏时节,登上阁楼,凭栏眺望,凉风习习。"偏凉虚阁",滦州古景之一。

④华:通"花"。

⑤上巳:夏历三月第一个巳日为上巳日。魏晋以后规定,农历三月初三为上巳日。《晋书·礼志》:"汉仪,季春上巳,官及百姓皆禊于东流水上,洗濯祓除去宿垢。"

章邱[丘]焦友麟诗云:平生雅抱浪游癖,为访梅花行万里。竭来边州恶风土,如睡冬山枯欲死。忽从意外得桃源,崆巃之山在尺咫。清明才过好时节,逸兴遄飞命俦侣。烟霞隐隐招游人,惆怅盈盈阻滦水。兴来便买雪溪棹,柳阴待渡呼舟子。野航风送峭帆稳,春水潮生乱流驶。艇孤坐如人聚床,浪小纹似绉生纸。四围山影酒杯落,一色天光镜奁启。形移步换劳应接,路转溪回程迤逦。当前黛色来笑迎,蓦遇芳林忽背指。回头试望偏凉汀,崔嵬金碧半空倚。树石纷披石谷王①,楼台界画营邱李②。前行望望忽无路,一径弯环傍山趾。来帆疑是出石罅，孤屿突然插波底。隔林峰远头露髻，绝涧流淙石漱齿。或如刀斧妙劙削，或如堵垣半倾圮。蒙巅草树翳兰若③，不识攀跻何处是。群山北走偶顿束，罢棹扶筇自兹始。陂陀曼衍憩复上，磴道纡盘足顿踦。旁临绝壁左碍肘，下俯深渊右骇视。峰腰一转寺门出，顿消恐怖生欢喜。山僧肃客来殷勤，貌古头童跛能履。小停延伫纵遥目，高下山田翠交绮。松柴吹火煮新茗，滴乳泉甘浇雪蕊。穷幽探奥入古洞，雷出云根漏石髓。流泉光景日西矬，一杵清钟催客起。试寻旧径觅归棹，倒景苍茫暮山紫。不图斯地得斯游，如此山川信亦美。乃知胜迹需胜流，晦迹韬光待知己。泰岱云松匡庐瀑④，自笑从前叹观止。君不见赤壁二赋⑤千载豪，坡老⑥游踪亦复尔；又不见武陵⑦返棹误渔郎，彭泽⑧寓言非信史。人生舍近爱求远，是为贱目贵两耳！大书斯语质同游，我欲结茅便居此。此中难为俗者言，不用传闻到城市。

【注释】

①石谷王：王翚（1632～1717），字石谷，江苏常熟人。清初著名画家，被称为"清初画圣"。

②营邱李：李成，字咸熙，营邱人。五代及北宋著名山水画家。

③兰若：阿兰若，佛教名词，原意森林，引申为寂静处，泛指佛教寺院。

④泰岱云松匡庐瀑：泰岱青松，华岳摩岭，黄山云海，匡庐瀑布，并称山川绝胜。庐山之美，素享"匡庐奇秀甲天下"之誉，而庐山之美，瀑布居首。

⑤赤壁二赋：北宋元丰五年（1082年）秋、冬，黄州（今湖北黄冈）团练副使苏轼先后两次游览了黄州附近的赤壁，写下《前赤壁赋》《后赤壁赋》，称为千古绝唱。

⑥坡老：苏轼，字子瞻，号东坡居士，眉州眉山人，北宋著名文学家。嘉祐二年进士，元丰三年（1080年）因"乌台诗案"被贬为黄州团练副使。

⑦武陵：今湖南常德的古称。晋代文学家陶渊明《桃花源记》："晋太原中，武陵人以捕鱼为业。"

⑧彭泽：陶潜，字渊明，浔阳柴桑人。东晋、南朝宋初著名诗人。义熙元年（405年）八月，陶渊明出任彭泽县令，"郡遣督邮至县，吏白应束带见之。潜叹曰：'吾不能为五斗米折腰，拳拳事乡里小人邪！'"十一月解任归隐。

乐亭史梦兰《和祁季闻刺史①游空龙山原韵》云：众山为奔骖，脱衔走平旷。滦江自北来，两峡束秋涨。空龙山最奇，横出扼其吭。忆昔岁在丑②，往游意颇畅。石窟辟蜂房，大小各殊状。飞轩乱树围，古刹危崖傍。一径引修蛇，蜿蜒碧霄上。老僧出迎客，道我腰脚壮。少憩入洞府，幽深迷背向。怪石撑齿牙，伛偻不敢抗。曲似蚁穿珠，诡如狐穴圹。天光豁然开，腾身出狭巷。更上白云梯③，扶摇接蓬阆。兴尽寻归路，舟中倒杯盎。拱手谢山灵，奇观此云创。醉欲斗诗笺，狂思眠酒藏。牛羊忽下陂，落日孤帆飏。别来三载余，岩花几开放。同人散如星④，空将尺素贶。低徊溯旧踪，梦寐犹难忘。公诗善写生，纸上具波嶂。读罢心迷惑，烟云遥漾漾。想见政清暇，出城恣眺望。幕下聚邹枚⑤，满座光风荡。屈指近重九,好山应再访。霜林夹岸红,绝顶发高唱。会当杖策从,烦襟同一荡。

【注释】

①祁季闻刺史:祁之鑅,字季闻,山西高平人。时任滦州知州。刺史,知州的美称。

②岁在丑:同治四年,岁次乙丑,公元1865年。

③更上白云梯:史梦兰《尔尔书屋诗草》注云:"庙外有石磴旁镌'白云梯'三大字。"

④同人散如星:史梦兰《尔尔书屋诗草》注云:"谓常职卿、杨鲁田两君。"常职卿,即常守方;杨鲁田,即杨在汶,字鲁田,乐亭人。道光十四年举人,以大挑二等选授邢台县教谕。

⑤邹枚:汉邹阳、枚乘,以才辩著名当时。后因以"邹枚"借指富于才辩之士。

滦州州判桂林侯焕尧《游崆龍山》诗云:层峦梵宇夕阳红,石径斜欹一线通。古洞旧形镌佛像,名山位置识天工。潜鱼不动寒潭静,怪鸟惊啼碧嶂空。兴尽不愁归路晚,星星渔火点波中。

【作者简介】

侯焕尧,广西桂林人,举人,清同治十二年任滦州通判。

乐亭常守方《游佛洞山》诗云:共喜离尘网,逢山便一登。洞深防虎伏,径仄效猱升。酌酒呼樵客,烹茶待老僧。故人京洛去,空忆读书灯。

【作者简介】

常守方,字职卿,号半禅,乐亭人。道光二十四年举人。著有《半禅初草》《临溟游草》《临溟续游草》《昌图游草》。

乐亭张山《(洞)[同]祁季闻刺史、史君牧记室、焦笠泉给事游崆龍山石佛寺》诗云:东风吹送画船轻,三尺春波打桨行。怪石迎人云影活,寺门临水佛心清。官能息讼原多暇,山果堪游不在名。曾是昔年登眺地,前尘如梦尚分明。

又《崆龍山》诗云:石径断复通,山鸟飞忽去。幽绝无人声,风叶如相语。

又云:直上最高峰,天风塞满口。举步石牵衣,招人云在手。

清风台 在城西北二十里,古孤竹城夷齐庙后,高据悬崖,滦水横经其下,故入"八景"曰孤竹风清。

清倪承宽《游清风台记》云:永平郡西北二十里,乃孤竹君旧封地,建夷齐庙,后为清风台。台下俯滦河,滦水经焉。河北小山如(蛾)[峨]眉山,前祠孤竹君。余校士永平,试毕启行,乃迂途拜庙下,至则石城嵯峨,碑碣林立,地多古松,其尤异者三:一如偃盖,高不逾六七尺,下可坐千人;一如卧龙,北向,作拏攫势;一则矫矫入云,绝顶一枝,倒落至地而起,皆画格所不及。余偕宾(及)[友]登堂,肃谒清圣,徘徊松下。久之,爱自东人后碱,西转登山,拾级上,古屋三间,下瞰滦河如带,阑外松声肃肃,心目俱(净)[静],此则清风台也。太守谢慎庭①遣罟师②放艇崖前,获巨鲤,酌酒宴客。时日亭午,微风乍来,云影波光,相掩映于空山寂寞之中,此境如出世外。余从后山石径至河涘,坐渔舟,沿山行,仰视山北面,石壁如削,中多岩洞,嵌空玲珑,西崖下一洞如小屋,左有石门一,尚存,其右则阙。迤逦至东壁,河中侧视,微有字迹,不辨,因(划)[刺]舟傍崖石,剔藓谛观,得"明月清风"四字,字几广二尺。顾石质粗,又风雨磨灭,刻画之迹仅存十二三,而笔致洒落如虞永兴③。既登岸,质之太守则郡志未载也。余谓太守曰:"宇内山林泉石所在,足供游览。顾游览之人,何如耳?"余奉命校士诸州郡,日不暇给,公等有守土责,亦未遑发兴来游此地,今之片刻宴集,其偶然乎?且游亦不一竹肉繁喧,罗绮杂沓则伤侈;杖策孤征,兴尽独返则伤寂;冠盖酬酢,俯仰跼蹐则更伤俗。如此不贻笑山灵,见鄙清圣耶?然则得山水趣者,乃不负山水耳!顾当日之游此台,乐此境之闲旷而后大书勒石,冀垂名于无穷,而今数百年来,不独不得其名,而并此擘窠④大字亦付之空山风雨之外,幸余之一过而搜得此四字,又不能重镌旧刻,发古人之幽光,则后之不与余同好,并舍此不顾,不知凡几矣!吾乃今知山水不负人,人自负山水耳!晚抵沙河驿记此。时乾隆庚寅(三十五年,1770年)暮春晦日也。

【作者简介】

倪承宽(1721~1783),字余疆,号敬堂,浙江仁和(今杭州)人。乾隆十九年探花,授翰林院编修,乾隆三十三年以礼部侍郎出任直隶学政,历官总督仓场侍郎、太常寺卿。以诗文、书法著于时,间作山水。有《春及堂集》。

【注释】

①谢慎庭:谢昌言,字师禹,号慎庭,江西宁都县人。乾隆十三年进士,授直隶安肃知县。不久迁河南南阳同知。乾隆三十二年擢永平府知府。

②罟师(gǔ shī):渔夫。

③虞永兴:虞世南,字伯施,越州余姚人。南北朝至隋唐时著名文学家、政治家。唐初时历任秦王府参军、记室参军、弘文馆学士。唐太宗贞观年间,历任著作郎、秘书少监、秘书监等职,先后封永兴县子、永兴县公。

④擘窠(bò kē):写字、篆刻时,为求字体大小匀整,以横直界线分格,叫擘窠。

明卢龙韩应庚《九日登清风台》诗云:台枕滦涛秋气清,冥冥征雁暮云横。龙沙断岸疑无路,鸟道通天忽有城。庙享历朝伏腊火,神留千古子臣情。首阳多少登临者,谁步西山第二程?

滇西师范《清风台双松歌》云:贤人去已久,惨淡旧邦国。落落清风台,双松犹古色。一株奋起独骧首,凌空欲挟风雷走。一株据地形(蛇)[蜿]蜒,辑鳞缩爪嘘云烟。不知经历几千载,或自西归就养年。一枝一叶足元气,无古无今相映蔚。岂有神明为呵守,由来愚贱同悲忼。吁嗟乎尼山老桧余枯根,孔明庙柏今何存?双松双松吾再扪。

清知府新化游智开《登清风台》诗云:扁舟泛滦河,湛湛清见底。临流峙层台,影落清波里。凭高纵远怀,今古长如此。双鹄翩翱翔,邈矣谁能企?感兹发遥吟,松壑涛声起。

乐亭史梦兰《丁丑①七月十八日侍郡守游公暨志局诸君游清风台》诗云:小住太公

祠②,言寻清圣庙。凌晨起披衣,同泛滦江棹。太守游兴豪,诸子皆英妙。饮具排舟中,酒杯与茶灶③。把盏望西山,指点纵言笑。须臾到庙门,一径入窈窱④。崇台云外倚,拾级共展眺。楼影印澄波,松涛激飞瀑。溪上白鸟飞,柳外秋蝉噪⑤。残暑尚未退,新凉此先到。醉后披襟当,泠泠透毛窍。缅怀古人心,不禁发长啸。昔待天下清,避居北海隩。岂非以独夫,腥闻遍四墺。一旦武王来,坶野⑥宣誓诰。待清清有期,应惬中心好。胡为叩马谏,责之以仁孝。求仁固得仁,易暴讵以暴。且师已出矣,焉能反涣号?八百国来同,前徒戈尽倒。尚父⑦方鹰扬,早罢渭滨钓。二老⑧皆圣人,底事不同调。特以君臣义,须为万世告。藉此扶纲常,非云妄讥诮。后来篡弑徒,往往神器盗。谁具汤武志,(勋)[动]称古是效。墨胎见及此,数言揭其要。质之于太公,当以心相照⑨。彼功在永清,此圣以清造。一饿足千古,争光并两曜。今来挹清风,尘虑净如扫。薄言采蕨薇,聊当蘋蘩苕⑩。

【注释】

①丁丑:光绪三年,1877 年。

②小住太公祠:史梦兰《尔尔书屋诗草》注云:"志局设此。"志局,旧时编修府州县志的机构,由地方官员、当地文人或者聘请名人组成。修志时临时招募人员采访编写,志成后解散。

③饮具排舟中,酒杯与茶灶:史梦兰《尔尔书屋诗草》无此句。

④窈窱(yǎo tiǎo):也作"窈窕""窈窱"。深远,深邃貌。

⑤溪上白鸟飞,柳外秋蝉噪:史梦兰《尔尔书屋诗草》无此句。

⑥坶野:又作"牧野",在今河南省淇县南、卫河以北、新乡市附近。公元前 1027 年,周武王与商纣王在牧野大战,一举击败商朝军队,商朝灭亡。

⑦尚父:姜尚,字子牙,又称姜太公,被周武王尊为师尚父。

⑧二老:指姜尚、伯夷。《孟子·离娄》:"二老者,天下之大老也。"

⑨质之于太公,当以心相照:史梦兰《尔尔书屋诗草》此句在"彼功在永清,此圣以清造。"之后。

⑩蘋蘩苕:三种可供食用的水草,古代常用于祭祀。蘋,浅水中生长的植物,即浮萍。蘩,白蒿。苕,本指可供食用的野菜或水草。这些野菜或水草祭祀时被用来覆盖牲体,故而有"覆盖"之意。

又抚宁王立柱诗云:小艇茶瓜主客同,一帆洄溯圣人风。滦江十里沿朝旭,孤竹千秋仰閟宫。画壁宸题辉御气,高台斗酒会诗雄。清吟莫讶清逾甚,坐对西山俗藻空。

【作者简介】

王立柱,号砥山,抚宁西街人。清光绪初年增贡生。史梦兰挚友,参修《永平府志》《抚宁县志》。

又乐亭张山诗云:故国荒孤竹,城门寂寞开。前贤留胜迹,我辈上高台。山水清双眼,黄农付一杯。秋风薇蕨老,欲去复徘徊。犹记初来日,匆匆卅五年。回头迷指爪,有梦扰云烟。地喜重游好,躬逢太守贤。清风余两袖,安稳送归船。

又乐亭赵建邦诗云:三十年前此旧游,山城无恙枕寒流。幸陪太守重登览,喜有群贤迭唱酬。雅集大难应快饮,清风长在况新秋。林峦未暮归舟促,一路高吟惊白鸥。

【作者简介】

赵建邦,字维藩,清末乐亭县廪贡生,候选县丞。十八岁始从师于史梦兰,壮年后游历南北,以授徒为业。著有《浣薇露轩诗草》《衡漳游草》《汴宋游草》。

又滦州史璿诗云:昔来孤竹城,狂吟曳春服。今来孤竹城,秋风振岩谷。舣舟滦江湄,缓步西山麓。主客偕登临,我亦豁双目。日射远烟开,元气孕清淑。河水东南流,波声撼地轴。寒涛泻长松,倒映浓阴绿。灵籁发天机,使我清心曲。入庙历重阶,遗像冕旒肃。山空薇蕨老,世慨黄农促。浩歌有余哀,低徊再三读。北望启仁祠,怆然增感触。鸣蝉咽故宫,飞鸟下乔木。墨胎血食余,俎豆馨伯叔。至今贤太守,岁岁仲辛卜。岂惟仰前徽,实以励风俗。廉立兴吾乡,古义乃不辱。快兹携榼游,登台召僮仆。酣饮众皆醉,言归讵忍速。夹路野花黄,隔岸秋菘熟。扬帆挂夕晖,落影动闪倏。清风载与俱,爽气迎人扑。回首首阳巅,白云自往复。

德州于绍先诗云:出郭二十里,首阳矗崔嵬。滦河走山脚,急流不复回。言念思古人,遗踪绝尘埃。人生各有志,不须后人猜。高台蹑屐上,远眺何旷哉。宾客延入座,徐徐清风来。望古古已杳,安得相追陪?

【作者简介】

于绍先,山东德州人,监生,同治十二年至光绪三年任永平府经历。

【补录】

登清风台　　　　清·张元

层台临断岸,徙倚俯云林。大义存天地,清风自古今。为闻先圣论,因见昔贤心。披拂归来晚,余芬尚满襟。(光绪《永平府志》)

【作者简介】

张元,字殿传,号榆村,山东淄川人。雍正四年举人。官鱼台县教谕。乾隆十四年,应知府卢见曾之邀,任永平府敬胜书院山长。著有《绿筠轩诗》。

千松岭　在城东里许。相传清初松林茂密,故八景中以"千松叠翠"称之。其后建造者多取材于此,久经砍伐,今已濯濯无足观矣!

万柳庄　在城北门外二里许。明方伯李确斋①别墅在焉,内有醉流亭、轻阴阁,今废。故"八景"中曰万柳含烟。

【注释】

①李确斋:李充浊,号确斋,嘉靖年间任河南、贵州布政使。

朝鲜使臣柳梦寅《咏万柳庄》诗云:巾我河车①指玉京②,诸天无际是三清③。朝来失路青霞迥,物外沾衣白露生。怪石当溪蹲老虎,晴钟殷郭吼长鲸。茅龙展尾纡清涧,辽鹤舒(翱)[翾]抗画甍。翳日④凉阴藏小店,拂天高柳满平坰。临风袅袅齐垂线,匝地森森乱攉荃。径掺⑤白毡飘落絮,门张翠幄掷流莺⑥。清樽⑦系马寻芳兴,玉手攀条惜别情。嫩叶正(繷)[浓]红女织,新枝初畅葆蕤倾。凋霜啄木秋声急,残绿寒蜩⑧夕吹轻。万里三游人不识,天高地迥我何征。神仙缥缈吾身是,山海微茫上界行。绣闼朱门清(画)[昼]掩,寒(衣)[林]衰草暮鸦鸣。风烟淡淡愁山色,歌笑⑨悠悠送水声。鹤背明朝参北极,鳌头归路杳东瀛。烟波梦断卢龙塞,乡客应寻旧姓名。

【作者简介】

柳梦寅(1559～1623),字应文,号於于堂,朝鲜王朝中期著名汉文学家,饱读中国各代经典,精通中国文化,31岁中文科状元,曾任艺文检阅、弘文馆修撰、汉城左尹等官职。万历二十年、二十三年、三十七年三次出访中国,写有《朝天录》,著有《於于集》《於于野谈》。此诗为万历三十七年所作。

【注释】

①巾我河车:有帷幕装饰的车子。巾车,谓玉金象革,衣饰其车。河车,金丹学术语。

②玉京:道家传说元始天尊居住于玉京山(昆仑山),其山在诸天中心之上。这里指明朝首都北京。

③三清:道教三位尊神玉清元始天尊、上清灵宝天尊、太清道德天尊。此喻指明朝皇帝。

④翳日:遮住太阳。《燕行录全集》卷九柳梦寅《於于集》作"翳日"。

⑤掺:康熙五十年《永平府志》为"掺",柳梦寅《於于集》作"椮"。

⑥门张翠幄掷流莺:柳梦寅《於于集》为"门张翠幕掷流鹮"。

⑦清樽:柳梦寅《於于集》作"酡颜",喝酒后脸色发红。

⑧寒蜩(tiáo):寒蝉。柳梦寅《於于集》作"塞蜩",当误。

⑨笑:康熙五十年《永平府志》为"笑"。柳梦寅《於于集》作"哭"。

【补录】

次万柳庄韵

秋曦韬彩黝阴凉,棹木纡回抱野庄。数去密林过万万,斫来新苗倍长长。青云奕世骈幽朔,烈日贞碑树断岗。人事十年催短烛,客鞭行恨夕阳忙。(柳梦寅《於于集》)

漆河　详《山川》内。其河旧经县城西门外,西南与滦水合流,每当夕阳返照时,观其纡回澄澈,故"八景"称为"漆流带玉"云。

远香亭　在城东门外碧霞宫中,西南广厦数间,下临藕塘。清邑侯乐观韶署其额曰"远香亭"。夏日花盛开时,邑人多游览于此。

三角山　在城北四十里,以其三峰矗耸因名三角,又以风景绝佳名为仙景。其高百余丈,峰岚峻秀,南面数十里宛然在目。上有庙,有松林,烟雨之后,景色异常,由刘家营南望笔架三峰,天然可爱。

清凉山　城西八十里。脉自西来,岚光耸秀,峭壁参天,遥望之,作蓝蔚色,山为卢、滦、迁三县所属,文人词客恒游览其间,清爽之气,豁人心目,上有庙,正殿无梁,为石砌成,俗名无梁殿,工亦古矣!又有石刻"仰止"二字,约系交界碑。山之东有平坦地,旧庙遗迹尚存,房被山石压倒,旁有明弘治年残碑。庙南有井,为大石所覆,刻文曰"玉井长封"。山北涧中有石臼,泉水出焉,甘香冷冽,虽旱不涸。

卢龙县志卷五

古　迹

孤竹城①　在治城西十五里。《汉书·地理志》:令支县"有孤竹城"。《史记正义》引《括地志》②云:"孤竹古城,在卢龙县南十二里。"今城南已无其迹,而祠在府城西北二十里,滦河之左,洞山之阴,夹河有孤竹君三冢。岂唐之卢龙治尚在其东北耶？又案:《辽史》云:"兴中府③:本古孤竹国,汉时为柳城④地。"则又在今祠东北五百余里矣!《尔雅》⑤作"觚竹",是北荒之总名,盖犹五岭以南言瓯、言越,本其国名,后乃概而称之耳!郭造卿⑥曰:"今有土筑堒垣,不过千年物耳! 宇内商周城,其存者有几哉？未可信以为孤竹之古城也。"(城有石额曰"贤人旧里"⑦,容城杨忠愍公⑧书)。

【注释】

①孤竹城:旧址在今滦县油榨镇孙薛营村北、滦河南岸。1946年7月以前此地属卢龙县管辖。唐魏王李泰等编《括地志》:"孤竹故城,在平州卢龙县南十二里,殷时诸侯孤竹国也,姓墨胎氏。"明景泰七年《寰宇通志》:"孤竹故城,在府城西十五里洞山下。殷孤竹君所封地。元时有夷齐庙,遗址尚存。"天顺五年《大明一统志》:"孤竹国,在府城西二十五里,殷孤竹君所封之地。"《大清一统志》:"孤竹城,在卢龙县南。《水经注》:元[玄]水西南,经孤竹故城北,孤竹国也。城在山侧,肥如县南十二里。按《水经注》,孤竹城在濡口之东,元[玄]水之南。旧志谓在县西十五里,转在滦河之西,盖后人所附会者也。"

②《括地志》:唐贞观年间,魏王李泰主持编写的一部唐代地理志。

③兴中府:辖域今辽宁朝阳市一带。公元961年,契丹灭奚族,置霸州新武军,属中京道大定府。辽重熙十年(1041年)升霸州为兴中府。

④柳城:汉置县,西汉西部都尉治所,遗址在今辽宁朝阳市柳城镇。

⑤《尔雅》:中国最早的一部解释词义的词典,写成于战国时期。

⑥郭造卿(1532～1593):字建初,号海岳,福建福清县人。岁贡。戚继光赴福建平倭时,视为挚友。隆庆初年,戚继光北调,邀之蓟镇,筑馆修《燕史》。万历十一年,戚继光调往广东,郭造卿仍留蓟镇著书,万历十九年《永平志》刊刻(早已遗失)。万历三十八年,其子郭应宠删定其所撰《卢龙塞略》,付梓刊印。

⑦贤人旧里：康熙五十一年朝鲜使臣金昌业《老稼斋燕行日记》载："门上刻'贤人旧里'四字，章丘杨选笔也。"嘉庆八年朝鲜使者徐长辅《蓟山纪程》载："楣刻'贤人旧里'四字，又题其上曰'孤竹城'，嘉靖间章丘杨选笔。"信矣。杨选，字以公，山东章丘人。嘉靖二十三年进士，授行人司行人。嘉靖二十七年，改山西道试监察御史，历升山西按察司副使。嘉靖三十七年，擢都察院右佥都御史，巡抚大同。嘉靖四十年，晋兵部右侍郎兼都察院右副都御史，总督蓟辽保定等处军务。嘉靖四十二年十月，蒙古土默特部辛爱·黄台吉、把都儿(蒙古名"昆都力哈")从墙子岭、磨刀峪入寇，大掠三河、顺义，总兵孙膑、游击赵溱战殁，杨选被逮下狱论死，戮于市。

⑧杨忠愍公：杨继盛，字仲芳，号椒山，直隶容城人。嘉靖二十六年进士，授南京吏部验封司主事，升考功司郎中。因上疏谪戍临洮府狄道县典史。嘉靖三十一年升山东诸城知县。旋迁兵部员外郎，改户部员外，调兵部。疏劾首辅大学士严嵩而死，赠太常少卿，谥忠愍。活着的人不可能书写死后的谥号。据朝鲜使者笔记，"贤人旧里"匾额为杨选所题。

【补录】

孤竹故城　明·张登高

孤竹千年地，夷齐万代名。青山围故国，漆水绕荒城。啼鸟君臣恨，浮云兄弟情。秋风空殿阁，日落自松声。（明白瑜编纂《夷齐志》）

【作者简介】

张登高，字子升，河南濮州(今范县)人。嘉靖二十年进士，初任苏州府推官，嘉靖二十六年六月擢广西道御史，改巡按直隶御史。以触怒锦衣卫都督陆炳入狱，削职归田。隆庆元年四月，由浙江道御史升南京尚宝司卿。隆庆三年二月致仕。

山戎国①　杜预②《春秋注》曰："山戎，北狄。"胡三省③《通鉴注》曰："自汉北平、无终、白狼以北，皆大山重谷，诸戎居之，《春秋》谓之山戎。"顾亭林④曰："《春秋》之山戎，在黄帝为獯鬻，夏曰淳维，殷曰鬼方，周曰猃狁，汉曰匈奴。齐桓公越燕以伐山戎，次孤竹还。胡安国⑤曰：桓不务德，劳中国而事外夷，争不毛之地。又按唐李德裕《幽州纪圣功碑》云：'回鹘者，本北地之裔也，或曰獯狁，或曰山戎。'是山戎之非燕地彰彰也。"今旧志云：滦在春秋时山戎国。《通典》亦云滦为山戎、肥子二国地，误矣。（案：《钦定热河志》云：令支及孤竹，今卢龙、迁安县地，自此以东北皆戎境。齐师至此而山戎遁走，故遂自孤竹而还。今永平府北边外即承德府属之东南，知为春秋时山戎地也）。

【注释】

①山戎国：西周、春秋时生活在中国北方大山重谷中的游牧民族，主要分布于今内蒙古东南部、河北北部(主要在承德、张家口地区)、辽宁西部地区。春秋时，孤竹国、令支国曾为山戎属国。

②杜预：字元凯，京兆杜陵人。西晋著名政治家、军事家和学者。历任曹魏尚书郎、

西晋河南尹、安西军司、秦州刺史、度支尚书、镇南大将军,官至司隶校尉。在攻灭东吴中立下奇功。著有《春秋左氏经传集解》及《春秋释例》等。

③胡三省:字身之,宁海人。宋元之际史学家。南宋理宗宝祐年间进士,历任县令、府学教授等职。元世祖至元二十二年(1285)完成《资治通鉴音注》294 卷及《释文辨误》(12 卷)。

④顾亭林:顾炎武,本名绛,号亭林,苏州府昆山人。明末清初思想家、史地学家、文学家。著有《日知录》《肇域志》《天下郡国利病书》等。

⑤胡安国:字康侯,号青山,谥号文定,后世称胡文定公。建宁崇安人,北宋学者。北宋哲宗绍圣四年(1097)探花。为太学博士,旋提举湖南学事,后迁居衡阳南岳。著有《春秋传》《资治通鉴举要补遗》等。

右北平郡 北平之名有二,而右北平为最古,其专言北平者,汉县也,属中山国。《后汉书》注:北平故城,今之永乐县也。其地当在今之保定府满城县,与右北平无涉。汉右北平治平刚,案《水经注》:卢龙东越青陉,至凡城二百里许,自凡城东北出,趋平冈故城可百八十里。平冈,即平刚也。清高宗《御制滦水考》云:“卢龙塞,今之潘家口也。兰陉,今之喜峰口也。青陉,今之冷口也。其地皆在今迁安北境。由是而东,又折而东北,凡三百八十里。”则去今之永平府远矣!后汉右北平治土垠,案《后汉(书)·耿弇传》:“光武遣弇与吴汉等十三将军追贼至潞东及平谷战,斩首万三千余级,遂穷追于右北平无终、土垠之间,至浚靡而还。”注云:“土垠故城,在今平州西南。”《水经注》:“巨梁水出土垠县北陈官山。”陈官山在今丰润县北七十里,则土垠当今丰润境内,唐时未立丰润,故注云“平州西南”。《明一统志》乃云则“府城西南”则沿此注而失之也(丰润东十里垠城铺,即古土垠城)。且今之永平府治卢龙。卢龙,古肥子国,即辽西郡所属之肥如县,晋置北平郡,去“右”字,徐无、土垠、浚靡、无终属焉,于是始不称“右北平”,而肥如县固仍属辽西郡也。隋开皇中置平州于卢龙,大业初废州置北平郡,属县一曰卢龙,则实为今永平府之地。是时辽西郡治柳城县,以《京东考古录》考之,在前屯卫①之北,当今宁远州②地,而无终县转属于渔阳郡,大非秦、汉之旧域矣!稽之地域,古之右北平,其地当至玉田并塞,而东北至奉天府境。昔魏武伐乌桓,上徐无山,经白檀,历平冈,以东至柳城。平冈、徐无,固右北平地。田子春③谓之“卢龙塞”,而与今之卢龙县无与也。今永平府地适居秦汉右北平、辽西二郡之境,特隋以后之北平郡,平州有未可与古之右北平相混者耳!

【注释】

①前屯卫:明洪武二十五年(1392 年)在旧瑞州境设广宁前屯卫,属辽东都司。治所在今辽宁绥中县西南前卫镇。

②宁远州:明宣德三年置宁远卫于今辽宁兴城市,入清改置宁远州。民国二年改宁远县,民国三年改称兴城县。

③田子春:田畴,字子泰,右北平无终人。东汉建安十二年夏,曹操北征乌桓,因海边

道路泥泞，无法前进。曹操以田畴为向导，出卢龙塞，直捣柳城，大破乌桓。

唐陈子昂《送著作佐郎崔融①等从梁王②东征》诗云：金天方肃杀，白露始专征。王师非乐战，之子慎佳兵。海气侵南部，边风扫北平。莫卖卢龙塞，归邀麟阁名。

【作者简介】

陈子昂，字伯玉。唐代梓州射洪人。文明元年（684年）进士。武则天授以麟台正字，旋迁右拾遗。垂拱二年（686年），万岁通天元年（696年）两次从军北征。

【注释】

①崔融（653~706）：字安成，唐代齐州全节（今山东济南市章丘区）人。由宫门丞、崇文馆学士任太子李显侍读，兼侍属文。圣历元年（698年）由魏州司功参军擢授著作佐郎，转右史。圣历二年，授著作郎，兼右史内供奉。圣历四年迁凤阁舍人。长安四年，任司礼少卿，仍知制诰。召拜国子司业，兼修国史。

②梁王：武三思，并州文水人，女皇武则天侄。官右卫将军累进至兵部、礼部尚书，并监修国史。天授元年（690年）武则天称帝，封武三思为梁王。万岁通天元年（696年），契丹孙万荣、李尽忠发动叛乱，攻陷营州。同年七月以春官尚书、梁王武三思为榆关道安抚大使，赴边地以备契丹。

杜审言《送著作佐郎崔融等从梁王东征》诗云：君王行出将，书记远从征。祖帐连河阙，军麾动洛城。旌旗朝朔气，笳吹夜边声。坐觉烟尘扫，秋风古北平。

【作者简介】

杜审言，字必简，祖籍襄州襄阳（今湖北襄阳）人。西晋征南将军杜预远裔，唐代大诗人杜甫祖父。咸亨元年擢进士，为隰城尉，累迁洛阳丞。武后圣历元年（698年），坐事贬吉州司户参军。武则天授为著作佐郎，官至膳部员外郎。后迁国子监主簿、修文馆直学士。

颜真卿《赠裴将军旻①时守北平》诗云：大（军）［君］制六合，猛将清九垓。战马若龙虎，（胜）［腾］陵何壮哉！将军临（八）［北］荒，烜赫耀英（才）［材］。（舞剑）［剑舞］②若游电，随风萦且回。登高望天山，白云正崔巍。入阵破骄（胡）［虏］，威名雄震雷。一射百马倒，再射万夫开。匈奴不敢敌，相呼归去来。功成报天子，可以画麟台。

【作者简介】

颜真卿，字清臣，唐代著名书法家，京兆万年（今陕西西安）人。开元二十二年（734年）登进士第，任监察御史，迁殿中侍御史。贬为平原太守。唐肃宗即位后，拜工部尚书兼御史大夫，为河北招讨使。至凤翔，授宪部尚书，后迁御史大夫。唐代宗时官至吏部尚书、太子太师，封鲁郡公。兴元元年（784年），被害。

【注释】

①裴将军旻：裴旻，唐开元间人。任龙华军使，镇守北平郡，官至左金吾大将军。"北平多虎。旻善射。尝一日毙虎三十有一。"（《唐国史补》）"裴旻与幽州都督孙佺北征，

被奚贼所围。旻马上立走,轮刀雷发,箭若星流,应刀而断。贼不敢取,蓬飞而去。"(《朝野金载》)。颜真卿《裴将军诗》石刻于清同治年间山东莱阳县桃花寨子乡被发现,1973年春,被莱阳县文物部门征集到,今藏于烟台博物馆。

②(舞剑)[剑舞]:光绪五年《永平府志》为"舞剑",《全唐诗》为"剑舞"。

辽西郡　在治城东①。案:汉辽西郡治且虑②。后汉、晋治阳乐③,魏治肥如,此或后魏治郡处也。北齐省入肥如。杜佑曰汉辽西郡故城在卢龙城东,至隋改置辽西郡于营州之境汝罗故城④,唐武德六年(623年)又徙于幽州城中,则皆非本境矣(案:《读史方舆纪要》:府东十八里有辽兴城,唐开元初安东都督府尝治此,五代时契丹置辽兴府治焉,旋废)。

【注释】

①在治城东:明景泰七年《寰宇通志》:"辽西故城,在府治东一里。西汉为郡于此。遗址尚存。"天顺五年《大明一统志》:"辽西城,在府治东,西汉为郡治于此。隋省。"此当为北魏时期辽西郡治,而非汉代辽西郡治。《魏书·地形志》:辽西郡领县三:"肥如,有孤竹山祠、碣石、武王祠、令支城、黄山、濡河。阳乐,真君七年并令支合资属焉。有武历山、覆舟山、林榆山、太真山。海阳,有横山、新妇山、清水。"北齐时省辽西郡。《隋书·地理志》:"卢龙:旧置北平郡,领新昌、朝鲜二县。后齐省朝鲜入新昌,又省辽西郡并所领海阳县入肥如。"

②且虑:西汉时期县名,东汉省,在今辽宁省朝阳市西部一带。1994年7月三秦出版社出版施丁主编《汉书新注》:"故城在今辽宁阜新市西南。"

③阳乐:秦始皇二十二年置,在今辽宁锦州市义县西南。《汉书新注》:"故城在今辽宁义县西南约五十里。"后汉时期移治今抚宁城西,为辽西郡治,三国魏、晋因之。北魏时移治于肥如县。《大清一统志》:"阳乐故城,在抚宁县西。汉置县,属辽西郡。后汉为郡治。晋因之。后魏仍属辽西郡。北齐省。"《后汉注》:阳乐故城在平州东。旧志:在今抚宁县西关外。"民国《河北通志稿》:"阳乐故城:在丰润、滦县、开平交界处。"

④汝罗故城:《新唐书·地理志》:"隋于营州之境汝罗故城置辽西郡,以处粟末靺鞨降人。武德元年曰燕州,领县三:辽西、泸河、怀远。"在今辽宁朝阳市一带。

唐崔颢《辽西作》云:燕郊芳(草)[岁]晚,残雪冻边城。四月青草合,辽阳春水生。胡人正牧马,汉将日征兵。露重宝刀湿,沙虚金鼓鸣。寒衣著已尽,春服与谁成?寄语洛阳使,为传边塞情。

【作者简介】

崔颢,汴州(今河南开封市)人,唐代诗人。唐开元十一年进士,官至太仆寺丞,天宝中为司勋员外郎。

高适《别冯判官》诗云:碣石辽西地,渔阳蓟北天。关山唯一道,雨雪尽三边。才子方为客,将军正渴贤。遥知幕府下,书记日翩翩。

【作者简介】

高适,字达夫,渤海郡(今河北景县)人,唐代著名边塞诗人。唐玄宗开元十一年,到长安,后定居宋城(今河南商丘)。开元十九年至二十二年,北游燕赵。天宝十四年十二月,拜左拾遗,转监察御史。天宝十五年八月擢谏议大夫,十二月迁淮南节度使。乾元二年(759年)五月,任彭州刺史。上元元年,改蜀州刺史。广德二年春,迁刑部侍郎,转散骑常侍,进封渤海县侯。

肥如城[1]　治城西北三十里。《汉书注》应劭曰:"晋灭肥,肥子奔燕,燕封于此。"汉初为侯国,《史记·功臣表》"肥如侯蔡寅",是也。后改为县。《燕王传》:"杀肥如(今)[令]郎人",是也。是时肥如虽为县而属于燕,故燕王得以杀肥如令。及武帝析藩国,置缘边诸郡,而肥如自此定属于辽西矣!("肥如"之见于史者甚多,详《史事》门)。《魏书·肃宗纪》:城平州,所治肥如。章怀太子注云:故城在今平州。而《汉书》言有元[玄]水、濡水、卢水。《魏书》言有孤竹山祠、令支城、黄山、濡河。《水经注》言"肥如县南十二里,水之会也。"则在今卢龙境无疑。燕慕容垂世子令说其父守肥如之险以自保,胡三省注以为即卢龙之塞。盖今沿边一带大山长岭,古时亦属之肥如与?

【注释】

①肥如城:旧址无考。清顾祖禹《读史方舆纪要》:"肥如城,(永平)府西北三十里。"《大清一统志》:"肥如故城,在卢龙县北。本春秋肥子国。北燕冯宏[弘]大兴二年,子崇以肥如降魏,因为辽西郡治及平州治。隋省入新昌县。旧志:肥如城,在卢龙县西北三十里。"清王先谦《汉书补注》曰:"肥如故城在今永平府卢龙县北三十里。"1990年《卢龙通览》称当今潘庄镇沈庄一带。

阳乐县　秦置,汉因之,属辽西郡,后汉为郡治。《魏书》阳乐下有武历、覆舟、林榆、太真诸山。山名转易,多不可考,但言太平真君八年(447年)并令支,属于此。而章怀太子云"阳乐在今平州东",则知不出卢龙之境。《水经注》云"阳乐水出东北阳乐县溪"。《地理风俗记》曰:"阳乐,故燕地,秦始皇二十二年(公元前225年)置。"魏《土地记》曰:海阳县西南有阳乐城,其水又西南入于沮水,谓之阳口,或曰阳乐在今大宁废卫境。后魏迁治于此,亦属辽西郡。东魏省入海阳县。抚宁旧志乃云"阳乐城在西关外",无据。案:旧府志谓白沟河为古阳乐水,在卢龙县东南十五里,源出阳山。洪稚存《直隶境众水归合表》谓阳乐水,旧入海,今改合沽河则云抚宁益远矣。俗称抚宁阳河为阳乐水,误。

新安平县[1]　汉辽西郡所统之县,后汉省。今不详所在。据《汉书》云"夷水东入塞外",《水经注》云"新河自枝渠东出,合封大水,谓之交流口。水出新安平县西南,流经新安平县故城西,又东南流,龙鲜水注之,合而东流,注封大水,乱流南会新河,南流,入于海。"详其水道则知其县必在海阳、肥如之间。今抚宁县在辽时为新安镇[2],岂以新安平而名之欤?洪稚存《乾隆府厅州县图志》云"新安平故城在滦州西"。《明一统志》谓"新安镇[2]在乐亭西北二十二里",殊无其迹。

【注释】

①新安平县:不在卢龙县境。《大清一统志》:"新安平故城,在滦州西。汉置新安平县,属辽西郡。后汉废。"民国二十年谢寿昌编《中国古今地名大辞典》:"新安平县:汉置,后汉省。故城在今直隶滦县西。"1979年第四期《社会科学辑刊》发表的王钟翰、陈连开《战国秦汉辽东辽西郡县考略》一文认为新安平县城在"今迁安县西馆山"。

②新安镇:辽初置,属平州。金大定二十九年升为抚宁县。治所在今秦皇岛市抚宁城区。明景泰七年《寰宇通志》:"抚宁县:辽初置新安镇,金升抚宁县。"天顺五年《大明一统志》:"抚宁县:辽初置新安镇,属平州。金大定末升抚宁县。"均无"在乐亭西北二十二里"之语。

令支县① 旧志:在府东北。春秋时山戎属国也。《史记·齐世家》作"离支",《周书·王会》作"不令支",皆"令支"之转也。二汉辽西郡俱有令支,晋省县而城不废,永嘉中辽西鲜卑段辽都于令支,其后慕容俊取令支,置辽西郡(他见之载记者不一,俱详《史事》门)。令支地在燕之东陲,故为重镇。入魏太平真君七年(446年),乃并于阳乐。《水经注》:"濡水东南流,经令支县故城。"旧志云:令支城在迁安县东。盖亦近之。

【注释】

①令支县:周武王灭商后,析孤竹国,置令支国,其地约今迁安、迁西及滦县北部地区。公元前664年,齐桓公北伐山戎,灭孤竹、令支两国。秦置离枝县,属辽西郡。汉改令支县。北魏太武帝拓跋焘太平真君七年废入阳乐县。《河北省地名志(唐山市分册)》:"令支县:西汉置县,北魏并入阳乐县。治所在今迁安城关西。"1979年第四期《社会科学辑刊》发表的王钟翰、陈连开《战国秦汉辽东辽西郡县考略》一文认为令支县城在"今迁安县西南赵店子"。

义丰县① 今滦州治。汉海阳县地,属辽西郡。隋为卢龙县地。唐为石城县地,属平州。《辽史·地理志》云:"本黄雒故城,黄雒水北出卢龙山,南流入于濡水。"世宗时置县,金元因之,明初废。郡县志云:黄洛故城,殷时诸侯国。《古史》:武丁析孤竹之地,封功臣黄洛为侯国。今州城即辽故址也。

【注释】

①义丰县:治今滦县老城。隋开皇元年(586年)置义丰县,治郑德堡(今河北保定安国市区),属定州。辽世宗时,掳北宋义丰县(今安国)民,安置于滦州,为滦州治所。元至元二年(1265年)省义丰入滦州,次年再置,仍为滦州治所。明洪武二年(1369年)复省入滦州。《大清一统志》:"义丰废县,今滦州治。辽置。《辽史·地理志》:滦州,汉海阳县。太祖以俘户置,统义丰县。《元史·地理志》:义丰县,至元二年省入(滦)州,三年复置。《明实录》:洪武二年,并义丰入滦州。"

平州 "平州"之见于书者有三:有地名,有国名,有州名。《左传》:"宣公元年会于平州,以定公位。"地名也。《史记·朝鲜传》:"封王唊为平州(候)[侯]"。《功臣表》又有"平州侯昭涉掉尾",国名也。其州名亦有三:有汉末平州,有晋平州,有后魏平州。汉末,公孙度自号平州牧,及其子康、康子渊,并据辽东,此汉末之平州也(平州,本取辽魏东襄平为名),分辽东昌黎、元[玄]菟、带方、乐浪五郡为平州。后还合为幽州。晋武帝咸宁二年(276年)十月,分昌黎、辽东、元[玄]菟、带方、乐浪等郡国五,置平州,治昌黎(当即汉之交黎),此晋之平州也。至后魏平州乃治肥如,而自齐以下因之。《辽史》引公孙度之平州于此,则误矣!

金高廷玉《道出平州寒食忆家》诗云:柳色方浓别玉京,程程又值石龟城。山重水复人千里,月苦风酸雁一声。上国春风桃叶渡,东(归)[阳]寒食杏花饧。楚魂蜀魄偏相妒,两地悠悠寄此情。

【作者简介】

高廷玉,字献臣,山东恩州人。金大定末进士,官左司郎中。贞佑初,出为河南府治中。时蒙古兵围中都,因建言赴援,得罪主帅温迪罕福兴,被诬有异志,瘐死狱中。

金张翰《奉使高丽过平州馆》诗云:昨日龙泉已自奇,一峰寒翠压檐低。兼并未似平州馆,屋上层峦屋下溪(案:《读史方舆纪要》:顺天府南十里有永平馆,一名碣石馆,辽时朝士宴集处也。与此是一是二,不可知,姑列此以俟考)。

【作者简介】

张翰,字林卿,贵州贵阳人。金大定二十八年进士,历任隰州军事判官、东胜、义丰、会川令,补尚书省令史,除户部主事,迁监察御史。调山东路盐使、尚书省都事、户部员外郎。改知登闻鼓院,迁侍御史。贞佑初,为翰林直学士,充元帅府经历官,升户部侍郎、尚书。

朝鲜县^①　旧志:在城北四十里。汉乐浪郡之属县也。后魏延和元年(423年),徙朝鲜民于肥如,置朝鲜县,并置北平郡治此。高齐移郡治新昌,并朝鲜县入焉。

【注释】

①朝鲜县:西汉元封元年(公元前109年),汉武帝派兵灭卫氏朝鲜,次年设置乐浪、玄菟、临屯、真番四郡,属于幽州刺史部。乐浪郡治所设在朝鲜县(今朝鲜平壤大同江南岸)。北魏延和元年(432年),徙朝鲜民于肥如县,侨置朝鲜县,属平州北平郡。北齐天保七年(556年),省朝鲜县入新昌县(今卢龙县城)。清顾祖禹《读史方舆纪要》:"后魏主焘延和初,徙朝鲜民于肥如,置朝鲜县,并置北平郡治此。高齐移郡治新昌,并朝鲜县入焉。"《大清一统志》:"朝鲜故城,在卢龙县东。延和元年,徙朝鲜民于此,置朝鲜县,属北平郡。高齐省入新昌。"清洪亮吉《乾隆府厅州县图志》:"卢龙县:朝鲜故城在县东。"北魏朝鲜县,辖域相当今河北卢龙县东下寨乡部落岭和双望镇一带。1994年王忠林主编《秦皇岛市地名词典》:"朝鲜县:北魏延和元年(432年)置,治在今卢龙县双望镇附近。北齐武平五年(574年)并入新昌县。"

【补录】

延和元年秋七月己未,车驾至濡水。庚申,遣安东将军、宜城公奚斤发幽州民及密云丁零万余人,运攻具,出南道,俱会和龙。八月甲戌,(冯)文通(冯弘,北燕主冯跋之少弟)使数万人出城挑战,昌黎公元丘与河间公元齐击破之,死者万余人。九月乙卯,车驾西还。徙营丘、成周、辽东、乐浪、带方、玄菟六郡民三万家于幽州,开仓以赈之。(《魏书·世祖本纪》)

延和元年,世祖(太武皇帝拓跋焘)亲讨之。文通营丘、辽东、成周、乐浪、带方、玄菟六郡皆降,世祖徙其三万余户于幽州。先是,文通废其元妻王氏,黜世子崇,令镇肥如,以后妻慕容氏子王仁为世子。文通遣其将封羽率众围崇,世祖诏永昌王健督诸军救之。封羽又以凡城降,徙其三千余家而还。文通遣其尚书高颙请罪,乞以季女充掖庭。世祖许之,征其子王仁入朝,文通不遣。世祖又诏乐平王丕等讨之,日就蹙削,上下危惧。太延二年,高丽遣将葛卢等率众迎之,入和龙城,脱其弊褐,取文通精仗以赋其众。文通乃拥其城内士女入于高丽。(《魏书·海夷冯跋传》)

朝鲜(县),二汉、晋属乐浪,后罢。延和元年徙朝鲜民于肥如,复置,属焉。(《魏书·地形志》)

新昌县①　今治城。汉新昌,辽东郡之属县也,在今辽东海州卫境。后魏侨置于此,属北平郡。后齐为郡治,隋改曰卢龙。

【注释】

①新昌县:西汉时置,西晋时废,治所在今辽宁海城市甘泉镇向阳寨。北魏太延元年六月,太武皇帝拓跋焘遣骠骑将军、乐平王丕等率四万骑讨伐北燕主冯弘(字文通),攻克北燕国都和龙(今辽宁朝阳),北燕灭亡。于肥如县境侨置新昌县,治所今卢龙县城。《魏书·帝纪·世祖纪》:"太延元年三月癸亥,冯文通遣大将渴烛通朝献,辞以子疾。六月戊申,诏骠骑大将军、乐平王丕等五将率骑四万东伐文通。秋七月己卯,丕等至于和龙,徙男女六千口而还。"《魏书·地形志》:北平郡领县二:"新昌:前汉属涿,后汉、晋属辽东,后属,有卢龙山。)"《隋书·地理志》:北平郡"卢龙:旧置北平郡,领新昌、朝鲜二县。后齐省朝鲜入新昌,又省辽西郡并所领海阳县入肥如。开皇六年又省肥如入新昌,十八年改名卢龙。"

卢龙塞①　《三国志·魏太祖纪》:"建安十二年,北征乌桓,田畴请为乡导,引军出卢龙塞。"《田畴传》:"(隋)[随]军次无终。时方夏雨水,而滨海洿下,泞滞不通,虏亦遮守蹊要,军不得进。太祖患之,以问畴。畴曰:'此道夏秋每常有水,浅不通车马,深不载舟船,为难久矣。旧北平郡治在平冈,道出卢龙,达于柳城。自建武以来,陷坏断绝,垂二百载,而尚有微径可从。今虏将以大军当由无终,不得进而退,懈弛无备。若嘿回军,从卢龙口越白檀之险,出空虚之地,路近而便,掩其不备,蹋顿之首可不战而禽也。'太祖曰善。乃引军还。令畴将其众为乡导,上徐无山,出卢龙,历平冈,登白狼堆,去柳城二百余里,虏乃惊觉。单于身自临阵,太祖与交战,遂大斩获,逐北至柳城。"厥后诸史载卢龙之事颇详(俱见《史事》门)。《魏书》:新昌有卢龙山。《水经注》:濡水又东南,迳卢龙塞,塞道自无终东出,渡濡水向林兰陉,东至青陉。卢龙之险,峻坂萦折,故有九峥之名。杜氏《通典》:"卢龙塞在今平州城西北二百里",即潘家口。张行人[2]旧志云:在今府城南一里,误矣。《明一统志》:今府西南一百九十里有卢龙镇,土色黑,山似龙形,即古卢龙塞云(案:《新唐书·地理志》:蓟州渔阳郡东北渡滦河,有古卢龙,自古卢龙北至奚帐六百里)。

【注释】

①卢龙塞:古塞道,在今唐山市迁西县北与承德市宽城县西南交界处之潘家口。今燕山山脉古称卢龙山,卢龙塞因此得名。1931年臧励和编《中国古今地名大辞典》:"卢龙山:自热河围场县之七老图岭起,蜿蜒于长城内外,东接山海关北之松岭,通称卢龙山脉。"明景泰七年《寰宇通志》:"卢龙塞:《魏志》:曹公北征,田畴自卢龙引军出卢龙塞,堑山湮谷五百余里,即此。"天顺五年《大明一统志》:"卢龙镇:在平州西一百九里,其土色黑,山形如龙,故名。"

②张行人:张廷纲,永平卫人。成化八年进士,授行人司行人。弘治十四年编纂《永平府志》。

唐高适《塞上》诗云:东出卢龙塞,浩然客思孤。亭堠列万里,汉兵犹避胡。边尘满北溟,胡骑正南驱。转斗岂长策?和亲非远图。惟昔李将军,按节临此都。总戎扫大漠,一战擒单于。常怀感激心,愿效纵横谟。倚剑欲谁语,关河空郁纡。

唐钱起《卢龙塞行送韦掌记》诗云:雨雪纷纷黑山外,行人共指卢龙塞。万里飞沙咽鼓鼙,三军杀气凝旌旆。陈琳[1]书记本翩翩,料敌张兵夺酒泉。圣主好文兼好武,封侯莫比汉皇年。

【作者简介】

钱起,字仲文,吴兴(今浙江湖州市)人。唐天宝十年(751年)进士,初为秘书省校书郎、蓝田县尉,后任司勋员外郎、考功郎中等。代宗大历中为翰林学士。

【注释】

①陈琳:字孔璋,广陵射阳人。汉灵帝末年,任大将军何进主簿。董卓肆恶洛阳,陈琳避难至冀州,入袁绍幕府。东汉建安五年(200年),官渡之战爆发,陈琳为袁绍撰写《为袁绍檄豫州文》,历数曹操罪状,极具煽动性。袁绍失败后,陈琳为曹操俘获,署为司空军师祭酒,使与阮瑀同管记室。后又徙为丞相门下督。

唐戎昱《塞下曲》云:北风凋白草,胡马日骎骎。夜后戍楼月,秋来边将心。铁衣霜雪重,战马岁年深。自有卢龙塞,烟尘飞至今。

【作者简介】

戎昱,唐代荆州(今湖北江陵)人。进士。大历二年(767)秋,在荆南节度使卫伯玉幕府中任从事。后流寓湖南,为潭州刺史崔瓘、桂州刺史李昌夔幕僚。建中三年(782年)

居长安,任侍御史。翌年贬为辰州刺史。后又任虔州刺史。晚年在湖南零陵任职,流寓桂州而终。

明梅国桢《出卢龙塞》诗云:晓风匹马渡滦河,极目胡天感慨多。近塞房营还历乱,弥山雉堞自嵯峨。林间残雪经春冻,峡口孤云带雨过。不少谋臣忧社稷,只应蹛许郅支和①。

【作者简介】

梅国桢(1542~1605),字克生,号衡湘,湖北麻城人。万历十一年进士,任固安知县,迁御史,以功擢为太仆少卿,次年任右佥都御史,巡抚大同。升兵部右侍郎,总督宣(宣府)、大(大同)、山西军务。

【注释】

①郅支和:与匈奴和亲。郅支单于,名呼屠吾斯,匈奴分裂为南北两部之后的北匈奴第一代单于,曾击败大宛、乌孙等国,强迫四方各族进贡,威震西域。公元前60年左右,匈奴虚闾权渠单于死,其子呼韩邪单于和郅支单于相互攻伐。汉元帝建昭三年(公元前36年),为西域副校尉陈汤攻杀,斩郅支首及名王以下千余级。

长城① 今人言长城必曰秦始皇所筑。案:秦筑长城,《史记》《汉书》称其因边险山、堑溪谷,可缮者治之,起临洮至辽东万余里。长城在战国已递兴筑。秦昭王伐残义渠,于是有陇西北地上郡筑长城以拒胡,此秦之长城也。魏惠王筑长城塞固阳,此魏之长城也。赵武灵王北破林胡、楼烦,筑长城,自代并阴山下,至高阙为塞,置云中、雁门、代郡,此赵之长城也。自上(古)[谷]郡至辽东则为燕之长城,地势本自相接,始皇特因而增筑联缀之,其方位原未大改也。秦长城东尽处,《括地志》以为东入辽水,大约自卢龙塞以东,尚迤北以迄于辽水,与唐以后之长城,自平州东境即迤南以至渝关者,微有不同。考长城,自秦以后一筑于后魏,再筑于东魏,然皆在上谷郡、代郡以西,惟北齐五筑长城,史称显祖天保七年(556年),自西河总秦戍筑长城,东至于海。后主天统元年(565年),自库堆戍东距于海,随山屈曲二千余里,斩山筑城,置立戍逻五十余所,则长城之迤南迄海,当改筑于是时。周宣帝大象元年(579年),发山东诸民修长城,立亭障,西自雁门,东至碣石。逮隋四筑长城,于是北魏以前之遗址渐废。观《隋书·地理志》,渔阳郡无终县、北平郡卢龙县下皆有长城。《太平寰宇记》:蓟州东北至平州石城县界,废卢龙戍二百里,戍踞长城,开皇置。所云无终、卢龙及蓟州东北之长城,即今潘家口迤东之边墙,知为北齐与隋之所筑也。《典汇》云:洪武初,即古会州大宁②地设北平行都司,兴营诸屯卫,封建宁藩③,与辽东、宣府东西联络为外边,已而魏国公④经略自古北口至山海关增修关隘为内边,山海关始于魏公,当亦即前人之所筑而增修者也。据此则谓永平境内之长城为秦筑,固非谓自魏公始筑,亦未必为是矣!

【注释】

①长城:卢龙境内长城为明长城,非秦长城。明万历四年刘效祖编《四镇三关志》:

"燕河路（关寨十），桃林口下：刘家口关（永乐年建，通大川，平漫，各墩空俱冲）、佛儿峪寨（永乐年建，通大川，平漫，通众骑，极冲）、孤窑儿寨（弘治十三年建，边外山险，缓）、正水峪寨（洪武年建，正关东西空，通单骑，冲）、桃林口关（洪武年建，通大川，平漫，河冻极冲，稍城、燕子窝俱冲，白腊谷、安子山墩空，通步，缓）。边城二十七里（嘉靖三十年创修，三十六年、三十八年、隆庆元年、二年创修。桃林口冲边二百余丈）。附墙台一十五座（嘉靖三十年建，四十三年修）。空心敌台四十一座（隆庆三年至万历元年节次建）。""各路营城堡：燕河营城堡一座（洪武年建），桃林营城堡一座（洪武年建）、刘家营城堡一座（洪武年建）。"1990年《卢龙通览》："明长城：明洪武至隆庆间建。长22.3公里，有重峪口、桃林口和刘家口三关隘，敌台86座。"2002年6月方志出版社出版的沈朝阳主编的《秦皇岛长城》："（卢龙）境内有桃林口关、桃林营、刘家营、刘家口关、重峪口关、梧桐峪堡、正水峪寨、孤窑儿寨、佛儿峪寨、燕河营等11座关、堡、寨。经实查，11座古城目前均存在，但大部分已毁坏。"

②会州大宁：明洪武二十年九月，置大宁都指挥使司，治所在大宁卫（在今内蒙古赤峰市宁城县西南）。洪武二十一年七月改称北平行都指挥使司。永乐元年三月徙保定。会州，本辽泽州地，元改置惠州，后讹为会州。治所在今河北平泉市西南会州城。明洪武二十九年筑会州城，置会州卫。永乐元年废。

③魏国公：徐达，字天德。濠州钟离（今安徽凤阳东北）人。元末，从朱元璋起兵，洪武元年八月，攻取元大都（今北京）。洪武三年正月封征虏大将军。官至中书省右丞相，封魏国公。洪武十八年二月，卒，谥武宁，封中山王。《明太祖实录》："洪武十四年春正月丁亥朔。辛亥（二十五日），征虏大将军魏国公徐达发燕山等卫屯兵万五千一百人，修永平界岭等三十二关。"

④宁藩：朱权，明太祖朱元璋第十七子。洪武二十四年，封为宁王。二年之后，就藩大宁。建文元年，明惠帝朱允炆削藩，燕王朱棣发起靖难之役，谋取大宁。永乐元年（1403年）二月，改封南昌。

清高士奇《长城》诗云：嬴秦昔①设险，绝徼营坚城。蜿蜒亘万里，形势何峥嵘。堑山筑雉堞，绝壁同云横。人工既已尽，天险巍然成。控制（按）[接]陕右②，拱抱环燕京。畴昔边事严，老幼苦长征。秋声警哨动，夜火边烽明。盛朝久息战，四境歌承平。石楼鸟雀栖，亭障荆棘生。但看饮马窟，日落寒潭清。

【作者简介】

高士奇，字澹人，浙江钱塘人。康熙三年游学京师，康熙八年入太学，在詹事府做记录官。康熙十五年迁内阁中书，极得康熙帝信任。官至詹事府少詹事兼翰林院侍读学士。晚年又特授詹事府詹事、礼部侍郎。

【注释】

①昔：高士奇《随辇集》为"曾"。

②陕右:陕西。

丁澎《度岭见长城》诗云:岭坂风回树郁盘,长城如带雾中看。随阳雁断天疑尽,背日(峰)[风]高夏(苦)[若]寒。沧海不沉秦女石,浮云欲动楚臣冠。伊州一(典)[曲]先挥泪,况是亲经行路难。

【作者简介】

丁澎,字飞涛,号药园,浙江仁和人。顺治十二年进士,授刑部广东司主事,改礼部主客司。顺治十四年,典试河南副考官。科场案起,谪戍奉天靖安(今吉林省洮安县)。顺治十九年始获归。康熙九年任礼部仪制司员外郎,升祠祭司郎中。

赵大经《途中望长城》诗云:峰腰一线(路)[露]边痕,匹马秋风为断魂。长笑蒙恬伤地脉,何如李广将军屯。深山虎乳巢墙缺,破障人归越塞门。太息前朝增垒处,夕阳残堞易黄昏。

【作者简介】

赵大经,字叔常,号春磵,山东德州人。乾隆十八年拔贡,选授邹县教谕。乾隆三十三年考中举人,乾隆三十七年任直隶乐亭知县,后历官望都、武清、山西襄陵、浮山、徐沟、曲沃等知县。

迁安马恂《长城歌》云:长城筑怨秦不知,崇墉万古长巍巍。长城备边秦不及,狐鸣蛇断群雄驰。空见延延太行尾,堑山堙谷海为池。后人望之若蜃市,大笑秦皇汝痴矣。同时燕赵各筑边,毕竟覆国非北鄙。秦能灭之秦不思,效其劳民焉足恃。秦人摇首不谓然,非秦谁使长城起。自从五丁开山①来,百姓乐成难虑始。捶拊刀锯严迫驱,民筑长城且缓死。亭障罗列百万兵,牧马无人七百里。英雄举事必无穷,害在一时利万纪。岌嶫紫石蟠危墙,纷纷于此论边防。中原天界一线内,大地平围万里长。万乘待边诅缚马,三城设险虞亡羊。使非旌旗倚秦塞,何能再距森开张。渝关险隳勇将怯,燕云地失雄图亡。遂令后代逞豪骏,百楼万雉营修忙。敌台千里少保戚②,马池再筑三目杨③。罾秦者即飨秦利,今古功名归战场。始知苍昊若有意,专遣秦人治边地。不然闰运何不延,长城功毕辒辌④至。卢生秦谶⑤逢沙邱[丘],沛公⑥送徒起丰泗。鹑首⑦醉秦忽复醒,长城月冷空闲弃。从来智计难胜天,但留铁壁横风烟。烽堠橹棚分向背,高高下下皆珠联。连云岌嶪上瓶甗,抵谷委折穷渊泉。迤逦列戍转蜗壳,星罗棋置黄云巅。西北环抱烛龙脊,东南填压共工⑧肩。关峻但闻通流水,势险直欲遏飞鸢。长城一筑限中外,神(臬)[皋]遂隔龙沙边。王公设险守其国,勇夫重闭防未然。岂知梯航通玉币,郅治(人)[八]荒归控制。金瓯早画益地图,开拓唐虞古形势。天之所覆同一家,稽首皇家作仆隶。长城蜿蜒空自长,所用防狄巩带砺。古苔没址埋战骨,野花含香围埤堄。古云在德不在险,而今外户已不闭。岩谷桑麻安耕凿,山城诗书竞鲁卫。当年饮马冰雪窟,童叟恳辟给租税。唯见长城匹练舒,翠屏九曲叠云际。长城磊磊山峨峨,天下大同亿亿世。

【作者简介】

马恂(1792~1865),字瑟臣,号半士,迁安县城关人。道光二年、十二年顺天乡试两中副榜,历任柏乡县教谕、邯郸县训导。道光二十八年,掌教锦州凌川书院。同治四年《昌黎县志》主笔。

【注释】

①五丁开山:古代神话中,蜀国有五个力士,开凿了蜀道。晋常璩《华阳国志·蜀志》:"时蜀有五丁力士,能移山,举万钧。"

②少保戚:戚继光,字元敬,号南塘,晚号孟诸,山东蓬莱人。隆庆三年,任蓟镇总兵。因功升左都督,太子太保,加少保。

③三目杨:杨一清,字应宁,号邃庵,别号石淙,南直隶镇江府丹徒人。成化八年进士,正德元年、正德五年、嘉靖三年,三次任陕西三边总督,为维护西北边疆的稳定做出了重大贡献。后历任户部尚书、吏部尚书,加左柱国、华盖殿大学士、内阁首辅。修筑花马池营(今宁夏盐池县城)。

④辒辌(wēn liáng):古代丧车。秦始皇三十七年(公元前210年)七月,秦始皇驾崩于沙丘(今河北省邢台市广宗县境内),丞相李斯和宦官赵高秘不发丧,将秦始皇尸体放置在辒辌车上。《史记·李斯传》:"其年七月,始皇帝至沙丘。始皇崩。置始皇居辒辌车中,百官奏事上食如故,宦者辄从辒辌可诸奏事。"

⑤秦谶:公元前215年,秦始皇东巡碣石,遣燕人卢生入海求不死之药。卢生返,秦谶语"亡秦者胡也"。《史记·秦始皇本纪》:"秦始皇三十二年,始皇之碣石,使燕人卢生求羡门、高誓。……因使韩终、侯公、石生求仙人不死之药。始皇巡北边,从上郡入。燕人卢生使入海还,以鬼神事,因奏录图书,曰'亡秦者胡也。'始皇乃使将军蒙恬发兵三十万人北击胡,略取河南地。"

⑥沛公:汉高祖刘邦,沛丰邑(今徐州丰县)中阳里人。秦时任沛县泗水亭长,因释放刑徒而亡匿于芒砀山中。陈胜起事后不久,刘邦集合三千子弟响应起义,攻占沛县等地,称沛公。

⑦鹑首:星次名,指朱鸟七宿中的井宿和鬼宿。古以为秦之分野,指秦地。

⑧共工:古代氏族部落首领,被黄帝打败,共工怒触不周山。

清知府游智开《巡边》诗云:马头日日傍边城,向晚城头月又明。关塞万重天万里,西风何处雁飞声。

卢龙故城① 《水经注》:濡水又东南,迳卢龙故城,东汉建安十二年(207年)魏武②征蹋顿③所筑也。

【注释】

①卢龙故城:即卢龙军镇城,当在卢龙塞(今迁西县潘家口水库)附近,非指今卢龙县城。清顾祖禹《读史方舆纪要》:"卢龙塞:《通典》:在平州城西北二百里。《水经注》:濡

水东南经卢龙塞,塞道自无终县东出渡濡水,向林兰陉,东至青陉。又有卢龙城,魏武征蹋顿时所筑也。""林兰陉",即今喜峰口;"青陉",即今冷口。

②魏武:曹操,字孟德,东汉沛国谯县(今安徽亳州)人。建安十三年(208年)六月任汉朝丞相,建安十八年五月封魏公。建安二十一年三月封魏王。建安二十五年十月,魏王曹丕称帝,追尊其父曹操为武皇帝。史称魏武帝。

③蹋顿:东汉末年辽西乌丸(亦称乌桓)的首领。曾出兵协助袁绍击破公孙瓒,袁绍赐予蹋顿单于称号及印绶。袁绍死后,其子袁尚、袁谭被曹操打败,投奔蹋顿。东汉建安十二年(207年),曹操出征乌桓。八月,在柳城白狼山大破袁尚、乌丸军,蹋顿被张辽斩杀。

夷齐里 在城内仓坡下,今棉花市地。

江西张星炳《夷齐里》诗云:摇落江湖此结庐,何期得傍古人居。粟知难与西周比,薇幸犹餐北海余。荷戴一方新制笠,携持几卷旧残书。儿今授室余将老,归思多年已渐除。

【作者简介】

张星炳,江西人。明末以岁贡赴北京谒选,明亡后隐居于永平府城,以教书为生。

滇西师范《夷齐故里》诗云:寒山叠叠水鳞鳞,木落霜天代写真。两让都堪全父子,一言端可定君臣。未闻以暴能移暴,始信求仁自得仁。殷社已墟周社屋,里名千古不容湮。

清知府新化游智开联云:兄让弟,弟让兄,父命天伦千古重;圣称贤,贤称圣,懦立顽廉百世师。

夷齐井 旧志:在治城北门之西。崇正[祯]初郡守陈所立勒铭其旁,铭凡三十二字。其词云:"有冽者泉,在城之阴,凿井而甘,浚池而深,柳色花香,式畅予襟,夷齐饮此,当不易心。"又夷齐井古铭,不知何代人撰,有云:"夷齐居此,饮之而甘。"今铭已亡,无可考。

清风台 在城西夷齐庙后。

卑耳山① 《国语》言:"齐桓公悬车束马,逾太行与辟耳之溪枸夏。"韦昭注曰:"太行、卑耳,山名;枸夏,声'之溪'②也。"《史记·齐世家》:"登太行,至卑耳山而还。"《正义》曰:"'卑',音'壁'。"《管子》:"桓公二十年,征孤竹,未至卑耳之溪十里。"案:《国语》《史记》皆云"西伐",而《管子》则云"征孤竹",或曰燕北一带之山皆名太行,故旧志载之**孤竹之境**。又案:《水经注》:"清夷水西南,得桓公泉。桓公北伐山戎,过孤竹西征,束马悬车,上卑耳之西极,故水受斯名也。"则卑耳在上谷之沮阳。二说不同,今姑仍旧志存之。

【注释】

①卑耳山:康熙《卢龙县志》、光绪《永平府志》作"辟耳山"。在今山西平陆县西北。《史记正义》注曰"卑",音"壁"。齐桓公北伐孤竹,至卑耳之溪。此"卑耳山"当在孤竹国境内。明天顺五年《大明一统志》称"卑耳溪""今不知所在"。滦河为冀东地区第一大河流,介于孤竹与令支之间,"卑耳之溪"当即古濡水(今滦河)。"卑耳山",当为今滦县油

榨镇孙薛营村南之洞山（土人呼为首阳山），北有孤竹城、夷齐庙遗址。

②枸夏，声"之溪"：康熙《卢龙县志》："枸夏，'辟耳之溪'也。"

迷沟① 在治城滦河西二十里，去清节祠三里。其地多平沙，无草木。相传即齐桓（公）伐孤竹，老马识途处。今西北之泥沟山是也。盖误。"迷"为"泥"云，或曰在榛子镇西乱石山。

【注释】

①迷沟：当即迷谷，在今卢龙县西北、迁安市南、滦县北之间地域广袤的沙漠山谷地带。齐桓公率师北伐孤竹，迷失道路于此。今滦县油榨镇孙薛营村（孤竹城遗址）西北迷谷村因此得名。1946 年 7 月以前此地属卢龙县。《韩非子·说林》："管仲、隰朋从于桓公伐孤竹，春往冬返，迷途失道。管仲曰：'老马之智可用也。'乃放老马而随之。遂得道。"成语"老马识途"源于此。明末冯梦龙小说《东周列国志》第二十一回《管夷吾智辨俞儿，齐桓公兵定孤竹》把"迷谷"描述为死亡恐怖之谷："国之北有地名曰旱海，又谓之迷谷，乃砂碛之地，一望无水草。从来国人死者，弃之于此，白骨相望，白昼常见鬼。又时时发冷风，风过处，人马俱不能存立，中人毛发辄死，又风沙刮起，咫尺不辨，若误入迷谷，谷路纤曲难认，急不能出，兼有毒蛇猛兽之患。"清洪亮吉《乾隆府厅州县图志》："卢龙县：孤竹山在县西十五里。孤竹国城在其阴。又西十里有泥沟山，圣水源出焉。"道光九年重修《大清一统志》："泥沟山，在卢龙县西二十五里。"

虎头石① 在治城南六里，状若虎踞。旧传为汉李广射虎处。其下滦、漆合流，今山麓有"汉飞将军射虎处"②石碣。

【注释】

①虎头石：在卢龙县城南孤孤岭脚下，有石似虎头。传为汉飞将军、右北平太守李广射虎处。清康熙十三年（1674 年），朱、刘、李、邓四姓由山东高唐州迁此建庄，取名虎头石。明景泰七年《寰宇通志》："射虎石，在府城南三里。相传汉将李广夜出见虎，弯弓射之，至没羽。比明，乃知为石。"清顾炎武《日知录·李广射石》："今永平府卢龙县南有李广射虎石。广为右北平太守，而此地为辽西郡之肥如，其谬不辨自明。……太史公所述本无其地，今必欲指一卷之石以当之，不已惑乎？"

②汉飞将军射虎处：清朝鲜徐长辅《蓟山纪程》："为见射虎石，沿河而下……山阜宛转，下竖一碑，刻曰'汉飞将军射虎处'，康熙壬戌（二十一年，1682 年），命绥远将军蔡毓荣重建。"

东西硖石 在城东南，与碣石山西麓相近。《唐书·地理志》有西硖石、东硖石二戍。刘昫曰平州在西硖石、东硖石二戍，与西硖石近者又有黄麛谷。"硖石"，盖"碣石"之讹也。又《唐书·契丹传》：左鹰扬卫将军曹仁师等战西硖石、黄麛谷，败绩。武后更诏夏官尚书王（考）[孝]杰等讨契丹，战东硖石，师败，孝杰死之。

驴槽 在治城东五里。庄后有石如槽，东转而北有一小河，名为仙河。其流虽细，冬夏不涸。相传谓果老饮驴于此。

石幢　在治城南街。高三丈,环以石栏,觚棱八面,自下至上凡七层:第一层刻创建石幢记,金大定年间;第二层、第三层刻佛经;第四层刻明万历年间重修记。以上三层皆佛像。

□□(大金)国平州石幢记□□□中都□□僧并①述

窃闻□东汉永平年间②,摩腾入洛③,始闻佛教之声。尔后西僧继至,故佛之圣典渐流二京④,三藏真证大衍九域,比屋黔黎皆沾甘露,上至王公,下及皂隶,竞为读诵,诚为苦海之舟航矣。然佛教虽著,犹有多门,乃大列三乘,高张五教,或偏圆不定,或显密殊途,虽万派洪波,咸归大海。后至唐仪凤年中,西天神僧曰:"佛陀⑤钦风殉命,来游清凉,参游未遍,遇文殊化身,相对言论。"文殊曰:"尊者远来,游礼五顶,欲求圣利,未知将得《尊胜陀罗尼经》来不?"佛陀曰:"不。"老叟曰:"若未将《经》来,空游何益?"佛陀闻次,便□老叟,策杖西归。不数年间,将《经》再至,还遇老叟,相慰晤言,叟曰:"若将《经》至,以利生民,诚为大善!"佛陀乃诣阙陈词,□□真文译讫,朝廷降旨,(今)[令]于京邑州□□□中建石幢,刻密言于石上,以希尘□影覆之□,潜滋万古,此乃建石幢之始也。

平州大郡,东□遥山,西临大水,厥田上中,居民纯厚,有三代遗风。原其所系,尧创九州,属青州。舜□三州,遂隶于幽。武王封召公于燕,故此州属燕。秦并六国,以天下为三十六郡,乃号辽西郡。炎汉御宇,更号右北平。司马氏及曹丕有国,改置卢龙郡,今之县名乃从古号。元魏石勒、慕容氏父子建国,皆从卢龙之郡。隋文创业,去郡为平州,盖顺古北平之号。唐乘王辇,只号平州。后唐五代□辽,皆从平州之名。大金建国,远收淮北之地,正隆迁都于燕京,大修宫殿,建中都,故我州为大国之东门矣!

平州古城,今之北城是也。南城,辽人筑之。于城中旧有石幢一座,于正隆四年(1159年)五月二十日遭风雷暴至,仆之于地,居民秽污,深可悲夫!於戏⑥,万事无恒,荣枯互作。会州中信士王昌吉校尉□发心再建,遍告州人,□邑□施铜钱二千万,(今)[令]匠琢石,及刻密言于上。始于大定九年(1169年)五月间,兴工后至十一年(1171年)九月二十日工毕。奇巧之势,十倍于前,举高三丈,□落风规,实州中之伟望。落成之日,士庶稽□□谓奇哉。众议式昭厥德,万古不泯,乃命都僧□直笔茂实,以传不朽。大定十一年九月三十日建。

□□医士黄玄书石。

以后三面皆刻当日官爵及邑人姓名,字多漫灭不辨。

【注释】

①僧并:光绪五年《永平府志》和卢龙县文物管理所藏碑文拓片为"僧井",清晰可辨。

②□东汉永平年间:□,光绪五年《永平府志》为空格,卢龙县文物管理所提供的碑文拓片为"自",清晰可见。关于佛教传入中国的时间,史学界其说不一,其中一种观点认为汉明帝永平年间传入。《后汉书·楚英王传》:"永平八年,诏令天下死罪入缣赎。英遣郎

中令奉黄缣白纨三十四诣国相。国相以闻。诏报曰：'楚王诵黄老之微言，尚浮屠之仁祠，洁斋三月，与神为誓，何嫌何疑，当有悔吝？其还赎，以助伊蒲塞桑门之盛馔。'因以班示诸国中傅。"晋袁宏《后汉纪》后汉孝明皇帝纪下卷第十："永平八年，上临辟雍，礼毕，诏天下死罪得以缣赎。……诏曰：'楚王诵黄老之微言，尚浮屠之仁祠，洁斋三月，与神为誓，有何嫌惧，而赎其罪。'因还其赎。"

③摩腾入洛：摄摩腾，中天竺人。东汉永平十一年（公元 68 年），汉明帝从西域请来印度僧人摄摩腾和竺法兰，在京都洛阳建白马寺。

④二京：汉代的东西京洛阳和长安。

⑤佛陀：佛陀波利，唐代译经家。北印度罽宾国人。闻文殊菩萨在清凉山（五台山），远涉流沙，躬来礼谒，于唐高宗仪凤元年（676 年）杖锡五台山，虔诚礼拜，逢一神异之老翁，蒙其示教，重返本国，取梵本尊胜陀罗尼经复来京师。仪凤四年，高宗敕令日照及杜行颙译之，译成之后，置于宫中，未流布于世。后应波利之请，还其梵本，以供流布。波利遂持此梵本往西明寺，得精通梵语之僧顺贞共译之，是为佛顶尊胜陀罗尼经。在诸多译本中，以波利所译，流通最广。此经译成后，波利持梵本入于五台山，莫知所终。

⑥於戏（wūhū）：同"呜呼"。

八棱塔　在治城西七里许白塔寺。其塔八棱，两层，珉石一色，高八尺，而各有字，明建。石色青翠，晶光眩目，俗呼为八里塔，即"八棱"之讹也。

万柳庄　在治城北门外二里许。明方伯李确斋①别墅，朝鲜使臣柳梦寅有诗，内有醉流亭、轻阴阁，今其庄仍在，而景物全非。

【注释】

①方伯李确斋：李充浊，字澄之，别号确斋，累官至贵州布政使。方伯，布政使的美称。

井井亭　在治城南菜园庄高阜上，距城二里，与南城魁星楼相对（今废）。

看花楼　在治城东南隅奎楼。地旁有断碑可考，即前明白家①花园也（今废）。

【注释】

①前明白家：明朝刑部左侍郎白瑜和兵备参议白养粹父子。

揽胜楼　在城南小圣庙侧，韩御史应庚建（今废）。

石隐亭　在治城上水关，韩金事原善别墅（今废）。

钓鱼台　在治城南一柱峰下，昔为韩御史别墅（今废）。

黑石　在城西北十五里。从地突兀而出，昔人琢"黑石"二字于上。清康熙十一年（1672 年），卢龙县知县魏师段查荒经过，奇其形象，乃更镌"龙吟虎啸"四字于傍，又镌"南宫颊首"字样，石品字品，苍古可传。后人赞曰：

有石有石，在路之陌。钟天之灵，孕地之脉，忽高涌于平原，倏突生于旷野。若隐若现，若动若歇，曲折乎龙卧之盘桓，纵横哉虎悬而飞越。随云露以周旋，因雪霜以黑白。

时而朱颜以对乎太阳,时而皓首以伴夫明月。今古难易其居趾,寒暑莫更其颜色。南望卢水兮,为雨为霖;北瞻燕山兮,纪功纪烈。昔刊为黑石兮,名黑而实未黑;今镌为龙虎兮,若长啸于知音之侧。仰松岩兮,云覆八方于四国;祝九如兮,愿不迁崩以不竭。一经赏鉴兮,声重卢龙之远塞;再加品题兮,名高夫仙台之古碣。

鲤鱼台　在燕河营城门洞中,平日观之,不见鱼形,惟天将雨时,则石纹润泽,宛然一鲤,土人以为雨征。

落星石　在旧府学署中(案:旧府学之落星石已无踪迹,惟城北福慧庵附近有落星石一,其色黑黝,迥异他品)。

清孙祥凤《落星石赋[①],以物华天宝人杰地灵为韵》云:挹一拳之突兀兮,何光怪而陆离;瞻万点之寒芒兮,独盘纡而弗郁。崛起则欲比瑶篸,绮散则疑分霞蔚。岂蹹窟以高探,竟引袖而下拂。无劳月斧追琢,渐以成章;畴斫云根精气,凝而为物。粤稽夜朗瑶枢,仰珠光之灿烂;流名天雁,占车甲之菁华。方霄汉之昭回,攸好既殊其风雨;何膴原(之)堕落,赋形竟等诸肺嘉。计数以书,载在子宋之野;命名而纪,聿称彭蠡之涯。非戴鳌之浮于渤瀣,岂支机之来自仙槎?维兹青龙泽畔,射虎山前,学舍如舟,新喜文昌之入;寒毡独冷,尝分太乙之然。忽自三霄而破块,曾辉五色以补天。窈冥峥嵘,瑞气遥连黄道,嶙峋岸峈,荣光直接魁躔。尔其窨者如窆,凸者如岛。突怒如奔,斜倾如倒。非苔丹兮若斑,非薜驳兮若藻。宁同晋国之能言,疑是谷城之逸老。龍从崛垒,高不及于寻常;绵亘袤延,周仅可以合抱。带银铄之末光,增黄舆之瑰宝。盖惟来从云阙,宜其品轶风尘。遥应枢星而峙,俨同石鼓之陈。傥或制以为磬,应覆书于天柱。假使漱及其齿,且厉节于群伦。呈万态于庆云,曾何魁磊;胜五如于江岸,奚患磨磷。韫玉兮耀彩鸾旂,洵足辉联东壁;出金兮和声弦诵,欣占里聚贤人。于时启将绛帐,既深赏夫嶔崎;集得青衿,亦共钦其竦杰。秉宿海以钟英,与泮池而方洁。择胜地以安排,就广居而特设。镇兹义路,爰(琴)[瑟]若之坚肤;位置礼门,懁介如之(真)[贞]节。可但比郁林以同廉,未妨与乖崖而并拙。固堪为簪绂之针砭,亦足资史乘之采撷。居常慨想前徽,遐(稡)[稽]旧志。越履蜀镜,幻化长留;李踞陶眠,醉醒傲寄。虽皆标胜迹于简编,只以供耳目之游戏。奚如兹石之含章,本自列星而掷地。蹲踞绮榭,客来欲整米袍;兀立雕栏,露坐讶临益使。乃为之歌曰:

明星荧荧兮丽紫冥维,石岩岩兮擘巨灵。在天成象兮在地成形,彼君子兮介石是铭。诚共体斯意兮,以砥砺而砮硎。宁惟象句陈之环卫,为畿辅之藩屏。行见作皇朝之柱石,即圣世之景星。

【作者简介】

孙祥凤,字击九,号巢阿,浙江归安县人,乾隆二十七年举人。乾隆四十五年署任山东宁阳知县,迁汶上县令。

【注释】

①落星石赋:乾隆三十九年《永平府志》赋前有序云:"永平府学署中有石一拳,色相

较殊。传为落星所凝,虽无确考,然星陨为石见于载记者屡矣,则兹石之为落星,谅亦不等于无稽。辛卯(乾隆三十六年,1771年)、壬辰(乾隆三十七年,1772年)间,频与王连溪进士游,顾而乐之,因为之赋。"

南皮张太复《落星石》诗云:何代星精落,卷然此一方。卧苔仍磈砢,悬象本辉光。沧谪千秋感,坚贞历劫忘。坠来犹射斗,叱去岂成羊?陨宋知奚似,支机未可量。怪疑蹲虎豹,变不共沧桑。却想九天外,流辉万丈长。台阶邻辅弼,奎壁接文昌。照合通南极,高原近太阳。几年沉下土,閟彩向平冈。砺角曾经否,埋尘转自伤。波凌忆河汉,榆白感风霜。已隔三霄路,还依数仞墙。梦应迷太白,奇或拜元章。迥异昆明岸,难归帝座傍。秋风怀五丈,化石亦光芒。

训导广宗韩来贺《落星石》诗云:蚩尤怒触天柱摇,文星惊走落泮桥。霞蔚云蒸世罕睹,陆离光怪疑石(妖)[妖]。我尝箕踞松阴下,视之石也星所化。至今石体缩一卷,当年星精光四射。辉光不减长荧荧,迥殊太华擘巨灵。宋野吴山若鼎峙,未落成象落成形。有时枕石数列宿,陨处常恐天或漏。我欲问石石不言,仰视苍苍幸如旧。红尘坠落几千秋,黄宫辉暎同共球。补天未入娲皇选,填海何容精卫投。星移物换流光过,雨逗天惊石不破。我来此地已七霜,日日对我寒毡坐。吁嗟乎,在天既不作景星,(壁)[璧]合珠联耀苍冥;在地复不作柱石,屹然卓立青天擎。任教苔藓侵过半,甘谪风尘思乐泮。君不见万物升沉皆数定,而我胡为感慨激昂发长叹?

【作者简介】

韩来贺,直隶广宗县人,廪贡,同治十年八月任永平府训导,迁天津教谕,光绪十六年升遵化州学正。

乐亭赵建邦《落星石》诗云:娲皇炼石补天青,此地何年陨大星?托迹恰邻清圣里,化身仍是丈人形。乘莲太乙藜分照,被酒长庚梦未醒。辉映明伦堂上月,广文屋窈更珑玲。英灵不受祖龙鞭,填海何须藉一卷。谪向泮桥欣得地,化为砥柱定擎天。待摹画本邀王宰[1],合具衣冠拜米颠[2]。欲订心交头屡点,三生与尔证前缘。

【作者简介】

赵建邦,清末乐亭县人。廪贡生,候选县丞。

【注释】

[1]王宰:唐大历至贞元年间画家,四川人,累官至太尉、中书令。善画山水树石。

[2]米颠:米芾,字元章,北宋书法家、画家。个性怪异,举止颠狂,遇石称"兄",膜拜不已,因而人称"米颠"。

蒙恬井　一名扶苏泉,在县城内上水关迤西。

土门寨　在城北里许。相传为汉李广屯兵处。明侍御韩应庚别墅。四面皆山,门前突起一石,高丈许,曰土门一柱。中有采莲、隐松二亭(今俱废)。

调象居　在城东十里刘山,亦韩侍御别墅(今废)。

飞布楼　在城东三里许,驴槽村外,明佥事韩原善别墅。旁有清逸堂、枕霞居、抚弦室(今俱废)。

黎花庄　又名皆可园,在城东碧霞宫南数武,明邑人韩开西别墅,中有醉雪亭(今废)。(以上五则,俱依明许令典《游平山记》补入)。

北莲池　在北门外菊花台东,夷齐井边(池久废,石碣存)。

古地道　在政府后,早年王姓修宅发现甄瓶一栅、一围,高五尺。清同治十三年(1874年),游知府修城于北城下,现出如前形势。

八角井　一在南台山,古称下通滦江,今虽掩而井口尤深数尺;一在桃林营镇,上有石栏,水极深,旧称神工,又呼为八宝琉璃井。

鱼井　在刘家营北一里。满而不溢,鱼常出没其中(今堙)。

万人坑、流血峪①　在城东偏十王庙西。相传清兵入关,屠杀人民之处。今其弄称为牛角峪,盖即借音耳!

【注释】

①万人坑、流血峪:崇祯三年五月十二日,明内阁督师、大学士、兵部尚书孙承宗遣总兵祖大寿等攻克滦州,驻永平清贝勒阿敏、台吉硕托屠城而逃。《清太宗实录》:"天聪四年庚午五月庚辰朔。初九日申刻,阿敏、硕托闻明兵围攻滦州,怯不往援。纳穆泰、图尔格、汤古代等力不能支,遂于十二日夜弃城奔永平。阿敏、硕托大惊。于是,阿敏将永平城内归降汉官巡抚白养粹、知府张养初、太仆寺卿陈王庭、行人司(行人)崔及第、主事白养元、知县白珩、掌印官陈靖华、王业弘、陈延美、参将罗𡎊、都司高攀桂等悉戮之,并屠城中百姓,收其财帛,乘夜出永平城而归。"《清史稿·太宗本纪》:"天聪四年五月壬辰,阿敏、硕讬等弃永平四城归。时明监军道张春、锦州总兵祖大寿等合兵攻滦州。那穆泰、图尔格、汤古代等出战,屡败明兵,然兵少,阿敏、硕讬畏不往援,明兵用炮攻滦州,那穆泰等不能支,弃城奔永平。会天雨,我军溃围出,无马,被创者死四百余人。阿敏、硕讬闻之恐,遂杀降官白养粹等,尽屠城中士民,收其金币,乘夜出冷口。"明文秉《烈皇小识》:"崇祯三年五月十三日,(明军)克滦州,虏兵冒雨突出,而虏骑自永平趋救者,知滦已破,遂并迁安兵于永平,屠其众,从冷口出,所存者十之四五而已。"

鸣滦门　在治城南关。明推官沈之吟创修。相传昔为往来京榆东西要路设立税局,门外多膏田,距河尚远,遇有牒差,建棚于此。今世士人仍相沿呼此地为"虎头门",谓五道庙北是其遗址。惟民间旧契载有"明兰门"字样,"明兰"①或即"鸣滦"之音转(久废)。

【注释】

①兰:冀东一带方言将"滦"读作"兰"。

孔王宅　靖南王孔有德①,辽人,明大将毛文龙卒也,后佐清太祖定天下,封靖南王。今永平府有孔王地,即其食邑也。又南街西有孔王宅,今虽易主,而居其地者出官租犹曰孔王租,下马石尚存。

【注释】

①孔有德：字瑞图，辽东盖州卫人。天启元年，后金汗努尔哈赤攻克辽阳，与乡人耿仲明奔朝鲜皮岛，隶属东江总兵毛文龙部下。崇祯六年四月，降清。崇祯九年封恭顺王。顺治五年改封定南王。顺治六年，耿仲明由怀顺王改封靖南王。

八棱石幢　旧县署东马号，门首有八棱石幢一座，相传为元时和尚坟也。正北面有楷书八大字云"真性大师闲公之塔"。西北面有"大德二年（1298年）正月日"七字。大德，元成宗年号。

行宫①　在孤竹城内（今废）。

【注释】

①行宫：又称夷齐庙行宫，在夷齐庙东侧院。乾隆四十三年正月二十六日开工，六月三十日完工。道光二十六年奉旨变卖。《清高宗实录》："乾隆四十三年戊戌九月丁亥朔。甲辰（十八日），驻跸夷齐庙行宫。翌日如之。""乾隆四十八年癸卯冬十月己未朔。丁卯（初九日），驻跸夷齐庙行宫。"《清仁宗实录》："嘉庆十年乙丑秋七月辛亥朔。甲戌（二十四日），上诣夷齐庙拈香。是日，驻跸夷齐庙行宫。九月庚戌朔（初一日）。甲子（十五日），驻跸夷齐庙行宫。""嘉庆二十三年戊寅八月丁卯朔。庚午（初四日），上诣夷齐庙拈香，驻跸夷齐庙行宫。冬十月丙寅朔（初一日）。丁卯（初二日），驻跸夷齐庙行宫。"《清宣宗实录》："道光九年己丑八月壬戌朔。丙戌（二十五日），诣夷齐庙拈香，驻跸夷齐庙行宫。冬十月壬戌朔。丁丑（十六日），驻跸夷齐庙行宫。"

谯楼井　在县府南，谯楼前。天将雨则气出，遇岁旱时占之，颇验。旧志称"谯楼飞雨"是也（今湮）。

黑水井　在县府内，有长石，端刻牛首形，为其怪也（久掩之）。

【补录】

永平古迹

沪报云：永平府城内，"三山不显，四门不对"。有黑水井，一石柱巍然竖于井旁。柱上有铁链一条入井，乡老称神禹治水时，捉一水怪锁于井底，人如掣链向上，水即上涌，故无敢掣者，且有人看管。又有铜壶滴漏，每日按时滴水，如自行钟表，自古至今，并不添水，而壶中之水常滴不竭。即藏壶之楼，日久亦不塌坏。（清薛福成《庸庵笔记》）

【作者简介】

薛福成（1838～1894），字叔耘，号庸庵，江苏无锡人。近代散文家、外交家、洋务运动主要领导者之一。同治四年入曾国藩幕府，被保举为候补同知、直隶州知州并赏加知府衔。光绪元年，上《应诏陈言疏》，成为李鸿章的主要文案。光绪七年，署直隶宣化府。光绪十四年初秋，升任湖南按察使。翌年初春进京陛见，改派为出使英、法、意、比大臣。

卢龙县志卷六

庙坛祠宇

关岳庙　在县治东南,即旧县文庙。正殿五间。民国四年(1915年)合祀。现在祀典又不举行,院内为建设局种植园。

关帝庙　一在旧县治东,一在南瓮城,一在北城上,一在东南隅城上(今废。相传明崇祯甲申①,郡人见城上云气中有一大人,扎巾战袍,赤面长髯,拱手向东立,须臾大兵追闯贼至,方悟是帝君迓新皇帝也。后遂建庙于此,故他圣像皆冕旒,此独扎巾战袍焉),一在九百户庄东(西望清凉河,东邻沙河,凭高四顾,爽气盈眸。考具碑碣,明弘治己酉年②本村韩文与其妻许氏首建三元殿,崇祯九年经村中善士又建关帝正殿,清乾隆四十七年复增三皇殿。地址辽阔,栋宇辉煌,亦巨观也。民国十五年,第二高级小学校由郝家院迁于其内)。

【注释】

①崇祯甲申:崇祯十七年,公元1644年。

②弘治己酉年:弘治二年,公元1489年。

案:明(治)[制],祀关侯①于鸡鸣山,每岁四孟及岁暮遣府官祭。五月十三日以侯生辰,又遣太常寺祭,称汉前将军汉寿亭侯。万历中,封三界伏魔大帝神威远镇天尊关圣帝君。清顺治九年(1652年),封忠义神武关圣大帝。各府州县以春秋仲月上戊日及五月十三日②致祭。雍正十三年(1735年),复增封三代祀于后殿。雍正五年(1727年),加享用帛一、爵三、牛一、豕一、羊一、笾豆各十,祭日先诣光昭公③、裕昌公④、成忠公⑤前行礼。其祭品用帛三、白色爵三、羊一、豕一、笾豆各八。乾隆三十三年(1768年),加封忠义神武灵佑关圣大帝。

乾隆五年(1740年),部颁祝文:维帝浩气凌霄,丹心贯日。扶正统而彰信义,威震九州;完大节以笃忠贞,名高三国。神明如在,遍祠宇于寰区;灵应丕昭,荐馨香于历代。屡征异迹,显佑群生。恭值嘉辰,遵行祀典。筵陈笾豆,几奠牲醪。尚飨。

祭关公三代文:维公世泽贻(休)[庥],灵源积庆。德能昌后,笃生神武之英;善则归亲,宜享尊崇之报。列上公之封爵,锡命优隆。合三世以肇禋,典章明备。恭逢诹吉,祇事荐馨。尚飨。

南瓮城关帝庙联云：屹屹鼎分，偏安属魏属吴，正统至今归汉室；巍巍天并，传代几王几帝，神威如在翼熙朝。

【注释】

①关侯：关羽，字云长，并州河东解州（今山西运城）人。汉末、三国时期名将。封汉寿亭侯。死后，追封壮缪侯。宋徽宗大观二年（1107 年），追封武安王。宋高宗建炎二年（1128 年），追封壮缪义勇武安王。明神宗万历四十二年（1613 年），追封三界伏魔大帝神威远镇天尊关圣帝君。明洪武二十七年正月，在南京鸡鸣山建关羽庙。《明太祖实录》："洪武二十七年春正月辛丑朔。是月，建汉寿亭侯关羽庙于鸡鸣山之阳。"

②五月十三日：俗传关羽的生日，或云关老爷借雨磨刀的日子。北方民间有"大旱不过五月十三"之谚。清康熙年间解州知府王朱旦浚修古井时，发掘出关羽的墓砖，墓砖上刻有关羽祖父、父亲表字、生卒年月，并称桓帝延熹三年庚子六月二十四日生关羽。

③光昭公：关羽曾祖父的封号。

④裕昌公：关羽祖父关审的封号。

⑤成忠公：关羽父亲关毅的封号。

精忠庙　在北门瓮城内，祀岳忠武王①。康熙庚辰（三十九年，1700 年），浙人翁赞育建（城北二十余有岳家庄，相传系雷、云之后，因忠武王被害，流窜此邦。至清高宗南巡，驻跸汤阴，加封王靖魔大帝，敕令忠武后人流寓他省者，均得春秋奉祀。故岳家庄入于乾隆丙辰③合族同至永郡北（维）［罗］城精忠庙致奠，庙额列名后裔有岳钟贤、钟灵、钟瑞，存智、存璠、存理，挺生、英武，均系邑庠生）。

北门联云：矫矫孤臣，何日敢忘瞻北阙；森森古木，至今犹表向南枝。

【注释】

①岳忠武王：岳飞（1103～1142），字鹏举，相州汤阴县（今河南安阳汤阴县）人，南宋抗金名将。绍兴年间，历任神武后军统制、清远军节度使、湖北路荆、襄、潭州制置使，荆湖南、北、襄阳府路制置使，加检校少保，进封武昌郡开国公，升荆湖北路、襄阳府路招讨使，改荆湖北路、京西南路宣抚使兼营田大使。绍兴十一年（1141 年）四月改任枢密院副使，八月罢任，十月入大理寺监狱，十二月廿九日（1142 年 1 月 27 日）在狱中被害，时年39 岁；长子岳云和部将张宪被杀。淳熙五年（1178 年），赐谥武穆。宝庆元年（1225 年），改谥忠武，赠太师。

②靖魔大帝：明万历四十三年（1615 年），明神宗加封岳飞为三界靖魔大帝。诏曰：咨尔宋忠臣岳飞，精忠贯日，大孝昭天，愤泄靖康之耻，誓靖朔漠之师，原职宋忠文武穆岳鄂王，兹特封尔为"三界靖魔大帝"。清乾隆十五年（1751 年）九月十八日，清高宗致祭岳飞曰："惟尔公忠秉性，智勇超伦"，赐金匾"伟烈纯忠"。《清高宗实录》："乾隆十六年辛未二月己巳朔。戊子，遣官祭宋臣岳飞祠。赐岳飞祠曰伟烈纯忠。"

③乾隆丙辰：乾隆元年，公元1736年。

清节庙①　在孤竹故城。（旧址无考。明洪武九年，同知梅珪移建于府城内东北隅。景泰五年②，知府张茂复建于孤竹故城，在府西北二十里。成化九年，王玺修庙，落成奏请，赐额"清节"。清康熙四年，知府彭士圣修建。四十年，蔡维（宾）[寅]重修。乾隆八年、十九年（清高宗）两次临幸，有御制诗碑及和亲王诗嵌壁间。其庙外，左一碑题曰"忠臣孝子"，前明崇正[祯]间陈泰来草书；又一碑题曰"到今称圣"，前明万历间江右李颐八分书。定于春秋二仲丁后二日致祭，用羊一、豕一，粢盛肴核数器）。

【注释】

①清节庙：又称孤竹山祠、圣清庙，俗称夷齐庙，旧址在卢龙县城西北十八里处（今滦县油榨镇孙薛营村北）。《元史·阿台传》："阿台，当袭父职，适罢行省为平滦路总管府，丁巳，宪宗命阿台为平滦路达鲁花赤。至元十年，进阶怀远大将军。滦为孤竹故国，乃庙祀伯夷、叔齐，以励风俗。"《元史·刘德温传》："俄授通议大夫、永平路总管。永平，古孤竹国也，国初，郡守杨阿台请于朝，谥伯夷曰清惠，叔齐曰仁惠，为庙以祠之，而祠礼犹未具也。德温请命有司春秋具牢礼致祭，从之，著为式，赐庙额曰圣清，士论韪之。"《元史·世祖本纪》："至元十五年十二月戊申，封伯夷为昭义清惠公，叔齐为崇让仁惠公。"明弘治十四年《永平府志》："清节庙，旧在府治西北十八里，漆河之滨，即古孤竹国城，祀伯夷、叔齐也。旧庙久废。"始建年代无考。晋张华《博物志》："（汉）灵帝和光元年，辽西太守黄翻上言：海边有流尸，露冠绛衣，体貌完全。后翻感梦云：'我伯夷之弟孤竹君也，海水坏吾棺郭，求见掩藏。'民有褔祸视者，无疾而卒。"晋王隐《晋书·地道记》："辽西人见辽水有浮棺，欲破之，语曰：'我孤竹君也，汝破我何为？'因为立祠焉。祠在山上，城在山侧。肥如县南十二里，水之会也。"《魏书·地形志》：辽西郡肥如县有孤竹山祠。北魏郦道元《水经注》："汉灵帝时，辽西太守廉翻梦人谓己曰：'余孤竹君之子，伯夷之弟。辽海漂吾棺椁，闻君仁善，愿见藏覆。'明日视之，水上有浮棺，吏嗤笑者，皆无疾而死。于是改葬之。《晋书·地道志》曰：辽西人见辽水有浮棺，欲破之。语曰：'我孤竹君也，汝破我何为？'因为立祠焉。祠在山上，城在山侧。肥如县南十二里，水之会也。"后经历代修葺，清朝康熙、乾隆时期香火鼎盛。道光年间以后，因外敌入侵，国势衰弱，夷齐庙逐步衰败。1957年夏，滦县修建夷齐庙大渠，将清风台处石崖建为渠首，古建筑遭到破坏。到1958年，夷齐庙古建筑群荡然无存。

②景泰五年：公元1454年。当为"景泰四年"。《明英宗实录》："景泰四年六月丙戌朔。辛丑，升直隶永平府知府张茂为山西布政司左布政使。"

元至元十八年（1281年），封先圣伯夷、叔齐（诰）[诏]云：盖闻古者伯夷、叔齐，逃孤竹之封，甘首阳之饿，辞爵以明长幼之序，谏伐以严君臣之分，可谓行义以达道，杀身以成仁者也。昔居北海之滨，遗庙①东山之上，休光垂于千古，余泽被于一方，永怀孤竹之风，庸示褒崇之典。於戏！去（中）[宗]国而辞周粟，曾是列爵之可縻，扬义烈以激清尘，期于世教之有补,可追封伯夷为昭义清惠公,叔齐为崇让仁惠公。

【注释】

①遗庙:康熙十九年增刻本《卢龙县志》作"庙遗"。万历二十七年《永平府志》、乾隆二十年《蒲州府志》、光绪十二年《永济县志》作"遗庙"。

明成化九年(1473年)钦降清节庙祭文云:维神逊国全仁,谏伐存义,为圣之清,千古无二。怀仰高风,曰笃不忘,庸修岁纪,永范纲常。尚飨。

元马祖常《清圣庙碑记①》云:大元②建国(金)[全]燕③,以御华夏,永平为甸服股肱(之)郡。至元十有八年(1281年),世祖皇帝甫平江南五岁矣,即橐干戈,放马牛而不用,大召名儒,修礼乐之事,敕有司咸秩无文。于是永平郡臣以其邦为孤竹旧壤,伯夷、叔齐兄弟让国之所(逃者)也,列闻④以请,大臣以闻。上曰:"其令代言为书,命以褒之。谥曰清惠、仁惠。"于今又五十年矣!郡臣前后凡不计几人,漫不加意兹者⑤。某年某官等乃状上书曰:"郡境庙像清惠、仁惠之神,岁无牲牢,祭品不备,领祀无官。尚书秩宗,有(理)[礼]有义⑥,谨以告。"其日,会太常议制,白丞相府,符下永平曰:"夷齐求仁得仁,庙食固宜,岁春秋蠲吉具仪,有司行事。"符且署矣。乃重白丞相府,以孟轲称伯夷"圣之清",孤竹其宗国也,今既像设而庙食之,宜以"清圣"额庙⑦。丞相府金曰允哉!

呜呼!大道之郁也,则民乌得而知古焉⑧。士盖有一二世不知其传者。大道之彰也,则民不识金革战斗之暴,内则有父子、夫妇,相与饬于礼节;外则有官师之教,朋友之交,相与(让)[讲]于古。岂独知己之所传,又知当时之名世者两传之⑨。则是⑩永平之人,遭逢国家之隆而沐浴大道之彰也。吾将见行者让途,耕者让畔,学士相让于俎豆,工商相贷以器货而市价不二矣!推本我世祖皇帝教化之意,顾不由此(兴)[与]⑪邦之人尚砺其志而施(之于)行哉!毋徒神之而已也。

【作者简介】

马祖常,字伯庸,号石田,元代光州(今河南潢川)人。延祐二年,会试第一,殿试第二,授应奉翰林文字,拜监察御史。自元英宗硕德八剌朝至顺帝朝,历任翰林直学士、礼部尚书、参议中书省事、江南行台中丞、御史中丞、枢密副使等职。著有《石田先生文集》等。

【注释】

①清圣庙碑记:马祖常《石田先生文集》、康熙十九年增刻《卢龙县志》作"圣清庙记"。

②大元:马祖常《石田先生文集》作"天元"。

③金燕:马祖常《石田先生文集》作"全燕"。

④闻:马祖常《石田先生文集》作"文"。

⑤漫不加意兹者:马祖常《石田先生文集》、康熙五十年《永平府志》作"漫不兹省"。光绪五年《永平府志》为"漫不加意兹者"。

⑥尚书秩宗,有(理)[礼]有义:马祖常《石田先生文集》作"尚书秩宗,百礼有仪"。康熙五十年《永平府志》为"尚书秩宗,有礼有仪"。

⑦清圣额庙:马祖常《石田先生文集》作"圣清名庙"。

⑧则民乌得而知古焉:马祖常《石田先生文集》作"则民乌得而知古,岂独民乌得而知古焉"。

⑨两传之:马祖常《石田先生文集》和康熙十九年《卢龙县志》、康熙五十年《永平府志》作"而传之"。

⑩则是:马祖常《石田先生文集》作"是则"。

⑪(兴)[与]:马祖常《石田先生文集》作"欤"。

明商辂《清节庙碑记》云:成化九年癸巳(1473年),前监察御史、知永平府事臣玺①上言:"是郡实孤竹旧壤,伯夷、叔齐所生之地也。夷齐兄弟逊国而逃,节义懔懔,虽百世犹一日,故孔子称其仁贤,孟子称为圣之清。迨夫宋元加之以封爵,至我朝洪武初再饬祠祀,岁久祠圮,祀亦寻废,事载《大明一统志》,可考见矣!窃为表章前贤,风励邦人,臣之职也,因谋诸同官,捐俸倡义,鸠工敛财,重建正堂三间,翼以两庑,门二重,神库厨斋房为间各三。肇役初是岁春三月,至秋八月落成。庙有余地数百亩,以付居民侯玉等种之,岁收其租之入供祀事。伏惟皇上追念二贤生平节义,赐以庙额。庶几,永终弗坠。臣玺昧死以请。"制曰"可",赐额"清节",并降祝册,命守臣春秋行事如仪,恩典涣颁,军民胥悦。于是守具事状加书,介郡人通(致)[政]司掌司事兵部左侍郎张文质②属③辂为记。

谨案:孤竹有国,封自殷汤,传至夷之父墨胎氏,将死,遗命立叔齐。叔齐逊伯夷,伯夷曰:"父命也。"遂逃去。叔齐亦不立而逃之。盖伯夷以父命为尊,叔齐以天伦为重。其逊国也,皆求所以合乎天理之正,而即乎人(情)[心]之安,诚有功于世教,如孔、孟之所称道是已。夫有功世教,虽天下(独)[犹]将祀之,况宗国乎?太守此举可谓知所重矣,是(以)[宜]朝命允俞,礼秩有加。自今二贤节义益以表白于世,殆见逊让成风,民德归厚,由近以达远,举一以劝百,夫岂小补云乎哉?噫!邦人士毋徒以祠祀视之则善焉,用书以为之记。

【作者简介】

商辂,字弘载,号素庵,浙江淳安人。明代内阁首辅。宣德十年乡试解元,正统十年会试会元、殿试状元(明代"三元"之一),授修撰。郕王监国,入内阁,参机务。景泰元年九月升翰林院学士。景泰三年四月任兵部左侍郎,兼左春坊大学士。成化四年擢兵部尚书,成化九年调户部尚书。《宋元通鉴纲目》成,改兼文渊阁大学士。皇太子立,加太子少保,进吏部尚书。十三年进谨身殿大学士。

【注释】

①臣玺:王玺,字达用,陕西鳌屋人。正统六年进士,任武陟县训导,升本县令。擢监察御史,升永平府知府,调襄阳府知府。《明宪宗实录》:"成化九年九月己丑朔。丙午,永

平府知府王玺奏：伯夷叔齐庙在永平府境内，洪武中有司春秋致祭，景泰中始废。今臣已重建，请赐庙额及祝文。上曰：伯夷叔齐，清节凛然，大有功于名教，宜特赐庙额曰清节。其令词臣撰祭文，有司以时致祭。"

②张文质：字允中，直隶昌黎县人。正统七年进士，授工科给事中。十四年升都给事中。景泰二年，升通政司右参议。天顺初，进左通政、通政使。成化二年五月，加兵部左侍郎，仍掌通政司事。十一年二月，升工部尚书，仍掌通政司事。十四年十月加太子少保衔。十五年十二月，改礼部尚书，管部事。

③属：通"嘱"，嘱咐、请托。此碑记为昌黎人张文质请商辂撰写的。

（明）［清］蒋超《祭伯夷叔齐文》云：维阳山之（锺）［鸠］毓，肆濡水之涟漪。郁真操之皎洁，秉大义之崔巍。配扶舆而并立，夹日月以同飞。鷩冕①轻其敝屣②，朱户视如蓬扉。虽徘徊于岩穴，实寐寤于京畿。回周原之六辔，挽商日之余晖。天纲懔其楷柱，地极奠其倾欹。武周闻而心折，孔孟仰为师资。怅飘飘于冠剑，空灭没于音仪。揣神游而莫定，访埋照其焉依？想子臧③之恋宗国，悲钟仪④之操南徽。魂遥遥而返驾，身兀兀以扶犁。抚中子之弱存，喜宗祐⑤之留遗。料云旗与风马，必暮漆而晨沘。义感均于顽犷，瑞液浃于芳菲。鸿哀鸣而死节，麦挺秀而连歧。酿容城之让爵，激碣石之穷鏊。缘三伦而表烛，留万古于几希。关人禽而下（链）［键］，揭仁义以为旗。痛彼妇之呶谰，谢薇蕨之纷披。白鹿跪而献乳，清泉溅以投饴。终逍遥于桐柏，证仙籍于紫薇。超忝学校之纲领，乏礼义以提携。羡此乡之浑朴，秉诚信而不移。贩夫耻竞于二价，儒者躬修于耘菑。望松楸而投涕，抚椊楄而凝悲。喧檐棂之鸟雀，冒庭户之蚍蜉⑥。闻圭田之远播，拟镌俸以留祠。知达人之窃笑，真竖妇之庸词。曾圭组以弃捐，何莘豆之从违。方缠绵于禁火，欲亲荐于芟其。徒爇檀而作供，亦敓锦以陈词。虽物微而诚结，愧鬼是而人非。斩颠毛而布褥，剖心血以餔饥。夫子谅有明鉴，庶援匕箸⑦以尝之。

【作者简介】

蒋超（1624～1673），字虎臣，号绥庵、华阳山人，江苏金坛朱林镇人。清顺治四年探花，授内弘文院编修。顺治八年任浙江乡试主考官。顺治十二年升直隶学政。康熙六年升翰林院修撰，提督顺天学政。康熙十一年到四川峨眉山伏虎寺出家为僧。著有《绥庵诗稿》《绥庵集》《池此偶祭》《蒋境》《峨眉山志》等。

【注释】

①鷩（bì）冕：周王及诸侯之命服有鷩衣，其冕七旒，称"鷩冕"。

②敝屣：破旧的鞋。比喻没有价值的东西。

③子臧：吕子臧，蒲州河东人。隋大业末，为南阳郡丞。唐高祖李渊攻打京城，派马元规招安，子臧坚守城池不肯投降。隋炀帝被杀后，李渊遣驸马薛君倩赍手诏谕旨，子臧为隋炀帝发丧成礼。而后归国，拜邓州刺史，封南阳郡公。

④钟仪：春秋时楚国人，古琴演奏家。楚共王时郧邑郧公。楚共王七年（公元前584

年),楚令尹子重率兵攻打郑国,钟仪被俘。后被郑国转送晋国,钟仪不忘楚国,依然穿着楚国的服饰。公元前582年,晋侯到军中视察,发现楚囚钟仪,命其演奏,钟仪所弹奏的都是楚国的乐曲。

⑤宗祏:宗庙中藏神主的石室,亦借指宗庙、宗祠。引申指朝廷、国家。

⑥蚏蝛(yīwēi):虫名,鼠妇的别名。

⑦匕箸:亦作"匕筯",羹匙和筷子,泛指饮食。

(明)[唐]柳识《吊夷齐文》云:洪河之东兮,首阳穹崇;侧闻孤竹二子,昔也馁在其中,偕隐胡为?得仁而死。青苔古木,苍云秋水,魂兮来何依兮去何止?掇涧溪之毛,荐精诚而已。初先生鸿逸中州,鸾伏西山;顾薇蕨之离离,歌唐虞之不还。谓易暴兮又武,谓墨缞兮胡颜。一吒兮忘饥,若有诮兮于岩之关。岂不以冠敝在于上,履新处于下。且曰一人之正位,孰知三圣之纯嘏?让周之意,不其然乎?是以知先生所恤者偏矣。当昔夷羊在牧,殷纲解结;乾道息,坤维绝。鲸吞噬兮鬼孽,王奋厥武。天意若曰:"覆昏暴,资浚哲。"于是二老归而八百会,一戎衣而九有截。况乎旗锡黄鸟,珪命赤乌;俾荷巨桥之施,俾申羑里之辜。故能山立雨集,电扫风驱。及下车也,五刃不砺于武库,九骏伏辕于文途;虽二士不食,而兆人其苏。既而溥天周土,率土周人。吁嗟先生,逃将奚臻?万姓归德兮,独郁乎方寸;六合莽荡兮,终跼乎一身。虽忤时而过周,终臣心而恻殷。所以不食其食,求仁得仁。然非一端,事各其志。若旁通以阜厥躬,应物以济其利,则(焉)有贞节之规、各亲之事?灵乎灵乎!虽非兴道而保生,乃勖为臣之不二。

【作者简介】

柳识,字方明,襄州襄阳人,唐代开元、天宝年间著名散文家。曾官屯四郎中、集贤殿学士。唐代宗时官左拾遗。

明王世贞《吊夷齐赋①》序云:卢龙,故孤竹也。城西有伯夷叔齐祠。吴人王世贞奉使过此,酌水(酹)[酹]焉,而为之辞曰:

余奉辎以东逝兮,(策)[束]马放乎令支。山巀屼②而嵬(垒)[罍]③兮,众草赞藿而条纬。俞儿道④余于卑耳兮,武夫磷磷其参差。曰青帝之握枢兮,颛改煦沉(澪)[寥]而惛悽。元[玄]宫承云而黯霮⑤兮,金告余二子之所都。羌回虑以返照兮,澳涩⑥(踌)[踌]靡而内疑。足次且欲却兮,又雀跃而前趋。段含光刿余之素兮,挽清泠使濯余之崴嵬。招沆瀣以酝醴兮,裹朝霞以为飶饐。嘘元[玄]冥之窍机兮,噫噫拊歌之懽怆。受哀弦于太娥兮,涓延和之以清商。灵萧萧而若睹兮,冀回犥烛乎微躬。又惝恍其不可(节)[即]兮,掌梦疏帝以奚从。眺孤竹之亶曼兮,台要灵以故祊。生剽举而脱(履)[屝]兮,宁郁郁处彼幽方。溟波委输减貉兮,箕蒙难而延宗。灵庶偕以翱游兮,语侏离而不可通。北海泱溁灵所辟兮,受浮滴使不得宁。将岐丰沃以愉兮,灵又薄周德而莫宫。诸毗绵延具区兮,太虞夷犹于其旁。羌德配而耦娱兮,灵谓狎附乎周盟。陂陀首阳忽巋峉兮,益薇以荃之芬(芬)[芳]。灵闿阖而下临(兮),将继驾以憩息。掌梦申申以表诚兮,丰隆臾而来假霓。车殷殷以翩缤兮，皎双鸿之次翼。匪宝璐而陆离兮，舍蕙芷以弥馥。介九宾而见予兮，祝史要予以靡忒。伯从父以成命兮，叔违亲以成德。俶舍君以明志兮，既殉主以明极。昔巢（父）[许]⑦之让皇兮，托勋华而稍佚。尹五就而拯涂兮，愀然面故主以惶怩。谓题跋以死名兮，庄任诞而废节。迁哓哓于骥尾兮，嗜微声之有托。彼累修辞而求白兮，卒牢愊沉乎湘泽。绎邹人之无怨兮，乃从容于天则。世滔滔而憗涌兮，战伐莽其相仍。顾蒿目以挨攘兮，竞含沙而蛊光。驺虞草以伏食兮，於菟夸咀夫衡主⑧。阳鳎之齿纤鳞兮，（偃）[蝘]蜓神龙以自矜。灵既悼农虞之忽没兮，氓跳蠋而殷慕。愧突梯之苟容兮，将捐足乎灵御。胡司命之不晰微兮，抑铺糟以昏骛。（盼）[眄]媌娥之要渺兮，涓浊躯而不及顾⑨。

【注释】

①吊夷齐赋：作于嘉靖三十五年四月，时任刑部郎中。郑利华编《王世贞年谱》载："嘉靖三十五年丙辰三十一岁。正月，出使察狱畿辅。四月，过土木堡，作《土木赋》。经卢龙，谒伯夷叔齐祠，作《吊夷齐》辞。"（1993年复旦大学出版社）。《王弇州年谱》："嘉靖三十五年丙辰三十一岁。在刑部任。春被命省谳畿辅诸郡，至蓟门。"乾隆《钦定续通鉴》卷一百七十《金石略》四："《吊夷齐赋》，王世贞撰，行书，嘉靖三十五年，卢龙。"

②巉岏（cuán wán）：山高锐貌。高峻的山峰。

③（垒）[礌]：万历五年刊王世贞《弇州山人四部稿》作"礧"。雍正《畿辅通志》作"礨"。通"礌"。

④道：通"導"（导）。

⑤黢霸（duì）：云黑貌。

⑥涊涊（tiǎn niǎn）：污浊、卑污。指污浊之人或流俗。

⑦巢（父）[许]：古代两位隐士巢父、许由的合称。相传帝尧以天下让巢父，巢父不肯接受，让之许由，许由也不肯接受。

⑧衡主：万历五年《弇州山人四部稿》、明白瑜著《夷齐志》、康熙五十年《永平府志》作"衡生"，雍正《畿辅通志》、光绪五年《永平府志》作"衡主"。

⑨不及顾：万历五年刊《弇州山人四部稿》、明白瑜著《夷齐志》、雍正《畿辅通志》作"不反顾"。

清圣祖《御制夷齐庙》诗序云：永平府治西，古孤竹城、夷齐庙在焉。滦水经其前，清风台峙其后，倚岩俯流，足以登眺。夫夷、齐，孤竹君之二子也，能让侯封，不食周粟，采薇首阳山，独行其志。孟子以"圣之清"称之。盖人惟能立节，自可垂名。夷、齐之去国洁身，不求人知，而庙貌千古，迄今独存。吁！造诣其可忽乎哉？诗云：

滦河水清驶，荒山屹然峙。上有孤竹城，乱石半倾圮。堂庑既具观，庙貌亦俨尔。缅怀商代末，天下渐披靡。兹地实藩封，人民差可恃。兄弟以义让，富贵如敝（履）[屣]。叩马谏周王，数语昭青史。遁迹首阳山，薇蕨何其美。万载挹高风，顽懦闻之起。苍苍台下松,荡荡台前水。劲节与澄流,不愧相比拟。停銮碧山阿,怀古未能已。

清高宗《御制夷齐庙》诗序云:卢龙,孤竹城、夷齐庙在焉。史称夷、齐耻食周粟,饿死首阳。《诗》云:"采苓采苓,首阳之巅。"《疏》谓在河南蒲坂;而《庄子》则曰首阳山在岐山西北;曹大家①云在陇西;《元和郡国志》谓首阳山在河南偃师;《说文》又谓在辽西。则是首阳凡五,各有证据,而其为夷、齐饿死之处则一也。将孰之从? 惟《辽史》所载"营州②.邻海军,下,刺史,本商孤竹国。"今之卢龙,即辽营州地也。《尔雅》所举"孤竹、北户",注谓"孤竹在北"。周时幅员不广,其以此处为极北,固宜。然则《说文》所谓"首阳山在辽西"③者,此为近之。殆以诗在《唐风》,而"叩马而谏"当武王伐纣之时。由是(歧)[岐]、陇、蒲、偃,皆附会其说耳! 夫夷齐清风在,天下何处非首阳,岂争疆域乎? 冕旒而墨胎以祀者,尤非其志,因系以诗,而考其说如此。诗云:

轩冕泥涂是本肠,肯容儒雅污冠裳。薇苓依旧西山岵,顽懦羞登夫子堂。只为心惭踪异武,敢将口实罪归汤。岂争陇右还蒲左? 天下清风尽首阳。

【注释】

①曹大家(cáo dà gū):班昭,名姬,字惠班,扶风安陵人。东汉史学家。史学家班彪之女,班固、班超之妹。丈夫曹世叔,早逝。汉和帝时,班昭经常出入宫廷,担任皇后及诸贵人教师,人称曹大家。"家"通"姑"。

②营州:辽营州为今昌黎县地,卢龙县为辽平州地,不属于营州。《辽史·地理志》:"营州,邻海军,下,刺史。本商孤竹国。太祖以居定州俘户。统县一:广宁县。""平州,辽兴军,上,节度。商为孤竹国。太祖天赞二年取之,以定州俘户错置其地。统州二(滦州、营州)、县三(卢龙、安喜、望都)。"

③首阳山在辽西:东汉许慎《说文解字》:"嵎山,在辽西。"清段玉裁《说文解字注》:"嵎,首阳山也,在辽西。各本无'首'字。今依《玉编》及《伯夷列传》正义、《王贡两恭鲍传》注所引正。按许意,首嵎山即伯夷叔齐饿于首阳之下也。马融注《论语》、曹大家注《幽通赋》、戴延之《西征记》说夷齐首阳各不同。"许慎《说文解字》称"嵎山",段玉裁解释为"首阳山"。

又云:得圣之清孰与齐? 首山途便此凭跻。为传公信及公达,底较辽西复陇西。何事宋朝锡圭冕①,可知夫子视涂泥②。史迁慨羡青云士,未识浮名本稗稊。

【注释】

①何事宋朝锡圭冕:《清高宗御制诗》、乾隆三十九年、光绪五年《永平府志》作"宋代何须锡圭冕"。

②可知夫子视涂泥:《清高宗御制诗》、乾隆三十九年、光绪五年《永平府志》作"伊人本自视涂泥"。

又云:墨胎或谓夷齐姓,劲谓夷之君姓然。千古氏谁能辨实,二人行果足称贤。顽夫廉以懦夫立,公信原兼公达传。古庙瓣香仍下拜,清风飒飒起遥天。

又夷齐庙四景《孤竹城》诗云:令支让国先延陵,孤竹谁知中子名? 太白一篇真卓识,淮南尺布独何情?

《揖逊堂》诗云:堂名揖逊是谁题,回跖评量语不稽。迁也亦知天道否? 千秋尸祝属夷齐。

《屈蟠松》诗云:清风台畔屈蟠松,偃折盘盘翠樾浓。高咏西(来)[山]采薇句,果然无碍后凋逢。

《清风台》诗云:滦水回环曲抱洲,崇台百尺枕清流。乔松古籁拂衣落,快与前贤共唱酬。

又《夷齐庙》诗云:墨胎可比伯夷贤,戊戌①曾经此泐篇。应劭又云国君姓,千秋究史轨真传。

【注释】

①戊戌:乾隆四十三年,1778 年。

清仁宗《御制夷齐庙》诗云:葆祠几度六飞临,二老孤忠感睿吟。知命难从龄锡主,爱君共守岁寒心。秋风古殿松(彬)[杉]老,夜月空阶猿鹤寻。大节独标千万世,昭然遗迹兆民钦。

又《恭和元韵》:弟兄清节标孤竹,逊让原根天性然。心愿求仁不求位,名褒先圣与先贤。封齐大业虽能建,叩马片言孰并传。回首磻溪尘迹泯,崇(祠)[洞]终古立青天。

又恭和四景元韵《孤竹城》诗云:叩马登山往迹陵,岩城犹著二难名。千秋清节传青简,终古依依兄弟情。

《揖逊堂》诗云:永怀胜迹孰留题,圣许求仁语可稽。揖逊标名名实副,居人世代仰夷齐。

《屈蟠松》诗云:本性坚于万古松,贞姿不谢绿常浓。停銮静对虬螭干,二老应欣圣世逢。

《清风台》诗云:百尺崇台俯绿洲,滦河几曲绕栏流。图成四景重摛藻,天籁泠然空外酬。

又《御制夷齐庙即事》诗云:孤竹遗踪古籍传,至今庙祀尚依然。顽廉懦立①清风著,叩马批鳞大节宣。二老昭垂名总正,独夫直斥论终偏。得仁何怨甘恬澹,展拜抒吟钦哲贤。

【注释】

①顽廉懦立:《清仁宗御制诗集》为"廉顽立懦"。

清仁宗御制诗云:巍然庙貌景前贤,昆弟同心节义宣。叩马精诚贯天地,千秋信史美贞坚。崇祠展谒慕高风,懦立顽廉济世功。乐道得仁又何怨,浮云富贵总空空。

清彭士圣《重修清节祠碑记》①云:祭有十伦,非②求福也。先王神道,设教立学,礼先圣先师。虞、夏、殷、周,则以舜、禹、汤、文为先圣,各取当时左右四圣者为先师。汉高虽祀孔子太牢，先圣先师号尚未正，至安帝，始隆阙里③。唐武德中，释奠太学，犹以周公为先圣。太宗用房元[玄]龄议，乃停周公，升孔子，以颜渊配，而先圣先师始定。其后（天下）学校并祀名宦、乡贤，诸凡古圣先贤、忠臣义士、节妇烈女，亦得专祀于里。蜡祭报神，汉仪犹曰报诸鬼神及古圣贤之有功于民者也。迨二氏教兴，倡以祸福动民，愚夫愚妇，惑资冥福，绀（于）[宇]琳宫，侈极金碧，反将胶庠古祀，茂草荒烟，希福闇正，俗使然矣。

永平属古孤竹，采薇二子起商季，逊国叩马，清节万古为昭，上而孔孟亦称曰贤曰圣，且推为百世师。是夷齐已在先圣先师列，虽不能如孔子崇祀天下学校，而祀诸宗国。今清节祠留洞山之阴，俯临滦水，当与孔子阙里等，固不仅若他贤尸祝于乡而已。予壬寅（康熙元年，1662年）来守，春秋例得率属致祭。是夏，相国范公④承祀祖陵，东旋，追陪清风台上，纪之以诗。目击祠圮，实维有司咎，祀不祀，固无与二子。而稽自汉熹平五年（176年）已有祠⑤，唐天宝七载（748年）祀义士八人于郡县⑥，崇祭则自此始。宋大中祥符四年（1011年），曾访庙，遣官致祭。清惠、仁惠（谥）[谥]号，则封于政和三年（1113年）。进侯加公，则更于元至元十有八年（1281年）。至顺元年（1330年），颁庙额曰（清圣）[圣清]。古庙久废，曾移于郡城内东北隅，为明洪武九年（1376年）郡丞梅珪所建。未几，复废。景泰五年（1454年），郡守张茂乃重建于孤竹故城。成化九年（1473年），郡守王玺请于朝，赐今额，御定祭文，详载元中丞马祖常、明学士商辂两记，甚著。洪[弘]治十年（1497年），郡守吴杰重修，有行人张廷纲记之。嘉靖二十六年（1547年），郡守张玭重修，规制大备，有侍讲袁炜记之。四十二年（1563年），备兵使者温景葵始于庙北隅，隔河建孤竹君庙。隆庆六年（1572年）郡守辛应乾，万历十一年（1583年）兵备雷以仁、郡守任恺，二十七年（1599年）郡守徐准、曹代萧等，皆经重修。代萧且复同给谏白瑜辑《夷齐志》。嗟夫，首阳一饿，民到今称。台城同此一饿，尚肯舍身同泰，未闻顶礼先世，饿夫乞衣钵，斯民之不遑，从事于兹，又奚足怪？《礼》曰："有其举之，莫敢废也。"非其所祭而祭之，名曰淫祀，淫祀无福。狄仁杰奏废天下淫祠，吴中止存泰伯、季札四祠，如（太）[泰]伯、季札者，议废所不废。夷齐有功世教，恶可听置，俎豆不光。爰谋诸僚属，咨于士民，积黍为铢。延至甲辰（康熙三年，1664年）夏，尚未及千金，待鸠工庀材，卜吉启土，不期大雨，滦涨平城，道没弗克往。又越月余水退，口外冲入木植集庙下，如有夙购筏至，计获命工度之已赢，止需砖瓦、灰钉，并匠作食用，因以所募金雇济。俾卢龙李令守⑦掌择乡耆，督工经营。论庙制，规范（宏）[弘]巨，非数千金不可用，力少而程工易，所赖浮木居多。时会相值，似亦有神助云。是役也，工肇于康熙三年甲辰夏闰六月，至十月终粗完，冱寒暂辍。越明年（已）[乙]巳（康熙四年，1665年）春融，加以丹雘。四月既望，迄用告竣。门楼、殿堂、台庑、库厨、斋房咸撤易⑧，焕然一新。其孤竹君庙就毁，恐墨胎父子异视未安，且于孔庙启圣祠意有戾，矧兹土实此君旧服，是应相继修复。往虽有庙户恒别处，朝夕不之顾，尚或利其木石，而反侵损之。旧存地籍固可考，多被隐占，清出，择僧居守。本不宜用浮屠，藉司香火，岁以租供祀事并食之，庶不致斯庙无守，而仍为旷废也。予乃进邦人而告之曰:"尔思享(神)[福],曷若远祸,祸(机)[几]实兆于争,止争莫善于让。尔邦人嘘被其清风已久,今新其庙,岁时伏腊,瞻拜其前,仰而思,尔邦之前人,为子如是,为臣如是,为兄与弟又如是,即当自审。尔宜何如? 为子为臣,为兄为弟。纵不能比节致谨而试先师,其让始而雍容于门内,继充此操于乡党、朋友之间,无不以逊让相期,廉隅共砥,自然讼狱衰息,室家和平,内侮不生,外患不作。于此鼓腹康衢,优游盛世,以载扬神休,谁谓祭不获福?"

【作者简介】

彭士圣,奉天辽阳人,正白旗汉军,举人。顺治九年六月,任巡视中城汉军理事官。顺治十三年任江苏南通州知州。康熙元年至五年任直隶永平府知府。康熙七年升甘肃整饬肃州道,康熙八年改任江西督粮道,升任广西督粮道参政。

【注释】

①重修清节祠碑记:夷齐庙残碑为"重建清节庙碑记"。

②非:夷齐庙残碑为"匪"。

③阙里:孔子出生地,今名曲阜。

④相国范公:范文程,字宪斗,号辉岳,辽东沈阳人。万历四十六年,努尔哈赤攻克抚顺后,范文程投靠后金。崇德元年三月授内秘书院大学士。顺治九年,进世职为一等子,授议政大臣。顺治十年八月,加少保兼太子太保。相国,清代对大学士的美称。

⑤汉熹平五年已有祠:此祠在河南省洛阳市偃师西北首阳山,不在今卢龙、滦县境内。北魏郦道元《水经注》:"河水南对首阳山。……上有夷齐之庙,前有二碑,并是后汉河南尹广陵陈导、洛阳令徐循与处士平原苏腾、南阳何进等立。"东汉蔡邕《蔡中郎集·伯夷叔齐碑》:"熹平五年,天下大旱,祷请名山,求获答应。时处士平阳苏腾字玄成,梦陟首阳,有神马之使在道。明宽而思之,以其梦陟状上闻,天子开三府,请雨使者与郡县户曹掾吏登山升祠,手书要曰:'君况我圣主以洪泽之福。'天寻兴云,即降甘雨也。"

⑥唐天宝七载祀义士八人于郡县:《旧唐书·玄宗本纪》:"天宝七载五月壬午……忠臣、义士、孝妇、烈女德行弥高者,亦置祠宇致祭。"《唐会要》:"天宝七载五月十五日诏:上古之君,存诸氏号。虽事先书契,而道著皇王,缅怀厥功,宁忘咸秩。其忠臣义士,孝妇烈女,史籍所载,德行弥高者,所在宜置祠宇,量事致祭。周太王子吴太伯(吴郡),伯夷、叔齐(并河东郡),吴延陵季札(丹阳郡),魏将段干木(陕郡),齐高士鲁仲连(济南郡),楚大夫申包胥(富水郡),汉将军纪信(华阳郡),以上义士八人……并令郡县长官,春秋二时择日,准前致祭。"

⑦卢龙李令守:李士模,山东高密人,顺治九年进士,顺治十四年至康熙四年任卢龙知县。

⑧撤易:夷齐庙残碑为"鼎建"。

清和亲王诗云:敬受吾皇令,抒诚谒二英。孔称仁已得,孟曰圣之清。维世纲常定,持身节操明。愧他冰与雪。未许比晶莹。

又云：庙貌林山①古迹幽，双魂节烈②亘千秋。顽廉懦立③无穷羡，效武称汤实可羞。孤竹城垣成往恨，首阳薇蕨至今愁。黄旄战马归陈事，惟有滦河曲水流。

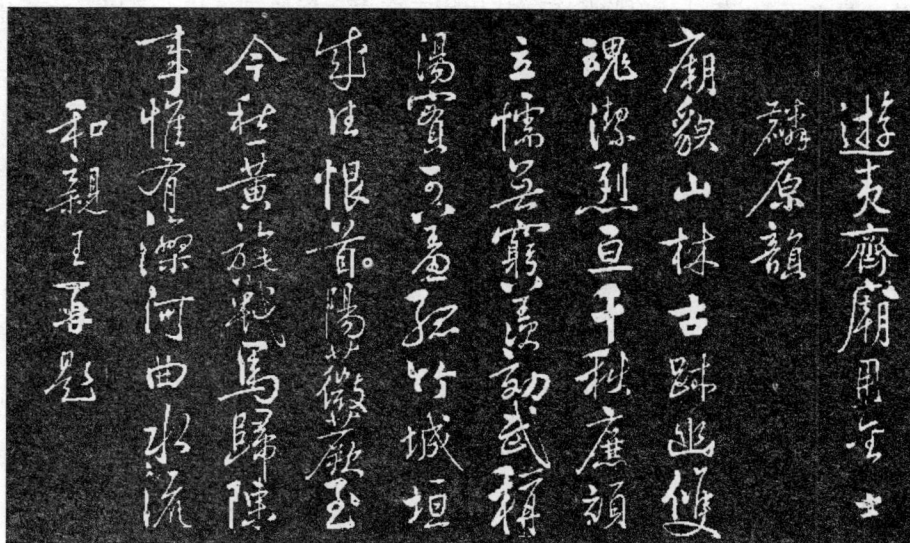

和亲王题《游夷齐庙用金士麟原韵》（国家图书馆藏拓片）

【作者简介】

和亲王，爱新觉罗·弘昼（1712～1770），雍正帝第五子。雍正十一年正月封和硕和亲王。雍正十三年十月，管理内务府、御书处事务。乾隆四年二月，管理雍和宫事务，八月授正白旗满洲都统，十二月管理武英殿事务。乾隆五年二月，授镶黄旗满洲都统，三月办理勘定八旗佐领世职应袭则例事务。乾隆十一年十二月，充玉牒馆总裁。乾隆十五年闰五月，管理奉宸苑事务。乾隆十八年正月，擢任议政。乾隆二十八年八月，管理正黄旗觉罗学事务。乾隆三十五年七月薨，谥恭，是为和恭亲王。

【注释】

①林山：国家图书馆藏和亲王再题《游夷齐庙用金士麟原韵》诗碑文拓片为"山林"。

②节烈：国家图书馆藏和亲王再题《游夷齐庙用金士麟原韵》诗碑文拓片为"洁烈"。

③顽廉懦立：国家图书馆藏和亲王《游夷齐庙》诗碑文拓片为"廉顽立懦"。

永平兵备道楚黄石镇国碑记云：庙有膏腴地一顷五十六亩，是先朝嘉靖间少司马张公批，前任永平太守，感二圣之梦，捐俸镪而置者，授庙户侯、李、何、岳四姓，世为守之，岁输谷二十石①，柴价三两一钱二分于县官，为本庙修缮之需。垂今百有余年，突被劣衿石谟、积快、钱时魁等藉以圈补，一朝而夺之，无敢问者。予四月八日偶同饷司孟公②为郭外之游，因单骑谒庙，则见壁垣、亭榭非昔，供器袍幔全无。召庙户李吉诸人而讯之，始以香火地被窜之情泣告。余闻之不胜发指，诘旦即约太守李君③，慨然定（克）[光]复之议。寻余草牍，申闻于抚台柳公④、（案）[按]台黄公⑤、学台张公⑥，俱蒙谆谆严饬在案。为千秋砥砺风节,何谊之隆与？是日也,侵地已编入民粮,当求所以易之。查孤竹之墟,尚有中下地可拨焉。该府县立拘石谟等取供,宁以二顷抵还一顷五十六亩,且贳(而)[尔]罚,彼不口罪之不遑,著且认退状⑥,反⑦其故物于庙户矣！然犹恐其不可以久(守)[也],鸠工勒石,并纪同事者姓名于左,俾后之仁人君子共笃新盟,勿替引之。顺治丙戌(三年,1646 年)(五月五日)。

【作者简介】

石镇国,字球公,湖北黄梅县人。崇祯六年举人,顺治二年五月由户部郎中升山东按察使司金事、永平兵备道。顺治四年三月转任江南布政使司参议、安庆道。顺治八年二月升浙江按察司副使,分巡杭严道。

【注释】

①二十石：光绪《永平府志》为"二十石",康熙《卢龙县志》为"二十一石"。

②饷司孟公：孟凌云,赵州人。崇祯八年拔贡,顺治初年任永平户部分司郎中,顺治七年至九年任福建邵武府知府。

③太守李君：李中梧,满洲人,顺治三年二月任永平府知府。

④抚台柳公：柳东寅,四川梓潼人,进士,顺治三年任顺天巡抚。

⑤(案)[按]台黄公：按台,按察使。黄公,名字、籍贯、生平不详。

⑤学台张公：张鸣骏,福建龙溪人。崇祯进士,顺治二年十二月提督顺天学政。

⑥彼不口罪之不遑,著且认退状：光绪《永平府志》为"彼不口罪之不遑,著且认退"。康熙十九年增补《卢龙县志》为"彼并悔罪之不遑,自具认退状"。

⑦反：通"返",归还。

⑧勿替引之：语出《诗经·小雅·楚茨》。替,废弃；引,延长。"勿替引之",不要废弃,延续下去。

知府孔继炘《清圣赞》云：吾祖称贤,孟尊曰圣。圣也贤也,天伦父命。纲常千古,风节何劲？想像遗墟,陇蒲莫定。维兹肥如,为我皇敬。

【作者简介】

孔继炘,山东曲阜人,孔子后裔。拔贡,乾隆三十二年任福建诏安县知县,乾隆四十八年升云南丽江府知府,乾隆五十六年迁永平府知府。

宋司马光《题夷齐庙》诗云：夷齐双骨已成尘,独有清名日日新。饿死沟中人不识,可怜今古几多人。

【作者简介】

司马光,字君实,号迂叟,陕州夏县(今山西夏县)涑水乡人,世称涑水先生。宋仁宗时中进士,英宗时进龙图阁直学士。北宋政治家、史学家、文学家。卒赠太师、温国公,谥文正。宋神宗熙宁四年(1071 年)退居洛阳,元丰七年(1084 年)编成《资治通鉴》。

明郡人韩应庚《谒夷齐庙》诗云：清圣非苦节,乃见纲常先。君父固攸重,子臣情堪怜。此情不(自)[有]已,奚恤后誉延。邈矣采薇事,市朝已数迁。谁招饿夫魂,庙食首阳巅。寒松覆碧瓦,古殿生黄烟。遗像俨生存,咫尺手足连。拱拜瞻容色,恭逊蔼周旋。盘无周室粟,陇有洞山田。粢盛戒清酌,伏腊击肥鲜。光(灿)[烁]北海滨,历历三千年。高风自长久,污世空颠沿。所以嗟贪夫,身没名(不)[弗]传。

乐亭王好问《孤竹怀古》诗云:镐京商邑总蒿莱,千载何人吊墨胎?啼鸟仍伤人世改,野花还向故园开。荒城隐隐水声去,古殿岧岧山势来。一望凄然成旷感,尘车欲发更徘徊。

又《读伯夷传》诗云:纲常万古同天久,功利须臾过眼无。请看渭水鹰扬者①,不薄西山二饿夫②。

【作者简介】

王好问,字裕卿,别号西塘,乐亭双庙人。明嘉靖二十九年进士,授职太常博士,升监察御史,迁大理寺少卿、太仆寺卿、通政使,历任工部、刑部、户部侍郎,擢南京都察院右都御史,拜南京户部尚书,封资政大夫,赠太子少保。

【注释】

①鹰扬者:姜尚,字子牙,商末周初人。垂钓于渭水之滨,遇西伯姬昌,拜为太师,辅佐周文王、周武王,建立周朝。

②二饿夫:伯夷、叔齐。

明朝鲜柳梦寅《夷齐庙》诗云:首阳苍翠郁嵯峨,滦水悠悠也自波。土俗尚闻孤竹庙,邦人能唱采薇歌。一时贤士知俱出,万古高名问孰多?此地清风吹不尽,荒台只是旧山河。

高第《夷齐庙》诗云:树压荒城古庙幽,千年遗像意悠悠。采薇高节首阳在,孤竹清风濡水流。香火山翁频伏腊,沧桑世代几商周。我来瞻拜增伤感,不为登临览胜游。

【作者简介】

高第,字登之,滦州(今唐山市路南区)人。明万历十七年进士,授河南临颍县令。历官大同知府、山东按察副使、湖广右参政、山东按察使、陕西右布政使、山西左布政使,天启元年三月升大同巡抚、右佥都御史。天启二年十二月升兵部右侍郎。天启五年五月晋兵部尚书,十月以兵部尚书经略蓟辽。天启六年革职闲住。

清顾炎武《谒夷齐庙》诗云:言登孤竹山,忾焉思古圣。荒祠寄山椒,过者生恭敬。百里亦足君,未肯(漓)[滑]①吾性。逊国全天伦,远行辟虐政。甘饿首阳岑,不忍臣二姓。可为百世师,风操一何劲。悲哉尼父②穷,每历邦君聘。楚狂歌凤衰③,荷蒉(饥)[讥]击磬。自非为斯人,栖栖无乃佞④。我亦客诸侯,犹须善辞命。终怀耿介心,不践脂韦径⑤。庶几保平生,可以垂神听。

【注释】

①(漓)[滑]:光绪五年《永平府志》为"饥",《顾亭林诗文集》、清沈德潜编《明诗别

裁集》、清陈田辑《明诗纪事》为"滑"。

②尼父：世人对孔子的尊称。孔丘，字仲尼，中国春秋末期思想家、教育家。鲁定公十一年（公元前499年），孔子任鲁国大司寇，摄相事，鲁国大治。

③楚狂歌凤衰：《论语·微子》："楚狂接舆歌而过孔子曰：'凤兮凤兮，何德之衰！往者不可谏，来者犹可追。'"陆通，字接舆，楚国人。楚昭王时，政令无常，乃披发佯狂不仕，时人谓之楚狂也。后世用为狂士的代称。

④栖栖无乃佞：整日忙碌于阿谀奉承。栖栖，忙碌不安貌。佞，逞口才，用花言巧语谄媚人。

⑤脂韦径：柔软、平坦之路。脂韦，油脂和软皮。《楚辞·卜居》："宁廉洁正直以自清乎？将突梯滑稽，如脂如韦，以洁楹乎？"后因以"脂韦"比喻阿谀或圆滑。

魏（家）[象]枢《巡行过北平，登孤竹堂，望伯夷叔齐庙有感》诗云：孤竹何崔巍，两圣①高千古。仰止梦魂间，有怀常欲吐。安得（置）[陟]②山巅，瓣香头一俯。告我希圣心，难济苍生苦。凛凛对简书，汗下浑如雨。此行负朝廷，愆尤③何日补？遥望乞神灵，相助驱豺虎。滦水自无波，澄清在畿辅。

【作者简介】

魏象枢，字环极，号寒松，蔚州（今河北蔚县）人。顺治三年进士，历任刑科给事中、工科右给事中、刑科左给事中、吏科都给事中、都察院左佥都御史、顺天府尹、大理寺卿、户部侍郎、都察院左都御史、刑部尚书等职。《清圣祖实录》："康熙二十一年壬戌秋七月丙午朔。甲寅，遣刑部尚书魏象枢、吏部侍郎科尔坤巡察直隶地方。"《清魏敏果公象枢年谱》："壬戌（康熙二十一年，1682年）七月，上念畿辅重地，屯民杂处，恐有贪官蠹役、势要豪强人等害及百姓以致困苦，特命臣（魏象枢）同吏部侍郎科尔坤前往巡察直隶等处地方，于八月初一日恭领敕印，初十日出京巡察。十一月至永平府，十二月至宣镇。凡八阅月，事竣复命。……余巡行之暇间，为吟咏……过北平，登孤竹台，望夷齐庙，有诗。"

【注释】

①圣：魏象枢《寒松堂全集》为"裔"，康熙、乾隆、光绪《永平府志》为"圣"。

②（置）[陟]：《寒松堂全集》《永平府志》为"陟"（zhì），"登"之意。

③愆尤（qiān yóu）：罪过。

尤侗《登孤竹城，拜伯夷叔齐祠堂》诗云：孤城郁岩巉，临河激寒响。清风缭绕之，白云翔其上。中有古贤人，端然肃遗像。社稷已邱[丘]墟，精（碑）[神]自天壤。金石永令名，俎豆（芳）[芬]①将享。劲飚回颓波，顽薄兴慨慷。我来北海滨，欣对西山爽。驻马俯平畴，陟阶扫荆莽。百年乔（本）[木]坚，三春芳草长。高台闻鸟啼，远水明渔网。抚景迥幽瑟，披襟顿超朗。薄宦亦苦饥，怀古用自广。行行歌采薇，痌瘝仁返想。

【注释】

①（芳）[芬]：尤侗《西堂诗集》、康熙、光绪《永平府志》、康熙《卢龙县志》为"芬"。

宋元[玄]伯《谒夷齐庙》诗云:孤城烟雨中,长河绕百折。驱马越陌阡,巍巍庙貌设。阴森郁乔松,斑驳欹石碣。二子饿首阳,孤竹尊高节。嗟彼黄与农^①,滦水常澄澈。波光(淡)[澹]不流^②,山色远还灭。阴晴崇朝移,烟霭众鸟悦。夕阳满中流,发棹闻幽咽。(萧)[箫]鼓夜未央,归舟月如雪。

【作者简介】

宋元伯,康熙十九年《卢龙县志》作"宋玄伯",因避清圣祖玄烨讳而改,清初山东莱阳贡生。

【注释】

①黄与农:黄帝、神农(炎帝),上古时期黄河中游部落首领,中华民族的文化始祖。

②波光(淡)[澹]不流:康熙十九年《卢龙县志》为"波光澹不沉",康熙五十年《永平府志》为"波光澹不流"。

范文程《游孤竹城,置酒清风台》诗云:让国清风百世师,阴阴松桧隐空祠。黄农事业应无异,山水萧森自不移。石动鼍鼋分大壑,城荒鸟鹊下高枝。接(罗)[篱]^①同醉花间酒,绝胜襄阳访习池^②。

孤竹城空隐夕阳,山中筎鼓漫悠扬。穿林闲听松杉韵,隔岭遥闻薇蕨香。漆水波澜交宛转,滦河岛屿自苍茫。登临宾佐多清兴,长啸高台明月光。

【作者简介】

范文程,字宪斗,号辉岳,辽东沈阳人。万历四十六年,努尔哈赤攻陷抚顺,范文程投诚。崇德元年(1636 年)三月,任内秘书院大学士,进二等甲喇章京。顺治十年八月,加少保兼太子太保。康熙元年夏,奉旨赴沈阳,祭告皇太极陵,东旋回京,路过永平府,游览夷齐庙。

【注释】

①接(罗)[篱]:以白鹭羽为饰的帽子。后用以咏醉酒或醉态。山简,字季伦,河内怀县(今河南武陟西)人。西晋时期名士。永嘉三年(309 年),出任征南将军、都督荆、湘、交、广四州诸军事,镇襄阳。当时四方寇乱,天下分崩,王威不振,山简经常到习家池宴友,不醉不归。童谣曰:"山公出何许,往至高阳池。日夕倒载归,酩酊无所知。时时能骑马,倒著白接篱。"

②习池:又称习家池、高阳池,在湖北襄阳城南凤凰山麓。原为汉代襄阳侯习郁的养鱼之所。山简镇襄阳时,经常到此会友宴饮,喝得酩酊大醉。

泽州陈廷敬《夷齐庙诗》云:清圣祠堂沧海边,首阳往事尚依然。峥嵘泰伯^①兴周日,寂寞成汤放桀^②年。万世君臣今论定,古来兄弟几人传。只将一勺滦江水,捋取山薇荐豆笾。

【注释】

①泰伯:吴太伯,吴国第一代君主。姬姓,父亲为周部落首领古公亶父,兄弟三人,排

行老大。有两个弟弟仲雍和季历。父亲传位于季历及其子姬昌(即周文王),太伯和仲雍避让,迁居江苏,建国勾吴。

②成汤放桀:成汤,子姓,名履,河南商丘人,商朝开国君主。公元前1666年,商汤在景亳(今河南商丘市梁园区)誓师,宣读《汤誓》,兴兵伐夏,商夏两军战于鸣条(今河南封丘东),夏师败绩,桀出奔三峻(今山东荷泽市定陶区)。商军征三峻,俘获夏桀,流放到南巢(今安徽巢湖市),三年后夏桀忧愤而死。

钱塘高士奇《过卢龙县孤竹城,恭和御制夷齐庙》诗云:史迁①著列传,夷齐乃居首。慷慨念声施,青云期不朽。砥行与立名,兹言亦藉口。敝(履)[屣]②视千乘③,身后复何有?西山云耻周,北海亦避纣。抗怀天地间,踽踽绝侪偶。遐尚渺畴昔,凭吊欷童叟。附会采薇迹,洛阳或陇右。适来孤竹城,庑宇崇丹黝。摄衣历虚堂,俨然肃冠绶。白日暗阶除,寒烟生几牖。寂寂荒祠春,顽懦咸奔走。粤稽祥符中④,加以侯封久。古人如有知,一笑同刍狗。借问墨胎祀,奚若首阳寿。猗(与)[欤]清且仁,千秋良独守。

【注释】

①史迁:司马迁,西汉时期史学家,著有《史记》。《史记》列传,《伯夷列传》居首。

②敝(履)[屣]:破旧的鞋。《永平府志》作"敝屣",通"敝履"。

③千乘:古代用四匹马拉的一辆兵车叫一乘,诸侯国的大小以兵车的多少来衡量。每乘拥有四匹马拉的兵车一辆,车上甲士3人,车下步卒72人,后勤人员25人,共计100人。春秋战国时,诸侯国小的称"千乘",大的称"万乘"。

④祥符中:宋真宗第三个年号(1008~1016年)。《宋史·真宗本纪》:"大中祥符四年(1011年)二月乙丑,诏葺夷齐祠。"《宋史·徽宗本纪》:"崇宁元年(1102年)六月癸丑,封伯夷为清惠侯,叔齐为仁惠侯。"元马端临《文献通考》:"大中祥符四年,祀汾阴,驻跸河中府,令访伯夷叔齐庙,遣官致祭。"

东荫商《谒夷齐庙》题诗云:(秣)[秣]马西周客,维舟北海滨。关河犹此地,今古有斯人。松老荒(词)[祠]月,山闲故国春。自怜(藿藜)[藜藿]士,终愧采薇民。

【作者简介】

东荫商,字云雏,华州人。崇祯九年举人。通诗文,好书画,精鉴赏。入清不仕。著有《华山经》。

李士模《谒夷齐庙》诗云:许由三皇资,遇帝则洗耳。夷齐帝者师,遇王轻一死。器识故有恒,各视其相取。使其在勋华,定当不尔尔。虞夏何风规,孤亭俯寒水。

会稽陶元藻《过孤竹城,谒夷齐庙》诗云:茅土何人锡,兴亡肯晏然。行歌采薇日,洒泪渡河年。古庙空原上,荒城落日边。油油禾黍地,惆怅旧山川。

【作者简介】

陶元藻(1716~1801),字龙溪,号篁村,又号凫亭,会稽(今浙江绍兴)人。乾隆贡生,九试棘闱,屡荐不得上。历游燕、赵、齐、鲁、扬、粤、瓯、闽之境。诗文均负盛誉。

王金英《清节庙古松歌》云:沙石荦确滦江澄,江上山围孤竹城。有松万本环城生,苍鳞白骨颜色贞。就中数株尤殊形,知是何年芽蘖萌。一株侧卧虬龙蛰,之而牙爪何狰狞。枕以巨石珠在(额)[颔]①,有时风雨恐飞腾。一株团圞葆幢立,绸缪纠结枝交(荣)[萦]。平铺坐席可茶话,何由得此天然棚。殿垣终古倚霜雪,深夜仿佛神依凭。周游更历崇台上,俯瞰邱[丘]壑胸次清。台畔一株又奇绝,百尺中折倒垂青。有如羽士颓然醉,解衣磅(薄)[礴]②翻(衣)[身]③轻。移时静坐好风起,谡谡乍听琴谁横。忽然变作海涛吼,万顷鞺鞳④还噌吰⑤。古槐老柏相传匹,仙材得地呈精英。过者摩挲增叹息,香林太守⑥含深情。济南仙吏今妙手,爰命作绘镌璠璎。(约)[邀]⑦我哦诗纪盛事,好随二老隆声称。君不见阙里⑧桧,尼山⑨手植今犹荣!俯仰上下历千古,庙堂灿列如日星。此松虽非商周物,要亦时代几变更。使君采风重灵迹,(特)[持]报明主宜兢兢⑩。昔日况(会)[曾]邀睿赏,宫壶宝墨挥缣(绘)[缯]⑪。小臣珥笔⑫则岂敢,吟声唧唧窃比应候秋虫鸣(又自注云:《御制夷齐庙》之四景有《屈蟠松》绝句一首)。

【注释】

①(额)[颔]:乾隆三十九年《永平府志》为"颔",光绪五年《永平府志》为"额",误。

②磅(薄)[礴]:乾隆、光绪《永平府志》均作"磅薄"。

③(衣)[身]:乾隆、光绪《永平府志》均为"身"。

④鞺鞳:钟鼓声。

⑤噌吰:形容钟声洪亮。

⑥香林太守:李奉翰,字芗林,又字香林,汉军正蓝旗,乾隆三十七年至三十八年任永平府知府。累官至两江总督。

⑦(约)[邀]:乾隆三十九年《永平府志》为"邀",光绪五年《永平府志》为"约"。

⑧阙里:山东曲阜城内孔庙东侧的一条南北大街,孔子出生地。后用作曲阜的别称。

⑨尼山:孔子故里昌平乡有座尼丘山,为避孔子圣讳,改名尼山。孔子的代称。

⑩兢兢:乾隆三十九年《永平府志》为"競競",光绪五年《永平府志》为"兢兢"。

⑪缣(绘)[缯]:双丝织成的细绢。

⑫珥笔:古时官吏、谏官入朝,或近臣侍从,把笔插在帽子上,以便随时记录、撰述。

萧山张文瑞《春游夷齐庙诗》四章云:迟迟春日,卜兹芳朝。言策我马,于彼雪郊。清风有台,上彻云霄。我游其下,采薇之苗。○岂无清流,我缨斯浊。岂无高山,供我遐瞩。古人有言,惟日不足。迨此良辰,云曷①不乐。○言有春衣,岂必浴沂。亦有童冠,可以咏归。虽有丝竹,清风发挥。西山夷齐②,邈焉莫追。○瞻乌爰止,伯夷之庐。我行其野,舍此焉如。青山在眼,名酒在壶。有风自东,飘飘吹余(案:康熙志原系"张"作,乾隆志误为"徐"③作,今正之)。

【作者简介】

张文瑞,字云表,号六湖,浙江萧山人。康熙四十六年至五十二年永平府知府张朝琮子。早年籍太学有声,屡试不举,辄随例谒选,授青州府同知。工诗,私淑少陵,著有《六湖遗集》十二卷。

【注释】

①曷:康熙、乾隆《永平府志》为"何",光绪《永平府志》为"曷"。

②夷齐:康熙、乾隆《永平府志》为"夷叔"。

③徐:乾隆《永平府志》署名"徐廷璨"所作。徐廷璨,岁贡,抚宁城里人。康熙二十一年《抚宁县志》主笔。康熙五十年《永平府志》署为"张文瑞",标题下注云:"用陶靖节《时运》原韵"。陶靖节,即陶渊明,东晋著名诗人。私谥靖节。《时运》四章,为陶渊明所作,描述了春天的美景。

孙廷玉《清明日吊伯夷叔齐,用尤西堂先生①重九贺新郎词韵》云:节届清明矣。驾轻舟、寻芳访胜,流连滦水。健羡夷齐兄与弟,自古及今无几。瞻故迹何禁流涕。翠柏苍松风谡谡,惜首阳山上惟余此。况复际,纷纷雨。当年事亦难言耳!重伦常,忠君尊父,弃违乡里。采药荆蛮推至德,差拟仁人君子。终不顾,饥穷而死。月印江心留万古,幸清风宕漾滦波里。化顽懦,皆兴起。

【作者简介】

孙廷玉,增广生,抚宁人。乾隆三十九年《永平府志》校录。

【注释】

①尤西堂先生:康熙二十二年,尤侗在史局以撰述第一的成就致仕还乡,隐居苏州亦园,书斋名"西堂",自号西堂老人。

仁和傅以德《谒清节祠》诗云:俗子拜清光,清风冷俗肠。求仁双去国,取义独存商。马首词何壮,山中蕨更香。周畿今已矣,孤竹不沧桑。

【作者简介】

傅以德,字克昭,号止庵,卢龙人,祖籍浙江仁和县。同知衔。康熙中,依亲北平,遂家焉。

山阴金堂《谒清节祠》诗云:惟二士兮高风,超终古兮复绝。绥故土兮立庙,承天子兮褒锡。奉蒸尝兮荔蕉,馨仿佛兮薇蕨。敞两庑兮会鼓,响繁音兮促节。羌偃蹇兮云旗,爰缥缈兮灵魄。在天上兮乘箕尾,归祀像兮栖松柏。松与柏兮乃负灵,傍西山兮挺高节。后世无此义兮深太息①。予登台重为题曰:日见官民廉,蹈兹孤竹里。清风激台上,台下得兴起。

【注释】

①太息:叹息。

礼部尚书徐琼《清节祠》诗云:国统人推仲子①承,首阳甘饿有余清。两逃兄弟彝伦重,一谏君臣大义明。殷地既非薇自老,周邦虽有粟无生。故墟古庙悬②旌额,篡逆相过愧岂胜?

【作者简介】

徐琼，字时庸，号东谷，江西金溪人。明天顺元年榜眼，授翰林院编修，参与编撰《大明一统志》《英宗实录》等。成化年间，历任翰林院侍讲、侍读学士掌管南京翰林院事、南京太常寺卿、南京国子监祭酒。弘治三年，升南京礼部右侍郎，后改礼部左侍郎。弘治九年，升礼部尚书。弘治十一年，加太子少保，特进太子太保。著有《东谷文集》。

【注释】

①仲子：康熙五十年《永平府志》为"中子"。

②悬：弘治十四年、康熙五十年《永平府志》为"昭"。

南皮张太复《谒夷齐庙，登庙门楼作》云：望望孤竹城，去去北平路。弥弥一水间，袅袅长桥渡。峨峨见台殿，清圣冕旒具。升堂展谒馀，门楼信飞步。浩浩滦河流，郁郁首阳树。山川良匪新，城郭谅匪故。长令百世下，廉立到孺妇①。采采薇（薇）[蕨]香，清风有余慕。

又《夷齐庙古松》诗云：我昔游晋祠，周柏瞻嶙峋。前一偃盖松，排空却横陈。柏直穿白云，松曲走电轮。当时诧奇观，欲去还逡巡。兹松态离奇，怪变尤绝伦。拔地不竟丈，斗下垂其身。倒走欲及根，奋爪而张鳞。一折忽上出，怒尾捎青旻。翠鬣阴蔽亩，虬卵实结蘋。不知所种年，毋乃先封秦。观其状则屈，蓄其势则伸。殆如夷齐俦，独行无比邻。不学周顽民，不作周嘉宾。一谏不得当，去去称逸民。其身甘屈蠖，其志高绝尘。树木与树人，万古相依因。我来重摩挲，顽懦同一振。飒然风雨来，如在黄虞②春。

【作者简介】

张太复，原名景运，字静旃，号春岩，别号秋坪，直隶南皮人。清乾隆四十二年拔贡，授浙江太平知县，嘉庆年间改任直隶迁安县教谕。

【注释】

①孺妇：光绪《永平府志》为"妇孺"。

②黄虞：黄帝、虞舜，上古时期部落联盟首领。

刘青选《夷齐庙屈蟠松歌》云：清风百代今犹传，古庙嵯岈欲凌烟。亮节不曾少屈膝，蟠松犹知倚前贤。君不见涛声在空半临院，亭亭拂影如羽扇。人言薇蕨今犹生，岂识古干尚未变。我策蹇驴岭（不）[上]行，奇才①并与奇人见。槛外婆娑风飘飘，危磴支离疑蛇绾。尾自长兮音自和，郁郁苍苍尽入眼。

【作者简介】

刘青选，乐亭县人，清末岁贡。

【注释】

①奇才：光绪《永平府志》为"奇材"。

乐亭李善滋《谒夷齐庙》诗云：孤竹遗墟古，斯人宛在兹。一方存庙祀，百世仰师资。渺矣西山迹，遐哉北海思。清风台畔立，惆怅采薇词。

【作者简介】

李善滋，字良圃，乐亭县人。清道光二年举人，授徒四十余年，间事吟咏，朴淡真率，绝去雕饰。咸丰初，举孝廉方正。

吉林德保《谒夷齐庙诗并序》云：丙戌（乾隆三十一年，1766 年）春二月永平试竣，偕太守吴自堂①、卢龙大尹方（结）［综］南②展谒夷齐庙，抚摩古松，继登清风台，眺望云山，俯临滦水，渔人网得鲜鳞数尾，烹食供酌，尽兴而返。

屇闱已匝月，校士多辛苦。偕伴谒名祠，距城刚数武。旧为肥子国，夷齐生故土。庙貌懔森严，虔诚肃拜舞。入门仰先贤，遗像衣冠古。堂上列弟兄，让国惟义取。缅想当年心，轩冕污眉宇。至今百世下，顽懦思奋举。历朝崇褒封，祀典重鼎俎。两邀玉（距）［趾］临，标题勤圣主。石碑篆剥落，吟咏满庭庑。老松幻奇形，宛转如卧虎。一枝枕墙出，回龙似顾祖。又有插天高，倒垂若玉柱。此殆冰雪姿，化作□□□。徐步清风台，冷然沁肺腹。到来尘念消，高洁轻伊吕③。对岸孤竹祠，推本故尊父。山险依滦江，滔滔似剑弩。四面云峰合，变态常所睹。长官具雅兴，小艇捎数罟。举网得鲜鳞，佐酌烹锜釜④。剧谈付深杯，投契获贤侣。太守素名流，方君亦翘楚。酒酣无拘束，树影日过午。此行留佳话，援笔记端绪。

【作者简介】

德保（1719～1789），字仲容，一字润亭，号定圃，索绰络氏，内务府满洲正白旗人。清乾隆二年恩科进士，授翰林院检讨。乾隆九年任日讲起居注官，次年入值南书房。升侍讲，提督山西学政、山东学政，升侍讲学士，擢工部侍郎，充经筵讲官。乾隆三十年以吏部左侍郎提督直隶学政。乾隆三十四年升翰林院掌院学士，同年出任广东巡抚，后历署两广总督、代理福建巡抚、漕运总督、兼署江南河道总督、署闽浙总督，晋礼部尚书。卒谥文庄。

【注释】

①吴自堂：吴兆基，浙江钱塘举人。乾隆三十年二月，由景州知州升永平知府。三十二年调任保定府知府，三十四年正月因承审县丞林恭策得赃案牵连，革职，发往军台效力。

②方（结）［综］南：方立经，字锦川，湖北兴国州人。乾隆九年举人。由教习历任山西珙县、荣河县知县，改任直隶涞水知县。乾隆二十七年至三十三年任卢龙知县。迁宣化知县，升昌平、保安州知州，署顺天西北两路同知，擢湖南永州知府，调正定知府，护理口北道。

③伊吕：伊尹、吕尚。伊尹，商初丞相，辅助成汤灭夏桀，建立商朝。吕尚，姜姓，吕氏，名尚，字子牙，周文王拜为太师，被周武王尊为师尚父，辅佐姬发建立周朝。

④锜：通"釜"。

寿阳祁隽藻《夷齐（庙）》诗云：行殿邻祠宇，平原驻旆旌。旧传孤竹国，今作万松城。海气逼秋冷，山光助晚晴。采薇赋于役，还励此心清。

【作者简介】

祁隽藻,字叔颖,号春圃,山西寿阳人。清嘉庆十九年进士,授编修,历官至军机大臣,左都御史,兵、户、工、礼部尚书,体仁阁大学士、太子太保。世称"三代帝师(道光、咸丰、同治)",谥文端。

学使程庭桂《谒夷齐庙,步魏敏果公韵》云:商季有圣人,忠孝揩万古。让国得其仁,叩马辞直吐。称贤复称圣,孔孟咸首俯。今日蘋(繁)[蘩]香,当年薇蕨苦。持衡来此邦,教化乏时雨。志勉冰壶清,官惭衮职补。蔚州有名臣,云气会龙虎。清圣不可希,心仪此硕辅。

【作者简介】

程庭桂,字楞香,江苏吴县人。清道光六年进士,十一年十二月由刑部主事入直军机章京领班,升为通政使。道光二十九年署理山东按察使,官至都察院左副都御史,提督顺天学政。

迁安马恂《夷齐庙屈蟠松歌》云:偃蹇松身傍地走,卧雨拏云岁年久。孤标自欲干青霄,逢着夷齐一低首。夷齐特立超群伦,圣之清者惟天真。地折天回存本性,不朽岂数青松身?春风一夜穿林杪,老树柔花争袅袅。吹墟乍荷东皇恩,万绿千红喜回绕。此松此际如不知,支离自老虬龙姿。叩马夷齐忍槁饿,大义不为周仁移。或谓高贤甘涧壑,抑郁如松屈林薄。岂知夷齐非隐沦,懦立顽廉伦纪托。德祠庙貌瞻夷齐,摩挲古干盘阶低。凉阴下覆薇蕨老,惊涛横卷歌声凄。苍云匝地围山月,蜿蜒曲折出龙骨。眠柯化石回清秋,坐来疑踏冰雪窟。清风谡谡怀古贤,宸题炳耀辉山川。老松蟠屈倚阶陛,待学夷齐千万年。

杨在汶《谒清圣祠》诗云:风烟孤竹国,秋杪此登临。薇蕨贤人隐,松杉古殿阴。阶前容纳履,台上可披襟。千载应如昨,顽廉懦立心。

山海使者、刑部尚书崇实《夷齐庙诗并序》云:同治甲戌(十三年,1874年)六月,奉命出使,过北平,谒夷齐庙,正思题咏。入行馆后,见堂上悬额,乃环极先生[①]当年之作。其职任正与实同,因步原韵,以志景仰。诗云:峨峨孤竹城,懔懔自千古。山石亦不顽,清流互吞吐。停车肃明禋。心折头先俯。王程不敢留,涂炭忘辛苦。幸生虞夏时,枯薇沐甘雨。谁无臣子心,明圣究何补?平生手中节,四握龙与虎。廉立金有期,清风满畿辅。

【作者简介】

崇实(1820~1876),完颜氏,字子华,又字朴山,别号适斋,室名半亩园,满洲镶黄旗人。清道光三十年进士,由左赞善、侍讲学士至成都将军兼署四川总督。同治十二年十二月擢刑部尚书。光绪元年二月奉命巡视关外各省,并署盛京将军,兼兵部尚书及奉天府尹,行总督权。积劳成疾,光绪二年十月卒于任,终年57岁。追赠太子少保衔,谥文勤。

【注释】

①环极先生:魏象枢,字环极,清初山西蔚州(今属河北)人。官至刑部尚书。

知府新化游智开《谒夷齐庙》诗云：停车孤竹城，风物近醇古。佣贩息喧竞，童稚欢且舞。缅怀逸民贤，遗像肃祠宇。亭亭双长松，夹道枝交附。循阶步层台，清风动逭举。云山郁苍苍，飞鸿渺何许？惟见滦河流，湛然汇洲渚。愿言濯尘缨，虞夏兹焉处？

清王金镜联云：是何为甘饿首阳，虞夏云遥三纲倒地；只自了求仁心愿，圣贤论定万古经天。

【作者简介】

王金镜，字耀庭，山东武城人。北洋武备学堂毕业后，投天津袁世凯所练新军，任左翼步队第二营管带。累迁至标统。1913年为湖北第三旅旅长，授中将。1916年赴岳州镇压护国运动。次年任湖北武岳军总司令。1918年调北洋军总司令兼第二师师长，率部进攻南方护法军。后历任近畿第二师师长，将军府将军等职。

董县长天华《夷齐庙联》云：亮节清风，万古不磨，圣帝贤王皆逊色；明山秀水，四时凭眺，闲云野鸟共忘机。

【补录】

夷齐庙残碑文字

宋真宗大中祥符四年遣官致祭

　伯夷叔齐

　　按真宗祀汾阴驻跸河东府

　　令访伯夷叔齐庙遣官致祭

徽宗政和三年封伯夷为清惠侯

　　叔齐为仁惠侯

　　按是年礼仪局上五礼新仪

　　仲春仲秋享历代帝王故于

　　潍州昌乐县孤山昭贤庙有

　　是封

元世祖至元十有八年追封伯夷

　　为昭义清惠公叔齐为崇让仁

　　惠公

　　　谒清节庙

　　四壁山光入树幽春

　　来寂窦尚如秋留香

　　不灭千年蕨长饱偏

　　存一粟羞竟说西方

　　能继志谁言北海有

余愁孤标虽去遗踪

在台下清涟几曲流

　　四明金士麟

(根据2012年1月滦县油榨镇孙薛营村发现的夷齐庙残碑文字整理)

【作者简介】

金士麟,字瑞甫,江苏武进廪贡生。工诗,善写墨梅,著有《野草堂诗集》《易义来源》。

土神祠　旧均府县治东南隅(旧县治土神祠已废,今治东南之土神祠,现改为财务局占用)。

城隍庙　在今治东南。旧制,府庙在右,县庙在左(康熙戊子①知府张公朝琮重修)。

(案):城隍庙②之祀,莫详其始。先儒谓有社,不应复有城隍。然芜湖城隍庙建于吴赤乌二年③,唐以后则所在多有,宋祠遍天下矣!明初祀以坛,后罢坛,(祀祭)[祭祀]于庙。以五月十一日为神诞,听民间祈赛。又于春秋仲月二分日④致祭。

【注释】

①康熙戊子:康熙四十七年,公元1708年。

②城隍庙:光绪《永平府志》无"庙"字。城隍,民间传说中守护城池之神,执掌人间生老病死、祸福、功名利禄等。

③吴赤乌二年:公元239年。

④二分日:春分日、秋分日。

祝文:维神德懋聪明,功隆捍御。壮金汤于千载,崇墉表畿甸之规。节风雨于四时,和会佐岁功之叙。祸淫福善,显呈有赫之灵威;阜物康民,默相无私之化育。神庥丕应,祀典宜昭,敬练日时,肃陈牲帛,馨香唯德,鉴格在兹。尚(响)[飨]①。

【注释】

①尚飨:亦作"尚享"。旧时用作祭文的结语,表示希望死者、神祇来享用祭品的意思。尚,希望的意思。飨,享用酒食的意思。

郡守唐敬一初致告文云:惟康熙十一年壬子(1672年)七月甲辰朔,祷日辛亥(初八日),直隶永平府知府唐敬一等,谨蠲白乃心,敢昭告于本府城隍感应之神曰:呜呼!旱魃①之灾,帝天②非无因而降。凡我僚属,奉天子命,牧养斯民,未能实心抚字,致此失业,遗黎类多饥寒失所。其或溢怒淫威,刑罚失中;再或吮民膏血,奇我温饱。有一于此,皆足以上干天和,下积人怨。太守顽冥不察,诸司怙过不悛,灾及己身,固其宜也。民何罪之与有,而罹兹凶鞫耶?惟神血食北平,职司幽赞,与太守表里斯民。若太守无德,不能格天尊神,犹将显震英威,谴太守以回天怒。若太守苟可告无罪于百姓,则今之③不雨,万灶立见烟寒,当亦非神之所安坐而默默也。(神其度之)。谨告。

【作者简介】

唐敬一,字慎斋,四川成都人。顺治十一年举人,顺治十六年任太平府推官。康熙十年任永平府知府。康熙十一年夏季大旱,七月初八、初十、十二日,知府唐敬一连续祷雨三天,至十三日夜大雨倾盆,旱情解除。七月十四日,致谢雨文。康熙十五年升洮岷副使。据唐敬一编《续补永平志》卷之二十二艺文:"康熙十一年六月至七月大旱不雨,田苗枯槁,井泽涸竭。万姓皇皇,呼天莫应。本府知府唐敬一念切民艰,恭诣城隍庙设坛,每日三次,步率僚属,免冠路拜,仍三致告文以达神听。至十三日子夜,大沛甘霖,三日方止。遍野欢呼,草木回青,山川增色,复为文以谢之。"

【注释】

①旱魃(hàn bá):古代神话传说中引起旱灾的怪物。

②帝天:上天、上苍、老天。

③之:康熙、乾隆、光绪《永平府志》为"兹"。

(初十)再致告文云:敢再告于本府城隍之神曰:呜呼!惟神以帝天喉舌之司,造下土一方之命。今此下民所为,岁时伏腊①,焄蒿②悽怆而奔走恐后者,凡以为今日也。北平财尽民穷,所恃以延如线之生者,惟有秋是赖。目今禾黍垂成,而骄阳不雨。万姓携妻挈子,头抢地,声震天。太守惴惴,悔过是用,率兹僚属,匍伏祷求告庙。前言,尊神亦闻之矣!朔九午刻,仰见阴云密布,霡霂雾霏③意微,尊神响应之灵不至,此其如敷泽。未几,屯膏④如昨。岂太守之呼吁,有胸无心,神不我格乎?抑亦神将吐我,而帝天之视听,果高远而不见不闻乎?非是,则天道好生,当必不忍纵旱魃之播虐此一方,民若是其甚也;太守,父母此一方者也;尊神,御灾捍患血食此一方者也。百姓不敢呼天而呼父母,太守不能问天而问尊神,若三日不雨(则苗槁;五日不雨则)土膏竭;十日不雨,千里其赭矣。嗟此孑遗,弱者转壑,强者揭竿,铤走流离,将不旋踵,则太守与尊神必有分任其咎者也。神其鉴而裁之。谨告。

【注释】

①伏腊:古代伏祭和腊祭的合称。

②焄蒿(xūnhāo):祭祀时祭品所发出的气味,后亦用指祭祀。

③霡霂雾霏(mài mù fēn fēi):细雨纷飞。霡霂,小雨。《尔雅·释天》:"小雨谓之霡霂。"雾霏,雨雪盛貌。

④屯膏(zhūn gāo):《易·屯》:"九五,屯其膏。"程颐传:"唯其施为有所不行,德泽有所不下,是屯其膏,人君之屯也。"屯,吝啬;膏,恩泽。后因以"屯膏"谓恩泽不施于下。

(十二日)三致告文云:直隶永平府知府唐敬一等,谨免冠匍伏,大声疾呼,三致告于本府城隍感应之神曰:嗟乎!此方之民,何不幸而罹此旱虐耶?北平古称瘠国,其民刀耕火种,其地水立沙飞,产无百亩之遗,家无(儋)[担]①石之储,所恃上天降祥,时和岁稔。顾此遗黎尚得与畿辅七郡之民承丁负版,以上报天子者,饥馑不臻,而不忍轻去其乡也。(嘉)[嗟]乎!今何不幸而罹此旱虐耶?下官敬一,奉天子命来守兹土,未敢登堂受事,先入庙而谒尊神,循朔望跪拜之仪,尽人神祈格之礼,岂有他哉?良以此②地方久遭兵燹,小民鹄面鸠形，兼之弱肉无几，不堪强食。是用简刑息讼，驯暴惩刁，片纸蠲供，一钱不罚。期与二三赤子休息相安，以尽太守心所欲为、力所能为之事。庶几，假此可(以)告无罪于天子也。至于捍大灾，御大患，人谋所绌，则太守有所不能者，而神实能之。此有皇上帝所以特简聪明正直之仙班，敕为保障城隍之显爵，俾尊神理幽赞阳，奠丽此一方民，以辅佑天子，于以享此一方之血食而无愧也。此其义，与下官之奉天子命而抚摩兹土者将无不同。今下民罹兹旱虐，虽或天运使然，在尊神亦有不能自主。然而，天子者，天之子也，所以代天而子民也。尊神则天之吏，而太守又天子之吏也，无非为此民也，譬如父母不慈，孝子未有听其违道，而不迎几以谏者。人主有失，忠臣未有徒畏膏斧而不折槛以诤者。况乎帝天仁爱，养育万物，是其本心。而大兵大荒，不过数十年而一见。古之人主六事自责，舍腹吞蝗，(要)亦一言之善，遂可回天，此又人事之彰彰者矣！若必欲尽此一方民而饥之馑之，使之流离转徙而不恻然念者，斯又必无之理矣！今者，阳日以骄，禾日以槁，万姓呼天抢地，声彻重霄。太守匍伏悔过，叩头流血，一告不已，至于再，再告不已，至于三。凡若此者，非敢为渎也。诚欲尊神大彰捍御之能，以兹下情上告天帝，亦如孝子之谏其亲，忠臣之诤其君，挽回天怒，为民请命而已。若三告而神不应，是必尊神之刍狗生灵，而虚拥天爵也。尚不能与人世之敦伦闻道者比，其亦何神之与有？语云："虽有恶人，斋戒沐浴，则可以祀。"上帝，诚为之通也。今太守之夙兴跪祷，而咄咄不休，可谓至矣！而神不我听，则旱其不可药矣！民其无如何矣！(望)[眼]③见千里如焚，穷簷熄爨，析骸易子，盗贼繁兴，且震惊城社，绝灭烝尝，势所必至。太守既无面目见此北平父老，即尊神亦岂能腼(然)[焉]血食，对万姓而无慭乎？此太守之死不择音，泣尽而继之血也，谓神不听，当不其然。神如有灵，其疾告帝天，立驱旱魃，以造万民之命。再三日不雨，则太守不职，尊神不灵。(不职)不灵者，法当黜。太守其囚服缧颈，迁尊神之行主于日中，(共)[以]受天罚，必大雨乃止。谨告。

【注释】

①(儋)[担]：光绪《永平府志》为"儋"，康熙《永平府志》为"擔"(担)。

②此：康熙《永平府志》无"此"字，光绪《永平府志》有"此"字。

③(望)[眼]：康熙、光绪《永平府志》为"眼"。

谢雨文云：谨以牲牢①、鲁酒②致祭于本府城隍感应之神曰：于赫惟神，至正至灵，有祷必应，理幽赞明。降此时雨，粒我蒸民③，捍灾御患，振古英名。回天有力，记过无心，于容懋服，其量于麾。魃敬其能，民其苏矣，永奠北平。太守暗昧，陈辞失伦，譬彼育子，罔测高深。今日之奠，悔罪负荆，神不我吐，惠然来歆。尚飨。

【注释】

①牲牢：古代特指供宴飨祭祀用的牛、羊、猪。牢，牢笼。古代称作祭品的牲畜。古代祭祀所用牺牲，行祭前需先饲养于牢，故这类牺牲称为牢。

②鲁酒：古人常谦称自己的酒为"鲁酒"，薄酒，浓度低的酒。

③蒸民：康熙《永平府志》为"烝民"，民众、百姓。

郡守张朝琮《祈雨牒》云：伏以①水旱荐臻，虽属天行之数，斋明精祷，冀回上帝之心。官吏忧惶，闾阎愁叹。知府张朝琮等顿首稽首具言：窃惟此邦为上国之东藩，厥田类冀州之中等，盖山畬卤壤，地利②既匪比神皋③，而恒雨愆旸④，天时又每违人愿。念夫深村穷谷，豆屑杂糠，过⑤丰年而犹见，际此铄石流金，木饥火旱，度凶岁以何堪？矧自春夏以还，叠被灾（侵）[祲]之至。螽斯⑥未灭，海若⑦旋来。今旱魃又见告矣！何苍生罹此极欤？凡皆人事之废荒，以致天灾之示儆，予诚有罪，其又何辞？然上帝以好生为心，而神明得体天行道，官之失职，可以降殃，民则无辜，还期锡福。若五日不雨，十日不雨，是使壮散四方，老填沟壑。讵五日一风，十日一雨，不在平平之世，荡荡之天？伏望神人协德，视听同心，大雨时行，即俾四郊霑足，甘霖早需，更期⑧顷刻飞来，则田畯野叟不赓《云汉》⑨之诗，而鼓蜡歈《豳》⑩，共享太平之乐矣！谨牒。

【作者简介】

张朝琮，浙江萧山人。监生，康熙三十年任文安知县，期满迁三河县令。康熙三十三年升蓟州知州，康熙三十九年丁忧归。康熙四十一年服阕，补任蓟州知州。康熙四十六年五月至五十二年任永平府知府。康熙五十年《永平府志》收录的《祈雨牒》时间署为"己丑"（康熙四十八年，1709 年）。

【注释】

①伏以：古时下级向上级报告时，要伏下身子。伏，指俯伏下拜；以，指下面有事陈情。古代官员向皇帝上奏折，或民间请神祈祷起始时用"伏以"，表示毕恭毕敬。

②地利：光绪《永平府志》为"地利"，康熙《永平府志》为"地力"。

③神皋：肥沃的土地。

④愆旸（qiān yáng）：阳气过盛。本谓冬天温和，有悖节令。后指天旱或酷热。

⑤过：光绪《永平府志》为"过"，误。康熙《永平府志》为"遇"。

⑥螽斯（zhōng sī）：蝈蝈。此指蝗灾。

⑦海若：古代传说中东海的海神。此指洪灾。

⑧期：光绪《永平府志》为"期"，康熙《永平府志》为"祈"。

⑨云汉：《诗经·大雅·荡之什》的一篇。为先秦时代华夏族诗歌。全诗八章，每章十句。这是一首禳灾诗。周宣王时，连年旱灾，周宣王作此诗求神祈雨，抒写为旱灾愁苦的心情。

⑩豳（bīn）：豳风，是《诗经》十五国风之一。共七篇，为先秦时代豳地华夏族民歌。豳同邠，古都邑名，在今陕西旬邑、彬县一带，是周族部落的发祥地。其中多描写公刘封地——豳地的农家生活，辛勤劳作的情景，是中国最早的田园诗。

祈雨第二牒云：伏以精诚通冥漠，不逾呼吸之间。大旱望云霓，未慰闾阎之望。谨申悃愊，犯渎神威。知府张朝琮等顿首稽首具言：窃惟上帝之覆庇苍生，过于慈母之保全赤子,有求必得,无感不通。今乃弥月不雨,殆将遍境成灾。呼天抢地之徒,然纵阴闭阳而罔效。念此终年之勤动,与夫稼穑之艰难,而饔飧不给,既无以养其父母,又不能宁其妇子,亦情景堪怜。虽则天心仁爱,偶寓儆于铄石流金,然而民口怨咨,常不离乎祁寒暑雨。朝琼等变食迁居,凡以敬求民福,断屠禁酒,未能感格神祇,罔不夙兴夜寐,倍切忧思。因之尚德缓刑,载深修省①,所望天流霈泽,不致海国如焦。俾引领有丰穰之象,则抚心无饥饿之忧。庶几,百蜡一娱,各安田里。抑且庶鲜艰食,幸免嗟来。纵未能若尧舜之世,比户可封,亦可以见天地之大,于人无憾。伏乞鉴此馨香,赐民珠玉,腾云②致雨,勿徒江上空雷,蛇化为龙。伫见黑风吹海,公私之庆,早暮以需。谨牒。

【注释】

①修省:修身反省。凡自然灾害、天象异常发生之后,皇帝或地方官员进行自我反思,举行的一种祈祷弭灾仪式。《清史稿·礼志》:"诏言:'水旱蝗灾,疆吏当修省,勿专事祈祷。'"

②腾云:光绪《永平府志》为"腾云",康熙《永平府志》为"云腾"。

马神庙①　在城南二里隆教寺(今废)。

【注释】

①马神庙:光绪五年《永平府志》案:《周官》春祭马祖,天驷星也。夏祭先牧,始养马者。秋祭马社,始乘马者。冬祭马步,乃神之灾害马者。今概曰马神,所在厩牧皆祀之,于春秋仲月上戊日致祭。

龙神庙　在阳山西麓(今废,旧在城南十里,滦河中流。明万历十五年圮于水。清朝光绪元年同知唐津重修)。

(案)唐祀龙池,如雨师之仪,用中祀礼。宋有五龙祠,因唐礼行其祀,皆封王爵。清雍正二年封四海龙王,东曰显仁,南曰昭明,西曰正恒,北曰崇礼。乾隆二十四年,礼部(诚)[议]定于春秋仲月辰日致祭,用帛一、爵三、羊一、豕一、簠簋各二,笾豆各十。

知府常文魁《重修龙王庙记》云:余丙辰岁(康熙十五年,1676 年)来守永郡,明年丁巳(康熙十六年,1677 年)春旱,祈雨获应。越戊午(康熙十七年,1678 年)春旱甚,祈雨又应。连年丰稔,固朝廷之福,实亦龙神之力所致也。讵己未(康熙十八年,1679 年)夏初,旱虐异常,草枯地赤。我皇上爱民如子,焦思亢旱,谕礼部:府尹祷雨郊坛,又躬率大小臣工步祷,真尧舜复见于今矣!余仰承君命,俯膺民社,敢视为膜外乎?即设坛于八蜡庙,率属员、绅士,日祀神,前夜宿斋坛,至三日竟不雨,转而思之《易》云:"云行雨施",盍于龙神是求?询之耆老,咸曰:"龙王原有专祠,在南山之麓。"余即跣足趋谒,见败殿孤存,神像颓圮。考其残碑,庙建于明季宏[弘]治十一年(1498 年),卢龙善士李纲创正殿三楹,谷冕添建一厦。后正德元年(1506 年),孙让增一香亭。至万历乙卯(四十三年,1615年),重修而扩大之。缘岁久坍塌,于是跪而祝曰:"天地好生,苗关民命。惟神有灵,来朝降雨。余当聿新厥祠,永祀香火。"及暮,阴云四布,大雨滂沱。噫嘻,龙神之灵,一至于此。是神之无爽于余,余何敢爽于神乎?爰不惜罄囊,鸠工备物,不募一文,不派一役,旧向西北,卜改南向,构正殿三,(间)[两]庑六,以及大门、戏楼、斋室、茶房,焕然一新。又中立牌坊,以肃威仪。旁列碑亭,以志岁月。庙外西北隙地,围以垣缭,仍筑舍三十馀间,招集乡民居住,以充庙户。又置近庙民田八十余亩,印契存庙,以供神前香火之资费,且资庙户焚修之廪糈。内而神像庄严,上而殿宇巍焕,外而庐舍鳞集,云山环拱,滦水(于)[纡]回。斯庙之悠久,可期万禩矣!余泐石以志,非示功也,愿后之君子景此灵应,接踵以修,庶几垂之弗替云。

【作者简介】

常文魁,字月生,满洲正蓝旗人,广宁贡生,顺治年间任吴桥县令。康熙十五年至十九年任永平知府。

己丑(康熙四十八年,1709 年)六月十五日,大水围郡城西隍,上墙九尺。知府张朝(宗)[琮]《告龙神文》云:麦已熟矣而雨,是不能刈以获也;禾既兴矣而雨,是不能秀且实也。无麦无禾,民无食也。江水涨流,逼此郛郭,蔀屋穷檐,泛滥溃溢。视此下民,扶老携幼,而无所归者也[1],是守令之忧也。守令不足恤,百姓何辜,俾至此也。御灾捍患[2],神之职也。及今不雨则丰年犹可望也。引狂澜而远去,百姓颂神明也。神其听我,降以福也,无使斯民无食无归,以勤我天子忧也。敢告。

【注释】

①者也:康熙、乾隆、光绪《永平府志》无"者也"二字,为民国《卢龙县志》所加。

②御灾捍患:康熙、乾隆《永平府志》为"御患弭灾",光绪《永平府志》为"御灾捍患"。

明郡人韩应庚《河西范家庄重修龙王庙碑记》云:河之浒,沃野连阡,平原如镜,不井授[1]而聚庐。耕凿者,岁浡登,佥有赫胥[2]之想,居然一乐郊也。虽薔畬[3]之告成,固(然)[默]有以相之。夫相之维何?上不在天,下不在人,而代天之工,以立人之命,则嘘气成云,变不知其所始,化不知其所终,而潜见乘时,灵莫灵于此者,乃其所自灵也,非能使为灵也,异哉!其所凭依,乃编氓衣食之所凭(依)也。故曰:"龙之为灵,昭昭也。"不可以形像求,形象求焉亦不得已也。夫庙貌传薪,岁时奉酒,盛以告,示虔也。顾重渊之神物,而斗室可居,夫乃非其宫乎?昭阳之南吕月[4],会守朱、守成等特拓而新之。厥基孔奠,厥材孔良,厥匠得心而应手。背孤竹而面平山,垩丹夕映,五采垣成,不日而工竣,古灵台弗速于此。夹墉树以松杞,久而丛然林也。风吼如虬,壮奕世威灵。禽鸟飞鸣其上,亦足以商岁事。且父老勤动,或时游憩其中,监兹在兹,饮水思源,可以识不忘,可以垂不朽。自兹以后,雨旸时,若蝗不入境,伊谁之力?龙王不有,归之造物,造物无心,归之当境之灵。万历癸丑(四十一年,1613 年)仲秋。

【注释】

①不井授:田不井授。商周时期,天子将土地划分成方块,形状似"井"字,分给庶民耕种,史称井田制。南宋朱熹《崇安县学田记》:"盖自周衰,田不井授,人无常产。"元甘

复《山窗馀稿·送涂处士归宜黄叙》："古者井天下之田，授之民，凡民皆有田耕，以为食。"春秋晚期，随着生产力水平的提高，土地不断私有化，井田制逐步瓦解。

②赫胥：赫胥氏，上古时期的部落首领之一。

③菑畬（zī shē）：耕田种植。

④南吕月：农历八月。

东岳庙　一在东郊外里许（今其墙垣颓败，殿宇尚存），一在城南开元寺西（今废），一在九百户（创建年代无考。据传其地辽阔，某代欲立县城，先建东岳庙，后其事不果，而庙依然存在。考其残碑，清康、嘉均重修，现墙垣已颓倒）。

（案）：《博物志》云：泰山，一曰天孙，言为天地之孙，主为召人魂魄，知生命之长短者。其见于史册：《后汉书·方术传》《三国志·管辂传》之类，是元成以上无有也。而释家又有十殿阎罗王及地狱变相之说，殆魏晋以下之人所附会耳，今岳庙塑之）。

明郡人白瑜《重建东岳庙碑记》云：东岳，考之《博物志》云"天孙"，《五经通义》云："岱宗岩岩，虞柴汉禅，为兖之镇，而鲁之瞻也。薄海内外，靡不像（祝）［祀］之，视招提、兰若①有加焉。"吾平属冀北，乃不它祀而独祀东岳，何也？瑜诵孔子，不敢举幽怪诡谲之说，以骋②观听。盖东方主生，氤氲两仪，育成万品，故借肃慎禋祀，报天地万品生生之德。政遵皇明，封号大生，意也。庙不知创自何年，自嘉靖年重建，中间如伯父钺诸乡耆亦有修葺，无碑可稽。迄今又六十余年。隆者挠，翼者折，颓者欹者，且崩且仆，苔壁凄风雨，古木乱禽鸦。善士据向卜改于东址，似吉迁焉。然而新规未易，竟而旧宇益不支，乘之者遂攘为禾稼之场矣。夫神之精英赫赫，犹水之流泛滔滔，何拘方向？乃为人司命，翻听于人，不能自卫。其土木遗形，伤哉！矧龙山滦水，点翠飞虹，居民③环聚，真福地也。奈何舍此而就彼邪？瑜每过，不忍仰视，犹见祈者。死者之家焚告于此，灰落石炉间。瑜欷歔久之。是人所乞灵，是神所凭依也。亟图新之，随审形势，鸠工庀材。首正殿，次配殿，次东西二司，大门、周垣，亡庚④而加，圮庚而壮，隘庚而垲，貌庚而焕，气亦渐庚而扬。自壬子（万历四十年，1612年）夏至癸丑（万历四十一年，1613年）夏，逾一年而事竣。举事之日，戚友欲捐金助，力辞之。金曰：《诗》称'以享以祀，以介景福。'福徼于一人，何如福徼于众人也？无乃（大）［太］颛⑤乎？"余应之曰："否。鬼神降福，亦诛不善，诚则享，潢潦⑥可荐，不诚，神其吐之、闻之，圣贤受福之说。福者，备也，谓备大顺也。内尽于己，外顺于道。臣忠子孝之谓备，非以我望报于神，神以福显醻于我也。人神岂市道交邪？"瑜与乡耆友盟：神既主生，我辈宜体好生之心。宁弱勿（疆）［强］⑦，宁让勿争，宁拙勿巧，宁夷易勿高陵，宁取长覆短，勿传讹捕风，宁愿人安己安，勿忌人富己贫。天地是大父母，四海皆我弟兄。生机既活，神鬼自钦。灾诊全消，丰穰荐登。庆覃阖郡，愈于我一家之有庆也。瑜何祈福之有？瑜又有慨焉。庙之坏也，新之，我辈有行，亦当新毋坏，厚础培基，固藩塞隙。此身之坛宇坊表，能植无亏，所以救败而自完也。不与庙常新哉！期共勉之，谨勒石以俟来者。万历己未（四十七年，1619年）。

【注释】

①招提、兰若:泛指佛教寺院。招提,又作昭题,民间私造的寺院。兰若(rě),又称阿兰若,梵名 Aranya,原意是森林,引申为"寂静处",躲避人间热闹处之地,有些房子可供修道者居住静修之用。泛指一般的佛寺。

②骇(hài):谓改百姓之视听也。骇。

③居民:光绪《永平府志》为"民居",当为对。

④庚:更也,事之变也。

⑤(大)[太]颛:光绪《永平府志》为"太颛"。"颛",即专。

⑥潢潦可荐:指祭祀在于虔敬,而不在于祭品的厚薄。潢潦,地上流淌的雨水。荐,祭祀。光绪《永平府志》为"潢潦"。

⑦(疆)[强]:"疆"与"彊"(强)略有不同。

八蜡①庙　在东南一里(今废)。

(案)伊耆氏②始为蜡,其神有八:一先啬、二司啬、三农、四邮表畷、五猫虎、六坊、七水庸、八昆虫。盖与社稷相表里,同为农功。祈报之典,乃以举国之人皆若狂,而孔子不禁善夫。郭建初③之言曰:"蜡祭虽为民而报神,实因神而乐人也。"

【注释】

①八蜡(bā zhà):古代民间视为除虫捍灾御患的神祇,祭祀于八蜡庙。一先啬(神农),二为司啬(后稷),三为农(农夫),四为邮表畷(田间庐舍、田间道路、田土疆界相连缀),五猫虎(民间虚构动物,古代认为有益于农事的神物),六坊(堤),七水庸(城隍),八为昆虫(螟蝗之属)。旧时于每年建亥之月(十二月),在农事完毕之后,祭祀诸神,以祈祷来年丰收。

②伊耆氏:神农,一说帝尧。《礼记·郊特牲》:"伊耆氏始为蜡。"郑玄注:"伊耆氏,古天子号也。"

③郭建初:郭造卿,字建初,福建福清人。岁贡,戚继光挚友。隆庆初,应戚继光之邀,至蓟镇,著有《燕史》《永平志》《卢龙塞略》等。

知府常文魁《新建八蜡庙记》云:案《礼经》云:蜡祭者有八:一曰先啬,二曰司啬,三曰农,四曰邮表畷,五曰猫虎,六曰坊,七曰水庸,八曰昆虫。斯皆苗之神,国家之丰亨关焉,生民之忧乐系焉。故昔天子岁十二月,合聚万物而索飨之,缘仁之,至义之,尽祭之,以报神功乎? 余丙辰(康熙十五年,1676 年)岁暮来莅兹土,越明年丁巳岁旱,秋七月有报蝗虫西至丰润县者,蔽天东飞,黔黎①惊悸,茕茕感伤,遭此虫食,国赋无出,饥馁难当。余闻而叹曰:"天降斯蝗,实我不德。"即用刚鬣柔毛,率阖属官生、商民,迎祭于八蜡庙之神前,祝曰:"惟神最灵,祈护群生。五谷嘉禾,万物性命,惜斯性命。"风逐雨迸,倏而北飞,沿边远腾,遂不成灾,永属丰登,岂非神灵之默佑,维护而然也? 观其庙宇狭隘,余与官生、商民共议广袤,故经营斯地。斯地原文昌移建遗址,山环水旋,精秀难摹,宜可建焉。余先捐资,觅匠鸠工,每亲省试官生、商民,咸为乐输。不逾月,构成正殿三间,两廊六间,茶坊四间,戏楼、墙垣,绘事丹漆,灿然一新,甚胜观也。庶可以报丰功厚德于万一耳!兹庙既竣,妥侑神明,恒格享祀,斯郡维康,千亿万年,勿遭蟓蝗,勒石以铭,用志不忘。

【注释】

①黔黎:黔首黎民,百姓。

虫王庙①　在八蜡庙内(今废)。

光绪《永平府志》案:虫王之神,本出于八蜡,自魏王肃②解经,以猫虎二神分而为二。宋儒张子③因之,皆以昆虫为害苗者,不当祀。然考之《诗》曰:"去其螟螣,及其蟊贼。"而终之曰:"田祖有神,秉畀炎火,则兹祀正,所以消为其害也。"后世为刘猛将军④,名秉忠,元末吴川人,以剑逐蝗尽殪死。雍正二年(1724年),总督李维钧奏请立祀,以春秋戊日行礼,用帛一、爵三、羊豕各一、馔十品。

【注释】

①虫王庙:祭祀虫王的庙宇。虫王,古代民间传说驱灭害虫,呵护庄稼的神祇。

②王肃:字子雍,三国魏时东海郡郯(今山东郯城西南)人。曹操征召为谏议大夫,后以军祭酒兼魏郡太守。曹丕继位后,任御史大夫,封安陵亭侯,又改任司空,封平乐乡侯。先后为《尚书》《诗经》《论语》《三礼》《左传》等经典作注。

③宋儒张子:张载,字子厚,凤翔郿县(今陕西眉县)横渠镇人,北宋思想家、教育家、理学创始人之一。世称横渠先生,尊称张子。宋仁宗嘉祐二年(1057年)登进士第,先后任祁州(今河北安国)司法参军、云岩县令(今陕西宜川)、著作佐郎、签书渭州(今甘肃平凉)军事判官等职。

④刘猛将军:传说中灭蝗保稼之神。俗传正月十三日为刘猛将军诞辰。一说是宋刘锜。宋景定四年(1263年),旱蝗,上敕刘锜为扬威侯天曹猛将之神。敕云"飞蝗入境,渐食嘉禾,赖尔神灵,剪灭无余。"蝗遂殄灭。一说是元刘秉忠。元末驻守江淮,会蝗旱,督兵捕逐,蝗殄灭殆尽。后元亡,自溺死,当地人祠之,称之曰刘猛将军。清万维鶼撰《幕学举要·捕蝗》:"刘猛将军,吴川人,名承忠,元末授指挥。弱冠临戎,兵不血刃,盗贼屏息。适千里飞蝗遍野,乃按军法捕逐,蝗皆出境。后鼎革,自沉于河。有司奏请,因授猛将军之号。"

三皇庙　(俗讹为药王庙)在治北(已废,今改为公安局)。

(案):《元史》:元贞元年(1295年)初,命郡县通祀三皇,以黄帝臣俞跗以下十人载于医书者,从祀两庑。有司岁春秋二季行事,而以医师主之。明洪武四年(1371年),令天下罢三皇,以名分非民间所得祀,且因民渎以药王,非所以尊敬之也。嘉靖间,太医院庙成,以僦贷季以下十三人从祀东庑,以华佗以下十四人从祀西庑。清顺治三年(1646年)定,每年春二月、冬十一月上甲日致祭,俗以四月二十八日为药王生辰,赛会(祀)[祈]祷。

火星庙　一在治北(民国始建,先改为警察所,今改为公安局)。

(案):《尔雅》曰:"法祭曰:幽禜发星。"注:禜者,星坛也。以昏见夜出,故曰幽星祠。历代有之,与群星共祀,独郊祀。《六典》:唐太宗祀赤帝,荧惑星于南方,三辰、七宿从祀。(未)[宋]修太火祠,以三月九日祀之。明以六月二十三日祀火德星君。清康熙二年(1663年),定如明制。

真武庙[①]　一在钟楼,一在燕河营(今俱废)。

(案):此乃玄武七宿,后人以为真君。

【注释】

①真武庙:祭祀真武大帝的庙宇。真武大帝,又称玄天上帝、玄武大帝,古代神话传说中镇守北方之神,为道教神仙中赫赫有名的玉京尊神。光绪《永平府志》案云:"宋真宗避讳改为'贞武'。《图志》则云:神为净乐王太子,修炼武当山,功成飞升,上帝命镇守北方,被发跣足,用皂纛玄旗。"

玉皇庙　在城南一里。

武成王庙　在治前(今废。旧守备厅地,明隆庆六年知府辛应乾改建。清朝康熙十六年知府常文魁,三十六年知府梁世勋、郡(承)[丞]彭尔年,四十八年知府张朝琮修葺。同治十一年知府游智开重修)。

(案):唐开元间始制太公庙,以留侯[①]配。上元二年(761年),尊为武成王,始置亚圣、十哲等;建中三年(782年),列古今名将凡六十四人。贞元二年(786年),去亚圣、十哲之名,惟祀武成王及留侯。宋祥符元年(1008年),加谥(照)[昭]烈。宣和五年(1123年),定以张良配享殿上,管仲、孙武、乐毅、诸葛亮、李勣,并西向;田穰苴、范蠡、韩信、李靖、郭子仪,并东向。其列东西庑者凡七十二将。绍兴十七年(1147年),又以管仲至郭子仪十八人祀于殿上。乾道间,升李晟于殿上,仍以曹彬从祀。金泰和间,以秦王宗翰同子房配,而降管仲以下,又黜王猛、慕容恪等二十一人。元以孙武子、张良、管仲、乐毅及诸葛亮以下十人从祀。明洪武三十一年(1398年),罢其祀。永郡昭烈武成王庙建于隆庆六年(1572年),在武学之左。祀于东西配者十六人,曰齐管仲、孙武、孙膑、田穰苴,越范蠡,燕乐毅,汉张良、韩信、周亚夫、诸葛亮,唐裴度、李靖、郭子仪,宋曹彬、岳飞,明刘基。祀于两庑者四十六人,东庑曰赵赵奢,秦王翦,汉李广、班超、邓禹、赵充国、马援、寇恂、岑彭、冯异、贾复、耿弇、赵云、臧宫,吴周瑜、陆抗,晋杜预、羊祜、陶侃,宋赵普、杨业、范仲淹、韩琦、狄青、寇准;西庑曰齐田单,赵廉颇,吴伍员,汉曹参、樊哙、彭越、卫青、霍去病、张飞、姜维,宋檀道济,周韦孝宽,梁王彦章,唐李晟、颜真卿、李光弼、薛仁贵、尉迟恭、李勣,宋刘锜、文天祥)。

【注释】

①留侯:张良,字子房,河南颍川城父(今河南宝丰)人。汉初重要谋臣。辅佐刘邦夺得天下,建立汉朝,因功封留侯。卒,谥文成侯。

(明)[清]程观颐《重修武庙碑记》云:北平古多豪雄激烈之士,产斯土者,类皆智勇自命,气习使然也。苟见①学而训练之,均足备干城②之选。故自明隆庆间,刘公应节③视师(棘)[蓟]门,上书请立三镇武成王庙,振武功以储将材。永平其一也,则武学之建,多历年④所矣。第天下(事)有创之者,必有继之者,然后其事可大可久,而不至于废坠。自鼎建以来,前人立而兴之,后人习而安之。悠悠忽忽,视为故事。官如传舍,民如蘧庐,不复有问创学之深心者。以是自万历二年(1574年)重新之后,迄今百载,修葺罕闻,竟使殿宇就倾,庑廊告圮,鸟鼠虫蠹居其室,荆榛芜莽鞠其庭,败壁颓垣,风雨勿蔽,木主散失,神怨神恫,何以崇享祀而作士气乎?矧我朝廷定鼎燕京,震威殊俗,文武并重,讲阅独勤。所谓振武功以储将材,诚不可一日废也。顾欲储其材,必先谋其本。武学,储材之本也。有其材⑤,而后简阅者于斯,讲读者于斯,由鹰扬而秉钺者于斯,则后此之运筹帷幄、决胜千里者,无不于斯也。武学所系大矣!庸可听其废坠邪?是望于新之者甚急。幸而三韩常公⑥来守是郡,甫下车,自问疾苦,察利弊而外,即以振兴教化为己任,爰捐资首新文庙,建书院以崇文化,方告成,而复有再新武学之命。力有弗逮,则进都人士及新补博士弟子员,力劝而输之。爰是鸠工庀材,择人任事。为大殿者九间,两廊者十间,戟门之为间者⑦三檐焉,棂星有门,储将毓英有坊,凡三座焉。至于围墙四周,石碑一,具无不次第修举,越百日而竣厥事。倾者植,圮者立,缺者补,废者兴,焕然一新,规模宏[弘]整。猗欤盛哉!由是而多士简阅有其地,讲读有其资,鹰扬⑧而秉钺⑨有其光⑩,运筹而决胜有其养矣。甚哉!公政之善也,能储材也,能谋本也。殆上体圣天子崇文右武之盛,化而为此,可久可大之业也。公为政之深心类如此。以视昔之人以官如传舍、民如蘧庐者,不迳庭若耶?尔多士,能承公志,而励厥功,精厥艺,由是而秉节钺,勒旂常⑪,报朝廷,以垂竹帛,为斯学光,始不负我公修学之深心云尔。是为记。

【作者简介】

程观颐,字我生,山海卫人。清顺治十五年进士,顺治十七年十月任天津府儒学教授。康熙三年至五年任山东淄川县知县。

【注释】

①见:光绪《永平府志》为"见",误。康熙《永平府志》为"建"。

②干城:盾牌和城墙,比喻国家主权的捍卫者。

③刘公应节:刘应节,字子和,山东潍县人。嘉靖二十六年进士,历任户部广东司主事、井陉兵备副使、山西右参政、都察院右佥都御史、辽东巡抚、河南巡抚。隆庆元年十月任都察院右副都御史、顺天巡抚。隆庆四年十月擢兵部右侍郎兼总督蓟辽保定等处军务。隆庆五年(1571年),总督刘应节在密云、遵化、永平三处设置武学,培养军事人才。

④多历年:光绪《永平府志》为"多历年",康熙《永平府志》为"历多年"。

⑤材:光绪《永平府志》为"材",康熙《永平府志》为"学"。

⑥三韩常公:常文魁,字月生,辽东人,康熙十五年至十九年任永平知府。

⑦戟门之为间者:康熙《永平府志》在此句之后云:"三,忠祠之为间者六,仪门之为间

者亦三,以及明伦有堂,读书有院,各"。

⑧鹰扬:威武的样子,武事的代称。《诗·大雅·大明》:"维师尚父,时维鹰扬。"毛传:"鹰扬,如鹰之飞扬也。"称颂姜尚在牧野之战中犹如雄鹰飞扬一般。

⑨秉钺:持斧。借指执掌兵权。

⑩光:光绪《永平府志》为"光",康熙《永平府志》为"兆"。

⑪旂常:旗与常。王侯的旗帜。《周礼·春官·司常》:"日月为常,交龙为旗……王建大常,诸侯建旗。"

清知府游智开《重修太公庙碑记》云:武庙之建,始于唐开元十九年(731年)。元[玄]宗亲降制,令两京及天下诸州各置太公尚父庙,春秋释奠以上(戊)①。肃宗上元元年(760年),尊为武成王,祭与文宣王②比,为礼亦隆矣哉!厥后,庙貌兴替,历代无考。明正统以后,两京及边徼并建武学,设教授、训导各官,武庙之设当在斯时。至清朝裁武学,令儒学兼督骑射之事,而庙祀遂寝衰。永平旧有太公庙,在明武学旁,即今敬胜书院地也,屡修屡圮。同治十一年(1872年)壬申秋,智开来守永平,因修书院并庙宇重修之。以前、左、右各三间,为义学,司事者请记其岁月。智开按《孟子》七篇之末,历序道统所传,由尧、舜、禹、汤、文至于孔子、太公,固见而知之者也,丹书十七铭,上接虞廷危微十六字,后世人君仅以《阴符》《六韬》,鹰扬著绩斤斤焉,于武庙祀之,犹浅之乎视太公矣。太公当未遇时,避居东海,与伯夷同称天下之大老。永平,清圣故里也,则太公之庙固不可废,而其庙食于兹土为尤宜。

【注释】

①上(戊):古人用干支记日,每月上旬之戊日,称之上戊日。

②文宣王:唐玄宗开元二十七年(739年),封孔子为文宣王。宋真宗大中祥符元年(1008年),加封孔子为玄圣文宣王。大中祥符五年,晋封至圣文宣王。

文昌宫 一在北城上(久废)、一在东门内(康熙六年创建,道光十七年知府朱壬林重修,光绪三年知府游智开重修)、一在沙河驿①(乾隆间重修,丰润进士宋梅为之碑记)。

(案):《周礼·大宗伯》:"以槱燎祀司中。"天子祀司民、司录,诸侯以下祠司命。司命,文昌(公)[官]第四星也。此祭神之最近古者,后世以梓潼神当之,其说出于《太平广记》,颇不经。又与《搜神记》互异。姚苌游蜀,为立庙曰张相公庙。元僖播迁时,封顺济王。历代略加圣号为帝君,皆以冥助武功,则武而非文矣!唐及后五代皆未有主文之说。宋祥符中,有举子宿庙中,见诸神会商作《来岁状元赋》,后遂显验文场,来集之谓必是文昌,与张亚子②两庙俱在梓潼,故混而为一耳!今天下学官,文昌祠宜奉之以主,而张相公仍别祀,可也。

【注释】

①沙河驿:不在卢龙县境,而在迁安县境。民国修志时,抄录光绪五年《永平府志》内容,还把迁安县境之文昌宫录入卢龙县条下,故误。

②张亚子：道教以为文昌帝君，掌人间府事、禄籍，司天下文运。元仁宗延祐三年（1316年）加封为文昌帝君。

魁星阁　在南城上（同治十二年知府游智开重建，今废）。

（案）：奎为文章之府，以文而祀，则于奎为宜。乃不于奎而于魁者，殆以北斗七星，魁为首，杓为末，取"制策首举"之义。《吕氏春秋》所云"魁，士名人"是也。然取"之"字形为"鬼"，举足而起其"斗"，又以"必定"之音而执持笔锭，则不经矣。

卢龙知县方立经《重修永平府魁星阁碑记》云：永平城东南隅魁星阁，案形象家言，盖一郡之文星吉曜，非独事观美已也。创自前明，至我朝一丹葺之，物久而敝，固然无足怪。乙酉（乾隆三十年，1765年）春，郡伯自堂吴公①以浙江名儒来守是邦，整躬率下，吏饬民和，遂开书院。厚廪饩，擢七属之英，走币②延③明师教育之，公馀辄诣讲席，开示以有用之学。虽严寒盛暑不少辍，艺文一轨乎道，复多所（指授④），以程式诸生。噫！公承流布化，雅意作人如此。其为文星吉曜，不已多乎！而斯阁就圮，其何以称？会昌邑有贡生张廷俊者，世儒而行侠，服公教之深也。既葺武庙，复请斯阁新之。于时武孝廉王君栋梁⑤者，亦多方恧恧，不浃月而阁成。阁旧一楼，虽嵯峨城隅，与谯、橹无异。兹乃壁其趾，圭其巅，翼以飞橼，缭以雕楯，虚窗旁启，危磴曲上。岿然与澄海清风相低，昂于盘龙射虎之区。而燕云蓟树，日碍星关，莫不输青递紫，撰奇结态，豁眉宇而荡心胸。奂乎都哉！盖昔之为文星吉曜者，今又畿东一巨观矣！夫永平，古边徼，守此者将觇候之不暇。今国家中外一统，世际文明，土生其间，扶舆磅（礴）[礴]，得气最先，而公又力为振作，以孚景运。则斯阁之成，吾知启图书于东壁，倬云汉于中天，萃秀灵，桢王国，骎骎日上，有以哉！立经备员首邑，时又会理城（土）[工]，无能为役，犹得于宣扬德教之余，与郡人士乐观厥成也。因砻石而为之记。乾隆（二）[三]十一年丙戌⑥孟冬

【作者简介】

方立经，字锦川，湖北兴国（今阳新）人。清乾隆九年（1744年）举人。由教习发山西知县，后改直隶，历任涞水、卢龙、宣化知县，迁昌平、保安知州，署顺天西北两路同知，升永州知府，调正定知府。

【注释】

①自堂吴公：吴兆基，字自堂，浙江钱塘人（道光《休宁县志》为休宁县籍），乾隆三年举人，乾隆三十年至三十二年任永平府知府，改知保定府。

②走币：封赠礼金，送礼。

③延：引进、邀请、聘请。

④指授：光绪《永平府志》无"指授"二字，2000年湖北省政府文史研究馆、湖北省博物馆编《湖北文征》有"指授"二字。

⑤王君栋梁：王栋梁，卢龙县人，乾隆三年武举人。

⑥乾隆（二）[三]十一年丙戌：光绪《永平府志》为"乾隆二十年丙戌"，误，此时方立

经尚未到卢龙县任职。乾隆三十一年为"丙戌"年,公元 1766 年。

碧霞元君庙 在东门外。

(案):碧霞元君为宋真宗所封也,以为泰山之女。后之文人知其说不经,曲引黄帝遣玉女事以附会之,不知当日所以□(襄)封固真以为泰山女也。张华《博物志》云:太公望为灌坛令,期年,风不鸣条。文王梦见一妇人,当道而哭,问其故,曰:"我东海泰山女,嫁为西海妇,欲东归。灌坛令当吾道,令有德,吾不敢暴风过也。"明日,文王召太公归。已而果有骤雨疾风去者。又干宝《搜神记》载:胡母班为泰山府君致书女婿事。据此则封号叶自宋始,而泰山女之说,西晋前已有之矣!

增福庙 一在钟楼上坡(今建设局)、一在南门外(今废)、一在城西北隅。

(案):《增福记》:魏曲梁令李诡祖①,令家世本淄川。文帝时任曲令,殛狐妖,塞横水,邑人德之,为立祠。厥后屡显灵异。唐封增福相公。元封福善平施公。明嘉靖中毁淫祠,议及公庙,寻稽功德存之。今俗以九月十七日为(神)生日,祭以(神)[少]牢②,不用豕。岂亦祠山张大帝③避食豨之类耶?是又不得其说矣!

【注释】

①李诡祖:道教和民间尊为财神。魏孝文帝时任曲梁(今河北曲周)县令。"殛妖狐,塞横水。既逝之后,民作庙祀之。"(乾隆《曲周县志》)。唐明宗天成元年(926 年)封为神君增福相公。元世祖赐封为福善平施公。

②(神)[少]牢:光绪《永平府志》为"少牢"。古代帝王祭祀社稷时,牛、羊、豕(shǐ,猪)三牲全备为"太牢"。用羊、豕各一者,称为"少牢",是诸侯、卿大夫祭祀宗庙时所用的牲畜。

③祠山张大帝:祠山大帝,又称祠山广惠王,江南一带尊奉的道教神仙。每年农历二月初八日举行祭祀活动。相传祠山大帝,姓张名渤,字伯奇,汉代武陵龙阳(今湖南常德汉寿)人。曾率民众开凿运河,治水有功。

三官庙 在北郭外菊花台。

(案):"三官"①之称,见于《后汉书·刘焉传》注:盖谓天、地、水也。其以正、七、十月(十五日)②为三官生日者,盖本《宋史·方伎传》"苗守信上言:三元曰上元天官、中元地官、下元水官,各主录人善恶。"之说。后谢氏《文海披沙》、郎氏《七修类稿》,各以木、金、水臆说附会。《道藏》谓"三官"为周幽王谏臣:一曰唐宏,一曰葛雍,一曰周实,皆未有实征。《通志》有《三官醮仪》一卷。《宣和画(普)[谱]》:(天)[大]历中,周(访)[昉]有三官像,其神之尊奉于世,自汉以来,盖未尝绝也。外又有水府三官,《留青日札》谓起于南唐保大中,上水府马当,中水府采石,下水府金山,皆有王号③。宋因加封爵,祭告。又唐、葛、周三真君,一作厉王臣。

【注释】

①三官:天官、地官、水官,合称三官,又称三元。道教供奉的神祇,考校天人功过,司

众生祸福。道教认为天官赐福,地官赦罪,水官解厄。

②(十五日):光绪《永平府志》、民国《卢龙县志》均无"十五日"。道教相传,正月十五日(上元日)、七月十五日(中元日)、十月十五日(下元日)为三官大帝的生日。

③皆有王号:《宋史·礼志》:"诏封江州马当上水府,福善安江王;太平州采石中水府,顺圣平江王;润州金山下水府,昭信泰江王。"

明郡人韩应庚《重修三元大帝碑记》云:天地之间,神德为盛,三官之神,尊且最灵。天下都邑,无不祀三官者,由其赐福、解危、消灾、延寿,大有功于人世也。直隶卫前所千户刘师词、百户田铭,其屯三百户。我太祖年间,旧有三官祠以妥神明,历岁滋久,而堂宇隘陋,乡耆段增重(修)[建]①已毁。乡人石乌珍谓诸友曰:"三官之神,功利天下,而庙貌若兹,非所以崇神明也。"曷撤其旧而新是图? 遂将会中所积财物重建,而凡好义者亦皆致财资助,择时兴役,崇旧基而加广焉。祠正殿三间,大门一间。其像惟三官神也,因旧以整饬,复绘像于壁间。威仪跄跄,远近来观者,莫不各②肃然起敬。但石未有刻,使予记其始末,用传诸后。夫能御大灾、捍大患,以安生民,此徵诸祭法于祠为称。我国家明制度,尊祠祀,岂无意哉? 所为生民计耳! 凡兹乡之人,获福之多,皆神之默佑也。乃知其神之不可掩如此,遂刻诸石,庶来者有可考焉。

【注释】

①重(修)[建]:光绪《永平府志》为"重建"。

②各:为衍字。光绪《永平府志》无"各"字。

鲁般庙① 在东月城。

【注释】

①鲁般庙:祭祀鲁般的庙宇。鲁般,又作鲁班、公输班,姬姓,公输氏,名般,春秋时期鲁国人,被奉为中国建筑鼻祖、木匠鼻祖。"般"通"班"。

海神庙 在南关外,南台寺西(今废)。

天仙庙 在城外东南隅。

雹神庙 在城西八里塔(今废)。

(案):风云雷雨皆祀以坛壝①,而雹未之及焉。诚以雹雨类也,云雷所以作雨,雨以时则雹不作,祀云雷雨而雹即在其中。今俗以重五日②赛③雹神,又谓神为赵将李左车,不知始于何时? 总之,雹足为灾者也,为民御灾,则当祭。若必如雷公、电母,求姓名以实之,亦凿矣!

【注释】

①壝(wěi):起土为壖,一曰坛,边低垣围绕者壝。

②重五日:农历五月初五日,即端午节。

③赛:旧时祭祀酬报神恩的活动。

十王庙 在城东门内以北(即俗所谓地藏庙)。

（案）：《蠡海集》①谓地府十王，即十千之义，其五称"阎罗"，最尊，位配戊土，居中故也。《睽车志》②云：张叔言判冥鬼有十人，而十人内，两是妇人，翻译名义，亦云"阎罗"，一名"琰魔"。其兄及妹皆作地狱主，兄治（狱）[男]事，妹治女事。而今所塑十王，并无女像。《金刚经》③谓"转轮王"，即是如来。今概列之十王中，彼教之说，已难庄论，而世之谈彼教者，更非其本教矣！

【注释】

①《蠡海集》：明代王逵所著，共分天文、地理、人身、庶物、历数、气候、鬼神、事义八门，皆即数究理，推求天地人物之所以然，虽颇穿凿，而亦时有精义。

②《睽车志》：宋代郭彖撰写的志怪小说集。为迎合宋高宗喜鬼神事而作，写于孝宗时。书中大多写宋高宗、孝宗年间的见闻及鬼怪神异故事。

③《金刚经》：全称《金刚般若波罗蜜经》，来自印度的初期大乘佛教。通常流通的是鸠摩罗什译本。

二郎庙　在城北十里汤池王庄。

（案）：二郎神有数说：一云秦将李冰之子，因凿离堆渠，灌田有功，蜀人祀之，呼为"灌口二郎"；一云赵昱，隋末弃官，不知所终。会嘉州水涨，蜀人见雾中乘白马，越流而过，乃昱也，因立庙灌江，呼为"灌口二郎"。宋开禧间封为王。今神庙塑像率衣黄挟弹，拥猎犬，盖因蜀孟昶而误。宋艺祖平蜀，得花蕊夫人，奉昶小像于宫中。艺祖怪问，对曰："此灌口二郎神也。"因命供奉于京师。其说见于《朱子语录》《常熟志》及《贤奕》等书，俗以演义之谬，谓二郎为杨戬，盖非也。

玄坛①庙　一在城东门内迤北（今废）、一在鼓楼前。

【注释】

①玄坛：指道教的斋坛，也是护法玄坛真君的简称。赵公明，本名朗，字公明，又称赵玄坛、赵公元帅，民间供奉的财神。

晏公①庙　在城东北隅。

【注释】

①晏公：姓晏，名戍仔，江西临江府清江镇人，或云临江县人。元末，以人才应选入官，为文锦局堂长，因病归，登归舟后，奄然而逝。此后，晏公常在江湖河海显灵，明代封为"神霄玉府晏公都督大元帅"，后因保佑海运，晋封为显应平浪侯。

三义庙①　在城北一里（今废）。

【注释】

①三义庙：供奉三国时期桃园三结义的刘备、关羽、张飞的庙宇。

小圣①庙　在南郭外（今废）。

【注释】

①小圣：滕姓，名经，河北省邢台清河县人。聪明好学、才华横溢，嘉靖二十三年，赴

顺天府应试，乘船返回天津时落水成神，故称小圣，盖海神也。嘉靖皇帝敕封为北河平浪小圣，清康熙皇帝封为护国镇海显佑济运平浪元侯灵应尊神。

府君庙　在城北二十五里府君山上。

（案）：神之以府君称者有二：一为崔府君①，名□，字玉祁，谷城人。唐贞观中为长子县令，多异政，没后为神。肃宗至德间封灵圣护国侯。武宗会昌间，加封护国威胜公。宋真宗加封护国西齐王，高宗建炎元年赐庙额曰显卫；一为高府君，名获，汉时人，与严子陵有旧，尝在富春祈雨有验，邑人立庙祀之。唐开元间高适作碑记其事。今庙曰府君，其崔耶，高耶？与其所以庙食于此之由，俱不得而知矣！

【注释】

①崔府君：崔珏，字元靖，唐代山西乐平（今昔阳县）人。清顺治十六年《潞安府志》："崔珏，一名元静，乐平人，贞观进士，任县令。公直廉介，发奸摘伏，人不敢欺。"康熙十二年《长治县志》："崔府君：讳珏，字元靖，唐贞观中为长子令，有异政。"

风云雷雨山川坛　在城南三里南山之麓（横五十四步，直五十三步。明正统十三年，卢龙知县胡琮重建。成化六年知府王玺，宏〔弘〕治十四年知府吴杰皆重修。清旧基废坏，知府张朝（宗）〔琮〕鼗瓺辟治。同治十三年知府游智开移建于元〔玄〕都观东，今废）。

（案）：唐虞望祀山川，《周礼》有风师雨师之祀。三代以下，汉以丙戌日祀风师于戌地，以己丑日祀雨师于丑地。唐诏祀雷同坛。宋兆风师于西郊，祀以立春后丑日；兆雨师于南郊，祀以立夏后申日；又以雷师从雨师之位，独云无祀，亦与山川不一祀。至明太祖洪武二年，敕府州县以风雷云雨诸天神为一坛，山川、城隍诸地祇为一坛。三年，命合祀之。清定制，风、云、雷、雨、山川、城隍之神共为一坛。坛制崇三尺，方二丈五尺，四出陛，各三级，缭以周垣，四门朱色。自南门入，东南隅为燎所。坛北正中立石主一，去坛二尺五寸设三神位，风、云、雷、雨居中，山川居左，城隍居右。神牌高二尺四寸，宽六寸。座高五寸，宽九寸。朱漆青字。祭以春秋仲月上巳日。风、云、雷、雨前，帛四、爵十二；山川前，帛二、爵六；城隍爵三、帛一，皆白色；各羊一、豕一、铏一、簋二、簠二、笾四、豆四。

乾隆九年（1744年），部颁祝文：维神赞襄天泽，福佑苍黎。佐灵化以流形，生成永赖；乘气机而鼓荡，温肃攸宜。磅礴高深，长保安贞之吉；凭依巩固，实资捍御之功。幸民俗之殷盈，仰神明之庇护。恭修岁祀，正值良辰。敬洁豆笾，只陈牲币。尚飨。

社稷坛　在城西三里（乾隆五年①，知府辛应乾以其阻河，命知县杨舜臣改于城西二里。今仍在府西三里。知府张公朝琮鼗瓺辟治。今废）。

（案）：社稷之祀，三代之礼不同。汉唐诸儒谓以句龙、后稷为配，而又以为非，配即祀。至明太祖主《孝经》说，以社为五土主，稷为五谷主，皆自然之气。然广土、诸谷不能遍祀，故合土以为社，推长以尊稷也。清雍正二年奏准，各府州县设坛壝，坛而不屋，四围俱二丈五尺，高三尺三，出陛各三级，北向缭以周垣。四门丹油，北门出入。西北隅设瘗坎一成，立石主一，埋于坛南。正中，去坛二尺五寸，下入土中，上露圆尖，神牌二，以木为之,高二尺四寸,宽六寸五分,跌高五寸、宽九寸五分。一书府州县社之神,一书府州县稷之神,俱朱漆青字,临(祀)[祭]设于坛中,置案上,稷左、社右。以春秋仲月上戊日致祭,各帛一、爵三,帛用黑色。其祭品仪式,同风云雷雨坛。

【注释】

①乾隆五年:此为抄录光绪五年《永平府志》记载之误,当为"隆庆五年"。乾隆三十九年《永平府志》为"隆庆五年"。辛应乾,隆庆五年至万历二年任永平府知府。

乾隆九年,部颁祝文:维神奠安九土,粒食万邦。分五色,以表封(坼)[圻]。育三农而蕃稼穑。恭承守土,肃展明禋。时届仲春(仲秋),敬修祀典。庶丸丸松柏,巩磐石于无疆。翼翼黍苗,佐神仓于不匮。尚飨。

先农坛　在东门外。周围计七十三丈,为殿三楹,厢房三间(今废,籍田地四亩七分)。

(案):古者天子为籍千亩,冕而朱紘,躬秉耒。诸侯为籍百亩,冕而青紘,躬秉耒,以事天地山川社稷。先古以为醴酪粢盛,于是乎出也。三代以下,令准古之诸侯,守准古之方伯连帅。清雍正四年定,每岁仲春行耕籍礼,坛在东郊,方二丈一尺,高二尺一寸。四出陛各三级,缭以周垣。三门朱色,自南门入。坛北建正房三间,东西配房各一间。神牌高二尺四寸,宽六寸。座高五寸,宽九寸五分。朱漆金字。祭品仪式,用帛一,青色;爵三、羊一、豕一、铏二、簠二、簋二、笾、豆各四,镡一、祝板一。

乾隆九年,部颁祝文:惟神肇兴稼穑,粒食蒸民。颂思文之德,克配彼天;念率育之功,陈常时夏。兹当东作,咸服先畴。洪惟九五之尊,岁举三推之典。恭膺守土,敢忘劳民?谨奉彝章,聿修祀事。惟愿五风十雨,嘉祥恒沐于神庥。庶几九穗双歧,上瑞频书于大有。尚飨。

厉坛①　在城北半里(初建在城北四里。隆庆间知府辛应乾以其滨河,命知县潘愚改建,张公朝琮甃治。今废)。

(案):《祭法》:王有泰厉,诸侯有公厉,大夫有族厉。自三代后,或弃不用。洪武三年(《昌黎志》作"八年",误)十二月,命京都、王国、府州县各立厉坛于城北,每岁三祭,春清明、秋孟望、冬孟朔,守土官先期牒城隍庙,祀日以为祭,主祭余羹饭,则散诸民之无告者。用羊二、豕三、饭米三石。清定制因之。至里社乡厉之设,乃多废不行。

【注释】

①厉坛:祭无祀鬼神的场所。厉鬼,恶鬼、鬼怪,为自杀或暴死的人怨气所致的鬼。古代民间传说人死时怨气太重、无法转生,便会化作厉鬼,在阴司路等着自己的仇人下来,才能转生。或直接进行报复,或得法师超度,只要怨气一消就能转生。

祝文:维神幽明异路,守土维均。命折殊名,求食罔异。维聪明正直而一,有以作之鉴观。庶焄蒿悽怆之情,无不极其情状。爰遵定制,聿举明禋。凡斯无祀之魂,俱属有生之类。为男为女,姓莫纪于宫商;是故是新,代何稽于子丑。号风啸雨,断子姓而畴依;附草栖烟,(祀)[绝]姻亲其何托?谨(启)[设]坛于城北,仰主祭于尊神。惟兹中元,禁火禁衣之节,敬备牲醴,肃具饭羹,统一境之幽魂,索群灵而大享,鬼言归也。庶几,望坛壝以知归神之格,思尚其鉴,馨香而来格。尚飨。

孤竹君祠① 在城西清节庙北,隔河之浒。明嘉靖四十二年(1563 年),兵备温景葵建。郭造卿曰:嘉靖釐祀典于孔庙,正位号,革爵谥、塑像而别祠启圣,今孤竹君有祠矣!但夷齐庙位号未正,爵谥、塑像未除,是知重先正而尚未达于礼也。宜请从祀孔庙例,木主称逸民先圣伯子、逸民先贤叔子,而孤竹君庙当称(曰)启仁。

【注释】

①孤竹君祠:在今迁安市坨上庄村南与滦县孙薛营村北之间的滦河河道中间原有一座小岛,嘉靖四十二年,永平兵备道温景葵于此建一座孤竹君祠,与夷齐庙南北对应。

(明)张登高《过永平,谒孤竹君祠未果》诗云:长河行曲抱城隈,万古清风一旧台。让国几闻陵谷变,采薇今见(庭庙)[庙庭]开。寝园松老巢元[玄]鹤①,古道碑残长绿苔。奉祀未能瞻圣迹,羞将簪弁恋尘埃。

【注释】

①巢元[玄]鹤:玄鹤,黑鹤。《韩非子·十过》:"有玄鹤二八,道南方来,集于郎门之垝。"晋崔豹《古今注·鸟兽》:"鹤千岁则变苍,又二千岁变黑,所谓玄鹤也。"

郦道元《水经注》云:汉灵帝时,辽西太守廉翻梦人谓己曰:"余,孤竹君之子,伯夷之弟。辽海漂吾棺椁,闻君仁善,愿见藏覆。"明日,视之水上有浮棺矣,嗤笑者皆无疾而死。于是改葬之。《晋书·地理志》曰:辽西人见辽水中有浮棺,欲破之,语曰:"我孤竹君也,汝破我何为?"因为立祠焉。

李将军祠 在城南虎头石下,祀汉太守李广(清同治十四年知府游智开于明远楼绘像祀之)。一在城东北隅(今俱废)。

知府卢见曾《李太守祠》诗云:射虎祠堂祀战功,我来瞻拜认英雄。明禋别有千年相,不在封侯骨格中。

表忠祠 在武庙戟门左,祀明崇正[祯]庚午(三年,1630 年)殉难郑国昌、罗(《明史》作"卢")成功、张凤奇、杨㸅、赵允植(俱见《名宦》)、张国翰、陈靖华、吕鸣云、蔡国勋、严大宽、杨开泰、杨廷栋、韩原性、张汝恭、冯继(《明史》作"维")京、弟联京、高应见(俱见《忠烈》)、韩原洞等三十六人(俱附《忠烈·韩原洞传》)、郡民陆松(一作陆相)、武举唐之俊(案:旧志:"之俊"未祀表忠祠,因《明史》附于《郑国昌传》,故增入)。清移在县东关帝庙内(今废)。

忠烈祠 在武庙戟门右,祀明崇正[祯]庚午殉难唐之靖、程应琦(俱见《名宦》)、焦庆延(见《忠烈》)。清同祀于表忠祠(今废)。

明刘景曜《忠烈祠碑记》云:古有祠,今无祠。古之祠有功于民者,祀惟谨,否则必其有关于教化风俗,而其人虽死犹生者也。故其祠常少,而皆足垂不朽。今则大都取媚生前已耳,时之不古若也,即一祠已不胜升降之感者矣!永之有忠烈祠也,科正①李江为唐、程、焦三公而建者也。三公当胡②入内地,能从容就义,视死如饴,忠烈懔然,如出一辙。夫名城失守,人方肉袒迎降,贪旦夕生,而愤不顾身如三公者,何可多得也哉?唐则先令举家自焚,因谓左右曰:"吾死之后,亦焚吾尸,勿中□□③。"遂更衣,西向再拜,自缢。程则拔所佩刀自刎,不死,令家丁断颈,众皆涕泣劝慰。程竖发裂眦,复起自杀。焦则持长矛血战,死锋镝下,骸骨竟无人收。噫,亦烈矣哉!李子捐金四十,募三十,为之立祠于武学戟门之右隙地,而又还赡田③四分之一,以永厥祀。谁谓今无祠哉?唐公之靖,古越山阴籍,以会举第二人官武学科正。程公应琦,与唐同邑,以武闱三捷任道标中军。焦公庆延,卢龙世胄,历营路参军。不佞感三公之忠节,多李子之义举,辑其事实姓名,勒之石,以识不朽。因为之辞曰:

人之有生,百岁为期。其何不树,以止于斯。三公临戎,名城报破。琬琰俱碎,声名并大。万禩传流,芬芳远播。有尽者形,不灭者心。今之视昔,后之视今。落落祠宇,以轩以豁。孤竹之墟,高风可掇。

【注释】

刘景曜,亦作刘景耀,字嵩曙,河南登封县人。天启二年进士,授大城知县,崇祯初升永平兵备道、山东按察佥事。崇祯十年,总监关宁太监高起潜"行部视师,令监司以下悉用军礼",刘景耀等上疏争辩,被降职,愤然辞官。崇祯十二年,清兵深入山东等地,擢为山东巡抚,受事仅七个月卒。

【注释】

①科正:武学武术教官,由武举充任。隆庆五年,经总兵戚继光奏请,永平设武学,设教授一员,科正二员。

②胡:古人对蒙古等少数民族的统称。康熙五十年《永平府志》为"□",光绪五年《永平府志》为"胡"。

③□□:清代避讳,不书文字。康熙五十年《永平府志》为"□毒",前一个"□"当为"奴"字,明末称后金为"奴"。光绪五年《永平府志》为"□□"。意思是免得尸体遭到后金兵的侮辱、损害。

④赡田:赡养家口的田地。

张公祠　一在关帝庙西庑、一在东门外(今俱废)、一在北门外张家庄西,内祀明崇正[祯]己巳(二年,1629年)被执不屈兵备道张春①。

【注释】

①张春(1565～1641):字景和,号泰宇,陕西同州(今大荔县)人。明万历二十八年举人。万历四十一年授山东堂邑知县,四十五年迁山东聊城县令,四十七年升刑部主事。天启二年,辽东西尽失,廷议急边才,擢山东佥事,永平、燕建二路兵备道。崇祯元年改关内道,被诬劾罢归。崇祯三年正月,永平失守,起永平兵备参议,进参政。以收复永平功晋太仆寺少卿。崇祯四年八月,清兵围大凌河城,奉命监总兵吴襄、宋伟军驰救。九月二

十七日,与清兵交战,吴襄、宋伟先后溃败,张春等被俘,坚贞不屈,拒不投降,羁押在沈阳三官庙十年,后绝食而死。

李布政祠 在城东北,祀李公充浊(今废)。

怀德祠 在城外东南,天仙庙左,祀韩御史应庚(久废)。

莱阳宋琬《怀德祠记》云:余读史,至《韩献子[1]世家》,嘉其有存赵武[2]之功,太史公称其为天下之阴德,享祀十世,有以哉!卢龙韩氏,盖多君子,而侍御西轩先生以名德闻。考其先,自晋平阳迁居于此。先生起家万历丁丑(五年,1577 年)进士,为御史有声,解组[3]归,累徵不起,隐于钓台者三十年。余尝徘徊其下,窃忆先生殆古狂狷者流,既已不为世用矣!故放乎山水以自娱。已而,过东门之墟,有堂岿然曰"怀德祠"。询之,则先生之畏垒[4]也。先是郡城东南地多污莱,先生用形家言,建天妃宫于其方,乡人德焉。以其余材作室,肖先生之像而祀之。他如置学田以赡贫士,输囷廪以活饥人,掩骼施槥,餔糜授药,父老至今能言之,相与咨嗟涕泗。过其下者,辄流连不能去云。

宋子[5]曰:呜呼!贤者之系人家国,岂不重哉?昔者臧文仲[6]没,鲁人哀之。子皮[7]之死,子产[8]叹其无与为善。先生抱经世之略,不获用于当世,退而为德于乡,亦岂望后人之俎豆我哉?而夷考卢龙,自庚午(崇祯三年,1630 年)被创以来,问当时阀阅[9]之家,今尚有存焉者乎?非若敖[10]之馁,则栾盈[11]之败,甚且有污潴其宫室者。而先生之子孙,独能保世滋大,蔚有令闻,不亦駸駸乎献大夫之遗烈哉!且夫先生悬车[12]之岁在明神宗之中年也,上恬下熙,灾变罕有,然而岁一不登,先生辄怃然忧之。今卢龙可忧之者,非一端而足也。士有荡析之悲,氓有采菖之困。千金之家有丐于(世)[市]者,凡民之丧,有葬而裸者矣!使先生而在,则必有蒿目伤心,发为救时之策。而惜也,九泉不作,民罔依归。官先生之里者,靡所资故实而为政焉。《传》曰:不有君子,其何能国宜乎?豚肩兔首,劳邦人之伏腊也欤!祠之修,始于万历甲辰(三十二年,1604 年)岁,顺治庚寅(七年,1650 年)陈公宏[弘]业[13]乃更葺之。从先生祀者,仲氏南轩[14]公、季氏东轩[15]公;从子观察鹏南[16]公,隐君发西[17]、烈士开西[18],皆先生之子而贤,故并祔焉。先生名应庚,字希白,号西轩,父子兄弟各有传,载《韩氏家乘》中。先生之孙鼎业[19]隐于中州,来修祀事,请余为记,因书之,俾后人有所考焉。

【注释】

①韩献子:姬姓,韩氏,名厥,谥号献,即韩献子。春秋中期晋国卿大夫,始为赵氏家臣。晋悼公时任晋国执政,侍奉晋灵公、晋成公、晋景公、晋厉公、晋悼公五朝。

②赵武:嬴姓,赵氏,讳武,谥文,其名称"赵武",史称赵文子,春秋中期晋国六卿,赵氏宗主,赵氏复兴的奠基人,后升正卿,执掌国政。

③解组:解下官印,辞官卸任。

④畏垒:祠堂。

⑤宋子:宋琬自称。

⑥臧文仲:姬姓,臧氏,名辰,谥文,谓臧孙辰。臧哀伯次子,谥文,故死后又称臧文仲。春秋时鲁大夫,世袭司寇,执礼以护公室。历事鲁庄公、闵公、僖公、文公四君。

⑦子皮:罕虎,姬姓,罕氏,名虎,字子皮。郑国七穆之一,罕氏宗主,郑穆公曾孙。郑公子喜之孙,公孙舍之之子。春秋后期郑国当国、卿大夫。

⑧子产:姬姓,公孙氏,名侨,字子产,又字子美,谥成。春秋时期著名政治家、思想家。公元前554年(郑简公十二年)为卿,前543年(郑简公二十三)年执政,辅佐郑简公、郑定公20余年。

⑨阀阅:有功勋的世家。

⑩若敖:楚若敖,芈姓,熊氏,名仪,楚熊咢之子,西周末期、春秋初期楚国第十四任国君,公元前791年~公元前764年在位。

⑪栾盈:姬姓,栾氏,名盈,栾黡之子,栾书之孙,谥怀,称栾怀子,春秋时期晋国下军佐。晋平公即位,与范鞅(即士鞅)同为公族大夫[3]。平公三年(前555)为下军佐,平公六年,其母栾祁诬告栾盈作乱,栾盈为范宣子所逐,被迫奔楚。不久,又奔齐。

⑫悬车:致仕。古人至70岁辞官家居,废车不用,故称。

⑬陈公宏[弘]业:陈弘业,辽阳人。生员,顺治初任永平兵备道、山东按察司佥事。

⑭南轩:韩应箕,韩应庚二弟。

⑮东轩:韩应奎,韩应庚三弟。万历年间历任乐安、温县、蓬莱、华阴知县。

⑯鹏南:韩原善,字继之,号鹏南,累官至开原兵备道副使。

⑰发西:韩原浚,字发之,别号发西,韩应庚长子。

⑱开西:韩原洞,字开之,号开西,韩应庚次子。崇祯三年殉难。

⑲鼎业:韩鼎业,字子新,韩原浚之子,受业于孙奇逢,与宋琬、汤斌相交甚厚。

孟公祠 在红坡庄南,祀忠毅公乔芳。

魏公祠 在城南二里南台寺中(今废)。

卢龙王基文《魏松岩生祠碑记》①云:时岁在甲寅(康熙十三年,1674年),魏公老父母于庚戌(康熙九年,1670年)秋来知卢龙邑事,至是将四稔矣!今孟夏,奉命荣迁东粤,卢四民德公、感公,不能舍公,众为借(莱)[寇]之请,奈君门万里,弗获言情,虽图卧辙攀辕,莫挽行旌。金谋仿古立祠,纪碑事于城南二里许南台古刹中。择地鸠工,构祠三楹,肖公像焉,曰:"公去矣,无能留矣!卢民思公于心者可见公于目,见公于目者故思公于心,益不能忘。"群匄余为记,勒公绩于石,以志不朽,且以为后贤劝也。然余栖息棠荫久矣,公之治行,余何敢默?因思天下最难强者民心,然民有爱慕,惓惓于衷而不解者。余不知其何心?要非实有以被其泽洽,其隐何能使民心之感戴若是乎?夫卢龙处畿辅之左,为永平附郭,地狭土瘠,兼之治版细弱,半去公室。今之卢龙治亦难矣!自公下车日,民望见公朗中惠外,周仁处厚,即欣欣然有安全色,智足御众,而独用宽和不锋厉,以市能声,不峻绝以树威望,惟睹乎疾苦之原,而轻重布之,莫不群服其德教,而畏其神明。其为治也,击强拔薙则凭城社为祟者息矣,仁育义正则比阳鱎于名教者屏矣,宽赋税,杜诛求之扰则室家安矣,均丁徭,革烦重之弊则劳逸公矣,明听断,雪覆盆之冤则摘发神矣。至清簿书则六案如水焉,哀茕独则万姓如子焉。而且作人有化焉,而且恤商有政焉,而且野无草窃,稀鸣捋于砥路;狱无絷囚,鞠茂草于圜犀焉。公善政之可述,岂能尽仆数哉?不惟此也,卢龙为二京咽喉,圣驾东狩,两驻跸于邑,而轮蹄旁午,人所张皇失措者,公能从容应之。当时上召对而嘉美,下安堵而蒙麻,是公才于繁剧间而益恢恢有余。其度量含宏,其识力敏练,虽重大事而经画担当过人更远矣!大都公为肃括济以和平,强明出之仁恕,有公仪休之廉而不刿,有范史云之清而不矐,有陶士行之勤而不烦,有羊叔子之简而不疏,有朱仲卿之严而不苟。卢民日游宇下,若不知有抱鼓之警,石壕吏之怒呼者,真所谓恺悌父母也耶!稽古循良,若荀勖、张戬、召信臣、狄仁杰、房彦谦、贾敦颐诸公,民感仁化,颂嘉绩者,安阳、金堂、南阳,或为立祠宁州、长葛、洛州,或为纪碑,以公方之,不亦媲美后先哉?夫民祠公、纪公,在公固无事于斯,然公德泽之在民心,自不能释然于公也。今而后,将见官卢邑者,以前无公若也,自公始也,以后皆公若也,又自公倡也。孰谓祠之、纪之,之可忽乎哉?虽然,公非仅吏治才,异日晋秩台衡,公将勋名彝鼎,像绘麟阁,又宁止著卢龙一邑也乎?公,湖广黄冈人,讳师段,字松岩,今升广东肇庆府同知。时康熙十三年甲寅。

【注释】

①魏松岩生祠碑记:此文在本书卷二《公署》中已收录,系重复。

昭忠祠　在关帝庙东庑,祀嘉庆间阵亡董宁川①、吴一鸣②、温振贤③(俱见《忠烈》)、三屯协守兵负宏吉、潘家口守兵张士印、喜峰路守兵李万宝(俱迁安人)、石门路守兵张作舟(抚宁人)、建昌路守兵李文善、刘天贵(俱滦州人)、乐亭营守兵杨得春、张礼(俱乐亭人)。(今废)

忠义孝弟祠　在县治东关帝庙(今废)。

节孝祠　在旧县儒学右(今废)。

(案):《清会典》:直省府州县立忠义孝弟祠、节孝祠,已故者设牌位于祠中,有司岁以春秋致祭,用帛一、羊一、豕一、爵三、尊一,承祭官行礼与各省祭贤良祠仪同。

【注释】

①董宁川:抚宁县留守营人。乾隆四十四年武举,由营千总历任贵州镇远镇标中营守备、湖北襄阳镇标前营都司、兴国营参将。嘉庆四年四月二十二日,在湖北竹溪县梓桐垭阵亡。

②吴一鸣:字闻九,滦州人。乾隆五十一年武举,由兵部差官充任山东曹州营守备。嘉庆二年,出征随赴兴安军营。嘉庆三年八月,剿教匪于汉阴镇,身被重伤。嘉庆四年六月十九日,遇贼于孟石岭,血战而亡。

③温振贤:乐亭人。由行伍补侎城汛经制外委。嘉庆元年,出师剿川湖教匪。嘉庆三年三月初十日,在四川与贼战,被执不屈,支解死。

卢龙县志卷七

寺　观

隆教寺　一名草堂寺,在城南一里。明洪武初,僧吉岩建,景泰五年(1454年)敕赐寺额,设僧纲司于内,久圮。清顺治六年(1649年),都御史蔡公士英捐资重建,规模壮丽,置《藏经》一部,建高阁藏之。水陆诸像,绘画精绝,为北平第一名刹。

清府学训导天津梅成栋《秋日登草堂寺藏经楼》诗云:消此胸中闷,闲登眺远楼。林凋山露骨,云截树平头。远碧天如梦,新黄草变秋。故乡杳无际,南去羡扁舟。

【作者简介】

梅成栋(1775～1844),字树君,号吟斋,天津人。嘉庆五年举人,"十三上春官不售"。道光年间倡立辅仁学院,主讲席10余年。道光年间天津诗坛公认领袖。道光十六年应大名府知府陶梁之邀,编辑《畿辅诗传》,并主讲天雄书院。是年冬,选授永平府训导,二十四年六月卒于任。

谭允谦《隆教寺》诗云:(云)[雪]晴山寺趁朝登,老衲相迎柱一藤。鸿附尺书临玉塞,马驮梵册自金陵。来同陕右栖禅客,远问江南结社僧?邻庙尚存飞将在,几谁敢恃射雕能?

【作者简介】

谭允谦(1596～1666),一作谈允谦,字长益,江苏丹徒人。明末清初诗人。少年能文,与冒襄等人结成诗社,互相砥砺。明亡后,往来于北京、湖广等地,与遗民志士相往还,晚年回到镇江。生平作诗数千首,对于明末时政多所咏叹,多散失。著有《树萱草堂集》《李贺诗注》《山海经注》《三山志》等。

开元寺①　在南台山顶。明永乐七年(1409年),僧洪声建,郡人行人张廷纲有碑记之,俗呼为南台寺。

【注释】

①开元寺:明景泰七年《寰宇通志》:"开元寺,在府治南。洪武五年(1372年)建,永乐三年(1405年)重修,僧纲司在焉。"天顺五年《大明一统志》:"开元寺,在府治南。洪武五年建,永乐三年重修。"嘉庆重修《大清一统志》:"开元寺,在卢龙县南台山,明永乐七

年建。"

双泉寺　城北二十里。

龙泉寺① 城东一里。明洪武(三)[二]十六年②僧源就建(今废)。

【注释】

①龙泉寺:明景泰七年《寰宇通志》:"龙泉寺,在府治东南,洪武五年建,永乐十一年(1413年)重修。"天顺五年《大明一统志》:"龙泉寺,在府治东南,洪武五年建,永乐中重修。"弘治十四年《永平府志》:"龙泉寺,在府城东二里。洪武二十六年,僧人源就建。永乐十一年僧人法定重建。天顺间主持德瑞重修。弘治元年主持诚滋增修。"

②洪武(三)[二]十六年:系排印错误。光绪五年《永平府志》为"洪武二十六年"。

郡人白瑜《重修龙泉寺碑记》云:营平城东古刹名龙泉,创自洪武,数颓数新,至万历颓益甚。僧定期飞锡来,虔心募化,敝衲徒跣,祁寒不为侵。乡官廖汝南等感其虔,多檀施,若天王殿、大雄殿、观音阁、伽蓝祖师,皆因故址饰之,增塑罗汉,丹垩辉映。肇于十八年(1590年),迄二十七年(1599年)事乃竣,伐石,匄余文碑焉。余昌黎①后学,昌黎一表,方之禹功,踵者闭关,距之不啻华戎。余独不非而与之乎?噫嘻!非佛者非,非佛非奉佛者之非佛也。白马以降,迷所司南,击影捕风,同室为敌。约者守吾宗,离见解而求之寂,有寂则有住,住非佛博者张吾教,外性命而求之迹,有迹则有相,相非佛,空中赞美,塔(为)[边]放光,借寓言以为说铃。总之,常在常满,常自光明耳!诡异非佛,甚则杂市混俗舍身,然指射利钓名,欲愚人而先自愚。无怪世称五横,而厕沙门于其间乎?而圣道中天,谬谓一花五叶,殊途同归,诬也。佛化西极,猥以誖训,玄来酷罪,高曾诬之,诬者也。吾尝观若党一举,顿诸体备,圆觉为最上乘者,似难其人,亦有抽簪剃发,襟宇高轩,湛禅师于绝境,扬微言于慧门,脱世故于樊笼,蔑人荣于尘垢,驱策远途,期阶大道,安得以薰莸溷之?此何异患头而首欲并焚,痛足而股欲并解也,不亦冤哉?经有之心生则法生,法界惟心造。是心也,干天协地,寿国脉,遂民生,原非幻景,即心即善,即善即佛,一念发菩提心,即证菩提。它如五戒、八难,报应诸经,匪事迫协,不过开此群迷,登之善路。名教而外,未必非利济之慈航也,不然香积上方,投足是买椟也,而竟不问珠,只重叛伦毁形之罪耳!而佛在诸天,不习有为迹,堕落宝地梵宫,宛转镂刻间亦何乐?日伴尸肉,永贻訾缪也。于是定期绕坐顶礼,唯唯而去。万历二十七年(1599年)。

【注释】

①昌黎:韩愈,字退之,唐代文学家、政治家,郡望昌黎,世称韩昌黎。

天津梅成栋《独游龙泉寺》诗云:不欲人相识,幽寻古佛堂。郊原初放眼,林木已新霜。石发通身绿,山花透骨香。自行还自止,留恋此秋光。

胜水寺　城北三里①。郡人李充浊有碑记。

【注释】

①三里:光绪五年《永平府志》作"二里"。

临河寺　城北十里。

古兴寺　城东八里。

白莲寺　城西二十里迷沟①。

【注释】

①迷沟:光绪五年《永平府志》作"泥沟"。

白塔寺　城西八里。元建,郡人布政李充浊有碑记。

青莲寺①

【注释】

①青莲寺:旧址在今滦县油榨镇迷谷村北,山谷中有一古井,曰龙泉井。相传齐桓公"寻蚁求水"时所开挖。

永兴寺　旧县治西(今废)。

太清庵　杨家庄(久废)。

妙莲庵　城内沙河。

九莲庵　城东十五里,阳山之阴。

广嗣庵　在东城下,今为白衣庵(相传是庵为伯夷东宫旧址,今其门仍为官门制,可证)。

云居寺　在九百户正北,内有(奎)[魁]星楼。

大佛堂　崆峒山。

清凉山寺　城西清凉山。

迎恩寺　城东北二十五里。

温泉寺　城北六里。

雪峰寺　城南二十里雪峰岛。

兴隆寺

白云寺　城北三十里安山。元时建,正统敕赐寺额。旧县志:山形如鞍,朝起白云,日出散,故名。其山曰鞍山,名其寺曰白云。

白蟒山寺　旧名龙兴寺。明天启元年(1621年)建,七年(1627年)工竣。

迁安马恂《重建白蟒山龙兴寺碑记》云:盖闻法轮如日照,华藏而腾光,象教①若云,布恒河以散影。断情河之水,叩钵龙居;低宝树之枝,临池牛热。三藐三菩提,真实相惟波罗密②;无我无人相,善知识遍阎浮提。斯伽蓝护德,表兰若于灵山,弥勒同龛,种莲花于火地也。爰有禅林,奠于白蟒,嗅溪水之香,是宜建寺。问锡环之卓,独记开山,是故创于前代,额以龙兴。夫其黑蜋飞神,苍虬拗怒,衙衙布应龙之翼,巍巍蟠神螾之精。宫中翻辖③,疑广利之谈经;井底潜麟,岂志公之造忏。则峦岫走于长蛇,冈阜吞于香象,斯山所由名乎?抑寺所由肇乎?启罗(会)[什]之谈,经来白马;滴曹溪之乳,水抱青龙。广长舌与清净身,宜山宜水;妙明心叩修罗杖,证月证风。诚甚多之,福地为不坠之精蓝。然而浮图已故,谁是岳阳王④?铁佛既坚,犹迟平等阁,则兴废者时也,时固无损于色空,振修者人也。人乃自深其愿力,既入宝山,定难空手,各求实地,惟在信心。有大善信永享,睹丹青之彤焕,慨金碧之无恒。苍鸱无图,刍尼巢座,金鸡灭影,扑朔穿墉。青松寂历空枝,非鹦鹉之林,绀殿苍凉,荒径想猕猴之舍,乃有动于中,力图其始,而住持庆洁上人亦复竭力劝勤,随缘募化。傅大士拍板而歌法情,是优婆塞⑤、给孤独布金以建。福德过阿,祇僧而虎跑神运。俨萃于其旁,鸟革翚飞,大逾于其旧。尊严释家之宝,相眉毫光,普照大千,开辟羼提之真,如心法门,同归不二。参遍黄梅,道路之石头不滑;勤修白业,楼台则弹指皆成。当前著棒喝,看鸭任扭住鼻头,随处是道场。骑驴莫多生口角,则有有无无之际,新古寺以鸿骞,而如如等等之真,镇名山以鸾峙矣!道光十四年(1834 年)甲午仲夏。

【注释】

①象教:佛教。释迦牟尼离世,诸大弟子羡慕不已,刻木为佛,以形象教人,故称佛教为象教。

②波罗密:所有菩萨行者必修的善德,是成就一切圣者的根本资粮。

③翻韈(wà):《说文》:衣足也。袜。

④岳阳王:萧察,又作萧詧,梁武帝萧衍之孙。公元531 年被封为岳阳郡王与东扬州刺史,镇守会稽。宁波市区东16 公里处有一座阿育王寺,大同五年(539 年),阿育王寺藏舍利塔的木浮图遭损坏,梁武帝下诏,命其孙岳阳王萧察负责把原三层的浮图增为五层,赐黄金五百两,造铜佛四百躯,写经论五百卷,铸四铁鼎以镇四角。自此阿育王寺名闻天下。

⑤优婆塞:居士。在家信佛、行佛道并受了三皈依的男子叫作优婆塞。

万军寺　城西北二十里。

观音堂　一在县治南,一在燕河营。

白佛院①　城西二十里。

明郡人韩应庚《重修白佛院寺碑记》云:夫永平,乃畿辅重郡也。郡城正西二十余里,大道南向,有白佛院寺,衢通京辽,位正坎离,北望孤竹,东环滦水。其来尚矣!继是以往。正殿一座,左右两廊各一间,大门一座,住房三楹,铁钟一口。兹则中范以佛像,东廊三护法,西廊地藏王,周围以垣墉,岁禋祀焉。及今,正殿、两廊、大门并四围垣墉颓坏。时则住持高僧圆惠,敬诣同庄省相②张君嵩、萧君永明,环视骇然,病其颓圮太甚,无以严祀事,示具瞻。遂相与协议,涓辰卜吉,鸠工庀材,各捐资给粟,或募缘助缘。正殿、两廊、大门之颓坏者壮丽之,住房之隘陋者增崇之,垣墉之圮折者补葺之。规模恢宏,气象光大,焕然一新。视昔有加,非特可为揭虔妥灵之所,仍居者、行者,往过来续,莫不抑其庙貌之森严,动其钦承之念虑,善因以劝,恶因以惩,有祈必应,咸胥赖焉。是役也,盖经始于万历癸巳(二十一年,1593 年)春之吉,而落成于万历甲午(二十二年,1594 年)秋之辰。此固神有所感,人有所应,金益信其为护法之灵神也。工既告(峻)[竣],邑乡省相张君嵩,居士王君济民,靡不乐其成工之速,且欲不忘诸善人重修之功,合辞走币,征余文勒石,以垂永久。予告来者曰:"德者福之徵,福者德之致。自古记之矣! 矧上古曾云:金像梦于汉帝,祥光见于周朝,是言也,岂徒空(葬)[言]哉? 一以因人之修德,以致是耳!《易》曰:'积善之家,必有余庆。'此之谓也。苟不自修其德于身,顾徒望其福之致于神,及福不致,而曰神之冥冥,不我鉴也。此又倖福于回者所为也,是岂诸君协力崇神之初意哉?"夫佛者,金象也;重修者,盛举也。人人相乐以有成,可书也。故予嘉其请而不敢辞,谨记岁月,并述会福之意,以为诸君告,俾视此者知所感云。

【注释】

①白佛院:在今滦县油榨镇东白佛院村,与夷齐庙旧址南北相对。

②省相:省视,观察。

洪福庵　城东门外。

三清观　独子山。

祇陀庵　城西北六里。

玄都观　南关(今废)。

观音庵　县治东北。

九天观　城东门外。

万寿庵　城西北。

大窑寺　城东十五里。

广福庵　旧志:清圣庙在府治北城下,内设牌位一,高四尺六寸,阔一尺五寸。上书"清圣墨胎氏之神位"凡八字。自天启五年(1625年)重修,遂于夷齐牌位旁设佛像,改名净欲庵。厥后乡愚遂移夷齐牌位于旁殿中,专供佛像曰广福庵。至今遂咸目为佛庵,无复知清圣者。

俞儿庙　城西俞儿山(今废)。

观音寺　一在城北四十里刘家营、一在城西五十里无税庄。

虫王庙　城西北十里八家寨。清康熙五年(1666年)平南王[①]下信官李云锦重修。

【注释】

①平南王:尚可喜(1604～1676),字元吉,号震阳,辽东海州(今辽宁海城)人。东江总兵毛文龙部将,官至广鹿岛副将。崇祯六年十月降清,封总兵,隶汉军镶蓝旗。崇祯九年(崇德元年,1636年),封为恭顺王。清顺治元年,随清军入关,兵至湖北鄂州,后回海州。顺治六年封平南王,经山海关南下,次年二月抵广州。

观音阁　南关(今废)。

卢龙县志卷八

邱 墓^①

商

孤竹长君墓^②　在城西北双子山^③。

孤竹少君墓　在城西北马鞭山^④。

【注释】

①邱墓:丘墓。邱,本作"丘",清雍正三年,为避孔子讳改为"邱"。民国时因之。

②孤竹长君墓:即伯夷墓。明景泰七年《寰宇通志》:"孤竹三冢,俱在城西北。双子山有孤竹长君之冢,团子山有孤竹次君之冢,马鞭山有孤竹少君之冢。"河南偃师县、山西永济市、山东昌乐县、陕西渭源县等处皆有夷齐墓,孰为真冢,孰为虚冢? 迄今已无法考证,不过惟永平府伯夷、叔齐两墓为分葬,其他处为合葬墓。

③双子山:今名抓髻山,在迁安市区东南境。1949年以前属卢龙县管辖,后划属迁安县(今为市)。

④马鞭山:今名磨盘山,在迁安市区东南境。1949年以前属卢龙县。

汉

公孙冢^①　在城外赤(烽)[峰]岭^②,俗传公孙瓒^③墓(旧志载公孙神康墓云:在府城南烽火山,相传公孙度之子。案:《三国志》:公孙度,本辽东襄平人,自立为辽东侯、平州牧。度死,子康嗣位,封襄国侯。康死,子渊为辽东太守。考其始末,俱与辽西无涉。康死当不葬此,且度子名康,并无名神康者。旧志殊不足据)。

【注释】

①公孙冢:元孛兰肹等著、赵万里校辑《大元一统志》:"赤峰岭,在永平路西四十里。上有公孙神('神'字疑衍)康墓。(《永乐大典》'岭'字引《元一统志》)"明景泰七年《寰宇通志》:"公孙冢,在府城西四十里赤峰岭,道南烽火山有公孙神康墓。汉末公孙度据平州,传子康。岂其所葬欤?"汉献帝时,公孙度据辽东,自称为平州牧。曹魏分辽东、昌黎、

玄菟、带方、乐浪五郡为平州,治所在襄平(今辽宁辽阳市)。北魏灭后燕后,将平州迁至肥如县(在今卢龙县城北三十里)。《晋书·地理志》:平州,"后汉末,公孙度自号平州牧。及其子康、康子文懿并擅据辽东,东夷九种皆服事焉。魏置东夷校尉,居襄平,而分辽东、昌黎、玄菟、带方、乐浪五郡为平州,后还合为幽州。及文懿灭后,有护东夷校尉,居襄平。"辽西郡辖"阳乐、肥如、海阳"三县。故公孙冢不在赤峰岭。

②赤(烽)[峰]岭:在今滦县城北油榨镇赤峰堡村。明清时置铺舍于此。弘治十四年《永平府志·铺舍》:"赤峰铺在(卢龙)县西三十里。"

③公孙瓒:字伯珪,东汉末辽西令支(今迁安市)人。举孝廉,任辽东属国长史。数与鲜卑战,升涿县令。光和年间(178~184年),升督骑尉,中郎将,封都亭侯。中平五年(188年),与张纯、丘力居等战于辽东属国石门,张纯等大败,丘力居军远走柳城。诏拜降虏校尉,封都亭侯,又兼领属国长史。中平六年(189年)三月,晋奋武将军,封为蓟侯。建安四年(199年)三月,为袁绍所败,引火自焚。

明

王侍郎玥墓　在城东南莲花源,敕葬(案:《卢龙县志》:"源"作"池")。

李布政充浊墓　在城北门外三里庄。

廖御史自显墓　在城南五里。

韩御史应庚墓　在城西南二十里钓台之北。

朱知府鉴墓　在城北八家寨。

韩金事原善墓　在城西七十里九百户堡西北。

陈太仆王庭墓　在城东北三里。

卢都督天福①墓　在城东北三里(石坊联云:萃三世之精神,源脉孕灵还孕秀;沾九天之雨露,松楸生色更生香。)。

崔隐士赴闹墓　在城西北崔家庄。

郭兴国公②墓　在城东二里。

茆少卿③墓　在城南六里。

薛兵备墓　在城东三里大坡下。

李少卿④墓　在城北五里台。

萧评事⑤墓　在城东一里。

王兵备墓　在城南四里。

赵御史⑥墓　在城东三里。

【注释】

①卢都督天福:卢天福,东胜左卫人。天启七年八月,由昌镇守备加都司金书升为天津海防游击将军。崇祯十五年任山海镇总兵。

②郭兴国公：郭亮，安徽合肥人。明洪武时为永平卫千户。建文元年，燕王靖难兵起，至永平，郭亮与指挥赵彝以城降，命仍守永平。江阴侯吴高、都督杨文等率辽东兵围永平，郭亮拒守甚固。燕王援师至，内外合击，吴高退走。不久，建文帝朱允炆中离间计，吴高罢，杨文代将，复率辽东兵来攻永平。郭亮及刘江合击，大败之。累进都督金事（正二品）。成祖即位，以守城功封成安侯，禄千二百石，世伯爵。永乐二十一年三月卒，赠兴国公，谥忠壮。

③茆少卿：茆钦，字宗尧，应天溧水人，徙卢龙。成化十四年戊戌科第三甲第一百零一名进士，授行人，擢监察御史，升江西按察司金事。坐盗起失防，谪淮安府同知。稍迁辽东行太仆寺少卿、山西行太仆寺卿，进南京光禄寺卿、南京大理寺卿。以疾乞休，还溧水。未几，卒。

④李少卿：李昶，卢龙人。成化元年举人，太仆寺少卿。

⑤萧评事：萧谦，永平卫人，成化二年进士，授大理寺评事，升湖广副使。

⑥赵御史：赵得祐，字元吉，卢龙人。明嘉靖二年进士，授监察御史，巡按应天，掌南京畿道。历官至陕西行太仆寺卿。

康千户侯洪祖墓　在城南二里。

赐进士第、行人司行人、奉敕册封官、布告安南使、赐极品服卢龙张廷纲撰《康侯墓志铭》云：案：康氏祖名成，系凤阳宿州之在城胄，智勇过人。明初应募，扶太祖扫除海内，所向有功。洪武八年（1375 年），调永平卫右前所。其子宁，永乐中随太宗靖内难，栉风沐雨，躬冒矢石，累官至武德将军、永平卫左前所世袭正千户。再传至侯洪，普于惠爱，勤于政事，获上治下，藉有声光，因袭祖荫，不忘水源木本之思，述其祖（考）所以来之行实，请铭勒石，昭告来世。铭曰：

康自凤阳迁永平，飞龙早际功业成。缨组①相继何光荣，箕裘克绍皆贤英。中有克家子峥嵘，韬略既习文事精。拳拳水源木本情，殷勤索我求碣铭。要令奕世知先行，我作铭章表诸茔，后来考此为墙羹②。宏［弘］治十一年（1498 年）。

【注释】

①缨组：结冠的丝带，喻指官宦。

②墙羹：追念前辈或仰慕圣贤。《后汉书·李固传》："昔尧殂之后，舜仰慕三年，坐则见尧于墙，食则睹尧于羹。"

清

孟忠毅乔芳墓①　在城东十里红坡②，敕葬（案：朱竹垞《神道碑》云葬京西蔡公庄东。红坡所葬乃其祖廷勋③、父国用、弟乔荣及其夫人卜氏之墓也。旧志载竹垞神道碑，今仍附于此，并补录王阮亭所作以备参考）。

【注释】

①孟忠毅乔芳墓：在顺天府宛平县（今北京市西南）西，不在卢龙县境内。光绪《顺天府志》："孟忠毅公乔芳暨孙大理寺评事缵祖墓，俱在（宛平）县西。"

②红坡：今卢龙县城东卢龙镇红坡子村。

③祖廷勋：据台湾地区"中央研究院历史语言研究所"明清档案工作室整理的孟乔芳基本资料，其祖父为"延勋"。

新城王士正《孟公神道碑铭》云：公孟氏，讳乔芳，别字心亭。其先徐州人，始祖某，明洪武间从燕王就国①，靖难立战功，世袭官永平卫，遂为永平人。九传至国用②，历宁夏总兵官，生公。少倜傥任侠，不屑经生章句，入乡塾辄侮其师，夜（取）[盗]父厩马渡河，匿杜氏③，遂之京师，鸣弓击剑，斗鸡走马，诸勋戚小侯争邀致之。（久之），归永平，发阴符伏读，暇即出城南射猎，发必洞札。

岁庚午（崇祯三年，1630年），太宗（文皇帝）兵入关，公杖策谒军门，太宗奇之，引置左右。不期年，擢刑部承政④兼梅勒章京⑤，（官）[管]牛录⑥事。从太宗征伐大凌河、锦州、松、杏、宁远，皆著战功。

顺治元年（1644年）甲申，世祖（章皇帝义师）入关，定李自成之乱，公帷幄中筹策居多。自成战败，审归关中，公率师追之，由燕南下河北三郡，逾太行，出河东，所至箪食壶浆，以迎王师，遂入关，直抵长安。九月⑦，关中平，就拜兵部右侍郎兼都察院右副都御史，总督陕西三边军务，驻西安。亡何，贼渠贺珍数万众围西安，公遣诸将陈德军西门，任珍军北门，往来驰突，贼退，追北至永寿，贺珍遁去。是时张献忠尚据蜀。

二年（1645年）冬十月，遣总兵官范苏等讨之，伏兵莎溪茅沟子，鏖战白水青川，屡破之，斩获无算。以反间计，杀贼帅况益，禽⑧刘心虎，遂收龙安。

先是武大定作乱固原，戕杀宁夏巡抚⑨，余孽未歼。三年（1646年）五月，公至固原，遣任珍讨白天寿等，禽斩之。授计总兵官刘芳名禽宁夏贼王元、焦浴；遣陈德讨镇原贼姬蛟、王总管，降之，固原西北平。十一月，遣任珍、陈德、马宁讨贺珍、刘二虎于兴安。十二月，任珍讨胡向宸于荞麦山。

四年（1647年）正月，斩向宸于板桥。四月任珍斩孙守法于药箭寨。十一月禽米国珍于漫营山寨，兴安悉平。八月遣补艾、马宁讨马德于乱麻川，追至河儿（平）[坪]⑩，斩之。九月遣张勇、刘友元禽贺洪[弘]器于安家川⑪，攻李明义堡寨，克之，禽明义，环庆贼平。时秦贼据险负固者实繁有徒⑫，公授策陈德、王平等招青嶂寨贼，折自明三十六寨，贼渠王希荣，辘轳寨贼高一祥皆降之，斩天峰寨贼张贵。

五年（1648年）夏四月，河西回米喇印、丁国栋作乱，甘、凉皆为贼有，渡河而东，连破兰、岷、临洮，据之。薄巩昌，关辅大震。朝议发禁旅援剿，公密奏止之，而请身任其事，自统大军驻秦州，遣马宁救巩昌，会赵光瑞军，大战于广武坡，逐北七十里，斩首三千级，遂解巩昌之围。贼据临洮、岷州、内官营以数万计。公分大军三路以进，遣张勇、陈万略取临洮，马宁、刘友元取内宫营，赵光瑞、佟透取岷、洮、河三州。勇败贼于马韩山，斩首七百级；光瑞败贼于梅川，禽丁光射，斩首二千[13]级；宁直捣内官营，破之，斩首八百级，（临洮）岷、洮、河三州皆复。闰四月，公自巩昌至兰州，勇、宁、光瑞皆会师兰州城下，攻拔之，别遣光瑞追丁嘉升于旧洮州，战于野狐桥，嘉升遁去，土番土目马佽完卜袭斩之，复旧洮州。五月，张三耀斩米喇印于古城窊，传首军前。七月，公至凉州。八月，至甘州，贼撄城固守。公夜命将士设伏，（自）[己]然炬坐帐中，召幕僚高会，行炙痛饮，弹琵琶，醉歌不辍，矢落帐前如雨，左右皆错愕。公谈笑自如，不为动。顷之，伏兵四起，鼙鼓震天，贼已面缚献帐下矣！遂遣张勇乘夜袭之，而身与提督满兵昂邦章京傅夸蟾[14]及马宁、齐升、赵光瑞诸将继之，贼食尽乞降，已而复叛。

六年（1649年）正月，亲督攻甘州，勇、宁、光瑞贾勇先登，拔之，逐北至北山，斩首八千级。是时丁国栋奔肃州，立土伦太为王子，哈密、缠头、畏兀、红帽、哈喇五种番人为都督，火者而自为总兵官，据城固守。时出掠武威、张掖、酒泉地。会大同姜瓖反，其党虞印、韩昭宣等众号三十万，攻陷蒲州。公旋师河上，而留马宁、张勇、齐、升等围肃州。十一月，诸将克肃州，巷战十日，斩首五千级，土伦太、国栋及其党黑二、哈只等皆伏诛[15]，传首三边，河西悉平。八月，公自潼关渡河，诸将根太、赵光瑞复蒲州，斩首七千级，遂进兵临晋、猗氏，斩贼元帅白璋，禽监军道卫登方，复平阳诸郡县，虞印、韩昭宣等走，据运城。九月，诸将狄应魁、赵光瑞、沈应时、根太、杜米等攻拔之，斩虞印、韩昭宣，平阳寇悉平。

七年（1650年）三月，世祖（章皇帝）嘉公勋劳，进兵部尚书，照旧管事。八年六月，遣诸将马宁等讨刘宏才于北山，大战于保安，禽其军师苗惠民，再战于合水县，禽宏才以归，延庆余贼悉平。十年九月，赵光瑞讨孙守金于紫阳洞山，禽之。

公在秦十年，凡抚贼胁从一十七万六千有奇。公豁达大度，推赤心置人腹中。有所爱骏马，诸将或径取以去，诘之，对曰："欲得此马，为公杀贼耳！"公捧腹大笑，遂赐之。其他宝刀、良铠之属，诸将目属，辄以赐之。有功者辄力奖拔，不限资格。起偏裨至大将，或爵通侯者，如张勇、马宁、赵光瑞、任珍、陈德、狄应魁、刘友元、沈应时、赵良栋辈皆是也。诸寇既殄，于是疏豁陕西荒粮，以苏民累，靖盗源，又上屯田奏曰："秦省自明季寇变以来，荒田最多，亏正赋不赀，深山大谷，虎狼所窟，地方多事。议裁兵，则不可，惟有屯田之一法，既可足食，亦可强兵，而弭盗安民亦在乎是矣！"上可其奏，以白士麟等五人分屯延庆、平固及西安、凤翔诸郡。兵屯岁收粮米二万六千有奇，民屯岁收粮米一万六千有奇，省协饷无算。又条奏省兵，略曰："秦省七镇及督抚各标官兵计九万八千有奇，合满洲四旗及平西王[16]、固山额真[17]兵，每岁共需饷银三百五十九万余两，而秦赋熟粮并钱息仅一百八十六万有奇，缺额者一百七十余万，年复一年，后将难继。近日逆贼叛孽以次削平，各镇之兵，实有可省。甘肃远在天末，兴安界连三省，应照旧额。余如延绥、宁夏、固原、临巩四镇标下，宜各留兵三千，分中、左、右三营领之。所余之兵，固镇拨五百人，隶庆阳协守，余五千五百人[18]可省也。汉羌驻平西王、固山大兵，应裁去总兵官，设城守副将，统兵一千人,隶兴镇。余兵拨防黑水峪、汉阴县,各五百人,余二千五百人可省也。汉兵提督四千人,驻省会,宜留二千(人),协同满兵征剿,余二千人可省也。各道标兵尽易屯兵,免其起科。延镇定边、神木等处无屯兵者,止用守兵,计所省又二千余人,约共省兵一万二千有奇,岁可省饷(银约)三十(一)万两有奇。"皆报可。又疏陈蜀地战守之计,曰:"蜀接让秦、楚,自唐宋以来在所必取。今献贼[19]蹂躏之余,所在焚掠,人民死徙,大兵(寀)[采]入,恒苦转运之艰,且水泉多毒,饮之则人马皆病,是以两经挞伐,未克底绩[20]。(目)今大兵撤至保宁,杀贼殆尽,断当以保宁为驻兵之地,以四川右路总兵官马宁统兵马精锐三千驻之,以为汉中藩篱;以步兵五千分驻保宁迤北广元、昭化之间,为屯种久远之计;令平西王驻汉中,相为犄角,战可制胜,守可固圉,兵食有赖,不苦运输,流亡来归,渐可生聚,从此规取全蜀,易易也。以本地之粮养本地之兵,兵心既固,民情亦安,举动罔不利矣!或狃一时之见,撤兵汉中,则保宁咽喉之地,必为贼有。东而紫阳,西而阶州、文县,中而宁羌、阳平之间,凡诸险要,贼得与我共之,三秦且无宁日矣!臣故决以保宁为驻兵之地,不可轻移尺寸,弃以资贼,其固山额真之兵当暂撤,以纾秦民转饷之劳。"皆见施行。九年,入觐京师,赐内厩御马二,诏从驰道出以宠异之。加太子太保,还西安。十年,命总督陕西三边、四川等处军务。累疏乞休,慰留不允。冬十二月,以病乞骸骨,始允之,加少保,驰驿回京,而公已薨于位。年六十。讣闻,上震悼,命内大臣酹酒柩前,谕祭三坛,(赐)[锡]以碑文,加赠太保,赐谥忠毅。(别赐甲第一区,白金千两,以某年某月日葬于胡桃园之赐阡。)

公状貌伟硕,腰腹十围,望见者惊为神人,诸将惮其威严,而乐其坦易。性不甚读书,每令人诵文书于侧,坦腹听之,鼾睡如雷,偶误一字,辄惊窹曰:"误矣!"人以为神奇。公生于万历乙未(二十三年,1595 年)二月初五日申时,卒于顺治十一年(1654 年)甲午正月初一日子时,阶光禄大夫,官总督陕西三边、四川等处军务兼理粮饷、少保兼太子太保、兵部尚书兼都察右副都御史,世袭三等阿思哈尼哈番。祖考(廷)[延]勋[21],考国用,皆赠光禄大夫如其官。祖妣王氏、(姬)[妣]马氏、杜氏,皆赠一品夫人。配卜氏、艾氏,皆赠一品夫人。(王氏,封一品夫人。)[22]子三人:熊臣,汀州府知府;熊飞,浙江道监察御史;熊弼,袭父职三等阿思哈尼哈番。孙九人:缵祖,康熙丙辰(十五年,1676 年)进士,大理寺右评事;继祖、绒祖、绎祖、绵祖、繗祖、缉祖、维祖、四哥[23]。铭曰:

粤定鼎初,巨寇西偾。维司马公,威棱遏震。电激两河,飙驰三晋。遂指崤函,雍凉埽汛。天子曰咨,汝维作镇。蠢尔遗孽,豕啼螳奋。有铚未膏,有鼓未衅。公抚其徕,乃戕厥愠。先胜后战,神机独运。告成三载,底绥八郡。凡公之绩,成于善任。桓桓武臣,以威以信。发纵指示,所向斯蹙。天笃眷公,展厥底蕴。秦川既宁,河西复燄。酒泉报倾,金成告祲。天水传烽,咸阳逼近。谈笑御之,指挥而烬。云中逆命,狂如饮鸩。睒睗跳踉,河东为甚。返旆渡河,叛臣是问。摧其藩篱,断其辔靷。贼势分崩,获丑执讯。疆圉既奠,远敷棠荫。抚此疮痍,育以旸润。方略亟上,请奏不靳。省兵择吏,屯开农训。

击鼓吹豳，以乐田畯。露积崇墉，车输充牣。流冗四归，荒残丕振。秦地无虞，川师继进。井络重开，鯨(俊)[鲵]膏刃。天(告)[造]草昧，公功为俊。於赫孟公，功高益慎。帝曰吁来，驷骖入觐。何以锡之，天闲神骏。诏行驰道，光贲中禁。保障秦蜀，才唯汝仅。钦哉汝往，勿辞劳疢。公乞骸骨，申命重巽。鞠躬尽瘁，卒归以榇。丈人贞吉，行险而顺。云雷方屯，经纶奋迅。帅秦十载，衮衣金印。八水同流，二华比峻。风虎云龙，会逢尧舜。神为列星，生符瑞谶。像列云台，恩施祚胤。刻示丰碑，以永令闻。

【作者简介】

王士正(1634～1711)，原名王士禛，为避清世宗"胤禛"讳改称"王士正"(乾隆三十九年十二月初三日，内阁奉上谕：原任刑部尚书"王士正"之名，原因恭避庙讳而改。但所改"正"字与原名字音太不相近，恐流传日久，后世几不能复知为何人。所有"王士正"之名，著改为"王士祯")，字子真，号阮亭，又号渔洋山人，山东新城(今桓台县)人。顺治十五年进士，授扬州推官。康熙三年，擢礼部主事，累迁户部郎中。升翰林院侍读，入值南书房。历国子祭酒、少詹事、兵部督捕侍郎、户部侍郎。康熙三十七年晋左都御史，四十三年转刑部尚书。卒，谥文简。清初著名诗人，康熙时继钱谦益而主盟诗坛，与朱彝尊并称一代宗匠。

【注释】

①就国：之国。藩王前往封地。洪武三年，朱元璋封第四子朱棣(十一岁)封为燕王。洪武十三年(二十一岁)从凤阳就藩北平。

②(孟)国用：嘉庆三年《宁夏府志·宁夏镇总兵》中并无"孟国用"。

③杜氏：孟乔芳母。

④刑部承政：相当于刑部侍郎。天聪五年，皇太极仿明制，设礼、工、刑、户、兵、吏六部。《清史稿·太宗本纪》："天聪五年秋七月庚辰，始设六部。每部满、汉、蒙古分设承政官，其下设参政各八员，启心郎各一员。"顺治元年，承政改称侍郎。

⑤梅勒章京：清朝官爵名。天聪八年(1634年)，皇太极易满语，改副将为梅勒章京。顺治四年，改称阿思哈尼哈番。乾隆元年，定爵名为男。

⑥牛录：清太祖努尔哈赤时期，满洲人出兵或打猎，每人出一支箭，十人为一牛录(汉语"箭"的意思)，首领称"牛录额真"(汉语译为"佐领")。

⑦九月：光绪《永平府志》为"九月"，王士祯《渔洋山人文略》卷七《诰授光禄大夫、总督陕西三边四川等处军务、少保兼太子太保、兵部尚书兼都察院右副都御史、世袭阿思哈尼哈番、谥忠毅孟公神道碑铭》载为"六月"。

⑧禽：通"擒"。

⑨戕杀宁夏巡抚：焦安民，汉军正红旗人。顺治元年，由吏部启心郎升山西雁平道。顺治二年四月，擢宁夏巡抚。顺治三年三月，副将王元、马德以营兵赵锐等罪责入狱，乘衅统众突入抚署，杀死焦安民，王元、马德等伏诛。(《钦定八旗通志》)。

⑩河儿(平)[坪]:王士祯《渔洋山人文略》为"河儿平",《清世祖实录》为"河儿坪"。

⑪安家川:光绪《永平府志》为"安家川",王士祯《渔洋山人文略》为"铁角城"。

⑫实繁有徒:实在有不少这样的人。实,实在;繁,多;徒,徒众。

⑬二千:光绪《永平府志》为"二千",王士祯《渔洋山人文略》为"三千"。

⑭傅夸蟾:清甘肃总兵张勇《张襄壮奏疏》、清钱仪吉编《碑传集》为"傅夸蟾",1982年第八期《文物》杂志有《傅夸蟾碑述略》一文;《清史稿》《钦定八旗通志》皆作"富喀禅"。

⑮土伦太……皆伏诛:王士祯《渔洋山人文略》为"杀土伦太、国栋,其党黑二、哈只等皆伏诛。"

⑯平西王:吴三桂,明末辽东总兵。崇祯十七年四月二十一日,闯王李自成讨伐吴三桂,吴三桂剃发降清,引清军入关。清世祖定鼎燕京,封吴三桂为平西王,从英亲王阿济格西征李自成。顺治二年进攻西安。顺治五年,与定西将军墨尔根、侍卫李国翰出镇汉中。

⑰固山额真:固山,满语,汉意"旗"。额真,满语,为一旗长官,管理全旗事务。天命十一年(1626),皇太极设固山额真,为旗的军政长官。顺治十七年,改称固山额真为都统。

⑱五千五百人:王士祯《渔洋山人文略》为"二千五百人"。

⑲献贼:张献忠,陕西定边县人。明末农民军领袖。崇祯十三年(1640年)进兵四川。崇祯十七年在成都建立大西政权。顺治三年,清军南下,张献忠阵亡。

⑳底绩:获得成功。

㉑(延)[延]勋:光绪《永平府志》为"延勋",台湾地区"中央研究院历史语言研究所"孟乔芳基本资料为"延勋"。

㉒王氏,封一品夫人:光绪《永平府志》无此句。从碑文看,卜氏、艾氏"赠"一品夫人,说明两位夫人已经去世。台湾地区"中研院史语所"藏内阁档库中有一折题名为"孟乔芳妻王氏为请给车辆口粮事",责任者"王氏(原任陕西三边四川总督孟乔芳妻)",事由"揭为氏夫于今岁元旦身故,所遗家口众多,非有车辆、口粮不能起行,请准扶柩驰驿回京,并给家口车辆、口粮",责任日期为顺治十一年。说明孟乔芳确有一位继室王氏,而且孟乔芳逝世时王氏仍健在,故用"封"一品夫人。

㉓四哥:在孙辈中排行第四位,未及起名而夭折,故称。

秀水朱彝尊《孟公神道碑铭》①云:太保孟忠毅(公)薨,归葬于京西蔡公庄之东,岁在庚午(顺治十一年,1654年)。其子熊弼请予撰碑,立石于神道,于是公薨三十七年矣!公之德功烈善②,记诸史册,无俟碑铭后显。乃余读公奏疏,窃恐史氏未载其详,而訏谟伟略不尽传于天下,不可以不铭也。

公讳乔芳,字心亭,永平人。诰授光禄大夫、总督陕西三边、四川军务、少保兼太子太保、兵部尚书兼都察右副都御史、世袭阿思哈尼哈番③,加赠太保,谥忠毅。

其先世某,徐州人,以靖难立功,世袭东胜卫指挥同知。祖某,考某,皆赠如公官,祖妣张氏、刘氏、王氏,妣马氏、冯氏、杜氏皆赠一品夫人。公幼负大志不羁,伟岸善骑射,能以一矢堕双雁。清太宗(文皇帝)兵入关,公杖策谒军门,太宗壮其貌,与语奇之,引置左右,官刑部承政兼梅勒章京,管牛录事。使定律例,从征大凌河、锦州、松山、宁远、朝鲜,屡著战功。顺治元年,李自成自山海关战败西遁。清世祖(章皇帝)定鼎燕京,命公帅师追之,由畿南下河北,逾太行,定汾、潞,拔太原,遂渡河入关,下延安,略定庆阳、平凉,所至秋毫无犯。世祖嘉其绩,命以兵部右侍郎兼都察院右副都御史总督三边军务。当是时,自成弃关中走,张献忠尚据蜀,民情未定。妖贼胡守龙自号圣公,称元清光,谋为变;叛寇贺珍连兵十万攻西安,李鹞子陷同州,武大定踞固原,孙守法啸聚兴安,刘二虎出没汉中,胡向宸负固黑水峪,关以西群盗塞路。马德、贺宏[弘]器、李明义、米国(珍)[轸]、折自明诸贼叛服不常,各拥众数万为害。公广招徕,布恩信,散奸党,峙④糗粮,简将帅,分道出奇掩击,枭守龙于市,追珍及于永寿,蹴之汉中,击走二虎、大定,诛向宸于板桥南山,斩守法于药箭砦,戮德于河儿平,降自明于青觜砦,擒宏[弘]器于安家川,俘明义,缚国(珍)[轸]。前后百余战,斩馘无算,降者(一)十七万余人。

又陕西多回种,河西尤甚。五年(1648年)夏四月,群回煽惑,米喇印、丁国栋聚众反,陷甘肃,破凉州、庄浪、兰、岷、临洮,所至响应,关中大震。而巩昌回攻城未克,公疾驰救援,贼败走,乘胜遣张勇复临洮,马宁由上路趋内官营,破之。赵光瑞由南路至梅川,贼迎敌奔溃,而梅川去岷州五里,左山右河,道险隘,贼据守坚甚,光瑞诱之出战,大破之,遂复岷州。张勇由中路一败之(宫)[官]堡,再败之马韩山,三败之二崖洞,于是喇印、国栋合兵守兰州。公督满汉精锐径薄兰州,俾协剿户部侍郎额色暨张勇为前锋,贼出,大战良久,公令勇袭破其城,贼大败,焚浮桥遁。而王印[胤]久、马宁亦破贼金县,会兵兰州。时朝议大出师会剿,公上奏曰:“叛回(徒虽为)[为徒虽]⑤繁,然乌合易散。臣已大破之,临、巩城堡尽复,其伎已穷,进取河西,甘镇计日可复。且秦民力已竭,大兵复临,供应难复支。又西宁祁廷谏、李天俞,庄浪鲁典皆未肯为贼下。今廷谏子兴周赴臣军,已令其纠各族协捕,乘破竹之势,鼓行而西,必能奏绩。若旷延时日,以俟大军,不惟坐縻粮刍,且使贼得合余烬自备,而廷谏等亦懈,失机长寇,非计也。”朝廷乃止,遂(将)[督]兵渡河。游击张三耀斩喇印于古城窊,逐北至甘州。时夜已深⑥,公曰:“贼必出袭我。”乃设伏以待,而张灯,弹琵琶,酣饮,歌声彻栅外。贼果出,遇伏,悉擒之,遂围城,月余平之。丁国栋窜肃州,立土伦太为王,哈密、缠头、畏兀、红帽、哈喇五番附之,据城固守。而山西大同降将姜瓖反,远近震慑,其党虞印、韩昭宣陷平阳,号二十八万,此六年(1649年)秋七月也。世祖遣兵进攻大同,命公引兵赴援。公留马宁围肃,驰赴潼关,贼兵拒河守。公佯置巨舰于上流,伐鼓扬旗,作欲渡状,而夜率师从下流径渡,急击之,贼势披靡,战且走四十余里。比明,抵蒲州,贼出城迎敌,公督将士力战,杀贼七(十)[千]余人,贼弃城遁。遣将复临、晋、荣河、猗氏、解州，共斩首二万有奇。乃合兵围运城，城破，贼党歼焉，遂定平阳。而马宁以十一月破肃州，杀土伦太，国栋就擒，河西亦平。

七年（1650年），进兵部尚书。八年（1651年），定河南何柴山之乱，又擒延庆巨盗刘宏才。于是全陕盗贼叛（逆）[孽]俱尽。陕西自罹寇祸，户口消耗，荆棘弥望，乃荒田之粮尽责之未亡之户，百姓苦之。公力陈其害，请蠲，久之始听，蠲其绝户，而有主荒田乃自七年起征。公复奏曰："所云有主者，皆贫氓耳！佣作糊口，以延旦夕，欲其开垦纳赋，断不能也，且未有六年不能垦，七年即能者，若欲藉此为兵饷，责有司追呼，茕茕孑遗，力不能支，必至相率逃徙，诚恐有主之田转为无主，将来饷缺愈多矣！"时有司考成急催科。公又请以户之增减，田之荒辟为殿最，使知爱养抚绥。其惓惓民瘼如此。

先是二年，公至秦，即以奇兵入龙安，为图张献忠取蜀之计，后朝廷以重兵屯汉中，秦民转输艰苦。九年，取成都，即请屯田，而廷议退兵汉中，乃力请驻保宁，为汉中藩篱，屯田广元、昭化间，战可制胜，守可固圉，兵食有赖，不苦转输，则规取全蜀无难。从之。于是秦运始抒，而蜀地以次就平。既又上（书）[疏]曰："秦省自明季寇变以来，田亩荒芜，今虽屡诏开垦，而雁户未集，耕耨无人，饷仰给于大农，非久远计也。惟屯田可足食，强兵而弭盗，安民亦于是乎在。"上嘉纳之。因举白士麟、郭之培领其事，而以高应选等八人分理。于是兵屯民屯并兴，岁得谷数万斛。十年（1653年），复荡平紫阳孙守金，自此民渐复业，而关中宴然矣！

公为人精敏沉毅，善料敌，诸将禀方略辄致胜。又知人善用，爽豁无嫌猜，人人乐为之效死。其章疏皆剀切条贯，千里外如面陈，故有请必从。当蜀未定，上言曰："四川一日未复，臣心一日未安。"世祖喜曰："若封疆大臣尽皆如此，朕复何虑？"盖君臣交孚若是，是以所向奏功。初，公累疏入朝，优诏不允。九年，复请，许之陛见，慰劳备至，赐内厩马二，命从驰道出，以宠异之；赐帽靴、弓刀，加太子太保，命还秦。既又命兼督四川，而公（以）积劳成疾，乞休，慰留不许。疾笃，复乞骸骨，乃加少保，驰驿（还）。未至而公薨，十一年（1654年）正月元日子时也。世祖闻之震悼，枢至，遣大臣酹酒，谕祭三坛，存问其妻子，赐第一区，白金千两。公生于万历乙未（二十三年，1595年）二月五日，年六十。配卜氏、艾氏、王氏，赠封一品夫人。子三：熊臣，知汀州府事；熊飞，监察御史；熊弼，世袭职阿思哈尼哈番，予告光禄大夫。孙九人，曾孙五人。

呜呼！公督秦十年，外诘戎兵，内定经制，抚循百姓，广收名将为（心腹）[腹心][7]。以二十余年盗贼充斥、荒残流莩之乡，复使升平乐业，屹然为中原保障，朝廷无西顾忧，人皆知公之功在秦，不知河东之乱非公不能定，取蜀之策非公不能有成。然则（功）[公]不徒出秦民于汤火而已，晋与蜀咸受其赐焉，公之功（顾）不伟欤[8]？铭曰：

神龙之奋，云则从之。诞作霖雨，以蒸有黎。桓桓孟公，万夫之特。早事太宗，宣劳肇域。世祖受命，师入临榆[9]。公蹙残寇，渡河而西。帝哀秦民，俾离疾苦。俾公建牙，节制文武。凶渠在蜀，倡乱孔多。潜狙乳兽，争磨其牙。公遇将士，披豁心曲。昧者必攻，降者弗戮。如带斯结,解之以纚。如发斯涽,理之用筐。荡寇河东,有战必克。蒲坂既收,解梁乃服。曩者秦俗,壤地荒芜。吏患追呼,民困转输。征徭克缓,屯务毕举。有畎有沟,有禾有黍。既策王(公)[功],载懋民庸。君子来朝,谒帝于宫。何以予之?衣裳在笥。又何予之?弓刀是佩。天马既秣,帝曰汝骑。出从驰道,异数则希。我作此辞,纪公之实。片石既刊,百世有述。

【作者简介】

朱彝尊(1629~1709),清初著名学者,号竹垞,浙江秀水(今嘉兴市)人。康熙十八年举博学鸿词,以布衣授翰林院检讨,入直南书房,参修《明史》。三十一年归里。

【注释】

①《孟公神道碑铭》:朱彝尊《曝书亭集》卷七十碑二《太保孟忠毅公神道碑铭》。

②德功烈善:朱彝尊《曝书亭集》和乾隆、光绪《永平府志》为"德善功烈"。

③阿思哈尼哈番:清朝爵名,顺治四年(1647年)定名。乾隆元年(1736年),定汉字为男,译为男爵。

④峙:朱彝尊《曝书亭集》和光绪五年《永平府志》均为"峙",通"偫"或"庤"(zhì),储备、积储之意。

⑤(徒虽为)[为徒虽]:光绪《永平府志》为"徒虽为",朱彝尊《曝书亭集》为"为徒虽"。

⑥已深:朱彝尊《曝书亭集》为"二鼓",即二更天。古代夜晚用鼓打更,夜间分为五更,也称五鼓:黄昏一更为夜晚17时至21时,人定二更为21时至23时,夜半三更为23时至次日凌晨1时,鸡鸣四鼓为1时至3时,平旦五鼓为3时至5时。

⑦(心腹)[腹心]:朱彝尊《曝书亭集》《清朝文征》为"腹心"。

⑧公之功(顾)不伟欤:朱彝尊《曝书亭集》为"公之功顾不伟欤"。

⑨临榆:朱彝尊《曝书亭集》、乾隆《永平府志》为"榆关"(指山海关),光绪《永平府志》改为"临榆",不甚准确,应以"榆关"为是。

蔡襄敏士英墓①　在城南虎头石后,敕葬。

清康熙十三年三月十五日,(皇帝)遣经筵讲官、礼部右侍郎兼翰林院学士史大成谕祭,文云:鞠躬尽瘁,臣子之芳踪;恤死报勤,国家之盛典。尔蔡士英,性行敬慎,才猷敏亮,克襄王事,著有勤劳。因积劳而成疴,令解任以调摄。方俟病痊,以需召用。忽闻长逝,朕甚悼然。特颁祭葬,用展哀悰。呜呼!宠锡重垆,庶享匪躬之报;名垂信史,聿昭不朽之荣。尔如有知,尚克歆享。

又赐谥碑文云:稽古建业,驱策群力。不吝爵赏,以劝有功。昭示后世,用传不朽。所以励忠,盖甚备也。尔蔡士英,性行端良,才猷敏亮,历经委任,著有勤劳。因积劳而成疴,令解任以调摄。方俟病痊,以需召用。忽闻长逝,朕甚悼焉。特赐谥曰襄敏,勒诸贞珉,永光泉壤。国曲臣谊,庶其昭垂,无歝哉!

【注释】

①蔡襄敏士英墓：在今卢龙县城南蔡家坟村。

【补录】

谒蔡襄敏公墓　清·史梦兰

肖然古墓瞰清澜，石马纵横半欲残。洞口沙平驯犊卧，岭头风劲野鹰盘。千秋吉壤归名将，一代贞珉出宦官（相传墓傍华表、碑碣为魏阉①故物）。俯仰遗踪无限意，四围山色对凭栏。（史梦兰《尔尔书屋文集》）。

【注释】

①魏阉：魏忠贤，字完吾，河北肃宁人。明天启年间任司礼监秉笔太监，深受明熹宗朱由校的宠幸，擅权乱政，残害忠良，草菅人命。崇祯皇帝朱由检即位后，魏忠贤畏罪自杀。

蔡绥远将军毓荣墓　在襄敏墓后。

新城王士正《蔡公毓荣墓铭》①云：前绥远将军、总督云南贵州兵部尚书兼都察院右副都御史，改兵部左侍郎仁庵蔡公考终于永平府卢龙县之里第，孤琳②等泣述治命③，来请文其隧道之碑。公之言曰："某罪臣④也，分宜归死，司败⑤荷国厚恩，念先臣阀阅微劳，放归田里，俾守邱[丘]墓，得侍先襄敏于地下。天高地厚⑥，未足比拟，吾死则葬襄敏墓侧，伐石为碣，书官（爵）[阶]以彰国恩，书祖、父、家世、生卒年月以垂家乘，如是足矣！"不佞⑦，襄敏公门下士也，谊不可辞则以治命具书之。

公讳毓荣，仁庵其字，别字显斋。其先河南人⑧，始祖清，明初以军功世袭武节将军，居辽东左屯卫⑨，遂隶籍。曾祖国忠、祖绍荫。考襄敏公士英，从龙勋旧，累官至总督漕运兵部尚书兼都察院左副都御史，阶至光禄大夫。赠祖父如其官。母张、继母徐，俱赠一品夫人。继母王、史、伍，俱淑人。公为襄敏公仲子，（徐出。顺治间）⑩，起家佐领，补刑部理事官，擢监察御史。康熙初，进内秘书院学士，历刑部左右侍郎、吏部左右侍郎。九年，特简总督四川湖广，改兵部右侍郎兼都察院右副都御史。十八年，特加绥远将军。二十一年，改总督云南、贵州，进兵部尚书，兼宪职如故，阶正一品。二十五年，内移总督仓场户部右侍郎，转补兵部左侍郎。

公生于天聪癸酉（崇祯六年，1633年）三月（初）八日，卒于康熙三十八年（1699年）（乙）[己]卯正月二十二日。元配闵，累封一品夫人，生于天聪乙亥（崇祯八年，1635年）六月二十一日，卒于康熙十八年（1679年）己未八月初一日。继配朱，封一品夫人。子八人⑪：琳，前食主事俸，执事内廷；珣，前海盐县知县；玑、琴、珰、璠、璪、瓒。女八人，皆适名门⑫。孙二人：武曾、福保。铭曰：

维右北平，古之孤竹；维乔⑬及梓，郁郁乔木。依然几杖，侍厥先臣。山高水长，荫及后人。

【注释】

①蔡公毓荣墓铭：王士祯《带经堂集》卷八十二《诰授光禄大夫、兵部左侍郎、前绥远将军、总督云南贵州等处地方军务兵部尚书兼都察院右副都御史蔡公神道碑铭》。

②孤琳：蔡琳，蔡毓荣次子。因父亲去世，故称“孤”。

③治命：指人死前神智清醒时立的遗嘱，后亦泛指生前遗言。

④罪臣：康熙二十年十月二十八日，绥远将军蔡毓荣率清军攻入云南城，不仅霸占吴三桂家财产，还私自将吴三桂的宠姬八面观音和嫡孙女四面观音纳为妾。康熙二十五年十二月，东窗事发。康熙二十六年二月，刑部等衙门会审，拟斩立决。得旨：蔡毓荣从宽，免即处斩，籍没家产，与其子蔡琳发配黑龙江。两年后赦还，到浙江金华府九峰寺出家为僧。

⑤司败：司寇，古代官名。蔡毓荣兼任都察院右副都御史。

⑥天高厚地：王士祯《带经堂集》为“高天厚地”。

⑦不佞：王士祯自我称呼谦辞。

⑧河南人：光绪《永平府志》为“河南人”，王士祯《带经堂集》为“江南人”。

⑨辽东左屯卫：明洪武八年（1375 年）定辽都卫改设辽东都司（治所在定辽中卫，今辽阳市），下设广宁左屯卫（今锦州市）等 25 卫。

⑩（徐出。顺治间）：王士祯《带经堂集》语，意为蔡毓荣是徐夫人所生。光绪《永平府志》无此语。

⑪子八人：据台湾地区“中研院史语所”编辑的基本资料，蔡毓荣子九人，长子蔡珽，官至吏部、兵部尚书兼都察院左都御史、正白旗汉军都统，署直隶总督。

⑫名门：王士祯《带经堂集》为“名族”。

⑬乔：王士祯《带经堂集》为“桥”。

南皮张太复《游蔡家坟归，登南台作》云：我来蔡氏茔，四顾动惆怅。煌煌襄敏公，功德未可量。当时隆帝眷，赐谥与祭葬。至今表壮观，巨丽莫（可）[相]当。绰楔[①]高矗云，翁仲[②]巨骇人。石马疑嘶风，骏逸迥绝尘。其中一石炉，如山峙嶙峋。烛奴[③]更傍列，方丈镌龙麟。刻镂剧天铲，目骇如有神。云昔委鬼物，伐山财几竭。赫赫九千岁，终凶遭剉骨。一旦移寘来，硉矹[④]峙高阙。衰盛常相因，叠体犹积薪。石兮寂无言，阅历多秋春。宁知入我朝，墓门更厥（噉）[陈]。苍苍万松树，延蔓接烟雾。惊风时一吼，长涛欻喷怒。高冢何巍巍，恍与祁连[⑤]遇。因之登后山，放眼一纵观。连冈抱龙虎，一水潆南端。却眺叠岭外，滦江浩漫漫。如此大结束，伟人合代出。空山常寂寥，树石莽萧瑟。徒令百战下，翘首仰巨室。山川而能语，笑杀青乌术。去去返郡城，日脚西欲倾。南台适中道，单椒[⑥]亦峥嵘。摄衣拾级来，一望苍烟平。城郭与人民，攘攘微闻声。方兹山邱感，复此阛阓行。俯仰人间世，终古宝令名。

【注释】

①绰楔：古时树于正门两旁，用以表彰孝义的木柱。

②翁仲：阮翁仲，秦始皇时的一名大力士。后来专指陵墓前面及神道两侧的文武官员石像。

③烛奴：原为雕刻成人形的烛台，后泛指烛台。

④硉矹(lùwù)：石崖不稳貌，砂石随水貌。

⑤祁连：祁连山，位于青海省东北部与甘肃省西部之间，海拔4000～6000米，是中国主要山脉之一。

⑥单椒：孤峰。

杨工部文魁①**墓**　在府城南小岭。

【注释】

①杨工部文魁：杨文魁，号近楼，永平卫人。明天启五年十二月由石门路都司升游击将军，仍管参将事。天启六年十一月，任分守蓟镇古北路参将。后升汉儿庄副将，坐事解职。崇祯三年正月，皇太极攻陷永平府城，杨文魁与孟乔芳降清，用为副将。崇德八年(1643年)三月任工部参政，十二月由工部侍郎、二等甲喇章京升授一等甲喇章京。

郎总督廷佐①**墓**　在城北四十里土山。

【注释】

①郎总督廷佐：郎廷佐，字一柱，辽东广宁(今辽宁北镇市)人。崇德元年(1636年，明崇祯九年)，由官学生授内院笔帖式，擢国史院侍读。顺治六年，从英亲王阿济格讨大同叛将姜瓖，迁秘书院学士。十一年，授江西巡抚。十二年，擢江南江西总督。十六年，巡阅江海，郑成功陷镇江，围攻江宁。设计击败郑成功，焚敌舰五百余，擒斩无算，郑成功逃往台湾。十八年，专督江南。康熙四年，仍兼江西。七年，以疾解任。十三年，耿精忠反，授廷佐福建总督。廷佐至浙江金华。十五年，卒于军，赐祭葬。

【补录】

皇清诰授光禄大夫总督福建等处地方军务兼理粮饷兵部尚书兼都察院右副都御史加一级前总督江南江西巡抚江西内秘书院学士一柱郎公神道碑

清福建总督郎廷佐谕祭文

维康熙十六年五月十八日，皇帝遣礼部郎中加一级拜达尔谕祭故总督福建等处地方军务兼理粮饷、兵部尚书兼都察院右副都御史加一级郎廷佐之灵曰：鞠躬尽瘁，臣子芳踪。恤死报勤，国家之盛典。尔郎廷佐，性行纯良，才能敏练，克襄王事，素著勤劳。忽焉长逝，用悼朕怀，祭葬特颁，以示悯恻。呜呼！宠锡重垆，庶享匪躬之报；荣垂信史，聿昭不朽之名。尔如有知，尚克歆享。(1988年邸和顺主编《秦皇岛市文物资料汇编》；1994年彭勃主编《卢龙县志》)

李选贡廷桂墓　在府城东，漂白河东。

孔郡主①**墓**　在府城北二里许，乃(靖)[定]南王孔有德②幼女之墓也。(墓)以石砌(俗称公主墓，冢东西皆有民居，盖墓户也。后繁衍成村名，曰范家庄。墓正居庄心，墓田皆出自御赐。墓前一小碑上载坟地八顷八十亩,有官租,无钱粮,乃咸丰元年三月所建。旧碑无存)。

【注释】

①孔郡主:相传为清初定南王孔有德三女儿。孔郡主墓在卢龙县城北范庄村。据《卢龙县地名资料汇编》记载,清皇亲孔有德从奉天(沈阳)进京路过这里,其三女儿死在此地,由范、訾、张、李四姓为其看坟,范氏为长,取名范庄。据台湾地区"中研院史语所"藏清宫档案,有份顺治帝"册立定南王孔有德女孔氏文稿",时间为"顺治十三年九月二十七日"。孔有德有个女儿名叫孔四贞。康熙四年,随丈夫、镇守广西将军孙延龄南下。康熙十三年,孙延龄响应吴三桂叛乱。康熙十五年十二月,孙延龄被杀,孔四贞被吴三桂接到云南昆明。康熙二十一年,三藩平定后,孔四贞回到北京。康熙五十二年逝世。这位"孔郡主"是否孔四贞? 也有说北京公主坟为孔四贞墓,都无法证实。

②孔有德:字瑞图,原籍山东,辽东盖州卫人。明崇祯初年,任山东登州步兵左营参将。崇祯四年八月,在登州发动吴桥兵变,降清后封为都元帅、恭顺王,从征朝鲜、锦州、松山等地。顺治三年,封平南大将军,追剿南明永历政权。顺治五年,封为定南王(尚可喜封靖南王),出征广西。顺治九年,被南明将领李定国围困在桂林,兵败自杀。顺治十一年六月,其女孔四贞逃回北京,封为和硕格格,嫁给孙延龄。

徐孝子良臣墓　在徐家沟北,距城十三里。

刘孝子顺时墓　在城西北十五里,白蟒山旁。道光二十八年(1848年)奉旨建坊。

卢龙温序斌《刘孝子歌》云:孤竹国,墨胎氏,受爵唐虞历殷纪。天生夷齐振颓风,父命天伦成一是。首阳高躅讵难攀,兴起由人不尽顽。白蟒山阴刘孝子,敦仁笃义于其间。日出早出耕,日入不得息。持家有苦心,养亲无余力。四十痛父归黄泉,骨已如柴为母全。五十老母又见背,肝膈摧崩心几碎。抔土成坟力莫当,诛茅作室墓之旁。食无盐酪卧无席,三年血泪凝冰霜。有司久阁悭表异,徒令道路增悲伤。嗟嗟! 刘孝子,孰与比? 人皆父母生,何遽忘毛里。无端忽动短丧思,无端竟借夺情仕。口不绝肥甘,身不离朱紫。三年之爱等寻常,何怪徵歌与选妓? 东夷有少连,降志辱身矣! 中伦中虑圣独称,孰意于今得见此?

【作者简介】

温序斌,字石坡,湖北学政温如玉子,寓居卢龙,道光年间诸生,州同衔。

翟进士正经墓　在城北三里庄南。

温学政如玉①墓　在城北十五里,招军屯庄东。

张知州琴墓　在城东北尹家洼。

赵布政光祖②墓　在城北三里庄。

阎知府廷珮③墓　在城北七里小刘庄。

【注释】

①温学政如玉：温如玉，字尹亭，号廉圃，抚宁县（今秦皇岛市抚宁区）台头营人。乾隆十年进士，由翰林院检讨授山西道监察御史。十八年，充广西正主考。升礼科给事中，转刑科掌印给事中。二十年、二十四年，提督湖南、湖北学政。二十九年，巡视山东漕务。旋以病归里，迁居永平府。

②赵布政光祖：赵光祖，字裕昆，号述园，卢龙县人。嘉庆十九年进士，选翰林院庶吉士，授礼部郎中，道光十五年转山西道监察御史，历任户科给事中、浙江督粮道，道光二十二年升云南按察使，署云南布政使，二十五年实授云南布政使。

③阎知府廷珮：阎廷珮，直隶卢龙人。道光二十四年进士，入户部，任学习主事，三年期满候补主事，后升山东司郎中。咸丰十一年三月、同治四年至七年、八年至十三年三任青州府知府。

卢龙县志卷九

气候　人口　物产　实业　行政　教育　金融

气　候

卢龙位于北纬度三十九度五十五分,经度一一八度六十分(按:此经度系以英伦敦为中心线)。

处于北温带,古称塞北,近于大陆气候。夏季酷热,冬季严寒,春秋二季气候尚属温和。每年最热期温度达摄氏表四十度以上,最寒期达摄氏表十度以下,故冬夏二季温度生三十余度之差。春季气候干燥,雨量欠缺,且多寒风。夏季雨水时行,常感过多之苦。冬季至大雪节气最寒,雪量亦以(此)[春]节前后为多云。

人　口

第一区　户四千零八十,男一万五千零八十六名,女一万二千七百八十四口。

第二区　户三千五百,男一万二千八百七十六名,女一万二千七百一十六口。

第三区　户三千四百二十四,男大七千八百一十五名,小七千一百零二名;女大七千八百二十口,小六千零五十一口。

第四区　户三千二百,男一万三千六百二十二名,女一万一千七百四十九口。

第五区　户三千一百,男一万三千七百三十一名,女一万三千八百六十口。

第六区　户五千一百三十,男大八千九百一十四名,小五千四百七十六名;女大七千七百一十口,小五千一百四十一口。

以上六区,总户数二万二千四百三十四,男总数八万四千六百二十二名,女总数为七万七千八百三十一口。统计男女数十六万二千四百五十一名口。

(案)旧志:光绪三年(1877年),男女共数六万九千零十九名口。截至民国十九年(1930年)年终,此五十一二年滋生人口竟增至九万三千四百三十四名,而境内田亩被滦、漆二水冲刷者殆更仆难数,以致人民生计日趋艰窘,吁可骇矣!

物　产

　　境内地多硗瘠,物产不丰,林矿、水泽无产物之可言。农产物以红粮、玉蜀、谷、黍、豆、麦、麻、棉花为多,山村居民近年栽种地瓜,虽不能行销他处,亦占民食百分之十。第三区之花生、桑条为特产品,概计花生每年产额千余万斤之谱,除地方榨油消耗少量外,多运销于津埠。桑条则系根生,每年刈条一次,取其皮为造纸原料,销诸迁邑①各纸作坊,其条可编器物,销路甚广,并有杞柳一种,可制柳条包及农具,允属特品,惟以土壤有不宜适处,故不甚推广。其他如枣、栗、胡桃、杏仁、山果亦为大宗出品。城东北十五里石家脑庄及莺窝峪产有玉泉沙,玉人用之以磨玉器云。

【注释】

①迁邑:迁安县(今迁安市)。民国二十年《迁安县志·物产》:"邑向产毛头纸,用桑皮为料,石灰沤之,然后漉之为纸,名曰毛头,为邑产大宗。自光绪季年邑人李显廷购买机器,创造大力纸,畅销于关外,平津次之。民国十九年,毛头纸房又改缫海纸,统全县言之,大力纸厂二十余处,毛头纸房六百余处,海纸房百余处。"

实　业

　　卢龙地处边陲,山则童山,濯濯林业,向不讲求,间有意在造林之人,亦因无相当保护,难资提倡;河则平沙,浩浩渔业,无法创办,总有思及渔业者,亦无雄厚资本,难期实现。惟灰山一带山岭瘠硗,不适耕稼,多数土人以烧石灰为业,供给全境或境外之用,获利颇厚。境内植桑既多,大可养蚕,只须人工经营,非若种田,尚须耕牛、籽种及施肥等费,而在春末夏初、青黄不接之时,售茧可博厚利,实为良好副产,乃仅以售卖桑皮、桑条为目标,以秋季桑叶为饲畜佳品,而不知育蚕。又境内土壤多宜种棉,农民多故步自封,不思改良种子,现经建设局试行育蚕、植棉,拟择成绩优良之品大加推广。又青龙河、撒河之间有设置香磨者数家,在于水流湍急处闸为隘口,上搭草屋,屋内安设磨架,水行轮转,不烦人工,其法甚善,其利较丰,应推广此法,以取灌溉之益。商业因连年灾燹,遂致一蹶不振。烧锅、钱粮商号仅只数家,更无业典当者。工业方面如纺织、榨油、编作条物均为家庭副业,无发展可能。牧业亦仅有少数牧牛、牧羊者,均无足称述。大岭东北之山产松蘑、肉蘑,惟产量少。秀各庄东南山中产香蘑,可佐食味,可薰衣服,称为珍品,惜额亦少。燕河营出黄崖草,专治刃伤。

行 政

组织　财政　治安　自治　惠政　盐法

组　织

县政府　县长　秘书

第一科　科长一、科员二、事务员四、书记三。

第二科　科长一、科员一、事务员二、书记一。

承审处设在县政府内,置承审官一、书记一、承发吏三、检验吏一。外置缮状处,书记三人。又管狱员一、录事一、看守七。

公安局　局长　总务课,课长、课员各一。行政司法课,课长、课员各一。勤务督察员二,教练员一、雇员二。马警长一、马警六。警长二、警士六。卫生警察二、夫役三。

第一区分局　(局长一)　局员一、警长一、警士六、夫役一。第一区分局双望分驻所,所长一、雇员一、警长马警一、警士四、夫役一。白家河派出所,警长一、警士二、夫役一。

第二区分局　局长一、局员一、警长一、马警二、警士五、夫役一。九百户分驻所,所长一、雇员一、警长一、马警一、警士四、夫役一。柏家店派出所,所长一、警士二、夫役一。

第三区分局　局长一、局员一、警长一、马警二、警士五、夫役一。横河分驻所,所长一、雇员、警长、马警各一、警士四、夫役一。公安队队长、分队长、雇员各一,马警长二、马警九。步队长二:一班步警八、夫役二。二班步警八、夫役四。

财务局　内分三课,各置主任一人、事务员一人。

建设局　内置技术员一、事务员二、书记二,并附农事试验场一处,又另设农事指导员办事处一处及苗圃一处。

教育局　内置督学一、教育委员二、文牍一、事务员二、书记一、夫役二。

财　政

全县地方公款大别为田赋与捐税二种,出自田赋者,有原额上中下共地一千三百七十一顷(上地无折合,每中地一亩五分折上地一亩,每下地三亩折上地一亩)。现在每应征银一两折征洋二元三角,附加警款及区公所经费各一元五角,两项附加(已)[以]及正赋之半(旧志:每亩征银三分八厘二毫九丝四忽零)。粮每石于正额外附加建设费一元、自治费、学款一元。屯草每百束附加建设费一元(旧志:每亩征马草一分五厘九毫一丝二忽）。又永平东北卫民粮地折上下薄地共二百二十九顷二十五亩七分一厘三毫，卢龙西南卫民粮地折中下地共一百七十二顷一十五亩一分三厘二毫。卫所上中下民粮地共五十三顷一十九亩九分六厘六毫。以上三项卫地共四百五十四顷六十亩零八分一厘一毫，每亩征米豆草束不等，米草之附加均如上数，豆每石附加自治学费一元、建设费二元，共附加三元。又民种荒田地无折合，共地四百七十四顷一十八亩零三厘（旧志：每亩征银一分二厘零七丝零二微零）。民种水田地无折合，共地一十一顷零六亩三分一厘（旧志：每亩征银三分六厘二毫一丝六忽）。民种草场地无折合，共地四顷二十八亩九分二厘九毫（旧志：每亩征银三分六厘三毫一丝八忽二微三尘）。民种边荒卫地无折合，共地二十四顷零八亩四分六厘（旧志：每亩征银二分三厘七毫三丝六忽四微四尘）。以上四项共地五百一十三顷六十一亩七分二厘九毫，折征及附加各数均同前。又民种河淤上地无折合，共地二十六顷一十五亩五分九厘八毫（旧志：每亩征租银五分）。民种河淤中地连续认，无折合，共地七顷四十五亩（旧志：每亩征租银四分）。民种河淤下地无折合，共地一分九厘一毫（旧志：每亩征租银三分）。以上三项共地三十三顷六十亩零七分八厘九毫。又民种海防上中下地五顷三十亩零五分三厘八毫（旧志：上地每亩征租银八分，中地每亩征租银六分，下地每亩征租银五分）。以上河淤海防现在每应征银一两，折征洋二元，附加警款自治费二元。又旗民交产上下地共二十二顷三十四亩六分九厘九毫，每亩征租银一分三厘六毫，附加警款自治费，每两折洋二元（旧志：上地每亩征租银一分三厘六毫，下地每亩征租银一分二厘一毫）。又民种认垦升科荒田地无折合，共地六顷七十四亩一分八厘零三丝，每应征银一两，折征洋二元，附加警款自治费二元（旧志：每亩征银一分七厘七毫）。又旗产升科中下地共三百一十八顷二十八亩七分零八毫，附加警款自治费每（征）银一两，折洋二元，统共额内共地（按旧志：额内共折上地一千二百六十五顷八十亩四分五厘二毫，内有永平卫、卢龙卫、东胜左屯卫、兴州右屯卫等共四卫，现在只有永平东北卫、卢龙西南卫及卫所等共三卫，其东胜、兴州二卫不知何年归并[1]，无卷可查），额外共地（按旧志：额外共地一千三百七十七顷七十二亩七分七厘八厘。现查有买回遵化州地十四顷七十二亩五分。顺谷余租地七顷零二亩二分六厘五毫，余均待查），统共额内额外共地（旧志：额内额外共地二千六百四十三顷五十三亩二分三厘一毫）。其不入地粮者则有各项税捐，因按年招新商，投标率无定额，兹将全年收入各款并分别解库及留拨地方支销各款分列三表如下。

【注释】

①不知何年归并：顺治九年卢龙卫、东胜左卫、兴州右屯卫裁撤，并入永平卫。康熙二十七年又裁永平卫。《清世祖实录》："顺治九年壬辰六月辛丑朔。丁未（初七日），裁卢龙卫、东胜左卫、兴州右卫，归并永平卫。"《清圣祖实录》："康熙二十七年戊辰冬十月庚子朔。庚戌（十一日），裁涿鹿、永平、真定、河间、保定等卫，守备千总员缺。"

附：卢龙县地方公款支出一览表等

盧龍縣地方公款支出一覽表　民國三十一年　月

機關名稱	全年應支數目	款項類別	來源目別	備考
教育局	三八七八三	附設簡易小學補助費 加捐生組 悠小金田 官亭青 河□路 保學生息 慶生息 屯校租息 未學土息	三八七八三	
教育款產委員會	九六八〇〇	清節田租 同 學田租	九六八〇〇	
縣立高級小學校	一七九〇〇〇	文昌府學 石灰祀田 鑑祀豬捐 桌房租 捐及廢房捐 捐牲	一七九〇〇〇	
縣立初級小學校	一三五六〇〇	國民學校基金生息	一三五六〇〇	
縣立第一兩級女學校	一〇四七〇〇〇	豐河校舍 助路基 附加費 金祀費息 生息牙捐附 學米	一〇四七〇〇〇	
縣立兩級小學校	一〇八〇〇〇	緒附河路 助加校舍 基費 學費祀金牙捐附 牲捐米	一〇八〇〇〇	
縣立九百高級小學校	一八六八〇〇	果牲牙豬祀附 稅商捐 牲附招肉租牛附 怒生費雞	一八六八〇〇	
縣立張庄高級小學校	八三〇〇〇	小牲腸醫 商附捐雜 木雜校舍 牛生斗木 金祀附費租附捐	一二三〇〇〇 |一一〇〇〇	
縣立雙望高級小學校	六五〇〇〇	基小牲金腸 生息豬雜花生斗 學集核生祀 朽木納費捐	二三四七五〇〇 一二七〇〇〇	
縣立陸河寺高等小學校	五七三〇〇〇	小谷牲商腸 雜生花木等牙斗附 木房捐	一二〇〇〇〇 一五三〇〇〇	
縣立燕河營高等小學校	一〇九〇〇〇	小牙牲豬腸 捐花祀羅生花附等牲蓄腸牙 生木斗捐房租	九六〇〇〇 一三〇〇〇	
縣立清節祠初級小學校	三七〇〇〇〇	清節同學田租	三七〇〇〇〇	
縣立花園初級小學校	四〇五〇〇〇	屯河尾 米路學祀 附加小 費捐費	三二五〇〇〇 八〇〇〇〇	
三則塘各莊初級小學校補助費 王莊	六七〇〇〇	花生牙稅附捐	六七〇〇〇	
八寨初級小學校補助費	三〇〇〇〇	同 右	三〇〇〇〇	
吳疃子初級小學校補助費	七〇〇〇〇	牛肉規費	七〇〇〇〇	
劉灰各莊初級小學校補助費	六〇〇〇〇	石灰鑑石料牙捐	六〇〇〇〇	
縣立附設高級小學校	七三四九八四	未校學田金基地生組息	七三四九八四	
四鄉初級女學補助費	二二〇〇〇〇	屯米附加學費	二二〇〇〇〇	
閻報社	三七九〇〇〇	小腸捐	三七五〇〇〇	
譯電所	六〇〇〇〇	同 右	六〇〇〇〇	
公安局	二一八〇〇〇	花生地稅 池河各斗 路捐所印象稅海 豬鋪腊租 等牲捐	一九七八九五 七五九七二 一六二四	
警務保衛處	二二〇〇〇〇	小腸捐	二二〇〇〇〇	
警察隊	六二六〇〇〇	石灰河密路牲附 各路屠宰附捐捐	三二〇〇〇〇 三〇六〇〇〇	
政務警訓練服裝費	一五四〇〇〇	牛肉規費	一五四〇〇〇	
財務局	一九六〇〇〇	牲畜商雜稅附捐	一九六〇〇〇	
縣地方財政整理委員會	七〇〇〇〇	實稅附加自治費	七〇〇〇〇	
區公所	八六四〇〇〇	池糧加分區各所公稅濟費河河海防費租	八六四〇〇〇	査徵五比 稅不允上 撥此九五 編補内進 七分數 前各月城 向從六及 同由析比 地其他比 方州稅縣 共洲防雜 分捐別目 内年零

科目	數額	附捐科目	數額
鄉治處	一四八三九八一	福利附加區公所經費	一四八三九八一
建設局	三七八四〇〇〇	屯米草豆附加	三七八四〇〇〇
農事試驗場	五一六〇〇〇	牲畜商雜稅附捐	五一六〇〇〇
縣苗圃	六〇〇〇	行政呈紙	六〇〇〇
農事指導員	二四〇〇〇	牲屠畜宰商雜稅附捐	九五〇〇〇
建設費	一五九八六〇	牲河屯畜路草商保稅雜遞豆稅附加加加	一三二〇四〇
修理城樓經費	二一四七一	預存基金生息	二一四七一
修理水閘經費	三七四九四	同 右	三七四九四
修建兩青河大橋經費	二二二三〇〇〇	小階屬印捐捐	二六五四七〇〇〇
修造兩青河灘渡船費	二二二三〇〇〇	同 右	一四六八〇〇〇
補助縣政府建築費	四六〇〇〇	小牲畜牙腸稅附捐	二一〇〇〇〇
青菜兩河水夫工食	一一六〇〇〇	小 腸 捐	一一六〇〇〇
看守城門夫役工食	五〇〇〇〇	同 右	五〇〇〇〇
保衛團	七四〇〇〇	牲集河畜商路稅維附舖保捐捐護	二二三〇〇〇
牛痘局	七一六五三	牛痘局基金生息	七一六五三
留養局孤貧口糧	一五〇〇〇	小 腸 捐	一五〇〇〇
衛生行政用費	二二〇〇〇	城 鎮 笙 舖 捐	二二〇〇〇
縣政閉會紀念及預備費	二四三一〇	小河 路 腸保稅捐捐護	一二四三〇〇〇
沖擊支應等預備費	四〇〇〇〇	屠城 牢鎮 稅集附舖捐捐	二三六〇〇〇
警捐等徵收費	四〇四九五九	糧租附加繫捐	四〇四九五九
縣地方行政預備金	三二四〇八九一	各項附捐撙收節支餘敷	三二四〇八九一
建設教育等救濟預備金	一五〇〇〇〇〇	同 右	一五〇〇〇〇〇
攤解省庫差備	七〇〇〇〇〇	搭 印 捐	七〇〇〇〇〇
合計	五七六〇三二三五		五七六〇三二三五

說 明

一、表列各項收支概以本縣現行歲入歲出比較數列入。

二、歲入向自舊稅捐項目及新增附加等款，經常臨時各費分別編入，其所有名目數額及收支流弊仍存待整理。

三、建設教育經費多係本縣臨時特別籌款支應，故用途短絀，常年維持殊難持久。

四、本表所列各款，原由地方自治籌備經費及舊有各項附捐撥充，均係就地方財力酌量辦理。

五、鄉無款項，村款概可籌設，師範可酌籌添置，全年需款約三千元現在審問。

盧龍縣地方公欵收入一覽表

科別	徵收機關	徵收方法	徵收稅率	營業年額月	最近年額	用途						備考
						學費	警費	自治費	區公所紙筆費	建設費	其他途用	
地糧附加	分上忙下忙徵收				六、〇六八 二一一		九、〇四三 五三七		九、五五一 二六九		一、五二五 五八三	其他途用費係撥歸公警費四項內
旅租升科加附	同右	同右	同右	同右	一六、八二三		二六、三九七		二、八二一		一、五二三	同右
屯糧附加	年忙下徵收				一三、八九四	九、七二八			三一、四一〇	二六、九二三		
屯豆附加	同右	同右	同右	同右	九、七六六	一四、四五一		八、一四五		六、三二三一		
屯草附加	同右	同右	同右	同右	一三四、〇二〇				一三四、〇二〇			
河淤租附加	同右	同右	同右	同右	二一〇、一〇四		一〇〇、五三六		一〇四、四一七		四、二六一	四項係其他途用費撥歸公警費欄
海防租附加	同右	同右	同右	同右	五六、〇八〇		二六、九一三		二六、〇四三		一、二二三	同右
入項旅租加出	同右	同右	同右	同右	三〇七、四〇〇		一四七、四九三		一五五、九五〇		六、一五七	同右
實稅附加	同右	同右			一五、四〇〇		七、六七四 〇〇					
牛疫局生息基金					七、六五三						七、六五三	經保留一管年係其他費內開共供典禮建築用
修理金城生息基金			同右	同右	三一、四七一					三一、四七一		
修理金剛生息基金			同右	同右	三五、四九五					三五、四九五		
技士館生息基金			同右	同右	二四六、〇〇〇	一七一、〇〇〇		一七一、〇〇〇				
國民金舉校息基本		同右			三四四、〇〇〇	三四四、〇〇〇						
教育生息基金	本局發款				一一〇、七〇〇	一一〇、七〇〇						
張家基金生息基本					一六〇、〇〇〇	一六〇、〇〇〇						
豐墊金舉校息基	同右	同右			一六〇、〇〇〇	一六〇、〇〇〇						
牲畜稅屠宰附捐	分月撥包由繳				四、九四四、〇〇〇	一、五九五、〇〇〇		一、五五〇、〇〇〇		六四〇、〇〇〇	一二〇、〇〇〇	費係衛生園棄捐用途二項保留地其他
猪羊牙附捐	同右	同右	同右	同右	二六〇、〇〇〇	三五〇、〇〇〇				二六〇、〇〇〇		
雜花菜生牙蔬捐附	同右	同右	同右	同右	三、一一一、〇〇〇	一、一六五、〇〇〇	一〇五、〇〇〇	八五〇、〇〇〇				
萬壽宮附捐	同右	同右	同右	同右	一、五〇〇、〇〇〇	八〇〇、〇〇〇	五〇、〇〇〇	一六〇、〇〇〇		一五〇、〇〇〇	一六〇、〇〇〇	費途公警費撥用途其他四保留地
斗秤牙附捐	同右	同右	同右	同右	一〇〇、〇〇〇	一〇〇、〇〇〇						
落地印捐	同右	同右	同右	同右	二、一〇〇、〇〇〇	四七一、〇〇〇	四〇〇、〇〇〇			三五、〇〇〇	二〇〇、〇〇〇	差係保留地其他費途留費欄省撥

盧龍縣解庫款目一覽表　民國二十一年　　月　　日

款別	征收方法	征收定率	年額	留撥地方數	解庫數	備考
地糧	在縣政府內設有糧櫃徵收	每地一大畝徵糧米一升三合六勺二抄七撮有奇一升流庫一升三七六二額	千元十六三〇一三厘	無	千元十六三〇一三厘	
屯糧草豆	同右	每大畝徵米七升九合三勺九抄每升折洋三角二分二釐每草豆一升折洋一角二分一厘有奇四抄四撮有奇	四八六六〇尺	無	四八六六〇尺	
河淤租	同右		二一九〇五	無	二一九〇五	
海防租	同右		英六〇五〇	無	英六〇五〇	
八項旂租	同右		三〇七九〇〇	無	三〇七九〇〇	
契稅	分契稅在縣總催區分催並於府內設有證券派有人稅	買契六分典契三分	一五七五〇〇〇	無	一五七五〇〇〇	
學費	同右	買賣契附加三厘典契附加六厘	一三二二五〇〇	無	一三二二五〇〇	
牲畜雜稅	由商包收但物價百土油之一抽收一花分徵之	按各物價值百分之一抽收	一〇九五〇〇〇	千元四五二五〇〇厘	六〇三二五〇〇	
牲畜牙用	同右	三按物價值百分之二抽收之	八四五〇〇〇	三九〇〇〇〇	八四五〇〇〇	
花生雜糧牙用	同右	同右。	五八三〇〇〇	一六六〇〇〇	四三四〇〇〇	
斗木牙用	由商包收設處徵收	按木料收入糧油按收百分之三抽之一	二二〇〇〇〇	一〇〇〇〇〇	一二〇〇〇〇	
屠宰稅	同右	豬每頭洋三元六角羊每隻洋四角半年每隻洋三元六角	八二五〇〇〇〇	一五〇〇〇〇〇	六八〇〇〇〇〇	
花生雜糧稅	同右	按收入物價百分之三抽之	六一〇〇〇〇〇	一六五〇〇〇	四五五〇〇〇	
田房費用	匯契在縣總催區催並於府內設有證券派有人分稅	不二買解契分契附六厘費分附收匯二厘	四六三〇一八	無	四六三〇一八	
差徭	內由翻造撥方包辦印刷	每年額定七百元	七〇〇〇〇〇	無	七〇〇〇〇〇	
司法罰金	政由犯府事直接縣	按刑法科罰	九一〇六二二	無	九一〇六二二	此數係解高等法院轉解刑廳惟收七成
契紙價	催區在縣總區並於府內設有證券派有人分稅	每契紙一張徵洋五角	一六九〇〇〇	無	一六九〇〇〇	
契稅註冊費	同右	每契紙一張徵洋一角	三三八〇〇	無	三三八〇〇	
煤窯季規	府由各商直接並縣政	共每窯一座燒年十分四季以窯一每年分元四	一二〇〇〇〇	無	一二〇〇一〇〇	
旂租升科	在縣政府內設有糧櫃徵收	每上則一大畝十五升中均下五升均以七升折洋三分所二分九所洋分之四	英六七四三	無	英六七四三	
合計			千元九三二六五八厘	千元一〇四二四〇〇厘	千元五二二四六厘	
說明		一、一、本表所列各款項。二、地方糧內除留撥各款照額填列，其餘應提積穀解庫。十九年各款分別留撥解庫。牙稅牙費牙用公費均列入。稅款解庫數均照定額填列。				

治 安

县境北接边陲,清代海内乂安,裁兵撤戍。近自匪氛蜂起,桃(林)、刘(家)、重峪各口成为重要防区,而各公安局兵士无多,枪枝缺乏,每有警耗,率恃民团防范抵御,有时亦警团协往。去岁(民国十九年,1930 年)联合迁(安)、抚(宁)大举痛剿,于是口外匪患顿告肃清,百姓得以安枕。东南地邻昌(黎)、抚(宁)间,有匪类潜踪而以团务得人,可称无虞。最近地方状况允属安谧也。兹述本县团务概略如左:

县境设团自(民国)十四年(1925 年)始,县设总团,为保卫团,事务所由县委所长一员,内设事务员三四名,每区设团总一名,正团十名、二十名不等,专司巡逻、放卡、传令等事。居民财产凡在五十亩以上备枪一枝,地多则枪枝递加。有警即按枪出丁,是为附团,随时训练,听受指挥。无事即农,有事即兵。盖深得寓兵于农之意。(民国)十八年(1929年)奉令改组,县设总团,部区为分团,分团以下设立支团。总团设委员,统辖全境团务。区团设团正、团佐,分任责务。现又遵令改组,总团长由县长兼任,聘总团附一名,办理全境团务。区团正均改为区团长,并设区团附,其团佐一职一律取缔云。

自 治

境内自治区于(民国)十九年(1930 年)四月(画)[划]①分为六,各区公所地点略如前述:第一区,原一百一十村庄,现编三十乡。第二区,原五十四村庄,现编二十一乡。第三区,原四十八村庄,现编十九乡。第四区,原七十一村庄,现编二十二乡。第五区,原五十三村庄,现编二十乡。第六区,原八十四村庄,现编二十三乡。合计旧四百二十一村庄,编为一百三十五乡。各区公所于九月实行成立。其组织法,每区设区长一人、助理二人、书记一人、区丁四名、夫役一名。又乡公所之组织,每乡设乡长、副乡长各一名,每二十五家设一闾长,每五家设一邻长。至调解委员会及乡监察委员会现在筹(画)[划]中。

【注释】

①(画)[划]:原字为"畫"(画),通"劃"(划)。今俱用"划"。

惠 政

牛痘局①　清光绪元年(1875 年),知府游智开创设,集资一千两,发商生息,以每岁二月十日开局,至六月十日止,曾经禀明立案。光绪二十七年(1901 年),抚恤案动用基金,现在存者一为九十八两七钱,岁得息洋二十一元六角二分八厘;一为三百八十四元二角五分,岁得息洋五十元零零二分五厘,统共岁得息洋七十一元六角五分三厘,每岁照案开局施种。

留养局② 原有五处:一在南门外、一在范家庄、一在十八里铺、一在双望堡、一在燕河营。今所存者只南关一处(光绪四年,知府游智开重修,筹款发商)。岁由小肠捐③项下拨发银一百五十元。

漏泽园④ 在城东五里,周三里(义冢附)。

冰窖 在永丰山麓(今塞)。

育婴堂 在城隍庙东(康熙四十五年奉文设立,今废)。

【注释】

①牛痘局:清末民初负责接种牛痘、预防天花的防疫机构。

②留养局:古代民间兴办的慈善机构,属于民办官助性质,专门收留社会上无依无靠的老弱病残者,使其饥有所食,老有所养,病有所医,死有所葬。

③小肠捐:民国时期和日伪时期的苛捐杂税的一种,凡是经销猪、羊等小肠生意或者从事小肠加工业者捐纳的一项税款。

④漏泽园:古代官方设立的丛葬地,凡无主尸骨及家贫无葬地者,由官家丛葬,称其地为"漏泽园"。

盐 法

卢龙县引课①,原额八百七十七引,新增七百九十七引,加增七十九引,分认京引②八十一引,共一千八百三十四引。每引盐三百十五斤,征银四钱六分九厘九忽九微一纤八沙,京引每引五钱二分四丝二忽,共征银八百六十四两二钱九分七厘。擎配蓟(州)、永(平)归化场引盐由场车运至本县分销。每斤十四文。民(国)三(年)(1914年)而后,改归商办,盐价随邮牌而定。至(民国)十八年(1929年),每斤售洋七分。(民国)十九年(1930年),加军事特捐一分、永定河工捐五厘,旋又加军事特捐三厘,现在每斤售九分三厘。

(清顺治四年,户部奏立画一之规,因天下各司俱有盐商,惟顺(天)、保(定)、永(平)三处无商,遂题定改引招商,乃以州县户口之多寡定额,每丁岁食盐十斤四两,府属共定五千八十六引,每岁引纳银二钱六分,后又以生齿日繁递增至一万三千七百二十七引,每引增银四钱二分三厘六毫零。其引包斤两,清初稍减,以二百二十斤为一引。后于康熙年间部议,将割没等名摊入正项,每引加盐二十五斤。雍正年间又将长芦盐斤每引再加五十斤。至光绪四年为三百斤。现在每引重四百斤,合卢邑市秤四百三十斤)。

【注释】

①引课:旧时贩卖食盐,按引课税。由于食盐是国家专营产品,盐引是封建王朝财政的重要来源之一。所谓"引",就是取盐的凭证,是有价证券,可以流通。盐商贩盐,必须

先向官府购得盐引。

②京引：北京的盐引。

教　育

富然后教，古有明训。卢龙向称瘠苦之区，教育夙不发达。城内旧有第四中学①一处，又因兵荒影响，移设于滦县之唐山镇。截至现在，学校教育旧有高初小学，而乡村师范方在开办间。至社会教育，只有阅报社、讲演所、民众学校、幼稚园而已。人材缺乏，难供需要，文化比较今不如昔也。兹列举各项教育：

学校教育

城内高级小(学)校三处：一在南街东三条胡同，一在钟楼上坡，一在北大街。又四乡：九百户镇一处，双望镇一处，燕河营镇一处，张家庵一处，临河寺一处(已因时局不靖，校址移在汤池王庄村内)，时各庄一处。

男初校，城内一处；四乡八十八处。女初校，城内一处四乡三处。男高级生三百二十三名，女高级生七十名。男初级生三千一百名，女初级生一百五十六名。

社会教育

阅报社一处，内附讲演所。又民众校三十一处，幼稚园一处。

【注释】

①第四中学：全称河北省立第四中学。1902年(清光绪二十八年)10月，《直隶中学堂暂行章程》颁布后，永平府敬胜书院改称永平府立中学堂，简称永平府中学堂。1912年，中华民国建立后，改学堂为学校。1914年，永平府撤销，改称直隶省立第四中学校。1922年冬，适逢直奉战乱，校舍屡遭破坏，校长石占元在滦州唐山镇(今唐山市)设立分校。1928年，白崇禧部队开进卢龙县城，占用学校为兵营，大部分师生迁往唐山分校。10月，直隶易名河北省，直隶省立第四中学校改称河北省立第四中学校，校址马家屯(1933年10月改称河北省立唐山中学校。1942年10月易名为河北省立唐山第一中学。1969年改称河北省唐山市第一中学)。1931年在直隶省立第四中学校旧址建卢龙乡村师范学校，学制三年。1934年改为简易师范学校，学制四年。1938年改为卢龙县初级中学。石占元，字冠英，昌黎县人。日本广岛高师毕业。中华教育改进社第四届社员。1922年至1928年任直隶省立第四中学校长。

学　宫①

文庙② 在治北百五十步(即旧府文庙),正殿五间,两庑各五间(东庑现为县党部办公处,西庑现为第一区区公所办公处),前露台、戟门,又前泮桥(废)、左右碑亭(废)、前棂门。门外东西有坊,曰礼门义路。又东有门,额曰圣域贤关(今废)。崇圣祠③在庙左。

【注释】

①学宫:古代地方官办学校、儒学学署。明伦堂居中,前部左右设东厢和西厢房,堂后为尊经阁或藏书楼,堂前设儒学门和仪门两道。

②文庙:又称孔庙、孔子庙,祭祀孔子的地方。孔子,名丘,字仲尼,春秋时鲁国人。唐玄宗开元二十七年(739年)封为文宣王。宋真宗大中祥符元年(1008年)封为玄圣文宣王,大中祥符五年(1012年)封至圣文宣王。元成宗大德十一年(1307年)封为大成至圣文宣王。因此祭祀孔子的庙宇称为文庙。文庙不仅是祭祀孔子的地方,也是地方官办学校。

③崇圣祠:又称启圣祠,祭祀孔子父亲叔梁纥。

名宦乡贤祠 在戟门左右,今祀位无存(左党部、右区所)。

敬一亭① 在庙西(今废)。

【注释】

①敬一亭:供奉明世宗朱厚熜御制《敬一箴》及《御制五箴注》的亭子。嘉靖五年六月二十一日,嘉靖皇帝为教化天下,宣扬儒学而作《敬一箴》,颁行各地,立石孔庙。

旧府儒学 在文庙东。明伦堂①五间(驻军时拆毁),两序东西斋各五间(久废)。前为仪门,又前为大门(今废)。创建年月莫考②。元延祐中总管府达鲁花赤③也孙秃,至正中总管贾维贞,明正统中知府李文定,天顺中知府周晟,成化中知府王玺、王问,宏[弘]治中知府吴杰,正德中知府何诏、唐虁,嘉靖中知府李逊,隆庆中兵备沈应乾、知府刘庠,万历中兵备宋守约、知府辛应乾、张世烈、徐准皆修葺。至清顺治中副使宋琬、知府杨呈彩,康熙六年(1667年)知府李兴元,十六年(1677年)知府常文魁,三十六年(1697年)知府梁世勋、郡丞彭尔年,四十八年(1709年)知府张朝琮,乾隆二十八年(1763年)知府七十四,三十八年(1773年)知府李奉翰,嘉庆十七年(1812年)通永道任焴、知府韩文倚,道光元年(1821年)知府秦沆,咸丰十一年(1861年)知府范梁,同治十一年(1872年)知府游智开皆重修。民国七年(1918年),第四中学校由厅呈准,改为植物园。十七年(1928年),县第一高小由县呈准,改为该校植(树)[物]园。十九年(1930年)建设局呈准,改为局植物园。

【注释】

①明伦堂:文庙、书院、太学、学宫的正殿,为读书、讲学、弘道、研究的场所。《孟子·

滕文公》:"夏曰校,殷曰序,周曰庠;学则三代共之,皆所以明人伦也,人伦明于上,小民亲于下。"明伦,即阐明人伦道德之意。宋代以来,皆以明伦堂来命名讲堂。

②创建年月莫考:明景泰七年《寰宇通志》:"永平府学,在府治西北。元至正间(1314~1368年)因其旧修。国朝永乐十五年(1417年)重修。""昌黎县学,在县治西南。元大德间(1298~1307年)建。国朝永乐十五年重修。"永平府学创办时间应该不晚于昌黎县学。

③达鲁花赤:蒙古语,"掌印者""镇守者"之意。元朝各级地方政府均设达鲁花赤一职,掌握地方行政和军事实权,为地方最高监治长官,一般由蒙古人或色目人担任。

旧府教授署　在明伦堂后。有号舍两楹,俱废。康熙三十二年(1693年),教授徐麟详请,借居北平书院,在文庙前,后废学院为学署(今废)。

旧府训导署　在明伦堂左。清初废,借居武学右舍。康熙三十七年(1698年),训导徐香修建。乾隆二十八年(1763年),教授杨宸、训导崔鹤仪仍改建于旧处(今废)。

武学　在治南,旧守备厅地。明隆庆六年(1572年),知府辛应乾建。乾隆十二年,知府卢见曾改为敬胜书院。清光绪二十八年(1902年)改为校士馆。宣统元年(1909年)改为第四中学。

辽学①　顺治二年(1645年)因辽生散居关内题设,至十二(1655年)年裁官,归并府学代理,后裁废。

【注释】

①辽学:满清入关后,清廷在辽东设有十五学(自在州、沈阳、铁岭、开原、前屯卫、锦州、义州、右屯、永宁、海城、盖平、定辽、右卫、复州、金州等学),均寄设在永平府,置教官三人领之。旋于都司学(为辽东都指挥使司下属军官子弟设立的官学,暂寓永平)设教官一员,兼管自在、沈阳、铁岭、开原四学;又于宁远州学(寄设永平)设教官一员,兼管前屯、锦州、义州、右屯四学;又于广宁府学(寄设永平)设教官一员,兼管永宁、海城、盖平、定辽、右卫五学。诸生均参加顺天府考试。顺治五年(1648年),十五学裁,改称"辽学",仍寄寓永平府,留置辽学教官一员,设廪额八十名,每年出贡三名。其余永平二员俱裁。顺治十年(1653年)十一月,置辽阳府,辖有辽阳、海城二县。十一年设置辽阳府学,在永平府学寄寓的辽学生员,俱归辽阳府学肄业。十三年题准,辽阳府取生员四十名(辽阳、海城二县各取生员二十名),并规定:诸生现居辽阳者,可在辽阳府学就读,愿意寄寓永平府学者,仍可留永平;将永平寄学廪额分四十名,归还辽阳府学;辽、海二县暂各设廪额五名。

顺天督学吴国对《重修永平府文庙记》云:北平负山带海,称燕冀神皋,屹然一大都会也。考古为用兵之地,汉太守李广以神勇著,下此兵兴之事,史不绝书。今天下中外一统,人民乐业,圣天子右文崇道,宏[弘]奖儒术,多士蒸蒸向风,渐摩于道德仁义,陶淑于礼乐诗书,盖三十余年于兹矣!比年以来,水旱频仍,稍稍失所。太守三韩常公①甫下车,即遍访利弊,问民疾苦,间阎疮痍,引为己疚。其间厘剔振兴,有关民生者善政不一而足。乃先(为)[则]谒文庙而慨然曰:"今天下岂弟②作人,惟此为兴贤育才之地,士子朝于斯,夕于斯,诵法景行,而顾令庙貌之颓圮,闇汔弗章,其何以尊圣教而励儒修也?然当此十室九空之际,下竭民力,朘民财,以伤吾休养百姓之意,则大不忍。"爰是捐俸庀材,给赀鸠工。经始于康熙十六年(1677年)正月望日,落成于十一月朔日。殿庭巍巍,廊庑峨峨,辉煌璀璨,焕然一新。于前另建书院,其中大(厅)[庭]三楹,左右环以号房十二间。庭后正房五间,东西厢房四间,为诸生(修)[休]息之所。庭前设照壁、坊表,以界内外。大门与周匝墙垣及厨爨等室,以供诸生月课肄业。又前此未有。余以试事至,谒拜毕,进诸生而勖之曰:"尔知二千石③葺庙意乎?尔俗刚武雄悍,思以柔之;狙诈剽黠,思以诚之。其或轻浮躁浅董之而进于庄,鄙朴固陋饰之而泽于雅,非圣道不为功,是故他务未遑而汲汲于此,吾于此而知太守之能重文也,能敷教也,能体圣天子岂弟作人之意,而以兴贤育才为首务也,能以先师之道德仁义、礼乐诗书渐摩陶淑于斯民,而令父兄之教必先子弟之率,必谨其用心厚而嘉惠于尔多士与斯民,甚深且至也,异日考多士之蔚兴,大则栋梁、舟楫,为邦家光,次亦孝弟、忠信,笃尊君亲亲之谊,化行俗美,比户可风。自贤郡守始之而成之矣!推此以治一郡而一郡理,以治天下而天下理,而犹虑文教不敷,太平不可坐致也,又谁信其然哉?"余顾而乐之,遂援笔为之记。始其事者,即太守常君文魁;因其事而共勷则郡司马郑君四国④、州守滦州马如龙、县尹卢龙吕宪武、迁安张一鹗、抚宁刘馨、昌黎陈邦齐、乐亭于成龙⑤、永平卫守备杜进梅、山海卫守备王天福,至督修生员杨新鼎,例得并书。

【作者简介】

吴国对(1616~1680),字玉随,号默岩,江南全椒人,《儒林外史》作者吴敬梓之曾祖父。清顺治十五年戊戌科探花,授编修。康熙二年、康熙五年,两任福建乡试主考官。康熙六年,升国子监司业,提督顺天学政,升翰林院侍读。康熙十六年以侍读提督直隶学政。

【注释】

①三韩常公:常文魁,辽东广宁(今北镇市)人。贡士,康熙十五年至十九年任永平府知府。三韩,清代对辽东的代称。

②岂弟:最早见之于《诗经》。通"恺悌",意为和乐平易,宽舒仁厚。

③二千石:知府的别称。汉代太守俸禄为二千石,故称。

④郡司马郑君四国:郑四国,字帅之,乐陵人。顺治二年举人,授榆社令。康熙十二年至十八年任永平府同知。

⑤于成龙:字振甲,辽东盖州卫人,隶汉军镶红旗籍。荫生,康熙七年任乐亭县令,署滦州牧,十年复任乐亭令。康熙十八年升直隶北通州(今北京市通州区)知州。康熙二十一年,经直隶巡抚于成龙(字北溟,山西永宁州人。康熙十九年至二十一年任直隶巡抚,

累官至两江总督。后人称大于成龙）推荐,授江宁府知府。康熙二十三年,升安徽按察使。康熙二十五年任直隶巡抚。康熙二十九年,晋都察院左都御史。康熙三十一年迁河道总督。康熙三十七年以直隶总督管直隶巡抚事,改河道总督、兵部尚书兼都察院右都御史。后世称小于成龙。

左都御史迁安刘鸿儒《重修永平府学宫碑记》云:教化者,制治之本也。学校者,教化之原也。苟使在位者,由学校起教化,由教化得制治,能令人文蔚起,喁喁向风,即龚渤海[①]、赵京兆[②]当俯而逊谢之,况学宫严地,先圣先贤巍示之所,博士弟子员讲肄之区,郡守、邑宰诸公瞻侍之域,而顾与荒烟丛草、败址朽楹日相寻而莫为革整,当亦升平之世所最憾也。

北平为畿东名胜之处,山水潆带。先贤墨胎氏,焜燿千古。其间文人粹士接踵历代,而建学于城西北隅,规宏而制伟,数十年以来,兵燹洊加,榛莽之所蒙塞,荆棘于焉蕴崇[③],遂至殿庑堂奥之间,椽毁而瓦迁,守令诸公若与我绝不相属者。会我公祖常公[④]守兹邦,绾绶[⑤]之始,即汲汲以整理学宫[⑥]为己任,进属吏、乡士大夫而咨之,咸乐输恐后,鸠工庀材,度越前人。拆正殿而新之,辍彝堂而构焉。一椽一础,变腐为灿,栋宇节棁,丽若(研)[妍]明。门之外,有两坊,芟其朽而更奠之,易柱以示别。坊之内,有木栅,改以石,垂为可久。铲(硖)[碐]蕃秽,环以松翠,森蔚周匝,望之巍然。猗欤盛哉!余于是服公祖之知治要而崇先务也。夫梵宇道院,所在(居多)[多居][⑦]名胜地,郡邑大者百余所,小者亦数十所,商贾妇子愿施而不倦,莫不涂朱垩碧,照耀瞻视。独至于学宫,每郡邑仅处其一。兵兴以来,大半鞠为茂草,颓垣破壁,先圣先贤栖于烈风淫雨之下,而莫之或恤。问师儒,而师儒无其权;问文宗[⑧],而文宗无其意。是正学彝统反不若二氏[⑨],足炫愚罔也。惟我公祖常公,以文章理学表为经济,能使墨吏解绶[⑩],豪(民)[氏]帖息,而敦崇大体,首力学宫,上以承朝廷崇儒右文[⑪]之至意,下以鼓士子读古明道之深心,前以接昔圣昔贤茫茫未绝之统绪,后以启十数百年、十数百处遥遥无尽之人材。虽华缛而不以为侈,虽烦重而不以为劳[⑫]。致泮林閟宫之盛,再见于今日,再见于此邦,虽古名公卿,孰能絜隆于公祖也哉?夫天下者,郡国之积也。郡国,州邑之积也。使抚兹六属,晓然知公意指之所在,则先其教化,后其刑罚者击,部廓蒙学者归,向率乡曲之原愿[⑬]者群,而敦诗书,明正谊,力田孝悌之风争自濯磨,民有不畏桁杨而畏清议,不矜智勇而则[⑭]矜名检者矣!昔文翁[⑮]为蜀太守,置学宫数十区,以教养士子,而蜀文彬彬始盛。何武[⑯]为刺史,行部必先至学宫,而后至传舍。古今贤太守,其识同力同,而经纬亦同也。余游学宫,睥观焉,既有慨于昔,因有快于今。快于今,故记之,记之以风天下之凡为郡守如我公祖者。

【作者简介】

刘鸿儒(?　~1673),永平府迁安县(今迁安市)人。顺治三年进士,授兵科给事中。历任户科右给事中、上林苑蕃育署署丞、户科右给事中、兵科右给事中、兵科左给事中、福建乡试副考官、户科都给事中、顺天府府丞、通政使司左通政、太常寺卿。康熙三年升通政使司通政使,康熙六年擢兵部右侍郎,康熙八年转兵部左侍郎,康熙十年调任户部左侍郎,康熙十二年晋都察院左都御史。

【注释】

①龚渤海:龚遂,字少卿,山阳郡南平阳县(今山东邹城市)人。西汉宣帝时任渤海郡太守,平定盗贼叛乱,鼓励农桑。后升水衡都尉。

②赵京兆:赵广汉,字子都,涿郡蠡吾县(今河北博野县)人。西汉昭帝、宣帝时任守颍川郡太守、京兆尹。任京兆尹期间,为官廉洁清明,威制豪强,深得百姓赞颂。

③蕴崇:积聚;堆积。

④公祖常公:常文魁,字月生,号公祖,正蓝旗贡生,康熙十五年至十九年任永平府知府。

⑤绾绶:上任、担任。

⑥学宫:康熙五十年《永平府志》为"泽宫"。泽宫,古代习射选士之处。

⑦(居多)[多居]:康熙《永平府志》为"多居",光绪《永平府志》为"居多"。

⑧文宗:光绪《永平府志》为"文宗",康熙《永平府志》为"友宗"。

⑨二氏:佛、道两家。

⑩解绶:解下印绶,谓辞免官职。

⑪崇儒右文:光绪《永平府志》为"崇儒右文",康熙《永平府志》为"右文崇儒"。右文,重视文化教育。"右",同"佑"。

⑫不以为劳:光绪《永平府志》为"不以为劳",康熙《永平府志》为"民不告劳"。

⑬原悫(què):恭谨诚实。

⑭则:为衍字。康熙、光绪《永平府志》无"则"字。

⑮文翁:名党,字仲翁,庐江舒人。汉景帝末年任蜀郡太守。首重教育,选派小吏至长安,受业博士,学成后授予官职。

⑯何武:字君公,西汉蜀郡郫县(今四川成都市郫都区)人。历任鄠县县令、谏大夫、扬州刺史、丞相司直、清河郡太守、兖州刺史、司隶校尉、京兆尹、楚国内史、廷尉。迁御史大夫(改大司空),封泛乡侯。汉哀帝元寿元年(公元前2年)改任前将军。

知府范梁《重修庙学碑记》云:永平为畿东剧郡,我朝二百余年来,人文蔚起,崇礼让,敦气节,骎骎乎有齐鲁风。是固山水灵秀之气之所毓钟,而要由沐浴圣泽,陶泳涵育于庠校之中者之深且厚也。郡学在城西北隅,规制宏敞,七邑之所瞻仰,岁科试遵、玉、丰①诸生,咸于此观礼焉。历年既久,日渐倾圮。咸丰丁巳(七年,1857年),前学使李公②案临,亟谋修葺,捐廉以倡,谕各州县学官、生童集捐以成之。仅新东西两庑,于时董其役者为郡绅士王维凝、王国柱。辛酉(咸丰十一年,1861年)春,前学使杨公③以明伦堂仅存基址,复捐廉议修,委其责于前守博公④。未几,博公卸事去,梁奉简命,于其夏来守是邦。下车展谒,慨然思所以成杨、李二公之志,顾以为工钜而需费多也,乃以书院存典息银七百余两益之。又昌黎杨生肇（弟）[第]捐银四百两，遂仍俾两王绅董其役。经始于是岁秋，因其旧制而新之。先之以大成殿、崇圣祠、明伦堂，次则戟门、棂星门，又次则乡贤、名宦祠，其余若阶若庭，若池若坊，若门若垣，罔不毕治。越次年壬戌（同治元年，1862年）冬，遂观成焉。巍巍翼翼，其足以妥先师之灵矣乎！先是勘工，约需银四千余两，今止用银一千五百两有奇。工俱坚缎，可永久，良由两绅善区画，旧材可用者用之，捐资或未集，王绅维凝先为筹垫以佐之，是以费不滥而工速成也。顾梁闻之教化者，所以维人心，厚风俗，以相持于不敝者也。学校者，所以为教之地也，颓废而不修，荒芜而不治，不特无以称长者之责，其何以副国家养士之心乎？是役也，两学使开其先，又赖诸生捐资集事，书院息银固生童膏火之需，犹是生童之捐资也。卢龙县郝教谕锡章⑤、袁经历守直⑥实经理其事。襄事者，为府学梁教授凤翰⑦、于训导士祺⑧，县学廉训导百龄⑨。工既竣，会梁奉檄调首郡，濒行为文泐石，用志岁月云。同治元年十月。

【作者简介】

范梁，浙江钱塘人，清道光二十年进士，咸丰十一年任永平府知府。同治元年升大名兵备道，迁山东盐运使，擢山西按察使，调任直隶按察使，光绪初升广西布政使。

【注释】

①遵、玉、丰：遵化州、玉田县、丰润县。

②李公：李清凤，江苏新阳人，道光十六年进士，咸丰七年以刑部右侍郎任直隶提督学政。

③杨公：杨式谷，字诒堂，河南商城人，道光二十一年进士，咸丰十一年以礼部右侍郎提督直隶学政。

④博公：博多洪武，一作博多宏武，蒙古人。道光二十四年在直隶总督衙门任笔帖式，道光三十年升直隶委用理问同知判官。咸丰九年任永平府知府，咸丰十一年迁大名道。同治七年，署直隶天津道，办理河间天津各属团练。同治十三年，署直隶大顺广道。光绪十年六月，调任奉锦山海关道，署直隶按察使衔。

⑤郝教谕锡章：郝锡章，字晋三，顺天府三河人，恩贡，咸丰六年任卢龙县儒学教谕。

⑥袁经历守直：袁守直，湖北江夏人。监生，咸丰二年、八年，同治三年三任永平府经历。咸丰三年署任乐亭知县。咸丰六年代理昌黎知县。咸丰八年代理抚宁知县。咸丰六年、咸丰十年代理临榆知县。同治四年、七年两次摄任卢龙知县。

⑦梁教授凤翰：梁凤翰，天津静海人，咸丰六年进士，咸丰十一年任永平府儒学教授。

⑧于训导士祺：于士祺，天津人，廪贡，咸丰四年任永平府学训导。

⑨廉训导百龄：廉百龄，宁远人，举人，咸丰六年任卢龙县学训导。

旧卢龙县学　在城内东南隅，旧县治之前。明伦堂三间。前有卷棚，前为仪门，又前为大门。明洪武二年（1369年）建①，知县胡昺经始。正统间巡按御史李奎、魏林、徐宣相继捐修。景泰间知县胡琮重修。天顺间圮于水，教谕李伦重修。成化间教谕徐润等更拓之。宏[弘]治间知县李景华、吴杲②，知府吴杰增建号舍（今废）。嘉靖间府同知张守、知县王大猷、吴道南、杨保庆，隆庆间知县潘愚重修。万历十五年（1587年）又为水圮，兵备叶梦熊、知府孙维城、推官沈之吟、知县王衮、王象恒，天启中孙止孝，崇正[祯]中张煊皆重修。崇正[祯]十五年（1642年）为飓风所拔。清顺治中知县梁应元、赵汲，康熙间知县闵峻相继重修。十年（1671年）淫雨倾侧，知县魏师段、吕宪武，教谕朱持正，知县卫立鼎、陈梦熊重修。四十八年（1709年）大水坍塌，知县晏宾、教谕胡仁济修葺。乾隆三十六年（1771年）教谕丁廷辅、训导田云青重修明伦堂（今俱废）。

【注释】

①明洪武二年建：明景泰七年《寰宇通志》："卢龙县学，在县治东南。洪武二年建。景泰三年重修。"

②李景华、吴杲：李景华，江都县人，成化七年举人，成化二十一年任卢龙知县。吴杲，江苏山阳县人，监生，继任卢龙县令。非"弘治间"任。吴杰，江都县人。成化五年进士，弘治七年任永平知府，累官至河南右参政。

旧县文庙　在明伦堂前，规制卑狭。嘉靖四十五年（1566年），兵备道沈应乾迁于学左。正殿五间，东西庑各五间（废）。前戟门、泮池，又前为棂星门（俱废）。棂星门之南建坊二（久废）。其东西临街建坊各一（今俱废）。民国四年改为关岳庙，合祀关、岳（现祀典已不举行，庙内空地为建设局试验场）。

崇圣祠　旧在敬一亭西，后改建东北隅（今废）。

名宦祠、乡贤祠　在门左右（今废）。

敬一亭　在庙后（今废）。

（明世宗御制《敬一箴》①）

序云：夫敬者，存其心而不忽之谓也。元后②敬，则不失天下；诸侯敬，则不失其国；卿大夫敬，则不失其家；士庶人敬，则不失其身。禹曰："后克艰厥后，臣克艰厥臣。"《五子之歌》有云："予临（照）[兆]民，若朽索之驭六马。为人上者，奈何不敬？"其推广"敬"之一言，可谓明矣！一者，纯乎理而无杂之谓也。伊尹曰："德惟一，动罔不吉；德二三，动罔不凶。"其推广"一"之一言，可谓明矣！

盖位为元后，受天付托，承天明命，（为）[作]万方之君，一言一动、一政一令，实理乱安危之所系。若此心忽而不敬，（则此德）岂能纯而不杂哉？故必（竞）[兢]怀畏慎。于郊（神）[禋]之时，俨神明之鉴享，发政临民，端庄戒谨，惟恐拂于人情。至于独处之时，思我之咎，何如改之不吝？思我之德，何如勉而不（怠）[懈]？凡诸事至物来，（穷）[究]夫至理，惟"敬"是持，惟"一"是协，所以尽为天（之）子之职，庶不忝厥祖厥亲。由是九族亲之，黎民怀之，仁泽罩及于四海矣！朕以冲人③缵承丕绪④，自谅德惟寡昧，勉而行之，（以）[欲]尽持敬之功，以驯致乎一德。其先务又在虚心寡欲，驱除邪逸，（一）[信]任耆德，为之匡辅，敷求善人，布列庶位，斯可行纯（正）[王]之道，以坐致太平雍熙之（至）治

也。朕因读书而有得(焉),(乃)述此以自勖(云)。箴曰:

人有此心,万理咸具。体而行之,惟德是(聚)[据]。敬焉一焉,所当先务。匪一弗纯,匪敬弗聚。

元后(父母)[奉天],长此万夫。发政施仁,(斯)[期]保鸿图。敬怠纯驳,应验顿殊。征诸天人,如鼓答桴。

朕荷天(麻)[眷],为民之主。德或不类,以为大惧。惟敬惟一,执之甚固。畏天勤民,不遑宁处。

曰敬维何,怠荒必除。郊则恭诚,庙严孝趋。肃于明廷,慎于闲居。省躬察咎,儆戒无虞。

曰一维何,纯(于)[乎]天理。弗叁以三,弗贰以二。行顾其言,终如其始。静虚无(欺)[欲],日新不已。

圣(言德)[贤法]言,备见诸经。我其究之,择善必精。左右辅弼,贵于忠贞。我其任之,鉴别必明。

斯之谓一,斯之谓敬。君德既修,万邦则正。天亲民怀,永延厥庆。光前垂后,绵衍蕃盛。

咨尔诸侯,卿与大夫。以至士庶,一遵斯谟。主敬协一,罔敢或渝。以保禄位,以完其躯。

古有盘铭,目(击)[接]心警。汤敬日跻,一德受命。朕(有)[为]斯(民)[箴],(奉之)[拳拳]希圣。庶几汤孙,底于嘉靖。

(钦文)

嘉靖五年六月(二十一日)

(之宝)

【注释】

①敬一箴:《明世宗实录》:"嘉靖五年十月辛亥朔。庚午,上制《敬一箴》及注范浚《心箴》、程颐'视''听''言''动'四箴,颁赐大学士费宏等。宏等疏谢,因言'此帝王传心之要法,致治之要道',奏请敕工部于翰林院盖亭竖立,以垂永久。仍敕礼部通行两京国学,并在所提学官摹刻于府州县学,使天下人士服膺圣训,有所兴起。上命如议行。"(据嘉靖十六年《辽东志》、嘉靖四十五年《全辽志》和嘉靖十九年《陕西通志》、万历九年《顺天府志》等改正)。

②元后:君主。

③冲人:古代帝王自称谦辞。

④缵承丕绪:继承皇位。丕绪,国家大业。

教谕署　在明伦堂后(今废)。

训导署　在明伦堂西(旧废)。经训导王拱辰复建(今废)。

馔厅　在堂左(废)。

学仓　在堂右(废)。

明御史邑人韩应庚《卢龙重修庙学记》云:我国家远稽隆古,建学立师,内而两都,外而郡邑,莫不有学。盖造士作人,则胶序党庠,不厌其详,意甚盛也。是以二百年来,文武聿兴,即黎献共臣①,思皇济济②,何以加兹? 卢龙为永平附郭,自洪武己酉(二年,1369年)肇建学宫,万历丁亥(十五年,1587年)为霖潦所(齿)[啮],土木颓圮,丹腹剥蚀,累朝之隆构,几且荡然。知府事东郡孙公③上事于诸台④,报可⑤。以公帑之羡三百金,檄邑令白君董其役。经始于己丑(万历十七年,1589年)之七月,迄庚寅(万历十八年,1590年)之四月(造)[告]成。学谕刘君元卿、训李君允恭、周君道率弟子员刘礼等造不佞⑥,请曰:“昔鲁作泮宫,郑修乡校,学士至今诵之勿绝。今兹学鼎新,春秋释菜⑦,青衿士俱得群居教业,是郡邑大夫之大有造于斯也,愿乞一言以纪其事。”余惟校,教也;序,射也。教与射而并称,则文武兼资,非儒者之所有事乎? 而谓学事务文者,非通方之论矣! 平卢,古幽州之域,东抗辽海,西枕居庸,四塞莽苍,盖用武之国也。方高皇帝创业既定⑧,欲偃武修文,故惟兴学为兢兢⑨。今海宇恬熙,忘战日久(矣)。时当经文而纬武,要讲折冲于樽俎。盖事期有用文事武备,缺一不可。孔子于卫,尝任俎豆而辞军旅矣! 他日,乃曰:“我战则必克。”至夹谷之会⑩以好往,而具三司马以从,率夺莱夷之魄于坛坫之间,而疆自辟其时,射于矍相之圃,则命子路延射,而曰:“败军之将无入此。”其养之者裕,而其应之者壮以暇也。今统其所教子弟,(既)[即]粗而名之曰:“文武吉甫,万邦为宪。”诸士诵法孔子,佩服仁义,其无废韬钤,异日者,身都将相,出其深略,壮猷可以绥内治,亦可以折外侮,使天下称之曰丈夫也,实有其文武焉。即以宪万邦,何有哉? 斯无负于国家建学养士之意,而郡邑大夫之是举也,信乎,其有大造矣夫! 孙公讳维(武)[城],辛未(隆庆五年,1571年)进士,山东丘县人。白君讳希颜,丙子(万历四年,1576年)贡士,山西平卤⑪人。

【注释】

①黎献共臣:黎献,黎民中的贤者。《书·益稷》:“万邦黎献,共惟帝臣。”蔡沉集传:“黎民之贤者也。”

②思皇济济:《诗经·大雅·文王》:“思皇多士,生此王国。王国克生,维周之桢;济济多士,文王以宁。”周文王尊贤礼士,人才济济,国势强盛。

③东郡孙公:孙维城,山东丘县人,隆庆五年进士,万历十五年任永平府知府,万历二十年正月升山西副使。东郡,秦置,治濮阳,辖地约今山东西部、河南东北部。

④诸台:指省级各部门首长。总督称制台,巡抚称抚台,布政使称藩台,按察使称臬台,学政称学台。

⑤报可:经过报批,许可。

⑥不佞:“我”的谦辞。

⑦释菜:释菜礼。古代入学时祭祀先圣先师的一种典礼。《礼记·月令》:“(仲春之

月)上丁,命乐正习舞,释菜。"郑玄注:"将舞,必释菜于先师以礼之。"

⑧既定:康熙《卢龙县志》为"甫定",光绪《永平府志》为"□定"。

⑨兢兢:康熙《卢龙县志》为"兢",光绪《永平府志》为"兢兢"。

⑩夹谷之会:鲁定公十年夏,鲁定公与齐景公会盟于夹谷。盟会上齐景公欲劫持鲁定公,鲁相孔子不屈服于齐国的压力,大义凛然,义正言辞,令齐人折服,归还郓(今山东郓城东)、讙(今山东宁阳北)、龟阴(今山东新汶东南境)等汶阳之田。

⑪平卤:即平虏卫(今山西朔州平鲁区凤凰镇城),明成化十七年(1481年)置,属山西都司。清雍正三年,改置平鲁县(因清时避讳称"虏")。

清知县吕宪武《重修卢龙县学记》云:卢龙为北平附郭,另设学宫,专祀先圣。所以仰法古帝王之盛典,储育此一邑之人(材)[才]①也。考诸碑记,创立于元末,盛建于明初。规模制度,与郡国学宫无异。其历代增修已载于他碑,兹不并列②。迨明季崇正[祯]壬(子)[午](崇祯十五年,1642年)岁夏月,巽二③肆威,圣殿彝堂随风飘没,岂非地运逢屯宫墙一厄也哉?然而圣牌高拱,大风雷雨弗移,泥沙瓦砾弗污,金朱俨然。观者咸肃然起敬,说者谓圣贤有灵,厌故宫之污莱,假此天风埽荡数十百年之尘垢,以俟后起者之再为维新者耶?以礼陶乐淑之地倏而为荒烟瓦砾之场,一时官师弟子员瞻仰无地,乃捐募售买民房,重修殿庑门祠,制称粗备,仅蔽风雨而已。适会皇清定鼎燕都,首崇文教。顺治丙戌(三年,1646年)重修于梁公应元。戊子(顺治五年,1648年)岁再修于锦州赵公汲,斯时明伦堂以及门壁方始就焉。康熙戊申(七年,1668年)又重修于乌程闵公峻,而闵公旋行取入都矣!余于甲寅(康熙十三年,1674年)岁筮得卢龙令,将佩符东行,适闵公会余于京邸,注意卢庠,悉言卢庠兴废之故。以历代创造之宏规,忽为④天风之飘没,虽经草创以重修,终不若古制之周备。向曾捐俸重修,奈规模宏敞,无能遍及,欲立石以记岁月,且劝同志于将来,属⑤余代为立石以志之。余于是岁之仲秋抵卢莅事,谒庙间见学制宏阔,虽经数次重修,阙者犹然未备,以万乘崇祀之香火,而一邑小吏经营,何异蚊负泰山乎?余家东海之滨,去圣人之居不远,遥忆尼山⑥秀气,阙里鸿规⑦,值此景象,岂可以祀先圣耶?余亦景仰前哲,乘时修葺,恐费繁之莫继⑧,付托之无人,时拳拳于念,切切于心。戊午(康熙十七年,1678年)春,大兴朱君持正来谕卢庠,谒圣时,首以修学为请,余与之谋画颠末,志同道合,与有同心焉。余即为捐资,首创设以簿籍,示其专也;钤以印信,示其公也。仍令该房乡耆劝助于阖邑绅士、商民之尚义者,一时金钱集济。朱君先劳无倦,慨然自任。李生廷蕃协赞劝董,即觅匠鸠工,经营指点。易其预朽,整其剥落,缮补其窭漏,再造其倾圮。增添圣位中龛,以肃威仪,更制配哲台阁,以顺位次,补全先贤先儒之木主。重葺泮桥璧水之曲栏。棂星坊前,新筑品墙以期坚久,设以栅栏以严内外。经始仲春,毕功仲夏,凡三阅月。宫墙改色,殿庑增新,虽非彻地重新之修造,即此补修补造之工程,殿庑祠坊,堂厦门墙,可期经久而不坏也。余进朱君、李生而劳之曰:"此番修造,既无虚糜之费,修葺又得实济,成始成终,无旷无冒。余与共事诸君,俱有厚幸焉!"何者余有修学之盛怀,弗遇朱君可托之人则何由谋其初?朱君有修学之美意,傥余有闵公之转迁,则何由善其后?今新庙奕奕,圣灵妥矣!徐观厥成,遇合奇矣!于是知圣贤之灵爽原有默属,圣宫之兴废亦有定候,同心之遇合亦有迟早。今值告成,余拳拳念伸,切切意释,敬珥笔直书其事,以志不忘云。

【作者简介】

吕宪武,山东掖县(今莱州市)人。顺治七年八月,以父难荫入国子监读书。康熙十三年至十九年任卢龙知县。

【注释】

①人(材)[才]:民国《卢龙县志》为"人材",康熙《卢龙县志》、康熙、光绪《永平府志》为"人才"。古时,"人材"通"人才"。

②并列:光绪《永平府志》为"并列",康熙《卢龙县志》、康熙《永平府志》为"备列"。

③巽二:传说中风神名。

④忽为:光绪《永平府志》为"忽为",康熙《卢龙县志》为"忽焉"。

⑤属:通"嘱"。叮嘱、嘱咐,邀请。

⑥尼山:原名尼丘山,在山东曲阜市东南三十公里处,孔子出生地。因避孔子讳改称尼山。

⑦阙里鸿规:光绪《永平府志》为"阙里鸿规",康熙《卢龙县志》、康熙《永平府志》为"阙里鸿模"。阙里,孔子居住的地方,借指孔子。鸿规,犹言根本大法。鸿模,宏大的规模。

⑧莫继:光绪《永平府志》为"莫继",康熙《卢龙县志》为"莫维"。

文庙祀位

大成殿①,正中奉至圣先师孔子位,南向。

【注释】

①大成殿:为文庙的正殿,唐代称文宣王殿。宋崇宁三年(1104年)徽宗赵佶取《孟子》:"孔子之谓集大成"语义,下诏更名为"大成殿"。主祭孔子,袝祀孔子弟子及门徒四配十哲。

东配祀位　复圣颜子(名回,字子渊,鲁人。唐贞观二年配享)。

西配祀位　宗圣曾子(名参,字子舆,鲁南武城人。唐开元八年从祀,宋咸淳三年配享);亚圣孟子(名轲,字子舆,邹人。宋元丰七年配享,明洪武五年罢配享,逾年复之)。

东哲祀位:

先贤闵子(名损,字子骞,鲁人。唐开元八年从祀)。

先贤冉子(名雍,字仲弓,伯牛之宗族,鲁人。唐开元八年从祀)。

先贤端木子(名赐,字子贡,卫人。唐开元八年从祀)。

先贤仲子(名由,字子路,鲁之卞人。唐开元八年从祀)。

先贤卜子(名商,字子夏,卫人。唐贞观二十一年从祀,开元八年升哲位)。

先贤有子(名若,字子有,鲁人。唐开元八年从祀,清乾隆三年升哲位)。

西哲祀位:

先贤冉子(名耕,字伯牛,鲁人。唐开元八年从祀)。

先贤宰子(名予,字子我,鲁人。唐开元八年从祀)。

先贤冉子(名求,字子有,仲弓之宗族。唐开元八年从祀)。

先贤言子(名偃,字子游,吴人。唐开元八年从祀)。

先贤颛孙子(名师,字子张,陈人。唐开元八年从祀。清康熙五十一年升哲位)。

先贤朱子(名熹,字元晦,婺源人。宋淳祐元年从祀。清康熙五十一年升配十哲之次。乾隆三年升有子入东位卜子之次,次朱子于西位、颛孙之次)。

东庑祀位

先贤公孙侨(《左传》:鲁襄公八年始见,昭公八年卒。清咸丰七年从祀。原西庑,拟移东庑)。

先贤林放(唐开元二十七年从祀。明嘉靖九年改于乡。清雍正二年复祀。原西庑,拟移东庑)。

先贤原宪(唐开元二十七年从祀)。

先贤南宫适(唐开元二十七年从祀)。

先贤商瞿(唐开元二十七年从祀)。

先贤漆雕开(唐开元二十七年从祀)。

先贤司马耕(唐开元二十七年从祀)。

先贤梁鳣(唐开元二十七年从祀)。

先贤冉孺(唐开元二十七年从祀)。

先贤伯虔(唐开元二十七年从祀)。

先贤冉季(唐开元二十七年从祀)。

先贤漆雕徒父(唐开元二十七年从祀)。

先贤漆雕哆(唐开元二十七年从祀)。

先贤公西赤(唐开元二十七年从祀)。

先贤任不齐(唐开元二十七年从祀)。

先贤公良孺(唐开元二十七年从祀)。

先贤公肩定(唐开元二十七年从祀)。

先贤鄡(qiāo)单(唐开元二十七年从祀)。

先贤罕父黑(唐开元二十七年从祀)。

先贤荣旂(唐开元二十七年从祀)。

先贤左人郢(唐开元二十七年从祀)。

先贤郑国(唐开元二十七年从祀)。

先贤原忼(唐开元二十七年从祀)。

先贤廉洁(唐开元二十七年从祀)。

先贤叔仲会(唐开元二十七年从祀)。

先贤公西舆如(唐开元二十七年从祀)。

先贤邦巽(唐开元二十七年从祀)。

先贤陈元(唐开元二十七年从祀)。

先贤琴张(唐开元二十七年从祀)。

先贤步叔乘(唐开元二十七年从祀)。

先贤秦非(唐开元二十七年从祀)。

先贤颜哙(唐开元二十七年从祀)。

先贤颜何(唐开元二十七年从祀。明嘉靖九年罢,清雍正二年复祀)。

先贤县亶(清雍正二年从祀)。

先贤牧皮(清雍正二年从祀。原西庑,拟移东庑)。

先贤乐正克(清雍正二年从祀)。

先贤万章(清雍正二年从祀)。

先贤周敦颐(宋天禧元年生,熙宁六年卒,年五十七。淳祐元年从祀)。

先贤程颢(宋明道元年生,元丰八年卒,年五十四。淳祐元年从祀)。

先贤邵雍(宋大宗祥符四年生,熙宁十年卒,年六十七。咸淳三年从祀)。

先儒公羊高(子夏弟子。唐贞观二十一年从祀)。

先儒伏胜(秦博士,唐贞观二十一年从祀)。

先儒毛亨(年无考,受诗于荀卿,以授毛苌。按《史记》,楚考烈王二十五年,荀卿废,居兰陵。距汉兴三十二年。《太平御览》引《毛诗正义》之荀卿授汉人,鲁国毛亨则是秦汉间人,同治二年从祀)。

先儒孔安国(汉武帝时为博士侍中。唐贞观二十一年从祀。原西庑,拟移东庑)。

先儒后苍(汉宣帝时为博士。明嘉靖九年从祀)。

先儒许慎(字叔重,汉东京人。清光绪二年从祀)。

先儒郑康成(汉永建二年生,建安五年卒,年七十四。唐贞观二十一年从祀。明嘉靖九年改祀于乡。清雍正二年复祀。原西庑,拟移东庑)。

先儒陆贽(唐天宝十三年生,永贞元年卒,年五十二。清道光六年从祀)。

先儒范仲淹(宋端拱二年生,皇祐四年卒,年六十四。清康熙五十四年从祀)。

先儒欧阳修(宋景德四年生,熙宁五年卒,年六十六。明嘉靖九年从祀)。

先儒司马光（宋天禧三年生，元祐元年卒，年六十八。咸淳二年从祀。原西庑，拟移东庑）。

先儒谢良佐（宋元丰八年进士，生卒年无考，与杨时同称程门四先生。清道光二十九年从祀）。

先儒罗从彦（宋熙宁五年生，绍兴十年卒，年五十八。清咸丰元年从祀。原西庑，拟移东庑）。

先儒李纲（宋元丰六年生，绍兴十年卒，年五十八。清咸丰元年从祀。原西庑，拟移东庑）。

先儒张栻（宋绍兴三年生，淳熙七年卒，年四十八。景定二年从祀。原西庑，拟移东庑）。

先儒陆九渊（宋绍兴九年生，绍熙三年卒，年五十四。明嘉靖九年从祀。原西庑，拟移东庑）。

先儒陈淳（宋绍兴二十三年生，嘉定十年卒，年六十九。清雍正二年从祀）。

先儒真德秀（宋淳熙五年生，端平二年卒，年五十八。明正统二年从祀。原西庑，拟移东庑）。

先儒何基（宋淳熙十五年生，咸淳四年卒，年八十一。清雍正二年从祀。原西庑，拟移东庑）。

先儒文天祥（宋端平三年五月二日生，元至元十九年卒，年四十七。清道光二十三年从祀。原西庑，拟移东庑）。

先儒赵复（生卒年无考，以宋端平二年至北庭，当列元儒之首。清雍正二年从祀）。

先儒金履祥（宋绍定五年生，元大德七年卒，年七十二。清雍正二年从祀。原西庑，拟移东庑）。

先儒陈澔（宋景定二年生，元至正元年卒，年八十一。清雍正二年从祀。原西庑，拟移东庑）。

先儒方孝孺（元至正十七年生，明建文四年卒，年四十六。清同治二年从祀）。

先儒薛瑄（明洪武二十二年生，天顺八年卒，年七十六。隆庆五年从祀。原西庑，拟移东庑）。

先儒胡居仁（明宣德九年生，成化二十年卒，年五十一。万历十二年从祀）。

先儒罗钦顺（明成化元年生，嘉靖二十六年卒，年八十三。清雍正二年从祀）。

先儒吕（枏）［柟］（明成化十五年生，嘉靖二十一年卒，年六十四。清同治二年从祀。原西庑，拟移东庑）。

先儒刘宗周（明万历六年生，清顺治二年卒，年六十八。道光二年从祀。原西庑，拟移东庑）。

先儒孙奇逢（明万历十三年生，清康熙十四年卒，年六十三。清雍正二年从祀。原西庑,拟移东庑)。

先儒张履祥(字考夫,一字念芝,浙江桐乡人,世称杨园先生。清同治十年从祀)。

先儒陆陇其(明崇祯三年生,清康熙三十一年卒,年六十三。雍正二年从祀。原西庑,拟移东庑)。

先儒张伯行(字孝先,河南仪封人。清顺治八年生,雍正三年卒,年七十五。光绪四年从祀)。

西庑祀位

先贤蘧瑗(《左传》:鲁襄公十四年始见,卒年无考。《史记》:定公十四年孔子犹主蘧伯玉家,其卒后于公孙桥,盖三十余年。唐开元二十七年从祀。明嘉靖九年改祀于乡。清雍正二年复祀。原东庑,拟移西庑)。

先贤澹台灭明(唐开元二十七年从祀。原东庑,拟移西庑)。

先贤宓不齐(唐开元二十七年从祀)。

先贤公冶长(唐开元二十七年从祀)。

先贤公哲哀(唐开元二十七年从祀)。

先贤高柴(唐开元二十七年从祀)。

先贤樊须(唐开元二十七年从祀)。

先贤商泽(唐开元二十七年从祀)。

先贤巫马施(唐开元二十七年从祀)。

先贤颜辛(唐开元二十七年从祀)。

先贤曹恤(唐开元二十七年从祀)。

先贤公孙龙(唐开元二十七年从祀)。

先贤秦商(唐开元二十七年从祀)。

先贤颜高(唐开元二十七年从祀)。

先贤壤驷赤(唐开元二十七年从祀)。

先贤石作蜀(唐开元二十七年从祀)。

先贤公夏首(唐开元二十七年从祀)。

先贤后处(唐开元二十七年从祀)。

先贤奚容(唐开元二十七年从祀)。

先贤颜祖(唐开元二十七年从祀)。

先贤句井(唐开元二十七年从祀)。

先贤秦祖(唐开元二十七年从祀)。

先贤县成(唐开元二十七年从祀)。

先贤公祖句(唐开元二十七年从祀)。

先贤燕伋(唐开元二十七年从祀)。

先贤乐欬(唐开元二十七年从祀)。

先贤狄黑(唐开元二十七年从祀)。

先贤孔忠(唐开元二十七年从祀)。

先贤公西蒧(唐开元二十七年从祀)。

先贤颜之仆(唐开元二十七年从祀)。

先贤施之常(唐开元二十七年从祀)。

先贤申振(唐开元二十七年从祀)。

先贤左邱[丘]明(唐贞观二十一年以经师从祀)。

先贤秦冉(唐开元二十七年从祀。明嘉靖九年罢。清雍正二年复祀)。

先贤公明仪(清咸丰三年从祀。原东庑,拟移西庑)。

先贤公都子(清雍正二年从祀)。

先贤公孙丑(清雍正二年从祀)。

先贤张载(宋天禧四年生,熙宁十年卒,年五十八。淳祐元年从祀)。

先贤程颐(宋明道二年生,大观元年卒,年七十五。淳祐元年从祀)。

先儒穀梁赤(子夏弟子。唐贞观二十一年从祀)。

先贤高堂生(秦末汉初人。唐贞观二十一年从祀)。

先贤董仲舒(汉武帝初年对策,为江都相。元至顺元年从祀。原东庑,拟移西庑)。

先贤刘德(汉孝景皇帝子,封河间献王,立二十六年,薨。清光绪三年从祀)。

先儒毛苌(汉河间献王博士,当武帝时,唐贞观二十一年从祀)。

先儒杜子春(汉永平初年,年九十。唐贞观二十一年从祀。原东庑,移西庑)。

先儒诸葛亮(汉光和四年生,建兴十二年卒,年五十四。清雍正二年从祀。原东庑,拟移西庑)。

先儒王通(陈至二年生,隋义宁二年卒,年三十五。一作开皇二年生,年三十七。明嘉靖九年从祀)。

先儒韩愈(唐大历三年生,长庆三年卒,年五十七。宋元丰七年从祀)。

先儒胡瑗(宋淳化四年生,嘉祐四年卒,年六十四。明嘉靖九年从祀)。

先儒韩琦(宋大中祥符元年生,熙宁八年卒,年六十八。清咸丰二年从祀。原东庑,拟移西庑)。

先儒杨时(宋皇祐五年生,绍兴五年卒,年八十三。明宏治八年从祀。原东庑,拟移西庑)。

先儒尹焞(宋熙宁四年生,绍兴十二年卒,年七十一。清雍正二年从祀)。

先儒胡安国(宋熙宁七年生,绍兴八年卒,年六十五。明正统二年从祀)。

先儒李侗(宋元祐八年生,隆兴元年卒,年七十一。明万历四十二年从祀。原东庑,拟移西庑)。

先儒吕祖谦(宋绍兴七年生,淳熙八年卒,年四十五。景定二年从祀。原东庑,拟移西庑)。

先儒袁燮(字和叔,宋浙江鄞县人。同治七年从祀)。

先儒黄榦(宋绍兴二十二年生,嘉定十四年卒,年七十。清雍正二年从祀)。

先儒蔡沈(宋乾道三年生,绍定三年卒,年六十四。明正统二年从祀。原东庑,拟移西庑)。

先儒魏了翁(宋淳熙五年生,嘉熙元年卒,年六十。清雍正二年从祀。原东庑,拟移西庑)。

先儒王柏(宋庆元三年生,咸淳十年卒,年七十八。清雍正二年从祀。原东庑,拟移西庑)。

先儒陆秀夫(宋端平三年十月八日生,祥兴二年即元至元十六年卒,年四十四。清咸丰九年从祀)。

先儒许衡(宋嘉定二年生,元至十八年卒,年七十三。皇庆二年从祀)。

先儒吴澄(宋淳祐九年生,元元统元年卒,年八十五。明正统八年从祀。嘉靖九年罢。清乾隆二年复祀。原东庑,拟移西庑)。

先儒许谦(元至元七年生,后至元三年卒,年六十八。清雍正二年从祀。原东庑,拟移西庑)。

先儒曹端(明洪武九年生,宣德九年卒,年五十九。清咸丰十年从祀。原东庑,拟移西庑)。

先儒陈献章(明宣德三年生,宏治十三年卒,年七十三。万历十二年从祀)。

先儒蔡清(明景泰四年生,正德三年卒,年五十八。清雍正二年从祀)。

先儒王守仁(明成化八年生,嘉靖七年卒,年五十七。万历十二年从祀。原东庑,拟移西庑)。

先儒吕坤(明嘉靖十五年生,万历四十六年卒,年八十二。清道光六年从祀)。

先儒黄道周(明万历十三年生,清顺治三年卒,年六十二。道光五年从祀。原东庑,拟移西庑)。

先儒陆世仪(字桴亭,江苏人。光绪二年从祀)。

先儒汤斌(明天启七年生,清康熙二十六年卒,年六十二。道光五年从祀。原东庑,拟移西庑)。

崇圣祠[①]　正位,南向。

肇圣王木金父公[②],正中,南向。

裕圣王祈父公[③],中之东南向。

诒圣王防叔公[④],中之西南向。

昌圣王伯夏公[⑤],东之东南向。

启圣王叔梁公⑥,西之西南向。

【注释】

①崇圣祠:原称启圣祠,主祭孔子父亲叔梁纥。清雍正元年(1723年)三月追封孔子五代祖先为王爵并予入祀,更名为崇圣祠。

②木金父公:春秋时宋国司马孔父嘉之子。孔父嘉被华督杀害,木金父逃到鲁国邹邑,以父字为孔氏,在邹邑定居,成为鲁国大夫。孔子五世祖。清雍正元年三月,追封为肇圣王。

③祁父公:祈父,春秋时鲁国大夫。木金父之子,孔子高祖父。清雍正元年三月,追封为裕圣王。

④防叔公:防叔,春秋时期鲁国防地(今山东曲阜市防山乡)大夫。孔子曾祖父。清雍正元年三月,追封为诒圣王。

⑤伯夏公:伯夏,春秋时鲁国大夫。孔子祖父。清雍正元年三月,追封为昌圣王。

⑥叔梁公:叔梁纥,官邹邑大夫。孔子之父。清雍正元年三月,追封为启圣王。

东配祀位

先贤孔氏孟皮(清咸丰七年从祀)。

先贤颜氏(名无繇,唐开元二十七年从祀。明嘉靖九年配飨)。

先贤孔氏(名鲤,宋咸淳三年从祀。明嘉靖九年配飨)。

西配祀位

先贤曾氏(名皙,唐开元二十七年从祀。明嘉靖九年配飨)。

先贤孟孙氏(名激,明嘉靖九年配飨)。

东庑祀位

先儒周氏(名辅成,年无考。明万历二十二年从祀)。

先儒程氏(名珦,宋景德三年生,元祐五年卒,年八十五。明嘉靖九年从祀)。

先儒蔡氏(名元定,宋绍兴五年生,庆元四年卒,年六十四。明嘉靖九年从祀)。

西庑祀位

先儒张氏(名迪,年无考。清雍正二年从祀)。

先儒朱氏(名松,宋绍圣四年生,绍兴十三年卒,年四十七。明嘉靖九年从祀)。

书 院　义 学

孤竹书院①　在府城东北隅,望高楼下(久废)。

【注释】

①孤竹书院:嘉靖二十五年至二十九年间,永平府知府张玭创建。隆庆五年知府辛应乾改为察院。万历二十七年《永平府志·张玭传》:"玭下车,首拓夷齐故城祠,复于城

内故祠址立孤竹书院,以风励士类。……后守辛公应乾坠而为监察行台。""大察院,在永丰仓后。隆庆五年,知府辛应乾改孤竹书院为之。"

北平书院　在府学南,卢龙县旧基。明隆庆六年(1572年),知府辛应乾①建。清康熙十六年(1677年),知府常文魁复建,改为教授署(今废)。

【注释】

①辛应乾:字伯符,山东安丘人。嘉靖四十一年进士,授山西长治县令,擢户部主事,迁员外郎、郎中。隆庆五年任永平府知府。万历二年二月升山西副使,历迁山西参政、按察使、左布政使、巡抚都御史、兵部右侍郎。万历二十一年卒。天启二年三月赠兵部尚书。

御史刘伟《新建北平书院志》云:稽古致治之本,首重于人材,风俗以之而肇,教化藉之而兴,天下待之而理,岂不重欤?虽然,作养无术,则人才终莫能振也。丙辰(康熙十五年,1676年)岁暮,幸我常公来守斯邦。永平①本一疲郡也,民苦瘠土,赋重役劳,且当东西冲繁,簿书鞅掌②,即有非常之才,恒虞调剂③之不遑,安望余力以作养人才耶?若我公者,甫下车未几④而政事毕奏,即观风课士,修举废坠,重修文武两学,深有作养人才之意矣!于谒庙之日,见非农非士环列于前,即诘之曰:"吾青青子衿也欤?"咸应之曰:"唯,唯。"嗟乎!青青子衿,何乃衣冠狼狈至斯哉?夫衣冠狼狈至斯,遑问其诗书乎?诗书不兴,人材何由而作?爰是经营学宫前隙地,堪为弦诵之所,苦于狭隘,买近居民房四间,空地一段,方称斯院。不扰民力,不动公帑,大捐己资。公每省试几费心裁,命生员杨新鼎督监,不月余,构成讲堂三,东西书斋十二,后肄业正房五,厢房四,厨房二,中门、大门共四,内外墙壁莫不严密。又建木坊,设以廪饩,延乃师儒,无所不至。即菁莪朴棫之化不过是矣!吾往而观焉,奇哉,斯院耶!外瞻之,高耸层叠,俨然壮观。进视之,曲折周匝,幽若仙景,不觉喟然曰:"幸哉⑤!北平之书院,可与江西之白鹿⑥比隆!"俾吾永士子入斯院者,必致其知,必力其行,学成孝子,学成忠臣,异日掇科甲、纡青紫,龙见豹变,蔚然汇起,万古千秋。孰不相传曰:"非我公之作养人才而然者哉!"若后之君子,继公以行,则永之人才有盛而无衰也。不然,燕朋昵师,虚糜岁月,即当幡然而逝,不可一日污此地。公三韩⑦世家也,名文魁,号独占,字月生,戊子(顺治五年,1648年)贡士,并书以志不朽云。

【作者简介】

刘伟,字远公,永平府滦州人。康熙十四年乙卯科顺天乡试解元,康熙二十四年登进士第,选翰林院庶吉士。康熙二十六年授监察御史,巡视东城。风裁高峻,声著台班,卒于官。

【注释】

①永平:康熙《永平府志》为"斯邦",光绪《永平府志》为"□□"。

②簿书鞅掌:公务繁忙。鞅掌,谓职事纷扰烦忙。

③恒虞调剂:经常忧虑周旋。

④甫下车未几：刚到任不久。甫，刚刚，才。下车，官员到任。未几，没多久，很快。

⑤幸哉：康熙《永平府志》为"幸乎"，光绪《永平府志》改为"幸哉"。

⑥白鹿：白鹿洞书院，位于江西庐山五老峰南麓。与湖南长沙的岳麓书院、河南商丘的应天书院、河南登封的嵩阳书院号称中国四大书院。唐朝贞元年间，洛阳人李渤与其兄李涉隐居在此读书，养一白鹿自娱，人称白鹿先生。长庆间，李渤任江州（今江西九江）刺史。兴盛于宋朝，延至明清。

⑦三韩：汉代朝鲜半岛南部的三个部落联盟马韩、辰韩、弁韩的合称。清代以三韩代指辽东。雍正《山西通志》："常文魁，奉天广宁人，贡士。顺治十一年任（忻州知州）。"

敬胜书院　在武庙西，旧武学地。乾隆十二年（1747年），知府卢见曾创建。乾隆五十二年（1787年）知府单煃，嘉庆十二年（1807年）知府祝庆承，道光十一年（1831年）知府阮常生，同治十二年（1873年）知府游智开，俱重修。清光绪二十八年（1902年），知府管廷献改为校士馆①。宣统元年（1909年）立中学，旋改为第四中学校②。民国十五年（1926年）经石校长③呈准，移设分校于唐山，名存而实不在。十九年（1930年），奉教育厅令，由县保管校舍。自近年军兴后，该校校址常为军事长官驻所，现军队开拔，校舍腾出，又成立乡村师范学校。

【注释】

①校士馆：原称试院，民间称考棚，是封建科举童试之地。各府州县所考取合格的生员（俗称秀才），若要升入京师国子监读书者，必须参加府会试，试院即是生员会试的场所，后俗称校士馆。光绪二十八年（1902年）10月，直隶总督兼北洋大臣袁世凯奏请朝廷，颁布《直隶中学堂暂行章程》，通令各府州及书院改设学堂。校士馆改为"永平府中学堂"，永平府知府管廷献任总办，并亲笔题写匾额（今藏于唐山第一中学校史馆），考取学生60名。

②第四中学校：民国元年（1912年），"永平府中学堂"改称"永平中学校"。民国三年（1914年），永平府撤销，中学改为省立，按照排列序号，改称"直隶省立第四中学校"。在校生五个班，共112人。1926年7月，军阀混战，校舍迭遭摧残，校长石占元在滦州唐山镇马家屯设立分校。1928年10月，直隶易名河北，学校更名为"河北省立第四中学校"，除部分人员留守卢龙，其余迁往唐山马家屯校区。1933年更名为河北省立唐山中学校。1942年，学校迁往唐山市吉祥路，改称河北省立唐山第一中学。1956年更名为河北省立唐山第一高级中学。1969年改称河北唐山市第一中学。

③石校长：石占元，字冠英，昌黎人。日本广岛高师毕业。1922年冬至1928年秋任校长。

德州卢见曾《创建永平府敬胜书院碑记》云：敬胜书院建于府城平山之麓，故武成王庙右，盖武学旧址云。乾隆甲子（九年，1744年），天子起曾于谪戍①，俾牧滦州，逾年擢本郡守。先是永公宁②治是郡，政通人和，纲目毕张。曾来岁大熟，讼（狱）益息，艮其趾，萧然无余事,思惟报国莫如为国作人。爰因郡人修武庙之请,请建书院于总督那公苏图③、布政使方公观承④。报可。郡人输财趋事,沛若江河(之)就下,月余费用大集。于是,监税工部佛公宝柱⑤构材于桃林之口,昌黎县致浮于海之大木,相宅鸠工,位其(中)为讲堂⑥,堂三楹。前为门,后为斋,亦各三楹。右为学舍,南北向者三,各五楹。东西向者四,各三楹。散室三,各二楹,计四十有二楹。庖湢寝处器用之需,备庙之制⑦。若殿若庑,若棂星门,悉复其旧制,合院之四十二楹,而缭以垣。得请于丙寅年(乾隆十一年,1746 年)六月,迄于丁卯年(乾隆十二年,1747 年)四月,十阅月而工毕。乃延名师,立学规,徵七属士之才者肄业焉。进之曰:"二三子亦知武学之兴废,与予以敬胜名书院之意乎?"明初定天下,建国学,立六堂之法⑧,乃命韩国公李善长选勋臣子弟入学,又置武学于大宁等卫。盖将范武于文,使介胄之士,皆知说礼乐而敦诗书,其用意深远。故其为制也,明以备严而不苟,法久浸弛,而会典程式累朝犹修。明之永平武学,建于隆庆刘公应节⑨。其时入学者,犹应袭舍人⑩也。崇正[祯]十年(1637 年),命天下府州县皆设武学生员,提学官一体考取,杂进无实,而学舍荆榛矣! 末流沿袭祖宗之法,而或反其意概如斯。夫古之教者,文武不分途;古之学者,体用无偏废。太公以见知之圣际,会鹰扬阴符云乎哉?《丹书》曰:"敬胜怠者吉,怠胜敬者灭。"於戏!⑪太公所以为王者师也。二三子朝夕诵习于斯,仰瞻庙貌,溯其德业之巍巍,明乎见而知之。之为何事而敬? 以为主者,之于家国天下,无所处而不当。斯其处也,有守而出也,足以有为,如以举子业为文章之能事,而不究其全体、大用之本原,则与骑射技勇以为武者等耳! 二三子尚无忘顾諟以废斯举哉! 诸生曰:"谨受教。"遂书之以为记。

【注释】

①谪戍:朝廷将有罪之人发配到边疆充军,戍守边关。乾隆元年,卢见曾出任两淮盐运使。乾隆五年五月,"被参一十七款,共诬赃银一千六十两",获罪远戍,往塞外军台效力。乾隆八年十月,坐台年满,召还。乾隆九年五月,补任滦州知州。

②永公宁:永宁,正红旗满洲人。翻译,举人,乾隆七年至十年任永平府知府。

③那公苏图:那苏图(? ~1749),戴佳氏,字羲文,满洲镶黄旗人。康熙五十年,袭拖沙喇哈番世职,授蓝翎侍卫。雍正初,四迁兵部侍郎。四年,出为黑龙江将军。八年,调奉天将军。乾隆元年,擢兵部尚书。二年,调刑部,授两江总督。十年,调任直隶总督。十二年加太子太傅。十三年,加太子太保,授领侍卫内大臣,仍留总督任。十四年,命暂署河道总督。卒,赐祭葬,谥恪勤。

④方公观承:方观承(1698~1768),字遐谷,号问亭,一号宜田,安徽桐城人。雍正年间任内阁中书。乾隆二年,任军机章京,转吏部郎中。七年任直隶清河道,八年升直隶按察使,九年进直隶布政使。十一年署理山东巡抚,两年后调任浙江巡抚。十四年擢直隶总督。三十三年八月卒,年七十一,谥恪敏。

⑤佛公宝柱:佛宝柱,正黄旗人。监生,乾隆十年任永平府潘家桃林二口收税司官

（督理潘桃等处抽分）。十二年升吏部考功司郎中。历任贵州平越府、黎平府、湖北宜昌府知府、直隶河间府知府。

⑥位其（中）为讲堂：卢见曾《雅雨堂集》为"位其中为讲堂"，乾隆、光绪《永平府志》为"位其为讲堂"。

⑦备庙之制：卢见曾《雅雨堂集》为"莫不备具庙之制"，乾隆、光绪《永平府志》为"备庙之制"。

⑧六堂之法：明初，韩国公李善长奉旨设国子监，设立率性、修道、诚心、正义、崇志、广业六堂，令武将子弟习文。《明史·选举志》："太祖虑武臣子弟但习武事，鲜知问学，命大都督府选入国学，其在凤阳者即肄业于中都。命韩国公李善长等考定教官、生员高下，分列班次，曹国公李文忠领监事以绳核之。嗣后勋臣子弟多入监读书。""初，改应天府学为国子学，后改建于鸡鸣山下。既而改学为监，设祭酒、司业及监丞、博士、助教、学正、学录、典籍、掌馔、典簿等官。分六堂以馆诸生，曰率性、修道、诚心、正义、崇志、广业。学旁以宿诸生，谓之号房。厚给稟饩，岁时赐布帛文绮、袭衣巾靴。"

⑨刘公应节：刘应节，字子和，山东潍县人。嘉靖二十六年进士，由户部广东司主事历升山西右参政、陕西左参政、辽东巡抚、河南巡抚。隆庆元年改蓟辽总督。万历初，进南京工部尚书，协理京营戎政兵部尚书，改刑部尚书。隆庆五年，经蓟辽总督刘应节、顺天巡抚杨兆、蓟镇总兵戚继光题请，蓟镇设置密云、遵化、永平三处武学。《大明会典》："隆庆五年题准，将遵化、密云、永平各附近卫所官舍严加遴选，分拨各学，如法教养。各兵备官以时校阅。仍照京卫武学事例，考入优等者，每名月给馔米。所用钱粮，即于缺官银米开荒屯粮内动支。至于民间技能之士，必须超群绝伦、真有实用者，方许入选，勿得滥收。"

⑩应袭舍人：符合袭职条件，应继承卫所官职的武职弟子。明洪武四年三月，明太祖诏令："凡大小武官亡故，悉令嫡长子孙袭职。"舍人，宋元以来俗称显贵子弟为舍人，明代称应袭卫所职位的武官子弟为舍人。

⑪於戏：读 wū hū，不读 yú xì。

乐亭史梦兰《重修永平府敬胜书院碑记》云：敬胜书院，前太守德州卢公见曾于乾隆初因明武学旧址所建也。以其左邻太公庙，故取《丹书》语名之。迄道光中，阮公常生来守吾郡，雅意培植生徒，莘莘号称极盛。咸丰末，畿辅有警，郡守重团练，而书院遂渐即蓁芜。同治壬申（十一年，1872 年），今太守游公至，见堂庑颓败，尽然伤之，力亟重修。增其膏火，并购经史，广搜宋元明儒及畿辅诸贤哲文集，藏之院中，以备诸生肄业，甚盛举也。工既竣，属兰为文，以记其事。曰书院者，储才之区也。然书院遍天下，求其坐，言起行才，堪适用者，恒不数数觏。其故何哉？课士之法，率以制艺、试（律）一日之工拙，第其甲乙高下，其稟饩学者，亦遂墨守此途，间有聪明颖异之士，思欲博古通今，明体达用，又往往苦于僻处穷乡，无书可购。于是有问以古今传位之次，州郡隘塞之名，及兵农钱谷、时务利病之略,茫然一无所知者。以此求才,是犹钻火于三凌之冰,縶(骑)[骐]骥之足而责千里者也,则才之不足适用也固宜。且吾之置此书,以课诸生,非欲人薄科举之文而不为也,诚欲学者通经,以窥圣贤授受之原,读史以知历代兴亡之故。根柢既深,枝叶自茂。即为科举之文,(当)必高出寻常数倍,科名何患不得?若穷年矻矻,徒抱腐烂时文,为兔园册子,纵侥幸科名,亦空疏无用,岂国家取士、书院储才之意哉?吾介介独为此耳!至异日书院之废兴,书籍之存亡,自有后来者主之。人之欲善,谁不如我?我亦惟为事之所当为,力之所能为,心之所愿为而已,他非所知也。兰深感其意,韪其言,爰次第书之,以为记。游公,名智开,湖南新化人,由滦州(牧)擢守本郡,与卢公同。同治十二年(1873年)秋七月癸酉。

府义学① 旧在城隍庙西。明成化九年(1473年),知府玉玺建。宏[弘]治中,吴杰修。崇正[祯]中,推官韩国植移建于府治后,俱久废。道光四年(1824年),知府王开云建"端本义学"于太公庙内,嗣亦倾圮。光绪元年(1875年),知府游智开移建书院之前,龙亭之后。东西各三间。东系书院隙地,西系买童姓、薛姓地基。

【注释】
①义学:古代一种供寒门子弟读书的免费的蒙学学校,经费来源主要是官方公益金和私人筹资。

永平府知府王开云《新建端本义学记》云:前守卢公雅雨①改建府书院于武成王庙之右,名曰敬胜,盖期学者景仰先圣云尔。余来后卢公七十年余,课士于兹,犹见旧制井井,且闻都人从此造就者不少,前贤遗爱未尝不乐后人之踵而增之也。余幼颧名场②,长袭国恩③,寻以部郎入选,珥笔④侍从者有年,愧不称职,今为俗吏久矣!治术尤疏,惟所至必兢兢以劝学为首务。永郡故非沃壤,其婺人子⑤恒有幼而失业者,书院难兼收,亦恐躐等,将欲别倡义举而建之学,岂易易哉?往岁,余(始)[姑]分俸延师,招集数十人,假馆课之,卒虑其未可以垂久。今年夏,邻境无麦,流民麇至,乃与郡人谋捐赈,解囊者欣然。事蒇,资且有羡,窃喜其可为吾建学筹也。请于大吏,皆允。时武成王庙重修,亦余倡义,往度之,得隙地,因构两学舍。以前所招诸童,暨续增列居其中。观者以为斯郡二百年来所未有,抑亦盛世兴教之未助也与?是学也,事由义起,宜以义得,冠以"端本"者为始基言耳!昔(旰)[盱]江李觏⑥有言曰:"诗书之道废,人惟见利而不闻义。"今永人向义而学赖以成,斯道其自此兴乎?吾愿司铎⑦者,正蒙养以基圣功,当其离经辨志,既晓以大义所在,公私之分明,然后廉耻之防立,扩充以至于无往而非义,庶义胜之旨,终与敬胜并存,而不失为景仰先圣者,则亦使余今日之举,得附卢公而名彰也幸甚,并将义学条十则开列于后:

——义学经费,期垂永久也,所有捐资八百两,饬交卢龙、昌黎二县,各银四百两,转发盐当商人承领,每月以二分生息。自道光四年秋季为始,案季批解。府署每岁共银一百九十二两,遇闰加增,取具商人,如地方官提用本银,情甘加倍赔补归款,切实领结,通送存案,以杜亏挪之弊。

——义学塾师修金,宜酌予加增也,蒙童为养正之始,师资实化导之源,必采访本郡之岁贡生员中,品学优长者,方可饬监院教职下关敦请,以二人为定。按季分送修金,各二十两。每岁各八十两,共银一百六十两,如有始勤终怠,不善教读者,由监院密禀,辞退另延。

——义学蒙童,宜广为收录也,无论旗汉军民之家,凡无力从师者,准其由监院处报名入馆,塾师不许收受丝毫,以示优恤。

——义学人材,宜严甄别也,蒙童中有资性敏捷,及(沈)[沉]潜可以造就者,令监院随时查看禀明,另加鼓励。如年长无成,或玩劣不驯(者),令其改图,无致良莠杂处,以端士习。

——义学馆舍,宜有专所也,自道光三年创始以来,系借居敬胜书院闲房,今书院居斋生童日众,难以借居。因查太公庙岁久倾塌,劝令绅董修葺一新,即度棂星门外隙地,两旁捐建瓦房六间,分为两学,颇觉宽敞,名曰"端本"。于四年九月迁入,所有桌(橙)[凳]、什物,均经制备完全。其各童应用书籍亦多购就,若不敷用,随时买给。

——义学课程,宜移易陋习也,塾师每晨必敬讲圣谕、广训数则,俾蒙童早知迁善,不致将来流于匪僻。读《四书》《五经》者,务令精熟句读,讲究义理。学诗律者,必先知音韵,毋错平仄。初作文者,必以清真雅正为宗,理法词气是务,毋事涉猎(钞)[抄]袭,毋(监)[滥]习坊刻浅陋文字,以正风教。

——义学人数,宜有限制也,两馆现共有六十余名,后即以此为率,若蒙童过多,塾师课读不及转,恐荒废。去岁每节系自行捐资奖赏,今既有款生息三节,每人酌给钱数百文,以为添补纸笔之费。如以后再有经费,可以扩充多取,必加请塾师,听其随时禀办。

——义学监院,无庸另设也,每岁于府县学官内遴选妥员,委监敬胜书院即可监管义学。向例监院设有公费,亦可毋庸再筹。

——义学供给,宜稍为添设也,蒙童茶水自难携带,每月发(给)[制]钱六百六十文,饬监院派人备办应用。

——义学人役,毋庸多派也,书院本有夫役,即可分用。每月工食酌加制钱三百文。

【作者简介】

王开云,号湘友,贵州玉屏县人。以父难荫袭三等子爵,嘉庆十三年十月授山西道监察御史。嘉庆二十三年九月任济南府知府。道光二年六月改永平府知府。道光八年十一月调知顺德府。累升山东盐运使。

【注释】

①卢公雅雨:知府卢见曾,号雅雨。

②幼踬(zhì)名场:幼年参加科举考试不顺利。

③长袭国恩:王开云父亲王文雄,字叔师,由行伍从征缅甸、大小金川,擢游击,升直

隶通州协副将。嘉庆元年,调襄阳围剿白莲教,因功赐号法佛礼巴图鲁。擢南阳镇总兵,升固原提督。嘉庆五年夏,追剿白莲教中,遇袭阵亡。封三等子爵,谥壮节。子王开云,袭子爵。

④珥笔:古代史官、谏官上朝,常插笔冠侧,以便记录,谓之"珥笔"。

⑤窭(jù)人子:穷苦人家的子弟。

⑥李觏:字泰伯,号盱江先生,北宋建昌军南城(今江西抚州资溪县)人。北宋时期思想家、教育家。庆历三年(1043)创办盱江书院,开课授徒。经范仲淹等人举荐,乃授为太学助教,历任太学说书、海门(今江苏海门)主簿、太学直讲等职。嘉祐四年(1059)权同管勾太学。

⑦司铎:谓掌管文教,指教谕、训导等教职。相传古代宣布教化的人必摇木铎以聚众,故称。

卢龙义学　在县治南关,厢街西。明隆庆二年,知府刘庠建。万历十二年(1584年),知府杨时誉修,久废。清康熙四十年(1701年),知县倪痩棠另建于武学南,亦废。光绪三年(1877年),知府游智开于文昌宫、接官厅,又设义学二,今废。

金　融

卢龙为蕞尔①小县,交通梗塞,商业萧条,既无银行、钱号,自无行情可言。境内习惯使用九六东钱②。从前以制钱③一百六十文为吊,今则以铜币十六枚为吊。自民(国)六(1917年)起,截至现在,钱法已臻荒芼。兹列举逐年兑换数目:每银币一圆,(民国)六年换一百二十六枚。七八年换一百三十六枚。九年换一百四十四枚。十年换一百五十六枚。十一年换一百六十枚。十二年换一百六十二枚。十三年换二百四十八枚。十四年换三百十八枚。十五年换三百五十二枚。十六年换三百六十八枚。十七年换四百枚。十八年换四百三十二枚。十九年换四百十枚。此就现金而言,余则中、交两行纸币能维信用,颇受欢迎,省行纸币现称绝迹。至于本地凭帖流通市面者实占少数,惟边业票则倍形充斥,不过稍须贴水,大约每张一元少换铜元五六枚或七八枚不等,因民间完粮及行旅乘坐火车起票,恒被拒绝也。

【注释】

①蕞尔:比喻小的地区。

②东钱:民国时期冀东地区使用的一种钱币。民国二十年《昌黎县志》:"昌黎以铜钱为本位,商号股份多寡,亦均以钱计算,而不以银计算。每制钱十六文为一百,谓之东钱。每一百分为十成。昌黎以东钱二吊为一贯,纵而作结中分之,每方东钱一吊又横而作结中分之,每截制钱八十文即东钱五百。清光绪三十年冬,铜元入我昌黎,遂为市面通用

品。每铜元一枚为东钱六成二厘五,铜元二枚为东钱一百二成五,铜元十六枚为东钱一吊。至光绪二十八九年时,银一两仅值东钱六吊有奇。光绪三十年,改用铜元,银价陡涨,每两至值东钱十二吊有奇。"

③制钱:明清两代按其本朝法定的钱币体制,由官炉铸行的钱币。

卢龙县志卷十

风　土

宗教　民生　礼俗　方言　歌谣

宗　教

天主教　中国之有天主教自清康熙间南怀仁[①]为始,本县之有天主教自清道光间由建昌营而来[②],光绪二十四年(1898年)始建筑教堂于县治北街。至二十五六七年陆续永租城内大新坡地,建设今之教堂,为永、遵十属天主教总堂,主教及中外司铎驻居于此,附设男女高初级小(学)校各一所,均私立,男高小毕业已十三班,女高小毕业六班。内有修道院一所,专栽培华籍司铎,分往各分堂司传教。设育婴院一所,专收穷苦无告之小孩,教以教育及职业,教民人数初仅数家,计九十一名口,今则数百家,计一千六百二十三名口。概居于城内北街及城外雷家店子、黄官营、乔各庄等村。近年滦河以西亦日渐兴盛,较十年前不可同日语也。

耶稣教[③]　县境之有耶稣教始于清光绪初年,逾十年后始在北街设立福音堂,现在境内信奉耶稣教者四百十二人。

回教　县境有回教由清嘉庆间自建昌营来,现在城内狮子胡同路西建清真寺一座,城乡教徒男女共六百七八十人。对于宗教信仰最力,惟仍注重国家教育学龄儿童,无分畛域及性别,盖以造就人才为基础也。

希腊教　一名东正教。清光绪三十年(1904年)间,在城内钟楼上坡路北修筑教堂。旋因俄人势败,教民散去,将房间价卖。今小学校借住。

【注释】

①南怀仁(Ferdinand Verbiest,1622~1688):字敦伯,又字勋卿,比利时首都布鲁塞尔人,天主教(Catholic Church)耶稣会教士,擅长机械制造,善历法,懂兵器,会造炮。清顺治十五年(1658年)来中国,宣传天主教义和西方科技文化。顺治十七年(1660年),由陕西调往北京,协助钦天监监正汤若望神父(J. A. Schall von Bell)从事历算工作。康熙八年

（1669年）三月，授钦天监监正，改造观象台。康熙十五年（1676年）任耶稣会副省会长。官至工部侍郎。

②本县之有天主教自清道光间由建昌营而来：民国二十年《迁安县志》卷十七宗教篇："天主教，清光绪末年始传教于邑境，信徒仅建昌营一带最多，设有教堂一座，司铎一人。""耶稣教当光绪初年始来邑境，首建教堂于治城。"

③耶稣教：即新教、基督新教，Protestantism 的译名。基督教的一派，与天主教、东正教并称基督教三大流派。中国常以"基督教"称新教。

民　生

卢龙为地瘠民穷之县，普通民众其所衣多本地粗布或舶来洋布，用绸缎者极少。其所食小米、红粮，而食面粉者无多。所住多土房，间有灰房，无楼房，瓦房亦少。所行多徒步，有牛驴车，用骡马者甚少，更无人力车及电车。此衣食住行之大概也。境内无织工厂，惟有数家小本营业之卖布铺，无粮食管理、存储运输，各大商店仅有驴驮之贩粮人，且无制造家具、车船各工厂。关于衣食住行，咸感不便焉。兹就县境遇之民生列表如下：

人民生活状况表

县　名	卢　龙
衣	
服用之华朴，视经济为转移。县境瘠土也，兹将衣之一项略分为质料制度，其他三则：（一）质料：夏葛冬裘，惟仕宦及富裕者享用之。若狐貉之厚所见极罕，中等资产及中等阶级多着洋布，用毛织、丝织者盖鲜。民户之家，习于朴素，且因土壤所宜，比户植棉，妇女之纺声嗡嗡，机声轧轧，视为天职。虽成工之织品，不若洋布价廉而坚固耐久则过之，故农工两界多衣大布之衣，其布与棉絮非著，至破烂败废不止，势使然也。（二）制度：衣之长短广狭，尚能因时制宜，除政界、学生界着制服，农工界着便服外，男子夏则长衫，冬则长袍马褂。每遇喜庆丧吊，且以着马褂为致敬尽礼。城镇之妇女间效摹登，短其袖裤，露其臂肘，着裙而不拖地，自诩时髦，盖效颦者，其性也。（三）其他：如首所戴者中上阶级之男子，夏则多用麦梗草帽，冬则毛质礼帽外，此则瓜皮便帽为多。农工夏则用尖顶之笠，冬则毡及布帽而已。妇女均弃马尾缎攥，而用发网，其簪饰亦较从前为大减。施脂粉者亦少。习俗乃近于佳，惟各界多着洋袜，则邻于奢矣！	
食	
一方水土一方人。俗语也，亦至理也。境内不宜稻麦，所食面粉、白米，多由外运而来，然此为中上阶级所用，若普通食品则高粮、小米、玉黍及豆为大宗。农户之家，以山芋占食料十分之二三，非喜庆年节或延客不恒用酒肉，然而春初早韭，秋末晚菘、胡瓜、葡萄之类，是为常品。田家亦饶风味，夏秋三餐，冬日酌减一餐，期充肠，不在适口，盖俭犹不足，安敢云奢？全县每年所产粮额仅敷十分之六之用，故所籴者多由他省运至，人民之口腹固如是也。	

续表

县 名	卢 龙
住	
本县为小邑,亦称僻邑,旧称四百三十八村,恒有三五户名一村者,故编乡仅百三十五。居室以土平房为多,瓦房绝少,大约每乡瓦房不过数间,甚有非庙宇不见瓦屋者。普通人家多土平房,用岩以代砖,用土坯以代石,用黄土以代石灰,不尚华美,仅(蔽)[避]风雨,墙垣多有不胜雨淋,因而倾倒者,因陋就简之故也。居室之制度以每院宽三间者占十之九,且形逼仄者为多。无力之家,恒有每一院住三四户者。猪圈、牛栏、草棚、厕所虽不尽合卫生,亦各相度有制。炉灶均接卧榻,以为取暖之计,盖比户皆然也。室多南向,其北向者实少。父子兄弟之间绝无同宿一室者,既严尊卑,亦远嫌疑,足征风俗之美也。	
行	
境内筑有电车路及平榆大道,系预备国用者。电车之往来,岁不一见,自无乘坐之可言。中上阶级所用以代步者,多雇用轿车及马匹。商贾之转输,陆则大车,水则船运。农家载重,非牛车,即驴驮。出行时亦多用牛驴车,或乘驴,或徒步,无摩托车、人力车及兜子驮轿,亦无人推人挽之者,虽间有使用自行车者,盖千分中之一二也。车之制,最普通用铁瓦者,曰铁瓦车,不用铁瓦者曰白查车。骑驴不备鞍,率用布制之顿屉。县境之青、滦二河,夏备船只,冬备土桥,每岁船桥用款辄数千元,筑土桥,修电车路,征集民夫用费亦由民间摊派,实为附骨之疽,关心民瘼者,提倡筹集巨款,修筑巨桥,以为一劳永逸之计,但为经费所窘,难期实现耳!	
总括或特殊状况	
全县状况不华美,食多粗糙,住则陋巷,行少阔绰,缘地瘠民贫,工厂毫无,交通梗塞,无富商大贾,人口十六万余,多自食其力,且十九业农,地狭人稠,终岁劳苦,盖瘠土之民向义也。	
附记	
此外,可记述者三十年前,用铁石相撞以引火,家居有火匣,行路有火(链)[镰]。今则统用火柴矣!三十年前,用棉子油以燃灯,今则无论贫富,胥用煤油。虽捐税日增,而用棉子油者鲜矣!三十年前,用煤者只铁工,今则以煤为燃料者十之四五矣!至如贸易,多用担挑,渔猎多持网铳。汲水仍用辘轳,樵采必以镰扒,出作入息,无间寒暑。此风尚称近古云。	

礼　俗

　　冠礼　古者男子二十而冠[①],女子许嫁则十五而笄[②],未许嫁则二十而笄。今则男子冠礼久不行,女子笄礼久不讲矣!礼既云亡,故志无可录。

【注释】

　　①冠:古代男子到成年(一般二十岁)则举行加冠礼,叫做冠。《礼记·曲礼上》:"男子二十冠而字。"

　　②笄:古代的一种簪子,用来插住挽起的头发,或插住帽子。古代特指女子十五岁可

以盘发插笄的年龄，即成年。

　　婚礼　卢龙地处偏僻，古道犹存。男女议婚仍待父母之命、媒妁之言。迨至婚定而后，虽无庚帖[①]、衫巾等证件，亦无中途翻异。风俗之厚，可见一斑。方议婚之始，女家示明年庚[②]，男家出具约指[③]、簪饰，取其相约之义。此即古所谓纳采[④]、问名[⑤]之一端。纳采，为采择之义，故亦有所议无效，将约指等物退回者。若双方商议允协，男家备相当物品，送往女家，谓之定礼。男女家各邀媒妁交相燕会[⑥]，名为会亲，盖取婚定由于纳吉之义。及婚嫁有期，男家先期数日或月余择吉笺书月日，备簪钏、衣料、果饼之属，送往女家，谓之过礼，俗谓之催妆，盖即纳征请期之义。惟吾乡习俗不亲迎，届期备彩轿趁吉时，并请亲族中男妇与之偕往女家，谓之宴客。女家亦请男妇偕往男家，谓之送客。女以红巾覆首，俗名福巾（案：即古之结褵），加景于衣上，俗谓穿轿衣（案：即古之裳衣，取行道御尘之义），女到门以毯籍地，人转接之，使行其上。庭中设香案，男左女右，拜毕，导入新房行合卺[⑦]礼（吾乡饮男女以冰糖水谓之交杯，与他县即夕设酒食，令夫妇对饮，由至亲长幼相陪者有别），上头[⑧]后女安坐席间，俗谓坐福。事涉不经（案：上头，古礼也），既夕吃福寿面，无闹房之恶俗（吾乡于未娶之前夕，在新房鼓吹一次，谓之闹房，盖预庆也）。次日，女家送肴馔（近多代以肉面），俗谓送食盒（又称圆饭），即古所谓妇盥馈礼，以奉舅姑食，以成妇道也。庙见之礼，因北方多无家庙，故于中堂设祖先牌位祭之，次拜灶神及诸亲族。又妇家娶新婿，谓之回门（案：即古之反马[⑨]），但无定期。婿至妇家，于妇之父母行请觐礼，则辞以未敢，婿拜则答拜，婿以子道来妇家，以宾礼往，次及于妇党诸亲并答拜（世俗有婿拜妇家祖先之礼，吾乡无行之者），婚礼之大略如此，或亦自为风气欤！

　　【注释】

　　①庚帖：旧俗订婚时，男女双方互换的帖子。上书姓名、生辰八字、籍贯、祖宗三代等，亦称八字帖。

　　②年庚：旧指用干支表示的人出生的年、月、日、时，现泛指人出生的年、月、日、时。

　　③约指：戒指。

　　④纳彩：男女双方互赠礼物。纳彩，即纳其采择之礼于女家也。

　　⑤问名：《仪礼·士昏礼》：“婚有六礼：纳采、问名、纳吉、纳征、请期、亲迎。”郑玄注云：“问名者，将归卜其吉凶。”男家行纳彩礼后，再托媒人询问女方的名字和出生年月及时辰，以便男家卜问，决定成婚与否，吉凶如何。

　　⑥燕会：通“宴会”。“燕”，通“宴”。

　　⑦合卺(hé jǐn)：一种古老的传统民俗，结婚礼仪的一部分，指新郎、新娘在结婚当天的新房内共饮交杯酒（合欢酒）。

　　⑧上头：旧时婚俗。婚礼前将新娘的辫子改梳成发髻，并戴上头饰。

　　⑨反马：古反马礼。夫家送还新妇来时所乘之马，以示夫妇感情好，妇永不复归。

　　丧礼　初终时先报庙（乡间报于五道庙，城内报于城隍庙，以北方无家庙，姑借地耳），次赴告亲戚僚友，但吾乡皆由孝子署名，无仆人代其家主出名报丧者。孝子每日嗥复，大殓必俟三日，冀死者生气复而能苏也，三日而不能苏，然后行死事。黄昏时亲友齐来送殓，谓之送三。晚间孝子持魂幡赴庙中招魂回家，俗谓之引魂，亦谓接三，并于大门外设小席，祭门神，无谓之甚斯时也。魂丽于棺，招魂幡于无用，乃于村外以火焚之，俗又谓之送路，或谓之上西天（或云取黄种西来，仍归于西之义），无力之家三日后即葬。士庶之家稍有力者，于招魂后即封丧，古谓之殡，择期启殡，俗曰启灵。行文曰告启期，其恐有讣不周者，则于门首写恕报不周，或写恕不遍讣字样，谓之门报，另书亡者官衔、名字、年岁及生卒年月，谓之丧榜（今之映榜。近于迷信与表丧无涉）。惟男榜上书某官某公，女榜上书某公元配或继配某夫人、淑人之类，非丧家口气，似出自乡人之口，有谓为乡榜者。庶几，近之葬以前行开吊，礼戚友之赴吊唁者，具奠仪，无取其厚，尚往来增光荣也。凡行成主礼者，必择亲友中之显而有德者任题主之事，称为大宾，以示尊主之意。题主之本义，为书主应庄敬书之。今则予（倩）[请]他人，将神主写就，仅留其点，临时由大宾以朱笔点之（俗因称点主），示不敢烦其细书也（或谓点主用朱笔，孝子应刺中指血点之，取血统相传之义。今则以公鸡血代之，谓能避邪，既失本义，亦属不敬），则其事只近于为大宾夸官，而朱笔则为批判式，且近于上行下，盖失尊主本意矣！又铭旌一物，似非尽人可用。旌者，旗也，生时有旗帜，死则树其旗于柩右，仍为表明之用也，亦有人不尽有爵，死时而欲为表明之须制，如旗帜之物，亦谓之铭旌，但古时铭旌长广有度，窆时纵加柩上。今人则不然，率以长数尺或丈余之红绸为之。临葬时不加柩上，均昧本义。既葬，有立碑志墓者，有以碑铭发扬先德者。孝服则一遵旧制，视亲疏而异其等。惟出嫁女多不降服，仍持三年丧礼，盖天性至厚处也。

祭礼　士庶多于堂室之中设龛以位主，凡朔望、岁中、逢节及忌辰，以时祭之，因家庙甚少也，每岁清明备牲楮冥物，集阖族长幼于墓，严肃以祭，先增土于冢上。恐夏雨漏墓也，七月中元仍祭墓，有谓荐新者。至十月一日，则焚化寒衣纸及冥楮。先晚设奠于家，次日复奠于墓，盖春露秋霜，本于追远之意，尽孝思也。七月中元之祭，惟设奠焚楮，若新墓则孝子先期祭墓，习俗相沿，由来久矣！外神则惟灶为常祀，腊月二十三日设糖果以祀之。元旦日，五鼓迎神于院内，造芦棚，设天地神祇位于内，晨昏上香，逾元宵为止（士庶郊天之礼，在清时为僭分，因敬不究耳），若男女祷庙祈福，旧日愚夫愚妇往往而有，今则迷信破除，祈祷之风渐少矣！

附风俗

士　清初沿明旧制，曾经停止八股①考试，策论未久，旋复旧制。士子潜心经史，博古通今，类能坐言起行，而徒骛科名，妄邀荣施者亦数见不鲜。光（绪）、宣（统）之季，行新法立学校，注重实际，不尚空谈。凡学校出身竞求根柢，力戒皮毛。惟本县学子多限于资力，非辍学即改图家庭乏培植力，自身无深造功，以言文化，较昔为逊。近经主管机关从事根本救济。

农　县境民风素称朴厚,出作入息,率能务本。对于农事饶有经验,主人待遇长工^②,亦颇存厚道。如春初召之来,秋末遣之去,以及开犁开锄开镰,麦秋黍秋,四时季节,均具酒食以犒其劳。一经佣雇妥协,即支付全年工资,不立合同字据,而工人中途翻异者,亦百无一二,其信义有足多者。惟境内幅员偪仄,四面多山,不能实行造林。滦、漆交贯而不能利用灌田。统计上地八百余顷,多沿河岸,恒被冲刷,致沃壤变为平沙;中地八百余顷;下地二千余顷。最近调查人口逾十六万,生齿^③日繁,田亩日削,户鲜盖藏,生计堪虞妥,筹救济责在司牧。

工　境内无著名之工艺,亦无著名之工业。其有以工名者,不过日用所需之器物而已。

商　处闭塞之地而连年畜害。城镇之间,直无正式商号可言,不过每遇集期,午前互市,午后即散,所易亦只日常所需油盐柴米之属,无富商大贾,携资营业者。近因纸币充斥,兑换现金,时虞亏折,市面流通,感受不便。

【注释】

①八股:八股文,明清时期科举考试的一种文体。指文章共分破题、承题、起讲、入手、起股、中股、后股、束股八个部分,题目一律出自《四书》《五经》中的原文。后四个部分每部分有两股排比对偶的文字,合起来共八股。

②长工:与地主签订了长期契约关系、长年为地主扛活的工人。

③生齿:古时候把已经长出乳齿的男女登入户籍,借指人口、家口。

岁时

元旦昧爽^①,庭中炽粟炭,以迎旺气启视。除夕纳于茎秸,内置于水中之十二豆粒而次(日)数之。某粒润者,其月雨;干者,其月旱。三日内邻里交贺,谓之贺年。上元^②前,邻里争以酒食相酬酢,曰会年茶。自朔日^③起以日卜有一鸡二狗七人八谷^④之说,预占某项休咎^⑤。承平^⑥时,上元之夕,城内通衢张灯,演杂剧。前夕为试灯,后夕为残灯。二十日为小填仓。女子于归^⑦者,俱于此数日宴会。二十五日为大填仓^⑧,以糕饭粘于仓箱,盎瓮炷之,以香为兆丰盈。

仲月二日为龙抬头^⑨日,农家争于黎明汲水,谓之挑仓龙。晨餐食煎饼(龙抬头,即经言蛰虫始震之义,在节候属惊蛰,俗谓恐虫害苗,烙煎饼以示杀)。由上元迄今,妇女每有停针黹以示禁忌之积习。

季月清明节,男女多扫墓。谷雨节,造醯酱。

孟月^⑩十八日,旧俗祀天后^⑪,妇女多往求嗣,近则此风渐革。

仲月^⑫雨占麦丰歉。俗云"初一初二麦脚黄,初三初四落把穰",谓各日忌雨也。五日端午节。比户插桃枝^⑬,贴门符^⑭,儿童胫臂系彩丝,成人多佩艾^⑮,谓能避疫疠。普通食角黍^⑯,但无竞渡之戏。妇女群游,谓为走百病。儿童所系彩丝及所佩艾虎均弃道。周旧俗是日多演戏,以祀雹神,而今已亡矣!二十四日旧为城隍庙会期,今尚举行,只藉以提倡商业,无从前出巡之怪象。十三日多雨,有"大旱不过五月十三"之说。是月总宜旱,有"有钱难买五月旱,六月连阴吃饱饭"之说,颇近情理。又此说亦用之于季月,但吾邑滦、漆岁或为患,虽至月杪,尚有"庄稼老儿,你别夸,还怕六月二十八"之古语。

秋月七夕,妇女乞巧⑰之说已少传者。中元祭墓,略如清明,而盂兰会⑱之风已不存在。仲月朔,蒸黍饭,祭场圃,俗谓祀风婆(亦取新谷登场,报赛食新之义)。

中秋日,市月饼、瓜果,具酒食。知识阶级藉以赏月,农人则庆秋成,亦有以瓜果相馈遗者。

季月九日为重阳节,比户皆食糕,亦沿古义,但无登高者。

十月朔,士民祭先墓,焚冥衣。是月也,农工毕,宴,遣工人归。

仲月长至日⑲,或延客以贺冬,村人则于此农隙之时,计一岁之盈亏,作整理之计(画)[划]。

季月八日⑳,普通以米豆杂果煮粥。下旬三日祀灶。除日,易桃符,贴联对,陈仪于真宰位,作家宴,儿童作终夜戏,谓之守岁,燃爆竹以迎新岁云。

【注释】

①昧爽:拂晓、黎明。

②上元:道教有三官:天官、地官、水官,谓天官赐福,地官赦罪,水官解厄。上元日,元宵节,农历正月十五日,天官的生日。中元节,农历七月十五日,地官的生日。放河灯,焚纸锭,祭祀先人,俗称鬼节。十月十五日为水官的生日,下元节,祭祀祖先。

③朔日:农历初一日。十五日为望日。

④一鸡二狗七人八谷:相传女娲每日造一物,正月初一造鸡日,初二造狗日,初三造羊日,初四造猪日,初五造牛日,初六造马日,初七造人日,初八造谷日,初九造天日,初十造地日。

⑤休咎:吉与凶、善与恶。

⑥承平:太平。

⑦于归:古时候指女子出嫁。《诗·周南·桃夭》:"之子于归,宜其室家。"朱熹集传:"妇人谓嫁曰归。"女子找到婆家就是找到了最后的归宿。

⑧填仓:顾名思义,填满谷仓。于正月二十五日黎明,家家户户都在院里或打谷场上,用筛过的炊灰撒出一个个大小不等的圆圈,象征着粮囤,并在里边放些五谷杂粮,有祈望五谷丰登、粮食满囤之意。这天家家户户都吃粘饽饽,并放于仓储等处。清潘荣陛撰《帝京岁时纪胜·填仓》:"念(二十)五日为填仓节。人家市牛羊豕肉,恣餐竟日,客至苦留,必尽饱而去,名曰填仓。……当此新正节过,仓廪为虚,应复置而实之,故名其日曰填仓。"

⑨龙抬头:传说农历二月二日为龙抬头的日子。春回大地,万物复苏。时俗多在此日理发,俗曰剔龙头,寄望好运踵至。

⑩孟月:每季的第一个月。此指孟夏四月。

⑪天后:妈祖,本名林默,又名林默娘,北宋福建莆田湄洲岛人。中国东南沿海一带渔民信奉的神祇。生于宋太祖建隆元年(960年)农历三月二十三日(公历4月18日),卒于宋太宗雍熙四年(987年)九月初九日。南宋绍兴三十年(1160年),高宗敕封灵惠昭应夫人。元至元十八年(1281年),元世祖封为护国明著天妃。明永乐七年(1409年),明成祖晋封弘仁普济天后。

⑫仲月:仲夏五月。

⑬插桃枝:汉王充《论衡·订鬼》:"《山海经》又曰:'沧海之中有度朔之山,上有大桃木,其屈蟠三千里,其枝间东北曰鬼门,万鬼所出入也。'"古代视桃木为仙木,有避邪驱鬼的效果。传说巨人夸父追日渴死,手中之杖化为一片桃树林。"桃"与"逃"谐音。

⑭门符:门联,门上的对联。古人认为贴对联有驱鬼避邪之功效。

⑮艾:艾草、艾蒿,一种多年生草本植物。艾虎,端午节用艾草编成的草人,悬挂于门上,古人认为可以避邪除毒。宋陈元规《岁时广记》引《岁时杂记》:"端午以艾为虎形,至有如黑豆大者,或剪彩为小虎,粘艾叶以戴之。"

⑯角黍:粽子。

⑰乞巧:农历七月七日夜里,女子在庭院穿针引线,做些小物品,向织女星乞求智巧。东晋葛洪《西京杂记》:"汉彩女常以七月七日穿七孔针于开襟楼,人俱习之。"

⑱盂兰会:据《盂兰盆经》,佛陀弟子目连母亡后堕入饿鬼道中,不能得食,痛苦万状。目连求救于佛,佛为其说《盂兰盆经》,教目连于七月十五日准备饭食百味五果、汲灌盆器、烧香燃灯,将世上最珍贵的食物都放在盂兰盆内,供养十方大德僧众,以解救其母。

⑲仲月长至日:冬至日。仲月,冬季的第二个月,即十一月。

⑳季月八日:农历十二月初八日,腊八节,食腊八粥。

方 言

(1)称人

(ㄅ)家庭

汉人称父为爹,称母为妈、为娘;满人称父为爸,称母为阿娘,称嫂为姐。汉人称祖父为爷,称祖母为奶,称曾祖父母为太爷、太奶,称高曾祖父母为老太爷、老太奶;称大、二伯母为大嬷、二嬷。妇女称翁姑为公公、婆婆(对面称爹嬷),称夫兄弟为大伯子、小叔子("伯"读如ㄅㄞ,bǎi,阴平;"叔"读如ㄕㄨ,shū,阴平,然对面仍称哥、弟),称夫之伯叔父母为大伯公公、叔公公,大婆婆、婶婆婆(对面称大爹、二叔、某嬷某婶,一如其夫)。称夫之姑母为姑婆婆(对面仍称某姑),称夫之姊妹为大姑子、小姑子(对面称某姊妹)。普通称家中已嫁之女年长者为老姑奶奶,未嫁女之年幼者为姑娘(俗亦称"妓"为"姑娘"),称家中主事者为当家的(妇人对他人多称其夫为当家的)。

(夂)戚属

称外祖父母为姥爷、姥姥,称舅母为妗母,称岳父母为丈人、丈母(对面仍称岳父母)。称内兄弟为大小舅子,称内兄弟之妻为大小妗子(对面仍称某兄嫂或某弟妇)。称妻之姊妹为大小姨子(对面称某几姨)。称婿为姑爷,年长者为老姑爷,年幼者为少姑爷(普通称姑爷,其当面者婿者极少)。称盟兄弟为把兄弟("把"字,取"八拜结交"之义),或称干兄弟称义父母为干爹、干娘(对面称爹、嬷),称义子为干儿子。

(冂)社会

对于阶级较高或有职守者称老爷(知识阶级以称先生为高尚),即称其妻为太太(老爷、太太之名,近世未免太滥),称仕宦之子女为少爷、小姐,称普通男子为老爷们("爷"字读阳平),称妇女为老娘们。年长之男女为老爷子、老娘子。称男女童为小小子、小丫头。称客人为くㄧㄝ(qiě读如且,上声)。称介绍人为引进人,称调停人为中人。称铺长为掌柜的,又称老板(有大老板、二老板之别)。称工头为掌作(zuō)的,亦称工头。称男佣为作活的(或称伙计,如张伙计、王伙计)。称女仆为老妈子(如张妈、王妈)。称侍女为梅香,亦称丫环。称御者为车夫,又称车把式。称牧人为放牲口的。称舟子为水夫,或称摆船的。称乞丐为化子,又称跑腿的。通称男女巫为跳神的,单称男巫为丹公子,女巫为尸婆子。称稳婆为收生的,亦名老娘婆。称产妇为作月子的。男僧为和尚,女僧为尼姑(或简称姑子)。称偷儿为贼,小偷为小绺(官面谓之扒手)。拆白家①为迷驴的。以妇女诱人者为放鹰的。纨绔子弟为落(lào)道帮子。好讼者为讼棍,或名官司由子。豪横不可理喻者为滚刀肉,或称花脖子。迹近欺诈为蒙事的,又名虎式的。武断乡曲、一手遮天者为庄主。

【注释】

①拆白家:拆白党,以色相行骗,白饮白食,骗财骗色的青少年。骗人财物称拆白。

(2)名物

(ㄅ)用物

木料曰木头,石料曰石头,五金之属曰金的、银的,纸币曰钱帖子,或曰洋钱票子。土床曰炕,箸曰筷子,长衫曰大褂,背心曰坎肩儿,耳环曰坠子,钏曰镯子,舶来品曰洋货,火柴曰洋火,又曰洋取灯儿。银币曰洋钱,人力车曰洋车子,煤油曰洋油。

(夂)食物

杏子、桃子曰杏儿、桃儿,麻油曰香油,猪油曰荤油,棉籽曰黑油,汤圆曰元宵,油条曰香油果子(但用香油者少)。

(冂)畜类

畜类不一,以阴阳性而异其名。马之牝者曰骒马,牡者曰儿马。牛之牝者曰乳牛,牡者曰牤牛,亦曰犍子(或以已阉者为犍子)。驴之牝者曰草驴,牡者曰叫驴。羊之牝者曰母羊,牡者曰羖子(团尾者曰绵羊,舒尾者曰山羊)。犬之牝者曰母狗,牡者曰儿狗。猪之牝者曰母猪,又曰窠猪("窠"读如"科",阳平),牡者曰跑狼(系指未阉者,若已阉则有正儿、科儿之别)。鸡之雌者草鸡,亦曰母鸡,雄者曰公鸡。猫之牝者曰女猫,牡者曰郎猫。鼠曰耗子,鼬鼠曰黄鼠狼(以制笔称狼毫)。兔曰ㄇㄠ儿(ㄇㄠ,māo,猫,阴平,以其终日蛰伏得名也,北方谓蛰伏曰ㄇㄠ,如《小隐》曰ㄇㄠ处)。又呼唤家畜者,呼牛曰魔,呼犬曰色(又呼黄头、灰头、黑头、花头之类),呼猫曰狸。呼鸡为穀穀,呼豕曰勒勒,又呼劣劣。呼驴为都劣,呼骡马为ㄧㄜㄏㄜ(iehe)。

(匸)虫类

蛇曰长虫,蜻蜓曰蚂螂("蚂",读阴平),壁虎曰蝎虎子,(蚯)蚓曰曲蟮,蝉曰吉了儿,蟪蛄曰热古都儿,螳螂曰屎科螂。

(勹)鸟类

乌鸦曰老鸹("鸹",读如"瓜",阴平),麻雀曰家雀儿,黄鹂曰黄胡鲁儿,鸠曰水鸪鸪,枭曰猫猫头(màomàotóu,猫头鹰)。

(圡)鱼类

泥鳅曰沙钻子,鲇鱼曰大嘴,甲鱼曰忘巴,鲫之小者曰鲫古ㄉㄗ(jǐguāzi),海螺曰海ㄅㄦㄅㄦ(bēbe,蛤蜊,阴平)。

(3)表行,即关于动作者

取物曰求(上声),不工作曰不干活,泡茶曰沏茶,割肉曰砍肉,买酒买盐曰打酒打盐,饮酒饮茶曰喝酒喝茶,吸烟曰抽烟,猜拳曰豁拳("豁",读如"华",取其高会之意)。小寝曰打盹,长眠曰睡觉,沉睡曰酣睡,迟眠曰熬眼儿,又曰熬夜儿。汲水曰挑水,樵采曰打柴禾。支更曰打更(读如"京")。稍憩片时曰待一会儿。微有疾曰不舒服,又曰不爱动。新设肆曰开市,初次成交曰开张。闲谈曰洛科儿("科",读如万儿)。诙谐曰取笑儿,偷闲曰偷游儿。

(4)状事

(夊)性行

作事直截了当曰痛快,反之曰颟顸。作事不光彩者曰埋态,作事冒失曰愣张,又曰半标子。猝遇疑难不决之事、现于颜色者曰发愣怔,作事恰巧满意曰办的俏皮。呼书痴为书呆子。呼憨蠢为笨汉子,又曰二憨头,又曰二大ㄉㄣ(dén,读阳平),呼土头土脑为老杆。

(夂)身体

遇事依违两可者曰滑头,操行不端者曰坏骨头,又曰ㄍㄚ(gǎ,上声)杂子。呼壮健之人曰硬愣。有精神病者曰疯子,目失明曰瞎子,耳失聪曰聋子,缺唇曰豁子嘴("豁"读如ㄏㄨㄛ,huō,阴平)。跛足曰瘸子,又曰拐子。伛偻曰罗锅子。少年妇女好修饰仪容曰俏皮。名乳房为ㄇㄢ儿(妈儿,mā er),名乳头为ㄇㄢ儿ㄇㄢ儿(妈妈)头。乳汁为ㄇㄢ儿ㄇㄢ儿(妈妈)水,又曰奶(ㄇㄢ儿,妈儿,阴平。小儿食乳曰吃妈儿,又曰吃奶,故俗谓乳娘为奶妈子）。

（5）纪时

（夂）属于自然者

羊角风曰旋风，风霾曰黄风，云曰云彩，朝霞、晚霞曰火烧云，以占晴雨曰朝霞晴、晚霞雨。霹雳曰暴雷，反之曰沉雷。电光曰打闪，小雨曰蒙蒙雨，又曰腻虫雨，大雨曰暴雨，又曰箭杆雨，淫雨曰连阴雨。雨后虹现曰起绛。天将阴雨或风雪曰变天。雨后初霁曰开晴，微雪曰下雪花儿，大雪曰鹅毛雪，又曰棉花套子雪。雹曰冷子，又曰冻子。太阳曰日头，又曰日头老爷儿。太阳正照处曰向阳儿，照不到处曰背阴儿。太阴曰月亮，新月曰月亮牙儿，月晕曰风圈。星宿曰星星，慧星曰扫帚星，流星曰贼星。昼间曰白天，黎明曰蒙蒙亮儿。鸡鸣曰鸡叫时候。晨曰早晨，正午曰晌午，黄昏曰撒黑儿。一日曰一天，半日曰半天，夜间曰晚上，又曰黑价。一宿曰一休（上声）。当日曰今儿，昨日曰夜隔。短时间曰一会儿。

（夊）属于风俗者

元旦曰大年初一（是日，多食糕，谓之年糕）。正月初五曰破五儿（是日，多食饺，俗谓捏破儿）。十五曰灯节儿（是日，多食汤圆，曰元宵节）。十六至二十日为小填仓（新妇有填仓之俗）。二十五日为大填仓日。二月二日为龙抬头日。立春曰打春日。清明曰寒食节①（是日，多扫墓）。端午曰当午儿（是日，多食角黍）。重阳节曰九月九（是日，多食糕）。十月朔曰十月一（亦名寒衣节）。十二月八日曰腊八（比户食腊八粥）。二十三日曰小年（是日为祀灶日，祭用糖果，小儿以高粱秸心制成犬马，以火化之，谓送灶王上天）。岁（抄）［杪］曰大年，下五鼓祀神曰五更鼓儿。

【注释】

①寒食节：在夏历冬至后一百零五日，清明节前一日或二日。在这一天，禁烟火，只吃冷食，故称"寒食节"。春秋时期，介子推追随晋国公子重耳流亡他国十九年，曾"割股啖君"。重耳即位为晋文公后，封赏有功之臣时遗漏了介子推。介子推与母亲隐居今山西介休市绵山，晋文公为逼迫介子推下山，下令放火烧山，介子推不肯出山，被大火烧死。晋文公将介子推葬于绵山，并下令介子推死难之日禁火寒食。

（6）计数

书曰几本（或几册），笔曰几管（或几枝），墨曰几块（或几锭），刀曰几把（或几口），鱼曰几条。书曰念几回，曲曰唱几遍，饭曰吃几顿。状人之结小团体者曰厶丫（sā，仨）一群、为丨丫（liǎ，俩）一伙。谓物之少者曰一星半点，又曰不多点儿。称作事有能力者曰推倒厶丫（仨），搡倒为丨丫（俩）。作事未达目的曰白跑了几趟。

（7）定位

事不挂在心曰搁到一不为弓儿，或曰放在一边儿（为弓儿，láner，晃儿，读上声；"边"读如为弓儿，阴平）。物在僻处不易寻觅曰巜丫巜丫为丫儿为丫儿（旮旯旯旯旯儿旯儿。巜丫，

gā,阴平；为丫,lá）。无处寻觅曰摸不着、看不着（"着"读如出幺,zháo,阳平）。事怕当道人作梗曰怕大脑瓜儿（"瓜"读如ㄍㄨㄚ,guā,阴平）。得当道人相助曰借劲儿。物在此处曰在出古（zhè,这,去声）儿,在彼处曰在ㄋㄚ（nà,那,去声）儿。数事集于一时,或数人集于一处曰凑在一块儿。喻人之忧事者曰作南为北。喻人之迷惘者曰不认的北了。

（8）喻义

冷手抓热馒头（事前毫无准备,遽欲立收实效也）。上房撤梯子（喻置人于患处,己则缩手不理也）。哄着小孩子不哭、撺掇秃老婆上轿（喻敷衍目前,不为他人谋善后也）。绣花儿枕头（喻虚有其表也）。刺刺不休（讥不决也）。抹不开湾儿、转不开向儿（喻遇事失败,惭愧无地也）。黄鼠狼给鸡拜年（喻不怀善意也）。老虎带念珠（喻假慈悲也）。搬不倒儿揩屁股（喻作践小孩也）。狗咬耗子（喻多管闲事也）。哑子吃黄连（有苦难言也）。张三帽子给李四戴上（即张冠李戴）。大篓ㄊㄨㄥ［漏］油满地拣芝麻（喻失大惜小也。ㄊㄨㄥ,tóng,上声,即洒了之意。吾邑谓洒了为ㄊㄨㄥ）。武大郎卖烧饼人软货ㄋㄤ（nāng,囊,阴平,喻无英爽气也）。武大郎的脚指头（喻一人好样的无有也）。猪八戒照镜子（喻里外不相人也）。快刀打豆腐（两面见光也）。二更打两下（喻一点不差也）。

（9）发问

丫（a,啊）读如阳平或上声者为疑问词。

乁（ei,诶）读如阳平或上声者,有促其速答或促其速行之意。

ㄣ（en,嗯）读如阳平或上声而以鼻出声者亦为疑问词。

ㄏㄚ（ha,哈）读阳平或去声者为问词,如俗言什么话、什么事。

ㄇㄚ（ma,吗）读音或解均同上。

出ㄣ儿（zhěn,怎,前音读后音）读上声,俗作什么解,如这可怎好?

（十）抒情

乁（ei,诶）读去声者可作失意词,亦可作满意词。

历（ai,哎,唉）读上者为否词,读阴平者为叹词。

ㄥ（eng）读去声,口紧闭而以鼻出声者,一为可词,一为否词。读阴平者,亦可词,惟明了某事意旨时常用之。

儿（er）读去声者为惊异词,又为惜词;读阴平者为诧异词。

出丫（zhǎ,咋,前音读后音）读阴平者为是词,为可词。

ㄏ历（hái,还）读阴平者为叹词,读阳平者作"还是那样"解,如"仍"字之义。

ㄏㄜ（hè,呵）读去声者为惜词,又为赞美词。

ㄏㄚㄏㄚ（haha）读阴平,凡事之出于意外者,每用之,如哈哈,糟了。又如哈哈,这样巧呢。

歌　谣

（甲）历史

卢龙原是古肥如（春秋为肥子国，汉为肥如县），开皇十八命名初（隋开皇十八年初名卢龙）。夙称瘠苦地，殷富不曾书。

（乙）地理

卢龙县地面狭（叶平声），多山多水多白沙。十几顷地称上户，一两顷也算富家。再往上说地百顷，全县之内难找他。非山即是水，何处宜桑麻？

（丙）古迹

脚踏烟墩山，箭射虎头石。将军不封侯，千古留奇迹（山在城西南十里，今已倾颓。石在城南六里，形尚依稀焉）。

（丁）名贤

漆水之东夷齐里，滦水之西孤竹城。贤哉二弟兄，古称圣之清，千秋仰令名。

（戊）人事

（夂）家庭

山高遮不过太阳，去背惠①的爷娘，不下雨的天（人宜亲其亲，长其长）。

打折胳膊袖里褪（读如 ㄊㄨㄣ，tùn，去声）。一个姓儿擘不开（自家庭宜亲睦也。擘读如 ㄅㄞ，bāi，阴平）。清官难断家（屋）[务]事。笑话别教他人看（义同前）。

我国人偏向男，都说养女光赔钱，推不的磨，挑不的水，养活闺女别夸嘴（喻女子亦宜自励，不可一味依赖也）。千间房子万顷地，就怕没有好子弟。骑快马，坐快车，不抽大烟不算阔。大烟真是淘气鬼，纵然入瘾也不悔。大烟斗眼儿小，万贯家财进去了（戒子弟吸食鸦片也）。

小媳妇（"妇"读如 ㄈㄨ，fū er，阴平），坐椅子（"子"读如 ㄓㄦ，前音读后音，zi er，阴平，下同），锥帮子，纳底子，赚了半升小米子，供养他的婆母儿（劝孝）。

车簸噜菜列一列（"列"，ㄌㄧㄝ，lié，读上声），南山住个花大姐。梳油头，戴金花，坐着小车回娘家。爹爹出来拴牲口，哥哥出来背袍袄。嫂子不肯出房屋，一见面儿把脸扭。哥哥说打壶酒，嫂子说钱没有。哥哥说割斤肉，嫂子说钱不够。哥哥说借碗盐，嫂子说没法还。这样嫂子真难缠，嫂子嫂子别作难，看看爹娘把家还（世间姑嫂每不和睦，此盖抽写其情况也）。

大麦秸，小麦秸，他家有个花姐姐，十八咧该娶咧。爹爹他叫木匠打柜箱，嬷嬷他叫裁缝做衣裳。嫂子，你赔什么？破盆子，烂罐子，打发丫头嫁汉子。嫂子，嫂子，别（崛）[噘]嘴，你也生儿与养女，你既是个过来人，男婚女嫁同一理（义意同前，妒妇宜戒）。

好儿不要多，一个顶十个（为子弟者各宜自勉）。

小兰花,小兰花,哭啼啼,想他嬷。亲嬷死了一年多,后嬷叫他去做活。后嬷是个恶老婆,不给吃来不给喝。白天给点残剩饭,夜晚睡在猪狗窝。睡梦见了他亲娘,醒来两眼泪汪汪(人宜怜惜孤苦孩儿也)。

天上星星颗颗黄,小小闺女没了爹娘。有爹有娘是活宝,没有爹娘一根草。屋里梳头嫂也打,厨房洗脸嫂也骂。奉劝嫂子平平气,过几年我就要出嫁(意义同前)。

小闺女,上梯子,老鸹ㄑㄧㄢ(qiān,鸱)了眼珠子。爹也着急,娘也着急,嫂子说死了才好呢。妹妹说ㄑㄧㄢ的不要紧,嫂子何必太心(很)[狠](姑嫂宜和)。

东山岭上种毛桃,哥哥挑水弟弟浇。桃儿长的真是好,卖了桃儿娶嫂嫂。嫂嫂手儿太不巧,半个月做不成一件袄。哥哥面上过不去,关门假装闹脾气。哥哥你快拉倒(罢)[吧],光打枕头作什么(此言小夫妇相爱之意)。

【注释】

①背惠:背惠食言,忘恩失信,不守信用和道义。

(夂)社会

衙门口儿朝南开,有理无理拿钱来(戒讼)。

上山捉虎易,开口告人难。一朝经官,十辈子结冤(戒讼)。

远亲不如邻,近邻不如对门(遇急难可相扶持也)。

东家长,西家短,人家事情你别管(戒好事也)。

各人打扫门前雪,别管他人瓦上霜。是非只为多开口,烦恼皆因强出头(意同前)。

指杨树,说柳树,数黄瓜,道茄子(言人有所不满,情见乎辞也)。

既敢开店,就不怕大肚子汉(喻遇事敢当也)。

麻面无须不可交,矬人肚里三把刀。扬头婆子低头汉,黄眼珠子也不善(相人)。

但得一步地,何须不为人? 十个手指不能齐,舌头哪有不碍牙(应世接物,宜加涵养功夫也)。

(匸)操行

好男不登城,好女不逛灯,好铁不打钉(人宜敦品励行也)。

身贫莫言宗祖贵,好汉不怕出身低(随时论势,总要自强)。

要学好,问到老。要学拙,背地窝(人不可自是)。

他人骑马我骑驴,后面还有推车的,比上不足,比下有余(人宜知足)。

家有千金,总不如能耐在身(言空有财,不足恃也。吾邑谓技艺为能耐)。

有茶别嫌淡,有驴别嫌慢。有肉别想酒,有妻室别嫌丑(人宜知足)。

有麝自然香,不必当风扬(实至名归,不必卖弄,即君子求诸己之谓)。

(匸)风俗

二十三,祭灶天。二十四,写联对。二十五,做豆腐。二十六,割年肉。二十七,宰年鸡。二十八,蒸枣花。二十九,蒙香斗。三十日,厂幺(hào,耗,去声)油儿。初一、初二,磕头儿。初三、初四,耍毽儿。初五、初六,跳猴儿(此描写每年岁前岁后数日之动作也,大半出自妇孺之口)。

(夕)儿歌

窗棂纸,哗啦啦,小孩睡觉找他嬷。爱宝贝,心肝肺,不要害怕,嬷在这(此小儿催眠歌也。"贝"读如ㄅㄟ儿,bèi er;"肺"读如ㄈㄟ儿,fèi er。"这"读如ㄓㄜ儿,zhè er,均去声)。猫来咧,狗来咧,马猴跳墙咬来咧。墙倒咧,马猴子吓跑咧(意同前。"咧"读如ㄌㄧㄝ,liē,阴平)。

扯勒勒,捘勒勒,打成面,做成饽。你一个,我一个,剩下给你留一个。扯勒张,捘勒张,打成面,做成汤。你一碗,我一碗,剩下给你留一碗(慰儿歌)。

疙瘩疙瘩散散,别叫你嬷看见。疙瘩疙瘩流流,别叫你嬷发愁(小儿每于失足跌肿时,其母以抚摩痛处,为此歌以慰之)。

哈巴呵,过船咧("咧"读如ㄌㄧㄝ,阴平,下同),过到那边给钱咧(小儿初试步时,其母辄对面携手,令儿起右足,作左倾状,随起右足,作左倾状,随作随歌,连作不已,如乘船簸荡然。母作此歌,小儿欣然从之。盖实寓体育之意也。"给"读如ㄍㄟ,géi,上声,为吾邑之土音)。

蒸糕,炸糕,翻过来瞧瞧(儿童作此歌时,对面携手,由一方举起,同时均由腋下钻人翻身,作相背状,随将彼方之手举起,翻身折入,作相对状,手仍不放,随作随歌,饶有兴趣,盖亦体育中之一端也)。

磕一二,连三棍("棍"读如ㄍㄨㄣ,gùn er,去声),棍棍点桃花板("点"读如ㄉㄧㄢ儿,diǎn;"板"读如ㄅㄢ儿,bǎn er,均上声),板板清单打罗汉。十六声,六声六。扎花铺,扎什么扎。八月八,八匹大马往前杀。一杀杀到东南角,核桃栗子吃个饱。东菜园,西菜园,我把果品吃个全(此歌并无意义,惟儿童作此歌时,先相向对立,各持与身等齐、轻而易举之杆棒,上下相击,一字一下,一句一顿,急徐适中,亦有节拍。较前歌尤饶兴趣焉。按前歌为柔软体操之一,此歌为棍棒体操之一也)。

(己)常识

褪朱缺了红土贵,萝卜快了不洗泥(言物遇缺时,即可贵也)。

多年的道走成河,多年的媳妇熬成婆(此歌侧重下句,以慰不得志之妇女也)。

好猫护三邻,好狗护三村(比恶人之为害乡曲,反不如猫狗畜类也)。

南吃雁,北吃蛋,当中落个白看转(俗谓雁于冬日在南方,如家禽之驯,故人得食其肉。春夏产卵于北方,故人得食其卵,惟不南不北之人,只看其转来转去也)。

天河掉角,要裤子要袄(秋日天汉转成斜角,寒候将至,宜备御寒之衣也)。

一连三月大,神鬼都害怕。一年两见春,柴米贵如金(三个月都是大尽,到在一处,与一年有两个立春,主年景不佳,为乡间习惯语)。

牛马年,好种田,准备猪猴那二年(言牛、马年主丰,猪、猴年主歉也)。

吃不穷,喝不穷,打算不到准受穷(此即一日之计在于晨,一年之计在于春之意,言人不可无计划也)。

春暖秋冻,不害杂病(衣服卫生)。

早饭要早,午饭要饱,晚饭要少,不吃也好(饮食卫生)。

省了盐,酸了酱;省了坯,塌了炕(戒惜小费)。

宁受小时苦,不受老来贫(幼时宜勤苦自励,勿使老境不堪也)。

春天工价贱,秋收吃饱饭(农村经验)。

算来慢雀先飞远,铁打房梁磨绣针(言工到自能成功,不可畏难苟功也)。

衣襟左旋,右腿向前,将来分娩,一定是男。若左改右,乃生婵娟(孕育子女之朕[徵]兆也)。

小蜘蛛是益虫,结个网儿在天空。你在网儿当中站,专捉飞虫不放松。能给我们除了害,大家爱你算应该(蜘蛛歌)。

(庚)自然

一九、二九伸不出手,三九、四九冻杀老狗。五九、六九阳坡看柳。七九河开,八九雁来。九九加一九,遍地耕牛走(《九九歌》[①],一名《消寒歌》)。

【注释】

①九九歌:又称"九九消寒歌",宋代民歌。从冬至日起,进入"数九",每九天为一个阶段,到第九个九天共八十一天。其间,三九、四九天气最冷,古有"冷在三九""三九、四九冻死狗"之说。此后,天气回暖,大地回春。各地内容略有不同,有的为"一九、二九不出手,三九、四九冰上走,五九、六九沿河看柳。七九河开,八九雁来。九九加一九,耕(黄)牛遍地走。"

腊七、腊八,冻掉下巴。三九不封河,惊蛰冻死鹅(气候)。

寒食刮去坟前土,老农白受一年苦(农村占验,谓是日不宜风)。

端午下雨是丰年,四月廿八最难缠(俗谓四月二十八为草生日。是日,遇雨有连阴四十九日之说)。

八月初一下一阵,旱到来年五月尽。八月十五云遮月,正月十五雪打灯(农村占验)。

云彩往东,雨过一场空。云彩往西,下雨披蓑衣。云彩往南,下雨摆大船。云彩往北,下雨发大水(同前)。

朝起黄登登,必定刮大风。朝起浮云走,晌午晒死狗(同前)。

天将雨,有先兆。蚂蚁堵窝,蛇过道。水缸穿裙山戴帽,燕子钻天水雀叫(同前)。

鹁鸪叫阴或晴,月亮带圈必刮风(同前)。

月亮牙仰,粮价往上长。月亮牙歪,粮价往下摔(同前)。

头伏遇浇,末伏必烧。又曰淋伏头,烧伏尾(同前)。

黑夜下雨白日晴,打的粮食没处盛(同前。此言夜雨胜于午雨也)。

连阴不开晴,必要起腻虫。雷声来的暴,腻虫不撒尿(恐害虫为患,冀其速去,故欲有暴雷之力也)。

(辛)园艺

养鸡不养鸭,栽树不栽花(重实利也)。

一亩园,十亩田(言种园一亩须费十亩田之人工、肥料,方能获十亩田之利益也)。

人勤地不懒,黄土变成金(人之于耕耘,不宜鲁莽灭裂也)。

头伏萝卜二伏菜,三伏不晚种荞麦(农事宜及时也)。

油见油,十年仇(油类植物不宜连年种在同一地内,否则收获难丰,故曰仇。又其他植物亦何莫不然?)。

要发财,种三白(芝麻、杭与棉)。

过了芒种,不可强种(播种以时,否则失败)。

谷儿黄,饿死娘(言旧谷既没,新谷未升,黄白不接也)。

干夂尢棉花湿夂尢瓜,沥沥拉拉夂尢芝麻(夂尢,pǎng 榜,上声。吾邑谓锄田为榜地,言锄田必以时也)。

荞麦开花,沥沥拉拉(是时宜雨也)。

春旱不算旱,秋旱减一半(言春旱较可,惟恐秋旱也)。

五月半,田禾没瓦罐。六月六,看谷秀。处暑找黍,白露割谷(均谓农事必有其时也)。

立秋不出头,割下喂老牛(言晚禾难实,过立秋节尚未吐穗,已无收获希望,不如割以饲牛之为愈也)。

磨镰能走谷,到囤才是粮(吾邑习惯谓仓为囤,言禾稼将熟,仍无把握也)。

白薯①,落花生②,将来把人倾。落花生,白薯,一亩丁二亩(前言试种二种时之怀疑,后言收获二种时之满意也。吾乡谓山蓣为白薯。此歌谣表示两种态度,即郑人憎爱子产之意)。

【注释】

①白薯:甘薯。在秦皇岛地区,卢龙县栽培甘薯历史最早,甘薯已经成为卢龙县农业主导产业,2002 年种植面积 34 万亩,约占耕地面积的一半。1996 年卢龙县荣获中国甘薯之乡称号。据 1994 年 12 月天津人民出版社出版、彭勃主编的《卢龙县志》记载:"清咸丰年间(1851～1861),甘薯始入今卢龙境,首栽于蛤泊镇。光绪二十九年(1903)种于木井乡邸柏各庄邸九儒家,后渐布全县。"

(2)落花生:花生。据 1994 年 12 月天津人民出版社出版的《秦皇岛市志》记载:"清光绪年间,昌黎、卢龙已种植小角花生,后传入爬秧大花生。民国初年,又传入立秋大花生。"

卢龙县志卷十一

人　物

封　爵

《文献通考》云：汉初，论功封列侯者，凡百四十有三人。大者食县，小者食乡、亭，得臣所食吏民。

《晋令》有开国郡公、县公、郡（候）[侯]、县（候）[侯]，伯、子、男及乡、亭、关中、关内外等侯之爵。

后魏道武皇始元年（397年），始封五等。至天锡元年（404年），减五等之爵，始分为四：曰王、公、侯、子，除伯、男之号。皇子及异姓元功上勋者封王，皇族及始藩王皆降为公，诸公降为侯，子亦以此为差。王封大郡，公封小郡，侯封大县，子封小县。其后复加伯、男焉。孝文太和十八年（494年），诏凡王、公、侯、伯、子、男开国食邑者，王食半，公三分食一，侯、伯四分食一，子、男五分食一。北齐六等之爵，王位列大司马上，非亲王则在三公下，封内之调，尽以（人）[入]台，三分食一，公以下四分食一。后周制，封爵郡县，亦有公、侯、伯、子、男五等爵者，皆加开国，授柱国①、大将军、开府仪同②者，并加使持节③、大都督。

隋开皇中制，国王、郡王、国公、郡公、县公、侯、伯、子、男凡九等。至炀帝，唯留王、公、侯三等，余并废之。

唐制，皇兄弟、皇子封亲王，太子男封郡王，其庶姓卿士，功业特盛者亦封郡王。其次封国公，其次有郡县开国公、侯、伯、子、男之号，亦九等，并无官土，其实加封者则食其封。

《续文献通考》云：辽道宗太康五年（1079年），诏准王子封一字王，余并削降。元制，封一字王者，金印，兽纽；两字王者，金印，螭纽。次有金印，驼纽；金镀银印，驼纽；金镀银印，龟纽。有止用银印、龟纽，等级不同如此。又同姓有无国邑而称王者，但曰宗王。

明洪武三年（1370年），大启封建皇帝之子为亲王，亲王之从庶子为郡王，而功臣则公、侯、伯三等，有世袭，有流爵，罢子、男不置，公、侯位正一品上，伯位正二品上。

【注释】

①柱国：上柱国，古代官名。唐宋金时期为从二品散官。元明为从一品，只用于封赠。清废。

②开府仪同：开府仪同三司。魏晋南北朝时期的一种高级官位。隋唐至元代为文散官最高官阶，从一品。三司，即三公（太师、太傅、太保）、三师（太尉、司徒、司空），皆正一品。

③使持节：魏晋南北朝时期直接代表皇帝行使地方军政权力的官职。"节"，古代常用的信物。

王

晋

辽西王慕容农（孝武帝太元十一年，后燕慕容垂僭即帝位，改元建兴。夏四月甲子，封子农为辽西王）。

北魏

辽西王冯崇（《北燕录》：冯崇，宏［弘］之长子也，嫡妃王氏所生，封长乐公。宏僭伪位，立慕容氏为王后。废王氏，不得立，又黜崇，令镇肥如。崇母弟广平公朗、乐陵公邈出奔辽西，说崇降魏，崇从之。世祖拜崇假节侍中、都督幽平二州东夷诸军事、车骑大将军，领护东夷校尉、幽平二州牧，封辽西王，食十郡）。

北平王长孙嵩（《魏书》：长孙嵩，代人，世为南部大人，以军功封钜鹿公。世祖即位，进爵北平王，薨年八十，谥曰宣王，配飨庙廷。子颎袭爵，有罪，黜为戍兵，后复爵。子敦，坐黩货，降为公。高祖时，自颂先世勋重，复其王爵。子道，袭爵，久之随例降为公。子悦，袭爵。建义初复本王爵，寻降为公）。

辽西王常英（《魏书》：高宗以乳母常氏有保护功，尊为保太后，后尊为皇太后。兴安二年，太后兄英自肥如令起为散骑常侍、镇军大将军，赐爵辽西公，追赠英祖、父亥为辽西（兰）［简］公，澄为辽西献王，改葬献王于辽西，树碑立庙，置守冢百家。太安初，英为侍中、征东大将军、太宰，进爵为王。薨，谥辽西平王。案：《旧志》"亥"作"海"，误）。

北平王冯风（熙子。《魏书》：风，幼养于宫，文明太后特加爱念，数岁赐爵至北平王，拜太子中庶子，出入禁闱，宠侔二兄。高祖亲政后，恩宠稍衰，降爵为侯。幽后立，乃复叙用）。

北平王冯始兴（熙第二子。高祖太和二年封，见《本纪》）。

北平王超（安定王休孙。《魏书》：肃宗初袭，时以胡国珍封安定公，改封北平王，后复本爵)。

北平王懋(《北史》:懋,常山王遵后,袭爵,降为侯。孝武时从驾入关,封北平王)。

北平王拔拔(《隋书·周摇传》:其先与后魏同源。初为晋乃氏,及居洛阳,改为周氏。曾祖拔拔、祖右六肱,俱为北平王。案:《旧志》"六肱"作"文肱",误)。

北齐

北齐王贞(《北齐书》:贞,字仁坚,武成第五子,沉审宽恕,帝尝曰:"此儿得我凤毛。"案:"仁坚"一作"仁固")。

北平王鲜于世荣(《北齐书》:世荣,渔阳人。武平七年,后主幸晋阳,令世荣以本官判尚书右仆射事,贰北平王,北京留后)。

唐

北平郡王高开道(《唐书·高祖本纪》:武德三年冬十月庚子,怀戎贼帅高开道遣使降,授蔚州总管,封北平郡王,赐姓李氏)。

北平郡王突利(契丹可汗。太宗时请入朝,帝辍膳赐之,拜右卫大将军,封北平郡王,食户七百。详《唐书·突厥传》)。

北平王世武(见《唐书·宗室世系表》)。

北平郡王阿史那什钵苾(《旧唐书·太宗本纪》:贞观五年冬十月,右卫大将军、顺州都督、北平郡王阿史那什钵苾卒)。

北平王武居常(《新唐书》:天后嗣圣元年九月丙辰,追尊武氏高祖居常为太尉、北平郡王。案:《旧书》作"五代祖")。

辽西郡王高文简(高丽王。开元初,款边,引拜左卫大将军、辽西郡王。见《唐书·突厥传》)。

北平王偕(开元时封静恭太子琬子)。

北平郡王李过折(契丹衙官。开元二十三年,斩可突千,传首东都,诏封为北平郡王,授特进检校、松漠州都督。其年为可突千余党泥礼所杀。详《唐书·突厥传》。案:《元宗本纪》作"契丹王")。

北平郡王马燧(《德宗本纪》:兴元元年癸卯,加河东保宁军节度使、太原尹、北都留守、检校司徒、同(年)[平]章事、北平郡王马燧为奉诚军晋绛慈隰节度使、行营兵马副元帅。时方命浑瑊与马燧出师讨怀光故也)。

五代

晋北平王刘知远(开运二年四月封,见《本纪》)。

晋北平王高信韬(见《辽史·高勋传》:信韬,勋父也)。

辽

辽西郡王萧实喇（"实喇"，原作"虚烈"。《辽史·兴宗本纪》：重熙十四年春正月庚申，以（待）[侍]中萧实喇为南院统军使，封辽西郡王）。

辽西郡王呼富（"呼富"，原作"旅坟"。《辽史·兴宗本纪》：重熙十七年十一月丁巳，封特哩衮呼富辽西郡王。案：《辽史·皇族表》作"呼富"注云：原作"驴粪"。"驴粪""旅坟""埒富""呼富"当是一人）。

辽西郡王耶律良（《辽史》：良，著帐郎君之后，以功迁汉人行宫都部署。咸雍初，同知南院枢密使事。未几，卒，追封辽西郡王，谥曰忠成）。

辽西郡王萧余里也（《辽史》作"萧额里页"，阿拉次子，便佞滑稽，善女工。重熙间，以外戚进。太康初，封辽西郡王）。

辽西郡王耶律伯（"伯"原作"白"。《辽史·道宗本纪》：咸雍六年八月丙子，中京留守耶律伯薨，追封辽西郡王）。

辽西郡王杨绩（《辽史》：绩，良乡人，封赵王。太康中以例改王辽西。案：《文献通考》作"马绩"）。

辽西郡王杨（晢）[晳]（《辽史》：晳，安次人，封赵王。太康五年例改辽西郡王）。

北平郡王耶律淳（世号北辽，兴宗第四孙，和啰噶之子。天祚初，以北平郡王进封郑王）。

元

北平王镇国（《元史》：阿勒古斯托克塔古哩，翁观部人。太祖既定云中，追封高唐王，以其子布页赫尚幼，封其侄镇国为北平王。镇国薨，子尼古尔台袭爵，尚睿宗女特默根公主。布页赫幼从（功）[征]西域，还，封北平王。案史："尼古尔台"原作"聂古台"。《诸公主表》作"聂古觯"）。

北平王那木罕（世祖子。《元史·诸王表》作"诺木罕"。至元二年封，十九年改封北安王）。

永平王燕赤（《元史·本纪》作"雅奇"。顺帝至元四年追封，谥忠襄）。

永平王伯撒里（《元史》作"巴咱尔"。顺帝至正二十七年封）。

公

晋

辽西公段务勿尘（怀帝永嘉元年以遣兵助东海王越有功封，子匹磾袭爵，事详《匹磾传》)。

辽西公慕容定(安帝隆安二年、慕容盛长乐元年十二月丙午封子定为辽西公。二年十二月丁酉立为太子。盛死,太后丁氏废定立熙,寻赐死)。

辽西公冯素弗(安帝义熙间,北燕冯跋封。《十六国春秋》:素弗,跋之长弟也。跋僭伪位,素弗所建之业居多,进侍中、车骑大将军、录尚书事,封范阳公,加大司马,录尚书如故,改封辽西公)。

北魏

辽西公意烈(《魏书》:意烈,昭成子力真之子也。先没于慕容垂。太祖辽西征中山[1],弃妻子迎于井陉。及平中原,有战获勋,赐爵辽西公)。

【注释】

①太祖辽西征中山:《魏书·昭成子孙传》为"太祖征中山",无"辽西"二字。中山国,春秋时期诸侯国,在今河北省石家庄市一带。

辽西公贺卢(太祖时封。《魏书》:卢,讷弟,亦从平中原,以功赐爵辽西公)。

辽西郡公冯朗(世祖时封,事详《冯熙下》)。

后周

北平公寇绍(《高祖本纪》:天和六年五月,以北平公寇绍为柱国)。

金

北平公张进(霸州保定县人。金季封北平公,守信安城。见《元史·张荣实传》)。

元

永平郡公阿台(世祖时封。《元史》作"阿勒台",有传)。

永平郡公锁咬儿哈的迷失(《元史·列传》作"索约勒哈陶默色"。泰定初追封永平郡公,谥贞愍)。

侯

汉

肥如侯蔡寅(高祖六年三月庚子,以破龙且及彭城功,侯千户,谥敬。传庄侯、成侯奴。孝景元年,侯奴薨,无后,国除[1])。

【注释】

①国除：撤销封国。古代诸侯各有封地，汉代郡县制和封国制并存，诸侯无后嗣者，撤销其封国，改设郡县。

北平文侯张苍(高祖六年八月丁丑,以为常山守,得陈余功,侯千二百户。传康侯、奉侯预。孝武建元五年,侯预坐临诸侯丧不敬,国除)。

北魏

肥如侯贺护("护"一作"泥"。太祖时封。《魏书》:泥贺,讷从父弟悦之子也。悦以功赐爵巨鹿侯,进爵北新,卒。子泥袭爵,后降为肥如侯)。

北平侯安国(太宗时封。《魏书》:安同弟,睹之长子,位至冠军将军,赐爵北平侯、杏城镇将)。

肥如侯冯熙(显祖时封。《魏书》:冯熙,长乐信都人,文明太后之兄也。世祖平辽海,熙父朗内徙,官至(泰)[秦]、雍二州刺史、辽西郡公,坐事诛,熙逃避氐羌中。后太后知熙所在,征赴京师,拜冠军将军,赐爵肥如侯,尚恭宗女,进爵昌黎王)。

后周

北平(候)[侯]和洪(《北史》:洪,汝南人,少有武力,勇烈过人,从武帝齐,进位上仪同,赐爵北平侯,邑八百户,后仕隋)。

隋

北平侯张煚(《隋书》:张煚,郑人也。周明、武世,赐爵北平县子,邑四百户。宣帝时,进爵为伯。高祖受禅,拜尚书右丞,进爵为侯)。

北平侯段文振(《隋书》:文振,北海期原人也。辽东之役,授左(候)[侯]卫大将军,出南苏道,在(道)[军]疾笃,后数日,卒于师。帝省表,悲叹久之,赠光禄大夫、尚书右仆射、北平侯,谥曰襄)。

明

永平(候)[侯]谢成(《明史》:谢成,濠人。洪武十二年封永平侯,禄二千石,世指挥使)。

子

北魏

肥如子高育(《魏书》:高育,道悦祖。冯文通建德令。值世祖东讨,率其所部五百余家,归命军门。世祖授以建忠将军,齐郡、建德二太守,赐爵肥如子)。

新昌县子毕祖晖(肃宗时封。《魏书》:正光五年,齿州民反,攻逼州城,以祖晖前在州得民情和,复授平西将军、齿州刺史,假安西将军,为别将以讨之。孝昌初,以全城之勋封新昌县开国子,食邑四百户)。

新昌子孙绍(敬宗时封。《魏书》:绍,昌黎人。永平中拜太府卿,以前参议《正光壬子历》,赐爵新昌子)。

男

北魏
新昌男窦瑷(事详《本传》)。

北齐
北平男王峻(事详《本传》)。

封爵之制,历代不同。汉以前食其国邑者也。魏、齐以降,多系空名而已,生非其地之人,职非其地之官,而其行事又绝不相涉。如高齐宇文周,无北平而以北平称王、称公、称侯者,比比皆是,徒以其名也而存之,前志有例,不得而削焉。

卢龙县志卷十二

历代职官上

《文献通考》:汉武帝置部刺史,掌诏六条,察州凡十二州焉。成帝绥和元年(公元前8年),以刺史位下大夫而临二千石,轻重不相准,乃更为州牧,秩真二千石,位次九卿。光武建武中,复为刺史。后魏诸州置三刺史,郡置三太守,县置三令长。北齐制州为上中下三等,每等又有上中下之差,自上上州至下下州凡九等。隋开皇三年罢郡,以州统县,自是刺史之名存而州废,又改九等为三等。炀帝复罢州,置郡。唐武德元年复罢郡,置州,改太守为刺史,而雍州置牧。古者,牧伯之任,后世之所谓监司也。隋以前多谓之刺史,自唐以刺史名知州,而后牧伯始别有以名其官。

郡守,秦官。秦灭诸侯,以其地为郡,置守、丞、尉各一人。守治民,丞佐之,尉典兵。汉景帝更郡守为太守,常以春行所主县,秋冬遣无害吏,按讯诸囚,平其罪法,论课殿最,并举孝廉。王莽改太守为大尹。后汉亦重其任,或以尚书令、仆射出为郡,或自郡守入为三公。晋郡守皆加将军,无者为耻。后魏初,郡置三太守。孝文初,二千石能静二郡至三郡者,迁为刺史。北齐制,郡为上中下三等,每等又加上中下之差。后周郡太守各以户多少定品命。隋郡太守如北齐九等之制,至开皇三年(583年)罢天下诸郡,以州统县。大业三年(607年)又改州为郡,郡置太守。唐武德元年(618年)改郡为州,改太守为刺史,加号持节,后加号使持节诸军事,而实无节,但颁铜鱼符而已。天宝元年(742年),改州为郡,刺史为太守,自此州郡吏守更相为名其实一也。

汉制,凡县万户以上为令,减万户为长。晋制,大县令有治绩官,报以大郡,不经宰县,不得入为台郎。后魏县置三令长。孝文初,制县令能静一县劫盗者,兼理二县,即食其禄;能静三县者兼理三县,三年迁郡守。

刺　史

后魏

元婴（《魏书·本纪》：太延二年二月辛未，平东将军娥清、安西将军古弼率精骑一万讨冯文通，平州刺史元婴帅辽西诸军会之，文通奔高丽。是年，北燕亡）。

南平王浑（阳平王熙子。好弓马，世祖器其艺能，常引侍左右，后拜假节都督平州诸军事、领护东夷校尉、镇东大将军、仪同三司、平州刺史，镇和龙，在州绥导有方，民夷悦之）。

元纂（浑子，亦有誉于时，出为安北将军、平州刺史）。

常英（见《封爵》）。

王赌（常英妹夫。兴安中为平州刺史、辽东公）。

李彦（陇西狄道人。高祖时敕行徐州事，转平州将军、平州刺史）。

王买奴（详《史事》）。

邢逊（河间鄚人。灵太后时，出为安远将军、平州刺史）。

侯渊（神武尖山人。机警有胆略，常从征伐，屡有战功。孝庄即位，封压次县开国子。后以勋进爵为侯，寻诏以本将军为平州刺史、大都督，仍镇范阳）。

东平王匡（景穆皇帝，后因罪削爵，后特除平州刺史）。

崔长文（东清河鄃人。永安中以老拜征虏将军、平州刺史，还家，专读佛书，不关世事）。

窦瑷（见《乡贤》）。

辛珍之（陇西狄道人。东魏武定间，历位北海太守，后行平州事，卒于州）。

北齐

稽烨（皇建中平州刺史。建议开陂，岁收稻谷数十万石。见《乌台笔补》）。

源雄（西平乐都人。武帝伐齐，以功封朔方郡公，拜冀州刺史。时以突厥寇边，徙为平州刺史以镇之）。

后周

李迁哲（安康人。保定中，授平州刺史）。

唐

田仁会（平州刺史）。

邹保英(万岁通天初为平州刺史。契丹入寇,城且陷,妻奚氏(牵)[率]家童女丁乘城不下。贼平,诏封诚节夫人)。

刘守奇(仁恭子,守光兄。事详《史事》)。

太 守

汉

李广(右北平太守)。

路博德(右北平太守)。

邳吉(辽西太守。彤父,附《后汉书·邳彤传》)。

卑躬(右北平太守。卑耳国之后,或云鲜卑种类。见《通志·氏族略》)。

新莽

辽西大尹田谭(追击高句丽,战死。见《汉书·东夷传》。案:大尹即太守)。

后汉

闵业(辽西太守。见《后汉书·寇恂传》)。

赵苞(辽西太守)。

和旻(右北平太守。桓帝元嘉二年,坐赃,下狱,死)。

刘歧(右北平太守。灵帝中平四年,为渔阳张纯所杀)。

廉翻(灵帝时辽西太守。见《水经注》)。

窦崇(汉窦武曾孙,附见《北魏书·窦瑗传》。案:武为后汉末人,崇既其曾孙,其为太守也,当非汉官矣! 因《魏书》未详世代,姑附于此)。

晋

阳眈(燕辽西太守。右北平无终人。清直沉敏。慕容翰攻段氏于阳乐,获之,廆用为谋主,官至东夷校尉。子鹜为平州别驾。及皝即位,迁左长史)。

怡宽(燕辽西郡守。魏道武时率户归朝,赐爵长蛇公。北周怡峰高祖)。

李朗(后燕辽西太守。事详《史事》)。

杨豪(辽西人。后燕光始二年,以中坚将军为本郡太守)。

邵颜(后燕辽西太守。光始五年八月,有罪,亡命为盗,中常侍郭仲讨斩之)。

高赞(北燕辽西太守。太平十五年,以谋叛伏诛)。

以上本《十六国春秋》。案:晋改右北平为北平,所属与后汉同,俱无今永平地,故于旧志所载晋时、后赵、前燕北平太守尽削之。

后魏

那颉（辽西太守，为后燕所执。见《史事》）。

宗谟（西河介休人。袭爵中都侯，卒于辽西太守）。

于天恩（代人。位内行长，辽西太守）。

司马灵寿（晋后神䴥中冠军将军、温县侯。所在著功，出为辽西太守，治有清俭之称）。

尹彖（天水冀人。饶阳令，辽西太守，有政事才）。

房思安（清河人。北平太守，有勇力，善抚士众，高祖嘉之。附《房法寿传》）。

刘思祖（高祖末，除扬烈将军、辽西太守，于路叛奔萧衍）。

高元昌（间子。位至辽西、博陵二郡太守）。

阳固（北平无终人。世宗时出为试守北平太守。案：《北齐书·魏收传》：初，收修国史，得阳休之助，因谢休之曰："无以报德，当为卿作佳传。"休之父固，魏世为北平太守，以贪虐为中尉李平所弹，获罪。载在魏《起居注》。收《书》云：固为北平，甚有惠政，坐公事免官）。

张代（上谷沮阳人。陈留、北平二郡太守）。

柳粹（河东解人。崇族子。武定末，平东后军，迁辽西太守）。

宋景业（广宗人。魏末任北平守。见《北齐书·方伎传》）。

北齐

元景安（魏昭成五世孙。保大四年，从讨契丹于黄龙，领北平太守）。

梁

睦寂（豫父，梁北平太守。附《北齐书·睦豫传》）。

隋

长孙洪（北平太守，泾州刺史览子）。

元宏（岩子。北平通守。见《元岩传》）。

邓暠（辽西太守。李景辽东之役为高开道所围，暠率兵救之。见《李景传》）。

突地稽（靺鞨酋长。隋末率其部内属，处之营州。炀帝授为金紫光禄大夫、辽西太守。《唐书·北狄传》）。

唐

史思明（宁夷州突厥种。元[玄]宗赐其姓。天宝初，累功至将军知平卢军事，迁大将军、北平太守)。

裴旻(元[玄]宗时,以龙华军使守北平。附《唐书·李白传))。

元

阿勒台(平州路达鲁花赤。见《封爵》)。

令长尹

汉

肥如令郅人(见《汉书·燕王刘泽传》。注:"如淳"曰"肥如",燕之属县也。郅人者,县令之名也)。

晋

赵揽(后赵石虎太史令,谏虎不听,黜为肥如长)。

平翰(视弟。后燕海阳令。建兴十一年,慕容垂遣征东将军平(视)[规],发兵冀州。(视)[规]以博陵、武邑、长乐三郡兵反于鲁口,翰起兵辽西以应之)。

后魏

常英(肥如令。见《封爵》)。

《文献通考》:唐天宝初置十节度经略使以备边,平卢节度镇抚室韦、靺鞨,统平卢、卢龙二军、渝关守(促)[捉]城。安东都护府屯营、平二州之境。

《续文献通考》:辽北面著帐郎君有节度使,所掌非军民事。南面节度使设官甚众。辽二百余年城郭相望,田野益辟,冠以节度,承以观察防御团练等使,分以刺史、县令,大略采用唐制。上京道十二节度、东京道二十一节度、中京道七节度、西京道六节度、南京道二节度(幽州卢龙军节度使司、平州辽兴军节度使司)。以上各司设官曰节度使,曰节度副使,曰同知节度使事,曰行军司马,曰军事判官。

金天会六年(1128年),诏诸州镇置节度使一员,从三品,掌镇抚诸军防刺,总判本镇兵马之事兼本州官内观察使事。

元都总管之职,盖节度使也,所掌事各不同。

金初设转运司,后诏中外惟都转运依旧专管钱谷,自余诸路转运皆兼于按察。

平州兴平军节度使,辽为辽兴军。天辅七年(1124年)以燕西地与宋,遂以平州为南京,以钱帛司为三司。天会四年(1126年),复为平州,尝置军师司。十年(1132年),徙军师司治辽阳府,后置转运司。贞元元年(1153年),以转运司并隶中都路。贞祐二年(1214年)四月,置东面经略司,八月罢。

《续文献通考》:金收国元年(1115年),置南路都统司,以讨张毅。天辅五年(1121年),始有内外诸军都统之名。

元立都总管府,各因其所司之事为名,皆无典兵之责,设官秩高者三品或四品,卑者五品六品,员数多寡视其事之烦简。至元二十九年(1292年),因招集平滦散逸人户立总管府,秩正四品,置达鲁花赤①、总管首领官各一人,隶皇太后位下。永平屯田总(营)[管]府隶大司农司②。

元初立元帅府、都元帅府,置都帅二人。

元大都路提举学校,所隶大都路兵马都指挥使司,秩正六品,提举一员,学正二员,学录一员。至元二十四年(1287年),既立国学,以故孔子庙为京学,而提举学事者仍以国子祭酒③系衔。其各处行省所置之地,皆置儒学提举司,统诸路府州县学校祭祀、教养、钱粮之事及考校呈进、著述文字,每司置提举④、副提举各一人。

【注释】

①达鲁花赤:蒙古语原意为"掌印者"。蒙元时期地方政府所设置的一种官职,掌握地方行政和军事大权,为地方政府中的最高监治长官。一般有蒙古人或色目人担任。

②大司农司:元代掌管劝课农桑、水利、乡学、义仓诸事的中央官署。

③国子祭酒:晋武帝咸宁四年(278年)置,为国子学的主管官,后代沿袭。

④提举:提拔荐举。宋代以后,设主管专门事务的职务,以"提举"名之。

节度使

唐

李怀仙(柳城胡,为安禄山裨将,史朝义以为幽州节度使。朝义败,怀仙使其将李抱忠奉其首来降,即授幽州卢龙节度使。大历三年为麾下朱希彩所杀)。

朱希彩(幽州昌平人。既杀怀仙,自称留后。代宗赦其罪,诏宰相王缙为节度使,希彩副之。缙至镇,度希彩难制,劳军即还,乃授希彩节度使,后为其下所杀)。

朱泚(希彩同宗。军众既杀希彩,推为留后,诏即拜节度使,后入朝,留京师)。

朱滔(泚弟。泚留京师,滔遂领节度。泚既诛,滔兵复败,上书待罪,未几卒)。

刘怦(幽州昌平人。朱滔时积功至雄武军使。滔死,总军事,诏为节度。卒,子济嗣,为其子总所毒死,总领军政。诏嗣节度。会吴元济、李师道平,总恐,上书愿奉朝请,诏张宏靖领其军,总入朝至定州,卒。案:《旧(唐)书·穆宗本纪》作"遁去,不知所之")。

刘悟(怀州武陟人,后为幽州昌平人。穆宗长庆元年秋七月,昭义军节度使、检校司空兼幽州长史、幽州卢龙军节度副大使,知节度事)。

朱克融(滔族孙。随刘总入朝,留京师。张宏靖赴镇,从还。幽州军变,囚宏靖,推克融领军务。时朝廷方讨王庭凑,薄其罪,就拜节度,后为乱军所杀。子延嗣)。

李载义(自称恒山愍王之后,为幽州牙中兵马使。朱克融死,子延立叛,命残虐,载义率众杀之,敬宗授载义节度使,后为兵马使杨志诚所逐)。

杨志诚(载义牙将。逐载义,自为留后。诏以为节度副使,迁尚书右仆射。后为其下所逐,推部将史元忠总留后。案:《旧唐书·文宗纪》:太和九年二月庚辰,以幽州留后史元忠为卢龙军节度使)。

史元忠(见上)。

张仲武(有传)。

张允伸(有传)。

张公素(范阳人。为别将,事允伸。允伸死,表其子简会为留后。公素以兵来会丧,军士附之,简会乃出奔,诏公素为节度使,进同平章事。后为李茂勋所袭,奔京师)。

李茂勋(本回鹘阿布思之裔,来降,赐姓,为燕将,诎纳降。军使陈贡言反,袭杀之,因举兵入府。茂勋逃,众推主州务以闻,即拜节度使。卒,子可举嗣,迁太尉,后为其将李全忠所攻,自燔死)。

李全忠(范阳人。为牙将,攻可举,杀之,为留后,拜节度使。卒,子匡威领留后,进为使。后为弟匡筹所逐,奔赵,赵人杀之。匡筹既逐兄匡威,自为留后,诏授节度使。后为李克用所攻,兵败,奔京师,次景城,为卢彦威所杀)。

刘仁恭(深州人。世为镇将,有功。李匡筹逐其兄,戍卒推仁恭趋幽州,匡筹逆战,败之。仁恭乃奔太原。李克用用其计,攻匡筹,取幽州,表仁恭为节度使。后为其子守光所囚,晋王存勖讨守光,取幽州,诛仁恭。守光既囚仁恭,自为卢龙节度使,益骄侈,僭号大燕皇帝。晋遣兵讨平之,诛守光)。

辽

赵德钧(详《史事》)。

韩德枢(有传。又尝为平、滦、营三州处置使。见《百官志》)。

萧延思(涿州人。太宗皇后父也,终辽兴节度使。见《契丹国志》)。

韩德让(赐名耶律隆建。景宗以破宋兵功拜辽兴军节度使。案:《契丹国志》之德让授辽州节度使,迁平州节度使。无子,以周王宗业绍其后,宗业历平州、锦州节度使)。

武白(宋人。为辽军所俘。圣宗时拜辽兴军节度使)。

宗业(见上)。

宗懿(晋王,平州节度使,番名"查各只"。见《契丹国志》)。

萧道宁(《辽史·圣宗纪》:统和元年春三月辛巳,以国舅同平章事为辽兴军节度使,仍赐号忠亮,佐理公臣)。

哀特哩(原作"迪里姑",详《史事》)。

耶律诺观(原作"奴瓜"。太祖异母弟。统和二十六年为辽兴军节度使)。

耶律遂贞(《辽史·圣宗纪》:开泰元年秋七月丙子,为辽兴军节度使)。

耶律德政(《圣宗纪》:开泰四年夏五月辛巳,为辽兴军节度使)。

呼图克(原作"胡都古"。《圣宗本纪》:太平四年夏六月庚辰,以辽兴军节度使为临海军节度使)。

萧虚烈(见《封爵》)。

刘慎行(《圣宗纪》:太平五年春三月壬辰,以临潢少尹为辽兴军节度使)。

耶律玛鲁(原作"马六"。重熙初,拜北院宣徽使。帝尝以兄呼之,改辽兴军节度使)。

吹绸(原作"钼窘"。《辽史·本纪》:重熙七年十二月己巳,以详衮吹绸大王为平州节度使。"详衮",原作"详稳"。案:《契丹国志》:辽节镇三十三处,刺史州七十余处。平州为节镇之一,营州、滦州为刺史之二。平州有节度,无刺史;营、滦二州有刺史,无节度。盖辽之营、滦为平州所辖也。康熙、乾隆二志俱引郭建初之言曰:若节度使当称辽兴军,平州当称刺史。以详稳钼窘大王为平州节度使为误,殆亦详考《辽史·本纪》及《契丹国志》之书而以臆断之欤?且韩德让历辽州、平州节度使。宗业历平州、锦州节度使。《国志》俱有明文。建初谓节度,不当称州,殊为失考。至元时则滦州有节度矣)。

耶律玦(重熙间同知辽兴军节度使事,有传)。

察克(原作"查葛"。《辽道宗纪》:清宁五年夏六月己丑,为辽兴军节度使)。

阿林(原作"阿琏",兴宗第三子。清宁中,出为辽兴军节度使。见《皇子表》。案:旧志作"阿挞",误)。

耶律哈尔吉(原作"合里只"。清宁七年,封齮国公,历辽兴军节度使)。

耶律图丹(原作"独撷"。清宁(七)[元]年,召为皇太后左护卫太保,四年改宁远军节度使,历五国、乌尔古部、辽兴军节度使)。

姚景行(太康初镇辽兴,有传)。

耶律旺久(原作"王九"。《辽道宗纪》:大安三年十一月,以辽兴军节度使为南府宰相)。

哈噶(原作"何葛"。《辽道宗纪》:大安六年冬十月庚申,以辽兴军节度使为伊实大王)。

荣格(原作"荣哥"。大安九年夏六月庚申,以辽兴军节度使为南院大王)。

聂呀(原作"湟里"。道宗寿隆四年夏六月丁亥,以辽兴军节度使为特哩衮)。

韩果实(原作"高十"。韩德凝孙,终辽兴军节度使)。

梁援(寿隆五年冬十二月甲子,为辽兴军节度使)。

韩资让(附《德枢传》)。

萧兀纳(一名"托卜嘉"。寿隆元年,拜北府宰相。初,天祚在潜邸,数以直言忤旨。及嗣位,出为辽兴军节度使)。

萧常格(原作"常哥"。国舅之族。乾统二年,改辽兴军节度使)。

耶律达实(原作"大石",世号西辽。太祖八代孙。登天庆五年进士第,擢翰林应奉,寻升承旨。辽以"翰林"为"林牙",故称"达实林牙",历泰、祥二州刺史、辽兴军节度使)。

张琳(沈州人。天祚时为辽兴军节度使。详《契丹国志》)。

时立爱(涿州新城人。辽末为辽兴军节度使,后降金。见《金史·本传》)。

高安国(辰州渤海人。辽兴军节度使。见《金史·高彪传》)。

张毂(平州义丰人。以进士仕至辽兴军节度副使。平州军乱,杀其节度使萧谛里,州人推毂领州事)。

金

宋永(本名"塔塔",原作"挑挞"。皇统五年出为通州刺史,秩满在任,转兴(年)[平]军节度使,改大名尹。贞元三年,复为兴平军节度使)。

唐古德温(本名"阿里"。上京刷河人也。皇统初,历兴平军节度使)。

耶律德元(辽东丹王,后为兴平军节度使。附见《金史·伊喇履传》)。

完颜守道(本名"实纳呀",原作"习尼烈"。皇统九年同知卢龙军节度使事)。

布萨欢塔(原作"仆散浑坦",扶余路人也。海陵时改兴平军节度使)。

持嘉晖(原作"赤盏晖"。正隆初为兴平军节度使)。

张元素(正隆末改兴平军节度使,有传)。

路伯达(冀州人。正隆五年进士第,由泗州榷场使补尚书省椽,除兴平军节度副使)。

图克坦巴噶(原作"徒单拔改"。叛臣图克坦彭呼楚克之父。工部尚书改兴平军节度使)。

完颜福寿(世宗时授兴平军节度使。大定三年,卒)。

乌库哩尼吗哈(原作"乌古论粘没曷"。世宗时为兴平军节度使)。

乌雅扎拉(原作"乌延查剌"。力兼数人,勇果无敌。大定二十五年为兴平军节度使)。

马百录(通州三河人。明昌间同知兴平军节度使)。

赫舍哩执中(原作"纥石烈执中",本名"呼沙呼",原作"胡沙虎",阿苏裔孙也。明昌四年以傲肆失职降肇州防御使,逾年迁兴平军节度使)。

完颜阿里巴斯(原作"阿里不孙"。明昌五年进士,为兴平军节度使)。

通吉思忠(承安三年,除兴平军节度使,有传)。

富察阿里(兴州路人。以荫补官。大安元年迁兴平军节度使)。

乌库哩庆寿(河北西路明安人。卫绍王时历兴平军节度使。贞祐二年迁元帅右都监。(以)保全平州功进官五阶)。

赫舍哩和勒端(原作"纥石烈桓端"。大安三年,西京行省选充哈济万户,遥授同知清州防御使,改兴平军节度副使)。

乌凌阿奇珠(原作"乌林答乞住"。大明路明安人。大定二十八年进士,贞祐初迁归陆军节度使,改兴平军,就充东面经略使)。

崔建昌(兴平军节度使,附见《金史·孙即康传》)。

元

鲜卑仲吉(中山人。岁乙亥,国兵定中原,仲吉首率平滦路军民诣军门降,太祖命为滦州节度使。壬辰,平蔡有功,加金吾卫上将军、兴平路都元帅右监军、永安军节度使兼滦州管内观察使)。

转运使

金

杨伯渊(真定藁城人。天会十四年赐进士第,知平定军,用廉,迁平州路转运使)。

赵陇(辽阳人,后居滦州。贞元初为中都路都转运使,明年再徙顺义、兴平)。

都元帅

元

塔本(有传)。

阿尔济苏特穆尔(原作"阿里乞失铁木儿",有传)。

都　统

金

张敦固(平州都统,详《史事》)。

总 管

元

谭澄(兴德怀来人。至元二年,迁河南路总管,改平滦路总管)。

贾惟贞(至正八年三月,以前奉使宣抚称职特授永平路总管。会岁饥,请降钞四万余锭赈之)。

案:《辽史》:阿古齐(原作"阿古只"),知平州,附《萧惟信传》。室昉,南京人。会同初登进士第,为卢龙巡捕官。

《金史》:杨邦基,华阴人。天眷二年进士,调滦州军事判官。贾少仲,通州人。天眷二年进士,调营州军(士)[事]判官。以上三人,俱详《本传》。又世宗以伊喇诺尔为同知滦州西南招讨使,见《金史·伊喇干军传》。兹总录于此,以备一时官制。旧志载,辽滦州宣慰使宋仲义。考辽《百官志》,无宣慰使名,未详旧志所本。

《续文献通考》:明初,罢各路总管府,于两京置直隶府,各省分置诸府。洪武六年(1373 年),定为三等,赋二十万石上为上府,知府,从三品;二十万下,中府,正四品;十万下,下府,从四品。已而并为正四品。知府①一人,同知②一人,通判③一人,推官④一人。因事添设同知、推官或二人,通判至五人。其属经历⑤一人,知事⑥一人,照磨⑦一人,检校⑧一人,司狱⑨一人,儒学教授⑩一人,训导⑪四人。

明不设刺史,州官凡直隶畿辅各省及属府者,并从五品;佐贰首领,品有差。知州一人,同知一人,判官一人。里不(及)三十而无属县者裁同知、判官,有属县者裁同知,因事添设,专设,无定员。其属吏目一人、儒学学正⑫一人、训导三人。吴元年(1367 年)定县三等:上县,从六品;中县,正七品;下县,从七品。已而并改正七品。京县正六品,知县一人,县丞⑬一人,主簿⑭一人。不及二十里者,县丞、主簿因事添设,无定员。其属典史⑮一人,儒学教谕一人,训导二人。

【注释】

①知府:全称为知某某府事。其职责为"掌教养郡民之事,宾兴科贡,均平赋役,崇慎祀典,禁诘奸顽,表异良善,讯听刑狱,审达冤滞,存恤困穷,纠察吏治,上下其考,以告于抚按藩臬,上于吏部,务知百姓之疾苦。若籍帐军匠、传驿、马牧、仓库、盗贼、河渠、沟防、道路之事,虽有专官,皆知府领之而总督焉。"(《古今图书集成》《渊鉴类函》)。

②同知:全称同知某某府事。明清时期为知府的副职,正五品,因事而设,每府设一二人,无定员。其职责分掌地方盐、粮、捕盗、江防、海疆、河工、水利以及清理军籍、抚绥民夷等事务。

③通判：在府州的长官下掌管粮运、家田、水利和诉讼等事项，对府州的长官有监察的责任。

④推官：各府佐贰官，正七品，掌理刑名、赞计典。

⑤经历：府州县下属官，执掌出纳文书。

⑥知事：知府之属官，正九品，掌出纳文移及勘察刑名。

⑦照磨：官名。即"照刷磨勘"的简称。元朝建立后，在中书省下设立照磨一员，正八品，掌管磨勘和审计工作，另肃政廉访司中负责监察的官员也称照磨，"纠弹百官非违，刷磨诸司文案"（《元典章》）。明代，各府设照磨一人，从九品。

⑧检校：低级办事官，掌查核公事文牍。

⑨司狱：执掌提拿控管狱囚，府司狱为正九品。

⑩儒学教授：明清时期，府学设教授一人，正七品，职责"掌训迪学校生徒，课艺业勤惰，评品行优劣，以听于学政。"

⑪训导：府州县儒学皆设训导，为府学教授、县学教谕的佐官。府学训导从八品。

⑫学正：州儒学设学正一人，掌执行学规、考校训导。明代为正九品。清乾隆初升为正八品。

⑬县丞：知县的佐官。典文书和仓狱。明清时为正八品。明代方圆不及二十里者不设县丞。

⑭主簿：各级主官下掌管文书的佐吏。

⑮典史：为知县下的佐官，掌管缉捕、监狱，不入流。

知　府

明

崔文耀（元行省参政。洪武元年九月十一日，以城降，命署永平府事）。

董翥①（山西太原人）。

胡伯辉（浙江东阳人）。

马负图②（山西临汾人，有传）。

张从道（湖广京山人）。

李文定（浙江临海进士，有传）。

张茂（陕西咸宁人）。

米瑾（浙江山阴人）。

周晟③（河南安阳人）。

王玺（陕西鳌屋进士，有传）。

郑岑(浙江慈溪进士)。

刘杰(陕西高陵进士)。

姜琏(浙江兰溪进士)。

陈谊(山东德州进士)。

王问(山东武城进士)。

吴杰(南直隶江都进士,有传)。

张桢(山东平度州进士)。

惠隆(浙江钱塘进士)。

何诏(浙江山阴进士,有传)。

唐夔(广西柳州进士)。

毛思义(有传)。

王光(河南进士)。

郭九皋(锦衣卫进士)。

陆俸(南直隶吴县进士)。

曹怀(南直隶无锡进士)。

黎良(河南洛阳进士)。

胡体乾(山西交城进士)。

王旒(山东济阳进士)。

刘隅④(山东东阿进士)。

王秉铎(福建福清进士)。

周永范(南直隶安福进士)。

孙应辰(河南考城进士)。

张玭(石州进士,有传)。

郭监(山西高平进士)。

宋大武(浙江余姚进士)。

李逊(江西新建进士)。

孟宦(陕西咸宁进士)。

纪公巡(山东思县进士)。

阎光潜(山东东平州进士)。

廖逢节(河南固始进士,原姓杨,有传)。

刘庠((河南)[湖广]钟祥进士)。

(度)[席]上珍(陕西南郑进士)。

辛应乾⑤(河南安邱进士)。

顾褒(浙江余姚进士,有传)。

任恺(山西平定州举人,有传)。

张世烈(陕西延安进士)。

(陈)[孙]维城⑥(山东邱县进士,有传。《题名记》作姓"孙")。

马崇谦(河南安邑进士)。

徐准(山东新城进士,有传)。

曹代萧(山东进士)。

程朝京(南直隶休宁进士)。

高邦佐(有传)。

史文焕(山西盂县进士)。

刘泽深⑦(河南扶沟进士)。

项良梓(浙江鄞县进士)。

陶珽(见前)。

药济众(山西和县举人)。

徐廷松(山东掖县举人)。

陈所立(福建长乐举人,有传)。

张凤奇(山西阳曲举人,有传)。

黄运昌(平坝卫举人)。

王四聪(山东鱼台进士)。

雷一凤(陕西蒲州进士)。

唐世熊(陕西灌阳举人)。

石声和(平坝卫举人)。

彭份(江西南昌举人,有传)。

李在公(陕西三原举人)。

【注释】

①董鳌:太原县黄陵北都人。中洪武庚午科(二十三年,1390 年)乡举,历任山东莱州府知府,调苏州。(嘉靖三十年《太原县志》)

②马负图:明天顺五年《大明一统志》:"永乐中为永平知府。在任孜孜爱民,多有善政。寻以绩最升陕西左布政使。"《明太宗实录》:"永乐十一年九月丁丑朔。丁亥,升永平府知府马负图为陕西左布政使。"

③周晟:《明英宗实录》:"天顺四年闰十一月癸卯朔。戊午,升刑部主事周晟为直隶永平府知府。"《明宪宗实录》:"成化二年秋七月庚午朔。丁丑,吏部言各处巡抚巡按等官奏保府州县正佐等官陕西西安府知府余子俊等四十八员,廉能公正,抚字勤劳,乞赐诰敕旌异。陕西平凉府知府王正……直隶保定府知府谢骞、永平府知府周晟……直隶安庆府太湖县县丞彭贤。疏入,上悉从之。""成化四年二月壬辰朔。癸卯,升永平府知府周晟

为湖广布政司右参政。""成化九年八月庚申朔。丙寅,复除湖广右参政周晟于山东布政司,俱令驰驿之任。""成化十一年春正月辛亥朔。丁丑,升山东右参政周晟、四川按察司副使彭韶,俱按察使。晟,山东。""成化十三年九月乙丑朔。辛未,升山东按察使周晟为江西左布政使。"

④刘隅:字叔正,山东东阿人。嘉靖二年进士,嘉靖三年正月授福建道监察御史,改巡按直隶御史,历任永平府同知、知府,升重夔兵备金事、河南副使。嘉靖十九年二月擢巡抚保定都御史,同年十二月晋都察院右副都御史。嘉靖二十一年七月,鞑靼大入山西内地,直逼畿辅。刘隅因防守不力而被罢官。《明世宗实录》:"嘉靖十七年七月壬申朔。癸酉,升直隶永平府知府刘隅为河南按司副使。"

⑤辛应乾:字伯符,号顺庵,山东安丘人。嘉靖四十一年进士,授长治县令,历任户部浙江清吏司主事、贵州司郎中,隆庆五年至万历二年任直隶永平府知府,后升山西按察司副使、山西布政使司右参政、山西按察使、山西右布政使、巡抚山西右金都御史、兵部左侍郎。

⑥(陈)[孙]维城:《明史》《李文节文集》《邱县志》均作"孙维城"。字宗甫,邱县(今属河北邯郸市)人。隆庆五年进士,历任浚县、太康、任丘县令。万历十年,升湖广道监察御史。万历十五年擢永平府知府。万历二十年二月改赤城兵备副使,晋右布政使,移守宣府。万历二十九年升延绥巡抚都御史,卒于任。

⑦刘泽深:字涵之,河南扶沟县人。万历二十九年进士,初任密云县令,改元氏县知县。擢刑部主事,任永平府知府,万历四十五年二月升永平道兵备参议,历迁湖广参议、陕西按察使、陕西右布政使、山西左布政使、顺天府尹、南赣巡抚都御史。崇祯十年任兵部左侍郎,十三年升刑部尚书。

同　知①

永平设有边卫同知衔,曰清军管马。及沿海多事,增其衔曰兼管海防。

梅珪

潘粟(陕西白水人)。

贾杲(山西高平人)。

唐琚(南直隶上海人)。

任(祐)[祐]②(河南灵宝人)。

姚纪

王泽(河南郾城人)。

胡谦(河南孟县人)。

张振(山西夏县人)。

刘让(陕西朝邑进士)。

刘遂(陕西清涧人)。

楚麟(河南密县进士)。

李性(山东陵县举人)。

邵逵(江西淳安举人)。

曹宗琏(河南郑州举人)。

王桢(山东举人)。

张柱(四川涪州进士)。

张守(陕西泾阳举人,有传)。

张三畏(陕西长安举人)。

孙允中(山东兖州进士)。

刘隅

李冕(山东章邱进士)。

杨士魁(河南兰阳进士)。

赵沛然(四川梓潼举人)。

苏烈(清源举人)。

何继武(南直隶灵宝官生)。

刘世绅(山西怀仁举人)。

方瑜(南直隶歙县举人)。

程鸣鹤(南直隶休宁举人)。

任服休(山西大同卫举人)。

贺溱(山西临汾举人)。

陈王道(山西临汾进士)。

张勋(山东寿光举人)。

杨维乔(四川富顺进士)。

张民范(甘肃秦州举人)。

范伯荣(南直隶休宁举人)。

林焙章(福建蒲田举人)。

曹署篆(山西交城举人)。

王暤如(陕西朝邑举人)。

杨秉铎(南直隶溧水举人。案:《题名记》无此人)。

熊梦祺(江西南昌举人)。

曲楷(山东掖县举人)。

王家胤(陕西朝邑举人)。

张蕴道(山西五台选贡,旧作"运道",依题名记改)。

罗世美(江西南昌举人)。

左立功(山西洪洞举人)。

左之龙(山东莱阳举人)。

陈辅尧(有传)。

薛国彦(陕西韩城举人)。

李居简(陕西同州举人)。

刘嘉会(贵州武定举人)。

李之佳(福建晋江举人)。

王家相(成山卫选贡)。

郭宗宪(陕西华州举人)。

魏君谟(山东左卫举人)。

杨葆和(云南太和举人)。

常三锡(静海贡生)。

张斗(河南温县贡生)。

冯珍(陕西同官贡士)。

【注释】

①同知:明洪武初设,清顺治六年裁撤。知府的佐官,正五品。《清世祖实录》:"顺治六年己丑五月己未朔。丁丑,裁直隶河间、永平,江南苏州、松江,山东兖州、东昌,浙江湖州,陕西巩昌、西宁、肃州同知十员。"

② 任(祐)[祐]:河南灵宝监生。《大明一统志》:"永乐中为永平府同知,在任勤慎不怠,政声大振。寻升四川右布政使。"《山东通志》:"任祐,河南灵宝人。洪武初以太学生授诸城令,政绩著闻。"《河南通志》:"任祐,灵宝人。性资颖悟,笃学慎行。洪武中以太学生授山东诸城知县,政声著闻。升永平府同知,累擢四川右布政使。"《明太宗实录》:"永乐十一年九月丁丑朔。丁亥,升北京刑部郎中尚迪为四川左布政使,永平府同知任祐为右布政使。"

推 官

(永平理刑推官)

凌璿(南直隶南陵人)。

莫训(陕西岐山人)。

张远(山西兴县人)。

宋恭(山西闻喜人)。

杨浑

杨琰(浙江钱塘人,旧作"谈",误)。

吕卣(南直隶无锡进士)。

周瑄(陕西朝邑人,旧作"宣",误)。

杨承祺(河南仪封人)。

杜澜(淮安举人)。

李凤(河南举人)。

李学诗①(平度州进士)。

钱嵘(南通州进士)。

卞仲仁(河南人)。

唐宽(平定州进士)。

柯乔(南直隶进士)。

薛广伦(宁夏举人)。

杨印贤(寿张进士)。

霍冀②(孝义进士)。

刘廷锡(潍县举人)。

刘鹏(濮州举人)。

孙文瀛(依题名记补)。

傅宗鲁(尉氏举人)。

宋缂③(商城进士)。

丁诚(安邑举人)。

高尚仁(新蔡举人)。

辛如金(恩县进士)。

陈训(山西举人)。

刘鲁(河南安阳进士)。

冯显(咸宁举人)。

饶学诗(山东东阿进士,有传。"饶",旧作"乔",误)。

丁汝谦(山西吉州进士)。

宋伯华(山东益都人)。

沈之吟(浙江乌程进士,有传)。

王业宏(安邱进士)。

詹献策(浙江常山举人)。

王之屏(亳州进士)。

费逯(南直隶举人)。

饶景晖(江西进贤人)。

孙毓英(辽州进士)。

任芳鉴(绥德州进士)。

喻守初(石首进士)。

刘进明(潍县进士)。

宋若愚(武定州举人)。

李乔仑(陕西举人)。

王策(山西蒲州人)。

来斯行(萧山进士)。

董志稷(海宁进士,旧作"思稷",误)。

罗成功(广东高要举人,有传)。

韩国植(泾阳进士,有传)。

耿始然(山西进士)。

卫周祚④(曲沃进士)。

修廷献(山东进士)。

宋学程(华州举人)。

【注释】

①李学诗:字正夫,山东平度州人。嘉靖五年进士,授永平府推官。升吏部稽勋司主事,迁考功司员外郎。嘉靖十二年,选授翰林院编修。嘉靖十八年,升詹事府左春坊左中允,兼翰林院修撰,充经筵讲官。嘉靖十九年,任顺天乡试主考官。

②霍冀:字尧封,号思斋,山西孝义人。嘉靖二十三年进士。授永平府推官,擢监察御史,历任都察院右佥都御史巡抚宁夏、巡抚保定都御史,总督陕西三边军务兵部左侍郎,户部侍郎,南京兵部侍郎,南京工部右侍郎,都察院左右佥都御史,隆庆二年晋兵部尚书。

③宋纁:字伯敬,号栗庵,河南商丘人。嘉靖三十八年进士。初授永平府推官,后升山东道监察御史、山西巡按御史。隆庆初年历任顺天府丞、都察院右佥都御史、保定巡抚、南京户部右侍郎、总督仓场户部左侍郎、户部尚书。

④卫周祚:字文锡,号闻石,山西曲沃城内人。崇祯十年进士,初任永平府推官,历任员外郎、户部郎中。清顺治元年,补任原官。十二年,升工部尚书,加少保兼太子太保。十五年,改任吏部尚书,不久,加文渊阁大学士兼刑部尚书,奉命校定《大清律》。康熙八年三月,因病回原籍。十一年,召入朝辅理政务,改内国史院大学士为保和殿大学士兼户部尚书。同年十二月旧病复发,请求归里,十四年,卒,谥文清。

知　县

明

胡昺(洪武年任)。

【补录】

张恕,字以行。洪武初以才德征入见,试《春山新水诗》,立就称旨,赐彩衣一袭,除卢龙知县三年,以老病归。(《直隶太仓州志》《元诗选》)

尹守道(山西阳曲人)。

郑彝(山东临清人)。

张谔(山西岚县人)。

胡琮(正统年任)。

刘魁(山东高唐人,有传)。

乔聪(河南河内举人,有传)。

李景华(南直隶江都举人,有传)。

吴果(南直隶山阳人)。

谭绅(山东滨州举人)。

韩敏

刘世卿

李永昌

何宏

戴钰

王宗尧

王大猷(山西人)。

张维贤(辽东奉天人)。

高凤鸣(河南人)。

陆杲(南直隶无锡人)。

乔一举(山西人)。

胡景旸(河南人)。

吴道南(山东濮州人)。

李绍先(山西盂县人)。

王纶

赵弁(山西人)。

杨保庆(山西泽州举人)。

王高(陕西延安人)。

赵敬简(山东益都举人)。

平章(山东贡生)。

张澜(冠县进士)。

杨舜臣(陕西商州举人)。

潘愚(山东泽县举人)。

臧仲学(奉天辽东举人)。

武成(宁州举人)。

王与可(四川蓬溪举人)。

杨时誉(河南祥符举人)。

白希颜(山西贡生)。

王袞(山西阳谷举人,有传)。

叶世英(浙江宁波进士)。

王象恒(山东新城进士,有传)。

赵绂(山西乐平进士,有传)。

谢廷赞(湖南沔阳举人)。

侯胤正(河南商邱举人)。

刘诏(河南杞县进士)。

孙(正)[止]孝(山东历城进士)。

张养初(山西进士)。

邓绍禹(湖广举人)。

张瑄(山西介休进士)。

赵明远(河南进士)。

张若(麟)[麒](山东胶州进士,有传)。

马孔健(河南陈留进士,有传)。

刘浚源(山东曹州进士,有传)。

王三俊(浙江山阴进士)。

荣尔奇(山东德州进士)。

《续文献通考》:明初,团练诸务,专设按察司分巡兵备道以统之。

《明会典》:户部十三司职掌,各设郎中、员外郎、主事,分掌钱谷诸物。

永平兵备道①

（嘉靖（二）[三]十九年设）

明

嘉靖

温景葵②（山西大同举人，副使）。

王惟宁（陕西兴平进士，副使）。

沈应乾（南直隶五河进士，副使）。

隆庆

张学颜（直隶肥乡进士，副使）。

王之弼（陕西泾阳举人，佥事）。

杨兆（陕西肤施进士，有传）。

孙应元（（河南）[湖广]钟祥进士，副使，有传）。

万历

宋守约（山西长治进士，副使）。

陈万言（广东南海进士，副使）。

雷以仁（夷陵进士，副使）。

成逊（长垣进士，副使）。

叶梦熊（浙江归善进士，副使，有传）。

李复聘（陕西盩厔进士，副使）。

王毓阳（陕西绥德进士，副使）。

白希绣（陕西肤施进士，副使）。

杨镐③（见前）。

詹思谦（浙江常山进士，副使）。

方应选（南直隶华亭进士，副使）。

顾云程（南直隶常熟进士，左布政）。

应朝卿（浙江临海进士，参政）。

王编（湖南宁乡进士，参政）。

武之望（四川临潼进士，副使）。

黄一腾（南直隶宁国进士，参议）。

刘泽深（河南扶沟进士，副使，有传）。

袁应泰（按察使）。

天启

杜诗(山东滨州进士,按察使,泰昌年任)。

朱本洽(南直隶华亭进士,副使)。

岳和声(浙江桐乡进士,右参政)。

张春(有传)。

崇正[祯]

郑国昌(有传)。

方一藻(南直隶歙县进士,副使)。

王凝祚(河南安邑进士,左参政)。

刘景耀(河南登封进士,右参议,有传)。

邱民仰(有传)。

石声和(平坝举人,副使)。

姚恭(山东海丰进士,佥事)。

朱国梓(有传)。

【注释】

①永平兵备道:明制,于各省重要地方设整饬兵备的道员,掌监督军事,并可直接参与作战行动,由按察佥事、副使、按察使充任。《大明会典》:"景泰四年,添设山东按察司副使一员,监督永平等处收支,兼理屯田。"明代北直隶省无按察使司,寄衔于山东省按察使司。永平兵备道,隶属于顺天巡抚、蓟辽总督节制,管理燕河、台头、石门、山海四路,监督副将、参将等官,分管永平府各州县及六卫兵马钱粮兼屯田事务。《明世宗实录》:"嘉靖三十八年六月辛丑朔。戊午,总督蓟辽保定军务尚书杨博言:秋防期迫,臣谨以便宜指挥各兵备官分地(画)[划]守……霸州兵备副使温景葵驻燕河营,提调燕河、石门二区。责令人自为守,俟入冬解严后,核其地方有无失事,以为功罪。得旨允行。""嘉靖三十九年二月丁酉朔。己亥,添设怀柔、永平二道兵备各一员,调山东按察司副使温景葵于永平,从总督杨博议也。"万历四年《四镇三关志》:"永平兵备按察分司,嘉靖三十九年建于永平府城。"

②温景葵:字汝阳,山西大同人。嘉靖七年举人,授知县,选御史,出为苏州府知府。自霸州兵备移驻永平,约束军卫,宽严相济,民赖以安枕。历升巡抚顺天右佥都御史。

③杨镐:字京甫,号凤筠,河南商丘人。万历八年进士。历任南昌、蠡县知县,选御史,升大理寺评事,分守辽海道山东参议,迁副使、参政。万历二十四年,以右佥都御史经略援助朝鲜军务。万历二十六年正月,明军在蔚山大败,罢归。万历三十八年,复起辽东巡抚。万历四十六年,后金兵攻破抚顺,杨镐以兵部右侍郎经略辽东。明军四路出兵,三路皆败。山海关总兵杜松在萨尔浒遇伏,全军覆没。杨镐下狱,崇祯二年处决。括号中"见前",系抄自光绪五年《永平府志·山海督师经略》:"杨镐,河南商丘人,进士,万历四

十六年任。"但民国《卢龙县志》无"山海督师经略"一职,也抄写成"见前"。

永平户部分司①

吕霍②(湖南零陵进士)。

程鸣伊(山东安邱进士,有传)。

辛应乾③(山东安邱进士)。

许守谦(直隶藁城进士,有传)。

宋彖(直隶容城进士,有传)。

良罗桢(四川内江进士)。

傅宠(四川巴县进士)。

燕好爵(山西翼城进士)。

赵九思(山西泽州进士)。

程宗伊(山西长治进士)。

马瀚如(河南陈留进士,有传)。

陈名华(福建晋江进士,有传)。

李开方(福建永春进士)。

黎芳(四川丹陵进士)。

王大合(四川什邡士)。

李守贞(直隶定州进士)。

武之夫(山东东平州进士)。

周御(湖南湘潭进士)。

高登龙(山阳进士)。

张应泰(南直隶泾县进士)。

留敬臣(福建晋江进士)。

张士雅(顺天霸州进士)。

宋继登④(山东莱阳进士)。

曾绍芳(湖南永兴进士)。

周之夫(湖北麻城进士)。

王应彖(山东人,见前)。

方岳贡(有传)。

陈此心(河南光山进士)。

罗应许(广东举人)。

刘胤直(直隶任邱官生)。

张云鹗(陕西榆林举人)。

陈箴(山西崞县举人)。

孟绳祚(山西蒲州官生)。

姚兆豸(河南襄城官生)。

李国瑞(陕西府谷选贡)。

陈燝(河南孟津举人)。

【注释】

①永平户部分司:《明世宗实录》:"嘉靖三十七年九月甲戌朔。辛丑,兵部郎中唐顺之条上蓟镇兵食九事:蓟州去滦东远者五百里,故军有转输之苦,而虏有乘间之入,徒以户部惜脚价耳。宜置一户部分司于永平,使与蓟州郎中相首尾。得旨允行。"

②吕霍:《明史》《零陵县志》作"吕藿"。字忱卿,嘉靖三十四年解元,四十一年进士,授户部主事,历任吏、兵、工三部郎中,太常寺少卿,万历九年四月晋升江西右佥都御史,提督操江。十一年正月,革任闲住。

③辛应乾:字伯符,号顺庵,山东安丘人。嘉靖四十一年进士,授长治县令,隆庆初升永平府知府,万历二年二月擢山西副使。累升山西按察使、布政使、巡抚,官至南京兵部侍郎。

④宋继登:字先之,号道岸,山东莱阳人。清顺治间永平兵备道宋琬族叔。万历三十二年进士,历任定兴县令、户部郎中、督永平储粮道,浙江参政,陕西右参议,官至南京鸿胪寺卿。

卢龙县志卷十三

历代职官下

《明会典》：凡天下要害地方，皆设官统兵镇戍，其统镇一方者曰镇守，守一路者曰分守，独守一堡一城者曰守备，与主将同守一城者曰协守。又有提督、提调、巡视、备御、领班、备倭等名，各因事异职焉。其总镇或挂将军印，或不挂印，皆曰总兵，次曰副总兵，又次曰参将，又次曰游击将军。旧于公、侯、伯、都督、指挥等官内推举充任。其镇守内臣自永乐初出镇辽东开原及山西等处，自后各边以次添设。而镇守之下又有分守、守备、监枪诸内臣。嘉靖十七年（1539年）令镇守内臣原不系太祖定制，次第裁革。十八年（1540年）尽数取回。于是边政肃清，军民称便。

　　燕河营参将①，旧设，所属冷口、桃林口二提调。

　　永平城守备②，先经裁革，嘉靖三十八年（1559年）复设。

　　永平兵备一员，管理燕河营、台头营、石门寨、山海关四路，监督副、参等官，分管永平府滦州、卢龙、迁安、抚宁、昌黎、乐亭五县，抚宁、永平、卢龙、山海、东胜左、兴州右（屯）六卫兵马钱粮兼屯田。

【注释】

①燕河营参将：明代于边关要塞设置九镇，蓟镇下设四路，分守一路者称参将。正统十四年八月明英宗朱祁镇在土木堡被蒙古太师也先俘获，皇弟郕王朱祁钰被拥立为帝。十月初六日，也先挟英宗入犯北京。兵部尚书于谦指挥明军，大败蒙古兵。根据巡抚顺天都御史邹来学的提议，增设燕河路，改设参将戍守，分守冷口、桃林口、青山口、界岭口提调地方。《明英宗实录》："正统十四年冬十月戊申朔。己未，升永平卫指挥佥事胡镛为都指挥佥事，充左参将，协同总兵官、都督佥事宗胜镇守地方，从巡抚佥都御史邹来学荐也。"隆庆二年底，根据蓟辽总督谭纶、总理戚继光提议，析燕河路，增设台头路，分守青山口、界岭口提调地方，燕河路仅管冷口、桃林口提调地方。《明穆宗实录》："隆庆二年十二月乙亥朔。辛卯，蓟镇督抚官谭纶等言：燕河营参将所辖地方绵亘二百余里，冲要隘口无虑二十余处，参将往来策应势不能周，请以永平游击将军杨腾改为参将，驻台头营，分守

青山、界岭二路;燕河营参将分守冷口、桃林口二路。报可。"

②永平城守备:驻守一座城池者称为守备。《明英宗实录》:"景泰元年闰正月丙午朔。丙寅,擢遵化卫指挥使蒋源、永平卫指挥使罗政俱为署都指挥佥事,总督本卫官军及州卫县民夫,保守听调,以巡抚右佥都御史邹来学奏请也。"《明史·职官志》:"各守一城一堡者为守备。"万历四年《四镇三关志》:"永平守备:弘治十一年设。""永平守备下城操军六百九十七名。""永平守备公署,弘治十一年建于永平府城。"《明世宗实录》:"嘉靖三十八年七月庚午朔。戊子,命永平、遵化各复设守备一员,从总督尚书杨博请也。"

燕河营参将

成化

胡镛①(永平卫人)。

王福

吴铎

赵源

李铭②(山东人)。

王瑄

阮兴(会州卫人)。

赵昶

杨胜

宏[弘]治

白琮③

高瑛(武城中卫人)。

正德

李洪(山海卫人)。

刘玉(金吾右卫人)。

王钦(应天卫人)。

张安(府军前卫人)。

陈勋(宣府人)。

程溁(齐阳卫人)。

夏仁(蓟州人)。

叶凤仪(锦衣卫人)。

高谦(燕山卫人)。

王孝忠(辽东人)。

嘉靖

朱卿(正定人)。

杨鼎(义勇右卫人)。

白珩(京卫人)。

周良臣(营州前屯卫人)。

王钰(大同前卫人)。

赵卿(山东人)。

邓安(京卫人)。

李镇(武骧左卫人)。

萧宝(永清右卫人)。

成勋④(蓟州人)。

朱揖(永平人)。

叶昂(山西大同人)。

何镇(卢龙人)。

蒋(成)[承]勋⑤(辽东人)。

王允中(辽东人)。

李康民(永平人)。

时銮(榆林人)。

雷龙(巩昌人)。

李意(蓟州卫人)。

佟登⑥(辽东人)。

傅津(榆林人)。

王治道⑦(辽东人)。

隆庆

张冬(昌永卫人)。

张礼(榆林人)。

史纲(大同前卫人)。

王通(榆林人)。

冯承瀛(永平人)。

万历

张爵⑧(忠义中卫人)。

聂大经⑨(大宁前卫人)。

陈文治(登州卫人)。

高如桂(绥德卫人)。

胡天定(浙江义乌人)。

姜显宗⑩(榆林卫人)。

钱国用(阳和卫人)。

徐从义(绥德卫人)。

王通(再任)。

任自强(阳和卫人)。

孟尚义(宣化府人)。

褚东山(羽林卫人)。

管一方⑪(安东中屯卫人)。

薛虎臣(定兴人)。

刘继本(莱州卫人)。

张楷(济宁卫人)。

陈愚闻⑫(绥德卫人)。

【注释】

①胡镛：永平卫人。正统十四年十月，由永平卫指挥佥事升都指挥佥事，充(燕河营)左参将，协同蓟镇总兵、都督佥事宗胜镇守地方。天顺三年三月，因总兵宗胜久病不能理事，擢胡镛为蓟镇总兵。天顺五年三月，因病解任。

②李铭：山东邹平人。武成后卫副千户。成化七年十月，由都指挥佥事升任燕河营参将。成化十三年正月升蓟镇副总兵。成化十五年，署都督佥事、蓟镇总兵官。弘治五年，实授都督佥事。弘治七年六月病逝。

③白琮：金吾左卫人。弘治十年七月，由金吾左卫指挥佥事协同参将杨胜分守燕河营。弘治十三年七月，由金吾左卫署都指挥佥事升分守蓟镇马兰峪右参将。弘治十六年九月，升协守甘州左副总兵。金吾卫、羽林卫，皇帝的亲兵卫队，掌守卫巡警。

④成勋：蓟州人。嘉靖年间由蓟州百户历升蓟州卫指挥使、永平守备、燕河营参将、蓟镇总兵。嘉靖三十二年十一月，革任闲住。

⑤蒋(成)[承]勋：义州卫人，指挥同知。历任备御、沈阳游击、燕河营参将，嘉靖三十五年正月，升蓟镇建昌营副总兵。嘉靖三十六年三月底，鞑靼拥众数万，由河流等口入犯永平迁安等处，副总兵蒋承勋力战，死之。

⑥佟登：辽阳人。嘉靖三十二年武进士，嘉靖三十三年由指挥使升辽东前屯卫城（今辽宁绥中县前卫镇）备御。嘉靖三十四年八月升蓟辽标下游击将军。嘉靖三十七年五月调任石门寨参将。嘉靖三十九年实授都指挥同知，分守燕河营地方副总兵。嘉靖四十三年升山西总兵、署都督佥事，同年九月授辽东挂印总兵，同年十二月授都督同知。万历三年改甘肃总兵，历任八年致仕。

⑦王治道：辽东左屯卫（今锦州）人。嘉靖四十四年十一月，由蓟镇燕河营参将升辽阳副总兵，进署都督佥事，充辽东总兵官。隆庆元年九月下旬，土蛮大入永平，王治道奉命率军入关，与参将郎得功追击至义院口，以功进署都督同知、右副都御史。隆庆四年九月，蒙古右翼土默特部辛爱·黄台吉大入辽东，王治道战死。

⑧张爵：忠义中卫（遵化）人。隆庆六年四月，由蓟镇总督军门中军官、署都指挥佥事充振武营游击将军。万历元年正月擢燕河路参将，万历四年任台头营参将。万历八年调马兰峪参将，万历九年七月升蓟镇中路副总兵。万历十一年六月，署都督佥事，充保定总兵官。万历十二年九月，调任山西总兵官。万历十三年十月，佥书后军都督府事。万历二十一年，以副总兵随提督李如松开赴朝鲜，与日军作战。

⑨聂大经：大宁前卫人。隆庆元年三月由山东都司领班指挥佥事升署都指挥佥事，掌河南都司事。隆庆三年九月升通州参将，隆庆六年五月改山海关参将。万历元年六月调任燕河营参将，万历五年正月升延绥副总兵。

⑩姜显宗：榆林卫人。隆庆五年三月，由延绥坐营指挥使升为署都指挥佥事，延绥清平堡游击将军。万历九年七月，由肃州参将改任延绥领军游击。万历十年十月任燕河路参将。万历十一年三月，因与山海关参将谷承功、台头路副总兵黄孝敢、石门路游击杨四德到三屯营看望即将离任的蓟镇总兵戚继光而被革职。万历十六年至十八年补任山海路参将。

⑪管一方：安东中屯卫（驻山西应州）人。万历二十年十月由蓟镇游击升燕河营参将，万历二十一年任石门寨参将，万历二十六年升蓟镇副总兵、署都督佥事。万历二十九年三月擢升陕西总兵。

⑫陈愚闻（1551～1605）：别号少山，绥德卫人。历任把总、操守、砖井守备，万历七年，署都指挥佥事，充延绥领军游击。万历十年任孤山参将。补遵化左营游击，万历十九年调石门寨参将。万历二十六年改燕河营参将。万历三十二年升延绥东协副总兵。

【补录】

燕河营参将（万历末至天启年间）：

麻承训：大同右卫人。宁夏总兵麻贵之子。万历十七年二月戊寅朔。丙申，升大同守备麻承训为真定游击。万历十九年闰三月丙寅朔。壬申，升真定游击麻承训为蓟镇台头营等处参将。万历二十年二月壬辰朔。丙申，革冒职蓟镇参将麻承训任，麻来等九员下巡按御史问。万历二十一年十月辛巳朔。辛丑，以游击管参将事署都指挥佥事麻承训分守宣府上北路左参将。万历二十七年任蓟镇东协副总兵(驻抚宁县台头营城)。万历三十四年六月戊戌朔。甲子,起原任副总兵麻承训署新平堡参将。万历三十七年正月甲申朔。辛卯,调大同新平堡参将麻承训为燕河参将。(《明神宗实录》)

白慎于:万历四十年十二月庚寅朔。甲寅,升燕河参将白慎于为孤山副总兵。(《明神宗实录》)

张聪:万历四十六年闰四月己未朔。丙寅,调大同参将张聪为蓟镇燕河参将。(《明神宗实录》)

王秉忠:天启二年四月丙寅朔。甲戌,起都司金书王秉忠管燕河参将事。(《明熹宗实录》)

陈思明:天启六年四月癸酉朔。壬辰,调蓟镇燕河参将陈思明为山东兖州参将。(《明熹宗实录》)

马明英:天启六年五月癸酉朔。丙辰,以建昌营游击马明英为燕河参将。(《明熹宗实录》)

永平城守备

正统

罗政①(永平卫人)。

胡镛(永平卫人)。

陈瑄(永平卫人)。

【注释】

①罗政:景泰元年闰正月,由永平卫指挥使升为署都指挥佥事,总督本卫官军及州卫县民夫保守听调。景泰七年五月,命提督守备永平署都指挥佥事罗政子纲代为永平卫指挥同知。

天顺

胡瀚(镛之子)。

罗纲(政之子)。

郭英(蓟州卫人)。

王瑾(羽林前卫人)。

郭鈜(金吾前卫人)。

刘瑁(羽林前卫人)。

单聚(锦衣卫人)。

萧瑾(锦衣卫人)。

杨玉(锦衣卫人)。

周侨(锦衣卫人)。

康雄(锦衣卫人)。

刘宁(羽林卫人)。

黄瑾(京卫人)。

李铠(旗手卫人)。

张天民(旗手卫人)。

陈宗言(辽东前屯卫人)。

毛绍宗(密云后卫人)。

姚海(腾骧右卫人)。

成勋(蓟州人)。

吴涞(定辽卫人)。

周孚先(蓟州人)。

陈淮(东胜左卫)。

祝福(山海卫人)。

嘉靖

郭秉中(彭城卫人)。

孙昂(镇朔卫人)。

周孚先(再任)。

陈尧勋(宗言之子)。

卢国让(临清卫人)。

陈逢吉(涿州卫人)。

徐勋①(蓟州人)。

胥进忠②(广宁卫人)。

罗维冕(广宁卫人)。

以上三十二名年代无考。

隆庆

姜俊(金吾左卫人)。

李沛(正定卫人)。

葛绍忠(永平人)。

李惟学(济宁人)。

万历

王添职(绥德卫人)。

刘应时(德州卫人)。

陈汝忠(锦衣卫人)。

吴道行(扬州人)。

陈邦哲(定辽左卫人)。

陈永福(腾骧右卫人)。

陈仲(济阳卫人)。

陈燮(滁州人)。

王洪(苏州卫人)。

陈曰栋(河南卫人)。

王诰(陕西人)。

青若水(陈州人)。

周永祐(锦衣卫人)。

顾邦镇(天津卫人)。

【注释】

①徐勋:《明神宗实录》:"万历四年二月乙丑朔。辛巳,以虚报边墙功镌临巩兵备马文健及河州知州赵于敏俸各二级,并罢兰州参将徐勋。"

②胥进忠:《明穆宗实录》:"隆庆元年十月壬午朔。丙申,以界岭口失事下保定都司吴光裕、永平游击胥进忠狱,以参将刘乔寿、备御杨腾代之。""隆庆二年五月庚戌朔。甲寅,治蓟镇失事罪保定奇兵营都指挥吴光裕、把总王命臣、游击将军胥进忠各论斩。"

明军卫

《明会典》:洪武二十六年(1393年),定天下要冲及边方去处,创立卫所①。卫指挥使,正三品;指挥同知,从三品;指挥佥事,正四品;卫镇抚,从五品;所正千户,正五品;副千户,从五品;所镇抚,从六品;百户,正六品。内外卫所军士,俱有定数,大率以五千六百名为一卫,一千一百二十名为一千户所,一百一十二名为一百户所。其有卫分军士数多千百户所统则一,每一百户所设总旗二名,小旗十名。今俱裁。

永平卫②　在府(志)[治]南。洪武四年(1371年)建,领中、前、后、中左、中右、中前、中后、左前八千户所。原额官军六千四百名。设有指挥使、指挥同知、指挥佥事、卫镇抚,所正千户、副千户、所镇抚,百户、试百户。

东胜左卫③　在府治东北。旧属山西行都司。永乐元年(1403年)移建于此。领中、左、右、前、后五所。原额官军五千三百一十名。后并入永平(府)[卫]。设有指挥使、指挥同知、指挥佥事、卫镇抚、所正千户、副千户,所镇抚、百户、试百户。

卢龙卫④　在永平卫南。永乐四年(1406年)建,领中、左、右、前、后千户所、七百户所。原额官军五千七百四十八名。后并入永平卫。设置同上。

【注释】

①卫所:卫指挥使司、千户所、百户所的简称。明代大约每府设一卫,每卫设前、后、中、左、右五个千户所,5600人。每千户所管10个百户所,1120人。每百户所下设2个总旗,10个小旗,每小旗10人,共112人。永平府拱卫京师,毗邻蒙古,为边防要地,设有六个卫:永平卫、卢龙卫、东胜左卫(在卢龙地界)、兴州右屯卫(在迁安地界)、抚宁卫、山海卫(在抚宁地界)。

②永平卫:明洪武四年(1371年)建,清康熙二十七年(1688年)十月裁。《明太祖实录》:"洪武三年(1370年)春正月辛卯朔。丁巳,置永平卫。"景泰七年《寰宇通志》:"永平卫指挥使司:在府治南,洪武四年建。"天顺五年《大明一统志》:"永平卫:在府治南,洪武四年建。"弘治十四年《永平府志》:"永平卫:在守备厅(在府治南五十步)南。洪武四年建。"《清圣祖实录》:"康熙二十七年戊辰冬十月庚子朔。庚戌,裁涿鹿、永平、真定、河间、保定等卫。"万历四年《四镇三关志》:"永平卫:指挥八员,千户一十一员,百户一十八员,镇抚一员,经历一员,知事一员。"

③东胜左卫:元时东胜州(治所在今内蒙古托克托县),属大同路。明洪武四年,改置东胜卫。洪武二十五年(1392年)分置左右中前后五卫,属山西行都司,次年裁中前后三卫,仅剩东胜左卫(今内蒙古托克托县东岗)、东胜右卫(今内蒙古十二连城以北)。永乐元年(1403年)移建于永平府,直隶后军都督府。景泰七年《寰宇通志》、天顺五年《大明一统志》:"东胜左卫指挥使司,在府治东北。旧属山西行都司,永乐元年移建于此。"《明史·地理志》:"东胜卫(元东胜州,属大同路),洪武四年正月,州废,置。二十五年八月,分置东胜左、右、中、前、后五卫,属行都司。永乐元年二月徙左卫于北直卢龙县,右卫于北直遵化县,直隶后军都督府。"弘治十四年《永平府志》:"东胜左卫:在守备厅东北,旧属山西行都司,永乐元年移建于此。"《明文宗实录》:"洪武三十五年(即建文四年,1402年)九月辛巳朔。乙巳,命都督陈用、孙岳、陈贤移山西行都司所属诸卫官军于北平之地,设卫移屯种,东胜左卫于永平府,东胜右卫于遵化县,镇朔卫于蓟州。"万历四年《四镇三关志》:"东胜左卫:指挥五员,千户三员,百户七员,镇抚一员,经历一员,知事一员。"清军入关,定鼎燕京,内外一统。顺治九(1652年)年六月,卢龙卫、东胜左卫、兴州右屯卫裁并入永平卫。《清世祖实录》:"顺治九年六月辛丑朔。丁未,裁卢龙卫、东胜左卫、兴州右卫(治迁安县城),归并永平卫。"

④卢龙卫:明建文年间,燕王朱棣借助朵颜、福余、泰宁三卫之力,夺取皇位,将原宁王朱权的领地大宁卫赐予三卫(史称成祖弃大宁),北元蒙古兵不断侵扰明朝边境。永乐

四年(1406)五月增设卢龙卫。清顺治九年裁撤。《明太宗实录》:"永乐四年五月庚寅朔。甲寅,置北京卢龙卫经历司经历一员。"景泰七年《寰宇通志》记载:"卢龙卫指挥使司,在府治南。永乐四年建。"天顺五年《大明一统志》记载:"卢龙卫:在永平卫南,永乐四年建。"弘治十四年《永平府志》记载:"卢龙卫:在守备厅南,永乐四年建。"万历四年《四镇三关志》记载:"卢龙卫:指挥十二员,千户七员,百户四员,镇抚无,经历一员,知事一员。"

清

《清会典》:兴州卫(原在迁安,后并入永平卫),守尉二人,协领九人,防守尉十六人,佐领二十五人,防御六十九人,骁骑尉七十二人。康、乾间,屡经增设更移。惟康熙三十四年(1695年)将滦州驻防防守尉一人、防御二人移(住)[驻]永平府,并增设骁骑校二人。迨我民国国体变更,驻防裁废。兹姑志之,以存其官。

永平府防守尉[①]

永平府防尉

永平府骁骑校[②]

永平兵备道(康熙八年移驻通州,为通永道)

永平理刑推官[③](康熙六年裁)

永平卫经历

府照磨

府司狱司[④]

卢龙滦河驿[⑤]驿丞

永平卫掌印守备

永平道标中军守备

永平卫屯(补)[捕]千总

【注释】

①防守尉:清官名。驻防旗兵将领,正四品,属将军或都统、副都统兼辖,亦或独自率兵驻防。

②骁骑校:后金(清)天聪八年(1634),定固山额真(都统)行营马兵称阿礼哈超哈,后改称骁骑营。有佐领,下设骁骑校(原称分得拨什库),每佐领一人,正六品。骁骑营为受各旗都统直接统率的部队,佐领与骁骑校为直接受都统与副都统、参领管辖的军官。

③理刑推官:简称推官,别称司李,各府的佐贰官,为正七品,掌理刑名、赞计典。

④司狱司:明清时期各省提刑按察使司及府、厅衙门所属内部机构,掌管监狱事务。

⑤滦河驿:在卢龙县城南二里。明初置,清末废。《明太祖实录》:"洪武十五年闰二月辛巳朔。癸未,置马驿二十三:北平永平府一曰滦河。"《清德宗实录》:"光绪三十二年

丙午九月乙未朔。甲寅(二十日,公历 11 月 6 日),谕内阁:轮船、铁路、电线、邮政,应设专司,著名为邮传部。"清顾祖禹《读史方舆纪要》:"滦河驿,府南二里。"《大清一统志》:"滦河驿:在卢龙县南二里。"雍正《畿辅通志》:"卢龙县:滦河驿,在城南二里。极冲,现存马八十六匹,夫四十三名,扛轿夫四十名,兽医一名,抄牌字识一名,马牌子三名,铡草喂马夫三名,接递皂隶四名,共银五千四百七十两三钱,遇闰按月加增。驿丞掌之。旧有东关递运所,在驿东二里,今并于驿。"

《清会典》:直隶绿营提督一人,总兵官五人,副将九人,参将八人,游击二十三人,都司五十八人,守备六十九人,千总一百五十六人,把总三百三十三人,外委三百六十人,额外外委三百九十六人。

顺治六年(1649 年),裁山海路参将一人,改设都司;裁燕河路参将一人,设守备,设山永协①标右营守备。

雍正十年(1732 年),裁山永协燕河路等处守备②,俱改都司。

乾隆二十九年(1764 年),移燕河路把总(住)[驻]热河。

嘉庆十四年(1809 年),以山永协所属之燕河营归三屯(营)管辖。十七年(1812 年)裁山永协右营把总,以古冶汛外委拨驻。

道光二十八年(1848 年),裁山海路都司,改游击,移驻永平府。

山海路游击(以下均裁)

燕河路都司

山永协标右营守备

协标左营都司

【注释】

①山永协:《清史稿·职官志·武职》:"山永协,顺治六年置。""通永镇总兵统辖镇标二营,兼辖通州、山永二协,山永协左营、右营,山海路营,石门路营,蒲河营,乐亭营。"《皇朝文献通考》:"顺治元年,定直官兵经制。设山海关镇等处总兵官,镇标各旗鼓守备一人,设游击以下将领,分统镇标兵,设紫荆关协……台头协等处副将及协标官兵,设山海路、石门路、燕河路、建昌路……茨沟营马水口等处防将,设山永营……曹家路等处游击,设巩华城营……宁海城营、刘家墩营、平罗营、黄土岭、义院口、青山口、桃林口……八达岭等处守备。五年,裁山永营游击,改设山永协副将;左右二营各设守备以下将领三人,兵共五百十三名;裁山海路防将,改设都司以下将领三人,兵一百九十三名;裁石门路防将,改设都司以下将领三人,兵一百五名;裁燕河路防将,改设守备、把总各一人,兵九十七名;裁建昌路防将,改设都司以下将领三人,兵一百二十名;又裁台头协副将,改设台头营都司以下官兵;又裁黄土岭、青山口、桃林口等处守备,改设操守,其沿边诸口并分设操守。七年,又裁山海关镇总兵官及镇标官兵,改设山海关协副将,左右二营各设守备以

下将领四人,兵共六百名。十年,裁山海关协副将以下官兵。十二年,又裁台头营都司,改设操守一人,兵三十一名。十七年,裁义院口守备,改设操守一人,兵三十三名。康熙元年,改黄土岭、义院口操守为把总,兵各三十三名;大毛山口操守为把总,兵三十四名,归石门路兼辖;改界岭口操守为把总,兵四十名;台头营操守为把总,兵三十一名,归燕河路兼辖;改桃林口操守为把总,兵六十五名。二十三年,裁宁海城守备,止设把总,归蒲河营兼辖。雍正七年,山永协、河间协之左营守备……燕河路、怀柔营、乐亭营……忠顺营等处守备,俱酌改为都司。乾隆四年,又增设燕河路把总一人。""山永协副将一人,驻扎永平府,兼辖山海路、石门路、燕河路、建昌路四营。左营兼中军都司一人,千总一人,把总一人,兵二百六十三名;右营守备一人,把总二人,兵二百五十名。兼辖山海路都司一人,驻扎山海关;千总一人,把总一人,兵一百九十三名;石门路都司一人,驻扎石门寨城;千总一人,把总四人,兵二百五名;燕河路都司一人,驻扎燕河营城;把总四人,兵一百六十八名;建昌路都司一人,驻扎建昌营城;千总一人,把总四人,兵二百五十四名。"《大清一统志》:"山永协副将,驻扎永平府。中军兼管左营都司、千总、把总二员;右营守备、把总,山海路都司、千总、把总,石门路都司、千总、把总四员;燕河路都司、把总三员;建昌路都司、千总、把总四员。"雍正《畿辅通志》:"山永协(原设游击一员,顺治六年裁,改设副将,辖山海、石门、燕河、建昌四营):副将一员、左营中军都司一员(原设守备,雍正十年改设都司)、千总一员。"

②裁山永协燕河路等处守备:《清世宗实录》:"雍正九年辛亥十一月庚申朔。乙丑,改直隶张家口协标左右二营游击,河间、通州、大名、石匣、三屯、山永等协中军守备,怀安城……乐亭……燕河路……河屯等营守备,及正定府龙固营、大名协右营守备各缺俱为都司金书,从署直隶提督路振扬请也。"

清初定,每府设知府一人,推官一人,挂衔推官一人,督捕左右理事官一人。同知、通判因事增减,无定员。经历一人,照磨一人,知事一人,检校一人,司狱一人。各因地方繁简设立,无定员。

顺治三年(1646年),裁各府挂衔推官一人。

康熙三十八年(1699年),裁各府督捕左右理事官一人。

雍正六年(1728年),改直隶永平府粮捕同知为理事同知,仍兼粮捕事。十一年(1733年),改永平府司狱为巡检,驻喜峰口。

乾隆二十八年(1763年),谕外省知府向为正四品,著改为从四品。

清初定,每县设知县一人,典史一人,县丞、主簿因事增减,无定员。仓库、课税司大使、副使、巡检、驿丞所官皆因事设立,无定员。

顺治三年,裁各省县主簿缺。

清初,府设府学教授、训导各一员,县学教谕、训导各一员。又定辽东十五学寄设永平府。顺治五年(1648年)改设辽东于永平,留辽学教官一员。其永平二员,俱裁。十一年(1654年),设辽阳府学,其永平府辽学生员俱归辽阳肄业。

知　府

清

顺治

冯如京^①(元年任)。

李日芃^②(二年任)。

李中梧^③(三年任)。

林起凤(奉天人,旗籍)。

张懋忠(奉天人,旗籍)。

朱衣助^④(奉天人,旗籍)。

罗廷玙(江西新建人,官生)。

杨呈彩(河南林县举人)。

路遴(江南宜兴进士)。

【注释】

①冯如京:字修隐,号秋水,山西代州人。明崇祯元年恩贡,崇祯十三年除永平府滦州知州。崇祯十五年迁永平府同知。崇祯十七年四月,率众投诚,七月授永平府知府。顺治二年五月升榆林兵备道陕西副使。顺治四年三月升陕西布政使司参政兼陕西按察司佥事、西宁道。顺治八年五月转河南布政使司参政兼管河道。顺治九年三月调任浙江布政使司参政、金衢道。顺治十一年升江南右布政使。顺治十三年至十六年广东左布政使。《清世祖实录》:"顺治元年甲申九月丙戌朔。丁酉,上驻跸永平府。知府冯如京、副将张维义率文武官员出城迎驾。上赐食谕之曰:尔等各安心轸恤所属军民人等,爱养孤贫,俾其得所。又须严查各属,遇有一二逃人获时即行解京,倘隐匿不解,被原主识认,或被傍人告发,所属官员从重治罪,窝逃之人,置之重刑,仍传谕山海关晓示各属。""顺治二年乙酉五月壬午朔。丁亥,升永平府知府冯如京为陕西按察使司副使。"《大清一统志》:"冯如京,字秋水,代州人。顺治初授永平知府,累迁广东左布政使。屡平巨盗,每上疏陈事,次第施行。母殁,如京年六十余矣,居丧哀毁骨立。服阕,未几而卒。""本朝冯如京,代州人。顺治二年为靖边兵备副使。巨盗黄色俊聚众来犯,如京纠民兵,得数百人,登城守固,乘闲出击,败之,遂乘胜捣平其巢。"

②李日芃:汉军正蓝旗人,初籍辽阳。清太宗时,以诸生入内院理事。顺治元年,授永平知府。三年,迁霸州兵备道,擢佥都御史。四年,加右副都御史,授操江巡抚。九年,加兵部侍郎。十年,讨平徽州赤岭土寇张惟良。十一年,甄别直省督抚,加兵部尚书。顺

治十二年,加太子太保。旋卒,谥忠敏。

③李中梧:号灿宇,奉天镶白旗人,贡生,历任永平府知府、蓟州道、湖广按察使、河南右布政使、四川左布政使。《清世祖实录》:"顺治四年丁亥三月壬寅朔。戊申,升永平府知府李中梧为山西按察使司副使、蓟州兵备道。"顺治七年四月,升湖广按察使。顺治九年四月,升河南右布政使。顺治十一年正月,转任四川布政使司左布政使。

④朱衣助:字文祐,辽阳人。顺治五年任深州知州,升永平府知府。顺治十年二月,擢陕西按察使司副使、庄浪道。顺治十二年六月,擢河南布政使司参政、分守河南道。顺治十三年十二月进山东按察使司按察使。顺治十四年十一月,晋陕西布政使司右布政使。顺治十六年三月,升任都察院右副都御史、提督操江兼巡抚安徽等处。

康熙

彭士圣(奉天辽阳举人,元年任)。

李兴元①(直隶遵化人,贡生,五年任)。

【补录】

李兴元,辽阳人,汉军镶黄旗。顺治五年由防贡生授直隶沙河县知县,卓异迁祁州知州。洊历江西吉安府知府。康熙五年改补直隶永平府知府。查解逃人六十名以上,叙功即升。七年迁长芦盐运使,八年转陕西陇右道。十一年擢云南按察使。时命察释藩下占民间子女为奴者,兴元力遵行。十二年十一月,逆藩吴三桂反,集众胁受伪职,兴元厉声抗言曰:汝内为国戚,外封亲王,受恩最重。何为叛?我为丈夫,可杀不可辱!惟一死以报朝廷。吴逆因之,累系其家属阅六载,终不稍屈。十八年十月,大兵恢复湖南,时三桂已死,逆孽世璠徙兴元于防化。十九年,大兵入黔,逆势日蹙,伪阁部郭壮图弃黔回滇,虑后患,十月遣贼党绞死兴元,家口仍羁。二十年十月,大兵困滇城,兴元二子荫秀、奇秀俱被杀。云南平,其第三子萃秀诣军前申诉。二十一年巡抚王继文察核得实,具疏请恤得荫,李兴元赠太常寺卿。(《钦定八旗通志》)

李兴元,字若始,汉军镶黄旗人。以拔贡授直隶沙河知县,报最,迁祁州。历江西吉安、直隶永平知府,晋陕西陇右道。康熙十一年,授云南按察使。其明年,诏敕有司审理平西藩下逃兵。时平西勋庄棋布,管庄者杀人夺货,滋为民患。讼牒命、盗两案,兵居半。又勒平民为馀丁;不从,则曰:"是我逃兵也。"称贷重息,人或丝毫负,亦以"逃兵"诬之,有司亡谁何。兴元素持风力,谂知刘昆强项,令为审事官。有犯者论如法,部民德之,而大忤三桂意。三桂将叛,使冶者铸印,昆诇知,白兴元,兴元启巡抚朱国治,趣入告。国治迟数日始发,为三桂逻卒所得,遂作乱。召各官集议,以国治苛虐失民心,杀之;迫授兴元伪职,兴元叱之曰:"汝内为国戚,外封亲王,受恩重矣,何叛为?我为丈夫,义可杀不可辱,惟一死以报朝廷。"三桂怒,杖而下之狱。云南知府高显辰及昆皆不屈,旋以兴元及昆戍腾越卫。十八年,师克湖南,时三桂已死,其子世璠使刺杀兴元。师困滇城,兴元二子荫秀、奇秀亦被杀。事定,其三子萃秀诣军所申诉,巡抚王继文上其状,赠太常寺卿。(《清史稿》)

李兴元:遵化人。康熙十年任按察使。方正执法,严抑藩兵,不许违禁取利及准折民间子女。吴三桂叛,守节不屈,杖之,下狱,寻安置防化,遇害。

赐谥节愍:本朝李兴元,字若始,遵化人。官云南按察使。吴三桂之变,胁授伪职,不从,拘之防化府六年,不屈遇害。子荫秀、奇秀皆从死,赠太常卿。荫子萃秀入监。

列女:本朝李奇秀妻田氏:遵化人。奇秀,按察使李兴元次子。康熙十二年兴元殉节于滇,奇秀并遇害。氏闻凶问恸哭不食死。乾隆十年旌表。(《大清一统志·遵化州》)

陈丹(七年任)(补遗:《畿辅通志》:奉天人,举人)。

蔡兴周(八年任)(补遗:《畿辅通志》:辽阳人,贡士)。

唐敬一(十年任)(补遗:《畿辅通志》:成都人,进士)。

常文魁(十五年任)(补遗:《畿辅通志》:奉天人,贡士)。

佟世锡(抚顺人,荫生,十九年任)。

卢腾龙(奉天贡生,二十五年任)。

梁世勋②(二十九年任)。

蔡维寅(四十年任)(补遗:《畿辅通志》:湖州人,进士)。

华黄(四十三年任)(补遗:《畿辅通志》:无锡人,进士)。

白为玑(补遗:《畿辅通志》:奉天人,监生,康熙四十五年任)。

张朝(宗)[琮](浙江萧山监生,四十六年任)。

张道源(江南岁贡,五十二年任)。

谢赐履③(广西全州举人,五十四年任)。

郎文烈④(奉天岁贡生,五十五年任)。

王鸾(陕西监生,六十年任)。

【注释】

①李兴元:《畿辅通志》作"奉天人",《甘肃通志》为"奉天辽阳人",《吉安府志》为"遵化人",《新纂云南通志》为"辽东人。原籍直隶遵化州,隶汉军镶黄旗"。

②梁世勋:字廷镛,号鹤汀,陕西三原县人。由一品荫生授知县,历任刑部员外郎、郎中,出为永平府知府。在任10年,升两淮盐运使,再迁山东按察使、布政使。因功绩卓著,康熙四十五年升广西巡抚。五十一年调任安徽巡抚。五十五年任户部左侍郎。

③谢赐履:字建候,一字勿亭,广西全州人。康熙二十年举人。任感恩县令。补四川省黔江令。康熙五十四年秋,升为永平知府。六十年冬升湖北按察使,六十一年十月升山东巡抚。雍正元年,以佥都察御史巡视两淮盐政,随即升为右佥都察御史。雍正二年闰四月,升左副都御史,仍管盐政。

④郎文烈:隶汉军镶黄旗,奉天广宁(今辽宁北镇)人。两江总督郎廷极第四子、福建总督郎廷佐堂侄。

雍正

金熊飞(奉天人,官生,元年任)。

赵国麟①(山东泰安州进士,十二年任)。

胡开景(浙江监生,二年任)。

王麟瑞(福建人,荐举②,三年任)。

满云鹏(奉天举人,四年任)。

吴士端(江南长洲岁贡,四年任)。

马益(陕西绥德进士,十一年任)。

梁锡(范)[藩](山西介休监生,十三年任)。

【注释】

①赵国麟:字仁圃,山东泰安人。康熙四十八年进士。五十八年,授直隶长垣知县。雍正二年,擢永平知府。三迁至福建布政使,调河南。八年升福建巡抚。后调安徽。乾隆三年,擢刑部尚书,调礼部,兼领国子监。四年,授文华殿大学士兼礼部尚书。

②荐举:孝廉方正,清代特诏举行的制科之一。自雍正时起,新帝嗣位,诏直省府、州、县、卫各举"孝廉方正",赐六品章服,备召用。王麟瑞以至孝闻名乡里,被推举为孝廉方正,步入仕途。2014年5月漳州南靖靖城发现乾隆五十七年大学士、吏部尚书蔡新题写的牌坊石柱铭文云:"邑庠生,雍正元年诏举孝廉,掣签陕西紫阳县知县。三年,奉旨引见,诏对内迁养心殿,特授直隶永平府知府,旋补陕西,诏户部清吏司员外郎。五年,升四川道监察御史,丁未科武闱会试正总裁。乞假归养,赐金建坊,崇祀忠孝祠。"《清史稿·孝义》:"王麟瑞,福建南靖人。诸生。八岁丧母,事后母如所生。母病暍,非时思食梅,麟瑞绕树呼号,不食三日,梅夜华,结实奉母,母良愈。父丧,庐墓三年,遇虎,虎为却避。雍正初,诏举孝廉方正,县以麟瑞上。四年,授陕西道监察御史,出为直隶永平知府。"

乾隆

徐景曾(江苏武进进士,七年任)。

永宁(正红旗满洲人,翻译,举人,七年任)。

卢见曾①(十年任)。

屠用中(湖北孝感举人,十六年任)。

赵屏晋(陕西同官进士,十六年任)。

七十四②(镶黄旗满洲进士,十八年任)。

吴兆基(浙江钱塘举人,三十年任)。

谢昌言(江西宁都进士,三十二年任)。

明兴③(三十五年署任)。

穆靖安④(本府同知,三十六年署任)。

李文耀(福建清流拔贡,三十五年任)。

刘峨⑤（山东单县贡生，三十六年任）。

穆靖安（三十七年再署）。

李奉翰⑥（正蓝旗汉军，三十七年任）。

顾学潮⑦（三十八年任）。

【补录】

熊恩绂，字隆辅，广西永康州人。乾隆十七年进士。选授直隶永安县知县。累迁永平府知府。四十三年，高宗东巡，召对称旨，擢霸昌道，改大顺广兵备道。始单县有刘某者，习八卦教，煽惑乡里，从者益众。自山东、河北、直隶境无虑数万人。而段文经故胥吏，以事斥革家居，性险诈，屡挟数以役人，群服其黠，奉以为帅。立期劫单县狱，图攻夺州郡。恩绂闻之，下元城令密捕所在匪党，而郡县吏皆通贼，多为耳目者。走白贼云："将屠灭汝等。"贼骇且恚，突于五十一年闰七月十四日夜半毁道署入，杀恩绂。恩绂闻谨声，疑失火，旋知有变，亟还。令人守库，举印授妻缪氏，挺身出，大骂。贼攒刃斫之。（《清史稿》）

乾隆五十一年丙午闰七月壬申朔。辛卯，又谕：据刘峨奏：据大名、元城二县知县禀报：本月十四日夜，有贼人手执器械，拥入县署，砍死该县家人监夫刑书人等，并同时拥入道署，该道熊恩绂出堂喊，令家人把守库门，遇贼被杀。衙役家人火夫伤死者共十六名。贼众旋即逃逸。（《清高宗实录》）

蒋国华：乾隆四十三年九月二十二日，直隶总督周元理奏报委蒋国华署永平府印务。

直隶总督臣周元理谨奏：为循例具奏事，窃照永平府知府熊恩绂钦奉上谕，补授霸昌道，所有新任永平府知府弓养正，由河南交代起程，到任尚需时日，自应委员先行署篆，以便熊恩绂即行赴新任。兹查有直隶冀州知州蒋国华才具明练，堪以委署永平府知府印务。臣谨循例恭折奏明，伏乞皇上睿鉴。谨奏。

乾隆四十三年九月二十二日，奉朱批：该部知道。钦此。（台湾地区"故宫博物院"图书文献处清军机处档折件）

弓养正（1728～1801），字培中，别字培甫，号泉冈，山西省寿阳县人。乾隆十七年举人，选授太原府清源县教谕。乾隆二十八年考中三甲进士。乾隆三十八年，授河南内黄县知县。乾隆四十年，升信阳州知州。以拿获大盗引见，回任候升，记名以同知用。越数月，擢永平府知府。乾隆四十七年七月通永道李调元奉旨押运《四库全书》去沈阳，在卢龙遇雨，淋湿黄箱，知府弓养正、卢龙知县郭棣泰护送不力，遭到弹劾，于同年十二月被解职。

乾隆四十七年壬寅十二月癸亥朔。已卯，谕据（大学士兼直隶总督）英廉奏：通永道李调元禀揭卢龙县知县郭棣泰运送书籍，并不亲身照料，玩误差务，永平府知府弓养正徇庇同乡等情。弓养正又揭报该道李调元过境，必须大戏小班伺候，宴饮住宿，并未随书前进，家人需索门包，胥役各有使费各情节，请将郭棣泰革职，李调元、弓养正一并解任究审等语。此事大奇。李调元，前在吏部员外任内，于议驳典史刘培章一案，意欲两议，擅自销押。经吏部堂官大学士舒赫德、阿桂等于京察填入浮躁,朕以该员年力富强,敢与堂官执持,似有骨气。且询之程景伊,称其平日办事尚属勇往,是以格外加恩,仍以吏部员外用,并简放学政。任满来京,即擢用直隶道员。上年曾将该员居官如何之处,面询袁守侗,该督亦意存不满。朕以该员系边省人,不善迎合上司,容或有之。孰意该道不知感激奋勉,恪尽职守,竟敢恣意妄行,骚扰所属州县,并纵容家人胥役,需索门包使费。种种劣迹,竟出朕意料之外。此等扰累属员,滥索供应,在督抚如此,尚必严加惩治,何况道员。且李调元系弃瑕录用之人,乃竟辜负朕恩,肆意妄行若此。李调元著革职拏问。弓养正、郭棣泰俱著照所请,分别解任革职,交英廉提同案内人证,严审确情,定拟具奏。(《清高宗实录》)

单煃,字奎灵,号云溪,山东高密县人。贡生,遵河工例,捐知县,不论双单月即用。乾隆二十四年三月三十日,授福建汀州府武平县知县。历迁浙江龙游县、归安县,江西广丰县、南昌县知县,升湖南辰州府知府,转直隶永平府知府,后官至天津府知府。

奉天诰命
奉
天承运
皇帝制曰:求治在亲民之吏,端重循良;教忠励资敬之忱,聿隆褒奖。尔单毛凤,乃直隶永平府知府单煃之父,禔躬淳厚,垂训端严,业可开先,式谷乃宣猷之本。泽堪启后,贻谋裕作牧之方。兹以覃恩赠尔为朝议大夫锡之诰命。於戏!克承清白之风,嘉之报政,用慰显扬之志,昭乃遗谟。

制曰:朝廷重民社之司,功推循吏臣子,凛冰渊之操,教本慈帷。尔黄氏,乃直隶永平府知府单煃之母,淑慎其仪,柔嘉维则,宣训词于朝夕,不忘育子之勤,集庆泽于门间,式被自天之宠。兹以覃恩,赠尔为恭人。於戏!仰酬顾复之恩,勉思抚字,载焕丝纶之色。永贲幽潜。

奉
天承运
皇帝制曰:政先领郡,虎符寄千里之权。职重专城,熊轼表万民之牧。尔直隶永平府知府单煃,才猷卓荦,资性宽和,易俗移风,广德心而登治理,饬躬率属,谨亮节以树风声。巨典式,逢鸿章,宜锡。兹以覃恩,特授尔阶朝议大夫锡之诰命。於戏!登衔屏而纪绩永励。素丝沛纶,诰……

……璜流誉,庆泽用昭其嗣,美翟袆增光。兹以覃恩,封尔为恭人。於戏!如纶如綍,勿忘象服之荣,宜室宜家,允副鸾书之锡。

诰命

乾隆五十年正月初一日

之宝

福庆(1742～1819)，钮钴禄氏，字仲余，号兰泉，满洲镶黄旗人。监生。乾隆二十八年考取理藩院笔帖式，乾隆三十四年升张家口同知，乾隆四十二年调河间府同知，乾隆四十五年转天津府同知，乾隆五十一年改理藩院主事，乾隆五十四年升员外郎。乾隆五十五年署永平府知府，乾隆五十六年擢甘肃安肃道，乾隆五十九年调镇迪道。嘉庆年间转甘凉道，升贵州巡抚、署工部尚书、礼部尚书、兵部尚书。

吏部移会稽察房：直隶总督梁肯堂奏：前奉上谕永平府知府员缺，着候补知府福庆署理，俟服阕后再行实授。在案今福庆已服阕，相应奏明，请予实授。

内阁抄出直隶总督梁(肯堂)：奏称乾隆五十五年二月二十四日，钦奉上谕，永平府知府员缺，着候补知府福庆署理。俟服阕后再行实授。钦此。钦点在案。兹署据署永平府知府福庆于乾隆五十三年十二月初十日，闻讣，丁嫡母忧，扣至五十六年正月初十日，不计闰，二十七个月，服阕。查福庆才具明白，办事勤慎。今已服阕，除照例咨明部族外，理合奏折奏明等因，乾隆五十六年三月二十八日奉朱批：知道了。钦此。于四月初一日抄出到部。

吏(部)移会直督梁：福庆实授永平守。(乾隆五十六年)四月初六日。

(台湾地区"中央研究院历史语言研究所"藏清宫档案)

孔继炘[⑧](山东曲阜人，五十六年任)。

舒明(五十九年任)。

陈文骏[⑨](六十年任)。

【注释】

①卢见曾(1690～1768)：字澹园，又字抱孙，号雅雨，又号道悦子，山东德州人。康熙六十年进士。雍正年间历任四川洪雅知县、安徽蒙城知县、六安州知州、亳州知州、庐州府知府、江宁府知府、颍州府知府，江西广饶九南道。乾隆元年擢两淮盐运使。乾隆五年，两淮盐引案发，革职充军发配乌鲁木齐。九年，昭雪，补滦州知州。翌年升永平府知府。十六年任长芦盐运使。十八年复任两淮盐运使。乾隆三十三年，两淮盐引案发，被拘系，病死扬州狱中。著有《雅雨堂诗文集》等，刻有《雅雨堂丛书》。

②七十四：镶黄旗满洲人。乾隆元年三甲第六十七名进士。乾隆二年内补授国子监监丞。乾隆六年、九年京察一等，各加一级。乾隆七年六月内引见，奉旨记名以同知用。乾隆十年十二月签升山东莱州府同知(《清代官员履历档案全编》)。乾隆十八年八月任永平府知府。二十四年十一月改任山东莱州府知府(《清代官员履历档案全编》)。嘉庆十年至十二年任淮关监督。嘉庆二十一年七月，由内务府员外郎任热河副总管(中国台湾"故宫博物院"图书文献处藏清宫档案。光绪十三年《承德府志》载：嘉庆二十一年任热河总管)。

③明兴：满洲镶黄旗人。由笔帖式以同知用。乾隆三十四年八月任保定府理事同知，三十七年十一月调任热河理事同知，四十年三月升天津府知府。

④穆靖安：《钦定热河志》：穆靖安，满洲镶黄旗人。乾隆四十一年任热河理事同知。

⑤刘峨(1723~1795)：字先资，号宜轩，山东单县人。入赀授知县。乾隆二十三年选授直隶曲阳县知县。二十五年调任宛平知县。三十一年升顺天府南路同知，次年调东路同知。三十六年任永平知府，三十七年升通永道。四十五年任湖北按察使，次年升安徽布政使，不久调往山西。四十八年升广西巡抚，又特授直隶总督。五十五年，迁兵部左侍郎，升兵部尚书，充任庚戌科武会试大总裁。六十年，因病还乡，赏加太子少保衔。

⑥李奉翰：汉军正蓝旗人。入赀授县丞，补沂水县令。乾隆三十七年累升永平府知府，迁江苏苏松太道。四十四年，署江南河道总督。四十五年二月，授河东河道总督。四十六正月调江南河道总督。五十四年调河东河道总督。嘉庆二年正月加太子太保，授两江总督，兼领南河事。

⑦顾学潮：字愈若，浙江元和县人。乾隆十七年副榜贡生，署山西繁峙知县，再署太原知县，二十二年授宁武县令，二十七年迁汾阳知县，二十九年调永平府滦州知州，三十四年升浙江金华府知府，三十八年改永平府知府，再迁河间府、保定府知府，擢直隶清河道，五十一年三月升浙江布政使，五十四年护理浙江巡抚。

⑧孔继炘：山东曲阜人。贡生。孔子后裔。由武定府青城县教谕六年俸满升广东韶州府乳源县知县。乾隆三十四年十二月调任闽县令。乾隆三十九年升楚雄府权迤西道。乾隆四十八年任丽江府知府，乾隆五十三年补任顺宁府知府，乾隆五十六年调任永平府知府。

⑨陈文骏：浙江海宁县人。监生。历任山东曹县巡检、主簿、县丞，署聊城县、乐安县知县，升曹州府桃源集同知，乾隆六十年授永平府知府，署济南府知府，丁忧归。嘉庆三年，补授陕西同州府知府，迁西安府知府。嘉庆八年升陕西凤邠道，赏花翎。嘉庆十年署陕西按察使、登莱青道。嘉庆十八年，任长芦盐运使，护理长芦盐政。

嘉庆

申允恭①（元年二月任）。

和纶（五年十二月任）。

陈凤翔②（六年三月任）。

承恩（六年七月任）。

屈承恩（六年七月任）。

祝庆承③（河南固始进士，八年十月任）。

郑光圻（十二年任）。

祝庆承（十三年再任）。

周景（十四年任）。

任烜④（十六年任）。

薛学诗（十七年任）。

任烜（十七年再任）。

韩文绮(十七年任)。

景庆(十九年任)。

沈华旭(二十一年任)。

陈世相(二十二年任)。

陶樑⑤(江苏长洲进士,二十二年任)。

任衔蕙(二十三年任)。

陈世相(二十三年回任)。

张运旭(二十三年任)。

姚景枢(二十五年任)。

克兴额(二十五年任)。

苏兆登⑥(二十五年任)。

【注释】

①申允恭:河南延津人。乾隆四十年进士。授武强县知县,四十五年调任天津县令,四十七年升大名府同知,四十八年改保定府同知,五十年转冀州直隶州知州,五十八年署易州直隶州知州,六十一年升永平府知府。

②陈凤翔:字香竹,江西崇仁县人。由监生充国史馆誊录,乾隆五十二年补直隶新城县丞,五十四年升玉田县知县。嘉庆元年补宝坻县知县,嘉庆二年调任天津知县。六年擢永平府知府,旋升永定河道。十一年实授永定河道。十三年七月,赏加按察使衔。十四年七月,升河东河道总督。十五年底,改江南河道总督。

③祝庆承:进士题名碑为"祝孝承",河南固始人。乾隆五十四年进士,选翰林院庶吉士,授编修。嘉庆八年、十三年两任永平府知府。升通永道,嘉庆十九年十一月署大名道。嘉庆二十年六月升广西按察使。嘉庆二十二年三月迁云南布政使。嘉庆二十四年闰四月调任直隶布政使。道光元年四月以三品京堂用为太仆寺卿。道光二年二月以原品休致。

④任烜:字宣明,江苏宜兴人。乾隆六十年进士,由吏部文选司主事升员外郎、考功司郎中,兼文选司掌印郎中。丁忧归,服阕,仍入直军机处,署军机处章京。京察一等,记名以道府用。出补永平府知府,升通永道。

⑤陶樑:一作陶梁,字宁求,号凫芗,江苏长洲(今苏州)人。嘉庆十三年进士,授编修。出知永平府,调正定府。道光四年,擢清河道,署按察使。十二年,补大名知府。十八年迁湖北荆宜施道,二十二年补湖南粮储道,调湖北汉黄德道。二十八年,迁甘肃按察使,调山西。二十九年迁江西布政使,授太常寺卿。咸丰二年擢内阁学士,四年迁礼部侍郎。任大名府知府时,聘请天津著名诗人崔旭、梅成栋等编纂《畿辅诗传》60卷。

⑥苏兆登:字宴林,号朴园,山东沾化县人。嘉庆四年己未科榜眼,授翰林院编修。历充云南乡试正考官、顺天乡试同考官,嘉庆八年七月记名御史,掌京畿道御史,改浙江

道监察御史,寻升户部员外郎。嘉庆十三年以编修充实录馆纂修,出为江西南安府知府,左迁户部员外郎。嘉庆十五年任奉天府丞兼学政。二十一年八月,由户部员外郎提督陕甘学政。嘉庆二十五年十一月奉旨简放永平府知府。道光元年二月补授江南淮阳道,十月擢福建按察使。

道光

克兴额(元年再任)。

秦(杭)[沆](江苏金匮人,监生,元年任)。

陈健(浙江会稽监生,元年任)。

秦(杭)[沆](二年二月再任)。

王开云(贵州玉屏荫生,二年任)。

沈涛(浙江嘉兴举人,八年任)。

阮常生①(十年任)。

陶樑(江苏长洲进士,十二年署)。

朱壬林②(浙江平湖进士,十二年任)。

李简(河南卫辉监生,十八年署)。

窦荣昌(安徽霍邱监生,十八年任)。

徐云瑞(江苏甘泉进士,十八年任)。

窦荣昌(十九年二月再任)。

朱銮廷(浙江乌程进士,十九年任)。

张起鹓(甘肃庄浪监生,二十一年任)。

瑞玉(满洲人,二十一年四月任)。

彭玉雯③(江西宁都举人,二十一年任)。

陈之骧(江苏上元进士,二十二年任)。

冯季曾(山西屯留监生,二十三年任)。

陈耀庚(浙江仁和进士,二十三年任)。

崇祥(二十四年任)。

周郁文(山西闻喜附贡生,二十七年任)。

谭(延)[廷]襄④(浙江山阴进士,二十七年任)。

张光第(河南祥符人,二十七年署)。

史佩玪(湖北汉阳进士,二十七年任)。

高午(陕西鄜州副榜,三十年任)。

【注释】

①阮常生:字彬甫,号小云,江苏仪征人。嘉庆初荫生,由户部主事升云南司郎中,道光十年出任永平府知府,擢清河道,署直隶按察使。

②朱壬林:原名霞,字礼卿,号小云,平湖人。嘉庆十六年会元(会试第一名),选翰林院庶吉士,授工部主事。道光二年充云南副考官。历任员外郎、郎中。八年升山西道监察御史。十二年擢永平府知府,旋升清河道。鸦片战争期间,英军炮舰直逼天津,与绿营将领向荣共商军事,部署防务。旋署直隶按察使。二十四年,以亲丧归乡。

③彭玉雯:初名于义,号云墀,江西宁都人。嘉庆二十四年举人,道光十四年九月任宛平知县。道光二十年九月升直隶北运河务关同知。道光二十一年七月,调补永平府知府。道光二十二年后,历任大名道、天津道、长芦盐运使等,道光二十七年九月因病解任。

④谭廷襄:字竹崖,浙江山阴(今绍兴)人。道光十三年进士,历任刑部主事、郎中、永平府知府、顺天府尹等职。咸丰六年出任山西巡抚,仍在直隶办理海运。升任直隶总督。英法联军攻陷大沽炮台,咸丰八年七月被革职充军。咸丰九年释回后,以三品顶戴署陕西巡抚,督办陕西团练。十一年,赏二品顶戴补授山东巡抚,兼署河道总督。九月,命督办山东团练。同治三年,任刑部右侍郎,后改工部、户部侍郎。四年后,历任会试副考官、工部右侍郎兼管钱法堂事务、湖广总督、都察院左都御史、刑部尚书、吏部尚书等职。

咸丰

洪观(浙江慈溪进士,元年任)。

锡麟(蒙古人,四年七月任)。

博多洪武(蒙古人,九年任)。

范梁(浙江钱塘进士,十一年任)。

同治

汪鸣和(江苏吴县监生,元年署任)。

延福(满洲荫生,元年十二月任)。

福俊(满洲人,五年十二月署任)。

桐泽(满洲人,六年四月任)。

恭钧①(满洲人,十一年三月任)。

游智开②(湖南新化举人,十一年任)。

【注释】

①恭钧:正黄旗满洲人。由监生报捐笔帖式。咸丰四年赏五品顶戴,以主事用。补刑部福建司主事、清档房堂主事,升安徽司员外郎、江西司郎中。同治十一年出任永平府知府,光绪二年八月署正定府知府,光绪七年八月调保定府知府,升直隶大顺广道。

②游智开(1816~1900):字子代,湖南新化人。咸丰元年举人,拣选知县。同治四年署和州知州,旋补无为州,署泗州。曾国藩称其治行为江南第一。曾国藩为直隶总督,特调其署深州。十年补滦州,十一年擢永平知府。光绪六年升永定河道。十一年任四川按察使。次年护理总督。十四年迁广东布政使,署理巡抚。二十一年改任广西布政使。

光绪

桐荫(顺天旗人,六年任)。

陈庆滋①(七年任)。

李秉衡②(九年任)。

福谦(旗籍,十年任)。

重燠③(旗籍,二十四年任)。

管廷献④(二十八年任)。

杨亦熹(三十一年任)。

恩佑(旗籍,三十三年任)。

陆荣棨⑤(寻改县)。

【注释】

①陈庆滋:湖北江夏人。由监生报捐主事,咸丰六年以同知即选。同治元年,派江西试用。同治五年,捐升知府候选。同治七年,以知府留于直隶,尽先补用。同治九年,办理海运出力,保奏俟补缺后以道员用。历署定州、冀州知州,永平府知府。光绪三年,加盐运使衔。光绪十四年七月,补任正定知府。光绪二十一年八月,授永定河道。光绪二十五年九月,升贵州按察使。光绪二十八年五月,调补江西按察使。

②李秉衡(1830~1900):字鉴堂,奉天(今辽宁)海城人。初捐资县丞,迁知县。光绪五年任冀州知州,九年擢永平知府,十年擢广西按察使。翌年与冯子材分任战守,取得谅山大捷。二十年五月升安徽巡抚。甲午战争爆发后,调山东巡抚。二十六年,晋升巡阅长江水师大臣。八国联军进攻大沽后,李秉衡由江苏率兵北上,保卫北京,在杨村(今武清县)败绩,退至通州服毒自杀。谥忠节。

③重燠:正白旗满洲人。同治八年七月由文生报捐,选户部笔帖式。光绪元年七月,奏补宝泉局西场大使。四年经钱法堂报奏,奉旨加理事同知衔。九年十一月,题升主事。十一年十二月题升员外郎,十三年三月派掌四川司印钥,六月调掌山东司印钥。十五年,经户部报奏,奉旨在任以知府即选。十八年三月,补授四川雅州府知府。十九年六月,丁母忧。二十一年十月,补授热河承德府。光绪二十二年正月署永平府知府。光绪二十六年农历五月初五(公历6月1日),应邀参加义和团洞山寺神坛大会。六月初一日(公历6月27日),大师兄张鸿与二师兄陶洛五在府城城隍庙设坛,率团民拆除教堂,驱逐传教士。闰八月十四日(10月7日),俄军入永平府城,知府重燠"因署中藏有军械多件"被抓捕,掳到旅顺审讯。后经清廷交涉,于光绪二十七年正月放回。《清德宗实录》:"光绪二十六年庚子十一月己巳朔。丁亥,又谕李鸿章奏特参纵匪酿衅文武各官一折:永平府知府重燠,著即行革职。"经直隶总督袁世凯、庆亲王奕劻举荐,于光绪三十二年六月补任顺德府(治邢台)知府。宣统二年正月病逝。

④管廷献(1846~1914):字士修,山东莒县人。光绪九年会元、探花,授翰林院编修。

十五年奉旨记名以御史用。历充顺天乡试同考官、会试同考官,补授江南道监察御史,历奉巡视中城西城事务,转掌四川,协理京畿各道。光绪二十六年五月,补福建道监察御史。同年闰八月俄军攻占永平府城,将知府重燠掳至旅顺;十一月管廷献奉旨补授永平府知府,光绪二十七年十月到任。光绪二十八年三月加盐运使衔,光绪三十二年五月调补承德府知府,宣统二年四月署护理热河兵备道等职。辛亥革命爆发后,回乡闲居。著有《莒州志稿》《梅园奏议》《梅园诗文集》等。

⑤陆荣棨:字戟臣,安徽桐乡县人。民国六年二月任山东济宁道尹。(《清末民初中国官绅人名录》)

同　知
(初设粮捕,雍正六年改为理事)

顺治

冯如京(见上)。

朱求枸(山西人,贡生)。

李持(四川江津人,贡生)。

胡守德(山西长治人,举人)。

刘日永(湖广人,贡生)。

王览民(江南颍上人,贡生)。

白芬(八年任)。

康熙

韩章(湖广汉阳恩贡,元年任)。

梁泰来(四年任)。

罗京(九年任)。

郑四国(山东乐陵人,十二年任)。

朱用砺(江南山阴举人,十八年任)。

祖泽溶(奉天宁远举人,二十年任)。

崔宦(奉天荫生,二十二年任)。

赵邦牧(奉天辽阳荫生,二十二年任)。

彭尔年(三十二年任)。

郭瑛(奉天铁岭官生,三十九年任)。

杨奕绾(河南河内人,官监生,四十三年任)。

(以上粮捕同知,以下理事同知)

雍正

宋嘉图（江南长洲人）。

乾隆

文敏（正黄旗满洲人，十三年任）。

三常（正蓝旗满洲人，十八年任）。

五珥库（镶白旗满洲人，二十一年任）。

清格（镶蓝旗满洲人，二十二年任）。

萨灵阿（镶蓝旗蒙古人，二十六年任）。

科灵阿（正白旗满洲人，三十二年任）。

福庆（镶黄旗满洲人，三十四年署）。

科灵阿（翻译举人，三十四年再任）。

宝福（镶黄旗满洲人，官学生，三十五年署任）。

穆靖安（镶红旗满洲人，三十五年任）。

常德（正红旗满洲人，三十六年署任）。

福顺（正红旗满洲人，生员，三十八年任）。

嘉庆

麟保（满洲举人，十九年七月任）。

承惠（满洲人，二十四年正月任）。

舒纶（满洲人，荫生，二十四年任）。

保昌（蒙古人，二十五年四月任）。

道光

毓泰（正黄旗满洲人，三年任）。

为光（正黄旗满洲人，三年任）。

恒寿（满洲人，五年九月任）。

李鹍（山东邹平副榜，九年署任）。

英宝（满洲人，十年正月任）。

李鹍（十年再任）。

华封（满洲人，十年九月任）。

瀛泰（满洲人，十五年任）。

博多洪武(蒙古人,十九年任)。

朱銮廷(浙江乌程进士,十九年任)。

博多洪武(十九年十一月再任)。

德亨(满洲举人,二十二年任)。

安奎(满洲人,二十二年任)。

金龄(满洲人,二十二年四月任)。

蔡五辰(浙江萧山进士,二十九年任)。

多寿(满洲人,三十年四月任)。

咸丰

觉罗景兰(满洲人,四年署任)。

庆存(满洲人,四年闰七月护理)。

续昌(满洲人,八年六月任)。

伊克精阿(满洲人,八年九月任)。

同治

奎昭(满洲人,元年五月署任)。

庆康(满洲举人,元年十月任)。

唐津(满洲人,四年七月任)。

明通(蒙古人,三年十二月任)。

光绪

兆综(五年任)。

唐津(七年再任)。

西拉佈(十一年任)。

希拉本(十一年任)。

裕伦(十七年任)。

恩绪(十八年任)。

乐观韶(二十四五两年兼护)。

桂荫(二十五年任)。

松溥(二十七年任,民国二年裁)。

（府）经历

顺治

王嘉相（陕西西安人）。

吴淑（浙江山阴人）。

陈文英（浙江人）。

刘德玉（陕西华州人）。

康熙

俞献（浙江慈溪人，四年任）。

赵廷玑（浙江山阴人，十六年任）。

方琚（江南歙县人，二十二年任）。

包祥钰（浙江鄞县人，二十八年任）。

叶映桂（浙江余姚人，三十八年任）。

储佐才（江南池州人，四十五年任）。

（载）［戴］兆龙（浙江慈溪人，四十六年任）。

朱懔延（浙江山阴贡生，四十九年任）。

乾隆

刘民牧（江南歙县人，二十九年任）。

祁标（浙江山阴人，二十九年任）。

嘉庆

郭兴汾（十四年任）。

道光

窦尔载（江苏无锡监生，二年署任）。

魏彦仪（江苏阳湖监生，二年任）。

朱效（陕西定边吏员，十年摄任）。

章国泰（十年署任）。

徐沛然（湖南善化监生，十年署任）。

徐呈瑞(山西襄陵监生,十一年任)。

徐麟(浙江平湖监生,十八年摄)。

龚焕(江苏金匮监生,十八年署)。

石元善(安徽人,十八年任)。

龚焕(二十三年再署任)。

任毓珏(湖北江陵廪贡,二十三年任)。

翁藩城(湖南湘潭监生,二十九年摄)。

邵熺(江苏山阳监生,二十九年署)。

徐辰告(江苏武进监生,二十九年任)。

咸丰

谢秉镛(江苏江都供事,元年署任)。

袁守直(湖北江夏监生,二年任)。

陈统(浙江山阴供事,八年署任)。

袁守直(八年再任)。

同治

吴钦(江苏阳湖监生,三年摄任)。

袁守直(三年再任)。

宋成璩(浙江山阴监生,七年任)。

张桂森(山东胶州监生,七年任)。

陈寿(侯)[保](浙江桐乡人,十一年任)。

高昇(山东胶州供事,十一年署)。

孙镛绪(山东利津监生,十一年任)。

吴继瑞(江苏阳湖监生,十一年摄)。

陈丽生(浙江仁和监生,十一年署)。

于绍先(山东德州监生,十二年任)。

光绪

姚君弼(安徽贵池,三年署任)。

郭东槐(河南武陟人,四年任)。

卢龙知县

顺治

夏之中(顺天举人,顺治年任)。

金一凤(奉天辽阳人,生员)。

梁应元(三年任)。

赵汲(五年任)。

熊一龙(江西南昌人,贡生)。

李士模(十四年任)。

康熙

闵峻(四年任)。

魏师段(九年任)。

吕宪武(山东掖县难荫,十三年任)。

卫立鼎(十九年任)。

陆楙(十五年任)。

陈梦熊(十七年任)。

倪奭棠(福建晋江举人,二十九年任)。

晏宾(四十四年任)。

周宗鲁(江南宝应副榜,四十九年任)。

封俊升(江南泰兴贡生,五十年任)。

马腾龙(正白旗汉军人,五十三年任)。

乔于瀛(迁安知县,五十七年署任)。

杨鸿应(广西马平拔贡,五十七年任)。

雍正

沈继贤(五年署任)。

卫步青(山西举人,五年任)。

韩履曾[①](江南长洲人,六年任)。

邓尊德(广西举人,七年任)。

聂廷琮(湖广贡生,七年任)。

万承(岑)[芩]②(十一年任)。

【注释】

①韩履曾:江南长洲人。由捐贡选授盱眙县教谕,雍正三年援例捐知县即用,又于户部加捐。雍正五年十一月,签掣直隶永平府卢龙县知县。乾隆八年,改建德知县。乾隆《永平府志》《清代官员履历档案全编》《建德县志》作"韩履曾"。光绪《永平府志》为"韩履会",误。

②万承(岑)[芩]:乾隆、光绪《永平府志》、民国《卢龙县志》均作"万承岑",误。《清世宗实录》《清代官员履历档案全编》《江西通志》《山西通志》《大同县志》均作"万承芩",字鸣嘉,江西南昌人。雍正元年癸卯恩科第二甲第七名进士,同年十二月选翰林院庶吉士。雍正二年十一月,因受其兄翰林院编修万承苍行为不端的影响,万承芩被革去庶吉士,归闲散进士班内挨次选用。雍正五年授山西大同知县,调直隶交河县令。

乾隆

杨理范(浙江山阴人,五年任)。

李廷桂(河南汲县拔贡,八年任)。

端木长浤(江南江宁人,十年任)。

万承(岑)[芩](十一年再任)。

王元勋(广东乐会拔贡,十四年任)。

劳宗发(浙江钱塘进士,十五年任)。

王元勋(十九年再任)。

陈金骏(福建晋江人,二十年任)。

孙洙①(江南金匮进士,二十一年任)。

何大璋(四川会理拔贡,二十一年任)。

李文耀(福建清流拔贡,二十一年任)。

诸世钟②(浙江山阴人,二十二年任)。

顾光(浙江仁和举人,二十六年任)。

李嵩嶙(山西太平举人,二十七年任)。

萨灵阿(本府同知,二十七年摄任)。

方立经(湖北兴国州举人,二十七年任)。

魏源旴(江西广昌举人,三十三年任)。

夏鋗(汉军人,县丞,三十七年署任)。

陈锺琛(抚宁知县,三十七年署任)。

王直邦(贵州安平举人,三十七年署任)。

胡淳(贵州修文举人,三十七年任)。

谢廷诏(三十九年五月任)。

李逢光(四十三年十二月任)。

【注释】

①诸世钟:光绪《昆明县志》:"诸世钟,宛平人,监生。乾隆十二年任昆明知县。"清内阁档案:吏部移会稽察房:直隶总督方观承奏称,通州知州蒋曰杞丁忧员缺,查有卢龙县知县诸世钟才具明练,办事勤能,堪以升署。可否准升,恭候钦定。乾隆二十五年六月二十四日,奉朱批:著照所请,该部知道。钦此。

【补录】

郭棣泰,山西贡生,乾隆年间任《四库全书》誊录、卢龙县知县。乾隆四十七年七月,护送《四库全书》去沈阳,途中遇雨,因未准备雨具,书籍被雨淋湿而撤职。《清高宗实录》:"乾隆四十七年壬寅十二月癸亥朔。己卯,谕据(直隶总督)英廉奏通永道李调元禀揭卢龙县知县郭棣泰运送书籍,并不亲身照料,玩误差务。永平府知府弓养正徇庇同乡等情。弓养正又揭报该道李调元过境,必须大戏小班伺候,宴饮住宿,并未随书前进,家人需索门包,胥役各有使费各情节。请将郭棣泰革职,李调元、弓养正一并解任究审等语。此事大奇。李调元,前在吏部员外任内,于议驳典史刘培章一案,意欲两议,擅自销押。经吏部堂官大学士舒赫德、阿桂等,于京察填入浮躁。朕以该员年力富强,敢与堂官执持,似有骨气,且询之程景伊,称其平日办事,尚属勇往,是以格外加恩,仍以吏部员外用,并简放学政,任满来京,即擢用直隶道员。上年曾将该员居官如何之处,面询袁守侗。该督亦意存不满。朕以该员系边省人,不善迎合上司,容或有之,孰意该道不知感激奋勉,恪尽职守,竟敢恣意妄行,骚扰所属州县,并纵容家人胥役,需索门包使费,种种劣迹,竟出朕意料之外。此等扰累属员,滥索供应,在督抚如此,尚必严加惩治。何况道员,且李调元系弃瑕录用之人,乃竟辜负朕恩,肆意妄行若此。李调元,著革职拿问。弓养正、郭棣泰,俱著照所请,分别解任革职,交英廉提同案内人证,严审确情,定拟具奏。"《纂修四库全书档案》:"军机大臣奏原任卢龙知县郭棣(秦)[泰]打湿运送盛京书籍被参革职片(乾隆五十一年四月十七日):郭棣(秦)[泰],山西贡生,原任直隶卢龙县知县。乾隆四十七年十二月经原署直隶总督英廉以该员于运送盛京书籍并不亲身照料,又不预备席片、油单,致将书籍打湿,几至贻误重差,其于地方一切公事,又诸形竭蹶,奏请革职。(军机处上谕档)"

唐汝风(四十九年十月任)。

赵文光(五十三年十月任)。

金监棠(五十三年十二月任)。

章汝濂(五十八年三月任)。

屈成霖②(拔贡,六十年十月任)。

【注释】

①孙洙(1711～1778)：字临西，一字芩西，号蒬塘，晚号退士，江苏金匮县(后并入无锡)人。乾隆九年举人。十一年授江苏上元(今江宁)县学教谕。乾隆十六年考中进士，历任顺天府大城县知县、卢龙县知县、山东邹平县知县、江宁府学教授等职。乾隆二十九年编纂《唐诗三百首》，署名"蒬塘退士"。由于体裁完备，风格各异，富有代表性，又通俗易懂，流传至今。

②屈成霖(1683～1766)：字启商，一字溥野，江南常熟人。乾隆元年二甲 24 名进士，授卢龙知县。乾隆五年题升景州知州，乾隆十年主修《景州志》。其身份是进士，不是"拔贡"；其任职时间在乾隆初年，不在乾隆六十年十月。

嘉庆

秦子锺(五年十二月任)。

杨理范(江苏山阳监生，八年任)。

李师白(十二年八月任)。

褚世钟(浙江监生，十八年任)。

辛文沚(山东贡生，十九年任)。

李钤(山东寿光县优贡生，二十一年任)。

宋(玉)[豫]芳(二十二年任)。

周赞臣(二十三年任)。

林庆云(二十四年任)。

姚景枢(山东钜野县供事，二十五年任)。

道光

魏彦仪(本府经历，二年十月摄任)。

姚景枢(二年再任)。

魏彦仪(二年再任)。

曾豫谦(江苏昭文举人，二年任)。

席元榜(江西宜黄县进士，四年任)。

赵塘(山东利津进士，五年任)。

刘瑀(山西阳曲举人，八年任)。

单文诰(安徽婺源监生，八年任)。

魏彦仪(九年复任)。

汪(鸣)[兆]鹏(山东历城附监生，九年任)。

【补录】

道光九年己丑八月壬戌朔。丙戌,诣夷齐庙拈香。是日,驻跸夷齐庙行宫。丁亥,又谕:朕本日经临卢龙县境内滦河、青龙河二处桥座,工段甚长,支搭稳妥。所有承办各员,尚属能事,允宜量予恩施。永平府知府李鹏、卢龙县知县汪兆鹏、霸州州同康诰、遵化州州判冀洪、永平府经历魏彦仪、卢龙县典史朱效、候补未入流郑思适,俱着各赏加一级。直隶总督那彦成督率有方,着加恩赏给黄辫珊瑚豆大荷包一对,小荷包四个,以示奖励。(《清宣宗实录》)

汪兆鹏,附贡直隶固安县县丞,历官卢龙县知县、三角淀通判、石景山同知,护永定河道。(民国十五年《续修历城县志》)

冀洪(十二年任)。

喜禄[①](满洲进士,十二年摄任)。

成章瓒(湖南宁乡进士,十二年任)。

郭时亮(湖北应城举人,十六年任)。

章希颖(江西奉新举人,十七年任)。

伊铿额(满洲进士,十八年摄任)。

刘瑀(十八年再任)。

陈嘉谟[②](浙江钱塘荫生,十八年任)。

王锡畴(四川汶川吏员,二十三年任)。

石赞清[③](贵州贵筑进士,二十三年兼署)。

任毓珏(湖北江陵贡生,二十八年摄任)。

王应奎(浙江绍兴进士,二十九年兼署)。

段福广(河南温县举人,二十九年任)。

蔡五辰(浙江萧山进士,二十九年任)。

王应奎(三十年九月摄任)。

谢子澄(四川新都举人,三十年任)。

【注释】

①喜禄:字怡山,满洲正黄旗人,江宁驻防。道光二年进士,道光九年任抚宁知县。道光十二年摄任卢龙知县,旋调正定县令。道光十四年、十六年两任滦州知州。秩满,升永定河南岸同知。

②陈嘉谟:一作陈嘉谋。台湾地区"中研院史语所"藏内阁档库奏折"吏部为奉谕陈嘉谋调署卢龙县知县事。"吏部移会稽察房:道光十八年三月初五日奉上谕,琦善奏请拣调沿河要缺知县一折,著照所请,直隶卢龙县知县员缺,准其以陈嘉谋调署,仍俟试署期满,另请实授。该部知道。钦此。(道光十八年三月十七日)

③石赞清(1803~1869):字襄臣,贵州黄平县人。道光十八年进士,补直隶阜城知

县,署献县令,调正定,改卢龙。二十九年升芦台抚民通判,后署永定北岸同知。咸丰四年补顺天府治中,六年改任通永道。七年五月,授天津知府。十年六月兼理天津团防。十一年十一月升顺天府尹。同治元年兼任刑部右侍郎,九月授直隶布政使。先后任湖南布政使,护理湖南巡抚,擢升太常寺卿。六年任稽察左翼宗学。七年六月,迁都察院左副都御史,工部右侍郎兼管钱法堂事务。八年九月病卒于京都,终年 64 岁。

咸丰
乔文蔚(山东高密进士,元年任)。

联俊(满洲廪膳生,五年任)。

黄宗敬(山东蓬莱监生,六年任)。

祥瑞(蒙古监生,八年任)。

陈赞清(山东直隶州监生,十年任)。

陶治安(浙江会稽供事,十一年任)。

同治
萨炳阿(满州进士,元年任)。

倪人坰(安徽附贡,元年任)。

吴师郊(江苏监生,二年任)。

倪人坰(三年再任)。

袁守直(湖北江夏监生,四年摄任)。

杨春华(江西,原籍安徽举人,四年任)。

凌颢德(河南西华贡生,五年任)。

吴钦(江苏阳湖监生,六年摄任)。

吴鼎昌(安徽泾县监生,六年任)。

袁守直(七年摄任)。

黄宗敬(七年再任)。

刘垂荫(江西南丰监生,九年摄任)。

李葆贞(湖北松滋供事,九年任)。

【补录】

卢龙县等缺,以无极县李葆贞等调署片(同治九年四月十六日)

卢龙县知县黄宗敬调省察看,所遗卢龙缺系附郡首邑。兹查有无极县知县李葆贞,才具展堪以调署卢龙县知县。伏乞圣鉴。谨奏。(《曾国藩全集》)

唐钺(浙江会稽吏员,十年任)。

蒋嘉霖(江苏长洲监生,十二年摄任)。

单传及(奉天岁贡生,十二年署任)。

福曜(蒙古附贡生,十三年署)。

【补遗】

福曜、张上龢分别调署卢龙、抚宁知县片

(同治十三年十一月十二日)

署卢龙县知县单传及调省差委遗缺,查有抚宁县知县福曜堪以调署,其抚宁县遗缺,查有博野县知县张上龢堪以调署。据藩、臬两司会详请奏前来。除批饬照办外,理合附片陈明,伏乞圣鉴。谨奏。(《李鸿章全集》)

光绪

【补录】

光绪三年九月二十四日,题为请以陈宗庆调补卢龙县知县事。

卢龙县知县黄宗敬告病开缺,系冲、繁、难三项兼河要缺,例应在外拣员调补。据布政使孙观、按察使范梁查有怀来县知县陈宗庆堪以调补。陈宗庆年五十四岁,浙江山阴县监生,咨补东光县典史。军务出力,保归知县,补授临城县知县。丁忧开缺,服满起复回省,补授今职。同治五年八月二十日奉文任事,该员才具明练,以之调补卢龙县知县,实堪胜兼河要缺之任,与例亦属相符,衔缺相当,毋庸送部引见。伏乞皇太后、皇上圣鉴,敕部议覆,遗缺留归外补。谨题请旨。(《李鸿章全集》)

张承福(浙江山阴监生,四年代)。

董汝缄(安徽合肥举人,四年任。董公汝缄,字慎如,号亦三,世居安徽合肥县西乡董家岗,民籍附生。同治甲子年安徽督学朱补行咸丰七年科试,入邑庠生。同治庚午科补行壬戌恩科江南乡试中式一百九名举人。辛未会试房荐以本班知县保举引见,直隶候补知县,署卢龙县。政声甚著,德政碑立于治所,民胥有不愧青天,如保赤子之颂。郡守游智开赠以“诚求堂”题额,悬厅事前,钦加同知衔直隶州,调署滦州知州用,署天津县。著有《耕砚斋诗草》。宦绩载原籍府志人物传、列世族表)。

乐观韶[①](滇南进士,七年任)。

福曜(旗籍,八年任)。

王恩霖(九年署)。

张公和(十年任)。

杨诚一(吉林进士)。

乐观韶(十六年再任,至二十八年)。

岳龄(二十八年任)。

邹梓生　王增禧　徐树廷　曹琳　迎喜　张治仁　石盛明　王秀文　明恩[②]

民国

陆荣棻　刘修鉴　赵锷　李兆周　唐达　刘毓瀛　李士田　冯成奎

李士田(再任)

戴尧天　贾席珍(十五年任)。　赵全璧

郑巽(十七年任)。　李培元(十七年任)。

卢宗吕(湖北大冶,十八年任)。

刘鹤汀③(大兴人,十八年任)。

董天华(安徽合肥,二十年任)。

董公天华,字佩实,安徽合肥籍,前卢龙县知事汝绂公之后裔也。汝绂公于光绪四年莅卢摄篆,而《永平府志》之重修实于四年告成,五年出书,故于汝绂公之事迹未及记载。其为人则慈祥恺悌,得清慎勤之名;其治行则闾巷讴歌,得省宪之嘉许。旋由本任擢升陕西延安府知府而去,德泽在民,到今称之。不意五十余年后,今县长佩实公来宰斯邑,更能吏畏民怀,颂声载路,观于全县,民众揭登报端,藉伸感戴。略云:公世代簪缨,家声清白。前充陆军第九旅参谋法官,效忠国事,懋著勋猷。自奉委来卢摄县篆,下车伊始,即以励己爱民为职志,严保甲,重防务,连破匪巢,地方赖以安谧。成立乡村师范,振兴女子高级及幼稚园,极力提倡社会教育,严饬进行;捐税则刷除苛扰,赌博则禁绝根株,盐商病民则痛惩之,监证舞弊则严办之,不施威而土劣敛迹,不罚办而毒品肃清;断狱严明,无或假借,人则爱戴有加,己则视为分内廉洁自矢,路尽口碑,吏从冰上立,人在镜中行,惟公可称无愧。近顷以来称卢龙福星者,此为巨擘焉。而当军队驻境,能使感情悉洽,相安无事,非公曷克臻,此等语?吁,公之实政,可见一斑。公之祖若孙,可谓后先辉映矣,因志之。

【注释】

①乐观韶(1840~1922):字芝田,云南江川县(今玉溪市江川区)人。光绪二年举人,光绪三年进士,调遣黄河办事处候差听职,治河初见成效。先后调任直隶衡水、容城、昌黎、迁安、卢龙县知县。以政绩卓著擢升永平府知府,升任围场粮补府。1906年辞官回乡。

②刘鹤汀:刘蓬瀛,字鹤汀,北京大兴人。国立北京法政专门学校毕业,考取司法官,出任江西、奉天等省法院推事官,河北省政府秘书长。民国十八年任卢龙县县长。民国二十三年任上蔡县县长。后任东北大学教授。

③明恩:满洲正白旗人,翻译生员。(《宣统三年冬季职官录》)

府学教授

顺治

陈丹(遵化贡生)　邹国琬(真定贡生)　贾永昇(晋州贡生)　王美(俱十一年任①)。

郭履礼(静海贡生)　苏之屏(良乡贡生)　王思牧(固安贡生)　李含春(通州进士,俱十七年任②)。

【注释】

①俱十一年任:光绪五年《永平府志》为"十一年任","俱"为衍字。

②俱十七年任:光绪五年《永平府志》为"十七年任","俱"为衍字。

康熙

谢国擢(延庆贡生,四年任)。

纪五典(宛平举人,九年任)。

高居敬(宁晋举人,十七年任)。

冀振先(内邱举人,二十年任)。

孙麟(万全拔贡,三十二年任)。

赵允昌(满城举人,四十四年任)。

钱甫清(武清进士,五十一年任)。

左方焯(河间岁贡,五十九年任)。

雍正

杨昌言(曲阳进士,元年任)。

魏枢(承德进士,十二年任)。

乾隆

董(祺)[禧](辽阳进士,二年任)。

郭琮(冀州进士,十二年任)。

牛毓菘(清河进士,十四年任)。

贾璐(枣强贡生,二十一年任)。

杨宸(宛平人,二十六年任)。

王临(奉天锦县进士,三十一年任)。

王家干(昌平进士,三十四年任)。

嘉庆

田维敬(二十四年任)。

道光

周玉梁(四年任)。

孙右章(宁晋进士,九年任)。

贺庄(文安进士,二十九年任)。

咸丰

苏元峨(交河进士,四年任)。

梁凤翰(静海进士,十一年任)。

光绪

聂江　杜蔚　文虎　潘恩增　靳增培

府学训导

(顺治十六年裁,康熙十五年复设)

顺治

王凤鸣(顺义贡生)。

李上举(枣强贡生)。

程灿(新河贡生)。

杨呈秀(通州贡生)。

符永培(盖平贡生,六年任)。

霍文灿(沙河贡生)。

伊柴(阜城贡生)。

高士奇(武清贡生)。

蒋甲春(大兴贡生)。

康熙

周宏勋(保定贡生,十七年任)。

桑开达(玉田贡生,二十一年任)。

徐香(宛平贡生,三十六年任)。

胡天祐(昌平岁贡,五十四年任)。

萧沛兴(浚县岁贡,五十七年任)。

雍正

刘继儒(武清岁贡,三年任)。

车通(景州岁贡,九年任)。

张尔公(锦县岁贡,十二年任)。

乾隆

杜瑞(新安廪贡,三年任)。

刘炜(文安岁贡,十二年任)。

王兆(端)[瑞]①(南宫廪贡,十四年任)。

于继祖(清丰岁贡,十六年任)。

董德良(丰润岁贡,十九年任)。

陈章(西宁岁贡,二十四年任)。

崔鹤仪(宁河廪贡,二十七年任)。

傅基赐(灵寿举人,三十二年任)。

李锡朋(西宁廪贡,三十五年任)。

嘉庆

章汝坦(二十五年任)。

道光

李顺(冀州举人,八年任)。

梅成栋(十七年任,有传)。

徐文焕(天津举人,二十四年任)。

咸丰

王明讷(宛平举人,二年任)。

于士琪(天津廪贡,四年任)。

同治

王璋(肃宁廪贡,五年任)。

韩来贺(广宗廪贡生,十年任)。

光绪

王楷　郝芗　陈承谟　罗玉梅

【注释】

①王兆(端)[瑞]:乾隆《永平府志》作"王兆瑞",光绪《永平府志》、民国《卢龙县志》

为"王兆端"。

卢龙教谕

（顺治十六年裁,康熙十五年复设）

顺治

韩秉正(陕西扶风贡生)。

黄扬化(元城贡生)。

王纳谏(大城贡生)。

王家彦(宁津贡生)。

杨应运(昌平贡生)。

马备(大兴贡生)。

康熙

杨芳声(宣化府贡生,十六年任)。

朱持正(十七年任)。

史廷赞(宛平副榜,二十六年任)。

贺邦桢(大兴贡生,三十一年任)。

齐捷(大兴贡生,三十六年任)。

王昌运(武邑拔贡,四十五年任)。

胡仁济(大兴贡生,四十九年任)。

郗作砺(阜平拔贡,五十二年任)。

杨亢(宝坻贡生,五十四年任)。

李肇遴(枣强拔贡,五十六年任)。

雍正

王者佐(正定举人,七年任)。

乾隆

王于韩(永年副榜,六年任)。

赵树坊(祁州举人,十六年任)。

赵德仪(深州拔贡,二十四年任)。

丁廷辅(大兴举人,三十四年任)。

董灼(文安副榜,四十五年任)。

沈依仁(保安州人,六十年任)。

嘉庆

憨意成(元年任)。

郭其仁(获鹿恩贡,元年任)。

边开禧(任邱举人,元年任)。

王宪(霸州恩贡,五年任)。

刘佩蘅(任邱廪生,十九年任)。

吴元俊(武强廪贡,二十年任)。

刘本曾(二十一年任)。

陈宝笏(庆云廪贡,二十二年任)。

马其倬(灵寿拔贡,二十四年任)。

宋长春(易州举人,二十四年任)。

道光

刘佩蘅(六年再任)。

赵士谞(八年任)。

魏士堂(丰润举人,九年任)。

孙见曾(二十二年任)。

刘广淳(义州举人,二十二年任)。

张恕(二十八年任)。

咸丰

纪应适(献县廪贡,六年任)。

郝锡章(三河恩贡,六年任)。

光绪

朱勋成　　赵铭　　陈弼藩①

【注释】

①陈弼藩:深州人,举人。(《宣统三年冬季职官录》)

卢龙训导

顺治

郑锐(广平人)。

杨复(保定贡生)。

刘硕辅(无极贡生)。

贾源(通州贡生)。

张缵拭(清苑贡生)。

康熙

徐焕然(魏县贡生,四年任)。

邢宗孔(新河贡生,六年任)。

孙琮(河间贡生,八年任)。

冯尧天(九年任)。

李陞(清苑贡生,十三年任)。

赵孟豪(清河贡生,十七年任)。

尹国琳(阜城贡生,二十一年任)。

孟养诚(保定贡生,二十八年任)。

刘霄霖(献县贡生,三十八年任)。

刘缮先(大兴贡生,四十二年任)。

王拱宸(蓟州贡生,四十三年任)。

李宸宸(平乡贡生,五十一年任)。

卜尔贵(怀安贡生,五十五年任)。

雍正

路德秀(临城贡生,三年任)。

张鸿翰(正定贡生,五年任)。

杨琮(曲阳贡生,十年任)。

魏概(承德贡生,十一年任)。

乾隆

苏象贤(元氏贡生,三年任)。

高节(密云贡生,七年任)。

杜德威(怀柔贡生,十一年任)。

徐进(平谷贡生,十九年任)。

田云青(完县贡生,三十年任)。

李梦弼(沧州举人,四十七年任)。

姚士强(束鹿举人[1],五十六年任)。

嘉庆

黄楸载(宣化举人,元年任)。

马振名(阜城举人,十年任)。

李瀗(故城贡生,二十一年任)。

道光

曹师冉(通州廪生,十三年任)。

焦祐沄(天津举人,十九年任)。

杨培第(正白旗汉军举人,二十三年任)。

范翕(雄县贡生,二十六年任)。

张汝诠(涿州举人,二十九年任)。

咸丰

田曰璞(铁岭恩贡,元年任)。

张懋哉(南皮举人,二年任)。

廉百龄(宁远举人,六年任)。

光绪

于文鉴(沧州举人,四年任)。

崔琳[2]

【注释】

①举人:姚士强,光绪五年《永平府志》为"贡生"。嘉庆四年《束鹿县志》为乾隆四十九年"岁贡"。

②崔琳:保定府人,拔贡。(《宣统三年冬季职官录》)

卢龙典史

顺治

高光照(陕西人)。

赵之璋(陕西人)。

程启先(湖广人)。

康熙

戴万象(江西南昌人)。

汤旺(十一年任)。

冯杰(十五年任)。

徐鼎臣(奉天人,十九年任)。

谢玘(浙江会稽人,二十一年任)。

徐法(山东莱阳人,三十二年任)。

杨希斗(山西平阳人,三十六年任)。

韩象琦(山西襄陵人,三十九年任)。

丁周(浙江义乌人,四十年任)。

凌兆昌(浙江山阴人,五十一年任)。

赵坤(山东济南卫人,五十四年任)。

雍正

谢维贤(浙江山阴人)。

乾隆

王世秀(江南绩溪人,三年任)。

金仪凤(浙江山阴人,十三年任)。

李纬(山西解州人,十三年任)。

单奇龄(浙江萧山人,二十年任)。

骆琪光(浙江诸暨人,二十一年任)。

易一东(湖南湘乡人,二十七年任)。

平汝骐(浙江山阴人,二十七年任)。

郭元治(江西南昌人,二十八年任)。

饶易然(广东嘉应州人,三十三年任)。

黄吉(建昌营巡检,三十四年署任)。

涂鼎先(江西靖安人,三十四年任)。

黄灏(四川简州人,三十四年署任)。

方甸西(广东惠来人,三十四年任)。

丁昌弼(六十年任)。

嘉庆

谢廷仪(十二年任)。

郭兴汾(府经历,十五年兼理)。

朱效(陕西定边吏员,十六年任)。

道光

胡云吉(十年署任)。

宋绅(十二年署任)。

陈湘洲(浙江供事,十四年任)。

胡力田(十九年署任)。

沈学霖(喜峰口巡检兼理,十九年摄任)。

陈湘洲(二十年再任)。

翁模远(二十一年署任)。

王受恺(山东人,二十二年任)。

韩运泰(甘肃皋兰吏员,二十七年任)。

咸丰

朱体召(湖南监生,二年署任)。

汪炳(浙江监生,四年署任)。

陈经(浙江供事,六年署任)。

童景春(浙江监生,七年任)。

胡珍(陕西吏员,八年任)。

张锐(浙江监生,九年任)。

彭良臣(江西监生,十年任)。

宋成璪(浙江监生,十年任)。

李元昺(浙江山阴人,十一年署)。

同治

陈大林（奉天监生，二年任）。

陈元杰（浙江吏员，四年任）。

张文芝（山东监生，五年任）。

陈元杰（六年再任）。

范为福（浙江吏员，八年代理）。

奎章（河南满州监生，十年任）。

陈元杰（十年再任）。

王嵩（山西平定州监生，十一年任）。

光绪

胡文耆（浙江监生，二年摄任）。

叶为寿（浙江监生，四年任）。

王嵩

【补录】

项寿春，河南密县人，监生。（《宣统三年冬季职官录》）

民国

胡文炳（五年任）。

郑希周（六年任）。

聂治邦（八年任）。

戴德渊（江苏句容人，十二年任）。

史苓（四川万县人，十八年任）。

卢龙县志卷十四

选　举　（文科）

辽金元

《金史·选举志》：辽起唐季，颇用唐进士法取人，然仕于其国者，考其致身之所自进士才十之二三耳！金承辽后，凡事欲轶辽世，故进士科目兼采唐、宋之法而增损之。其及第出身，视前代特重，而法亦密焉。

金设科皆因辽、宋制，有词赋、经义、策试、律科、经童之制。海陵天德三年（1151年）罢策试科。世宗大定十一年（1171年），创设女直进士科。初但试策后，增试论，所谓策论进士也。明昌初又设制举宏词科，以待非常之士。故金取士之目有七焉，其试词赋、经义、论策中选者谓之进士，律科、经义中选者曰举人。

凡诸进士、举人，由乡至府，由府至省及殿试，凡四试皆中选则官之。至廷试，五被黜则赐之第，谓之恩例。又有特命及第者，谓之特恩。恩例者，但考文之高下为第而不复黜落。凡词赋进士，试赋诗、策论各一道；经义进士，试所治一经，义论策各一道。其设也，始于太宗天会元年（1123年）十一月，时以急欲得汉士以抚辑新附，初无定数，亦无定期，故二年二月、八月，凡再行焉。五年以河北河东初降，职员多阙，以辽、宋之制不同，诏南北各因其素习之业取士，号为南北选。熙宗天眷元年（1138年）五月，诏南北选各以经义、词赋两科取士。海陵庶人①天德二年（1150年），始增殿试之制，而更定试期三年，并南北选为一，罢经义、试策两科，专以词赋取士。贞元二年（1154年），定贡举程试条理格法。正隆元年（1156年），命以《五经》《三史》正文内出题，始定为三年一辟。大定四年（1164年），敕宰臣：进士文优则取，勿限人数。

凡乡试之期，以三月二十日府试之期，若策论进士则以八月二十日试策间，三日试诗；词赋进士则以二十五日试赋及诗，又间三日，试策论；经义进士又间词赋后三日，试经义；又三日试策，次律科，次经童。每场皆间三试之。会试则策论进士，以正月二十日试策，皆以次间三日，同前。御试则以三月二十日策论进士试策，二十三日试诗论，二十五

315

日词赋进士试赋诗论,而经义进士亦以是日试经义,二十七日乃试策论。若试日遇雨雪则候晴日御试,唱名后试策则禀奏,宏词则作二日程试。

《元史·选举志》:初,太宗始得中原,辄用耶律楚材言,以科举选士。世祖既天下,王鹗献计,许衡立法,事未果行。至仁宗延祐间,始酌旧制而行之。每三岁一次开试,举人从本贯官司于诸邑户内推举。

乡试:八月二十日,蒙古、色目人试经问五条,汉人、南人明经二疑、二问,经义一道。二十三日,蒙古、色目人试策一道,汉人、南人古赋诏诰章表内科一道。二十六日,汉人、南人试策一道。

会试:省部依乡试例,于次年二月初一日试第一场,初三日第二场,初五日第三场。

御试:三月初七日前期奏委考试官二员,监察御史二员,读卷官二员,于殿廷考试。每举子一名集赛台,一人看守。汉人、南人试策一道,限一千字以上成。蒙古、色目人,时务策一道,限五百字以上成。

案《元史》,自太宗至世祖,屡议科举,皆未及行。至仁宗皇庆二年(1313 年)十一月,乃下诏以三年八月天下郡县兴其贤者能者充赋有司,次年二月会试京师。则明志所载凡是年以前登第者,皆不足据,郭建初②已辨之矣。今姑仍旧志列于右:

【注释】

①海陵庶人:海陵王完颜亮,金代第四位皇帝。皇统九年(1149 年),年仅 27 岁,弑君称帝,改元天德。正隆六年(1161 年),在瓜洲渡海时被杀。因其凶残暴戾,滥杀无辜,被废为海陵炀王,不久又废为庶人。

②郭建初:郭造卿,字建初,号海岳,福建福清人。岁贡。隆庆初,应好友戚继光之邀,北上蓟镇,编撰《燕史》《永平志》《卢龙塞略》等书。

明

《明会典》:洪武三年(1370 年),诏设科取士,以今年八月为始。直隶府县贡额百人(案:此谓南直隶),北平四十人。永乐三年(1405 年),令北直隶府州县于顺天府乡试。洪熙元年(1425 年),定北京国子监并北直隶共五十名。景泰四年(1453 年),南北直隶各增三十五名。万历五年(1577 年),准各房文字合式者,除正卷外,悉将备卷付礼部,填入副榜。

洪武三年,诏礼部会试额取举人百名。洪熙元年,奏准会试临期请旨,不过百名。正统五年(1440 年),增额为百五十人。十三年(1448 年)以后仍不拘额数。凡士之举于礼部者,以三月朔日御殿而亲试之,谓之殿试。后率以三月十五日,间以他事更日。

洪武十六年(1383 年),奏准天下府州县学岁贡生员各一人。二十一年(1388 年),令府学一年、州学二年、县学三年各贡一人,必性资纯厚,学业有成,年二十以上者,方许。

二十五年(1392年),令府学一年二人、州学二年三人、县学一年一人。正统六年(1441年),令府学一年贡一人、州学三年贡二人、县学二年贡一人,遂为定例。

洪武十八年(1385年),令云南所属学校生员,有成材者,不拘常例,从便选贡(案:此即选拔之始)。

宏[弘]治八年(1495年),奏准自九年起至十三年止,每年该贡一名者,许贡二名;三年该贡二名者,二年许贡三名,二年该贡一名者,每年各贡一名。以后仍照见行例。隆庆二年(1568年),题准将各府州县卫学廪膳生员,不拘食粮浅深,通行考试,务取文行兼优、年力精壮者,府学二人,州县卫学各一人,以充恩贡,俱限本年到部,听翰林院考校。

进　士

景泰

刘宣(辛未①,有传)。

李胜(辛未,永平卫人,河南按察佥事)。

杨福(辛未,永平卫人,官御史)。

天顺

王佐(丁丑②,河南阳武知县)。

成化

萧谦(丙戌③,永平卫人,湖广副使)。

杨祥(丙戌,永平卫人,山西佥事)。

周茂(壬辰④,湖南永州府知府)。

张廷纲(壬辰,永平卫人,有传)。

张秉清(壬辰,永平卫人,历按察司佥事)。

茆钦(戊戌⑤,江西佥事)。

【注释】

①辛未:景泰二年(1451年)。

②丁丑:天顺元年(1457年)。

③丙戌:成化二年(1466年)。

④壬辰:成化八年(1472年)。

⑤戊戌:成化十四年(1478年)。

宏[弘]治

郭经①（丙辰②,河南开封府知府）。

朱鉴（己未③,有传）。

王玥（己未,永平卫人,有传）。

张秉清（壬戌④,永平卫人,历按察司佥事。案:旧志作"山海卫",误）。

【注释】

①郭经:字载道,直隶卢龙县人。弘治九年进士,弘治十一年授上海县（今上海市闵行区）知县。"治尚简易,民安其政。去之日,邑人树碑颂德。"（康熙《上海县志》）。"事简民安,听讼明决,胥吏无隙可窥。时邑有党恶为民患者,经执而杀之,被诬,士民为之讼,得白。以不能阿上官移开封同知去。陈肃撰碑。"（嘉庆《上海县志》）。主修《上海县志》,弘治十七年六月刊刻。弘治十二年任开封府同知,正德三年至五年任河南开封府知府。《明武宗实录》:"正德五年夏四月丙戌朔。丁亥,黜河南开封府知府郭经为民。经为府同知时,尝借用公钱,会查盘御史至,潜令窜去原籍,为其下所发,遂落职。"

②丙辰:弘治九年（1496年）。

③己未:弘治十二年（1499年）。

④壬戌:弘治十五年（1502年）。张秉清,弘治壬戌科第二甲第六十七名进士,张廷纲之子,正德八月正月由湖广武昌府通判升四川按察司佥事。

正德

白麒（丁丑①,永平卫人,山东邱县知县）。

廖自显（辛巳②,有传）。

嘉靖

赵德祐（癸未③,有传）。

李充浊（丙戌④,永平卫人,有传）。

廖际可（壬戌⑤,浙江嘉兴府同知）。

隆庆

王大用（戊辰⑥,东胜卫人,有传）。

万历

韩应庚（丁丑⑦,东胜卫人,有传）。

朱文运（己丑⑧,有传）。

白瑜(乙未⑨,东胜卫人,有传)。

白养粹(甲辰⑩,瑜子,山东兵备参议)。

韩原善(丁未⑪,东胜卫人,有传)。

陈王(廷)[庭](丁未,有传)。

天启

崔及第(乙丑⑫,官行人)。

【注释】

①丁丑:正德十二年(1517年)。

②辛巳:正德十六年(1521年)。

③癸未:嘉靖二年(1523年)。

④丙戌:嘉靖五年(1526年)。

⑤壬戌:嘉靖四十一年(1562年)。

⑥戊辰:隆庆二年(1568年)。

⑦丁丑:万历五年(1577年)。

⑧己丑:万历十七年(1589年)。

⑨乙未:万历二十三年(1595年)。

⑩甲辰:万历三十二年(1604年)。

⑪丁未:万历三十五年(1607年)。

⑫乙丑:天启五年(1625年)。

举 人

永乐

刘哲(戊子①,山西襄垣训导)。

李旺(辛卯②,南直隶潜山县知县)。

赵忠(甲午③,御史,改刑部郎中)。

刘诚(庚子④,工部郎中)。

邵俨(癸卯⑤,陕西右参议)。

臧敬(癸卯)。

任恭(癸卯)。

景泰

谢衷(庚午⑥,永平卫人)。

陈暹(庚午,永平卫人,河南通许知府)。

唐福(庚午,东胜卫人,有传)。

刘宣(庚午,解元,见进士)。

李宽(癸酉⑦,山东齐东知县)。

陶献(癸酉,见进士。案:旧志进士中无此人)。

天顺

谢宁(己卯⑧,永平卫人,河南项城知县)。

【注释】

①戊子:永乐六年(1408年)。

②辛卯:永乐九年(1411年)。

③甲午:永乐十二年(1414年)。

④庚子:永乐十八年(1420年)。

⑤癸卯:永乐二十一年(1423年)。

⑥庚午:景泰元年(1450年)。

⑦癸酉:景泰四年(1453年)。

⑧己卯:天顺三年(1459年)。

成化

李昶(乙酉①,太仆寺少卿)。

马銮(乙酉,永平卫人,山西大同知县)。

印玺(戊子②,永平卫人,南直隶太和知县)。

谢宥(戊子,永平卫人,南直隶亳县知县。今改为州)。

周本(戊子,卢龙卫人,山东济南府同知)。

萧临(辛卯③,永平卫人)。

吕麟(辛卯,卢龙卫人,南直隶凤阳知县)。

郝谦(辛卯,南直隶六安知县。今改州)。

金英(甲午④,永平卫人,兵部员外郎)。

李时(丁酉⑤,永平卫人,有传)。

赵璞(庚子⑥,卢龙卫人,山东蒙阴知县)。

李文盛(庚子,南直隶溧水知县)。

杨东(庚子,东胜卫人,山东商河知县)。

杨润(癸卯⑦,陕西金州知州)。

杨相(癸卯,安定知县)。

朱瑄(癸卯,陕西兴平知县)。

潘魁(癸卯,河南淇县知县)。

宏[弘]治

李桢(己酉[8],永平卫人)。

张秉清(己酉,见进士)。

黄胜(壬子[9],山东沂州训导。今改府)。

周纪(丁卯[10])。

赵溥(己卯[11],山东东阿知县)。

朱鉴(己卯,见进士)。

王萧(甲子[12],永平卫人,陕西淳化知县)。

【注释】

①乙酉:成化元年(1465年)。

②戊子:成化四年(1468年)。

③辛卯:成化七年(1471年)。

④甲午:成化十年(1474年)。

⑤丁酉:成化十三年(1477年)。

⑥庚子:成化十六年(1480年)。

⑦癸卯:成化十九年(1383年)。

⑧己酉:弘治二年(1489年)。

⑨壬子:弘治五年(1492年)。

⑩丁卯:当为"丁巳",弘治十年(1497年)。

⑪己卯:当为"乙卯",弘治八年(1495年)。

⑫甲子:弘治十八年(1504年)。

正德

李宏(癸酉[1],永平卫人,山东参议)。

许廷璋(癸酉,东胜卫人)。

白麒(癸酉,见进士)。

赵(德)[得]祐(己卯[2],见进士)。

廖自显(己卯,见进士)。

嘉靖

纪纶(壬午[3],卢龙卫人,陕西延安府同知)。

朱淳(乙酉④,永平卫人,山东昌邑知县)。

阚杰(乙酉,石州知州)。

李充拙(乙酉,永平卫人,有传)。

李充浊(乙酉,见进士)。

韩梅(戊子⑤,永平卫人,有传)。

胡守仁(戊子,永平卫人)。

邵鹤年(戊子,山西岢岚知县)。

李一致(丁酉⑥)。

廖献可(癸卯⑦,山东即墨知县)。

茆世亨(癸卯,易州知县)。

廖际可(己酉⑧,见进士)。

王大用(甲子⑨,见进士)。

隆庆

韩应奎(庚午⑩,东胜卫人,有传)。

【注释】

①癸酉:正德八年(1513年)。

②己卯:正德十四年(1519年)。

③壬午:嘉靖元年(1522年)。

④乙酉:嘉靖四年(1525年)。

⑤戊子:嘉靖七年(1528年)。

⑥丁酉:嘉靖十六年(1537年)。

⑦癸卯:嘉靖二十二年(1543年)。

⑧己酉:嘉靖二十八年(1549年)。

⑨甲子:嘉靖四十三年(1564年)。

⑩庚午:隆庆四年(1570年)。

万历

李汝茂(癸酉①)。

韩应庚(庚子②,见进士)。

朱文运(己卯③,见进士)。

崔凤雏(壬午④,东胜卫人,河南巩县知县、荆州府通判)。

白瑜(乙酉⑤,见进士)。

薛三(柱)[桂](庚子⑥,有传)。

白养粹(癸卯⑦,见进士)。

陈王庭(丙午⑧,见进士)。

韩原善(丙午,见进士)。

廖从周(乙卯⑨,教谕)。

天启

崔启亨(甲子⑩)。

崔及第(甲子,见进士)。

崇正[祯]

管声(杨)[扬](己卯⑪,有传)。

【注释】

①癸酉:万历元年(1573 年)。

②庚子:当为"庚午",隆庆四年(1570 年)。

③己卯:万历七年(1579 年)。

④壬午:万历十年(1582 年)。

⑤乙酉:万历十三年(1585 年)。

⑥庚子:万历二十八年(1600 年)。

⑦癸卯:万历三十一年(1603 年)。

⑧丙午:万历三十四年(1606 年)。

⑨乙卯:万历四十三年(1615 年)。

⑩甲子:天启四年(1624 年)。

⑪己卯:崇祯十二年(1639 年)。

贡　生

马毅(浙江奉化知县)。

李举(湖南宁乡知县)。

王佐(浙江瑞安知县)。

姚善(永平卫人,山东武定州学正)。

李玉(河南襄城县丞)。

龙震(永平卫人,甘肃庆阳府同知)。

安远(永平卫人,山西河津知县)。

蒋泰(永平卫人)。

赵定（山东临邑知县）。

杨瑛（永平卫人）。

骆胜（永平卫人，山东济宁州吏目）。

殷玘（永平卫人）。

朱珲（任邱训导）。

傅荣（东胜卫人，山东鱼台训导）。

陈磁（永平卫人，陕西岐山主簿）。

邵瑄（山东朝城知县）。

李旺（山西太谷知县）。

张凤

朱杰（永平卫人，知县）。

叶华（知县）。

张昂（永平卫人）。

谢寰（永平人）。

冯安（永平卫人）。

宋景（卢龙卫人，训导）。

俞能（永平卫人，训导）。

王璋

孙宏（永平卫人）。

吕鼎（冠县教谕）。

靳鸾（东胜卫人，教谕）。

张宁（训导）。

张敏

方珍（训导）。

许禄（训导）。

范孔贤（河南巩县教谕）。

王闰

刘儒（训导）。

钱胜（永平卫人）。

俞熊（永平卫人，教谕）。

吕贤（山西忻州学正）。

刘璧（教谕）。

王宗（训导）。

杨淳（永平卫人）。

瞿临(训导)。

俞璋(训导)。

刘经(教授)。

吕辅(训导)。

张阳(教授)。

朱瑾(永平卫人,河南武陵知县)。

张待

邵岳

徐廷璋(训导)。

傅良弼(检校)。

李景(训导)。

谢泾(永平卫人)。

朱鉴之(永平卫人,河南温县县丞)。

靳泽(东胜卫人,主簿)。

李思睿(永平卫人,山西大同知县)。

胡铉(永平卫人,山东博兴主簿)。

唐駉(东胜卫人,山东汶上教谕)。

王浩(东胜卫人,四川江安知县)。

潘安

罗乔(东胜卫人,学正)。

杨昆(永平卫人,教谕)。

唐采(东胜卫人,州判)。

杨继恩(东胜卫人)。

张思直(永平卫人,教谕)。

胡江(永平卫人,山东蓬莱教谕)。

陈悉(永平卫人)。

杨萧(永平卫人,山东新泰训导)。

唐寅(东胜卫人,山西屯留知县)。

王须用(兴州卫人)。

吕鹏(河南原武教谕)。

吴蒸(永平卫人,训导)。

朱侣(山东肥城训导)。

赵英(永平卫人)。

张维吉(兴州卫人,山西泽州训导)。

李举（直隶大兴主簿）。

戴擢（兴州卫人，河南河内训导）。

杨守和（卢龙卫人，主簿）。

谢恩（兴州卫人，山东历城教谕）。

李充升（卢龙卫人）。

卢伟（东胜卫人）。

刘天禄（教授）。

胡朴（永平卫人，教授）。

陆纶（卢龙卫人，山东青州府训导）。

杨守忠（山东兖州府教谕）。

程贞（兴州卫人，山西朔州训导）。

侯泽（永平卫人）。

谢塘（永平卫人，教谕）。

王应鸾（永平卫人，山东莱州训导）。

潘国栋（东胜卫人，山东淄川训导）。

杨济（永平卫人，河南辉县教谕）。

杨坡（辽东盖州训导）。

白相（辽东辽阳训导）。

彭述古（卢龙卫人，卢龙训导）。

曹一新（训导）。

周宦（兴州卫人，辽东金州学正）。

李瀹（永平卫人，山东郯城知县）。

唐承光（东胜卫人，山东昌乐知县）。

俞志定（永平卫人，山东齐河训导）。

李守平（永平卫人，江南海州学正）。

陈一正（永平卫人，山西岢岚学正）。

程蓄德（河南嵩县教谕）。

宋德正（山东郓城训导）。

李子敬（永平卫人，山西闻喜训导）。

唐守（东胜卫人，湖广衡州府推官）。

李充道（东胜卫人，山西应州训导）。

朱大鼎（永平卫人）。

张彦中（密云教谕）。

韦维翰（兴州卫人，辽东铁岭训导）。

严锜(江南兴化教谕)。

朱友仁(永平卫人,辽东金州训导)。

韩继仁(永平卫人,辽东金州卫训导)。

韩珏(永平卫人)。

唐承先(东胜卫人,赞皇教谕)。

李鉴(永平卫人,训导)。

朱子恭(永平卫人,昌平州训导)。

韩继忠(永平卫人,沧州训导)。

韩师范(永平卫人)。

曾耿麟(永平卫人,大名府训导)。

李承福(南直隶徐州学正)。

罗文达(东胜卫人)。

李可培(承福子,陕西两当知县)。

赵安国

卜永清(东胜卫人)。

卜文显(东胜卫人)。

王连泰(东胜卫人,湖广安陆府知事)。

刘廷讲(河南武安主簿)。

葛攀凤(永平卫人,江南保安训导)。

沈国光

卜运昌(东胜卫人,有传)。

崔元吉

卜文炷(东胜卫人,直隶任邱教谕)。

姚时俊

赵际可

杜蔚然

许有勋

郝鹤宇

曾继儒

穆显谟(湖广咸宁县丞)。

(以上俱府学)

苏实(太仆寺丞)。

任豫(山西襄陵县丞)。

刘侃(河南卫辉府经历)。

甄显(福建建宁府照磨)。

张杲(通政司经历)。

王礼(官至御史)。

刘本(陕西澄州知县)。

刘恭(工部郎中)。

国用(山东佥事)。

郝深(鸿胪寺序班)。

贾昇(陕西神木知县)。

宋铎(知县)。

陈英(山西解州州同)。

王煊(鸿胪寺序班)。

张璧(临洮府推官)。

蒋荣

王昺(河南彰德府知县)。

王翔(河南中牟县丞)。

邵光(腾骧卫经历)。

乐恕(山东德平主簿)。

解宽(河南兰阳主簿)。

朱昭(山东金乡知县)。

顾本(福建延平府知事)。

陈卤(山西蒲州州判)。

张溥(浙江杭州府知事)。

邢端(鸿胪寺序班)。

柏茂(河南遂平知县)。

李诚(浙江严州府照磨)。

庞恕(浙江秀水主簿)。

王道(陕西安定知县)。

刘恭

李雍(石头港巡检)。

郑杰(陕西绥德州州同)。

郝清(江南灵璧县丞)。

景源(河南阳武知县)。

郑广(陕西醴泉县知县)。

萧英(辽东义州卫经历)。

贾瑄(山东滕县知县)。

窦广(山东鱼台县丞)。

刘仲钦(陕西按察司照磨)。

周瑀

董胜(晋府教授)。

张敩

王玉(山东[河北]馆陶知县)。

胡忠(山东青城主簿)。

彭铭(山西安邑主簿)。

李正

李信(晋府教授)。

杜祥(山东堂邑训导)。

韦安

张纯

时恭(河南怀庆府训导)。

薛钦

王深

岳寿

张纶

刘锐(教授)。

杨昇

王博(知事)。

苗盛(照磨)。

杨滋(知县)。

沈秀(浙江秀水教谕)。

胡渊(教授)。

徐英(县丞)。

冯恭(训导)。

李龙(教谕)。

刘金(教谕)。

郑麟(主簿)。

易鸾(教谕)。

孟熊(训导)。

薛纯（州判）。

李纯（县丞）。

李永寿（县丞）。

岳镇（县丞）。

郑时（主簿）。

杨存性

邵骥（训导）。

张源

王阎

胡梁

窦崇德

王登之

牛仲贤（训导）。

刘经（经历）。

李一方（训导）。

朱朝用

李芳春（吏目）。

萧永常

白凤（教谕）。

刘雄（训导）。

刘纶（教谕）。

俞天爵（训导）。

茹一蒙

高秉清

冯国相（训导）。

鲁东山（训导）。

石声（州同）。

柏友松（训导）。

张思聪（训导）。

韩应箕（见封爵）。

朱正颜（训导）。

陈三策（训导）。

石璞

张文华（教谕）。

魏凤鸣

程宝

陆鉴（辽东铁岭卫训导）。

王汝器（南皮训导）。

吕登州

刘礼（训导）。

杨尔俊（卢龙卫人，广西思恩州州同）。

钱青选（卢龙卫人）。

李崇德（房山教谕）。

张邦治（正定府教授）。

方从矩（顺天训导）。

李鸣时（山东荏平教谕）。

王汝成

白珩（甘肃环县知县）。

丁应时

张良贵

刘注清

周鸣凤（保定府教授）。

崔启亨（选拔，见举人）。

杨熠

康兆民（选拔，南直隶安庆府同知）。

冯景运

李发先

朱爱民（陕西郃阳训导）。

李本实（河南泌阳训导）。

赵宸（河南永宁知县）。

赵鸣雷

罗拱极（新城训导）。

石光斗（河南光山主簿）。

黄巷

陈燮元

李先培（江南丹阳训导）。

万代清（拔贡，河南州判，复选郓城知县）。

（以上卢龙县学）

清

《清会典》：顺治元年（1644年），诏以二年秋八月举行乡试①，三年二月举行会试②，四月初一日殿试③，初五日传胪④。顺天乡试中式一百六十人名内，直隶生员贝字号⑤一百十五名，北监生皿字号四十八名。试卷文理优长，限于额数者，取作副榜，与正榜同发。康熙元年（1662年）停止副榜，十一年（1672年）议准，每正榜中额五名，设副榜中额一名。

顺治三年（1646年）丙戌会试，奉旨首科人文宜广，准中四百名，四年中三百名，九年中四百名，分南北中卷。十五年顾准定额一百五十名（案：此后增减不一。今各省额数多寡临期请旨）。雍正九年（1731年）会试改于三月举行，著为例。

顺治元年恩诏，直省府州县学均以本年正贡改为恩贡，次贡改为正贡。又谕：首举选贡抡才盛典，准先行岁考，补足廪生，以拔其（尤）［优］。顺天府特贡六人，每府学贡二人，州县学各贡一人，如有拔萃奇才，特疏荐举。康熙三十九年（1700年）议准，选拔之年以陪贡充，停止选拔。六十一年（1722年）选拔一次。雍正五年（1727年）谕拔贡旧例，十二年举行一次，嗣后六年选拔一次。乾隆七年（1742年）以六年为期太近，仍复十二年之例。

顺治二年定顺天乡试副榜五十五名，增附准作贡监、廪生及恩拔岁贡、贡监，俱免其坐监，即与廷试贡生廷试，以三月十五日吏、礼二部官同翰林院官赴内院阅卷序次。三年题准四月十五日廷试，又准府州县学，不拘廪增附生，将文行兼优者，大学起送二人，小学一人入监读书，名为贡监（案：此即优贡、优监）。

康熙二十三年（1684年），覆准直省岁贡，概免来京廷试，著各学政挨序考准，咨部补授训导，捐纳岁贡亦听验看考选。

顺治初定，辽东十五学寄设永平府，于都司学设教官一员，兼管自在、沈阳、铁岭、开原四学；于宁远学设教官一员，兼管前屯、锦州、义州、右屯四学；于广宁学设教官一员，兼管永宁、海城、盖、平、定右卫五学。其复州、金州二卫学附入山东莱州府，置教官二员。五年改设辽学于永平，留辽学教官一员，其余永平二员及山东莱州二员俱裁。十一年设辽阳府学，其永平府辽学生员俱归辽阳肄业。

光绪二十七年（1901年）上谕：文科取士，考试策论，停止八股。三十三年（1907年）停止科举，凡士子出身，均须学堂毕业。

【注释】

①乡试：科举时代的省级考试。直隶省及顺天府在顺天府举行，因而称之为顺天乡试。每三年一次。乡试中式者称为"举人"，可以参加次年春季在京城举行的礼部会试。举人第一名称"解元"，第二名称"亚元"，第三、四、五名称"经魁"，第六名称"亚魁"。

②会试：各省举人参加的由礼部主持的全国考试，中式者称为"贡士"，第一名称为

"会元"。

③殿试:会试中式后,参加由皇帝或者委托大臣主持的最高级别考试,因在皇宫(明代在太和殿,清代在保和殿)举行,故称殿试。殿试中式者方称"进士"。第一甲进士前三名由皇帝钦点,第一名称为状元,第二名称为榜眼,第三名称为探花,赐进士及第。状元授翰林院修撰(从六品),榜眼、探花授翰林院编修(正七品)。第二甲若干名,因年代不同,人数不一,赐进士出身,第二甲第一名称"传胪"。二甲进士成绩优异者选为翰林院庶吉士,深造三年,散官后授予六部、科道官职。第三甲若干名,赐同进士出身,一般外放府州县任职。

④传胪:科举制度中,殿试以后两天,皇帝在太和殿召见新考中的进士,宣布登第进士姓名、名次,叫做传胪。

⑤贝字号:清代北闱乡试朱卷,以满、蒙编为"满"字号,汉军编为"合"字号,贡监生编为"皿"字号,直隶编为"贝"字号。

进　士

康熙

翁叔元①(丙辰,永平卫人,刑部尚书)。

蔡珽(丁丑②,旗籍,有传)。

王珍(丙戌③,山海卫教授)。

朱逢遴(己丑④,河南府教授)。

翟正经(壬辰⑤,河南建平知县)。

李(械)[鏚](辛丑⑥,有传)。

【注释】

①翁叔元:原名缠,字宝林,号静乡、铁庵,江南苏州府常熟人。顺治十八年夏,清廷将上年奏销有未完钱粮的江南苏州、松江、常州、镇江四府并溧阳一县的官绅士子万三千余人全部黜革,韩菼、翁叔元几被迫自杀。康熙八年,蒋超督顺天学,翁叔元冒永平籍投考,为超所录。康熙十五年三月,翁叔元考中第一甲第三名进士(探花),授翰林院编修。康熙十七年,任山东乡试主考官。康熙十八年,奉命编修《明史》。康熙二十二年四月,以右春坊赞善充日讲起居注官。历任侍讲、侍读、国子监祭酒、翰林院侍讲学士。康熙二十六年任詹师傅少詹事、内阁学士、礼部侍郎。康熙二十七年,升吏部右侍郎兼经筵讲官,转左侍郎,迁工部尚书。康熙二十八年,以病乞休。康熙三十一年改任刑部尚书兼经筵讲官。康熙三十六年以原品休致。《清史稿》有传。

②丁丑:康熙三十六年(1697年)。

③丙戌:康熙四十五年(1706年)。

④己丑:康熙四十八年(1709年)。

⑤壬辰:康熙五十一年(1712年)。

⑥辛丑:康熙六十年(1721年)。李械,康熙六十年辛丑科殿试金榜第二甲第十三名作"李咸",举人作"李鍼"。清朱汝珍辑《词林辑略》载:李咸,原名"李鍼"。

雍正

傅齐贤(庚戌①)。

乾隆

辛大成(丙戌②,有传)。

赵桐(己丑③,沙河训导)。

蒋第(癸丑④,山东武定府知府)。

蒋瀜(乙卯⑤,奉天府教授)。

嘉庆

王鋆(乙丑⑥,正定府教授)。

蒋策(乙丑,四川重庆府知府)。

赵光祖(甲戌⑦,云南布政司)。

【注释】

①庚戌:雍正八年(1730年)。

②丙戌:乾隆三十一年(1766年)。

③己丑:乾隆三十四年(1769年)。

④癸丑:乾隆五十八年(1793年)。

⑤乙卯:乾隆六十年(1795年)。

⑥乙丑:嘉庆十年(1805年)。

⑦甲戌:嘉庆十九年(1814年)。

道光

高龙跃(丙戌①,山东郓城县知县)。

马宗闵(戊戌②,山西万泉知县)。

阎廷(珮)[佩](甲辰③,有传)。

傅观海(庚戌④,山东盐运使)。

同治

张镔(乙丑⑤,河南叶县知县)。

张旭东(甲戌⑥,选昌图府教授)。

光绪

王弼藩(丙子⑦,广西候补知县)。

【注释】

①丙戌:道光六年(1826 年)。

②戊戌:道光十八年(1838 年)。

③甲辰:道光二十四年(1844 年)。

④庚戌:道光三十年(1850 年)。

⑤乙丑:同治四年(1865 年)。

⑥甲戌:同治十三年(1874 年)。

⑦丙子:光绪二年(1876 年)。

举　人

顺治

朱尔怡(庚子①,奉天籍山东沂水知事)。

康熙

沈锡眉(丙午②,卢龙卫人)。

周之桢(己酉③,永平卫人,直隶景州学正)。

蔡珍(壬子④,旗籍,有传)。

翁叔元(壬子,见进士)。

李沛(壬子,永平卫人)。

卢丹(丁卯⑤,永平卫人,赤城县教谕)。

王家桢(丁卯,永平卫人)。

武克相(庚午⑥,易州学正)。

蔡斑(癸酉⑦,见进士)。

王佩(癸酉)。

翟正经(癸酉)。

管名标(丙子⑧,声扬孙)。

岂维讷(丙子)。

朱廷遴(己卯⑨,见进士)。

王珍(乙酉⑩,见进士)。

董准(戊子⑪)。

龚严(辛卯⑫,深泽教谕)。

李本洁(癸巳⑬,有传)。

项道兴(癸巳)。

龚师胜(癸巳,陕西武功知县)。

李鍼(庚子⑭,见进士)。

陈坦(庚子)。

阮文标(庚子)。

【注释】

①庚子:顺治十七年(1660年)。

②丙午:康熙六年(1666年)。

③己酉:康熙八年(1669年)。

④壬子:康熙十一年(1672年)。

⑤丁卯:康熙二十六年(1687年)。

⑥庚午:康熙二十九年(1690年)。

⑦癸酉:康熙三十二年(1693年)。

⑧丙子:康熙三十五年(1696年)。

⑨己卯:康熙三十八年(1699年)。

⑩乙酉:康熙四十四年(1705年)。

⑪戊子:康熙四十七年(1708年)。

⑫辛卯:康熙五十年(1711年)。

⑬癸巳:康熙五十二年(1713年)。

⑭庚子:康熙五十九年(1720年)。

雍正

杨鲁(癸卯①)。

何泓(癸卯)。

赵襄(甲辰②)。

王启文(甲辰,河南商城知县)。

傅齐贤(丙午③,见进士)。

翟彬(丙午,怀来县教谕)。

张玬(己卯④)。

邢希先(己卯,宁远学正)。

【注释】

①癸卯:雍正元年(1723 年)。

②甲辰:雍正二年(1724 年)。

③丙午:雍正四年(1726 年)。

④己卯:误,当为"乙卯",雍正十三年(1735 年)。

乾隆

蒋兴仁(戊子①)。

刘学健(辛酉②,平乡训导)。

李其溥(辛酉)。

阮谔(辛酉)。

李文沛(丁卯③)。

岳琰(丁卯,铁岭训导)。

何之杞(丁卯)。

岂非伟(庚午④)。

李秉佶(庚午,永年县教谕)。

薛佩兰(丙子⑤,甘肃正宁县知县)。

李其沛(丙子)。

薛国琮(己卯⑥,遵化州训导、山西乐平知县)。

王焯(庚辰⑦,山东知县)。

赵桐(庚辰,见进士)。

李法(庚寅⑧,安徽合肥知县)。

李源(壬午⑨)。

辛大成(壬午,见进士)。

孟炽(壬午,汉军旗籍,广东盐运使)。

朱维钟(戊子⑩)。

蒋槠(庚寅⑪)。

王坊(庚寅,广东知县)。

项郁文(辛卯⑫,河间献县教谕)。

张琴(己亥⑬,有传)。

王燕(庚子⑭,有传)。

王增(庚子,国子监典簿)。

王銎(甲寅⑮)。

蒋瀜(戊申⑯,见进士)。

蒋策(丙子⑰,见进士)。

蒋第(壬子⑱,见进士)。

【注释】

①戊子:系排印错误,当为"戊午",乾隆三年(1738 年)。

②辛酉:乾隆六年(1741 年)。

③丁卯:乾隆十二年(1747 年)。

④庚午:乾隆十五年(1750 年)。

⑤丙子:乾隆二十一年(1756 年)。

⑥己卯:乾隆二十四年(1759 年)。

⑦庚辰:乾隆二十五年(1760 年)。

⑧庚寅:印刷错误,当是"庚辰"。

⑨壬午:乾隆二十七年(1762 年)。

⑩戊子:乾隆三十三年(1768 年)。

⑪庚寅:乾隆三十五年(1770 年)。

⑫辛卯:乾隆三十六年(1771 年)。

⑬己亥:乾隆四十四年(1779 年)。

⑭庚子:乾隆四十五年(1780 年)。

⑮甲寅:印刷错误,当是"甲辰",乾隆四十九年(1784 年)。

⑯戊申:乾隆五十三年(1788 年)。

⑰丙子:印刷错误,当是"丙午",乾隆五十一年(1786 年)。

⑱壬子:乾隆五十七年(1792 年)。

嘉庆

王显烈(戊午①)。

唱学涵(戊午)。

王域(戊午)。

于深(辛酉②)。

唱天职(辛酉)。

侍景(丁卯③,满城教谕)。

王垲(丁卯)。

王锺瑛(丁卯)。

王锡朋(癸酉④)。

赵光祖(癸酉,见进士)。

马宗闵(丙子⑤,见进士)。

薛珊(己卯⑥)。

【注释】

①戊午:嘉庆三年(1798)。

②辛酉:嘉庆六年(1801年)。

③丁卯:嘉庆十二年(1807年)。

④癸酉:嘉庆十八年(1813年)。

⑤丙子:嘉庆二十一年(1816年)。

⑥己卯:嘉庆二十四年(1819年)。

道光

李汉云(壬午①)。

高龙跃(壬午,见进士)。

马宗沂(乙酉②,邢台县教谕)。

傅观海(辛卯③,见进士)。

阎德峻(辛卯)。

何恒(壬辰④,福建闽清县知县)。

薛安仁(壬辰,奉天复州学正)。

李汶(甲午科⑤)。

罗耀先(壬辰,山东莱阳陵县知县,署平度州知州)。

王世清(甲午,天津县教谕)。

童柱(丁酉⑥)。

王恩浩(丁酉)。

王汝舟(己亥⑦,奉天广宁教谕)。

蒋树森(己亥,通州训导)。

阎廷珮(癸卯⑧,见进士)。

朱荣五(癸卯)。

高济清(癸卯)。

李柬(甲辰⑨,有传)。

谢永泰(丙午⑩,安徽黟县知县)。

王龙光(丙午,河南候补知县)。

【注释】

①壬午:道光二年(1822 年)。

②乙酉:道光四年(1824 年)。

③辛卯:道光十一年(1831 年)。

④壬辰:道光十二年(1832 年)。

⑤甲午科:道光十四年(1834 年)。

⑥丁酉:道光十七年(1837 年)。

⑦己亥:道光十九年(1839 年)。

⑧癸卯:道光二十三年(1843 年)。

⑨甲辰:道光二十四年(1844 年)。

⑩丙午:道光二十六年(1846 年)。

咸丰

李淇(癸丑科①)。

王铭德(辛亥②,宁远州学正)。

陈梦龄(壬子③,清丰县教谕)。

何椿(壬子)。

张旭东(壬子,见进士)。

张广益(乙卯④)。

程维垣(己未⑤,平乡县训导)。

朱克勤(己未,福建候补知县)。

高擢(辛酉⑥)。

【注释】

①癸丑科:咸丰三年(1853 年)。

②辛亥:咸丰元年(1851 年)。顺序颠倒。

③壬子:咸丰二年(1852 年)。

④乙卯:咸丰五年(1855 年)。

⑤己未:咸丰九年(1859 年)。

⑥辛酉:咸丰十一年(1861 年)。

同治

刘青山(壬戌①)。

朱昌时(壬戌)。

张镔(壬戌,见进士)。

王弼藩(甲子②解元,见进士)。

邢济民(丁卯③)。

王琦藩(丁卯)。

商天爵(丁卯)。

张鸣谦(庚午④)。

翟省三(庚午)。

马宗允(癸酉⑤)。

张鸣泰(壬戌科⑥举人,戊辰科⑦进士,殿试二甲,翰林院庶吉士,甲戌科⑧补行,散馆⑨,以知县选拔云南大理府云南县知事,于光绪元年到任,历官云南宜良、蒙自、昆明等县,普洱府分防思茅抚彝府同知,元江直隶州知州,普洱府知府,兼护迤南兵备道,光绪十九年在任病故)。

【注释】

①壬戌:同治元年(1862 年)。

②甲子:同治三年(1864 年)。解元,乡试第一名举人。

③丁卯:同治六年(1867 年)。

④庚午:同治九年(1870 年)。

⑤癸酉:同治十二年(1873 年)。

⑥壬戌科:同治元年。

⑦戊辰科:同治七年(1868 年)。

⑧甲戌科:同治十三年(1874 年)。

⑨散馆:清代从进士中选取一部分成绩优良者,作为庶吉士,到翰林院进修三年,学习期满后结业,称散馆。

光绪

翟奉三(乙亥①)。

王光藩(丙子②)。

王定清(丙子)。

王宝枢(丁酉③,东光县教谕)。

王采珊(丁酉科)。

王嵩麟(甲午恩科④,宣统元年检选,考取二等,分发山东,署理平度州州同)。

王三让(己丑科⑤)。

李兰亭(癸巳科⑥)。

李树楠(癸卯⑦,广西荔浦等县知县)。

(以上举人)

【注释】

①乙亥:光绪元年(1875 年)。

②丙子:光绪二年(1876 年)。

③丁酉:光绪二十三年(1897 年)。

④甲午恩科:光绪二十年(1894 年)。

⑤己丑:光绪十五年(1889 年)。

⑥癸巳:光绪十九年(1893 年)。

⑦癸卯:光绪二十九年(1903 年)。

贡　生

韩鼎业(东胜卫人)。

袁起鹏

刘以隆(永平卫人)。

姚乐尧(永平卫人)。

鲁颖(永平卫人,恩贡)。

朱庄

董铣(永平卫人,中书)。

马玉聪(永平卫人)。

李挺秀(永平卫人)。

董钜(永平卫人,山西潞城知县)。

余大知(永平卫人,选拔)。

孙琮(永平卫人,陕西武功知县)。

郑㻛(永平卫人,江南常熟知县)。

董锟(永平卫人,永清教谕)。

于元徵(天津府教授)。

马允兴(永平卫人)。

刘镗德(永平卫人)。

刘帜(永平卫人)。

董燐(永平卫人,选拔)。

刘治(永平卫人)。

葛耀辰(永平卫人)。

李儒英

阮文标(选拔)。

姜昌龄

孙能恭(永平卫人)。

徐麟生

陈谔

赵朴(永平卫人)。

韩振文(兴州卫人)。

董汤(永平卫人)。

韩毓萲(岁贡)。

龚永清(恩贡)。

毛学泗(岁贡)。

(以上府学)

崔维嵘(清丰知县,有传)。

宋五聚(山东平原知县)。

刘士谟(安徽怀宁知县)。

任三元(武清训导)。

翟凤翥(平山训导,有传)。

王大徵

冯华翰

李虞龙

刘疏泗(见举人)。

李炜然(云南江川知县,有传)。

穆国谟(江西弋阳知县)。

张奇勋(甘肃平凉知县)。

张锺英(福建知府,有传)。

姚时茂(江南淮安府通判)。

姚时盛(浙江温州府通判)。

姚时起(山西大同府同知)。

严文炳(山西岚县知县)。

张其则(福建清源知县)。

高士模(浙江淳安知县)。

杨世俊(高阳训导)。

李锦(顺天大兴知县)。

刘之鼐

孙之隽

白素

孙翊

董熙臣

高拱极

张大壮

冯圣祚

王鼐

王来聘

宋嘉宾

赵捷

郝光祚

王弼

李震

李际春

赵怡（东安训导）。

李际亨

刘德邵

宋国柱

王杞（副榜）。

杨琳（副榜）。

于深（副榜）。

贺梅（恩赐副榜）。

孟际亨（副榜）。

王铭新（副榜）。

伦魁甲（副榜）。

阎廷珮（副榜）。

秦天爵（副榜）。

李廉善（恩赐副榜）。

王宝贤（副贡）。

何凌云（由拔贡中副榜）。

韩冠英（副榜）。

傅霖（副榜）。

马宗允（副榜）。

薛继武(副榜)。

张星煌(选拔,山东东昌府同知,有传)。

阮玉振(选拔)。

王基文(选拔)。

张可成(选拔,阜城教谕)。

王珍(选拔,副榜)。

李蓬(拔贡,容城教谕)。

赵克鲁(拔贡)。

刘学健(拔贡)。

马兆文(拔贡)。

袁世臣(拔贡)。

傅廷鉴(拔贡)。

王堃(拔贡)。

高龙跃(拔贡)。

蒋大森(拔贡)。

朱荣五(拔贡)。

赵维飏(拔贡)。

薛继畲(拔贡)。

王显祖(恩贡,举乡饮宾)。

刘光远(恩贡)。

高贞(恩贡)。

岂与先(拔贡)。

李忠(恩贡)。

张子民(恩贡)。

马兆易(恩贡)。

邢廷敷(恩贡)。

田怀德(恩贡)。

赵克显(恩贡)。

孟丕义(恩贡)。

李廷杞(恩贡)。

周廷柱(恩贡)。

田雯郁(恩贡)。

武启基(恩贡)。

王锺泗(恩贡)。

方永清(恩贡)。

吴荫杓(恩贡)。

王卿(恩贡)。

马象乾(恩贡)。

丁绍祖(恩贡)。

赵继祖(恩贡)。

王德普(恩贡)。

吴荫柏(恩贡)。

何际隆(恩贡)。

李际春(恩贡)。

郭友棠(恩贡)。

张克勤(岁贡)。

白纯修(岁贡)。

刘炳辰(岁贡)。

张宗孔(岁贡)。

孙彦(岁贡,内邱训导)。

许国用(岁贡)。

陈际隆(岁贡,浙江金华县丞)。

汪淑旦(岁贡)。

汪与临(岁贡)。

毛天翀(岁贡)。

王栋(岁贡)。

马图(岁贡)。

王廷玺(岁贡)。

刘亮宣(岁贡)。

俞炳(岁贡)。

伦文(岁贡)。

周孝德(岁贡)。

耿良臣(岁贡)。

李本深(岁贡)。

汪子顷(岁贡)。

李如杞(岁贡)。

赵珩(岁贡)。

王硕彦(岁贡)。

胡俊（岁贡）。

刘家淑（岁贡）。

岂维文（岁贡）。

翟彧（岁贡）。

郭越（岁贡）。

田尹（岁贡）。

朱廷鼎（岁贡）。

岂非雄（岁贡）。

翟赐书（岁贡）。

王淳（岁贡）。

王宷（岁贡）。

王世淳（岁贡）。

罗熙（岁贡）。

姚士鹏（岁贡）。

李德音（岁贡）。

高世倬（岁贡）。

周铨（岁贡）。

岂非果（岁贡）。

朱摺（岁贡）。

唱阳春（岁贡）。

蒋昉（岁贡）。

赵霖（岁贡）。

王进士（岁贡）。

秦声远（岁贡）。

李美（岁贡）。

张寓（岁贡）。

马廷琬（岁贡）。

李廷鸾（岁贡）。

朱士荃（岁贡）。

解心解（岁贡）。

姚延禧（岁贡）。

李德建（岁贡）。

阎会一（岁贡）。

曹际昌（岁贡）。

王祚杰(岁贡)。

朱士骏(岁贡)。

李枢(岁贡)。

李永照(岁贡)。

高可群(岁贡)。

赵魁生(岁贡)。

张仲星(岁贡)。

安培甲(岁贡)。

吴景闻(岁贡)。

安培因(岁贡)。

韩如淦(岁贡)。

唱天爵(岁贡)。

李维新(岁贡)。

马銮(岁贡)。

王维咸(岁贡)。

赵睿生(岁贡)。

张士骏(岁贡)。

何如澜(岁贡)。

姚荫棠(岁贡)。

何棣(岁贡)。

王维绪(岁贡)。

何元海(岁贡)。

安清彦(岁贡)。

赵文中(岁贡)。

管世清(岁贡)。

王淋皋(岁贡)。

温子引(岁贡)。

童绍祖(岁贡)。

卫定中(岁贡)。

王寿椿(岁贡)。

翟挐(岁贡)。

王翌清(岁贡)。

王铭振(岁贡)。

王宝三(岁贡)。

阎廷琥(岁贡)。

何惠霖(字迪吉,光绪壬午科恩进士[1],候选训导)。

何凌云(字霭卿,同治癸酉科[2]选拔文元,候选训导)。

张子奇(字珍圃,光绪癸巳[3]恩贡生,候选直隶州判)。

贡茂棠(光绪乙酉[4]廪生,宣统己酉[5]恩贡)。

张汝梅(光绪乙酉廪生,宣统戊申[6]贡生)。

唐荣第(光绪丁酉科[7]拔贡,吉林饶河县知事,国务院存记简任职任用)。

王锦城

王荣第

王鸿业

王之藩

王棻森

王墉

李毓元

李为楹

李秉铎

郭兰芳

王淋溥

王为藩

郭辉先

王荫枚

孙忠爱

窦桂芳

窦桂灵

王荫柏

王果有

王烺元

(以上卢龙县学)

【注释】

①光绪壬午科恩进士:光绪八年(1882年)恩贡。恩贡,岁贡的别称。

②同治癸酉科:同治十年(1873年)。文元,岁贡第一名。

③光绪癸巳:光绪十九年,1893年。

④光绪乙酉:光绪十一年,1885年。

⑤宣统乙酉:宣统元年,1909年。

⑥宣统戊申:误,当为"光绪戊申",光绪三十四年,1908 年。

⑦光绪丁酉:光绪二十三年,1897 年。

民国

中学以上毕业

史炳堼(北京法政专门)。

史可箴(北京法政专门)。

商起尹(北京法政专门)。

王寿培(天津北洋大学)。

宋贤(法政大学)。

孟昭原(天津工业专门)。

王竹林(燕京大学,现肄业美国西北大学)。

王炳南(师范大学)。

王士林(齐鲁大学)。

周予洁(日本东京帝国大学)。

张廷锐(北洋师范大学)。

卢龙县志卷十五

选 举 （武科）

明

《明会典》：正统时，两京并建，武学设教授、训导，品级、俸廪如京府儒学之制，边徼亦建学设官，为武库司掌行武学，乡试名数照顺天文举一百三十五名，不许过多。

《续文献通考》：凡遇子、午、卯、酉十月武举乡试，次年四月初九日会试。嘉靖十七年（1538 年）议于秋九月举行，永为遵守。

《事物原会》：《通鉴》：宋时原有武科及武殿试，自神宗、哲宗以至元时已废。迨明成化始复武举、武进士。崇正[祯]辛未科（四年，1631 年）始复武殿试。《香祖笔记》云：武会试旧无廷对、胪传之例，有之自明末①，终从考官方逢年之请也。

【注释】

①明末：崇祯四年武状元王来聘，榜眼翁英，探花张载庚。《崇祯长编》："崇祯四年八月庚申，谕武举试艺毋专取文藻，兵部复试武举奏，技勇多不称。改命侍讲方逢年、编修倪元璐复试。"《明史·选举志》："崇祯四年，武会试榜发，论者大哗。帝命中允方逢年、倪元璐再试，取翁英等百二十人。逢年、元璐以时方需才，奏请殿试传胪，悉如文例。乃赐王来聘等及第、出身有差。武举殿试自此始也。"

武进士

嘉靖

陆桢（戊戌①，东胜卫百户）。

司纶（戊戌，永平卫人）。

徐惠(丁未②,卢龙卫百户)。

李承芳(丁未,卢龙卫百户)。

李恩(庚戌③,东胜卫百户)。

隆庆

郭应坤(辛未④,卢龙卫舍人)。

李逢时(辛未,永平卫指挥,阶文参将)。

万历

王维新(甲戌⑤,忠义卫人)。

张世忠(癸未⑥,忠义卫,荫袭)。

崇正[祯]

丁明盛(丁丑⑦,卢龙卫人,副总兵)。

【注释】

①戊戌:嘉靖十七年(1538 年)。

②丁未:嘉靖二十六年(1547 年)。

③庚戌:嘉靖二十九年(1550 年)。

④辛未:隆庆五年(1571 年)。

⑤甲戌:万历二年(1574 年)。

⑥癸未:万历十一年(1583 年)。

⑦丁丑:崇祯十年(1637 年)。

武 举

嘉靖

陆桢(甲午①,见进士)。

谭伦(丁酉②,东胜卫人)。

司纶(丁酉,见进士)。

张麒(庚子③,卢龙卫人)。

韩廷玺(庚子,东胜卫人)。

谭时中(庚子,纶子,二科)。

邵永(癸卯④)。

汪承恩(癸未⑤,永平卫千户)。

徐惠(癸未,见进士)。

杨承先(丙午⑥,东胜卫人)。

郑康(丙午,永平卫百户)。

朱承芳(丙午,见进士)。

李恩(丙午,见进士)。

谷继节(壬子⑦,卢龙卫人)。

夏时霖(乙卯⑧,卢龙卫千户)。

李时芳(乙卯,东胜卫人,荫袭,二科)。

徐国柱(戊午⑨,卢龙卫百户)。

程世禄(辛酉⑩,永平卫人)。

赵祐(甲子⑪)。

李时茂(甲子,东胜卫舍人)。

米实(甲子,卢龙卫百户)。

【注释】

①甲午:嘉靖十三年(1534年)。

②丁酉:嘉靖十六年(1537年)。

③庚子:嘉靖十九年(1540年)。

④癸卯:嘉靖二十二年(1543年)。

⑤癸未:有误。万历二十七年《永平府志》、康熙十九年增补本《卢龙县志》为"癸卯"。

⑥丙午:嘉靖二十五年(1546年)。

⑦壬子:嘉靖三十一年(1552年)。

⑧乙卯:嘉靖三十四年(1555年)。

⑨戊午:嘉靖三十七年(1558年)。

⑩辛酉:嘉靖四十年(1561年)。

⑪甲子:嘉靖四十三年(1564年)。

隆庆

李逢时(庚午①,见进士)。

郭应坤(庚午,见进士)。

万历

王维新(癸酉②,见进士)。

王梦奇(丙子③,永平卫百户)。

高腾(丙子,东胜卫人)。

吕复亨(丙子,卢龙卫人)。

陶世学(己卯④,永平卫籍浙江人)。

侯维翰(己卯,永平卫人)。

马逢乐(壬子⑤,永平卫人)。

马士元(壬子,永平卫人)。

张世忠(见进士)。

胡自强(乙酉⑥,永平卫人)。

毕邦辅(乙酉,忠义卫人)。

徐方言(戊子⑦,东胜卫人)。

翟居正(戊子,忠义卫人)。

李文科(庚子⑧)。

曲云龙(庚子)。

李政平(己酉⑨,永平卫人)。

毕邦畿(己酉,邦辅弟)。

李廷臣(己酉)。

【注释】

①庚午:隆庆四年(1570年)。

②癸酉:万历元年(1573年)。

③丙子:万历四年(1576年)。

④己卯:万历七年(1579年)。

⑤壬子:万历二十七年《永平府志》、康熙十九年增补本《卢龙县志》为"壬午",万历十年(1582年)。

⑥乙酉:万历十三年(1585年)。

⑦戊子:万历十六年(1588年)。

⑧庚子:万历二十八年(1600年)。

⑨己酉:万历三十七年(1609年)。

崇正[祯]

谭九畴

钱标

曹光启

丁明盛(见进士)。

董其戎

王标

（以上皆崇正［祯］时人，科分未详）

清

《清会典》：顺治二年（1645年）题准，武乡试定于子、午、卯、酉年十月举行。康熙二十三年（1684年）题准，武乡试中额，顺天一百四十名；二十六年（1687年）准中一百八十名，汉军四十名。

顺治二年题准，武会试定于辰、戌、丑、未年九月举行，中额二百名（案：此后增减不一），十月殿试。康熙三十三年（1694年）覆准，武举于头场、二场合式之后，试第三场策论，将直隶、山东、山西、河南、陕西定为北卷，取中五十名；江南、江西、福建、浙江、湖广、四川、广东、广西、云南、贵州定为南卷，取中五十名。

康熙二十七年（1688年）定，武生无武学处，照例属文学教官管理，除骑射外，教以《五经》《七书》《百将传》及《孝经》《四书》，俾知大义。提调仍将各学射圃修辑，置备弓矢，教官率武生骑射，其中以饬武备。武学系旧制，今裁。

武进士

顺治

钱标（乙未[1]）。

李廷斌（戊戌[2]）。

康熙

余烜（庚戌[3]，永平卫人）。

余焜（庚戌，永平卫人）。

卢启贤（癸丑[4]，永平卫人）。

安定远（丙辰[5]）。

陈晋（丙辰，辽籍，本籍未详）。

王心煜（壬戌[6]，永平卫人）。

乾隆

蔡永福（乙丑[7]，旗籍，浙闽枫岭营游击）。

蔡源宽(壬申⑧,扬州卫守备)。

何之标(癸未⑨)。

嘉庆

胡春(庚辰⑩)。

【注释】

①乙未:顺治十二年(1655 年)。

②戊戌:顺治十五年(1658 年)。

③庚戌:康熙九年(1670 年)。

④癸丑:康熙十二年(1673 年)。

⑤丙辰:康熙十五年(1676 年)。

⑥壬戌:康熙二十一年(1682 年)。

⑦乙丑:乾隆十年(1745 年)。

⑧壬申:乾隆十七年(1752 年)。

⑨癸未:乾隆二十八年(1763 年)。

⑩庚辰:嘉庆二十五年(1820 年)。

武　举

顺治

李廷斌(甲午①,见进士)。

康熙

门耀鸿(丙午②,辽籍,本籍未详)。

符文煌(丙午,辽籍,本籍未详)。

余烜(己酉③,见进士)。

余焜(己酉,见进士)。

孙继武(乙酉④,永平卫人)。

卢启贤(壬子⑤,见进士)。

李艺苑(壬子,永平卫人)。

陈廷遇(壬子,永平卫人)。

安治远(乙卯⑥)。

李名超(乙卯,辽籍,本籍未详)。

涂见龙(戊午⑦)。

王镇(戊午,东胜卫人)。

王心(惺)[煋](辛酉⑧,见进士)。

唐薜(辛酉)。

常治(甲子⑨)。

汪养鲲(丁卯⑩)。

赵统国(庚午⑪,杭州右卫守备)。

王之璇(己卯⑫)。

任琼(壬午⑬,陕西靖逆卫守备)。

蔡永铨(辛卯⑭,襄敏公曾孙)。

温士怡(甲午⑮,江南漕运千总)。

蔡璠(丁卯⑯,襄敏公孙,京营门千总)。

【注释】

①甲午:顺治十一年(1654年)。

②丙午:康熙五年(1666年)。

③己酉:康熙八年(1669年)。

④乙酉:当为"己酉"。

⑤壬子:康熙十一年(1672年)。

⑥乙卯:康熙十四年(1675年)。

⑦戊午:康熙十七年(1678年)。

⑧辛酉:康熙二十年(1681年)。

⑨甲子:康熙二十三年(1684年)。

⑩丁卯:康熙二十六年(1687年)。

⑪庚午:康熙二十九年(1690年)。

⑫己卯:康熙三十八年(1699年)。

⑬壬午:康熙四十一年(1702年)。

⑭辛卯:康熙五十年(1711年)。襄敏公,蔡士英,历官江西巡抚、漕运总督,加兵部尚书衔,卒,谥襄敏。蔡士英长子蔡毓贵,蔡毓贵长子蔡玮,蔡玮长子蔡永铨。

⑮甲午:康熙五十三年(1714年)。

⑯丁卯:康熙二十六年。顺序颠倒。蔡璠,云贵总督、总督仓场兵部右侍郎蔡毓荣子。

雍正

娄玮(癸卯①)。

薛盛恭(己酉②,江南泗州卫千总)。

路文元(乙卯③,江南大河卫千总)。

翟锡钺(乙卯)。

【注释】

①癸卯:雍正元年(1723 年)。

②己酉:雍正七年(1729 年)。

③乙卯:雍正十三年(1735 年)。

乾隆

董芳(丙辰①)。

蔡泓(丙辰,旗籍,江淮三帮领运千总)。

翟廷鉴(戊午②)。

祝献功(戊午)。

王栋梁(戊午)。

路捷元(辛酉③)。

蔡永福(辛酉,旗籍)。

王轼(甲子④)。

陈明德(丁卯⑤)。

王景云(丁卯)。

武钜(丁卯,抚志⑥辛酉有武钜,府旧志无,与此未知是一是二)。

蔡源宽(庚午⑦,见进士)。

王德厚(壬申⑧)。

何之恒(壬申)。

杨曰钧(壬申)。

武锦(癸酉⑨,漕运千总)。

刘大凯(癸酉)。

李铮(癸酉,江南镇江卫千总)。

蔡永兴(癸酉,旗籍)。

王永清(丙子⑩)。

何有本(丙子)。

杨铎年(山东东昌卫领运千总)。

薛则武(壬午⑪)。

赵克让(己酉⑫)。

薛高飞(庚寅⑬)。

董攀宫(庚寅)。

栗家修(辛卯⑭)。

【注释】

①丙辰:乾隆元年(1736年)。

②戊午:乾隆三年(1738年)。

③辛酉:乾隆六年(1741年)。

④甲子:乾隆九年(1744年)。

⑤丁卯:乾隆十二年(1747年)。

⑥抚志:抚宁县志。光绪三年《抚宁县志》:"武钜,辛酉,本城人"。府旧志,指《永平府志》。

⑦庚午:乾隆十五年(1750年)。

⑧壬申:乾隆十七年(1752年)。

⑨癸酉:乾隆十八年(1753年)。

⑩丙子:乾隆二十一年(1756年)。

⑪壬午:乾隆二十七年(1762年)。

⑫己酉:当为"乙酉",乾隆三十年(1765年)。

⑬庚寅:乾隆三十五年(1770年)。

⑭辛卯:乾隆三十六年(1771年)。

嘉庆

薛占元(丙子①,运粮千总)。

胡春(己卯②,见进士)。

道光

张永德(壬辰③)。

白昆山(丁酉④)。

咸丰

高殿魁(辛亥⑤,古北口把总)。

王勇(辛亥,拣选兵部差官)。

李鹏云(乙卯⑥)。

汪树藩(戊午⑦,兵部差官)。

李光甲(辛酉⑧)。

白宝山(辛酉,兵部差官)。

王殿英(辛酉,兵部差官)。

同治
高殿甲(甲子⑨,古北口千总)。

胡仿超(丁卯⑩)。

周鸿宾(庚午⑪)。

光绪
(光绪五年《永平府志》:光绪初年,永平府武举有冯安邦,迁安人,丙子科;王世长,抚宁人,丙子科;宋贞元,昌黎人,丙子科;郑良佐,滦州人,乙亥科。卢龙县无武举人)

符文煌　门耀鸿　李名超　安彪

以上四名无县分可考,附录于此。

【注释】

①丙子:嘉庆二十一年(1816 年)。

②己卯:嘉庆二十四年(1819 年)。

③壬辰:道光十二年(1832 年)。

④丁酉:道光十七年(1837 年)。

⑤辛亥:咸丰元年(1851 年)。

⑥乙卯:咸丰五年(1855 年)。

⑦戊午:咸丰八年(1858 年)。

⑧辛酉:咸丰十一年(1861 年)。

⑨甲子:同治三年(1864 年)。

⑩丁卯:同治六年(1867 年)。

⑪庚午:同治九年(1870 年)。

功例出身

明
习成(洪武中以材能擢用,历湖广按察佥事)。

白钥(山东经历)。

清
孟乔芳(旗籍,有传)。

蔡士英(旗籍,有传)。

蔡毓荣(有传)。

孟维祖(河南夏邑县县丞)。

姚应选(直隶柏乡县知县)。

宋国柱(山东曹州知府)。

何涵(江南江宁府税务司)。

许燹(云南镇雄州州判)。

李化溥(广西藤县典史)。

姚永祥(江南金陵驿驿丞)。

朱成麟(四川神宣驿驿丞)。

马锦文(江南青浦县巡检)。

余日虬(福建同安巡检)。

傅元贞(刑部司狱司)。

王齐玠(广西横州吏目)。

张锦(浙江盐大使)。

余士钊(广西兴业县典史)。

朱瑞麟(浙江桐乡县青镇巡检)。

陈重曜(县丞)。

李廷桂(县丞。旧志作"拔贡",误,此从《县志》)。

常维桢(江西万载知县)。

营伍出身

明

胡镛①(蓟镇总兵)。

陈景先②(蓟镇总兵)。

史宸③(协守东路副总兵)。

陶世臣(试百户,镇兵)。

谷承功④(山海路参将)。

朱楫(燕河路参将)。

何镇(燕河路参将)。

李康民(燕河路参将)。

曹应登(指挥,燕河路参将)。

孟国用(宁夏总兵)。

卢天福(山海经理镇总兵)。

李逢时⑤(进士,阶文参将)。

章思恭(千户,黄甫川参将)。

谷九有(德州参将)。

潘光启(千户,龙井关参将)。

罗灿(指挥,任沈阳游击)。

郑国忠(千户,南兵营游击)。

骆子秀(永镇右营游击)。

罗墀(指挥,昌平参将)。

朱魁春(千户,山西掌印都司)。

张惟忠(冷口副总兵)。

谢天爵(山永抚标旗鼓守备)。

丁明盛(石匣副将)。

清

卢拱极(大靖堡参将)。

谭九畴(陕西彰义堡都司)。

曹光启(狼山守备)。

郭文宣(福宁镇左营守备)。

怀永义(保定后营守备)。

王翰(山永协右营把总)。

曹可显(山永协左营把总)。

怀永忠(河南临漳城守千总)。

吴德义(山永协茨榆坨把总)。

汪泽泓(山永协义院口把总)。

牛应虎(古北口提标右把总)。

王林(东昌卫守备)。

李起(行伍,滦州汛千总,历升张湾营都司,花翎尽先游击)。

【注释】

①胡镛:永平卫指挥佥事。正统十四年十月任燕河营参将,天顺三年三月任蓟镇总兵官,天顺五年三月因病解任。《明英宗实录》:"正统十四年冬十月戊申朔。己未,升永平卫指挥佥事胡镛为都指挥佥事,充左参将,协同总兵官都督佥事宗胜镇守地方。从巡抚佥都御史邹来学荐也。""天顺三年三月癸未朔。己丑,敕左参将都指挥佥事胡镛充总

兵官,镇守蓟州永平等处。""天顺五年三月壬寅朔。丙寅,命蓟州永平等处右参将马荣充总兵官,镇守地方,以总兵官胡镛久病不能任事也。"胡镛应列在陈景先之后。

②陈景先:永平卫指挥使。《明宣宗实录》:"宣德二年八月丙辰朔。乙酉,召遂安伯陈英还京师,仍敕都督陈景先总理蓟州永平山海军务。""宣德三年九月庚戌朔。冬十月己卯朔。甲申,命都督佥事陈景先复守蓟州永平等处。"

③史宸:永平卫人,历任董家口提调、三屯标下游击、蓟镇东协、中协、西协副总兵。《明神宗实录》:"万历二年二月丙午朔。庚申,升蓟镇总兵标下左营游击史宸协守蓟州东路。""万历九年三月甲子朔。辛巳,命原任蓟镇副总兵史宸充副总兵,协守蓟镇东路。""万历十七年二月戊寅朔。庚辰,以原任副总兵史宸充游击管顺天巡抚标下中军事。""万历十九年六月甲午朔。庚申,以协守蓟镇中路副总兵史宸调守西路。"

④谷承功:一名谷永、谷成功,永平卫人。明建文、永乐年间永平卫指挥谷祥之后,袭职永平卫都指挥佥事。隆庆二年任冷口提调,隆庆三年任界岭口提调,万历九年任山海路参将。《明穆宗实录》:"隆庆四年二月己亥朔。壬戌,升界岭口守备指挥佥事谷承功署都指挥佥事,充游击将军,管台头营参将事。""隆庆六年十二月癸丑朔。戊寅,补原任三屯营游击谷承功于松棚谷。"《明神宗实录》:"万历四年六月壬戌朔。丙子,调太平寨参将谷承功于古北口。""万历七年四月丙子朔。乙未,蓟镇贼夷越狱,命将捕官王添禄等提问具奏,参将谷承功革任回籍,总兵李如樟等姑薄罚示儆。""万历七年九月甲辰朔。己未,以原任古北口参将谷承功降充蓟辽保定右营游击。""万历十一年三月癸未朔。甲申,巡按直隶御史李植劾山海关参将谷承功,约同台头路副总兵黄孝敢、石门路游击杨四德、燕河路参将姜显宗,当圣驾谒陵之日,擅离信地,远赴三屯参谒总兵官(戚继光)。上令革任提问,仍诘责总兵官不行禁止。""万历十五年七月戊子朔。以游击管山海关参将事谷承功为蓟镇喜峰口参将。"

⑤李逢时:永平卫都指挥佥事。籍贯,李逢时刻石署名"孤竹""永平"。光绪三年《乐亭县志·选举志·武科》:"进士:李逢时,隆庆辛未,永平卫指挥,阶文参将。"隆庆四年庚午科武举,隆庆五年辛未科武进士,历任张家湾备御、密云标下右营游击、三屯车营游击、永平游击、昌平左车营游击,升神机营参将。

封 赠[①]

明

朱有(以子鉴赠刑部主事)。

李凯(以子时赠甘肃平凉府知府)。

朱侣(以子文运赠江南丹阳知县)。

王堂(以子大用赠刑部郎中)。

廖儒(以子自显赠广东道御史)。

韩廷义(以子应庚封福建道御史)。

白钥(经历,以子瑜赠大理寺卿)。

韩应箕(以子原善封兵部主事)。

陈志文(以子王庭赠监察御史)。

崔士登(以子及第封行人②)。

清

蔡云龙(以曾孙士英赠漕运总督、光禄大夫③)。

胡宪玉(以子来相赠监察御史)。

蔡国忠(以孙士英、曾孙毓荣赠总督、光禄大夫)。

孟国用(总兵,以子乔芳累赠光禄大夫、少保)。

蔡绍胤(以子士英、孙毓荣累赠总督、光禄大夫)。

陈靖华(以子君锡赠江南雅宁知县)。

蔡毓贵(以子玮赠庆阳知府)。

蔡毓华(知府,以子珍、琦累赠监察御史、四川永宁道)。

李启先(以孙本洁貤封④文林郎⑤)。

翟任(生员,以子正经赠文林郎)。

赵继祖(恩贡,以侄维赓貤赠朝议大夫⑥)。

张恩荣(旗籍,以子鸣泰赠承德郎⑦)。

阎会一(岁贡,以孙廷珮诰赠中议大夫⑧)。

李桢(以孙起赠武翼都尉⑨)。

李景荣(以子起赠武翼都尉)。

蔡德润(旗籍,以侄昌言貤封武显将军⑩)。

蔡昌绪(旗籍,以子龄魁赠武翼都司[尉])。

蔡昌第(以侄龄魁貤封武显都尉)。

傅以德(以曾孙观海赠资政大夫⑪)。

傅正垣(以孙观海赠资政大夫)。

傅绍祖(以子观海赠资政大夫)。

阎德峻(举人,以子廷珮青州知府诰封中宪大夫⑫)。

张士荣(以子琴诰赠奉政大夫⑬)。

薛桂馨(以子安仁赠修职郎⑭)。

王维凝(理问,以子清海户部员外郎诰封朝议大夫)。

罗瑞(以子耀先封奉政大夫)。

罗继光(以弟耀先貤封奉政大夫)。

【注释】

①封赠:朝廷给予官员直系亲属一种褒奖的制度,即官员的高、曾、祖、父(含同级的配偶)、妻授予和官员现任官阶相匹配的封号。生前给予称号的称"封",死后给予封号的称"赠"。给予官员本人的荣誉官阶称"授"。五品以上称"诰封"或"诰赠",六品以下称"敕封"。

②行人:行人司行人。明洪武十三年置行人司,设行人,正九品,左、右行人,从九品。后改行人为司正,左、右行人改左、右司副,另设行人三百四十五人。洪武二十七年后定均以进士充任,升品秩。掌传旨、册封等事。凡颁行诏敕、册封宗室、抚谕四方、征聘贤才,及赏赐、慰问、赈济、军务、祭祀,则遣其行人出使。

③光禄大夫:汉武帝时始置,唐宋以后用于文散官名称。明代为从一品,清代升为正一品。

④貤封:清制,官员以自己所得封诰,请求改授远祖、伯封或外祖父母等,称貤封。妇女称貤赠。

⑤文林郎:隋文帝始置,文散官名。元代为正七品。明代正七品初授承事郎,升授文林郎。清代正七品授文林郎。

⑥朝议大夫:文散官名,隋文帝始置。明代从四品初授朝列大夫,升授朝议大夫。清代从四品概授朝议大夫。

⑦承德郎:文散官名。金代始置,正七品上。元代正六品。明代正六品初授承直郎,升授承德郎。清代正六品概授承德郎。

⑧中议大夫:文散官名。金始置,正五品上。元升正四品。明为正四品加授之阶,清升为从三品。

⑨武翼都尉:清代武散官名,从三品。

⑩武显将军:清代武散官名,正二品。

⑪资政大夫:文散官名。金始置,正三品中,元升为正二品,明为正二品升授之阶,清正二品。

⑫中宪大夫:文散官名。金始置,正五品中,元升正四品,明为正四品升授之阶,清正四品。

⑬奉政大夫:文散官名。金始置,正六品上,元升为正五品。明正五品初授奉议大夫,升授奉政大夫。清正五品概授奉政大夫。

⑭修职郎:文散官名。明正八品初授迪功郎,升授修职郎。

荫 袭

明

王道平(以父翔巡抚功荫授都察院经历)。

白养元(以父瑜刑部左侍郎荫太仆寺主簿)。

康成(茂才孙,靖难功世袭伯爵)。

清

蔡毓华(举人,父士英总漕荫,官至遵义知府)。

蔡毓秀(从父士英总漕荫任河南永宁知县)。

孟熊弼(父乔芳少保功荫世袭阿思哈尼哈番[①])。

蔡琦(伯毓荣刑部左侍郎荫,官至永宁道)。

蔡琳(父毓荣吏部左侍郎荫,任内廷职事)。

孟绎祖(祖乔芳少保荫,世袭)。

孟维祖(祖乔芳少保功,世袭)。

孟继祖(父熊臣福建汀州知府荫)。

孟缵祖(父熊飞北城御史荫)。

【注释】

①阿思哈尼哈番:清爵名。顺治四年(1647年)定名。乾隆元年(1736年),定汉字为男,即译为男爵。

卢龙县志卷十六

烈 女

节妇[①] 烈妇 寿妇 孝妇

【注释】

①节妇：明李东阳等纂《大明会典·优免差役》："洪武三年定：凡民间寡妇，三十以前夫亡守志者，五十以后不改节者，旌表门闾，除免本家差役。"

节 妇

明

崔氏 永平卫赠镇抚杨成妻也，年二十六夫亡，宣德三年(1428年)旌。

李氏 吕文秀妻，年二十二夫亡，子在哺，亦殇。天顺八年(1464年)旌。

杜氏 庠生李达之妻也，年二十五夫亡，抚孤成立[①]，天顺八年旌。

孙氏 刘俭之妻也。年二十六夫亡，成化二十年(1484年)旌。

周氏 李泽妻也，年二十五夫亡，成化二十年旌。

叶氏 王铭之妻也，年二十三夫亡，抚孤成立，守节四十余年，成化二十年旌。

戴氏 庠生陈表之妻，年二十九夫亡，守节四十余年，万历元年(1573年)旌。

茹氏 庠生朱廷芳妻，年二十一夫亡，抚孤克俭，甘贫自守，抚按[②]旌其门。

钱氏 燕河营人翟堂妻。堂卒，氏年方十九，子守忠尚在襁褓，奉姑[③]守节，姑八十余终，子亦寻卒，门无五尺童，家无升斗糈，氏与子妇相依为命，以女红糊口，人称双节，按院[④]旌其门。

程氏 庠生李鹗荐之妻，年二十七夫亡，抚孤学孟为诸生，守节四十余年。

胡氏 庠生李琇之妻，年二十夫亡，抚孤守节。

张氏 进士郭经之妻，夫亡，家贫无嗣，事姑尽孝，守节以终。

霍氏 青山驻操艾绣之妻，年二十夫亡，长斋守志六十余年。

张氏　东胜左卫知州唐福继室也,年二十四而福亡,遗腹子骢,例宜袭职,族人争之,氏吁天曰:"得存此息,以奉烝尝。足矣!"让之。后教骢成明经⑤,任学正。骢二子:寀,任州判;守,任推官。寀二子:承光,任知县;承先,任教谕。元[玄]孙青衿济济,人咸谓天之报其让德焉。

傅氏　庠生王泮妻,万历十六年旌。

罗氏　顺天大兴县世家女,青州守朱鉴之族孙昌期赘居⑥焉。昌期亡,遗孤明时⑦幼,氏依母家守节课子,占籍大兴,登万历庚戌(八年,1580 年)进士,历任河南兵备道副使。

刘氏　世胄女,性贞静,晓书史。御史韩应庚五十无子,求为篷室⑧,父难之,女展《络秀传》⑨,故使父见,父解其意,乃遣之。年二十八而应庚卒,生子原浚方十余岁,刘扶嫡郝氏坐堂上,呼家童抱原浚于前,慨然谕以抚孤大义,内外贴然。庚午(崇祯三年,1630 年)之变,郡城垂危,刘尽生平所贮,括万金,上军门犒师,命原浚出避,以存韩祀,而身自守家,城陷,以智免。

宋氏　金宪韩原善之继妻也,封孺人。赋性贞静,年三十而寡,力持家政,待前室子广业最慈,佐膏火,使成名士;次宏[弘]业,己出也,甫数岁,金宪卒,教之独严,后官知县。

王氏　华阴令韩应奎仲子原洁妻,乐亭王大司徒⑩孙女也。崇正[祯]庚午,夫遇害,氏寻夫尸于积骸狼(籍)[藉]中,得之大哭,即欲枕尸而死。姑徐氏携孤坤业,泣劝百端,乃忍恸返,逾两月生子泰业,苦节守志,教子游泮⑪,论者以为不愧两家门阀云。

李氏　布政司充浊之女,适⑫卢龙指挥焦承勋,勋卒,氏年方二十余,誓欲殉夫,哀毁绝粒,姑谕以遗孕在腹,当念焦氏后,氏乃勉从姑命,生子效良,抚孤奉姑,终身非至亲不面,诏旌之。

韩氏　光禄(寺)监(寺)[事]李浣妻,封御史廷义女也。夫卒无嗣,哀毁庐墓,复肖夫像,与翁方伯公⑬、祖翁郡守公⑭之像,筑万柳庄别业(嗣)[祀]之,自制诗文书于壁,给事白瑜勒石(祀)[记]之。

陈氏　太仆卿王庭长女也,适庠生韩景昌。次女名静英,字滦州高尚书⑮之孙士凤。崇正[祯]庚午,景昌死于兵,氏扶八旬祖姑,抱三岁孤遇春,皆得免。时静英已长成,美慧独绝,乡绅白某⑯妻罗氏欲为侄娶之,乃绐⑰太仆夫人云:"今朝廷将选民间秀女,盍使静英避余家。"至则罗诡言高已阖门被杀,强之议婚。静英大哭,夜题三诗于壁,簪高氏聘钗,以领巾结吭死。诏建访旌之,而陈氏抚孤子遇春,后亦成立为诸生。

彭氏　陆纯妻也,夫故守节,抚子松成立,年至八十五,松死庚午之难,妻梁氏抚孤完节,年至七十五。

韩氏　指挥同知焦庆延妻,崇正[祯]庚午夫战死,守节二十余年,身卒与夫木主⑱合葬之。

李氏　户部主事朱文运之继妻也,年二十六夫亡,事姑甚孝,抚子济美为诸生,旌。

王氏　汤世功妻,夫亡守节,抚子思道为参将。

王氏　佥事孙鋐妻,年二十二夫亡,抚孤光普承袭世职。

陈氏　廖承训妻,举人廖从周之子妇也。从周有弟曰师周,与承训皆死崇正[祯]庚午之乱。陈氏生一女,师周有儿曰雅,尚未周龄。妻刘氏病无湩[19],儿苦饥,呱呱泣于床,陈恐廖氏之无后也,乃舍己女以乳之。稍长,教督亦无异所生,雅读书为诸生,终身事之如母焉。

杨氏　永平卫监生张世昌妻,夫亡无子,守节,诰旌。

陈氏　王自省妻,年二十余,夫亡抚孤耀祖、显祖,俱为诸生。

张氏　东胜左卫白镛妻,夫亡守节,事姑尽孝,诏旌。

刘氏　东胜左卫总旗卢尚钦妻,年二十一夫亡,遗孤彦忠甫三月,抚之成立。

石氏　千总朱镇胡妻,年二十余夫殁于军,无子,守节四十年。

尚氏　庠生李思敬妻,夫亡,抚子入泮,守节五十余年。

岂氏　宋成禄妻,年十九夫亡,遗子鸿儒甫三月,教之食饩[20],守节五十余年,崇正[祯]十四年旌。

蔡氏　庠生韩修业妻,夫亡无子,守节四十余年。

【注释】

①抚孤成立:将遗孤抚养成人。

②抚按:巡抚都御史、巡按御史。

③姑:婆婆。旧时公公称作"舅",与"姑"对应。舅姑,即公婆。

④按院:巡按御史衙门。

⑤明经:秀才。明清时期对岁贡的美称。

⑥赘居:谓做赘婿长住妇家。俗称倒插门、上门女婿。

⑦明时:朱明时幼年丧父,寄居外祖父家大兴县,考中万历八年进士,历任河南光山、新野知县,湖广佥事,广东参政。康熙《大兴县志》:"朱明时,万历庚戌科进士,历任广东参政。"

⑧篦(zòu)室:妾。

⑨络秀传:《晋书》列女传之一。晋周颛母李氏,名络秀,汝南人。颛父周浚为安东将军,出猎遇雨,止络秀家。浚见而求为妾。父兄不许。络秀曰:"门户殄瘁,何惜一女?若连姻贵族,将来或大益。"父兄从之。后生颛及嵩谟,并列显位。

⑩王大司徒:王好问,字裕卿,别号西塘,乐亭双庙人。嘉靖二十九年中进士,历任大理少卿、太仆、通政使、工、刑、户部侍郎,升任南京右都御史、户部尚书。大司徒,户部尚书的别称。

⑪游泮:入学读书。明清时,儒生经考试取入府、州、县学为生员,谓之"游泮""入泮"。古时学宫前有泮水,故称学宫为泮宫。

⑫适:旧时女子嫁人。

⑬翁方伯公:李充浊,嘉靖五年进士,累官至贵州布政使。方伯,布政使的美称。翁,公公。

⑭祖翁郡守公:李时,成化十三年举人,累升至平凉府、思州府知府。

⑮高尚书:高第,字登之,滦州人。万历十七年进士,历官大同知府、山东按察副使、湖广右参政、陕西右布政使、山西左布政使、巡抚大同右佥都御史,擢兵部右侍郎,寻转左侍郎。天启五年升兵部尚书,经略蓟辽。字,旧时女子许嫁,与男方订立婚约。陈静英已许配给高第孙高士凤,尚未过门。

⑯乡绅白某:白养粹,万历三十二年进士,累官开原兵备参政,缘事解任在乡。崇祯三年正月,后金汗皇太极攻取永平府城,白养粹降清,授永平巡抚。五月,明军攻陷滦州后,白养粹等降官被贝勒阿敏杀死。辽东总兵祖大寿攻入永平府城,将白养粹母处以极刑。明文秉《烈皇小识》:“叛人白养粹已死,其母尚在,张春先至,尽封所有而出,绝无染指。(总兵马)世龙则尽取其所有。(祖)大寿至,遂将白母用极刑,乃尽出其窖藏,盖几百万云。”

⑰绐(dài):欺骗。

⑱木主:木制的神位,上书死者姓名,以供祭祀。又称神主,俗称牌位。

⑲湩(dòng):乳汁。

⑳食饩:明清时经考试取得廪生资格的生员享受廪膳补贴,亦即成为廪生。

清
顺治
邢氏　田国祥妻,明末夫殁于兵,氏携三月孤,縋城①逃避,守节四十(年)。

李氏　陈靖策妻,夫亡,事寡姑尽孝,教三子俱成立,守节三十余年。

李氏　庠生薛文龙妻,明末夫殁于兵,抚两孤,守节,长子国佐中辛卯科②将材、武举。

杨氏　庠生郭元士妻,年二十三夫亡,孝事舅姑,抚育继子,守节三十年。

王氏　周士昌妻,婚百日夫亡,生遗腹子,又夭,守节终身。

刘氏　杨体亨妻,夫亡,孝事寡姑,教子成立。

王氏　马大德妻,夫亡,食贫守志,抚八岁孤成立。

沈氏　王辅妻,夫亡守节,孝事舅姑,教子成立。

管氏　庠生刘亮辅妻,年二十九夫亡,抚孤授室③,又亡,慰妇抚孙,守节终身。

张氏　庠生毛峻岐妻,年二十五夫亡,抚孤成立。

郭氏　庠生张宏妻,年二十九夫亡,抚两孤成立。

杨氏　庠生丁维楫妻,年二十夫亡,孝事孀姑,教子蕙入泮。

康熙
张氏　沈蕴秀妻,年二十七夫亡,教子应昌游泮。

蔡氏　候补主事金墩生妻,绥远将军毓荣女也。赋性端贞,年十八夫亡,遗一子、一女,子旋殇。氏矢节弥贞,继侄启复为嗣,恩勤抚教,任内阁撰文中书。康熙四十二年(1703年)封太孺人④。

韩氏　蔡将军仲子、海盐令珣妻、原任贵州按察使阿(林)[琳]妹也。性贞淑,娴礼训,夫亡守节,家政肃然,遵夫命,抚幼叔瓒,教养成立。

李氏　武宏昭妻,夫死他乡,矢志事姑,守节四十年。

张氏　李自玙妻,年十九夫亡,抚遗腹子成立,守节三十年。

王氏　周阿京妻,年二十三始嫁,三月而夫亡,遗腹生子起麟又夭。时翁年已耄,为之纳妾生子。氏恩勤抚育,以嫂代母,及其子又生子,遂继其一以为嗣,盖数十年来氏直以一气蟠结其间,人谓人定胜天云。

沈氏　胡兆麟妻年二十七夫亡,抚孤成立,守节二十五年。

周氏　张宏义妻,年二十五夫亡,抚孤成立,守节三十余年。

高氏　冯瑄妻,年二十七夫亡,守节,抚孤端云游泮。

傅氏　张宏士妻,年二十六夫亡,孝事翁姑,守节三十六年。

张氏　穆廷召妻,年三十夫亡,无子,守节四十年。

段氏　鲍联捷妻,年二十九夫亡,抚孤成立,守节四十二年。

管氏　陈美杰妻,年二十五夫亡,抚孤成立,守节四十七年。

徐氏　蒋瑞秀妻,年十九夫亡,无子,守节四十二年。

王氏　宋天禄妻,年三十夫亡,抚孤成立,守节三十四年。

易氏　候选经历赵正贵妻,年二十三夫亡,抚孤成立,守节五十三年。

刘氏　赵世英妻,夫亡遗孤,复夭,抚嗣孙成立,守节三十年。

郭氏　白石营游击李重美子若宾妻,年二十九夫亡,侧室潘氏年二十六,氏与矢节同守,抚遗孤浩游庠,考入《明史》馆,当事多题赠,表其双节,知府张朝琮旌曰"松筠双劲"。

李氏　王臣妻,夫亡,抚孤成立,守节三十余年。

谢氏　陕西西安府司狱王国垣妻,年二十二夫亡于官。氏拮据经营,扶枢归里,抚三岁孤成立,守节三十余年,知府张朝琮旌之。

李氏　朱之琦妻,夫亡,抚五子成立,仲为诸生,守节五十年。

何氏　刘建基妻,年十九夫亡,抚三孤成立。

石氏　刘承恩妻,年二十九夫亡,抚孤守节四十余年。

高氏　李茂阳妻,年二十夫亡,抚孤维化游泮。

阎氏　庠生韩遇春妻。遇春为明陈太仆王庭之甥,庠生景昌子也。幼孤时际鼎革,母陈辛勤教育为诸生,以攻苦病故。氏时年二十八,抚子生阳亦入泮,妇孙氏性极温婉,至二十七阳又亡,姑媳同矢苦节。

阎氏　朱正妻,年二十七夫亡,抚遗腹子为极游泮。

李氏　庠生王琦妻,年二十六夫亡,抚两孤成立。

尹氏　王九富妻,年二十四夫亡,抚孤成立。

蔡氏　廪生许炳妻,年二十四夫亡,抚遗腹子游泮,守节三十六年。

高氏　童人文妻,年十八而寡,誓以身殉,家人防之严,乃潜掷身水甕中,家人闻声趋救,呕水斗余而苏,翁姑对此泣曰:"尔又死,吾老人何以生?尔不可相待乎?"诺焉。及翁姑终,曰:"吾有死日矣!"昼夜号泣,呕血而亡,时年二十五,距夫殁方七载也。

汪氏　王启书妻,年十八而嫁,阅两月夫亡,守节四十四年。

申氏　尤谦妻,夫亡守节。

彭氏　朱成禄妻,夫亡守节。

李氏　韩宾妻,夫亡守节。

李氏　庠生张琳妻,夫亡守节。

王氏　马一宵妻,夫亡守节。

王氏　张彬妻,夫亡守节。

雍正

张氏　武进士赵跻妻,年二十四夫亡,教子统国捷武闱,守节五十余年。五年(1727年)旌。

董氏　庠生赵惇妻,年二十夫亡,教子克显游泮,守节三十余年。五年旌。

王氏　吏员傅启荣妻,年二十九夫亡,教子元衡,任刑部司狱,守节三十年。五年旌。

王氏　马化麟妻,夫亡守节。八年(1730年)旌。

王氏　刘德宏妻,年十七夫亡,抚嗣子璞游泮,守节三十九年。十年(1732年)旌。

李氏　王瑢妻,年十九夫亡,抚孤,守节四十三年。十二年(1734年)旌。

齐氏　王玲妻,夫亡守节。十二年旌。

王氏　马化麟妻,年二十三夫亡,抚遗孤之骏,守节五十三年。邑令邓公⑤表其门。

【注释】

①缒(zhuì)城:由城上以绳索垂至平地,缘之而下。

②辛卯科:顺治八年,即1653年。乾隆三十九年《永平府志》:"长子国佐中顺治辛卯将材武举"。康熙十九年增补《卢龙县志》和乾隆三十九年《永平府志》"武举人"中无"薛国佐"。

③授室:本谓把家事交给新妇,令其当家做主。后代称娶妻。

④太孺人:明清时七品官母亲的封号。孺人,七品官妻子的封号。

⑤邓公:邓尊德,广东肇庆府怀集县人。康熙四十七年举人,雍正七年任卢龙知县。

乾隆

汪氏　王栋妻,夫亡守节,元年(1736年)旌。王前妻葛氏,夫亡守节。

王氏　庠生李肃妻,年二十八夫亡,抚嗣子向春为诸生,孙美食饩,守节五十七年。

五年(1740年)旌。

葛氏 窦桂馥妻,夫亡守节。八年(1743年)旌。

马氏,刘植妻;王氏,郭肇基妻;李氏,王运泰妻;邸氏,庠生刘德明妻;韩氏,王凝妻;姚氏,樊养正妻,均夫亡守节,均十年(1745年)旌。赵氏,郝伦妻;张氏,伦健妻;铉氏,王元德妻,均夫亡守节,均十二年(1747年)旌。

王氏,侍文秀妻;吴氏,贾成章妻,均夫亡守节,均十三年旌。

魏氏,王中善妻;燕氏,陈杰妻;杨氏,王之翰妻,均夫亡守节,均十七年旌。

王氏,张隆妻;翁氏,王文鉴妻;杨氏,许焕妻;赵氏,李禄妻,均夫亡守节,均十九年旌。

窦氏 许灿妻,夫亡守节。二十年旌。

刘氏 陈化鹏妻,年十七夫亡,抚嗣子成立,守节五十余年。二十七年旌。

贾氏 副贡生伦魁甲妻,年二十五夫亡,抚二子游泮,守节二十六年卒。

高氏 王言妻,从夫就食锦州,年二十七夫亡,遗子女各一。氏竭蹶扶夫枢旋葬。(又)[子]娶后又殁,遗孤孙甫周月,氏抚之成立,苦节四十余年。

魏氏 王文明妻,年十九夫亡,抚孤成立,守节五十余年。

李氏 王文德妻,年二十九夫亡守节。

王氏 赵越妻,年十九夫亡,剪发矢志,抚孤成立。

夏氏 庠生郑应时妻,年二十八夫亡守节,抚孤成立。

石氏 王伟妻,年二十八夫亡守节,抚孤成立。

胡氏 庠生康赓飚妻,生子二:长三岁,次未周年,而赓(扬)[飚]亡,百日内二子又相继殇。氏年方十九,昼夜哭,几不欲生。时其夫兄赓虞有子一,不禁慨然曰:"吾子总单,宁绝嗣,请后吾弟。"氏收涕曰:"子则无,节不可无,夫不在,姑固在也。吾守吾节,奉吾姑而已,吾志已定,安用子为?"谓余不信,因引针自刺,曰:"有如此目!"姑趋救,左目已伤,血涔涔滴腮上,满而绝无痛苦容。赓虞叹而起曰:"弟有妇矣!"

张氏 陈九经妻,年十七夫亡,一子旋夭,依母家守节终身。

王氏 庠生姚盛猷妻,年二十八夫亡守节。

王氏 张品超妻,年二十三夫亡守节,抚嗣子成立。

周氏 窦以达妻,年二十一夫亡守节,抚嗣子执中游泮。

翟氏 庠生赵永禧妻,年二十一归赵,一载夫亡,抚孤德肃游泮,守节终身。

王氏 高文秀妻,年二十七夫亡,遗孤永清甫三岁。氏矢志抚孤,饮冰茹蘗,为子婚,娶妇乔氏,性孝谨,颇能承姑欢,后连举四子,至二十八岁而永清殁,姑媳共励贞操,四孙皆成立。

冯氏 庠生王玉峰妻,年三十夫亡,守节三十八年卒。

阴氏 王焰亭妻,乐亭阴凝如女,舅芬任兵马司指挥。年二十八夫亡,子启堂甫五岁,成立后又卒,复抚孙宝钤游泮,守节六十余年。

朱氏　何瑛妻,年未二十夫亡,抚子游泮,旋殁,复抚两孙成立,八十余岁卒。

朱氏　何照妻,年未三十夫亡,抚子秉铎游泮,守节八十余年卒。

嘉庆

郝氏　唐靖妻,夫亡守节五十余年。

方氏　蒋严妻,年二十夫亡,守节四十三年卒。

李氏　司肇元妻,夫亡守节终身。

陈氏　李弼妻,夫亡,抚遗子成立,守节五十三年卒。

宋氏　蔡荣妻,夫亡守节。

李氏　王达妻,年二十四夫亡,守节六十余年。

刘氏　张士兰妻,年二十六夫亡,守节五十余年。

周氏　鲁浩妻,年二十八夫亡,抚幼子成立,守节终身。

王氏　武宗闵妻,年二十九夫亡,守节四十余年。

孟氏　程守则妻,年十八夫亡,守节五十一年。

李氏　叶从善妻,夫亡守节。

于氏　张忠妻,年二十夫亡,守节六十年。

侯氏　崔成妻,夫亡,守节三十九年。

李氏　任开妻,夫亡守节。

赵氏　安德成妻,年十七夫亡守节。

梁氏　王允升妻,夫亡,守节四十年卒。

徐氏　王永年妻,年二十夫亡,守节六十四年。

道光

方氏　王永喜妻,年十九夫亡,守节四十余年卒。二十九年(1849年)旌。

刘氏　赵大猷妻,夫亡守节。

安氏　郭玉麒妻,夫亡守节。

吕氏　张榜妻,年二十六夫亡,守节终身。

汪氏　王文富妻,年二十一夫亡,抚三岁孤成立,曾孙起勇入邑庠。

方氏　王启母,年十九夫亡,抚孤成立,守节四十年。

刘氏　郑显灵妻,年二十七夫亡,守节四十余年。

侍氏　贡建邦妻,年二十五夫亡,守节三十余年。

董氏　张德源妻,年十七于归①,未期月夫亡,生遗腹子,抚之入庠,守节六十余年。

【注释】

①于归:古时女子出嫁,谓之于归。

咸丰

赵氏　张连发侧室也,年二十一夫亡,守节四十余年。五年旌。

冯氏　王宝山妻,年十九夫亡,守节二十余年。

章氏　朱公沂妻,九年旌。

同治

满氏　傅绳祖妻,四年旌。

刘氏　韩玉昆妻,八年旌。

陈氏　王贡妻,年二十六夫亡,守节四十三年。

常氏　王应熙妻,年十八于归,二十一岁夫亡。家贫,无子。氏坚贞自矢,与夫弟应君同爨①,娣陈氏事嫂如姊,共勤纺绩。陈年二十七而应君又殁,乃继嗣子,同心抚育,共事衰姑。常卒八十三,陈卒六十三。双节齐芳。十三年旌。

【注释】

①同爨(cuàn):同灶炊食。谓同居,不分家。在封建社会里,以四世同堂、五世同堂为美,家庭和睦的象征。

张氏　杨劝妻,年二十三夫亡,守节五十四年。

刘氏　王谟妻,年二十四夫亡,守节五十一年。

刘氏　李镇妻,年二十七夫亡,守节三十三年。

赵氏　高龙庆妻,年二十三夫亡,守节二十六年。

王氏　吴荫杰妻,年二十夫亡,守节五十五年。

鲍氏　陈祥妻,年二十四夫亡,守节四十九年。

孙氏　郑泰周妻年二十三夫亡,守节四十年。

张氏　崔文魁妻,年二十六夫亡,守节四十三年。

赵氏　刘广财妻,年二十六夫亡,守节四十三年,

李氏　王伟钤妻,年二十三夫亡,抚子泽霖入泮,守节四十三年。

徐氏　马宗濂妻,年二十一夫亡,守节四十三年。

黄氏　赵从礼妻,年二十夫亡,守节四十八年。

王氏　吕逢吉妻,年二十二夫亡,守节四十六年。

张氏　张连科妻,年二十二夫亡,守节四十四年。

赵氏　管世才妻,年二十四夫亡,守节三十四年。

张氏　宋家相妻,年二十一夫亡,守节三十五年。

王氏　解耀邦妻,年二十九夫亡,守节二十七年。

李氏　刘进喜妻,年二十一夫亡,守节三十三年。

杨氏　王国臣妻,年二十五夫亡,守节二十九年。

王氏　夏宗禹妻,年二十夫亡,守节三十一年。

刘氏　李芳妻,年十九夫亡,守节三十四年。

王氏　马连陞妻,年二十一夫亡,守节三十一年。

张氏　张珠妻,年二十夫亡,守节二十三年。

邵氏　王显贵继妻,年二十三夫亡,抚前室子宝贤中辛亥(宣统三年,1911 年)副榜,守节三十八年。

王氏　张真妻,年二十夫亡,抚遗腹子成立,守节四十一年。

王氏　沈廷兰妻,年二十六夫亡,守节三十三年。

李氏　赵荣先妻,年二十夫亡,守节五十六年。

李氏　王廷桂妻,年二十九夫亡,守节四十五年。

以上俱十二年旌。

周氏　李向善妻,年二十一夫亡,守节五十八年。

孟氏　王福昌妻,年二十九夫亡,守节三十年。

曾氏　孙成福妻,年二十夫亡,守节二十三年。

刘氏　翟提妻,年二十八夫亡,守节三十年。

祁氏　阎廷瑞妻,年二十九夫亡,守节三十一年。

郝氏　吴锐妻,年二十三夫亡,守节三十年。

赵氏　王廷柱妻,年二十六夫亡,抚嗣子成立,守节五十八年。

徐氏　萧如玉妻,年二十四夫亡,抚孤成立,守节四十四年。

窦氏　徐殿魁妻,年二十七夫亡,守节三十三年。

张氏　高钦妻,年二十三夫亡,守节三十五年。

朱氏　郑兴周妻,年二十九夫亡,守节二十四年。

龙氏　印成发妻,年二十二夫亡,守节三十四年。

孔氏　王承德妻,年二十八夫亡,抚孤成立,守节二十四年。

翟氏　陈榜元妻,年十八夫亡,抚嗣子光宇成立,守节三十三年。

刘氏　孝子徐良臣妻,年二十七(夫亡),抚孤成立,守节十九年。

以上俱十三年旌。

李氏　唐秉正妻,年二十五夫亡,以侄瑞为嗣,守节四十八年。

光绪

刘氏　王镇达妻,年三十夫亡,抚孤成立,(年)七十八卒。

谭氏　窦玺妻,年二十一夫亡,守节七十年。

花氏　安宗云妻,年二十三夫亡,守节五十七年。

陶氏　李汶妻,年二十三夫亡,守节五十一年。

徐氏　窦永荣妻,年二十四夫亡,守节四十四年。

董氏　张德安妻,年十八夫亡,守节六十一年。

苗氏　黄正冠妻,年二十夫亡,守节三十五年。

宣氏　王玉树妻,年二十四夫亡,守节二十六年。

陈氏　李占魁妻,年十八于归时,琴瑟静好[1],不数年夫殁,遗一女。矢志守节,惟夫弟占鳌是依,娣刘氏性温婉,姒娌雍睦,无闲言,后娣生一子而所天[2]亦殒。刘事寡嫂如母,教孤儿,代父与嫂,氏黾勉同心,李氏箕裘[3]赖以不坠焉。

廉氏　窦桂清妻,年二十一夫亡,守节十二年,卒年三十三。

杨氏　李荣妻,年二十一夫亡,守节四十九年。

黄氏　驻防昆郁妻,年二十九夫亡,抚孤柯木荷恩成立。

以上俱三年旌。

韩氏　董士义妻,年二十五夫亡,抚孤成立,守节二十九年。

任氏　阎成保妻,年二十九夫亡,守节三十年。

宋氏　任子菱妻,城北街人。纳赀选湖北县丞,携氏之任[1],甫至任而殁。时幼女在抱,从者止一人。跋涉数千里,备历艰险,卒扶柩还葬。

【注释】

①之任:到任、上任、赴任。之,到达。

严氏　赵辛妻,年十七夫亡,守节六十六年。

魏氏　庠生王琴堂侧室,夫亡,守节五十余年。

裴氏　王裩妻,夫亡,守节五十年。

赵氏　庠生王荫桐妻,夫亡,守节四十年。

胡氏　李春方妻,匾曰"节孝可风"。

彭氏,李郁文妻;张氏,李春熙妻;张氏,何普临妻;宋氏,何文尉妻,奖"冰操玉节"。

刘氏　王永安妻。

【注释】

①琴瑟静好:比喻夫妻和睦,夫唱妇随。《诗经·国风·郑风·女曰鸡鸣》:"宜言饮酒,与子偕老。琴瑟在御,莫不静好。"

②所天:所依靠的人、一家之主。此指李占魁弟占鳌。

③箕裘:比喻先辈的事业。

民国

魏氏　耿庄刘秉浩妻,十九岁于归,二十岁夫故,民国九年(1920年)经大总统[1]给"节励松筠"匾额,守孀五十余载,卒年七十有七。

【注释】

①大总统:徐世昌,号菊人,又号水竹邨人,天津人。1918年10月,当选民国大总统。1922年6月,被直系军阀逼迫下台。

葛氏　现年六十六岁,大莫营庄冷殿元之妻。清光绪十一年八月于归仅三十八日而夫故,氏时年二十岁,无子女,家道尚寒,赖夫兄弟支持度日,守孀四十余载,苦节堪钦。民国十三年(1924年),蒙前曹大总统①奖给"竹孝松贞"匾额及褒章褒证、银质徽章。

【注释】

①前曹大总统:曹锟,字仲珊,天津大沽口人。直系军阀头目。1923年10月,贿选为中华民国大总统。1924年10月,直奉战争中直系失利,被冯玉祥软禁。1926年4月,冯玉祥部将鹿钟麟发动兵变,将曹锟释放。

韩氏　秦德师妻,年二十九岁夫亡,清贫食指①,事老抚幼。民国七年(1918年),蒙前黎大总统②褒题"志洁行芳",寿七十有八。

【注释】

①食指:比喻家庭人口。古时以手指计算人口,从此指家庭人口,比喻家庭人口很多。

②前黎大总统:黎元洪,字宋卿,湖北黄陂人。曾任中华民国临时政府副总统、正式副总统。1916年6月,袁世凯病死后,黎元洪继任民国大总统。1917年7月,张勋复辟,黎元洪被迫辞职。1922年6月,徐世昌被直系赶下台,黎元洪再任大总统。1923年初,直系军阀曹锟贿选大总统,黎元洪下野。

徐氏　现年七十三岁,夏官营方凌云之妻,武庠徐劳五之女,自二十四岁夫故,氏善事翁姑,抚育孤儿。民国十八年蒙卢前县长①旌表并给联额。联云:

留身化石盟手洁馐正气塞寰区宝篆扬辉天阙补;

助读朴凡怜贫蹈饵至仁扶纲纪琼闺有史国维张。

【注释】

①卢前县长:卢宗吕,湖北大冶人。民国四年任承德县县长,民国十八年任卢龙县县长。

朱氏　现年七十八岁,廪生王汝舟妻,十八岁过门,二十一岁夫故,生子树堂。氏孝事翁姑,抚育幼子,治家有法,女宗秭式①,守节五十七年。

【注释】

①女宗秭式:女子的楷模。女宗,春秋时期宋国人鲍苏妻子,孝敬婆婆。鲍苏在卫国做官三年,又娶一妻,女宗更加孝敬婆婆。宋公闻之,表其闾,号曰女宗。秭式,楷模,敬重。

刘赵氏　枣园人,刘德宽妻。十八岁过门,六越月而寡,将以身殉,因奉亲无人,决意守节。民国十六年卒,年七十九。

赵赵氏　县城人,文锬之妻,恩溥之母。二十二岁夫亡,事姑抚子,励志终身。民国十二年卒,时年六十有五。

白蔡氏　候选训导白荣之妻也。氏为继室,于归后六年而孀,前子桂芬方十七岁,氏教养备至,无异己出,后其子得入邑庠,名重士林,皆氏之力也。桂芬亦克尽孝道。迨民国十三年(1924年),氏年八十三岁无疾而终,发丧时临时执政①特赐"节励松筠"匾额。

【注释】

①临时执政:段祺瑞,字芝泉,安徽合肥人。皖系军阀头目。曾任陆军总长、国务总理。1924年秋,第二次直奉大战爆发,冯玉祥发动北京事变,推翻贿选总统曹锟,段祺瑞出任中华民国临时政府临时执政。1926年"三·一八"惨案后,被迫下台。

烈　妇

元

宋氏①王宗仁妻,进士宋褧②之女也。兵乱,宗仁携氏及女避于铧子山③,为军所掳,行抵玉田,窥氏色美,欲害宗仁。氏泣谓夫曰:"不幸至此,必不以身累君!"遂偕女投井死,时年二十九。

【注释】

①宋氏:见明宋濂等编纂《元史》卷二百一列传第八十八列女二。

②宋褧(jiǒng):字显夫,元大都宛平(今北京市)人。泰定元年(1324)进士,授秘书监校书郎,改翰林编修。至元三年(1337)累官监察御史,出金山南宪,改西台都事,入为翰林待制,迁国子司业,擢翰林直学士,兼经筵讲官。卒赠范阳郡侯,谥文清。著作有《燕石集》。

③铧子山:今名城山,在抚宁城西五里铺村西北。

明

李氏　杨江妻,夫亡无子。嘉靖九年(1530年),敌至黄崖入犯,被获,拥之上马,不从,大骂,见杀。

谢氏　永平卫杨大芳妻,夫亡,绝粒九日而死,与夫同棺而殡。

杨氏　御史韩应庚侧室,崇正[祯]庚午之变被执,大骂而死。

王氏　庠生韩原洞妻,崇正[祯]庚午率子妇,俱缢死。

王氏　东胜卫程玉妻,夫亡,里媪欲夺其志,以厚利啖之,姑许之。氏闻而泣曰:"妾即婆人子,亦知羞耻,而顾以利失身乎?且辱父母矣!"遂投缳死。总兵罗希韩①葬之城西芦冈,总理戚公继光为之立碑。

【注释】

①罗希韩:营州中屯卫(驻平谷县)指挥同知。武举,嘉靖二十七年正月至二十九年七月任署都督佥事、蓟镇总兵官。

秦氏 两当县令李可培妻。崇正[祯]庚午被掳，不屈，投井死。子生员正藻被杀，妇田氏年十九，时产子端才六月，亦投井，从姑救出，竟无恙。后养祖姑至九十岁，抚端为庠生。

牛氏 卢龙卫百户马逢时妻，夫亡守节，训子玉聪为郡廪生。崇正[祯]庚午城（陷），自缢死。

王氏 庠生侯王臣妻，夫亡不食，九日死。

韩氏 指挥张国翰妻；侯氏，高应矾妻；杨氏，刘声远妻；贾氏，刘承敬妻；沙氏，王惠民妻；宋氏，生员陈蒙贞妻，俱以庚午之乱死节。

清

贞嫫氏 莫洋白奇妻也，既嫁而寡，父欲其归，为之择配，亲往迎之，妇不可，强之，遽起操刀，断发掷之地。父愕然曰："嘻，何为者？"则又削其鼻，曰："父之趣我者，爱女之心；我之不从者，守身之义，且父以我年少貌好耳！今已残矣，将焉为辞？"气悲壮，绝无痛楚意，而血已殷襟袖。父顿足曰："吾苦汝，吾苦汝！"哭而去。

赵氏 闵家庄人。景玉，其父；王修，其夫也。十七岁归修，伉俪甚笃，一年而修死。有劝之改适者，不应；有勖之守节者，亦不应。既葬，伺家人睡熟，遂自缢，乡人皆曰可谓烈矣。嘉庆二十三年（1758 年），长洲陶凫香①来守是郡，求所以化民成俗者，乡人因举其事，陶曰："吁，可以旌矣！"乃以"贞烈垂型"四字颜其门。

【注释】

①陶凫香：陶梁（1772～1857），字宁求，号凫香，江苏长洲（今苏州）人。嘉庆十三年进士，授翰林院编修。二十一年任直隶天津道，二十二年任永平府知府，二十三年改正定府知府。道光四年调清河道，五年加盐运使衔。十年复任天津道。十二年署永平府知府，任大名府知府，护理大广顺道。历官甘肃按察使、山西按察使，署山西布政使，江西布政使，太常寺卿。咸丰初任内阁学士，署吏部左侍郎，改礼部左侍郎。

苏氏 徐氏 南邱庄孙姓妇娣似也。家贫偕作，相爱如姊妹焉。里有恶少年，素窥其美，屡以贿诱其姑，姑惑焉，许之，而两妇不从，则鞭棰之，终不可，然折磨百端，绝无生理，恒相对饮泣。一日易新衣袴，互为缝纫，又以长绳各系其臂，携手赴滦河。死时道光丙午（二十六年，1846 年）七月事也。一为旗人苏勤肯之女，年二十；一为八棱塔庄徐起之女，年十七。

王氏妇 柳新庄人也。夫早殁，夫弟贾于外，独与弟妻居，抚诸稚弱。家綦贫，妇工绘事，研朱吮粉，画妇女诸服物，托里妪售之，得钱以佐日用，门常闭，人罕睹其面。戚族有赒之者，出于妇人则受，男子则否。久之，夫弟殁，妇涕泣，语弟妻曰："吾家生路日窘，绘画利既微，而我目渐昏，恐不能画，增一坐食人，其何以支？我死，娣就所余者，抚诸孤尚足自给，无徒两累为也。"弟妻亦泣曰："何至是。"已而，妇取画余藤黄咽之，遂卒。

张氏　王从聘妻。年二十,从聘病笃与诀,氏誓以相殉。及卒,氏引缳自尽。知府张朝琼给匾旌之。

叶氏　左贵妻,农家女也,然颇知大义。夫被徐旺等群殴身毙,氏痛夫之死于非命,欲鸣之官,而旺党陈泳安向氏秽语极污亵,氏不堪其辱,又愤门户单微,夫仇之无以复也,遂自尽。道光十三年旌。

蒙古正蓝旗嘎尔杭阿妻那氏　冷口关驻防满洲正红旗那隆贵女也,十八岁于归,夫羸弱善病,年二十,夫病剧,谓氏曰:"我必不起,我家贫,我死汝速嫁,勿为我父母累也。"氏泣慰曰:"何暇计此,善珍摄,毋以我为念。"寻病革①,目眈眈注氏,不转瞬,氏窃计曰:"使吾夫目不瞑,以有我在,盍先死,使无身后虑。"计决,遂潜出,登南城,以衣蒙首投城下踣,邻人奔以告,舁归,气绵绵如属丝。夫睨视一笑而瞑,翁姑大哭曰:"儿死则死耳,奈何苦吾妇若是?"日灌以饘粥,月余复苏,泣谓翁姑曰:"儿求死,不死何颜人世,亦何颜地下乎?且重贻翁姑忧罪滋深矣!请辇②我至母家,善调摄,傥此体不残,深恩庶或报万一耳!"从之。氏念夫亡身病,翁姑衣食何所措,乃以口分遗夫兄佐菽水③,奉后两载余,杖而起,遂归而所居。破屋已倾圮,营房两间,翁姑与夫兄居焉。氏无栖身所,乃以茆茨④接后檐,作团焦⑤状,仅庇风雨而已。二十余年定省温(清)[清]⑥,无缺礼,虽糠秕⑦不给,处之晏如⑧。及翁姑殁,哀动邻里,君子谓节烈贤孝四德备焉,诚巾帼之完人哉!咸丰九年(1859年)旌。

【注释】

①病革:病势危急。"革"(jí),通"亟"。

②辇:动词,古时用人拉车。

③菽水:豆和水,代指饮食。比喻生活清苦。

④茆茨:用茅草覆盖屋顶。搭窝棚。

⑤团焦:圆形草屋。

⑥定省温(清)[清]:子女早晚向父母问安,冬夏给父母温被扇席,形容子女非常孝顺。温清(qìng),冬温夏清的省称。冬天温被使暖,夏天扇席使凉。侍奉父母之礼。

⑦糠秕:谷皮和瘪谷,代指粮食。

⑧晏如:形容安然自若的样子。

张氏　庠生潘占清妻,于归后琴耽瑟好,清下帷攻苦,家政悉委之妇。氏亲操井臼①,阃②内外井井有条。既而清以勤学致疾,氏日侍汤药,衣不解带者数月。弥留之际,氏焚香吁天,祈以身代。卒③不起,即欲身殉,而呱呱者方在抱,乃忍死抚孤。未几而子亦殇,氏大痛曰:"此天丧我也。"摒挡④丧事毕,次日即闭户自经⑤。时同治十一年(1872年)七月十日也,年三十有七。十二年诏旌入祠。

【注释】

①井臼:汲水春米,泛指操持家务。

②阃：门槛。阃内外，即家里家外。

③卒：最终、始终。不起，病情不见好转。

④摒挡：处理，收拾料理。

⑤自经：上吊自杀。自缢而死。

高氏　邑进士龙跃女孙，庠生翌廷女也。翌廷侨寓京师，为女相攸①，得铨部吏浙江张沄，因妻之。琴瑟和谐，抚前室子如己出，又以知书明大义，家政肃然。光绪元年（1875年），夫故，氏呼子至，谕以后事，遂闭户，自书"甘心殉节"状并绝命诗数章，仰药②以殉，恐殁后为子累也。时年二十九岁。事闻③，予旌。

【注释】

①相攸：择婿。

②仰药：服毒药自杀。

③事闻：以事闻于朝，将事情上报给皇帝。

余氏　安某妻，性端重，不苟言笑。夫兄廷材素无赖，欺弟柔懦，向氏亵语，氏怒涕泣曰："身一妇人，而为男子羞辱，何生为？"遂自尽。光绪二年（1876年），诏旌。

寿　妇

恩贡生何如澜妻李氏，廪生惠霖母，副贡生凌云祖母，寿九十五。

孝　妇

清

傅氏　张鳞妻，性贞淑，于归后，即以孝闻。夫笃疾历岁，氏汤药扶持，无倦色，至二十六岁夫亡，无子女，号痛欲殉。姑责以大义，始抑哀起。两继夫侄，俱夭，乃泣请于翁曰："是未亡人①福薄，殃及嗣子也，叔再生儿，且勿谓未亡人母。俟与夫同穴时，始正继嗣之名，俾夫嗣不斩为幸耳！"翁哀其意，许之。氏清操终身，抚诸子皆成立。

范氏　土山韩义妻也。嘉庆十六年（1811年），白莲教肆扰，土贼借势抢夺。义有胆力，习手搏，乃纠合村人出捍贼，被戕死。氏每哭夫，趣走山谷中，发声长号，则四山皆应，如有助之哭者。哭已拭泪，展颜乃归，盖不欲使姑知，以安姑心也。安贫无以存活，一日至涧边浣衣，见蒲草丛生，净绿可爱，因取以编扇，售之以养姑。姑死，庐墓②三年，至八十余卒，蒲草后不复生。

岂氏　燕河营岂德时之女，幼字③重峪口郭自立，童养夫家，年甫十一，夫长妇十岁，未合卺④即外出不返，音问杳然。（据）[媚]姑王氏悯妇青年，阴劝改适，妇泣曰："我既以身许郭氏矣而去之，天乎将焉之？且儿幼小，蒙姑爱怜，姑与儿俱薄命。今姑老矣，儿去姑何以生？儿誓以十指⑤奉姑终身，姑勿儿疑。"乃大哭，姑亦哭曰："儿如是。"则哽咽不成声，而妇之服劳茹苦，事与日俱长矣。姑寿八十一病殁，妇时年三十八，益键户⑥纺织，足不逾阃，邑之士大夫重其孝，共醵百金，为妇糊口计。前县令单公⑦闻其事，亦捐俸三十金为助。今妇年六十七矣，知府游公⑧至，即以孝妇事实请诸大府，得闻于朝，复岁给银帛，亲往拜于其家，远近艳称之。

王氏　何文炳妻，举人椿之子妇也。夫不慧，不辨菽麦。氏义命自安，无几微怨，尤意事翁姑至孝。家虽贫，堂上不缺甘旨⑨，奉后生一子。夫亡，仰事俯畜，家益窘，乃寄食母家。及岁暮，妇必罄一岁女红之赀洁潃瀡⑩，以奉翁姑。后子习商，家业渐以小康，人以为节孝之报焉。

刘氏　鲁玺妻。性纯笃，孝事衰姑。夫病，衣不解带，寝食俱废。及夫殁，誓以身殉。时姑以痛子故亦病甚，氏祈以身代，医药罔效，乃割臂以进，卒不起。氏丧葬尽礼，苦节终身。

阎氏珏妻姚氏

【注释】

①未亡人：旧时寡妇的自称。

②庐墓：古人于父母亡故后，服丧期间在坟墓旁搭建茅舍居住，守护坟墓。

③字：旧时称女子许配人家，待字闺中。

④合卺：旧时新郎、新娘在新婚洞房内共饮交杯酒。代指结婚。

⑤十指：双手。喻指劳动。

⑥键户：织布机。

⑦单公：单传极，奉天岁贡，同治十二年摄任卢龙知县。

⑧游公：游智开，字子代，湖南新化人。同治十一年由滦州知州升任永平府知府，光绪六年擢永定河道。后累官至广东布政使、广西布政使。

⑨甘旨：美味的食物，指对双亲的奉养。

⑩潃瀡：古时调和食物的一种方法。用植物淀粉拌和食物，使柔软滑爽。指柔滑爽口的食物。

民国

郑氏　王继善妻，其母家滦县世族也。光绪二十七年（1901年）于归，氏年二十七岁。花烛之前，其夫适病，勉行嘉礼，而继善固已不支矣，越数日夫亡。因翁姑在，氏含辛茹苦，忍痛偷生。翁弃世后，氏与姑同室居者二十年，先意承志，曲尽妇道，依依孺慕①，出于性真。民国十五年（1926年），蒙前徐大总统奖以"竹孝松贞"匾额。嗣子学煊，中学毕业。

【注释】

①孺慕：幼童爱慕父母之情。

邸氏　夹河滩处士王钦叙妻，生员邸元榜女也。十七岁于归，二十五岁夫故，翁姑老而子幼，家寒微，无兄弟。氏独事双亲，克尽孝道，抚育幼子，教以义方，邑人以"贤媲欧孟"①额其门。民国十三年（1924 年），蒙前曹大总统奖给"竹孝松贞"匾额并褒奖褒证、银质徽章。民国十七年（1928 年）卒。

褒曰：礼修引过②，中垒③传其令名；行义旌门，鲁桓④实开先例。是以大家女（戒）[诚]⑤，贞顺相兼。郑氏孝经⑥，德功并重。尔王氏者，幼昭奇朗，长更温文，姆教凤娴，女宗共仰。比姜家之嘉耦⑦，广汉⑧风高；乳崔氏⑨之衰姑，山南日软。恤邻昂斛，苟粟齐颂乎夫人；课子画灰⑩，欧荻远师乎贤母。如此行谊，允矣褒扬。於戏！芳流草席，彤史⑪书储。妇孝思志矣，柏舟邶风⑫，咏共姜苦节。作之坊表，维乃坤贞。

【注释】

①欧孟：欧阳修、孟轲的合称。孟子幼年丧父，为给孟子创造一个好的学习环境，孟母三迁其家。欧阳修，亦早年丧父，母亲偕之从江西迁至湖北随州，家贫，画荻教子。

②礼修引过：张礼修，后汉主簿赵嵩妻，汉中郡南郑人。常遭受习蛮婆婆虐待，不仅不愠怒，反思己过，最终感化婆婆。晋常璩《华阳国志》："礼修，赵嵩妻，张氏女也。姑酷恶无道，遇之不以礼，修原省礼字。终无愠色。及宁父母，父母问之，但引咎，不道姑。卒感悟，更慈爱之。"

③中垒：西汉时有中垒校尉。《列女传》作者刘向，汉成帝时曾任光禄大夫、中垒校尉，是中国历史上第一位写列女传的人，但刘向《列女传》中并无张礼修的记载。

④鲁桓：东汉沛郡刘长卿妻，同郡桓鸾之女。长卿早死，桓氏闭门抚养独子。后来子又死，桓氏就割下双耳，自毁面容，表示坚决不改嫁。沛相王吉上奏朝廷，旌表其门"行义桓嫠"。《后汉书·列女传》："沛刘长卿妻者，同郡桓鸾之女也。生一男五岁而长卿卒，妻防远嫌疑，不肯归宁。儿年十五，晚又夭殁。妻虑不免，乃豫刑其耳以自誓。……沛相王吉上奏高行，显其门闾，号曰「行义桓嫠」，县邑有祀必膳焉。"嫠，寡妇。

⑤大家女（戒）[诚]：《女诫》，东汉史学家班昭撰写的一篇教导班家女性做人道理的私书，包括卑弱、夫妇、敬慎、妇行、专心、曲从和叔妹七章。班昭，史学家《汉书》作者班固的妹妹。大家（gū），十四岁嫁同郡曹世叔为妻，故后世亦称"曹大家"。

⑥郑氏孝经：唐郑氏所撰《女孝经》，古代女子启蒙教材。郑氏，朝散郎侯莫陈邈之妻。侯莫陈，三字复姓。

⑦嘉耦：比喻互敬互爱、和睦相处的夫妻。敬姜，齐侯之女，姜姓，谥曰敬，是鲁国大夫公父文伯的母亲，孔子称颂其作母亲的典范。《列女传》："鲁季敬姜者，莒女也，号戴己。鲁大夫公父穆伯之妻，文伯之母也。通达知礼，德行光明。匡子过失，教以法理，仲尼贤焉，列为慈母。"

⑧广汉:东汉时郡名,治所积雒(今四川广汉市)。东汉时,广汉郡姜诗夫妻,孝奉甘旨,舍侧涌泉,日跃双鲤。《后汉书·列女传》:"诗事母至孝,妻奉顺尤笃。母好饮江水,水去舍六七里,妻常溯流而汲。姑嗜鱼鲙,又不能独食,夫妇常力作供鲙,呼邻母共之。舍侧忽有涌泉,味如江水,每旦辄出双鲤鱼,常以供二母之膳。"

⑨崔氏:崔琯,字从律,唐代博陵安平人。尚书左仆射崔珙之兄。贞元十八年登进士第,会昌中,累官至山南西道节度使,世称"崔山南"。崔琯的曾祖母长孙夫人,年事已高,牙齿脱落,无法进食。祖母唐夫人每天用自己的乳汁喂养婆婆。元代郭居敬编《二十四孝》将此故事列为"乳姑不怠":"唐崔南山曾祖母长孙夫人,年高无齿。祖母唐夫人每日栉洗升堂,乳其姑,奶不粒食。数年而康。一日病笃,长幼咸集,乃宣言曰:'无以报新妇恩,愿子孙妇,如妇之孝敬足矣。'"

⑩课子画灰:教儿子用芦荻杆在灰上写字。《南史·陶弘景传》:"陶弘景,字通明,丹阳秣陵人也。幼有异操,年四五岁恒以荻为笔,画灰中学书。"

⑪彤史:古代宫中女官名,掌记录嫔妃受帝王临幸和月信日期等事。

⑫柏舟邶风:《诗经》中有《国风·邶风·柏舟》篇,歌颂周朝时卫世子共伯之妻共姜守节之事。《序》曰:"柏舟,共姜自誓也。卫世子共伯早死,其妻守义。父母欲夺而嫁之,誓而弗许。故作是诗以绝之。"

卢龙县志卷十七

忠　烈

元

韩建,字公懋,辽西人。至元中,以宗正郎中知安庆。颍六盗起,所在守令多弃城走。建治城隍,计军实,示民必守,与贼大小百余战,皆败之,盗大忿,乃悉众来城南郭,久隳为民居。联舰以为捍蔽,盗纵火焚舰,诸守将皆溃,民走视建,建方部署察吏如平日,民乃无恐,且战且扑。盗转西郭,却之;东郭又却之,相火所经,撤民屋材为栅,盗无所利,乃引去。时余阙①来戍,郡道闻,城陷矣,比至乃完,问故,父老皆曰:"韩公完我。"及安庆为陈友谅②所陷,建方卧病,骂不屈,求死甚急,贼怒杀之,舁尸出③,葬南门外江边。(《安庆府志》。案:《元史·余阙传》:阙同时死者建一家,被害城中,民相率登城楼,自捐其梯曰:"宁俱死此,誓不从贼。"焚死者千计。)

【注释】

①余阙(1303～1358):字廷心,一字天心,元代庐州(今合肥市)人。元统进士,累官监察御史。至正十二年,出守安庆,任都元帅、淮南行省左丞。十七年为陈友谅所围,次年城破自杀,元廷追封豳国公,谥忠宣,著有《青阳集》。

②陈友谅:湖北沔阳人。元末农民起义军领袖。元至正十五年(1355年)正月,于黄蓬起义,加入红巾军。由簿书掾升元帅。至正十八年(1358年),攻陷安庆府。后被朱元璋击败。

③舁尸出:光绪《永平府志》为"舁尸去"。

【补录】

大节堂碑记　　　　　　　　余阙

皇帝御天下之十五年,念君德之不宣,民生之未遂,乃诏丞相更守令之法,著考课之令,历练朝臣以为郡县,亲御便殿,赐之酒而谕遣之。于是天下之吏人人奋励,以治所谓六事者,以成功名、称上意。

宗正郎韩君建之守安庆也,独鲜所有事,其政清净而已,在官三年,颍六之盗起,所在奇衺之民群起从之,杀守令,据城邑。时天下久平,民生长不识兵革,而郡县无城郭,无守备,卒然有变,吏往往盗未至先去而城陷,有不去者,盗至而民不与之守,城亦陷。明年十一月,盗入宿松,破太湖、潜山,吏多徙家江中为去计,君独无所徙,而治城隍,计军实,以示民必守不去。越明年春,盗入桐城,以桐城人来攻城。君纵民出击之,盗败去。自二月至于九月,盗之来攻者十有一,大小百余战,皆败之。盗大忿,乃悉众而东,舳舻数百里,钲鼓之声动天地,王师败绩小孤山。十月癸卯,盗遂北至城下。城南郭久躔为民居,而联群舰为城,盗纵火舟,烧联舰,舰溃,火入南门,烧民居,诸守将亦溃,民恐甚,走来(视)君。君方部署察吏为战守如恒日,民乃无恐,且战且扑火。甲辰,盗薄西郭,战却之。明日,薄东郭,又战却之。相火所经,撤民屋材,夜栅之,旦(具)。甲寅,盗力攻,无所得利。诸溃者闻城完,且相率来援,盗望见之,乃夜引去。余来戍郡,道闻城陷矣。比至,乃完。问故,父老皆曰:"韩君完我。"君时亦去,则民无与为守;民无与为守则城之完不完,盖未可知矣。方朝廷更化时,吏皆黼藻其政,以角一日之能,君若无能然者。及临大变,其所能者,乃若人之所未易能,君诚不可以小知也。予观于今,南方之国不濒于盗,非其所力致,有能守者矣。而濒于盗者为难,濒于盗,侥幸于一胜,有能守者矣,而屡胜者为难。民屡胜矣,至于败且危。于是不去,而上效死以保其下,下效死以卫其上,卒能因败为功,以危为安,如君之为者,盖千百之十一。此人之所难能也。曾子所谓"临大节而不可夺者",君其人欤?郡所治属县六,西至于怀宁,又西至于潜山,又西至于太湖,武夫、义民,列砦相望,百战抗盗,赖君以为根本,而无叛意。东至于池,又东至于姑孰,数郡之民赖君以为藩屏,而无死伤之祸。君之所完,不既大矣哉!余抵郡十日,盗复大至,与君率众歼之,盗不至者,今再期矣。十四年春三月,朝廷录十月功,特加君中奉大夫,秩从二品,幕官以下各升秩有差。余因名其厅事曰大节之堂,所以扬君之懿于无穷也。虽然,治之有乱,犹旦之有夜也。后之人,坐其堂而思其人,而惧其时,有不协于其行,不完于其民者,独不欿然于君者乎?余之名堂又所以劝于无穷也。君字公懋,辽西人。(康熙六十年《安庆府志》)

　　注:大节堂,元代安庆总管府大厅,余阙为表彰总管韩建守御安庆城功绩,命其厅名为大节堂,并作大节堂记。

明

　　薛三桂,万历庚子(二十八年,1600年)举人,(任)云南永宁知州。死奢囚[①]之难,赠按察佥事。

【注释】

　　①屠囚:奢崇明,四川永宁(今叙永)人。明代彝族酋长,世袭永宁宣抚司职。天启元年,后金兵攻陷抚顺,明廷征调屠崇明率所部彝兵救援辽东。屠崇明率二万兵马赴重庆,杀死巡抚徐可求等二十余人,发动叛乱,攻占重庆、合江、泸州、遵义,建国号大梁。天启二年,屠崇明围攻成都,明廷调集援军,围剿叛军。二月,贵州水西彝族土同知安彦邦借

机叛乱,攻陷安南(今贵州晴隆,永宁州衞所在地)等地,薛三桂率众守城,以身殉国。天启三年,屠崇明战败,退回永宁。四月,明军攻克永宁。

高如崧,东胜卫千户。万历中任石门路①千总。时泰宁②寇花场峪③,佥令数骑讨战,主将轻出,敌伏起,陷围。如崧奋勇力斗,出入阵中者三,敌攒射落马,剖其心而死。事闻,赠二级,世袭指挥同知。

【注释】

①石门路:明嘉靖三十六年置,治所在今秦皇岛市海港区石门寨镇。《明世宗实录》:"嘉靖三十六年五月癸丑朔。己卯,总督蓟辽侍郎王忬奏:蓟镇燕河地方远漫,所辖提调有七,必设二参将分守之,庶便防御。乞改石门寨游击为参将,分石门、燕河二区,以专责成。报可。"

②泰宁:明洪武二十二年以兀良哈部置泰宁卫(在今吉林洮儿河流域)。宣德、正统间南徙至今辽宁锦州、义县、北宁至抵辽河一带。万历二十七年《永平府志》记载:"万历十九年五月,虏犯石门路。本路千总高如松领兵出花场谷,解参将陈愚闻围,三出三入,战殁,中军王世兴阵亡。"

③花场峪:蓟镇长城古关隘之一,在今海港区石门寨镇西北花场峪村。

韩原洞,字开之。少为诸生,诗文有奇气。当郊原多故,尝慷慨悲歌,慕古人以身殉国之义。崇正[祯]庚午(三年,1630年),力捍危城,出金犒师,知不可支,乃为《忠国论》,置怀中,赴斗而死。同时中书舍人廖汝钦,守奎楼死;汝宁通判杨尔俊,城陷,不屈死;忠武营千总牛星耀、仇耀光,杀敌阵亡;千总石可玩,城陷,阖室自焚;庠生周祚新,城陷,视妻与子女等先缢,乃自缢死,遗火焚宅;千总张学闵、胡(城)[承]祚,城陷,战死堞间;胡登龙,城破,携子生员光奎并男、妇投火中死;生员罗世杰有弟三人,曰埈,曰垛,曰圻,一人守家,三人守城,城陷,皆死于战,守家者亦自杀;庠生田种玉及子福元,城陷,阖宅自焚,其侄士俊曰①城将陷,赴战,死于东城上;千总梁壮威,奋勇临敌,射不虚发,会矢尽,持短兵接战,死乱兵中;庠生李光春、丁应抡、李文灿、胡起鸿、刘可足,武生张鸿鸾,医官陆橘,郡民李应阳、张俊、郭重光、张宗仁、张尚义、李大敬、张礼、傅守望,俱卢龙人,死庚午之变,祀表忠祠。外如卜小峰,城守千总;房应祥,城守中军,俱战死。

【注释】

①曰:光绪《永平府志》无"曰"字,疑衍字。

焦庆延①,由世胄任居庸参将。操守廉介,居官尝卖田自给,事母极孝。兵备道张春恒称之曰:"武将若庆延,何愁不得将士心耶?"历任三屯副总兵,称廉孝将军。崇正[祯]庚午,庆延闲住,适敌至,战死陣间。赠光禄大夫、骠骑将军,祀武庙、表忠祠。

【注释】

①焦庆延:《永平府志》《卢龙县志》为"焦庆延";《明史》《崇祯实录》作"焦延庆"。《崇祯实录》:"崇祯三年春正月辛巳朔。甲申,清兵入永平府。先有人伏文庙承尘上,晨

登城,守将杨春导之,兵备道副使郑国昌、知府张凤奇、推官卢成功等死之。国昌先令诸生击杨春死,中书舍人廖汝钦,故副总兵焦延庆,守备赵国忠,诸生韩原洞等俱力战没。中军程应琦被杀。"

廖汝钦,字寅□(所),中书舍人①。庚午之变,汝钦守奎楼,死之。敕祀表忠祠。

【注释】

①中书舍人:明清时内阁设中书科,设有中书舍人,掌书写诰敕、制诏、银册、铁券等。品秩为从七品。

张国翰,东胜左卫指挥佥事。历任营卫有声。庚午,府城陷,从容酌酒,俾其子逃,同妻韩氏缢死。诏建祠、旌表。

陈靖华,东胜左卫指挥使,掌永平卫印。兴屯利国,抚绥有方。庚午之变,守东城,(死)于难。长子君锡,由贡生任淮安府睢宁县知县;次子君任,陕西总督内司游击。

牛星曜、仇耀光,并卢龙人。英勇过人,弓马娴熟。庚午为忠武营千总,杀敌甚多,俱阵亡。

冯继京,庠生。厚重端方,能诗文,善骑射,称文武才。庚午城陷,自缢,人救免之,叱曰:"偷生,吾不忍为?"夜复缢而死。弟联京,短小精悍,守城有胆气,戒众勿退。及持戟冲敌,连刺三人,因大队先登,死于陴间。兄弟并祀表忠祠。

韩原性,廪生,有学行,喜奖拔后进。千里之内,负笈从游①者甚众。庚午守榛子镇,不屈死。

【注释】

①从游:随从求学,跟随学习。

梁壮威,千总也。品格轩昂,膂力过人,精于骑射。庚午城陷,人劝之去。壮威曰:"吾守死于此,吾事也,何去?"奋扬临敌,射不虚发。会矢尽,持短兵接战,死乱兵中。祀表忠祠。

房应祥,城守中军。庚午督乡兵巡城,城陷,血战而死。

胡承祚、张学闵,皆卢龙人。膂力、弓马,擅名一时。庚午为城总管。城陷,战死堞间。

石可玩,时为千总。庚午城陷,阖室自焚。

周祚新,庠生。庚午城陷,视妻与子女等先缢,乃自缢死,遗火焚宅。

胡登龙,庚午城破,登龙义不求生,携子生员光奎暨阖门男妇,俱投火中而死。

罗世杰,生员。庚午之变,有弟三人:曰埈,曰垛,曰圻。一人守家,三人守城。城陷,皆死于战。守家者亦自杀。

田种玉子福元,庠生。庚午城陷,阖宅自焚。

田士(携)[俊],生员种玉侄。庚午城陷,赴战,死于东城上。

李光春、丁应抢、李文灿、胡起鸿、刘可足,皆生员,武生张鸿鸾,医官陆橘,郡民李应阳、张俊、郭重光、张宗仁、张礼、李大敬、张尚义、傅守望,俱死于庚午之变(以上死事诸人,俱附祀表忠祠)。

清

刘良臣[①],字心伯,世袭,以军功授游击,剿平流寇,历升甘肃总兵,挂平羌将军印,卒于阵。赠右都督,进光禄大夫。子泽洪,总兵袭荫。

【注释】

①刘良臣:明末辽东前锋总兵祖大寿部将。崇祯二年任辽阳守备,升大凌河城游击。崇祯四年八月,后金汗皇太极联结蒙古兵围困大凌河城,击败锦州总兵吴襄、山海关总兵宋伟之援军。十月二十八日,随总兵祖大寿降清,授三等甲喇章京,隶汉军镶黄旗。天聪八年(1634年),叙投诚功授三等轻车都尉,隶汉军镶黄旗。顺治元年正月,以功授三等甲喇章京。顺治二年九月,署都督佥事、山西宁武关副将。顺治三年七月,擢都督同知、甘肃总兵。顺治五年三月,甘肃回族人米喇印、丁国栋作乱,刘良臣等被俘殉难。顺治八年闰二月,特赠右都督。雍正八年,入祀昭忠祠。子泽洪,明副将,顺治二年降清,五年授二等轻车都尉世职。九年袭父三等轻车都尉,并为二等男爵。康熙三十四年卒。(据清国史馆修《贰臣传》《清世祖实录》)。

崔尚朴,庠生,被俘至辽,改姓名李嘉宾,应试复入庠。清初授新蔡令。清廉慈爱,邑人尸祝[①]之。升南康郡守,遇金、王之变[②],鸠众坚守。城守备内叛,遂被执,骂贼,求死不得,偕配吴氏投缳死。事定,议赠荫,惜无子。

【注释】

①尸祝:古时为活人建祠祭祀。

②金、王之变:金声桓,字虎臣,辽东卫人。初为明总兵左良玉部将,由都督同知升总兵官。顺治二年十月,随左良玉子左梦庚降清,任左都督、江西总兵,驻守南昌,以功改提督江西军务总兵官。顺治五年(1648)闰三月,因愤清廷封赏太薄,金声桓在南昌反清复明,攻取赣州,未果。清军占九江,围攻南昌。金声桓从赣州撤回南昌。次年二月,清军攻破南昌,金声桓投帅府荷花池死。王得仁,陕西米脂人。李自成旧部。李自成遇难后,举兵附金声桓,降清英亲王阿济格,移师南昌,授为副总兵。顺治五年,随金声桓叛清,被清军击败,退回南昌。南昌被清军包围八个月后,城破,王得仁被俘杀。

陈柱国[①],康熙十一年(1672年)任乐亭驻防把总。盗伺县尹[②]公出,诈为行客,入城肆劫。柱国挺身与斗,中流矢,被获缚,令导引。柱国裂眦厉骂,遂遇害。事闻,诏赐银百两,襄葬事。

【注释】

①陈国柱:光绪二十四年《乐亭县志》:"康熙十一年十一月,土寇劫城,驻防把总陈国柱战死之。知县之子于永祯被执,不屈死。时知县于成龙奉委公出在郡。"

②县尹：知县。于成龙，字振甲，汉军镶红旗人。康熙七年任乐亭知县。十八年升北通州知州，累官至河道总督，加官保衔。于永祯为于成龙长子。

陶景武、董万升，俱从征发逆①。咸丰三年（1853年），贼踞怀庆，景武、万升均任经制外委②，自告奋勇，于六月二十一日首登木城，大队在后，贼已开门遁矣，而大队忽撤，贼见之遂回。景武、万升急退，甫及地，而贼麇至，大呼跳荡，杀贼数十，景武砍黄巾者一人落马，而贼自后横砍之。万升亦力尽，遂于丹河铺西被害。俱世袭云骑尉，以恩骑尉罔替。时卢龙马兵李万全、张文明、宁瑾，守兵杨逢喜、李占元、王宗灵、翁振铎、李运明、唐国柱、韩之义、郝声、扬名、朱明、张富有，滦州守兵方德、韩焕明，俱同日死。

【注释】

①发逆：清廷对太平天国起义军的蔑称。

②经制外委：清代低级武官，初为额外委派，后成定制。外委千总，正八品；外委把总，正九品。

马东屏，以武生入营，善骑射，邑之操决拾①者多从之游。见赏于向军门②，拔为（经）制外委。咸丰二年（1852年），署宁海城把总，随征军营，约束卒伍，不遵者以理婉（论）[谕]之，兼及果报③，卒多感化。历征直隶、山西、河南等处，身经数十战，及连镇奏捷，以得胜兵往征湖北。咸丰五年（1855年）七月初五日，贼劫营，东屏持弓矢，登垒御之，贼皆应弦而倒。矢尽，执长刀接战于稻田中，为泥淖所陷，遂遇害。事闻，以千总赐恤，世袭云骑尉④加一骑校尉。是年卢龙守兵盛林于正月十八日在高唐州施放地雷，亡于阵。

【注释】

①决拾：射箭。决，通"抉"，古代射箭用具，借指弓弩。

②向军门：向荣，字欣然，四川大宁（今巫溪）人，寄籍甘肃固原（今属宁夏）。出身行伍，由外委累升至游击。道光十三年，由开州协副将驻扎山海关，升总兵官。二十七年擢四川提督。三十年，历任湖南提督、固原提督、广西提督。咸丰元年正月，向荣率部前往镇压太平军，同年秋，太平军突围至平南，向荣全军大败。咸丰二年四月，太平军，出广西，入湖南，于咸丰三年正月攻克武昌。向荣改任钦差大臣，专办军务。同年二月，太平军攻占南京。

③果报：佛家用语，指因果报应。

④云骑尉：武散官名。明正六品。清为世爵名。乾隆元年（1736）改拖沙喇哈番，汉名云骑尉，在骑都尉下。

温福顺，卢龙守兵。咸丰六年（1856年）九月初一日在庙集西之七星桥阵亡。时滦州守兵赵勋于十一月初三日在邻还集阵亡。

童梁，马兵，咸丰九年（1859年）十二月十八日在江南宿州丁家圩阵亡。

民国

蒋卫平①，一名蒋沐坛，蒋家庄人。年十九入泮，继在第四中学毕业，又入保定武备学堂。二十五岁创革命，在奉天黑河立学堂，有同志陈明侯、商震（即前省主席）在辽阳创立男女合校。该地民志未开，酿成风潮，陈、商均被逮。经蒋电奉天总督赵尔巽，邀准释放。陈、商乃益努力，与蒋共同提倡革命。蒋身着中山服，手执革命书，游历俄国，宣传党化，被拘在俄。俄将军噶哗萨耳②电中国探情形，直督袁宫保③致电驻永平协统王占元④，会同知府管廷献，通知蒋家属。其弟治平赴府报告伊兄游历东俄，在本籍府县训导、教谕衙门均有卷可稽。于是管知府、王协统电请直督转电俄将军噶哗萨耳，准予释放。回国后，在吉林宽城子组织《长春日报》，为主笔，任编译，鼓吹革命。爱珲道宪姚星五赞其才，聘为考试委员，任阅卷事宜。嗣全省军警合操，又委监督委员。事毕，委赴红梦河查金矿，因其地与俄毗连，俄赤党意在侵占该矿，蒋力与交涉，俄嫉之，被暗杀。俄兵由身搜出公事数件，持以报告，噶哗萨耳自知理曲，渡江向黑河府王度道歉，议定抚恤厚葬，事乃结。建碑碣于滦县偏凉汀亭畔，以志纪念。文曰：滦水流潺潺，英雄去不还。龙沙埋白骨，风雨哭阴山。阅者咸欷歔不置。蒋卒年仅二十九，以弟治平之长子为嗣，取名继志，女一名光坤，适尹仲桐。治平有二子：一辉生、一长久。

【注释】

①蒋卫平（1883～1909）：1883 年 1 月 17 日出生于滦县蒋庄村（原属卢龙县），1905 年考入永平府中学堂。1905 年夏，经北洋新军山永协统王占元的举荐，蒋卫平进入保定陆军速成学堂（保定陆军军官学校前身）学习。1907 年蒋卫平与商震、陈明侯秘密加入宋教仁、吴禄贞等人创办的同盟会辽东支部，在辽阳创办了"奉天陆军小学"、在奉天创办了"奉天商业专门学校"，被誉为"关东三杰"。1908 年春，蒋卫平到瑷珲、黑河一带考察，正在绘制边界山川地形图时，突被沙俄警察抓走，以间谍罪投入西伯利亚监狱。1909 年 4 月，蒋卫平获释后，奔赴长春，与商震、徐竹平等人创办了《长春日报》，积极宣传资产阶级民主革命思想。同时，他罄尽家产，与熊成基等人在蜜蜂山招兵买马，密谋武装起义。旋因熊成基在哈尔滨车站谋刺清海军事务大臣载洵事发，《长春日报》遂被查封，蒋卫平因在山海关幸免于难，乃化装北走黑河。此时，黑河道台宋小濂正与俄方交涉四十八旗屯与红梦河金矿归属事宜，请蒋卫平协助办理外交事务，担任中方主要代表。在中俄交涉中，由于他事先掌握了大量第一手资料，占尽上风。沙俄西伯利亚总督戈毕莎尔认为蒋卫平若不除之，后患无穷。8 月 5 日，在蒋卫平赴俄谈判归国登船时，被俄国士兵杀害，年仅 28 岁。

②噶哗萨耳：戈毕莎尔，沙俄西伯利亚总督。

③袁宫保：袁世凯，字慰亭，号容庵，河南项城人。光绪二十七年，署直隶总督兼北洋大臣，赏加太子少保衔。宫保，太子少保的敬称。

④王占元：字子春，河北馆陶人。光绪二十一年（1895 年）入袁世凯北洋新军。1904 年秋，任陆军第二镇第三协第五标统带。1905 年 9 月任北洋陆军第二镇步兵第三协统领，驻扎永平。1912 年 8 月，任中央陆军第二师师长。1916 年 7 月任湖北督军兼省长。

孝 子

元

王振,平滦人,居丧庐墓。

李彦忠,性至孝,父丧,庐墓八年,足迹不至于家,至治中旌表。

庞遵,母病肿,三年不能起。思食鱼,遵求(于)市,不得,悲叹而归。忽有鱼跃入舟中,作羹以献,母食而病瘥。

【补录】

至顺间,永平庞遵,母病肿,三年不能起。忽思食鱼,遵求于市不得,归途叹恨。忽有鲤跃入其舟,作羹以献,母悦,病瘥。(《元史·孝友传》)

至顺元年秋七月,永平庞遵以孝行……冀宁民妻魏益红以夫死自缢殉葬,并旌其门。(《元史·文宗本纪》)

梁讷,永平人,居丧庐墓。

明

曲祥,(守)[字]景德。其先永平人。永乐初,侍父百户亮调任金山。年十四被倭卤①,久转商日本。其王知中国人,召见之,留侍左右,改名元贵,因得力学,遂为土官,畜妻子,然心未尝一日忘中国也。屡讽王入贡。宣德中,与使臣抵京,上疏陈情:"臣夙遭卤,抱衅②痛心,死生路梗,流离困顿,辛苦万状。(今获)生还中国,夫岂由人?(伏)乞(赐)归省侍。"上柔远方隆,不欲迟留之,遣令还国,许给驿暂诣金山,乃惟母存耳!母曰:"果吾儿,则耳阴有赤痣。"验之信然,抱持痛哭悲(动)[恸],邻里咸叹,异为再生。未几,重违上命别去。祥至日本,启以上意,蕃王允之,仍令入贡,申前请,诏许袭职归养。祥母子相失几二十载,又有华夷之限,(竟)得遂初志,难矣!祥事母备极甘旨③,闻言及父事,辄哽咽不已。后母寝疾④三载,朝夕扶持,不离左右。及卒,哀毁骨立⑤,衰绖⑥三年。祥博览经史,通《左氏春秋》学,善吟咏。年八十余以寿终。

【注释】

①卤:通"虏""掳"。

②抱衅:指处于嫌疑危难之中;负罪。

③甘旨:美味的食物。

④寝疾:卧病在床。

⑤哀毁骨立:形容孝子在守孝期间因过分悲伤,身体异常消瘦。

⑥衰绖(dié)：指丧服。古人丧服胸前当心处缀有长六寸、广四寸的麻布，名衰，因名此衣为衰；围在头上的散麻绳为首绖，缠在腰间的为腰绖。

秦良，永平人，成化间以孝旌。

朱辉，庠生。母程氏亡，昼夜号泣，哀毁骨立，庐墓，负土成冢。及期，白狼①驯扰不去，有燕来朝，谷双歧之异。抚院给近坟山场环五里许，官为植树。成化甲辰（二十年，1484年）题旌，以岁贡为任邱训导。

朱国贤，庐墓三年。

王渊，燕河营人。幼丧父，母陈氏守节七十余年，卒。渊庐墓三年，宪台书其门。

宋德（铭）[诏]②，卢龙人。母故，庐墓三年，有司③奖表。

萧大用，卢龙人。父故，庐墓三年，有司奖表。

【注释】

①白狼：古人认为白狼为祥瑞之兽。《国语·周上》："王不听，遂征之，得四白狼，四白鹿以归。"唐朝时就有掌管祥瑞的官员。《新唐书·百官志》："礼部郎中、员外郎掌图书、祥瑞，凡景星、庆云为大瑞，其名物六十四；白狼、赤兔为上瑞，其名物二十有八；苍乌、赤雁中瑞，其名物三十二；嘉禾、芝草、木连理为下瑞，其名物十四。"古时候，天空出现彩云，风调雨顺，禾生双穗，地出甘泉，奇禽异兽出现等现象，都认为是祥瑞之兆。

②宋德（铭）[诏]：康熙《永平府志》、康熙《卢龙县志》为"宋德诏"，光绪《永平府志》为"宋德昭"。民国《卢龙县志》为"宋德铭"，有误。

③有司：指主管某部门的官吏。古代设官分职，各有专司，故称有司。

清

韩坤业，府庠生。东胜卫籍卢龙县丰隆屯人。幼失父①，事母恭谨。母亡，庐墓三年，风雨不（息）[怠]。康熙八年（1669年），督学蒋公超②按临较士入学，师生合词公举，表扬其孝，蒙赠以书币，擢以优等，覆以伞扇，自中门鼓乐导出。九年，具题，奉旨给银叁拾两，立坊旌之。

王启智，亲殁，庐墓三年。乾隆十二年（1747年），督学吕公③旌其门曰"孝行可风"。

张廷璇，（守）[字]衡齐，未冠入庠，才敏而性挚。事父母能色养，相继遭内外艰④，庐墓三年，手植树木，封土巍然。远近高其谊，从游者众，一时知名之士多出其门。

朱霖，庠生，家贫，性最孝。父母殁，庐墓三年，日覆土三次。凡食必焚香墓前，香尽方食。三年后，亲友劝之归，行数武⑤，屡回顾，血泪涔涔，染襟袂。嘉庆二十四年（1819年），县令旌其门。

侍孔坐，文秀之子。母王氏，见《烈女传》。母死，孔坐庐墓三年，母节子孝，乡里称之。

王庆云，字景星，武庠生。事亲以孝闻，其外祖陈某年老无子，家且贫。庆云曲体亲心，生养死葬，尽哀尽礼。于其承祧⑥之叔舅，养生送死亦如之。外弟陈玺，幼孤无依，庆云招之至家,视同手足,教养兼至。及长,为之婚娶。陈氏三世得以生全者,皆庆云之力。母尝告人曰:"吾儿不但尽孝于亲,且能替亲行孝,洵可谓孝思不匮矣!"叔母刘分爨⑦,早寡。庆云竭力奉养二十余年,与亲母无异。此外,敦睦宗族,任恤亲友之事,不可枚举。道光二十九年(1849年),年七十卒。

刘顺时,字永亨,家世业农,而性极孝。母卒,庐墓三年,终其身不御酒肉。平居循分守法,乐善好施,里人无不翕然称之。卒年八十三。道光二十八年(1848年),奉旨旌表,为建孝子坊。咸丰三年(1853年),乡人于白蟒山龙兴寺之西庑建祠祀之,额曰"一乡善士"。

徐良臣,素业农,事父母最孝。妻刘氏奉舅姑亦谨。道光三十年,其父云病故,良臣苫块枢侧,葬后庐于墓,内设父主。出则力耕,入则自爨。每饭不祭不敢食,寒时露处,遂成痼疾。三年后村人迎之归,请旌于官,徐不可曰:"执丧,为人子所当然,余惟惧不克自尽,又请于官,是重之罪也。"终以痛父故不二载而卒。

王荣,字符远,幼而失怙⑧,家极贫,时其母年方十八,母方氏别有传。荣六七岁时,同乡马昌衍怜其孤寡,教之读书,并助饔飧⑨。及长,无力进取,去而为贾。以养母于定省温清,礼无或缺。后家道小康,力行善事,而不使人知。或问:"子何所为而为也?"曰:"吾母苦节抚吾,吾无以报之。吾今年过六十无子,恐绝吾母祀耳!"曰:"子之所为小善也,子能为母请旌则无子荣于有子矣!"荣然之。竭数十年之积,为母请旌立坊修墓,费数百金,至六十八岁,连举二子,七十八岁卒。

【注释】

①幼失父:崇祯三年正月,皇太极攻入永平城,韩坤业父韩原洁与伯父韩原济俱殉难。韩坤业,字子厚,韩应奎孙、韩原洁子。

②蒋公超:蒋超(1624~1673),字虎臣,号绥庵、华阳山人,江苏金坛朱林镇人。顺治四年一甲第三名进士(探花),授翰林院编修。顺治八年任浙江乡试主考官。康熙六年升翰林院修撰,提督顺天学政。秩满后,游历名山胜水,四十三岁辞官归江南。康熙十一年春在峨眉山伏虎寺披剃为僧,法名"智通"。康熙十年春末,应四川总督蔡毓荣之邀,参与清代第一部《四川总志》编纂工作,康熙十二年刻印,共三十六卷。

③吕公:吕炽,字克昌,号东亭,广西临桂人。雍正五年进士,授翰林院检讨,乾隆二年升会试同考官,九年提督直隶学政,十五年迁礼部右侍郎,同年改左侍郎,十七年乞养,二十八年授左副都御史。

④遭内外艰:父母去世。古时称遭母丧为内艰,父丧为外艰。

⑤武:半步。古代六尺为步,半步为武。

⑥承祧(tiāo):承继奉祀祖先的宗庙,指承继为后嗣。

⑦分爨(cuàn):分开来做饭,比喻分家另过。

⑧失怙(hù):父亲去世。怙,父亲。恃(shì),母亲。

⑨饔飧(yōng sūn):早饭和晚饭。

卢龙县志卷十八

仕 迹

金

赵思文,平州人。累官至礼部尚书。时朝廷多难,思文在间关羁旅之中,未尝堕于非礼,时人称之。

明

邵俨,卢龙人。永乐癸卯(二十一年,1423年)举人,石州同知,升南京户部郎中,历任陕西右参议。文章、政事,乡邦所称。子瑄,岁贡,知朝城①。老成谦谨,以行谊著。父子祀乡贤祠。孙鹤年,嘉靖戊子(七年,1528年)举人,知岢岚州。谢政②屡空,有祖父之风。

【注释】

①知朝城:知朝城县事,即担任知县。知府(州、县),知某某府(州、县)事的简称。

②谢政:辞官退休。

唐福,东胜左卫世袭指挥。中景泰庚午(元年,1450年)举人。孝友慕义,历知随、滨、通三州,有清白声。尝铸祭器以供圣祀,加四品服俸。九年考满①,升莱州知府,未任卒。祀乡贤。

【注释】

①考满:明清时期,官员每三年一考察,任满六年再考,满九年通考。根据考核结果,决定升迁。《大明会典》:"凡外官考满升迁,洪武三年奏准,府同知一考无过者,升知府;知县二考无过者,升知州。县丞一考无过者,升知县。"

李胜,景泰辛未(二年,1451年)进士,授御史,升河南按察佥事。所至懔然,发摘如神,讼无冤滞。

张廷纲①,字朝振,登成化壬辰(八年,1472年)进士,授行人,赐一品服。使安南②回,太监汪直执送西厂狱。未几,厂革,各散去,罢归。纂府志。

【补录】

成化十一年十一月丙午朔。辛未,以册立皇太子遣礼部郎中乐章为正使,行人张廷纲为副使,赍诏往安南国开读,赐其国王及妃彩缎、文锦各有差。

成化十三年夏四月戊戌朔。庚申,礼部郎中乐章、行人张廷纲同使安南还,太监汪直遣百户韦瑛执送西厂狱。

成化十三年六月丙申朔。辛丑,礼部郎中乐章、行人张廷纲既下西厂狱,鞠其使安南时挟货贸易,多受馈遗诸事。刑部问拟为民,命俱冠带闲住。(《明宪宗实录》)

【注释】

①张廷纲(1438－?):字朝振,应天府江宁县人,直隶永平卫军籍。顺天乡试第三十五名。成化八年壬辰科会试贡士第四十一名,殿试登进士第三甲第一百零九名。授行人司行人。成化十一年十一月,以册立皇太子,派遣行人司行人张廷纲等出使安南国。成化十三年正月,设立西厂,太监汪直为提督。四月,乐章、张廷纲使安南还,被逮入西厂狱。六月削职为民,冠带闲住。弘治十三年编纂《永平府志》,翌年付梓刊行。

②安南:中国古代藩属国,在今越南北部。初为秦朝领土。唐调露元年(679年)置安南都护府(治所在今越南河内)。明永乐四年(1406年),明成祖派兵征讨安南,次年灭掉胡氏政权,置交趾布政使司。宣德二年(1427年),罢交趾布政使司,改为安南国,成为明朝的藩属国。清嘉庆八年(1803年),清廷将安南国改称越南国。

李时,其先凤阳人。有御史公谪为卢龙民。子从义,以靖难功为永平卫中所试百户。五世至凯,凯生时。父产悉让诸兄,独养老母。中成化丁酉(十三年,1477年)举人,知岢岚州八年,廉平多惠政。民俗因财退婚,曲为解谕完聚;吏卒鳏者,捐俸(修)[备]礼以配之,论财之俗为变。升汉中府同知,在任六年。升知平凉府,持守不渝,忤逆瑾①,改(恩)[思]州府。又诬以前任库藏不明,落职追问,逾年乃白②。补思恩府,行至南宁,中瘴疠③,卒于途。二子充浊、充拙另传。

【注释】

①逆瑾:刘瑾,陕西兴平人。六岁入官为太监,侍奉太子朱厚照。朱厚照即位后,刘瑾累迁至司礼监掌印太监,甚受宠幸,弄权乱政,扰乱朝纲,残害忠良。

②乃白:得以平反。白,清楚,明白。

③瘴疠:瘴气,因遭受瘴气而生的疾病。

杨润,成化癸卯(十九年,1483年)(科)举人,任华亭县教谕,升知金州。刚方廉洁,德政著闻。

朱鉴,字缉熙,其先扬州海门人。永乐二年(1404年),遣富户实北边,遂侨居卢龙之北乡,从迁者八户,因名其地曰八家寨。始祖自名,再传至善,生有即鉴父。天性孝友坦直,积粟三千斛,尝贷姻邻不取息。鉴登宏[弘]治己未(十二年,1499年)进士,授刑部主事。正德中刘瑾擅政,举朝献媚者十之九,鉴处之坦然,正直不阿。升至员外、郎中,出为建宁知府。居官严明果断，不受属托，郡人有神明之颂。以母忧^①归。服阕^②，补青州府知府，在任五年载，其治如建宁。致政还家村居，不事交接^③。居左建一小楼，门前有井，妇女非裙裳不敢至井汲，里中严惮之如王彦方^④云。子三：伊，廪生；似，早卒；侣以贡生为肥城训导。

【注释】

①母忧：母亲的丧事。丁忧，遭父母亲的丧事。

②服阕：根据封建礼制，官员父母亲去世后，需要去职还乡，守孝三年。守孝期满除服，补任官职。阕，终了。

③交接：结交权贵。

④王彦方：王烈（141～218），字彦方，青州平原人。东汉北方名士。年轻时拜颍川人陈寔为师，以品德高尚著称乡里。

王玘，字汝温，登宏［弘］治己未进士，授兵科给事中。督工泰陵，中使^①董役者剥削军士，伐近陵山木代薪以规利^②，劾之，伏辜^③。升工科左给事中。徽州有豪族争讼，数年不决。命勘，遂得其情。改御史。核应天诸郡公藏，知府某不职，惧得罪，密以金馈，即发其赃私，罢之。升刑科都给事中。武宗铺宫^④，奏省费数千金，以济边饷。升顺天府丞。岁荒，饿殍载途，竭力赈，活甚众。升都察院左佥都御史，提督雁门等关兼巡抚山西。裁宗室骄横以法，权要规盐利者峻拒之，阖境肃然。会敌分路入寇，督兵御之宁武关，将吏以逗留失利，劾其罪，械系京师，因自劾。并三边抚臣俱左迁^⑤。寻降浙江左参议。豪民有匿租数十载，躬履亩，得数百顷，为公税。孝丰有作乱者，远近骚然，众议调兵剿之，请先往，至（即）解散。升河南右参政，分守南阳，捕浙川（磺）［矿］贼，乃别胁从若干。值盛寒，多冻馁死，悉活以粥，遣之。升左佥都御史，巡抚山东。择有司布各郡，审编户则，以均徭役。王师讨逆濠^⑥，道经齐、鲁，筹刍粮供亿，兵皆无敢犯。及六飞^⑦南幸，有司预集夫役数万候境上，疫作且乏食，悉散归。第令及期无误，活者不可胜计。镇守指以供御，大肆科索。玘正色责之，欲（系）［击］以笏，乃止。升右副都御史，巡抚陕西。秦中宗室蕃衍，禄每不给，为有司累。令多方务积，折补其数，上下称便。河湟黠寇欲南下牧马，督固原将士严兵御之。遂遁归，略无所失，边民安堵^⑧。升南京^⑨大理寺卿，擢兵部右侍郎。卒，赐祭葬于城东莲花源之原，崇祀乡贤。子二：长道平，荫国子生。

【注释】

①中使：宫中派出的使者，多指太监。

②规利：谋求利益。

③伏辜：服罪、服法，承担罪责。

④铺宫：指皇太后、皇后、嫔妃等人宫内所用不同等级的金属器皿、瓷器、漆器等从品种到数量的规定。

⑤左迁：降职（古人以右为上），降到下一个等级。

⑥逆濠：朱宸濠，明太祖六世孙，宁康王朱觐钧庶子。弘治十年嗣宁王。正德十四年六月十四日集兵造反，略九江，破南康，出江西，攻安庆。四十三天后被南赣巡抚王守仁、吉安知府伍文定俘获。

⑦六飞：亦作"六騑"。古代指皇帝的车驾六马，疾行如飞。喻指皇帝。

⑧安堵：平安无事。

⑨南京：明成祖朱棣迁都北京后，南京仍保留六部、都察院、大理寺、通政司等机构，在机构名称前加"南京"二字。大理寺，掌刑狱案件审理，职能相当于当代的最高法院。

廖自显，字德潜，家贫力学，以廉耻自持。登正德辛巳（十六年，1521年）进士，知颍上县。赈饥，活数万人。升御史，视通州仓，革中官监收弊。按①宣大，劾镇将科敛及杀降冒功。山西巡抚与参议以小嫌争忿，劾罢之。嘉靖庚寅（九年，1530年），镇守建昌太监②缺，疏请裁革，遂更游击将军，一时称便。出按山东，巡抚邵锡清德藩军校诡冒，不从，殴府卒。乃劾其长史③承奉官，为所中，锡罢④，待罪出。自显知汝宁府二载，持法不挠，罢归。居家二十四年，日与故人徜徉东郭莲池、芝陇间，有《拾烬集》《放言》《悯遗集》。从侄际可，进士；献可，举人，不急仕进三十余年，铨知即墨，旋垂櫜⑤归，亦里中高士云。

【注释】

①按：巡按，御史的职能之一。明朝全国设十三道监察御史（官阶正七品），分赴各道巡视，考察吏治，对地方官有举荐和弹劾之权。巡按御史职责是"代天子巡狩，所按藩服大臣、府州县官诸考察，举劾尤专，大事奏裁，小事立断"。《明世宗实录》："嘉靖五年九月辛巳朔。乙酉，授知县王重贤……廖自显、陈邦敷，俱试监察御史。自显，广东道。"

②镇守建昌太监：《明世宗实录》："嘉靖十年正月丙戌朔。丙午，先是御史廖自显奏蓟镇镇守太监驻扎建昌营者无益于防守，而徒使官军敛怨，乞行裁革，即以燕河营参将移驻建昌。巡抚顺天都御史周期雍、镇守总兵杨镇则请于建昌设把总，听两路参将约束。巡关御史周襗则请设建昌营守备。兵部以地方事重下各官求归一之论，凡再奉旨会议，咸以御史周襗所陈为当。于是诏革蓟镇镇守太监，设建昌营守备指挥一员，以都指挥体统行事，听镇巡节制。"

③长史：明清时亲王、公主等府中设长史，执管府中之政令。

④锡罢：罢官。《明世宗实录》："嘉靖九年五月庚寅朔。庚子，先是羽林卫指挥使刘永昌劾奏御史廖自显擅笞指挥胡麟等非制。自显自以职在巡视禁军，军多缺伍，法宜责问。因据例奏辩事，并下刑部。部臣请宥自显。上以军职官非奏请不得擅自加刑，自显虽奉例行事，而用法酷虐，又先事奏扰罪不可宥，诏逮问之。"

⑤垂櫜（chuí gāo）：倒垂着空的弓箭袋，示无用武意。

赵得（佑）[祐]，（字元吉），御史忠之曾孙。三岁失怙①，长为诸生，遭邻人横逆，而读书自如，人服其雅量。登嘉靖癸未（二年，1523年）进士，甫三月授陕西道御史，巡按应天，掌南京畿道，严察苏、松等府案牍，及纠劾辅臣，群党侧目。外转贵州佥事。未几，以边材调辽东,再调山西兵备,分巡冀南道。转贵州毕节道,升山东参议,分守辽海东宁道;升陕西副使,备兵肃州。其在贵州,却金而服蛮苗。及抚哈密、酒泉,颂之。升陕西行太仆寺卿,致仕。历任二十七年,以清介终。林居泊然,宅室敝陋。郡守纪公巡以罚锾置瓦甓于城垧,将为葺之。得(佑)[祐]闻而艴然曰:“得(佑)[祐]薄宦时,无敢取一介,恐虐地方。今顾累及桑梓邪?”卒却之。年七十三卒。

【注释】

①失怙(shì):母亲去世。恃,母亲。怙,父亲。

阚杰,嘉靖乙酉(四年,1525 年)举人,任荆州府推官,以治行行取①,授石州知州,遂辞归。耿介自好,足不履城市者二十余年。

【注释】

①行取:明制,地方官知县、推官,科目出身三年考满者,经地方高级官员保举和考选,由吏部、都察院协同注拟授职,称为行取。优者授给事中,次御史,再次各部官职。清初沿袭,并规定三年一次,各省有定额,雍正后渐废。

程畜德,刚正有执持,以贡为嵩县训导、藁城教谕,不责赘仪,士敬惮之。

李充浊,字澄之,时之子。嘉靖丙戌(五年,1526 年)进士,知叶县。收黄山巨寇,民为立生祠①,与楚叶公②、汉王乔③为三令祠。擢为礼科给事中,屡上封事④。升浙江右参政,改补河南。修筑隘口,自顺德⑤界抵山西,延(互)[亘]九百余里。升陕西按察使,辨宦室子弟五人积冤。升河南右布政,转左,寻改贵州。赈铜仁荒歉,活万余人,募民以备苗变。罢归,于城北营万柳庄,与故人为饮社。卒,祀乡贤。弟充拙,字逸之,嘉靖乙酉(四年,1525 年)举人,与兄同榜,知陈州。俗刁滑,多出入公门,以扰害乡民,号为挂答罗织⑥,久莫能去。下车⑦,访首罪,杖杀之,余悉逃散。寻以母忧去。补知南通州,政平讼理,卒于官。充浊子瀹,字伯通,处世阀以谨俭称,由岁贡授郯城县丞。郯称难治,民流税逋。瀹于荒田立官庄,捐俸创庐舍三十余区,号为俸余官庄。买牛给种,招集逃民耕垦。收获足公税及佣值⑧外,余入义仓备赈,公私称便,民亦复业。铨部⑨廉其贤,擢知郯城(靖)[县],未逾年,辞官归。

【补录】

县丞:李瀹,直隶永平卫人,由恩贡万历四年任,升本县知县。

知县:李瀹,直隶永平卫人,由本县县丞擢为令。万历八年任。慈惠爱人,清廉持证,莅令事未逾年即求致,恳辞而去。有羡银百余两,委而不取,馈之赆亦不受,前后凡五载,始终冰操可方之□清酌泉云。(康熙十二年《郯城县志》)

【注释】

①生祠:为活着的人建立祠堂。

②楚叶公:沈诸梁,芈姓,沈尹氏,名诸梁,字子高,春秋时楚国大夫沈尹戍之子,封地在叶邑(今河南叶县南旧城),治水开田,颇具治绩。后任楚国宰相。因楚国封君皆称公,

故称叶公。

③汉王乔:王乔,辽东郡人,汉明帝时为尚书郎,汉显宗时迁叶县令。在任时发展生产,保境安民,深得百姓拥护。后附会为神仙。

④封事:密封的奏章。古时臣子向帝王上书奏事,为防泄漏,用皂囊封缄,故称。

⑤顺德:顺德府,治所在今邢台市。隋唐置邢州。元朝改为顺德府,明清因之,民国二年裁。1940年,日伪置顺德道。1945年,废顺德道,设邢台市。

⑥挂答罗织:挂搭。古人交战时,常以挂褡、幔帐等遮挡矢石。这里指山贼野寇聚众谋反。

⑦下车:新官到任。

⑧佣值:又作"佣直"。受雇的工钱。

⑨铨部:主管选拔官吏的部门。常指吏部。

韩梅,字应元,嘉靖戊子(七年,1528年)举人。任大同同知六年,廉平多惠。有范驿丞死于官,妻流落,鬻女为婢。梅捐俸赎归其母。居家惇伦任质①,乡党称之。

【注释】

①任质:康熙《永平府志》为"任质",光绪《永平府志》为"睦族"。

王大用,东胜卫人。登隆庆戊辰(二年,1568年)进士,授扶沟知县。执法无所阿,当路①衔②之。左迁东平州判,升滕县令。明习吏事,每事必探弊端。有大珰③进贡,折辱驿官,索乾没④。大用诣邮亭,令开箧验之,皆胖袄⑤,遣人收捕其解户⑥于狱,大珰甚惧求免。其明练肩事⑦类如此。升大理寺评事,改户部郎中,历官辽东、陕西参政。两县并祀之。

【注释】

①当路:当权者,掌握政权的人。

②衔:嫉恨,怨恨。

③大珰:当权的宦官。珰,汉代宦官充武职者的冠饰,宦官的代称。

④乾没:贿赂。侵吞公家或别人的财物。

⑤胖袄:棉上衣。元明时指边防将士或锦衣卫的冬服。

⑥解户:旧时解纳钱粮的差役。

⑦肩事:比肩而事,肩并肩做事。

韩应奎,号东轩,应庚季弟。为童子,馌田①之暇,辄手书读。中隆庆庚午(四年,1570年)乡试,五试南宫②,始谒选,得华阴县知县,有惠政。历蓬莱、乐安、温三县,皆以治绩闻。年未衰,即归田。常以睦族济人为念,绝不(一)干有司。岁大凶③,施粥赈饥,给裘御寒,邑人德之。二子:长原济,倜傥不群;仲原洁,笃信秉礼,并诸生。济子乾业、洁子坤业,庚午兵变,长与仲偕亡。

【注释】

①馌田(yè tián)：送饭到田头。

②南宫：古代尚书省的办公地，代指礼部会试(进士考试)。

③大凶：大荒之年，粮食严重歉收。《礼记·曲礼》："岁凶，年谷不登。"《管子·八观》："其稼亡三之一者，命曰小凶。小凶三年而大凶。"尹知章注："比三年不熟，故曰大凶也。"

韩应庚，字希白。世有隐德①。曾祖文，富而好施。祖诚，益大其业。嘉靖中，岁屡歉，先后贷乡人粟至二万石，不责其偿。父廷义，生而英敏，通百家众技，尝擒巨寇以靖一方，封监察御史。三子：应庚，其长也，少励清操，登万历丁丑(五年，1577年)进士，授彰德府推官。其治务廉明宽厚。下车，取沉狱验问，数日间决断殆尽；受领新讼，遣当直设灶公署前，呼对簿者自炊，未及餐而事已判矣。入为福建道御史，出按甘肃。值大祲②，不俟命即发仓粟以赈。再按山东，锄强豪，黜贪墨③，出死囚二百六十余人。时年四十七，即引疾归，日与亲故徜徉山水间。于(城)南二十里石矶上筑室，名(曰)钓台，以图书、花鸟自娱。七徵④不起，从不干有司。遇不平事，辄为代白，闻者敬信。岁甲辰(万历三十二年，1604年)饥，输粟公府，而施糜掩骼无虚日。又鬻负郭田数百亩，以赡郡邑两庠贫士。年七十有四卒，祀乡贤。

【注释】

①隐德：施德于人而不为人所知，谓之"隐德"。

②大祲(qīn)：严重歉收，大饥荒。

③贪墨：贪官污吏。

④徵：朝廷征召。

朱文运，侣子。万历己丑(十七年，1589年)进士，任丹阳知县。励精抚字，政简刑清。邑绅大司马姜公①欲改运河于城外，以兴贸易。运恐劳民，固执不从。后五年考绩称最②，竟迁南户部③主事，时人为之不平。至任六月，奉差入都，因归省母，卒于家。子方九龄，宦橐④萧然。继室李氏课子治家，不坠先业。子济美，廪生，亦以笃行称。

【注释】

①姜公：姜宝，字廷善，号凤阿，江苏丹阳县(今为市)蒋墅滕村人。嘉靖三十二年探花。授编修。历任四川提学佥事、中州参政、提督八闽学政、南京太常寺少卿、誉黄通政、国子监祭酒，南京太常寺卿，刑部、吏部侍郎，官至礼部尚书，诏加太子少保致仕。"大司马"，兵部尚书之美称。而姜宝为礼部尚书，别称"大宗伯"。

②最：首位。在官员政绩考核中排名第一。

③南户部：南京户部。明永乐十九年，明成祖朱棣迁都北京，南京仍保留六部，部名前加"南京"二字，与北京六部相区别。

④宦橐：又作宦囊，指因做官而得到的钱财。

陈王庭①,字心龙,登万历丁未(三十五年,1607 年)进士,初任陕西雒川令。清慎俭约,凡钱谷讼狱,剖断如流,吏不敢干以私②。雒川素号繁剧,民玩吏刁,前后令斯邑者往往束手。王庭至,令行禁止,风俗一变。历升至太仆寺卿。天启中,魏珰③用事,矢贞不附。先尝巡按辽东,得将士心。辽失收养,全活甚多。庚午城陷,王庭服堇④,几死,复苏为黄冠⑤。大帅祖大寿、张存仁辈皆伏拜床下,报德恐后。事平,论者议其不死,逮狱,绝粒而殒。

【注释】

①陈王庭:据《清太宗实录》、蒋良骐《东华录》载,天聪四年正月后金兵攻陷永平府城时,陈王庭与白养粹等降清。五月,明军攻克滦州,贝勒阿敏、硕托将永平城内投降汉官白养粹、陈王庭等处死,弃城而逃。《清朝开国方略》:"天聪四年春正月甲申。克明永平。癸未,命副将阿山叶臣选部下二十四人乘夜攻城。甲申寅刻,薄城,树云梯冒枪炮矢石奋战城上,炮裂药发。城中兵备道郑国昌、知府张凤奇、推官罗成功皆仰药死;同知魏君谟、参将杨春、革职武官焦庆延越城逃;知县张养初、户部郎中陈此心、革职太仆寺卿陈王庭、兵备道白养粹、行人司崔及第、户部主事白养元、知县白珩、游击杨声远、永平卫掌印陈靖华、卢龙卫掌印王业宏、东胜卫掌印陈延美、革职副将孟乔芳、杨文魁,参将罗墀、都司高攀桂等皆降。""六月乙卯,论失守永平滦州贝勒诸臣罪。时贝勒阿敏、硕托在永平,闻滦州被围……纳穆泰、图尔格、汤古岱等度力不能支,于(五月)辛卯夜突围走永平。时阿敏已尽收迁安县守兵及居民入永平城,闻滦州已失,遂执永平城中新降汉官巡抚白养粹、知府张养初、太仆寺卿陈王庭、行人司崔及第、主事白养元、知县白珩、掌印官陈靖华、王业宏、陈元美、参将罗墀、都司高攀桂等杀之,乘夜弃永平城,出冷口而还。"

②干以私:谋取私利。干,谋取,求取。

③魏珰:魏忠贤,字完吾,北直隶肃宁(今河北沧州肃宁县)人。幼时自宫入官为太监。明熹宗即位后,从惜薪司升司礼监秉笔太监,天启三年冬提督东厂事务,极受宠信,结党营私,排除异己,陷害忠良,草菅人命。崇祯皇帝即位后,打击阉党,魏忠贤自杀。

④堇(jǐn):乌头,一种草药,有毒。

⑤黄冠:黄色的冠帽,多为道士戴用。用以指代道人。

韩原善,字继之,别号鹏南。父应箕,字希皋,应庚之次弟也。负文武才,兼精骑射,倜傥尚义,有古侠客风。尝出两婴孺于剧盗手。凡疏族①贫,交待以举火②者,恒数十人。构宗祠,修世墓,缮义塾,动费不赀,无几微吝色。以明经③入对大(庭)[廷],不仕。原善生而颖悟,沉酣经史,旁及青乌④、黄石⑤、奇门遁甲诸书,靡不研究。登万历丁未(三十五年,1607 年)进士,授青浦县知县。吴淞久塞,震泽、淀湖之水,合流东下,民苦昏垫⑥。为请赈请蠲,平籴设粥,躬行给散,卒事无哗者。他如裁公正,均荒绝,开津贴,甦塘夫,清漕兑,无不恳恻周至,邑人尸祝之。调繁⑦长洲,(长洲)为吴郡首邑,赋役甲天下,又当水陆之冲,治之独游刃有余。县田一百二十二万三千亩,自创立官甲,政在乡绅,诡计花分,民户坐困。巡抚徐公⑧请均之,原善任怨劳,按亩科差,增役田三万一千四百七十顷。精于造士,是岁中乡闱⑨者十人。五年,考最⑩称廉。治窝访⑪触忌,仅迁户部郎。在县时,父尝斥产贻之佐廉。及转户曹,父益喜,为能不瘠民以媚当道也。旋丁外艰,服阕,补兵部。东事方棘,以不次⑫擢开(元)[原]兵备。拜命,疏陈方略八款。又言募有六难,有四易。疏入,上遂(俞)[谕]发帑金七万四千抵关门,五十日募官兵一千六百余名,马六百五十余骑。甫出关,而开(元)[原]报陷,乃兼程趋至广宁⑬。先是全辽军需仰给海运,莱、津岁运二十万,卸三叉牛地,距辽六百余里,水陆烦费。原善冒雪行至海上,经画以登莱、海盖两道,累年会议不决者定泊盖套,岁节费数千金,不匝月而完粮二十二万。丁母艰归,屡荐不起,卒。原善生平孝友,性豪爽,有远略,周人之急,有如其身。所著诗文八卷、奏疏二卷、尺牍四卷、六壬指掌二卷,祀乡贤。

【注释】

①疏族:远亲,远族。

②举火:生火做饭。

③明经:明清时期对岁贡的美称。

④青乌:青乌子,汉代堪舆家,精通地理阴阳之术。著有《青乌子》。此指风水学说。

⑤黄石:黄石公,秦汉时隐士,精通兵法,隐居于东海下邳。张良在下邳桥遇黄石公,授《太公兵法》。著有《素书》《黄石公三略》。此指兵法。

⑥昏垫:陷溺。指困于水灾。水患、洪灾。

⑦调繁:调任政务繁剧的州县。乾隆十八年《长洲县志》:"万历三十八年以才调繁长洲。初,役法繁苛率诡,寄花分役,贫而漏富,力请均役,民累以苏。"

⑧巡抚徐公:徐民式,字用敬,福建浦城人。万历八年进士,万历三十七年十一月由太仆寺少卿升都察院右佥都御史,巡抚应天。"吴中田土十九归缙绅家,谓之官户,刁民复投托寄户,以避重役。民式饬各府清查,除例应优免外,余皆籍而受役,虽津要毋得仍前诡寄。请于朝,著为令。"(光绪《续修浦城县志》)

⑨乡闱:乡试。指考中举人。

⑩考最:政绩考列上等。古代考核政绩军功,上等曰"最",下等曰"殿"。

⑪窝访:利用当时监察制度的弊端,趁御史出巡访察时,散布谣言,达到诈财、要挟或报复某人的目的。

⑫不次:不依寻常次序,破格提拔。旧时官吏授职后,需要按照资历依次补缺,称为需次。

⑬广宁:广宁府,府治广宁县。今辽宁北镇市。

清

孟乔芳①,字心亭,其先永平人,世袭东胜卫指挥同知。乔芳伟岸善骑射,能以一矢堕双雁。清天聪四年(明崇祯三年,1630年),大兵克永平。乔芳谒御营朝见,上以金卮酌酒赐之,令随诸贝勒驻永平,遣人往阳和侦谍。明总兵祖大寿亦遣人至乔芳所,侦我兵多寡,乔芳缚以献。寻随大军归辽阳,隶汉军②,管佐领③事。五年,授刑部承政④,予二等轻车都尉⑤世职。崇德三年(明崇祯十一年,1638年),更定官制,改刑部左参政。四年,兼红、蓝两旗汉军副都统。七年,随大军围明锦州,同都统金砺等克塔山城。是年,分汉军八旗,乔芳改镶红旗副都统,后遂为汉军镶红旗人。八月有以贝勒罗洛浑家人夺金事诉者,乔芳置弗理,坐瞻徇⑥降世职一等。十月,随大军征明,攻前屯卫、中后所二城,并克之。叙功加一云骑尉⑦。

顺治元年(1644年),从大军入关。二年四月,授陕西总督。长安县妖民胡守龙等造伪印倡乱,乔芳遣副将陈德擒斩之。闰六月,疏言秦省沿明陋习,各官莅任俱有铺设⑧,繁费累百姓,请严禁。诏如所请。时流贼张献忠尚据四川,乔芳请于兴安驻重兵,汉中增设巡抚,以扼其冲。疏下部议行。

三年,宁夏兵变,杀我巡抚焦安民。乔芳授计总兵刘芳名,斩首恶王元、马德,别遣副将任珍、陈德、王平等剿贼党贺珍、刘二虎、胡向宸于兴安,挫贼众,追斩向宸,败孙守法于椒沟,降平天、青蒿诸寨。复遣副将张永、刘友元擒贼贺宏器于安家川。

五年,四川流贼一朵云、马上飞等犯西乡县。乔芳遣任珍,会汉羌镇兵驰剿,杀伪监军许不惑及贼众千余,生擒一朵云、马上飞。寻河西逆回米喇印、丁国栋作乱,渡河而东,连陷郡邑,薄⑨巩昌。乔芳率兵驻秦州,遣副将马宁援巩昌,合副将赵光瑞军,与贼大战于广武,破之,逐北七十里,遂解巩昌围。时贼据内官营及岷、洮、河三州,众数万。乔芳遣军三路进剿。时张勇败贼于马韩山,光瑞败贼于梅岭,擒伪将丁光、谢宁,直捣内官营,岷、洮、河三州皆复。逆回退居兰州,乔芳与侍郎额色督兵攻下之,喇印、国栋皆受抚。逾两月,复踞甘州叛。甘肃巡抚张文衡、西宁道林维造、参议张鹏翼、总兵刘良臣、副将毛(宾)[镔]、潘云鹏等俱遇害。乔芳自兰州渡河,驰赴甘州,与提督傅喀禅、协领罗毕大、总兵齐陞等四面合攻不下,深沟高垒以困之。贼食尽援绝,乃宵遁⑩。乔芳遣兵驰剿喇印于水泉,国栋复与缠头⑪贼土伦泰等踞肃州,出(梗)[掠]武威、张掖、酒泉地。乔芳遣张勇、马宁等攻破肃州,擒伦泰、国栋,诛之。

六年八月,大同叛镇姜瓖党虞允、韩昭宣等纠众三十万,陷蒲州及临晋、猗氏等县。乔芳同额色奉命赴山西会剿,自潼关渡趋蒲州,歼贼略阳,遂进兵临晋、猗氏,斩伪帅白璋,擒伪监军道卫登方,复遣协领根时、参领都敏、副将狄应魁、赵光瑞等分剿败贼,斩虞允、韩昭宣,猗氏、解州、荣河等城俱复,乃还军。十二月,兴安贼何可亮踞箭峪、阶峪,出入剽掠,乔芳遣任珍剿平之。

七年,遣(马)宁、(赵)光瑞等剿贼于合水县,斩贼渠刘宏才,擒其伪军师苗惠民。八年,遣游击陈明顺,败贼何柴山于商州雒南县。时贼渠孙守金纠川湖诸孽,踞紫阳山寨。乔芳先令游击仰九明侦防,复遣光瑞往,会兴安镇兵合剿,擒斩伪将单翘兴、赵定国、谢天奇等,扫其巢。

九年,入觐,加太子太保,诏驰驿还西安。先是叙平回贼功,加兵部尚书衔,晋世职为一等轻车都尉。至是,两遇恩诏,晋三等男。

十年二月,命兼(都)[督]四川兵马、钱粮。疏请以重兵镇守保宁、汉中,分步兵五千兴屯广元、昭化之间,俾兵食有赖;又请于陕西四镇,分步兵二千,给帑,备牛种,垦荒田。下部议行。五月疏言:大军规取全蜀,宜随在留兵驻防,以树干城而谋生聚。至进征之兵,请每名给马三匹,伴丁一,携甲杖,以利攸往。得旨,悉心筹画,具见为国忠诚,深可嘉悦。十月,西宁孙家寨回民谋不轨。乔芳遣狄应魁驰剿,擒贼渠祁敖、牙回子等,余党悉平。十一月,引疾乞休。诏以原官加少保,驰驿回京。

十一年,卒。遣内大臣奠茶酒,加赠太保,赐其家白金千两,住宅一区。予祭葬如例,谥忠毅,年六十。雍正十年,诏入贤良祠。子熊弼,袭世职。(参录《清史》)。

【注释】

①孟乔芳(1595~1654):其先祖徐州人,明洪武年间,从燕王朱棣之国,建文间以靖难功升东胜左卫指挥同知,迁居永平府。其父孟国用,天启元年十一月升陕西总督标下中军参将。天启三年二月升为陕西洮民协副将,九月擢宁夏总兵官。孟乔芳,天启年间任桃林口守备,升遵化辎重营游击,迁建昌营参将,缘事罢官回乡。崇祯三年正月初四日,清兵攻陷永平府城,孟乔芳与白养粹等降清,授为副将。《满文老档》:"天聪四年正月初六日,授孟乔芳以副将职,并给札付云:金国汗敕曰:'孟乔芳,原系革职副将。我承天命,欲安生民,故率兵前来。因永平之众不降,遂攻取之。我不念尔罪,授以副将职,待出官缺,复录用之。尔须尽忠图报,勿负我意。'"

②汉军:明末投诚或被俘获的辽东汉人,被后金政权编入满洲八旗。崇德二年(1637年)七月,汉军扩建为二旗,旗纛仍为青色。两年后(1639年)再增至四旗,旗纛为纯青镶黄、纯青镶白、纯青镶红和纯青色。崇德七年(1642年)六月,将汉人编为汉军八旗。

③佐领:牛录章京的汉名。万历二十九年定每三百人为一牛录,设牛录额真统领。天聪八年改称牛录章京。入关后改称汉名佐领,正四品。

④承政:清官名。天聪五年(1631年)建吏、户、礼、兵、刑、工六部,各以贝勒一人主管,置承政、参政、启心郎等官。顺治元年(1644年),改承政为尚书,参政为侍郎。十五年,省启心郎。

⑤轻车都尉:清世爵名。乾隆元年(1736)改阿达哈哈番为一、二、三等轻车都尉,其下为骑都尉。一等轻车都尉正三品,二三等轻车都尉为从三品。

⑥瞻徇:徇顾私情。

⑦云骑尉:清世爵名。乾隆元年(1736)改拖沙喇哈番,汉名云骑尉,在骑都尉下。

⑧铺设:设置安排,指繁文缛节。

⑨薄:接近,靠近,抵达。

⑩宵遁:乘夜逃跑。

⑪缠头:缠头回族,分布在新疆哈密一带。《哈密志》:"哈密回部在嘉峪关外,至京师七千一百八十里。东界喀尔喀,西界吐鲁番,南至沙碛,北至天山。元始称哈密,明如之。其地皆缠头回种,今设札萨克领之。相传祖玛哈麻教,以事天为本,重杀不事犬豕肉。尝以白布蒙头,故称曰缠头回。""顺治六年,河西逆回丁国栋等爓哈密及吐鲁番部掠内地民,伪立哈密巴拜汗子土伦泰为王,据肃州,叛集缠头回,红帽回,辉和尔哈拉回,汉回等数千分置都督,大军讨之,抵肃州,击斩哈密头目塔什兰及缠头汉回四百余级,以云梯夜薄城夺门,入斩土伦泰及缠头汉回两千余贼,垒垣拒攘之,擒丁国栋斩哈密伪都督和苦,哈资缠头回,伪都督琥伯峰哈拉回,伪都督茂什尔玛密辉和尔,伪都督璘瑚哩,伪左都督帖密卜喇红帽回,伪都右都督恩克特默等。"

蔡士英,字伯彦,号魁吾,汉军正白旗人。其先以军功袭锦州左屯卫千户。清顺治元年二月,授佐领,寻署参领。六月,随都统石廷柱往山东,遇济阳土贼扫地王康玉环拥众数万阻道,剿平之,擒斩玉环。寻随都统叶臣招抚山西,以红衣炮攻太原府,败伪伯陈永福兵。

二年,随英亲王阿济格征陕西,击流贼于延安府城下。随贝勒博洛征浙江,进定福建。

五年,授都察院左佥都御史,迁副都御史。六年,任正白旗汉军副都统,随巽亲王满达海征叛镇姜瓖,复朔州及汾州府城。

九年四月,授江西巡抚。时广西土贼杨文等集浙闽流亡踞九仙山,肆掠旁邑。袁州、吉安土贼刘京、李文斌受明桂王朱由榔伪侯爵,纠众陷安福、永新诸县。士英至,与提都刘光弼会商援剿,遣游击岑应元等率师击贼众,复安福、永新,李文斌、刘京先后擒斩,遂遣参将陈升等,会同浙江官兵攻破九仙山贼寨,杨文中炮死,降其弟杨富等,余众并受抚。又伪总兵霍武结连福建逆寇周立滋扰江西,伪都督曹志攀、伪总兵汪文生先后纠贼犯饶州、广信,士英檄兵征剿,复遣湖东道安焕、通判张羽明等谕降之。先是江西巡抚夏一鹗请豁荒田税粮,部议令覆加察核。至是,士英疏言:江右连年兵燹,加以天灾流行,死亡相枕,腴产抛荒。前抚臣夏一鹗疏报全省荒歉,及今覆察,比前较多,因前此或地为贼踞,今始恢复,或民徙他乡,今始归来,有阖门遭戮,开报无人者,又有误听传讹,恐报荒即作官田者,竟有未报之数。臣思有荒而不除,除之而不尽,非所以广布皇仁。今十三郡所属尚多寇盗,良民甘心相从,正以今日归来,明日即追征荒逋,故宁从贼而不悔耳!且贪官污吏因荒熟未分,始则借荒为口实,继则缘荒而作奸,牵混不清,穷民徒受催科之苦,究无补于国用,朝廷亦何乐纸上之虚数哉!惟除荒一举,不过减有名无实之浮额。自此按册而征,无所托词。再督劝开垦,遵例起科,数年之后可以仍完原额。臣委员遍行踏勘,通省荒芜确数实十万七千五百余顷,较前抚臣所报多二万五千六十七亩有奇。伏乞恩准豁除,国计民生,两有攸赖。疏入,得旨允行。又江西右布政使庄应会奏:袁州、瑞州二府科粮独重,请减浮额,下士英确勘。疏言:袁、瑞多山,素称瘠土,自陈友谅窃据时,因壤绌借征。明洪武初,奸民黎伯安抱册以献,沿袭不改,较元至治间额征浮倍,视临江、吉安等府亦轻重悬殊,应从减原额,每亩九升三合起科,以苏积困。奉旨:浮粮积久,重困一方,应从原额减免,无踵弊混征。士英又因工部议令察勘广信府之封禁山可否采木? 疏言:封禁山,初名铜塘,因其峭险屡为盗薮。削平之后即封禁,亦称封禁山。唐代黄巢倡乱,其党藉为穴窟,流毒一方。明嘉靖间,奸民叶宗留赁居烧炭,(遂)谋为不轨。邓茂七为之附援,三省摇动,几危信州。迄为山贼杨文窃踞,宁谧未久,恐启奸谋,请敕禁开采。诏从之。

十二年,擢漕运总督。明年,疏言:旧例,本省丁船协运他省粮务,未免稽延,请改拨就近官丁领兑。又言:海州先遭兵火,致多无主荒田已入新垦册,报原额正供钱粮无凭征解,请旨豁除,并刊正《赋役全书》,以示久远。事皆下部议行。

十四年,因病解任。十六年,病痊,复授漕运总督。先是顺治二年设凤阳巡抚,驻秦州。六年,因标兵调赴广西,裁巡抚,归漕运总督管理。至是,士英以海防漕务势难兼理,请仍旧制。于是复设凤阳巡抚,士英专理漕务。

十八年,以疾致仕。康熙十三年三月,卒。赐祭葬如典礼,谥襄敏,祀江西名宦。淮安士民亦建祠祀之。四十四年,上南巡,过淮安,御书"奏绩东南"以额其祠。

子四:长毓贵,早世;次毓荣,另有传;次毓华,遵义府知府;季毓茂,京口副都统。(参录《清史》)。

蔡毓荣,号仁庵,襄敏公次子也。初任佐领兼刑部郎中,寻授京畿道御史兼参领。顺治十七年,随征楚寇,又调征郑国信。海氛既靖,绅士多罹伪籍,毓荣矜释甚众。有宦者横于市,执而挞之。诏问状,俯对曰:"臣何敢挞宦者,挞虐民犯法人耳!"由是声振京师。

康熙元年,迁秘书院学士。五年,授刑部侍郎。七年,迁吏部侍郎。九年,授四川湖广总督,驻荆州。陛见时,上亲解御袍赐之,著体犹温。十年,疏言:蜀省民少田荒,宜广招开垦,凡候选及现任人员,招民三百户者议叙,即用即升。垦熟田亩,宽限五年起科。又言:蜀省冲要,营员请照沿边例题补。十一年,疏言移驻弁兵,其子弟有读书者,应准入籍考试。十二年,请裁遵义总兵官,改镇松潘。事并下部议行。是年十二月,逆藩吴三桂反,毓荣疏言:云贵总督甘文焜手书遗臣言三桂反,臣随调沅州总兵官崔世禄疾赴贵州御之,令彝陵总兵徐治都、永州总兵李芝兰各率兵继进。上谕以宜令提督桑额疾驰沅州固守,敕遣王贝勒大臣领八旗兵至荆州,复命侍卫纳尔泰传谕毓荣筹备军需。

十三年二月,分设四川总督,改毓荣专督湖广。以前招民垦荒叙功,加兵部尚书衔。先是贼兵陷沅州,崔世禄降贼,至是常德、澧州、长沙、岳州相继失守。部议革职,命留任,戴罪图功。寻丁父忧,命在任守制,仍率绿旗兵,偕八旗兵进剿。毓荣遣中军副将胡士英等分防江口。值叛镇杨来嘉等踞南漳县之天门寨、马良坪诸处,出掠城邑,毓荣遣襄阳总兵刘成龙率兵御剿,屡奏捷。时广西提督马雄叛应三桂,以逆书与两广总督金光祖,诡言:毓荣欲携绿营兵数千赴岳州降贼,金光祖为毓荣姻戚,密遣人告之。毓荣疏陈狡谋诬陷,请解任回旗。上命以殚心供职,勿因逆书引嫌。

十四年九月,大将军、顺承郡王勒尔锦奏增设绿旗兵援剿二营,领以两副将。诏毓荣统辖之。毓荣寻疏言:吴逆久据湖南,而湖南之长沙与江西之吉安、袁州接壤,郴州、桂阳又与吉安之龙泉接壤,若楚省大兵由荆、岳诸路进,而江省大兵亦由袁州诸路会期进攻,使贼三面受敌,首尾不能相顾,则我兵之势合,而贼兵之势分,一举而肤功立奏也。又言前此屡奉恩谕:陷贼官民来归,悉赦已往之罪,且不惜数百万之帑金,用兵剿贼,无非为救民水火计。惟是烽燧之区,或不暇辨是民是贼,恐俘戮者众。请敕统兵王贝勒遴选满洲贤员,赍奉抚民,敕谕随师前进,每收复城邑,即稽察户口,悉予安辑,贼党以外,戒无妄杀,则协从之众无不闻风投顺矣!疏并下所司议行。

十七年,毓荣奉诏率兵五千,随贝勒尚善剿贼岳州,因同讨逆将军鄂纳等率舟师进剿柳林觜及君山,用炮击沉贼舟无算。贼复犯我粮艘,夹击败之,斩级千余。是年,吴三桂死,大兵以次恢复岳州、长沙、衡州等府。

十八年三月,毓荣言:洞庭湖中之君山有龙神庙,久著灵显,唐封为利涉侯,宋加封顺济王。清顺治四年,王师过湖,祈风有应,委官葺新。昨岁七月,大军攻取湘阴,风浪叠坏船舰。臣同讨逆将军鄂纳登山虔祷,即风靖浪平,克复岳城,湖南诸郡底定。固皆皇上威福所致,亦赖湖神护助,请赐封祀,以旌神功。疏下部议,视岳镇海渎等,封为洞庭湖之神,遣礼部祭告。十月,毓荣疏言:湖南惟辰州一府同为贼踞,而枫木岭、神龙冈两路皆极险隘。我军士马疲困,宜暂休息,俟粮草克继,会期进剿。上命给事中摩啰、郎中伊尔格图传谕曰:逆贼败遁负险,未可专俟马兵,宜用绿旗步兵前进。闻蔡毓荣所属官兵甚为强壮,以此兵力,何难剿除将灭之寇?从古险隘地方,若不攻取,岂有自定之理?其如何恢复辰、沅,速定云、贵?详议以闻。毓荣疏言:沅水路直达武陵,贼既扼险于陆,又复据泊上游,若我师由陆路进攻,恐贼以顺流反袭我后,宜造八桨小船二百,水陆并进,并请专责一人,总统诸路(缘)[绿]旗兵。上允其议,即授毓荣为绥远将军,赐敕总统绿旗兵,总督董卫国、提督赵赖等并受节制。

十九年三月,分路破贼枫木岭、辰龙关,并击坏贼船,复辰州、沅州及泸溪、溆浦、麻阳等县。八月,毓荣请颁敕招抚吴世璠。上谕大学士等曰:吴世璠为贼渠魁,恃其险阻,抗拒官兵,残害生民,罪恶重大。蔡毓荣不图早灭逆寇,乃欲降敕招抚,率意妄奏,著严饬之。闰八月,定边大将军、贝子彰泰与毓荣由沅州进征贵州。奏言:绿旗兵与满洲兵已会合一处,若各自调遣,恐未能并力奏功。上命毓荣一切军机关白大将军,商酌以行。十月,毓荣同董卫国督兵复镇远府,随彰泰定贵阳。

二十年正月,彰泰奏贼众万余,欲据盘江,已遣兵固守铁索桥以御之。上谕之曰:大兵秣马贵阳,已经月余。今逆贼欲据盘江,只遣兵前往,殊昧机宜。彰泰、蔡毓荣当即亲统大兵,扑灭贼众,平定滇中,勿失机会。三月,毓荣随彰泰抵云南省城,营于归化寺。伪将军胡国(炳)[柄]等纠众万余,列象阵拒战。我师分队进击,大败贼众,斩国(炳)[柄]及贼众无算。是月,逆孽吴世璠自杀,其党以城降,云南平。毓荣还任湖广总督,复原职。

二十一年六月,调云贵总督。疏言:云、贵两省,险要边疆。又当新复之初,督标兵旧设四千,未足资弹压,请增兵一千,分五营。又因议裁吴逆所设十镇,请改为六镇:在迤西者,曰鹤丽,曰永顺,曰楚姚蒙景;在迤东者,曰开化,曰临元澄江,曰曲寻武霑。又言:中甸在金沙江外,旧辖丽江土府,为吴逆割界,蒙番通商互市。今互市已停,而蒙番所设喇嘛营官未撤,宜令土知府木尧仍归其地。十月,又奏筹滇善后事宜,分别十疏:一言蠲荒赋。逆贼踞滇八载,按亩加粮,驱之锋镝,地旷丁稀。今各府州卫所报无征地丁额赋,应亟予蠲除,招徕开垦;二曰制土夷。前此土目世职不过宣慰,吴逆滥加伪职,或至将军、总兵,投诚之时权照伪衔给札。今当悉行追缴,换给土职。其应袭者,年十三以上,令赴儒学习礼,起送承袭,族人子弟准就试州县。旧被吴逆夺职者,察明宗派予袭,以示绥柔。三曰靖通逃。有逆属旧人,乌骇鼠窜者,有征兵奉裁,乘间兔脱者,有八旗仆从不随师凯旋,潜匿滇境者,宜定首报赏格,重惩窝隐。所获之人,按律量从末减,自必闻风投归,不致以畏死之故窜入生番矣。四曰理财源。滇省赋税无多,兵食仰给他省,惟产五金,可令民自开矿硐,而官总其税。省会及禄丰、蒙自、大理增设炉座,以广鼓铸。故明沐氏庄田及入官叛产,均令变价,以裕钱本,其田仍一例纳赋。又兵弁皆有余丁,宜令酌垦各营荒地,起科后编入里甲,赋有余而饷可节,实为边备至计。五曰酌安插。逆属家人,曾随贼伍者,应遣发极边,若仅受伪衔,并未从行助逆,宜免其迁徙,以示矜全。六曰收军仗。私造军器者,应坐谋叛论罪。其土司收藏刀枪及民人以铅、硝、硫黄贸易者,并当严禁。七曰劝捐输。滇省民鲜盖藏,偶有祲灾,无从告籴,请暂开捐监事例,以备积贮。八曰弭野盗。鲁魁在万山中,初为新嶍阿蒙土人所据,聚啸为盗,内通新平、开化、元江、易门,外接车里、益㐷、镇元、猛缅。向者吴逆养寇自重,授以伪职。今虽震詟天威,受土司衔,仍宜厚集土练各兵,坐镇隘口,以防后患。九曰敦实政。兵燹之后,宜整理抚绥,其要在垦荒芜,广树蓄,裕积贮,兴教化,严保甲,通商贾,崇节俭,蠲杂派,恤抚告,止滥差。所在州县即以十事考殿最,立劝惩庶,边疆日有起色。十曰举废坠。学宫之设,以育人材。吴逆煽乱,悉皆颓坏。今武功既成,宜畅文教,有倡率捐修者录叙以励之。其逆党所踞官寮廨宇,宜仍给为公署,听其自葺。至通省税粮,既有成额,宜均本色、折色之数,酌存留起运之,经黔、滇驿站,一例酌增工食,则民间永无派累矣。疏入,上以所奏各款,有合时务,下九卿、詹事、科道议行。寻谕曰:土司等赖刀枪捕猎,以为生计,勿概禁止。

二十五年闰四月,改总督仓场侍郎,十月改兵部侍郎,十二月以罪革职,与其子琳并(遗)[遣]发黑龙江。寻赦还。三十八年,卒。崇祀云贵名宦祠。(参录《清史》)。

蔡珽,字若璞,号禹功,襄敏公从孙。康熙丁丑(三十六年,1697年)进士,改庶吉士①,授检讨②,充日讲起居注官③,迁左中允④,转左谕德⑤。五十一年(1712年),提督贵州学政。五十四年(1715年),迁左庶子⑥。旋丁母忧。五十八年(1719年),补右庶子,迁侍读学士。五十九年（1720 年），充河南乡试正考官。六十年（1721 年），迁少詹事⑦。六十一年（1722 年），晋翰林院学士兼礼部侍郎，擢四川巡抚。

雍正二年（1724 年），川陕总督年羹尧奏开鼓铸，珽言四川不产白铅，开采不便。部议以阻挠公事革职。又辱重庆守蒋兴仁⑧自杀，以病卒闻，羹尧劾之。降旨诘责，部议拟枷。上以为宽，再议拟斩。三年正月，解至都，请旨。谕曰：蔡珽所犯，应如律。然劾之者，年羹尧也。论死，人将谓朕以羹尧故杀珽，是羹尧得操威福柄也。不可。其免珽罪。寻召见，珽极陈羹尧贪暴及己所以抗拒羹尧状。特旨，授都察院左都御史。三月，奏请设安徽学政如江苏，从之。四月，兼正白旗汉军都统，寻晋兵部尚书，仍兼左都御史。以直隶总督李维（均）[钧]匿羹尧财产，命珽偕内大臣马尔赛往究，得实，革维（均）[钧]职，以珽署总督。时直属被水，赈济，复发帑修河间、静海诸城，以工代赈。奏言：省会米价昂贵，请令臬司（甫）[浦]文焯至天津，运截留漕米二万石于保（安）[定]平粜，留万石接济沿途地方。上如所请，敕再运通仓米十万石，往天津，听珽调度，加赈一月，傥不敷用，著珽奏明增发。珽奏条约十四款：一、察参地方官侵冒；一、重惩胥役捏报；一、严防衿棍挟制，若贫士膏火无资，一体给赈；一、饬地方官亲查赈恤；一、贫民户给印券，以杜重冒；一、预示赈期，勿致淆混；一、俟漕米入仓，开赈未免守候，应令五十里内居民，即于水次赴领，远者因地酌通；一、各属仓储不敷赈给者，先计限成数，均给拨，令未至补领；一、造册遗滥者，许自首改正；一、灾黎外出来归者，续报给赈；一、舞弊胥役即重处，地方官失察，治如溺职例；一、三日之末，全数给与，恐愚民资耗，应分两次散给；一、每村各给村名纸旗，依次给领，以免践踏；一、派武弁巡查，以防抢夺。又言：赈满三月，便续修城工。赈时所给印券，领米后，仍给本人。修城日验券佣工，不待更查。至玉田、丰润两城亦残坏，请一体估修。又请增置布政使经历、理问各一，按察使经历一、延庆卫守备、梁城所千总各一。又请移保定通判，驻通州。又言：督抚不同城，会奏者皆于具题后知会，名曰会稿，实未与闻。至参劾属官，例由司道揭送，往往有先拜疏而后补揭者，事虽小节，实属欺伪。请嗣后地方重事，督抚必会议具本。余者各自陈请，不必会稿。其参劾属官，司道等傥有徇庇，一体题参，或到任未久，差委公出，毋庸列衔，是去虚罔之虚名，而（取）[收]简便之实效也。诸疏均如所请。九月，调补吏部尚书，其兵部、左都御史、都统事兼理如故。十月，充经筵讲官。四年四月，以珽领事多，解左都御史、都统事。七月，解吏部尚书，专管兵部事。十月，因前徇庇直隶昌平营参将杨云栋，部议革职。得旨，姑从宽，降为奉天府尹。五年三月，缘事革职，系狱十年。先是珽尝荐其故吏、已革知县黄振国，起用河南信阳州知州，巡抚田文镜劾振国贪劣不法，经侍郎海寿、史贻直覆谳有迹，广西巡抚李绂党于珽⑨，陛见时，力陈振国无罪，文镜言皆妄。御史谢济世（刻）[劾]文镜言振国事，悉与绂合。上怒其结党乱政，谪济世，振国拟斩。至是，七月谕曰：从来人心、风俗之害，莫大于朋比为奸，党同伐异。朕为此时加训诫，提命谆谆。而蔡珽、李绂、黄振国等辄敢固结党援，肆行欺妄，合谋协力，倾陷清正无私之田文镜，以遂其报复而快其私心。甚至蛊惑谢世济,揑弄心昧理之言,参劾田文镜,冀以激朕之怒,而受诛戮谏官之名,用心狡狯已极。究其根源,皆因黄振国一人而起。是黄振国实匪党之渠魁,若不明正典刑,则阴谋结党、排挤陷害之风不能息止,何以惩戒众人? 黄振国着即处斩,蔡珽改为斩监候。十三年八月,高宗纯皇帝登极,赦免。乾隆八年,卒。

珽性刚介,不能容人过,人亦不敢干以私。博文广识,工诗古文辞,翱翔词馆者二十年,后进无不推为宗匠。又力能挽强,善骑射。著有《守素堂诗集》。(参录《清史》)。

【注释】

①庶吉士:明清时期,从二甲、三甲进士中选择年轻而才华出众者入翰林院任庶吉士,进修三年,在下次会试前进行考核,成绩优异者留任翰林院,授编修或检讨,其他则被派往六部任主事、御史,或地方任官。蔡珽为康熙三十六年丁丑科殿试第三甲第三十三名进士。

②检讨:翰林院属官,掌修国史,从七品,常以三甲进士出身的庶吉士留馆者充任。编修为正七品。

③日讲起居注官:顺治十二年(1655)置日讲官。康熙九年(1670)置起居注馆。二十五年,停日讲,起居注官仍系衔“日讲”二字。五十七年,省起居注馆并归内阁。雍正七年(1723),复置日讲起居注官,由翰林院、詹事府官以原衔充任。凡皇帝御门听政、朝会宴享、大祭祀、大典礼、每年勾决重囚及常朝,皆以日讲起居注官侍班。凡谒陵、校猎、巡狩皆随侍扈从。按年编次起居注,送内阁庋藏。

④左中允:詹事府左春坊之属官。满、汉各一人,正六品,汉员兼翰林院编修衔。掌记注撰文之事。詹事府是掌管太子家族(东官)事务的机构。左春坊设左庶子、左中允、左赞善等官,俱满、汉各一人。

⑤左谕德:詹事府左春坊属官,从五品。

⑥左庶子:左春坊属官,正五品。右庶子为右春坊属官,亦正五品。

⑦少詹事:詹事府设詹事一人,正三品;少詹事二人,正四品。

⑧蒋兴仁:汉军镶红旗岁贡,康熙六十年任重庆府知府。雍正二年六月,“四川巡抚蔡珽谩骂属官,以致重庆府知府蒋兴仁愤激而死”(《清世宗实录》)。“珽辱重庆知府蒋兴仁,愤自杀,珽以病卒闻。”(《清史稿·蔡珽传》)。

⑨李绂党于珽:《清史稿·李绂传》:“(雍正三年)旋授直隶总督。四年,绂入觐。初,左都御史蔡珽荐起其故吏知县黄振国授河南信阳知州,忤巡抚田文镜。文镜驭吏严,尤恶科目,劾振国贪劣。绂过河南,诘文镜胡为有意蹂践士人。入对,因极言文镜贪虐,且谓文镜所劾属吏,如振国及邵言纶、汪諴皆枉,振国已死狱中。文镜因绂语,先密疏闻,谓绂与振国同年袒护。绂疏辨,上不直绂,而振国实未死,逮至京师,上更谓绂妄语。”《清史稿·谢世济传》:“雍正四年,考选浙江道御史。未浃旬,疏劾河南巡抚田文镜营私负国,贪虐不法,列举十罪。上方倚文镜,意不怿,命还济世奏,济世坚持不可。上谕曰:‘文

镜秉公持正,实心治事,为督抚中所罕见者,贪赃坏法,朕保其必无,而济世於督抚中独劾文镜,朕不知其何心?朕训诚科道至再至三,诚以科道无私,方能弹劾人之有私者。若自恃为言官,听人指使,颠倒是非,扰乱国政,为国法所不容。朕岂不知诛戮谏官史书所戒?然诛戮谏官之过小,酿成人心世道之害大。礼义不愆,何恤於人言,朕岂恤此区区小节哉?'夺济世官。"

管声扬,字鸣銮,号凤冈,明崇正[祯]己卯(十二年,1639年)举人,清初任常州水利通判。操守清廉,职务勤慎,厘正盐法,清理粮务,筑堤浚塘,水利大兴。丁内艰,服阕,三院①交章题荐,以疾辞。子巩祚,邑庠生,谨厚尚义。孙三,伯、季俱庠(生),仲名标,康熙丙子(三十五年,1696年)举人。

【注释】

①三院:理藩院、都察院、翰林院。

刘克望,贡生,顺治元年知马邑县事。当定鼎之初,留心民瘼,以朴实率下,不事烦苛,邑人感之(《朔平府志》)。

杨文魁①,号近楼,清初以副将从征,屡立战功,擢工部左侍郎。凡条议时务,精练豁达。奉差监修奉天诸陵寝事,劳绩懋著。

【注释】

①杨文魁:天启三年十二月,由守备升任蓟镇西协游击将军。天启五年十二月,由石门路都司加游击将军,仍管石门路参将事。天启六年十一月,升分守蓟镇古北口参将。后升汉儿庄副将,崇祯二年四月缘事革职回乡。崇祯三年正月,皇太极攻陷永平府城,与孟乔芳等降清,用为副将。《崇祯长编》:"崇祯三年庚午正月辛巳朔。甲申,大清兵入城,召原任副总兵杨文魁,谓之曰:'昨岁嘱汝内应,令乃费我三日力乎?'鞭之三百,于是郡人、布政白养粹、职方郎中贾维钥、户部员外郎陈此心、行人崔及第、同知杨尔俊、诸生宋应元及废将孟乔芳俱降。"明陈仁锡《陈太史无梦园初集·纪永平虏入》:"原任汉儿庄副将杨文魁面诘以去年三月曾有书札付汝篇内应,今又费我攻三日,笞五十棍,免罪。"《清史稿·孟乔芳传》:"天聪四年,太宗克永平,乔芳及知县张养初、家居兵备道白养粹、罢职副将杨文魁、游击杨声远等十五人出降,乔芳、文魁仍为副将,率降兵从诸贝勒城守。"《满文老档》:"天聪四年正月初六日,授杨文魁以副将职,并给札付云:金国汗敕曰:'杨文魁,尔原系革职参将,我承天命,欲安生民,兴师前来。因永平人不降,遂攻取之。我不念尔罪,仍授以职,待出官缺,复录用之。尔须尽忠图报,勿负我意。'"崇德八年十二月,以工部左侍郎考满称职加一等甲喇章京。顺治元年正月,为二等甲喇章京。甲喇章京,后金天聪八年定爵名,顺治四年改称阿达哈哈番,乾隆元年汉名称轻车都尉。

胡来相,号玉衡,事亲孝谨,居恒言动,每以古人自期。顺治四年,筮仕①元城令。时崔苻②未息,河北骚然煽动,天雄③为畿省要地。来相矜抚流亡,人心赖以宁固,且开谕恩信,贼相继降附。以卓异④擢山西道监察御史,有謇谔⑤声。巡按湖南,首以除盗为己任,区画⑥战守,动中机宜。寻掌河南道,升太常寺少卿,卒于官。子祝,历河南道御史。

【注释】

①筮仕:古人将出做官,卜问吉凶;亦指初出做官。

②萑苻(huán fú):泽名。《左传·昭公二十年》:"郑国多盗,取人于萑苻之泽。"指盗贼,草寇。

③天雄:天雄军,亦曰天雄节度使、魏博节度使,统辖河北至山东一带,治所在魏州(今河北大名县)。安史之乱后,史朝义旧将、卢龙人田承嗣任魏博节度使,割据一方。唐元和七年(812年),田承嗣堂侄田弘正率部归顺朝廷,放弃割据。元城县与大名府同城而治,属唐代天雄军辖地。

④卓异:清制,吏部定期考核官吏,文官三年,武官五年,政绩突出,才能优异者称为卓异。

⑤謇谔(jiǎn è):亦作"謇鄂""謇愕",正直敢言。

⑥画:原为繁体字"畫",通"劃"(划)。

崔维嵘,字岚峰,明举人启亨子。年十四,被俘至辽,太宗询知为启亨子,曰:"是求死,不作知州人子乎? 勉事吾,勿辱汝父也。"顺治五年,以贡授清丰令。时畿辅多盗,躬率亲属歼渠魁①,释胁从,丰邑遂安。升兴安知州,招集逃亡,贷粟劝垦,期年②民用辑宁③。因执法绳防兵,与守将忤,竟镌级归,遂绝意仕进。在廷故旧,招之不出。晚年庐于漆西先茔者九年,鹑衣粝食④,惟一蠢仆,佣日以给。每晨起拜墓,掬土培冢,植木四周。子廷瑜,中康熙癸卯(二年,1663年)举人,任全州刺史⑤。解组⑥归,迎养⑦至(玉)田,坚不允所奉,悉挥却之。年八十有六卒。

【注释】

①渠魁:贼众首领。《书·胤征》:"歼厥渠魁,胁从罔治。"渠为大,魁为帅。

②期年:一周年,一整年。

③辑宁:安抚,安定,和平安宁。

④鹑衣粝食:破衣粗食,形容生活困顿。鹑衣,补缀的破旧衣衫,形容衣服破烂不堪。粝食,粗恶的饭食。

⑤刺史:知州的别称。

⑥解组:犹解绶。解下印绶,谓辞免官职。

⑦迎养:谓迎接尊亲同居一起,以便孝养。

张锺英,号瑞峰,其先辽东义州卫人。父玳,天启时司谕卢庠①,遂家卢龙。膺顺治五年(1648年)贡,筮仕定陶令。甫下车,土贼纠众围城,英率众剿之,射中贼渠,余党悉平。升黄河同知。去陶日,士民镌石颂德。癸巳(顺治十年,1653年),河决,石香炉、富家集南北一带民居漂溺,英驻守河干,修筑完固,民赖以安。升福州府知府,未任而归。

【注释】

①司谕卢庠:担任卢龙县儒学教谕。康熙十九年增刻本《卢龙县志·教谕》:"张岱,辽东人。"古代称儒学教官为司铎。相传古代宣布教化的人必摇木铎以聚众,故称。

翟凤翥,字仪轩,少孤力学,素履端方。以明经司训平山①,见学宫倾圮,竭力倡修。年七十余,予告②归,犹披览经书弗辍。子二:长俊,次任,俱庠生。任,幼失恃,事继母以孝闻。父丧,哀毁尽礼。孙正经,康熙癸酉(三十二年,1693 年)举人,壬辰(五十一年,1712 年)进士,令建平。

【注释】

①司训平山:任平山县训导。

②予告:汉朝官吏休假制度。官吏休假称"告",二千石以上官吏经考课居最,法令可带职休假,则称予告。后代凡官员因老、病休致,亦称予告。

③令建平:任建平县令。

张星煌,字斗辉,拔贡生,以通判改授襄阳卫经历,摄篆①宜安及均州事。治政明决,督、抚、漕三院荐最,升东昌府同知,代理州事。迕误回里,与同志讲学问字②,食贫不怨,温良之度,人乐近焉。

【注释】

①摄篆:指代理官职,掌其印信。因印信刻以篆文,故名。

②问字:向别人请教学问。《汉书·扬雄传》载,汉扬雄校书天禄阁时,多识古文奇字,刘棻曾向扬雄学奇字。后来称从人受学或向人请教为"问字"。

孟熊臣①,字辅昌,忠毅公②犹子③,由荫生初知保德州。治政明恕,不事敲朴④,尝称贷二千余金代民偿逋⑤。秩满,升汀州郡守。时海氛未靖,军务繁兴。汀属不困于粟米力役者,咸臣申请有方也。顺治十八年(1661 年),摄漳南巡道篆,奉令安插海兵,星驰诣杭,请于东郊造营房以居之。又具详家口粮额,俾不病民,杭民德之。家居谦和谨厚,缙绅家称由礼者,以臣为最云。

【注释】

①孟熊臣:《保德州志·名宦》:"孟熊臣,字辅昌,辽东荫生。顺治十三年知本州事,莅任五载,不携其家,尝辇致赀财,为州公费。时去乱离未远,公年几冠,厚重简默,优游坐理,天性慈祥,不事纷更,革除民害八款,立石衙前。升福建汀州知府。去之日,行李萧然。州人泣送,至今思之,公举名宦。"

②忠毅公:孟乔芳,累升陕西三边总督、兵部尚书,卒,谥忠毅。

③犹子:谓如同儿子。指侄子。据清宫档案资料,孟熊臣为孟乔芳长子。

④敲朴:也作"敲扑"。鞭笞的刑具,执敲朴以鞭笞天下。也指鞭笞。

⑤偿逋:谓偿还拖欠的债务。

汪淑问①,字清公,号迈陶,幼失怙恃,事祖父母以孝闻。登顺治己亥(十六年,1659

年)进士,筮仕犍为令。邑当草创,居民仅六七家。问招徕安辑,著有实效。未几^②,以讹误解组,士民拥马首,号哭失声。生平笃交谊,宦蜀时贫苦不能自存,犹解俸以急友难。客武昌幕,力赞死罪留养之例,永著为令。山左^③郡县感问之德,多尸祝之。居乡力敦古道,谦厚恂谨,为一郡典型^④者垂五十年,数举乡宾^⑤。著有诗文集,藏于家。寿八十有五卒。子三:长与临,次与贲,俱廪生;季与恒,康熙庚辰科(三十九年,1700 年)进士,另有传。(案:《四川通志》:淑问,顺治七年知犍为。爱民造士,清丈田亩,均食其福。)

【注释】

①汪淑问:雍正《畿辅通志》、嘉庆《犍为县志》《明清历科进士题名碑录》载为"滦州人",光绪二十四年《滦州志》亦载有汪淑问。《湖广通志》载为"麻城籍"。

②未几:不久。

③山左:山东的别称。

④典型:楷模。

⑤举乡宾:推举为乡饮宾。乡饮酒礼的宾介。周制,乡饮酒礼举乡里处士之贤者为"宾",次为"介",又次为"众宾"。乡饮酒礼,周代乡学三年业成大比,考其德行道艺优异者,荐于诸侯。将行之时,由乡大夫设酒宴以宾礼相待,谓之"乡饮酒礼"。汉郑玄《三礼目录》:"诸侯之乡大夫三年大比,献贤者能者于其君,以礼宾之,与之饮酒。于五礼属嘉礼。"历朝沿用,亦指地方官按时在儒学举行的一种敬老仪式。

李炜然^①,字含醇,贡生,以州同改授江川县知县。邑数罹兵燹,百姓流亡。然发粟招徕,多方安辑,以土司变^②解任。

【注释】

①李炜然:光绪《江川县志》作"李伟然",康熙二年至五年任。

②土司变:清康熙四年(1665 年)四月,平西王吴三桂征剿水西土司(贵州宣慰司,彝族土官政权),云南东部土司王耀祖等乘机举兵反清,宁州土司禄昌贤联合新兴、嵋峨、蒙自、石屏、路南等地土司,占领宁州,攻取江州、通海、宜良,伺机欲取澄江府(江川县属澄江府)。吴三桂自水西归,亲统大军,分路进剿,诸土司非败即亡。王耀祖、禄昌贤等被磔于市。康熙五年八月,云南东部各土司改设流官,设立开化府永定州。《清圣祖实录》:"康熙四年乙巳夏四月丁巳朔。己巳(十三日)平西王吴三桂疏言:云南省城迤东土酋王耀祖等、窥臣远征水西。本年三月窃据新兴,僭号大庆,谋犯省城,分遣贼党王义、齐正,陷易门,攻昆阳、河西。宁州土酋禄昌贤陷宁州,攻江川、通海、宜良,窥澄江府。总督卞三元、巡抚袁懋功、提督张国柱等调兵分路剿捕,所至克捷。臣闻警回滇。四月初七日,擒王耀祖于新兴,破其巢大营城,进援易门,复其城,尽俘其党王义等。分遣左都督何进忠等,败贼于宜良县之竹子山,复宁州。禄昌贤已先遁。"《清史稿·土司列传》:"宁州土知州:清顺治十六年,禄昌贤归附,仍授世职。十七年,降州同。康熙四年,以叛伏诛。"

杨振藻,康熙庚戌科(九年,1670 年)进士,三十一年(1692 年)知广通县事。性廉明,改里归乡,平粮均役,建仓廒,筑河坝。在官十三载,民感其德。(《云南通志》)。

蔡珍,字左才,襄敏公孙、遵义守毓华长子。康熙壬子(十一年,1672年)举人,授中书舍人①,升典籍②,转武关同知。勤慎练达,治绩著闻。秩满③,迁员外郎,补礼部④,升工部郎中。敭历曹署⑤,守正不阿。擢监察御史。

【注释】

①中书舍人:明清时内阁中书科设有中书舍人,掌书写诰敕、制诏、银册、铁券等。官阶为从七品。

②典籍:清代内阁典籍厅设有典籍官六人,掌收发章奏文移、收贮图籍及管理内阁吏役等事。品秩正七品。

③秩满:任期已满。清代官员大致三年为一任,三年一考核,任期一般不能超过两任(六年)。

④补礼部:补任礼部员外郎。古时候,官员父母去世,辞官回家,守孝三年,除服后,再补授官职。

⑤敭(yáng)历曹署:历任各部。敭历,谓扬其所历试,指仕宦所经历。曹署,六部的官署。

董钜①,康熙二十一年任渠县(知县)。养士治民,一以实心行政。山贼王奇禄作乱攻城,钜率兵役登陴,以砲击之,歼厥渠魁,贼众解散。(《四川通志》)。

【注释】

①董钜:同治《渠县志》:"知县:董钜,顺天永平卫人,教谕升,康熙二十二年任(至二十六年)。"

宁朝鼎,字坦园,康熙三十九年由岁贡任山阴知县。敏干有治剧才,多所修葺,凡衙署、学宫及各祠庙,无不整饬,境内一新。在任十一年,去之日,百姓立碑颂德。(《大同府志》)。

李本洁,字澄庵,康熙癸巳(五十二年,1713年)举人,授粤东广宁令。邑有虎患,多金募捕,卒绝其害。遇水旱,极力拯救,民赖以生。捐修义学,纂辑邑乘①。致仕后,士民思之。家居闭户,每日犹必披阅小学②,曰:"吾辈学问,只以内行为基,此处一缺,根本亏矣。"生平言行不苟③,接物以诚。有德于人,未尝矜伐④。年八十四,卒。著有《宁阳政略》《公余录》诸书。

【注释】

①邑乘:县志、地方志。邑,城市,旧时指县。乘,指书,春秋时晋国史书称"乘"。家谱,亦称家乘。李本洁,乾隆六年十月至十七年任知县,乾隆十四年主修《广宁县志》。

②小学:研究文字字形、字义及字音的学问,包括文字学、声韵学及训诂学。与"大学""太学"相对应,与今天"小学"的概念不同。

③不苟:不随便,不马虎。

④矜伐：恃才夸功，夸耀。

阎允吉，字卜子，号留亭，昌黎人，卢龙籍。雍正癸卯①经魁②，仕通州学正，升江南徐州萧县令、山东兖州同知，调淮海屯田缺，裁补四川成都府同知，升江西抚州府知府，卒于官。崇祀名宦，郡人设像立祠。

【注释】

①雍正癸卯（元年，1723年）：误，雍正无"癸卯"年。阎允吉卒于康熙三十六年。康熙十四年、同治五年《昌黎县志》为"康熙癸卯科"（二年，1663年）举人。

②经魁：明清科举考试分《五经》取士，每科乡试及会试的前五名即分别于《五经》中各取其第一名，称为经魁。康熙十四年《昌黎县志》称"癸卯科亚魁"。

陈石麟《阎太守祠堂碑记》云：留翁阎太公祖之守吾抚也，来自乙亥（康熙三十四年，1695年）之秋。余时职铨曹①，居京都，未能仰见公之色笑。郡之戚友来都者辄曰："忠信之长，慈惠之师也。"予心喜之。迄丙子（康熙三十五年，1696年）夏中，余奉命给假，始得谒公于署。公善气迎人，令人心醉。退而察其为政，纲举目张，利兴弊革。其爱民也，宽而有法；其驭下也，严而有体；其晋接于邦之绅士也，恭让而有礼，乐易而可亲，相引于道义之则而不渎以私也。守如是，可不谓贤乎？窃计继今以往，大展经纶，俾六邑之中，渐仁摩义②，沦肌浃髓③，以复于上，治当无难也。无何，今夏五月，公以骤疾而遽仙游④。嗟呼！天何独忍于此一郡之民而夺我公之速耶？四境之众，彷徨哀悼，如失所天⑤，思慕之情，不能自己，相与请诸上宪，祀之名宦，以永俎豆⑥之光；又不能已，相与塑厥德范，以想像其容仪，俨然睹公之如在。复公捐田租百余千，以给岁时享祀之用。嗟呼！凡若此者，于公何补？然没世不忘之私，本于其中之至诚，亦足见公好之在人，而舆情之未可强邀也。余因之重有感矣，天道福善之理，德之厚者，其报必隆。独念公孝友性成，学问渊邃，以癸卯名魁起家，自秉铎⑦以至作令⑧，继而二守⑨束（衮）[兖]，屯田淮上，以补蜀之成都司马⑩。广宣文教，育德兴才。纲积逋以苏民困，发赈粟以救凶荒，除奸宄以绥良善。他而治河得要，漕艘安澜⑪，兴屯有方，地利无旷，救巴蜀之残黎，出汤火⑫而登衽席⑬，莫不法良意美，过化存神。予今所历之区，食其德而蒙其庥者，在在有显烈焉。又况莅我瘠疆，未及二载而懋绩煌煌，堪垂奕禩。私拟圣天子加意吏治，御屏首书，如古者出为郡守、入为三公之制，霖雨苍生，被泽寰宇，以大抒其所蓄积。岂意其年甫六十，遽弃我一郡之人，而骤登仙驾也。天道其有知耶？其无知耶？然公之嗣君，率具命世才，或出膺民社⑭，或看花上苑⑮，将大有表建，以补公之所未尽，且芳兰玉树，更绳绳未艾，苗苗甫萌也。天之报施，其在斯乎？独是我郡之人，瞻望弗克，只深庚桑⑯之慕，春雨秋露，仅留一瓣香，肃衣冠以拜于社也，感慨系之矣！勒诸贞珉，以志不朽。其又乌可已乎？是为记。

公讳允吉，字卜子，号留亭，世隶北平昌黎人，癸卯科经魁。娶齐氏，生子四人：长曰璞，先卒；次曰玮，国学生；曰瑄，丙子科举人；曰珖，幼，业儒。孙男二：公鉴、公铣，俱幼。生于崇正[祯]戊寅年（十一年，1638年）十一月初六日，卒于今康熙丁丑年（三十六年，

1697 年)五月二十六日。自三十四年八月下车莅郡,以二十六年十月初二日挽车下舟,竟北去。其来也,何暮兴歌?其去也,哭声震野。悲夫!祭田详载《崇祀乡宦录》。

【作者简介】

陈石麟,字及陵,江西抚州府崇仁县人。顺治十八年进士。康熙八年任献县知县。后历任陕西澄城县、浙江鄞县、四川眉县知县。康熙二十五年,擢升户部山西司主事,吏部考功司郎中。年六十九岁致仕。

【注释】

①铨曹:吏部。

②渐仁摩义:用仁惠浸润人们,用节义砥砺人们,形容用道德教育百姓。渐,浸渍;摩,磨砺。

③沦肌浃髓:浸透了肌肉和骨髓。比喻感受很深刻,或比喻辛苦工作,汗流浃背。《淮南子·原道训》:"不浸于肌肤,不浃于骨髓。"

④仙游:逝世。古指亡灵,谓游于仙界,成仙而去。旧时用为称人死亡的婉辞。

⑤所天:所依靠的人。指父亲。

⑥俎豆:俎和豆。古代祭祀、宴飨时盛食物用的两种礼器。亦泛指各种礼器。谓祭祀,奉祀。

⑦秉铎:担任儒学教官。《周礼·天官·小宰》:"徇以木铎。"郑玄注:"古者将有新令,必奋木铎以警众,使明听也……文事奋木铎,武事奋金铎。"木铎,以木为舌的大铃,铜质。夏商周时期宣布政教法令时,巡行振鸣以引起众人注意。

⑧作令:担任知县。

⑨二守:府同知。同知为知府的佐贰,故称。

⑩司马:府同知。

⑪安澜:水波平静,比喻平安无事。

⑫汤火:滚水与烈火。比喻极端危险的事物或处境。

⑬衽席:亦作"袵席"。床褥与莞簟,引申为寝处之所。借指太平安居的生活。

⑭出膺民社:担任州、县地方官。

⑮看花上苑:在朝廷做官。上苑,皇家园林。

⑯庚桑:原名亢仓子,一名庚桑子、庚桑楚,老子弟子。道教祖师之一,楚国人。居畏垒之山。战国时期思想家。得老子之道,能视听不用耳目。隐居毗陵孟峰,登仙而去。唐玄宗天宝七年(742 年)封为洞灵真人。著有《洞灵真经》。《庄子·杂篇》有"庚桑楚"。

何潓,字北沧,邑庠生。雍正七年(1729 年),正定司马宋公①以贤(廉)[良]方正②保荐,简用知县。初任山东泗水,再任武城。清廉爱民,裁榷关冗税,革戥务陋规。升任滨州知州,剖雪疑狱,判决如神。致仕③之日,士民攀辕④不绝,如婴儿之失慈父母,建生祠以祀。子之杞,丁卯(乾隆十二年,1747 年)举人;孙焯、勋、炜相继入泮。

【注释】

①正定司马宋公:宋寿图,江南长洲县(今苏州)人,雍正五年任永平府同知,七年调正定府同知,十年授保定府知府,历任分巡清河河道、通永道,乾隆初累官至云南按察使。

②贤(廉)[良]方正:汉代选拔统治人才的科目之一,始于汉文帝二年(前 178 年)。《史记·孝文本纪》:汉文帝下诏云"二三执政……举贤良方正,直言极谏者,以匡朕之不逮。"被举荐者对政治得失应直言极谏。如表现特别优秀,则授以官职。唐宋沿用,设"贤良方正科"。清薛福成《应诏陈言疏》:"诚法圣祖、高宗遗意,特举制科,则非常之士,闻风兴起。其设科之名,或称博学鸿词,或称贤良方正,或称直言极谏,应由部臣临时请旨定夺。"

③致仕:交还官职,即退休。

④攀辕:拉住车辕,不让车走。旧时用作挽留好官的谀辞。

张琴,字绎桐,号韵斋。八岁就外傅①,颖悟精勤,夜膏烛不继,恒然香②照读,辄至丙夜③。十二岁,应府县试,皆列前茅,院试以病未与。继以家贫为郡吏佣书。郡伯吴公④嘉其书法,送入敬胜书院肄业,于常饩外,倍加膏火⑤,敬胜书院之录取童生,自此始。十九岁,以县试第一补弟子员。乾隆己亥(四十五年,1779 年),领乡荐⑥,遂由丁酉(乾隆四十二年,1777 年)誊录议叙⑦知县,需次⑧湖北。戊申(乾隆五十三年,1788 年),分校秋闱⑨。闱后题补云梦县,未抵任,调补钟祥,以卓异升随州知州,署荆门直隶州。

嘉庆丙辰(元年,1796 年)春二月望日,邪匪刘之协⑩等造逆,荆门所属之当阳,距州一百二十里,先是江夏、宜都、松滋、保康一带邪匪传教惑众,业经互缉,而当阳令某⑪迟至二月十三日始禀称境内有匪,请往弹压。琴即驰往,及至而城陷,贼焰猖獗,几为所困,乃急归守荆门,以固根本。是时,湖南苗寇未平,城中兵均调赴南省。琴招集乡民,择壮健者编伍,得五百人,于沿途设卡,传烽兼盘诘,以防贼谍。四月,大兵克复当阳,贼四散。不数月,境内获贼无算。琴细心鞫问,宥⑫其协从,全活甚众。是年秋,江水盛涨,沙洋、小江湖一带堤溃,民居漂没。琴亟请赈蠲,(施)[旋]筹议筑堤章程。丁巳(嘉庆二年,1797年)春兴役,以工代赈,民赖以安。戊午(嘉庆三年,1798 年)四月十七日,贼复犯荆门,据东保山,距城二里许。琴移营城外以拒之,民志既坚,咸奋勇击贼,贼溃,生擒百余名,斩馘千计,夺器械无算。甫敛兵入城,贼复集,直抵城下,乃严为设备,令民分堞而守,昼夜亲巡督之,贼知不可犯,乃遁。己未(嘉庆四年,1799 年)五月朔,贼又围城,大雨竟夜⑬。琴冒雨荷戈立城上,昼夜目不交睫,围六日始解去。时学使方(案)[按]临城中,应试者安堵如常。荆门为楚、豫、川、陕陆要之区,民稀山险,箐林茂密,贼易窜伏。大兵追剿,循环过境,需应尤繁,然事事清厘,民恃以安,因勒石以纪其功。庚申(嘉庆五年,1800 年),贼渠以次就擒。琴以流民甫集,请免征赋。辛酉(嘉庆六年,1801 年),力请终养,上宪方倚重之,不许。已而以南粮余剩、水脚延迟罢职,闻者莫不扼腕,琴转喜形于色,方谋饬装,而大宪固留不使行,奏请开复⑭原官。癸亥(嘉庆九年,1803年)春,署安陆府知府,十月借补德安同知。乙丑(嘉庆十年,1805年)秋,丁母忧,以公事羁留年余,始回籍营葬。服阕⑮,抵楚,署宜昌府知府,借补荆州府同知,旋署荆州、襄阳、武昌等府知府。武昌为省会首府,事繁,抵任三月结百余案,囹圄几空,大宪优奖之。

癸未(道光三年,1823年),荆郡滨江之上林坨、郝穴口先后起蛟⑯,旧堤崩溃,借项兴修,堤成,士民为立生祠。(己)[乙]酉(道光五年,1825年)秋,荆江骤涨,上林坨复漫。时琴已引疾⑰,候交卸,未行,慨然曰:"此余所承修者,甫逾一载而即溃,何颜以对百姓,今不自引咎,尚待当道遣耶?"乃毅然以堤工自任,阖境闻之,咸欢呼踊跃,民夫云集,堤长五百四十余丈,数日而就。丙戌(道光六年,1826年),寓鄂城养疴,上宪咸劝再出,坚不应。附粮艘归里,卒于家,年八十二。子二:长允和,邑庠生;次允安,廪贡生。

【注释】

①外傅:古代贵族子弟到一定年龄出外就学,所从之师称外傅。《幼学琼林·老幼寿诞》:"童子十岁就外傅。"就外傅,外出就学。

②然香:燃香、焚香。"然",通"燃"。

③丙夜:三更时分,午夜。《颜氏家训·书证》:"或问:一夜何故五更?答曰:汉魏以来,谓为甲夜、乙夜、丙夜、丁夜、戊夜,……亦云一更、二更、三更、四更、五更,皆以五为节。"

④郡伯吴公:吴兆基,浙江钱塘人,举人,历任嘉祥县、郯城县知县、景州知州,乾隆三十年三月升任永平府知府,至三十二年调保定府知府,三十四年正月因承审县丞林恭策得赃案,被革职,发往军台效力赎罪。

⑤膏火:灯火。比喻夜间工作的费用,多指求学的费用。膏,灯油。

⑥领乡荐:乡试中式,即考中举人。

⑦议叙:清制,对考绩优异的官员,交吏部核议,奏请给予加级、记录等奖励,谓之"议叙"。

⑧需次:旧时指官吏授职后,按照资历依次补缺。

⑨秋闱:乡试,因在秋季举行,故称。

⑩刘之协(1740~1800):颖州府太和(今安徽太和)人。清乾隆四十年(1775年),任白莲教支派(混元教)教首,秘密宣传反清复明。五十八年谋举义旗,被清廷侦获,在解送途中逃脱。嘉庆元年(1795年)起事,川、楚白莲教徒于枝江、宜都、襄阳等地相继起义,均遥尊刘之协为天王。嘉庆五年(1800年)六月,在从汝州返叶县途中被捕。

⑪当阳令某:黄仁,字体元,四川大竹县人。乾隆二十七年举人。五十五年任当阳县令。嘉庆元年二月东湖贼匪数万人攻当阳,城中只有兵十余人,黄仁率士民固守十余日,城陷遇害。

⑫宥:宽容,饶恕,原谅,赦免。

⑬竟夜:整夜,通宵。

⑭开复:恢复。

⑮服阕:守孝期满,除服。阕,终了。

⑯起蛟:发大水,洪水暴发。蛟,蛟龙,古代神话传说中水族神兽,能够兴风作浪,泽野千里。

⑰引疾:托病辞官。

王鋆,字镕庵,乾隆甲寅科(五十九年,1794年)举人,嘉庆乙丑(十一年,1805年)成进士,即用知县①,告降②,任正定府教授③。讲学授徒,尤善于《易》。俸满,到省,上宪④器重之,欲以卓异荐,固辞而归。咸丰乙卯科(五年,1855年),重赴鹿鸣宴⑤,年九十九。

【注释】

①即用知县:即将以知县任用。清代铨选官员有"即用"之制。谓遇缺即可补用。《清会典·吏部六·文选清吏司》"凡选,有即选"。原注:"凡奉旨即用之员,不论双单月,遇缺即选。"《清会典事例·吏部十七·满洲铨选》:"又谕昨引见新科进士名单内有点记名者,朕看诸人皆有年纪,人尚可用,著以知县即用。"《清仁宗实录》:"嘉庆十年乙丑五月甲申朔。丁亥,引见新科进士。得旨:杨嗣曾……王鋆……,均著交吏部签掣分发各省,以知县即用。"

②告降:掣签结果。明清时期,吏部对官员选授迁除,先用拈阄法。用竹签若干预写所选的机关地区及姓名等,杂置筒中,当堂随手掣取,与拈阄同。

③教授:明清时府儒学设教授一人,正七品。

④上宪:光绪《永平府志》为"上台"。

⑤鹿鸣宴:科举制度中规定的一种宴会。于乡试放榜次日,宴请新科举人和内外帘官等,歌《诗经》中《鹿鸣》篇,司称"鹿鸣宴"。赴鹿鸣宴,即考中举人。

薛安仁,字朴庵,生而聪颖,善读书,敦气谊。家贫无力延师①。甫冠②,即以舌耕③自给,而课读余暇,攻苦未尝辍也。游泮后,文誉甚著。时昌黎王公煦④以名进士主敬胜书院讲席,特器重之。道光辛卯(十一年,1831年)乡试挑取誊录,壬辰(道光十二年,1832年)举于乡,旋以国史馆书成,议叙知县,呈请就教职,选授奉天复州学正⑤,在任十八年,而复邑文风为之大振。年六十有二,卒于官。服心丧⑥者数十人。子三:长继曾,邑庠生;次继畲,拔贡生;季继武,副贡生,俱能以诗书世其家。

【注释】

①延师:聘请教师。

②甫冠:刚满二十岁。古代男子满二十岁,行成人冠礼。

③舌耕:以教书为生。

④王公煦:王煦,号湑厓,昌黎人。乾隆五十九年举人,道光二年进士,历任河南延津、孟县和江苏武进等知县。返乡后主讲永平府敬胜书院、迁安安昌书院。

⑤学正：明清时州儒学设学正一人，正八品。

⑥心丧：旧时老师死后，其弟子不着丧服，只在心里悼念，称之为心丧。

阎廷珮，字均堂，号黼卿。祖会一，岁贡生；父德峻，辛卯（乾隆三十六年，1771 年）举人，皆以教授终其身，敦伦修行，乡里咸矜式①焉。廷珮幼读书，文笔卓荦②，未冠入泮，旋食饩③，中道光丁酉（十七年，1837 年）副榜④，癸卯（道光二十三年，1843 年）、甲辰（道光二十四年，1844 年）联捷成进士，以部员用。补户部山东司主事，历升员外郎、郎中，掌捐纳房⑤稿，授宝泉局⑥监督。公务纷繁，折稿胥由自裁，不假书吏手。在部二十余年，勤劳如一，京察保列一等。咸丰辛酉（十一年，1861 年）春，授山东兖州府知府。未到任，丁外艰。服阕，补青州府。莅任十余年，事上敬而有礼，治民宽而有法。重修云门书院、青州贡院。捐廉首倡论文谈道，官民无异师生。同治（庚）[丙]寅（五年，1866 年），青之黄崖山逆匪⑦聚众三千余。珮侦知，连夜请兵，刻期平灭。抚宪保奏，以道员用。同治丁卯（六年，1867 年），捻匪⑧窜扰山东。青民户出一丁，朝夕训练。及贼临城下，率众守御，昼夜巡查。半月余，贼解围去，城赖以全。抚宪保奏，奉旨加盐运使衔。同治甲戌（十三年，1874 年），丁内艰归，青民刻石以颂其德。

【注释】

①矜式：敬重和取法。犹楷模。

②卓荦：卓越，突出。超凡出众。

③食饩（xì）：明清时经考试取得廪生资格的生员享受廪膳补贴。亦即成为廪生。

④副榜：清代，乡试、会试正榜以外，另取一定名额的"副榜"。

⑤捐纳房：为捐官买爵所设置的机构。

⑥宝泉局：清代钱币铸造局。

⑦黄崖山逆匪：张积中，字子中，号石琴，江苏仪征人。贡生出身，后屡试不第，遂绝意仕途。道光年间拜周太谷为师，传习太谷学派，合儒释道三家为一。咸丰六年（1856 年），因扬州战乱，携家眷北上济南，不久迁居于长清县黄崖山，以避乱相号召，讲学授徒，命弟子修筑山寨，购置武器以自卫。十年之中，人数发展到上万人。同治五年十月，山东巡抚阎敬铭派大军万余人围攻山寨，山寨破，张积中等二百人集体自焚，死者万余人。

⑧捻匪：清廷对捻军的蔑称。咸丰十年（1860 年），张宗禹率领淮北捻军三万余人，进入山东南部，横扫曹州、沂州、兖州等地。次年二月，捻军赵浩然部两万余人，进入山东，屡败清军。同治六年（1867 年）十月，赖文光率捻军从莱州回师西进，矛头直指青州。见防备严密，奔袭日照，在赣榆之战中，鲁王任化邦被杀。十二月，遵王赖文光部从青州到寿光，被淮军层层包围，主力损失殆尽。

王林，志期远大，兼有勇略。清乾隆二十二年（1757 年）任江南安庆卫守备。听断明允，催科宽平。安庆居江淮上游，地势辽阔，粮船无虑数十百只，有船者无津贴，派津贴者无地亩。林丈地，履户推算军田，积弊为之豁然。乾隆二十六年（1761 年），调湖北武昌左卫。旧例,拨船四只,代楚南分运,丁疲民困,受累者数百家。林恻然动念,力为请命,终以改弦未便,议不果行。嗣丁内艰①,请假旋里。路过漕督杨公②,言及前事,更三恳请,兼筹分运、搭运之法,杨公动容,始奏罢之。自康熙年来,军民疾苦,一旦(捐)[蠲]除。葬母后,以职守仍回本任。未几,调武昌正卫,左卫之民争制衣伞,扶老携幼,攀送不绝。安庆任内,销册报迟,沿习已久。适因是诖误降一级,引见,仍以卫守备提补,签掣山东东昌卫。下车,即逢灾赈,查核详明,狡诈者不得多取,朴拙者均沾实惠。三十八年(1773年),调德州。地冲民劳,每岁例修支河费不赀,林约己减俸,躬循河渠,执扶董,率凡所需用,一不取之于民。四十五年(1780年),卒于家。

【注释】

①丁内艰:丁母忧,为母亲守孝。为父亲守孝,称丁外艰、丁父忧。

②漕督杨公:杨锡绂,字方来,号兰畹,江西清江人。雍正五年进士,历任吏部主事、郎中、贵州道御史、广东肇罗道。乾隆元年署广西布政使,六年授广西巡抚,九年升礼部侍郎,十年授湖南巡抚,十五年擢刑部侍郎兼湖南巡抚,十八年擢左都御史,十九年署吏部尚书,二十年任礼部尚书兼署湖南巡抚,二十一年署山东巡抚,二十二年正月改漕运总督,二十八年加太子太保,三十三年十二月卒于官。

李法,旗(藉)[籍],清乾隆庚寅(三十五年,1770年)举人,官安徽合肥县。岁饥,值国帑支绌,法捐廉变产,以赈贫苦。断案平允,有青天之号。迁都察院经历,在京赁宅而居,合肥士民感恩戴德,为置报子街房舍一处,至今子孙多有移居北平者。

李彭龄,旗籍,清嘉庆癸酉(十八年,1813年)举人,知江(西)[南]无锡县事。为政慈祥,口碑载道。适值洋务棘手,交涉决裂,彭龄极力防范,忧劳而卒。

王铭泰,聪颖,有干济才。咸丰辛亥(元年,1851年),由廪生挑取誊录,充实录馆录官。差竣,奖州判。丙寅岁(同治五年,1866年),分发山东。上宪询问时势,以大器目之。嗣补滨州州判。维时五六大营驻北镇,应接纷繁。张总愚①党扰武定,屠戮海丰。铭泰(与)绅民登陴固守,昼夜逡巡,勉以大义,皆感泣,遵约束。月余,海丰失守,难民十余万争渡河,舟不敷载。铭泰飞马谒滨湾分司,借运船数十只,五小时渡罄,复劝巨绅大贾购米补助,人心稍安。月余,张总愚入滨境,尸骸狼藉,四境惶惶。适河南岸营勇赴镇,铭泰禀请留圩。夜半贼麇集②南岸,枪声不绝,铭泰与绅民督同留勇,各于要隘手枪分巡,持满不发。天明营官来勘,谓昨夜大营与贼交锋,何不闻贵镇枪声?铭泰答以滨州八团枪多药少,虑难持久,约视贼如的③,始准发枪,妄发者斩。昨夜之役,大众遵约束也,营官始服。小股贼猛扑圩,率勇接仗,枪弹穿铭泰帽,不顾,督战愈力,贼败遁,擒其乡导二,立斩以徇。肃清后,特旨擢用同知,加提举衔。癸酉(同治十二年,1873年),引疾归。家居三十余年,五世同堂,寿八十有六。

【注释】

①张总愚:清廷对捻军首领张宗禹的蔑称。张宗禹,亳州雉河集(今安徽涡阳)人,捻

军著名将领,被太平天国封为梁王。同治四年三月,张宗禹率军北上,入山东境内,攻城略地。四月下旬进入荷泽县,于曹州葭密寨柳林设伏,全歼僧格林沁马队万余人,杀清军统帅僧格林沁及内阁学士全顺、总兵何建鳌、额尔经厄等多人。同治七年正月,张宗禹率部转战直隶,直扑天津。清军从四面八方集京郊,张宗禹急转南下山东,陷入清军的包围圈。五月,与清军交战,接连失利,将士伤亡惨重。六月,诸路清军环攻商河、济阳,西捻军之主力伤亡殆尽,张宗禹负伤率残部败走。

②麇集:成群、云集。

③如的:依照顺从,达到目的。

王琦藩,清同治丁卯(六年,1867年)举于乡①,光绪五年(1879年)主锦州凌川书院,所成就多知名士。庚辰(六年,1880年),大挑②一等,以知县分广东,历补长宁、乳源、德庆等州县。长宁地浇俗陋,一以诚意待民。德庆有两大姓械斗,各百余人。幕客请以兵弹压,琦藩谓愚民慑以威,不如喻以礼。率丁役数人,直抵其地,两造③始露刃以待。既至,百端抚慰,多方开导,众感泣而散。智虑周详,案无留牍,到处民颂其德,有以夫④。

【注释】

①举于乡:乡试中举,领乡荐。

②大挑:清乾隆十七年定制,三科(原为四科,嘉庆五年改三科)不中的举人,由吏部据其形貌应对挑选,一等以知县用,二等以教职用。每六年举行一次,意在使举人出身的士人有较宽的出路,名曰大挑。

③两造:原告和被告。

④有以夫:亦作"良有以夫""良有以也"。指某种事情的产生是很有些原因的。良,很,甚;以,所以,原因。

王弼藩,清同治甲子(三年,1864年),以解元①领乡荐。光绪丙子(二年,1876年)科登进士第,授县令,署河池州事。地处南天,少晴多雨,春深下种,年只一收。弼藩到任,劝民秋后种麦,春深而麦已熟,夏初种稻,犹及收成,民利赖之。调署武缘,下车访拿贼店党巢在白山土司属地之冕圩,为害久矣。获首惩办,除白山一大患。定罗土官,有逆行馈银三千两,弼藩力却之,卒照律结案。壬午(光绪八年,1882年)乡试,调充同考官。场毕,回苍梧本任,旋得廉正不阿、能持大体之考语。光绪十三年(1887年),告终养回籍。

【注释】

①解元:乡试举人第一名。唐制,举进士者均由地方解送入京,故名。

李云麟,字同安,号雨苍。先世以粮差隶汉军旗籍,世业儒①。麟幼年刻自攻苦,又资禀过人,遂通经史,年十八补博士弟子员②。三试秋闱,未捷③。清咸丰初年,洪、杨④倡乱,踞江宁,僭号太平天国。麟居恒太息⑤,慨然有澄清之志,走江湖,谒当道诸公,纵谈时势,殊饶卓见。曾公国藩居忧湘乡,左文襄⑥以书介,遂得见曾公,论军略得失,将领贤否,曾公嘉纳。后道经长沙,湘抚骆秉璋檄带建威营,其治军实自此始。咸丰十年(1860

年),贼势正炽。鄂抚胡林翼调之,委以东征,隶多隆阿部用。克复潜山、太湖等县,以功保主事。十一年(1861 年),鄂藩严澍森擢豫抚,麟上书策,所以勘定淮寇。豫捻者料渭南患虽巨,而将止北患,初萌而日深,洒洒万言,多时贤所未发。严上闻,称善,调豫委用。其厘鄂饷也,节余数千金呈胡公,却还,复力辞,乃援纳粟例,请奖郎中选用。豫捻龚瞎子[7]、张洛刑[8]率众扑鄂,麟适抵樊襄,胡抚[9]飞檄留防。光化县老河口,商贾辐辏,贼所垂涎,倾全力以图之。麟计势不能敌,激励部曲誓死守,卒夤夜计破之,士民感戴,设长生位以祀,而建威之名自此脍炙人口。同治元年(1862 年),乞假归娶。湘抚严澍森新募毅建五营,檄调统带。二年四月,丁母忧归。至中途而夺情[10],旨已再逮,朝廷议设陕南军务督办,骆秉璋荐之,特旨擢四品京堂。四川布政使刘蓉升陕抚,麟从之,帅所部三千人驻兴安。兵单饷绌势岌岌,麟就地筹款,益募陇西九营,以固新安门户,帅其余与贼战,擒胡正满,斩蓝大顺,迫陈得才远走,卒授首曹灿、蓝二顺远遁,陕南肃清。奏捷附陈,积劳咯血,乞就医,报可。四年,被命库尔哈喇乌苏台领队大臣。五年,调任塔尔巴哈台参赞大臣兼署伊犁将军,旋赏头等侍卫,帮办新疆军务。时陕甘遭回乱,麟陈三路进兵之策,督办库克吉泰梗其议,不果行。六年正月,察罕古同官厂有掳夺畜牧之变,麟驰往,酌抚蒙民而还。事闻,革职留任。西宁游行喇嘛棍噶扎拉参深得厄鲁特蒙民心,助之粮饷,深入哈萨克,破之,逐北[11]千余里,俄人慑服。沿边乂安布伦托海设城,加麟以副都统衔,任办事大臣,明瑶锡伦辅之。抵任方三日,民勇叛变,即正月间掳夺察罕古牧畜者,惧罪故变。麟简卫卒百名讨平之,乌、克两城入告,麟竟以是获咎,遣戍黑龙江。十一年赦还。十二年春,左公宗棠督师甘肃,力保之。疏入,发往甘肃交左差遣。嗣请终养,旋丁外艰。光绪元年(1875 年),服阕。三年,左公复保奏,开复[12]原官,于冬月出关依左。四年以病由甘归,囊橐萧然,几无以供饘粥。张公曜[13]、王公(闻)[文]韶[14]时馈遗之,非其人纤芥不受也。二十二年,卒于北京,寿六十有四。葬于滦邑城西北椅子山。躯干不及中人,修髯覆腹,声洪如钟。性刚直敢言,理所在威,势不能夺。工八法,刻有《草书要领》行于世。尤好游,尝周历五岳暨海内诸名山,皆徒步。晓畅舆地,胸次豁如。所著《西陲事略》《蕴真诗草》《旷游偶笔》,皆有奇气。革命后,修《清史》,列名《文苑》中。先娶清宗室女,是为觉罗氏。清制汉军不得缔婚宗室,洎外简,蒙召问婚,未惧获谴,答未娶,朝廷怀柔藩服,旨娶新疆蒙旗景亲王女,弟是为蒙古郡主,贤而多才,尤善骑射。麟之遣戍也,从之行,万里投荒,短衣匹马,亦女界中之杰者。生子延昌,延昌生铁良。

【注释】

①世业儒:世代以读书为业,即世代为读书人。

②博士弟子员:明清时期县儒学生员。博士,古代专掌经学传授的学官。

③三试秋闱未捷:三次参加乡试,均未考中举人。

④洪、杨:天王洪秀全、东王杨秀清。道光三十年十二月,洪秀全在金田发动起义,建国号为太平天国。咸丰三年,定都南京。咸丰六年,在太平天国内乱中,杨秀清被北王韦

昌辉杀死。同治三年四月,湘军攻陷南京,洪秀全自杀。六月,南京失陷,太平天国灭亡。

⑤太息:叹气,叹息。

⑥左文襄:左宗棠,在平定太平天国、捻军起义中屡立战功,由浙江巡抚、督办军务升闽浙总督、陕甘总督,封一等恪靖伯。官至东阁大学士、军机大臣,封二等恪靖侯。卒,谥文襄。

⑦龚瞎子:龚得树,安徽亳州雉河集(今亳州市涡阳县)人,捻军总白旗主。咸丰二年与张乐行在雉河集起义,领白旗军,与陈玉成、李秀成等联合作战,于皖、鄂边境屡破清军。

⑧张洛刑:清廷对捻军首领张乐行的蔑称。张乐行,安徽涡阳人。咸丰二年与龚得树等率捻众万余人起义,张乐行被推举为首领。同治二年被僧格林沁杀死。

⑨胡抚:胡林翼,字贶生,号润芝,湖南益阳县泉交河人。道光十六年进士。咸丰五年任湖北按察使,升湖北布政使,署巡抚。

⑩夺情:古代官员遭父母丧应弃官家居守制,称"丁忧",服满再行补职。朝廷于大臣丧制款终,召出任职,或命其不必弃官去职,不着公服,素服治事,不预庆贺、祭祀、宴会等由佐贰代理,称"夺情"。《清圣祖实录》:"康熙十二年癸丑八月戊戌朔。庚申,宗人府等衙门,遵旨议覆,旗下服制。凡王以下,至奉恩将军,及满洲、蒙古、汉军、文官以上,遇有父母丧事,不计闰,准守制二十七月。又承重孙,为祖父母,亦守制二十七月。若长房无子、次房之长子,亦应承重守制二十七月,俱准其百日剃头,照旧进署办事,仍在家居丧二十七月,满日除服。未除服之前,凡穿朝服等处,停其朝会。凡有喜庆事处,不许行走。不许作乐,违者照定律议处。得旨:著会同兵部、将旗下武官持服之处,一并再议具奏。寻兵部议,旗下在京武官,亦照文官例守制。从之。"

⑪逐北:追剿逃走的败兵。

⑫开复:恢复原来官职。

⑬张公曜:张曜,字朗斋,号亮臣,祖籍浙江上虞(今绍兴)。光绪十一年,授河南布政使,调补山东巡抚,获一等轻车都尉兼云骑尉世职,加太子少保衔。光绪十七年,治理黄河,卒于任上,追赠太子太保,谥勤果。

⑭王公(闻)[文]韶:王文韶,字夔石,号耕娱,浙江仁和(今杭州)人。咸丰二年进士。同治十一年任湖南巡抚,光绪四年权兵部左侍郎,直军机。光绪八年署户部尚书。光绪十五年,任云贵总督。光绪二十一年,擢直隶总督兼北洋大臣。光绪二十四年以户部尚书协办大学士,入直军机处。光绪二十六年十二月,授体仁阁大学士,管理户部事务。转文渊阁大学士,终武英殿大学士。

薛之珩①,字松坪,世代业儒。珩聪颖有大志,读史(幕)[慕]班定远②、张博望③之功绩。年弱冠④,即投笔从戎,随军幕驰驱几二十年,获王懋宣⑤上将军知遇,以征剿蒙匪有功保少将,简任京师警察厅警察总监。时警厅所辖内外二十区,马步警士万余名。珩躬亲训练,汰弱留强,北平警察有全国模范之誉,迄今青岛市、上海市警察官长率由北平选调,办理警政,为珩之直属居多数,任警察厅四年晋授平威将军,勋五位。

【注释】

①薛之珩(1876~1933):字松坪,直隶卢龙人。1913年10月授少将衔。曾任京都市政公所会办。1922年1月,任京师警察总监;5月4日,授陆军中将。1923年2月13日,授将军府平威将军。1923年11月27日,加授陆军上将衔。1924年9月23日,任京畿卫戍总司令部副司令。1933年5月《塘沽协定》签订后,冀东地区划为"非武装区",中国军队撤出。6月30日,黄郛(fú)派薛之珩随同华北战区接收委员雷寿荣、殷同自天津塘沽乘轮船赴大连,同日本方面商谈接收战区事宜。

②班定远:班超(32~102),字仲升,扶风安陵(今陕西咸阳)人。史学家班彪之子、《汉书》作者班固之弟。东汉明帝永平十六年(73年),以假司马随奉车都尉窦固出击匈奴,率三十六人出使西域,联合诸国,抗击匈奴,历时三十一年,屡建奇功。汉和帝永元三年(91年),任西域都护。永元六年,使西域五十余国归附于汉朝。翌年,被封为定远侯。

③张博望:张骞,字子文,汉中郡城固(今陕西省城固县)人。汉武帝建元三年(前138年)出陇西。元朔六年,随大将军卫青征匈奴,有功,封博望侯。元狩二年(前121年),拜中郎将,元狩四年(前119年)率三百人,出使西域。元鼎二年(前115年),还汉。翌年卒。

④弱冠:古时候男子二十岁称弱冠。行冠礼,以示成人。

⑤王懋宣:王怀庆(1875~1953),字懋宣,河北省宁晋县人。1903年投到袁世凯麾下,历任北洋常备军第一镇马一标标统、陆军第二镇马二标标统、东三省总督行营中军,兼奉军中路统领,升淮军五路统领,驻防奉天昌图府。1911年11月,调任直隶省通永镇总兵,驻防开平镇。1913年6月,任蓟榆镇守使,驻开平,授陆军中将。6月28日调署多伦镇守使,征讨外蒙古叛军,迫使外蒙古王公取消独立。1920年7月直皖战争爆发后,兼署京畿卫戍总司令,后兼任中央陆军第十三师师长。1922年5月实任京畿卫戍总司令兼任热察绥巡阅使兼热河都统、陆军第十三师师长,10月10日授予陆军上将。1924年9月参加直奉大战,直军溃败,王怀庆部队被奉军收编。11月隐居天津。

赵恩庆,字紫宸。民国成立后,两次被选直隶省会议员,荐保国务院存记简任职,任命实业部参事,简放直隶大名道道尹。时值冀南各县红枪、黄沙等会蜂起,所属成安县会民等与军队冲突,两方数阵以待,隔断交通。庆以战衅一开,万人生命所系,遂单骑驰往排解。适军帅与庆有旧,听其劝导,即日调队去,而数十村老幼男女道左跪谢庆之保全,有感激流涕者。未几,革命军北伐,庆遂解组归。

隐　逸

明

崔启亨,字建初,少孤,抚于族祖家。天启甲子(四年,1624 年)举于乡。庚午(崇祯三年,1630 年),清兵入郡城。时太宗皇帝延揽贤才,闻启亨名,授滦州牧,启亨坚辞。太宗赐以乳酒十巨觥。启亨性不善饮,至是乃连举尽醉,次日不知所终。

韩原浚,字发之,别号发西,御史应庚子。应庚年逾商瞿①,未举②丈夫子,妻郝忧之,聘于刘为亚室③,是生原浚。幼而早慧,父最爱之。年十七父卒。郝年已耄矣,刘佐持家秉,御僮奴,严而有则,择良师以傅子。方是时,海内无事,缙绅之子,席温饱之余荫,虑亡不呼鹰蹴鞠④,追呕于狭邪之场⑤,甚且有傲其诸父伯舅者。刘躬自督责,一动止不少假⑥,以故浚折节读书,循循如寒士。甫弱冠,为邑庠生,后选入太学。庚午之变,刘度城不能守,以五千金诣监军犒师,已而遍召族党,纵其所取,仅以千金贻原浚,俾出亡于外。原浚泣不行,母叱之曰:"若不念韩氏绝祀耶?且母子俱死何益?若行矣,吾以死守门户。"事平,而母子无恙也。原浚性至孝,伤父早世,每馈必奠而后食,与人交坦坦无町畦⑦。见人之有机事,及谈说人过失者,面为之赤曰:"天壤间,吾不信有此事。"甲申(崇祯十七年,1644 年),神京陆沉,谓其子鼎业曰:"吾闻林虑可以避兵,古之隐者多居之。"于是携孥⑧以行,所亲者力劝之,不为阻。或有问其故者,笑而不应。久之,迁鄢陵。继乃买田密县,结庐大块山之麓而居焉。丙申(顺治十三年,1656 年)冬,卒于密县,年六十。子鼎业,奉骸骨还,葬于其祖墓侧。事讫,归耕于(蜜)[密]⑨,从遗命也。容城孙征君⑩尝志其墓,铭曰:不雕不琢,终身慕亲。谋不在食,忧不在贫。乡人以为定论云。(案:鼎业,字子新,旧志无传,盖以其迁居中州,且当康熙间修志时,其人尚在,故未与立传,然其轶事见于清初名家集中者甚著。)

【注释】

①商瞿:字子木,春秋末年鲁国人。孔子弟子。商瞿年长无子,孔子曰:无忧。瞿年四十后,当有五丈夫子。已而果然。《孔子家语》:"(梁鳣)年三十,未有子,欲出妻。商瞿曰:昔吾年三十八无子,吾母为吾更取室。夫子使吾之齐,母欲请留吾。夫子曰:'无忧也,瞿过四十,当有五丈夫。'今果然。吾恐子自晚生耳,未必妻之过。"年逾商瞿,指年过四十。

②未举:未生。

③亚室:侧室,妾。

④呼鹰蹴鞠:吃喝玩乐,游手好闲。呼鹰以逐兽,因指行猎。蹴鞠(cù jū),古代的足球运动。

⑤狭邪之场：小街曲巷，指"妓女"或"妓院"。

⑥少假：宽恕，饶恕。

⑦无町畦：指没有田界，亦比喻人的言行没有约束。

⑧孥(nú)：子女，亦指妻子和儿女。

⑨(蜜)[密]：密县(今河南新密市)。嘉庆二十二年《密县志·流寓》："韩原浚，字发之，卢龙人。甲申变革后，尽弃其田产，携家隐居大块山，临终命子归葬。容城孙征君奇逢为之志铭曰：谋不在食，忧不在贫。人以为定论。子鼎业，平生慕鲁仲连、田子春之为人，读书不事章句，所交尽当世贤豪长者。避地山居，躬耕糇，习勤苦，晏如也。"

⑩孙征君：孙奇逢(1584~1675)，字启泰，号钟元，保定容城人。晚年讲学于河南辉县夏峰村20余年，从者甚众，世称夏峰先生。明亡后，清廷屡征召，终不出仕，人称孙征君。与李颙、黄宗羲齐名，合称明末清初三大儒。

耆　寿

清

马兆乾，生员，五世同堂。嘉庆二年(1797年)，钦赐"七叶衍祥"①额。

李作标，五世同堂。道光六年(1826年)题旌。

曹大勋，武生，五世同堂。道光二十六年题旌。

王燕，字翼斋，性严正，少失恃，事继母以孝闻。乾隆庚子(四十五年，1780年)捷于乡，选内邱县司训，不赴。年九十二，卒。五世同堂。

李诏，性质直，好善。寿八十五。五世同堂。

王维凝，字堃纲，庠生，理问②衔。居乡好善，治家有方。监粥场，修文庙。平生义举，难更仆数③。同治十三年(1874年)，以五世同堂题旌，爵督李公④赐"五叶衍祥"。光绪三年(1877年)，年八十七，知府游公⑤文以寿之。

梁弼，杨家坡人。年八十七，光绪二十五年(1899年)，永平府知府重⑥以"齿德兼优"额其门。

哈旺，回教人。性恬淡，体丰腴，人以粗脖称之。民国十七年，卒，年一百零一。

朱兰，虎头石村人。子二：维屏、维玺；孙四：炳奎、炳耀、炳星、炳晨；曾孙二：廷杰、廷俊；玄孙一：百顺。兰现年八十四岁，五世同堂。

【注释】

①七叶衍祥：犹言七世同堂。叶，世，代；衍，繁衍。

②理问：明清时期布政使司属吏，掌勘核刑名。从六品。

③难更仆数：不胜枚举，数不胜数。

④爵督李公：李鸿章，字渐甫，号少荃，安徽合肥人。道光二十七年进士，咸丰八年入曾国藩幕府。同治元年组建淮军，在平定太平天国和捻军中屡立战功，封一等肃毅伯，赏戴双眼花翎。授湖广总督，协办大学士。同治四年署两江总督，同治六年授湖广总督。同治九年八月至光绪八年三月、光绪九年六月至光绪二十一年七月任直隶总督兼北洋通商大臣。十二年授武英殿大学士，十三年调文华殿大学士。卒，赠太傅，晋封一等侯，谥文忠。

⑤游公：游智开，字子代，湖南新化人。历任和州、无为州、深州、滦州知州，同治十一年升永平府知府，光绪六年署永定河道。累官广东、广西布政使。

⑥永平府知府重：重燠（yù），正白旗满洲人。光绪二十二年三月任永平府知府。光绪二十六年（1900 年）闰八月，俄国士兵攻入永平府城，逮捕知府重燠，带到旅顺审讯。经清廷交涉，于光绪二十七年放回。同年十二月任顺德府知府。宣统年间卒。

流　寓

晋

赵至，字景真，代郡人。寓居洛阳。幼时诣师受业，闻父耕叱牛声，投书而泣，师怪而问之，至曰："我小，未能荣养，使老父不免勤苦。"师甚异之。年十四，游太学，遇（稽）[嵇]康①于学写石经，徘徊视之，不能去。请问姓名，康曰："年少，何以问邪？"曰："观君风器非常，所以问耳！"康异而告之。后乃亡到山阳，求康不得而还。又将远学，母禁之。至遂阳狂走三五里，辄追得之。年十六，游邺，复与康相遇，随康还山阳。改名浚，字允元。康每曰："卿头小而锐，瞳子白黑分明，有白起②之风矣！"及康卒，至诣魏兴，见太守张嗣宗，甚被优遇。嗣迁江夏相，随到滑州。欲因入吴而嗣宗卒，乃向辽西而占户焉。初，至与康兄子藩友善，及将远适，乃与藩书，叙离并陈其志。至身长七尺四寸。论议精辩，有纵横才气。辽西举郡计吏到洛，与父相遇，时母已亡，父欲令其宦立，弗之告，仍戒以不归。至乃迁辽西、幽州，三辟部从事，断九狱，见称精审。太康中以良吏赴洛，方知母亡。初自耻士伍，欲以宦学立名，期于荣养。既而其志不就，号愤恸哭，流血而卒，时年三十七。

【注释】

①（稽）[嵇]康：字叔夜，谯郡铚县人。三国曹魏时著名思想家、音乐家、文学家。曾任中散大夫，后世称其为嵇中散。

②白起：嬴姓白氏，名起，又名公孙起，郿（今陕西眉县）人。秦国名将。由左庶长升

任大良造,为秦昭王征战六国,立下赫赫战功,封武安君。与廉颇、李牧、王翦并称战国四大名将。

明

刘宣,字绍和,江西安福人。代父戍卢龙,虽在行伍,励志读书。巡抚邹来学阅其文大惊,待以殊礼,送之试京闱,举酒祝曰:"汝此行必取解首,否则无相见。"众窃笑之。是秋,果中第一,仕至南京工部尚书。宣少罹穷苦,故历官自奉凉薄,食不重味,一衣二十年,为能俭以成廉云。

王元辅,扬州兴化人。随父宦游永平,遂家焉。姿性过人,为文千言立就。补郡弟子员。家贫,授徒养亲,曲尽诚孝,郡人韩令尹应奎妻以女①。元辅不爱美饰,韩女即练衣椎髻②,躬行俭素,夫妻相敬如宾,有鲍宣③、桓少君④之风焉。庚午之变,没于兵。

【注释】

①妻以女:或云以女妻之。即韩应奎将女儿许配给王元辅。

②练衣椎髻:穿着朴素。练衣,白色布衣。椎髻又称"椎结",意为将头发结成椎形的髻。

③鲍宣:字子都,西汉渤海高城(今河北盐山东南)人。以明经举孝廉为郎。汉哀帝初,大司空何武举荐为谏议大夫。建平四年升为汉司隶校尉。因得罪丞相孔光,谪放上党长子。元始元年,汉平帝即位,王莽秉政,鲍宣被杀。

④桓少君:字少君,鲍宣妻。鲍宣少时从少君父学习,桓父以女许配给鲍宣。少君父因鲍宣家贫,准备丰厚嫁妆,鲍宣不悦,说:"少君生富骄,习美饰,而吾实贫贱,不敢当礼。"少君说:"大人以先生修德守约,故使贱妾侍执巾栉。既奉承君子,唯命是从。"于是退掉奢华嫁资,穿着朴素衣服,与鲍宣回里。

刘宪孟,字圣翼,浙江会稽人。负性纤澹,耽诗书,人称为书愚。明末入北平籍,为诸生,饩于郡庠,以设经糊口。疾没,门生辈葬之州原。岁时祭祀方①仲舒之下(焉)[马]陵焉②。

【注释】

①方:仿照,类似。

②仲舒之下(焉)[马]陵焉:光绪五年《永平府志》为"仲舒之下马陵焉"。董仲舒,广川郡人。西汉时期著名思想家、哲学家、政治家。汉景帝时为博士,教授弟子。汉武帝时期曾任江都易王刘非、江西王刘端国相。后辞官,专门研究学问。董仲舒死后,安葬在长安城南曲江附近,一日汉武帝过此,为表示对董仲舒的尊重,下马致意,因此董仲舒的墓地被称为下马陵。

张星炳,江西人。以明经谒选入都,兵后无归,缚茆①于永平郡城夷齐里,授经自给,作诗曰:"摇落江湖此结庐,何期得傍古人居。儿今授室余将老,归思多年已渐除。"

【注释】

①缚茆:亦作"缚茅",谓盖造简陋的房屋。

管珍,字席之,长(州)[洲]人。家世理学,品行高迈。邑人韩金宪原善令吴时物色之,延归教授子弟,郡人士师之者甚(重)[众]。珍之教,先大节而后文艺,门下多名士,翕然称盛,当道慕其行谊,折节下之。珍不干以私,目击时事,预知永平有变,南归,至沙流河,寄诗与其徒云:"沙流河口笛声哀,插(雨)[羽]飞尘①匹马来。东望遥怜二三子,几人安坐读书台。"后庚午(崇祯三年,1630 年)城陷,人服其先见云。

【注释】

①插(雨)[羽]飞尘:边关紧急战事。插羽,古时于紧急文书中插羽以示急迅。飞尘,飞扬的尘土,喻指外敌入侵。

卢龙县志卷十九

乡　贤

商

伯夷、叔齐,孤竹君之二子也。父欲立叔齐。及父卒,叔齐让伯夷,伯夷曰:"父命也。"遂逃去。叔齐亦不肯立而逃之,国人立其中子。于是伯夷、叔齐闻西伯昌[①]善养老,盍往归焉。及至,西伯卒[②]。武王载木主[③],号为文王,东伐纣[④],夷、齐叩马而谏曰:"父死不葬,爰及干戈,可谓孝乎?以臣弑君,可谓仁乎?"左右欲兵之,太公曰:"此义人也。"扶而去之。武王已平殷乱,天下宗周,而伯夷、叔齐耻之,义不食周粟,隐于首阳山,采薇而食之。及饿且死,作歌。其辞曰:"登彼西山兮,采其薇矣。以暴易暴兮,不知其非矣。神农虞夏忽焉没兮,我安适归矣。吁嗟徂兮,命之衰矣。"遂饿死于首阳山。(《史记》)。

【注释】

①西伯昌:姬昌,岐周人。周太王之孙、季历之子。周朝奠基者。父死后,继承西伯侯之位。商纣王帝辛命为西方诸侯之长,得专征伐,故称西伯。伯,古代统领一方的长官。公元前1046年,周武王姬发灭商建周后,追尊为文王。

②及至,西伯卒:伯夷、叔齐于商纣王帝辛二十一年春抵达西周,二十年后西伯姬昌卒。晋武帝太康年间汲郡魏王墓中出土、战国时期魏国史官编纂的《竹书纪年·帝辛》:"二十一年春正月,诸侯朝周,伯夷叔齐自孤竹归于周。""四十一年春三月,西伯昌薨。"周文王五十年(公元前1056年),姬昌崩,葬于毕原。约公元前1046年,周武王伐纣,两者相距十年,与《史记·伯夷列传》记载不一致。

③木主:木制死者神位,上书死者姓名,以供祭祀。

④东伐纣:周武王十二年始伐纣,故谈不上"父死不葬,爰及干戈。"《竹书纪年·帝辛》:"五十二年庚寅,周始伐殷。"《竹书纪年·周武王》:"十二年辛卯,率西夷诸侯伐殷,败之于牧野。"

后汉

郭涼,字公文。身长八尺[①],气力壮猛,虽武将,然通《经》《书》,多智略,尤晓边事。

初,幽州牧朱浮辟为兵曹掾[2],击彭宠有功,封广武侯。建武九年(33年)为雁门太守,与骠骑大将军杜茂击卢芳将尹由于繁畤,其将贾丹、霍匡、解胜等杀由,诣凉降。诏送委输金帛,赐茂、凉军吏。自是卢芳城邑稍稍来降,凉诛其豪右[3](郭)[郇]氏之属,镇抚羸弱。旬月间,雁门平,芳亡入匈奴。帝擢凉子为中郎,宿卫左右。(附《后汉书·杜茂传》)。

【注释】

①八尺:古代女子选婿以身高一丈为标准,当时一丈等于七尺,"丈夫""七尺男儿"源于此。商朝时一丈为十尺,一尺约等于16.95厘米。汉代,一尺约等于21.35～23.75厘米。八尺相当于现在的1.71～1.90米。

②兵曹掾(yuàn):东汉太尉属吏主兵事,秩比三百石。

③豪右:占有大量田产、横行乡里的豪族。

魏攸,为幽州牧刘虞东曹掾。虞与公孙瓒有怨,密谋于攸,攸曰:"今天下引领,以公为归,谋臣爪牙不可无也。瓒文武才,力足恃,虽有小恶,固宜容忍。"虞乃止。顷之,攸卒,虞积忿不已,率屯兵攻瓒,大败,为瓒所杀。(附《后汉书·刘虞传》)。

北魏

窦瑗,字世珍,辽西辽阳人(《北史》作"阳洛人"。"阳洛"即"阳乐"。案:《魏书·地形志》:辽西郡统县三:肥如、阳乐、海阳,无"辽阳"。"辽阳"当是传写之讹。观下封"阳洛男"益见。),自言本扶风平陵人,汉大将军窦武之曾孙崇为辽西太守,子孙遂家焉。曾(孙惧)[祖堪],慕容氏渔阳太守。祖表,冯文通成周太守,入国。父冏,举秀才,早卒。普泰初,瑗启以身阶级为父请赠,诏赠征虏将军、平州刺史。瑗年十七,便荷帙从师,游学十载,始为御史,转奉朝请兼太常博士,拜大将军、太原王尔朱荣官,因是为荣所知,遂表留瑗为北道大行台左丞,以军功赐爵阳洛男,除员外散骑常侍。瑗以拜荣官赏新昌男,因从荣东讨葛荣。事平,封容城县开国伯,食邑五百户。后除征虏将军、通直散骑常侍,仍左丞。瑗乞以容城伯让兄叔珍,诏听,以新昌男转授之叔珍。由是位至(太)[泰]山太守。尔朱世隆等立长广王晔为主,南赴洛阳,至东郭外,世隆等遣瑗奏废之。瑗执鞭独入禁内,奏曰:"天人之望,皆在广陵,愿行尧舜之事。"晔遂禅焉。由是除征南将军、金紫光禄大夫。敷奏倜然,前废帝甚重之。出帝时,为廷尉卿,又释奠开讲。瑗与散骑常侍温子昇、给事黄门侍郎魏季景、通直散骑常侍李业兴并为摘句。天平中,除镇东将军、金紫光禄大夫。寻除广(中)[宗]太守,治有清白之称。广宗民情凶戾,前后累政咸见告讼,惟瑗一人终始全洁。转中山太守,加征东将军,声誉甚美,为吏民所怀。及齐献武王班书州郡,诫约牧令守长,称瑗政绩,以为劝励焉。后授使持节、本将军、平州刺史,在州政如治郡。又为齐献武王丞相府右长史。瑗无军府断割之才,不甚称职。又行晋州事。既还京师,上表论《麟趾新制》。除大宗正卿,寻加卫将军。宗室以其寒士,相与轻之。瑗按法(擢)[推]治,无所顾避,甚见雠疾。官虽通显,贫窘如初,清尚之操为时所重。领本州大中正,以本官兼廷尉卿,卒官,赠本将军、(仆太)[太仆]卿、济州刺史,谥曰明。(《魏书》)。

晋

阎亨,辽西人。苟晞刑政苛虐,纵情肆欲。亨以书固谏,晞怒,杀之。(见《晋书·苟晞传》)。

唐

田廷玠①,尚儒学,不乐军旅,与承嗣②为从昆弟③。仕为平舒丞,迁乐寿、清池、束城、河间四县令,以治称。迁沧州刺史。李宝臣、朱滔与承嗣不协,合兵围沧州,廷玠固守连年,食虽尽,无叛者。朝廷嘉其节,徙相州。承嗣盗磁相,廷玠无所回染。及悦代立,忌廷玠之正,召为节度副使。廷玠至,让悦曰:"而④承伯父绪业,当守朝廷法度,以保富贵,何苦与恒、郓为叛臣?自兵兴来,叛天子能完宗族者谁耶?而志不悛,盍杀我,无令我见田氏血污人刀也?"遂称疾不出。悦过谢之,杜门不纳,愤而卒。(《新唐书》)。

【注释】

①田廷玠(?—782):唐代平州(今河北卢龙)人。魏博节度使田弘正之父。田氏家族世代为卢龙军裨校。祖、父以豪侠闻名辽碣。祖父田璟,为郑州司马。生二子:田守义(田承嗣父)、田延恽(田廷玠父)。田延恽,曾任安东都护府司马。田廷玠始为平舒丞。大历中拜横海军使,坚守沧州城,迁沧州刺史。建中三年,郁愤而卒。见《旧唐书》卷141列传第91。子田弘正(764～821),本名兴,字安道,田承嗣堂侄。原为魏博军衙内兵马使,后被士卒拥立为主,率六州之地归顺朝廷,被任命为魏博节度使、检校工部尚书、沂国公。先后征讨成德节度使王承宗、淄青节度使李师道,累功进封检校司徒、同中书门下平章事。元和十五年(820年),进封中书令,改任成德节度使。长庆元年(821年)七月,成德军乱,田弘正遇害,赠太尉,谥号忠愍。唐代文学家韩愈写有《魏博节度观察使沂国公先庙碑铭》。

②承嗣:田承嗣(705～779),平州卢龙人。父田守义,官至安东副都护。田承嗣行伍出身,初为安禄山部将,开元末年升任安禄山卢龙军前锋兵马使,因征讨奚族、契丹有功,升任左清道府率、武卫将军。随安禄山反唐,攻陷洛阳。安史之乱失败后,广德元年(763年)在莫州降唐,并依靠仆固怀恩,被封为魏博节度使,不听朝廷诏令,藩镇割据。为笼络安抚田承嗣,大历八年(773年),朝廷加封为同中书门下平章事,赐爵雁门郡王。翌年,代宗许嫁女永乐公主给田承嗣子田华,希望田承嗣归顺朝廷,但田承嗣却愈发骄纵。大历十年(775年),田承嗣占据相、卫四州,朝廷征发诸镇征讨。田承嗣起初屡遭挫败,后暗中勾结李正己,离间李宝臣与朱滔,又上表请罪,最终得到朝廷赦免。次年,田承嗣又援助李灵曜叛乱,并在其失败后再次上表请罪。田承嗣占据魏、博、相、卫、沧、贝、澶七

州,拥兵五万,割据一方。大历十四年(779 年),田承嗣病死,并将节度使之位传于侄子田悦,开藩镇世袭之先例。

③从昆弟:叔伯兄弟。昆弟,堂兄弟。田廷玠,田延恽子;田承嗣,田守义子,皆为田璟孙。同父所生兄弟称堂兄弟。同祖父之孙,称从堂兄弟。

④而:通"尔"。

【补录】

《旧唐书》列传第九十一

田承嗣　田弘正

田承嗣,平州人,世事卢龙军为裨校。祖璟,父守义,以豪侠闻于辽、碣。承嗣,开元末为军使安禄山前锋兵马使,累俘斩奚、契丹功,补左清道府率,迁武卫将军。禄山构逆,承嗣与张忠志等为前锋,陷河洛。禄山败,史朝义再陷洛阳,承嗣为前导,伪授魏州刺史。代宗遣朔方节度使仆固怀恩引回纥军讨平河朔。帝以二凶继乱,郡邑伤残,务在禁暴戢兵,屡行赦宥,凡为安、史诖误者,一切不问。时怀恩阴图不轨,虑贼平宠衰,欲留贼将为援,乃奏承嗣及李怀仙、张忠志、薛嵩等四人分帅河北诸郡,乃以承嗣检校户部尚书、郑州刺史。俄迁魏州刺史、贝博沧瀛等州防御使。居无何,授魏博节度使。

承嗣不习教义,沉猜好勇,虽外受朝旨,而阴图自固。重加税率,修缮兵甲;计户口之众寡,而老弱事耕稼,丁壮从征役,故数年之间,其众十万。仍选其魁伟强力者万人以自卫,谓之衙兵。郡邑官吏,皆自署置。户版不籍于天府,税赋不入于朝廷,虽曰藩臣,实无臣节。代宗以黎元久罹寇虐,姑务优容,累加检校尚书仆射、太尉、同中书门下平章事,封雁门郡王,赐实封千户。及升魏州为大都督府,以承嗣为长史,仍以其子华尚永乐公主,冀以结固其心,庶其悛革。而生于朔野,志性凶逆,每王人慰安,言词不逊。

大历八年,相卫节度使薛嵩卒,其弟崿欲邀旄节;及用李承昭代嵩,衙将裴志清谋乱逐崿,崿率众归于承嗣。十年,薛崿归朝,承嗣使亲党煽惑相州将吏谋乱,遂将兵袭击,谬称救应。代宗遣中使孙知在使魏州宣慰,令各守封疆。承嗣不奉诏,遣大将卢子期攻洺州,杨光朝攻卫州。杀刺史薛雄,仍逼知在令巡磁、相二州,讽其大将割耳劙面,请承嗣为帅,知在不能诘。四月,诏曰:

田承嗣出自行间,策名边戍,早参戎秩,效用无闻,尝辅凶渠,驱驰有素。洎再平河朔,归命辕门。朝廷俯念遗黎,久罹兵革。自禄山召祸,瀛、博流离;思明继衅,赵、魏埋厄;以至农桑井邑,靡获安居,骨肉室家,不能相保。念其凋瘵,思用抚宁,以其先布款诚,寄之为理。所以委授旄钺之任,假以方面之荣,期尔知恩,庶能自效。崇资茂赏,首冠朝伦,列异姓之茅茅,登上公之礼命。子弟童稚,皆联台阁之华;妻妾仆媵,并受国邑之号。人臣之宠,举集其门;将相之权,兼领其职。

夫宰相者,所以尽忠,而乃据国家之封壤,仗国家之兵戈,安国家之黎人,调国家之征赋。掩有资实,凭窃宠灵,内包凶邪,外示归顺。且相、卫之略,所管素殊,而逼胁军人,使之翻溃。因其惊扰，便进军师，事迹暴彰，奸邪可见。不然，岂志清之乱，曾未崇朝；子期、光朝，会于明日。足知先有成约，指期而来，是为蔑弃典刑，擅兴戈甲。既云相州骚扰，邻境救灾，旋又更取磁州，重行威虐。此实自矛盾，不究始终。三州既空，远迩惊陷，更移兵马，又赴洺州，实为暴恶不仁，穷极残忍。

薛雄乃卫州刺史，固非本藩，忿其不附，横加凌虐，一门尽屠，非复噍类，酷烈无状，人神所冤。又四州之地，皆列屯营，长史属官，任情补署。精甲利刃，良马劲兵，全实之资装，农藏之积实，尽收魏府，困有孑遗。其为盖在无赦，欲行讨问，正厥刑书。犹示含容，冀其迁善，抑于典宪，务在慰安。乃遣知在远奉诏书，谕以深旨，乃命承昭副兹麾下，抚彼旧封。而承昭又遣亲将刘浑先传诏命。承嗣逡巡磁、相，仍劫知在偕行，先令伍悦权扇军吏，至使引刀自割，抑令腾口相稽，当众喧哗，请归承嗣。论其奸状，足以为凭，此而可容，何者为罪？

承嗣宜贬永州刺史，仍许一幼男女从行，便路赴任。委河东节度使薛兼训、成德军节度使李宝臣、幽州节度留后朱滔、昭义节度李承昭、淄青节度李正己、淮西节度李忠臣、永平军节度使李勉、汴宋节度田神玉等，掎角进军。如承嗣不时就职，所在加讨，按军法处分。

诏下，承嗣惧；而麾下大将，复多携贰，仓（黄）[皇]失图。乃遣牙将郝光朝奉表请罪，乞束身归朝。代宗重劳师旅，特恩诏允，并伍悦等悉复旧官，仍诏不须入觐。

十一年，汴将李灵曜据城叛，诏近镇加兵。灵曜求援于魏。承嗣令田悦率众五千赴之，为马燧、李忠臣逆击败之；悦仅而获免，兵士死者十七八，复诏诛之。十二年，承嗣复上章请罪，又赦之，复其官爵。承嗣有贝、博、魏、卫、相、磁、洺等七州，复为七州节度使，于是承嗣弟廷琳及从子悦、承嗣子绾、绪等皆复本官，仍令给事中杜亚宣谕，赐铁券。

十三年九月，卒，时年七十五。有子十一人：维、朝、华、绎、纶、绾、绪、绘、纯、绅、缙等。维为魏州刺史；朝，神武将军；华，太常少卿、驸马都尉，尚永乐公主，再尚新都公主；余子皆幼。而悦勇冠军中，承嗣爱其才，及将卒，命悦知军事，而诸子佐之。

田弘正，本名兴。祖延恽，魏博节度使承嗣之季父也，位终安东都护府司马。延恽生廷玠，幼敦儒雅，不乐军职，起家为平舒丞。迁乐寿、清池、束城、河间四县令，所至以良吏称。大历中，累官至太府卿、沧州别驾，迁沧州刺史，兼御史中丞，充横海军使。承嗣与淄青李正己、恒州李宝臣不协，承嗣既令廷玠守沧州，而宝臣、朱滔兵攻击，欲兼其土宇。廷玠婴城固守，连年受敌，兵尽食竭，人易子而食，卒无叛者，卒能保全城守。朝廷嘉之，迁洺州刺史，又改相州。属薛崿之乱，承嗣蚕食薛嵩所部。廷玠守正字民，不以宗门回避而改节。建中初，族侄悦代承嗣领军政，志图凶逆，虑廷玠不从，召为节度副使。悦奸谋颇露，廷玠谓悦曰："尔藉伯父遗业，可禀守朝廷法度，坐享富贵，何苦与恒、郓同为叛臣？自兵乱已来，谋叛国家者，可以历数，鲜有保完宗族者。尔若狂志不悛，可先杀我，无令我见田氏之赤族也。"乃谢病不出。悦过其第而谢之；廷玠杜门不纳，将吏请纳。建中三年，郁愤而卒。

弘正，廷玠之第二子。少习儒书，颇通兵法，善骑射，勇而有礼，伯父承嗣爱重之。当季安之世，为衙内兵马使。季安惟务侈靡，不恤军务，屡行杀罚；弘正每从容规讽，军中甚赖之。季安以人情归附，乃出为临清镇将，欲掊摭其过害之。弘正假以风痹请告，灸灼满身，季安谓其无能为。及季安病笃，其子怀谏幼骏，乃召弘正署其旧职。

季安卒，怀谏委家童蒋士则改易军政，人情不悦，咸曰："都知兵马使田兴，可为吾帅也！"衙兵数千诣兴私第陈请，兴拒关不出，众呼噪不已。兴出，众环而拜，请入府署。兴顿仆于地，久之。度终不免，乃令于军中曰："三军不以兴不肖，令主军务，欲与诸军前约，当听命否？"咸曰："惟命是从！"兴曰："吾欲守天子法，以六州版籍请吏，勿犯副大使，可乎？"皆曰："诺！"是日，入府视事，杀蒋士则十数人而已。晚自府归第，其兄融责兴曰："尔卒不能自晦，取祸之道也！"翌日，具事上闻。宪宗嘉之，加兴银青光禄大夫、检校工部尚书、魏州大都督府长史、兼御史大夫、上柱国、沂国公，充魏、博等州节度观察、处置、支度、营田等使，仍赐名弘正。仍令中书舍人裴度使魏州宣慰，赐魏博三军赏钱一百五十万贯。

弘正既受节钺，上表曰：

臣闻君臣父子，是谓大伦，爱立纪纲，以正上下。其或子不为子，臣不为臣，覆载莫可得容，幽明所宜共殛。臣家本边塞，累代唐人；从乃祖乃父以来，沐文子文孙之化。臣幸因宗族，早列偏裨，驱驰戎马之乡，不睹朝廷之礼。惟忠与孝，天与臣心。常思奋不顾生，以身殉国，无由上达，私自感伤。岂意命偶昌时，事缘难故，白刃之下，谬见推崇。天慈遽临，免书罪累，朝章荐及，仍委旄旌。锡封壤于全籓，列班荣于八座；君父之恩已极，丝毫之效未伸，但以腼冒知着，低回自愧。是知功荣所着，必俟危乱之时；侥幸之来，却在清平之日。循涯揣分，以宠为忧。伏自天宝已还，幽陵肇乱，山东奥壤，悉化戎墟。外抚车马，内怀枭獍，官封代袭，刑赏自专，国家含垢匿瑕，垂六十载。臣每思此事，当食忘餐。若稍假天年，得奉宸算，兼弱攻昧，批亢捣虚；竭鹰犬之资，展获禽之用，导扬和气，洗涤伪风，然后退归田园，以避贤路。臣怀此志，陛下察之！

优诏褒美。

弘正乐闻前代忠孝立功之事，于府舍起书楼，聚书万余卷，视事之隙，与宾佐讲论古今言行可否。今河朔有《沂公史例》十卷，弘正客为弘正所着也。魏州自承嗣已来，馆宇服玩有逾常制者，悉命彻毁之，以正厅大侈不居，乃视事于采访使厅。宾僚参佐，请之于朝。颇好儒书，尤能史氏，《左传》《国史》，知其大略。

自弘正归国，幽、恒、郓、蔡有齿寒之惧，屡遣客间说，多方诱阻，而弘正终始不移其操。裴度明理体，词说雄辩；弘正听其言，终夕不倦。遂深相结纳，由是奉上之意逾谨。元和十年，朝廷用兵讨吴元济，弘正遣子布率兵三千进讨，屡战有功。李师道以弘正效忠，又袭其后，不敢显助元济，故绝其掎角之援，王师得致讨焉。俄而王承宗叛，诏弘正以全师压境。承宗惧,遣使求救于弘正,遂表其事,承宗遂纳二子,献德、棣二州以自解。

十三年,王师加兵于郓,诏弘正与宣武、义成、武宁、横海等五镇之师会军齐进。十一月,弘正自帅全师自杨刘渡河筑垒,距郓四十里。师道遣大将刘悟率重兵以抗弘正,结垒相望。前后合战,魏军大捷。而李酺、李光颜三面进攻,贼皆挫败,其势将危。十四年三月,刘悟以河上之众倒戈入郓,斩师道首,诣弘正请降。淄青十二州平,论功加检校司徒、同中书门下平章事。是年八月,弘正入觐,宪宗待之隆异,对于麟德殿,参佐将校二百余人皆有颁锡,进加检校司徒、兼侍中,实封三百户。仍以其兄检校刑部尚书、相州刺史融为太子宾客,东都留司。弘正三上章,愿留阙下,宪宗劳之曰:"昨韩弘至朝,称疾恳辞戎务,朕不得不从。今卿复请留,意诚可尚,然魏土乐卿之政,邻境服卿之威,为我长城,不可辞也。可亟归籓。"弘正每惧有一旦之忧,嗣袭之风不革,兄弟子侄,悉仕于朝,宪宗皆擢居班列,朱紫盈庭,当时荣之。

十五年十月,镇州王承宗卒,穆宗以弘正检校司徒、兼中书令、镇州大都督府长史,充成德军节度、镇冀深赵观察等使。弘正以新与镇人战伐,有父兄之怨,乃以魏兵二千人为卫从。十一月二十六日,至镇州,时赐镇州三军赏钱一百万贯,不时至,军众喧腾以为言。弘正亲自抚喻,人情稍安。仍表请留魏兵为纪纲之仆,以持众心,其粮赐请给于有司。时度支使崔倰不知大体,固阻其请,凡四上表不报。明年七月,归卒于魏州,是月二十八日夜军乱,弘正并家属、参佐、将吏等三百余口并遇害。穆宗闻之震悼,册赠太尉,赗赙加等。弘正孝友慈惠,骨肉之恩甚厚。兄弟子侄在两都者数十人,竞为崇饰,日费约二十万,魏、镇州之财,皆辇属于道。河北将卒心不平之,故不能尽变其俗,竟以此致乱。弘正子布、群、牟。

周宝,字上珪。曾祖待选,为鲁城令。安禄山反,率县人拒战,死之。祖光济,事平卢节度(侯)希逸为牙将。每战,得攻鲁城者,必手屠之。历左赞善大夫,从李洧以徐州归天子。父怀义,通书记,累擢检校①工部尚书、天德西城防御使②。以徙城事不为宰相李吉甫所助,以忧死。宝,藉荫为千牛备身,天平节度使殷侑尝为怀义参军,宝从之为部将。会昌时,选方镇才校入宿卫,与高骈皆隶右神策军。历良原镇使,以善击毬俱补军将。骈以兄事宝,宝(疆)[强]毅,未尝绌意于人。官不进,自请以毬见,武宗称其能,擢金吾将军,以毬丧一目。进检校工部尚书、泾原节度使。务耕力,聚粮廿万斛,号良将。黄巢据宣、歙,徙宝镇海军节度兼南面招讨使。巢闻,出采石,略(阳)[扬]州。僖宗入蜀,加检校司空。时群盗所在盘结,柳超据常熟,王敖据昆山,王腾据华亭,宋可复据无锡。宝练卒自守,发杭州兵戍县镇,判(入)[八]都。石境都,董昌主之;清平都,陈晟主之;于潜都,吴文举主之;盐官都,徐及主之;新登都,杜稜主之;唐山都,饶京主之;富春都,文禹主之;龙泉都,凌文举主之。中和二年(882年),进同中书门下平章事兼天下租庸副使,封汝南郡王。宝和裕,喜接士,以京师陷贼,将赴难,益募兵,号"后楼都"。明年,董昌据杭州,柳超自常熟入睦州,刺史韦诸杀之。四年,余杭镇使陈晟攻诸,诸以州授晟。宝子玘统后楼都,屡不能驭军,部伍横肆。宝亦稍惑声色,不恤事,以婿杨茂实为苏州刺史,重敛,人不聊生。田令孜以赵载代之,茂实不受命。宝表留,不听,乃残郛署、污垣牖去。诏以王蕴代载,载留润州。初,镇海将张郁以击球事宝。光启初,剧贼剽昆山,宝遣郁领兵三百戍海上,郁醉而叛。王蕴谓州兵还休,不设备,郁遂大掠,蕴婴城③守。宝遣将拓拔从讨,定之。郁保常熟,因攻常州,刺史刘革迎降,众稍集。宝遣将丁从实督兵攻之,郁走海陵,依镇遏使高霸,从实遂据常州。及董昌徙义胜军节度使,宝承制擢杭州都将钱镠领州事。宣州贼李君旺陷义兴,守之。是时右散骑常侍沈诰使至江南,负田令孜势,震暴州县。嗣襄王下令,搜令孜党,宝收诰及赵载杀之。高骈领盐铁,辟宝子佶为支使,宝亦表骈从子在幕府。骈为都统,(寝)[浸]不礼宝,宝衔之。帝在蜀,淮南绝贡赋,谩言道浙西为宝剽阻。帝知其诬,不直骈,自是显隙。骈出屯东塘,约西定京师。宝喜,将赴之,或曰:“高氏欲图公地。”宝未信,骈遣人请会金山,谋执宝。宝答曰:“平时且不闻境上会,况上蒙尘,宗庙焚辱,宁高会时耶? 我非李康,不能为人作功勋,欺朝廷也。”骈遣人切让,宝亦诟绝之。会部将刘浩、刁頵与度支催勘使、太子左庶子薛朗叛,宝方寝,外兵格斗,火照城中。宝惊出,谕曰:“为吾用则吾兵也,否则寇也。六州皆吾镇,何往不适?”乃自青阳门出奔,士大掠,官属崔缙、陆锷、田倍皆死。浩奏朗领府事,宝至奔牛埭,骈馈以菹葛,讽其且亡也。宝抵于地曰:“公有吕用之④,难方作,无诮我!”即奔常州,依丁从实。召后楼都,无一士至者。钱镠遣杜稜、(徐)成及攻薛朗,稜子建徽攻从实,声言迎宝,击破贼君旺,取船八百艘,遂围常州,从实奔海陵。镠具橐鞬迎宝,舍樟亭。未几,杀之。不淹月⑤,而骈为毕师铎所囚。宝死,年七十四,赠太保。镠以杜稜守常州。文德元年拔润州。刘浩亡,不知所在。执朗,剖其心祭宝,使阮结守润州。杨行密杀高霸,而张郁、丁从实皆死。(《新唐书》)。

【注释】

①检校:检校官,隋及唐初极多,初为代理。中唐以后,为文散官加衔。

②天德西城防御使:天德军,设有都防御使,治所位于今内蒙古巴彦淖尔市阴山山脉南麓。天德军最初治所在北城(内蒙古乌梁素海土城子)。755年筑毕置军,唐玄宗赐名大安军,为其军镇治所,即故天德军城。安史之乱后,天德军都防御使迁驻西受降城(故址在今内蒙古杭锦后旗北乌加河北岸,乾元后移天德军来治),改名天德军。防御使,唐代地方军事长官,全称为防御守捉使。

③婴城:谓环城而守。《战国策·秦策》:“小黄、济阳婴城,而魏氏服矣。”鲍彪注:“婴,犹萦也,盖二邑环兵自守。”

④吕用之:江西鄱阳人,方士,唐末淮南节度使高骈的智囊。亡命九华山,事方士牛宏徽,据说有役鬼神之术。

⑤淹月:延及一月。

(杨)[阳]惠元①,以趫勇奋事平卢军,从田神功、李忠臣浮海入青州。诏以兵隶神策②，为京西兵马使，镇奉天。德宗初立，稍绳诸节度跋扈者，于是李正己屯曹州，田悦增河上兵，河南大扰。诏移兵万二千戍关东，帝御望春楼誓师，因劳遣诸将。酒至神策，将士不敢饮。帝问故，惠元曰："初发奉天之帅张巨济，与众约：'是役也，不立功，毋饮酒。'臣不敢食其言。"既行，有馈于道，惟惠元军瓶罍不发。帝咨叹不已，玺书慰劳。俄以兵三千会诸将击田悦，战御河，夺三桥，惠元功多，以兵属李怀光。及朱泚反，自河朔赴难，解奉天围，加检校工部尚书，摄贝州刺史。诏惠元与神策行营节度使李晟、鄜坊节度李建徽及怀光联营便桥。晟知怀光且叛，移屯东渭桥。翰林学士陆贽谏帝曰："四将接垒，晟等兵寡位下，为怀光所易，势不两完。晟既虑变，请与惠元东徙，则建徽孤立，宜因晟行，合两军皆往，以备贼为解，趣装进道，则怀光计无所施。"帝不从，使神策将李昇往伺。还奏，怀光反明甚。是夕，夺二军，惠元、建徽走奉天，怀光遣将冉宗驰骑追及于好畤。惠元被发呼天，血流出眦，袒裼战而死。二子：晟、嵒，匿井中，皆及害；建徽独免。诏赠惠元尚书左仆射；晟，殿中监；嵒，邠州刺史。少子旻，字公素，惠元之死，被（人）[八]创，堕别井，或救得免，历邢州刺史。卢从史既缚，潞军溃，有骁卒五千，从史尝以子视者，奔于旻，旻闭城不内。众皆哭曰："奴失帅，今公有完城，又度支钱百万在府，少赐之，为表天子求旌节。"旻开谕祸福遣之，众感悟，遂还军。宪宗嘉之，迁易州刺史。王师讨吴元济，以唐州刺史提兵深入二百里，薄申州，拔外郛，残其垣。以功加御史中丞。容州西原蛮反，授本州经略招讨使，击定之。进御史大夫，合邕、容两管为一道，卒，赠左散骑常侍。（《唐书》）。

【注释】

①杨惠元：《旧唐书》《新唐书》均作"阳惠元"，《资治通鉴》作"杨惠元"。

②神策：神策军，唐朝后期北衙禁军，原为西北戍边军队，唐玄宗天保十三载（754年）置神策军于洮州磨环川，负责保卫京师和宿卫宫廷以及行征伐事。

宋

陈思让，字后己。父审确，仕后唐至晋，历檀、顺、涿、均、沁、唐、祁城八州刺史。预征蜀，权利州节度，终金州防御使。思让，初隶庄宗帐下，即位，补右班殿直①。晋天福中，改东头供奉官②，再迁作坊使③。安从进叛于襄阳，以思让为先锋右厢都监④，从武德使焦继勋领兵进讨，遇从进之师于唐州花山下，急击，大破之，从进仅以身免。以功领奖州刺史。从进平，授坊州刺史。八年冬，契丹谋入寇，以思让监澶州军，赐鞍勒马、器帛。讨杨光远于青州也，又为行营右厢兵马都监⑤。兵罢，改磁州刺史。会符彦卿北征契丹，思让表求预行。未几，改卫州。连丁内外艰。时武臣罕有执丧礼者，思让不俟诏，去郡奔丧，闻者嘉之。起复随州刺史。汉初，移淄州，罢任归朝。会淮南与朗州马希萼合兵淮南，攻湖南，马希广来乞师，旋属内难。又周祖北征，乃分兵，令思让往郢州赴援，兵未渡而希广败，思让留于郢。周祖即位，遣供奉官邢思进召思让及所部兵还。刘崇僭号太原。周祖思得方略之士，以备边，遣思让率兵诣磁州，控扼泽、潞。未几，授磁州刺史，充北面兵马巡检。未行，升磁州为团练，即以思让充使。广顺元年（951年）九月，刘崇遣大将李环领马步军各五都、乡兵十都，自团柏军于（窑）［鸲］子店，思让与都监向训、张仁谦等率龙捷、吐浑军至（虎）［虒］亭西，与环军遇，杀三百余人，生擒百人，获崇偏将王璠、曹海金，马五十四。俄遣王峻援晋州，以思让与康（延）昭分为左右厢排阵使⑥，令率军自乌岭路至绛州，与大军合。崇烧营遁去，思让又与药元福袭之。俄命权知绛州。明年春，迁绛州防御使。显德元年（954年）九月，改亳州防御使，充昭义军兵马钤辖⑦，屡败并人及契丹援兵。迁安国军节度观察留后⑧，充北面行营马步军排阵使。五年，败并军千余于西山下，斩五百级。是秋，邢州官吏著艾、邢铢等四十人诣阙，求借留思让，诏褒之。十二月改义成军节度观察留后。六年春，世宗将北征，命先赴冀州以俟命。及得瓦桥关，为雄州，命思让为都部署⑨，率兵戍守。世宗不豫，迁京，留思让为关南兵马都部署。恭帝嗣位，授广海军节度。宋初，加检校太傅。乾德二年（964年）又为保信军节度。时皇子兴元尹德昭纳思让女为夫人。开宝二年（969年）夏，改护国军节度、河中尹。七年，卒，年七十二，赠侍中。思让累历方镇，无败政，然酷信释氏，所至多禁屠宰，俸禄悉以饭僧，人目为"陈佛子"。身没之后，家无余财。弟思海，至六宅使。子钦祚，累迁至香药库存使、长州刺史；钦祚子，若拙。（《宋史》）。

【注释】

①殿直：宋武散官名，或宋宦官阶官名。有左班殿直与右班殿直。

②东头供奉官：唐大明宫供奉官的别称。宋沈括《梦溪笔谈·故事》："东西头供奉官本唐从官之名，自永徽以后，人主多居大明宫，别置从官，谓之东头供奉官；西内具员不废，则谓之西头供奉官。"

③作坊使：武阶官。五代置，掌加工制作器物之事。宋因之，属西班诸司使。宋真宗开宝九年（976年），分置南、北作坊使。

④都监：唐中期后出兵作战，常以宦官为监军，因督察多路兵马，故称"都监"。宋代设有路"都监"，掌管本路禁军的屯戍、训练和边防事务。有州府"都监"，掌管本城厢军的屯驻、训练、军器和差役等事务。

⑤兵马都监：宋代军职差遣名。北宋初年设"行营兵马都监"，为出征一军或方面副帅。

⑥排阵使：五代和宋军事职官名称。五代注重阵战，其中最常用阵法是偃月阵。排阵使是适应阵战的要求而产生的军事职官。

⑦昭义军兵马钤辖：昭义军节度使，唐肃宗时期在今山西与河北设置的节度使，主要领有古山西泽、潞二州与河北相、卫、贝、邢、洺六州。兵马钤辖，宋代军职名。以职权区分有：路分兵马钤辖和州兵马钤辖两等；以官资序位区分有：兵马都钤辖、兵马钤辖、副兵马钤辖三类。

⑧观察留后：唐安史之乱后，节度使不服朝命，遇事或年老不能任事，常以子弟或亲信代行职务，称节度留后或观察留后。北宋置节度观察留后，为虚衔。宋政和七年（1117年）改名承宣使。

⑨兵马都部署：五代后唐初置，为战时指挥官。宋置于邻接辽、夏地区，为地方军事长官，掌军队屯戍、防守、训练、教阅、赏罚事务。辽北大王院、南大王院有此官，北面官官有诸行官都部署与契丹行官都部署，北面边防官有兵马都部署。

陈若拙，字敏之，幼嗜学，思让尝令持书诣晋邸，太宗嘉其应对详雅，将縻以府职，若拙恳辞。太平兴国五年（980年）进士甲科，解褐①将作监丞、通判鄂州，改太子右赞善大夫，知单州。以能政就改太常丞，迁监察御史，充盐铁判官。益州系囚甚众，太宗览奏讶之，召若拙而谕委以疏决。迁殿中侍御史，通判益州。淳化三年（992年），就命为西川转运副使。未几，改正使，召归。会李至守洛都，表若拙佐治，改度支员外郎，通判西京留司。久之，柴禹锡镇泾州，复奏为通判。迁司封员外郎。部送刍粮至（寨）［塞］外，优诏奖之。入为盐铁判官，转工部郎中，与三司使（臣）［陈］恕不协，求徙他局。改主判开（折）［拆］司②。车驾北巡，命李沆留守东京，以若拙为判官。河决郓州，朝议徙城以避水患，命若拙与阎承翰往规度。寻命权③京东转运使。因发卒塞王陵口，又于齐州浚导水势，设巨堤于采金山，奏免六州所（料）［科］梢木五百万，民甚便之。河平，真授④转运使。召还，拜为刑部郎中，知潭州。三司使缺，若拙自谓得之。及是大失望，因请对，言父母年老，不愿远适，求纳制命。上怒，谓宰相曰："士子操修，必须名实相副。颇闻若拙有能干，特遣秩委以藩任，而贪进择禄如此。往有黄观者，或称其能，选为西川转运使，辄诉免，当时黜守远郡。今若拙复尔，亦须遣降。凡用人，岂以观疏为间，苟能尽瘁奉公，有所树立，何患名位之不至也？"乃追若拙所授告敕，黜知处州，徙温州。代还，复授刑部郎中，再为盐铁判官，改兵部郎中、河东转运使，赐金紫。会亲祀汾阴，若拙以所部缗帛、刍粟十万，输河中以助费，经度制置使陈尧叟言其干职，擢拜右谏议大夫，徙知永兴军府。时邻郡岁饥，前政拒其市粜，若拙至则许贸易，民赖以济。又移知凤翔府，入拜给事中，（之）［知］澶州。蝗旱之余，勤于政治，郡民列状乞留。天禧二年（1018年），卒，年六十四。录其子映为奉礼郎。若拙多诞妄，寡学术，当时以第二人及第者为榜眼，若拙素无文，故目为"瞎榜眼"⑤。（《宋史》）。

【注释】

①解褐：脱去粗布衣服，比喻入朝为官。

②开拆司：宋置，隶属三司，掌接受皇帝旨命及诸州申报奏章，分发盐铁、度支、户部；兼掌三司发放司、勾凿司、催驱司、受事司、衙司等事务。

③权：暂且，姑且，临时代理。权知，代掌某官职。

④真授：实授，正式任命。

⑤目为"瞎榜眼"：《宋史·陈若拙传》为"目为'瞎榜'云。"

姚内斌,少仕契丹。周显德六年(959年),太祖①从世宗②征,次瓦桥关,内斌以城降。世宗以为汝州刺史。国初,从平李筠,改虢州,又为庆州刺史。在郡十数年,戎③不敢犯塞,号内斌为"姚大虫",言其武猛也。初,内斌降,其妻子皆在契丹。乾德四年(966年),子承赞密自幽州来降。五年,幽州民又以内斌儿女六人间道来归,太祖并召见,厚赐之,送还内斌。卒,年六十四,常赒外,赐其子田三十顷。承赞为供奉官、阁门祗候④,死于阵。(《宋史》)。

【注释】

①太祖:宋太祖赵匡胤,涿州人。后汉隐帝时投奔郭威(柴荣姑父,后收为养子),后周建立后,受柴荣(后周世宗)器重。柴荣病重,任命赵匡胤为殿前都点检,掌管殿前禁军。显德六年(959年)六月,后周恭帝柴宗训(柴荣第四子)即位。显德七年(960年)正月,赵匡胤奉命抵御北汉及契丹联军,发动陈桥兵变,逼迫周恭帝禅位,赵匡胤黄袍加身,建立宋朝,柴宗训降为郑王。

②世宗:后周世宗柴荣,邢州尧山人。951年,郭威建立后周,委任柴荣治理澶州。显德元年(954年),郭威驾崩,柴荣继位为帝。

③戎:西夏。

④阁门祗候:唐制,通事舍人,隶中书省,如抽赴阁门供职,称阁门祗候。宋时隶属阁门司,以内廷诸司及三班使臣充阁门祗候,称阁职。

郭琼,(平州卢龙人)。祖海,本州两冶使。父令奇,卢台军使。琼少以勇力闻,(事)契丹为蕃汉都指挥使。后唐天成中,(絜)[挈]其族来归,明宗以为亳州团练使,改刺商州,迁原州。清泰初,移城垒未葺,蜀人屡寇,琼患之,因徙城保险,民乃无患。受诏攻文州,拔二十余砦,生擒数百人。晋天福中,移刺警州,属羌、浑骚动,朔方节度张希崇表琼为部署,将兵共讨平之。连领滑、坊、虢、卫四州。开运初,为北面骑军排阵使。阳城之役,战功居多,改沂州刺史,充荆(口)砦主兼东面行营都虞(侯)[候],擒莫州刺史赵思以献,改刺(淮)[怀]州,俄为北面先锋都监。契丹陷中原,盗贼蜂起,山东为甚。契丹主命琼复刺沂州以御盗,琼即日单骑赴郡。盗闻琼威名,相率遁去。汉乾祐中,淮人攻密州,以为行营都部署。未至,淮人解去。会平卢节度刘铢恃佐命之旧,称疾不朝,将相大臣惧其难制,先遣琼与卫州刺史郭超以所部兵屯青州。铢不自安,置酒召琼,伏壮士幕下,欲害琼。琼知其谋,屏其从者,从容就席,略无惧色,铢不敢发。琼因为陈祸福,铢感其言,遂治装。俄诏至,即日上道,琼改颍州团练使,又加防御使。时(郎)[朗]州结荆、淮、广南合兵攻湖南,诏琼以州兵合王令温大军攻光州,寻以内难不果,罢归朝,遣诣河北计度兵甲刍粮。周祖祀南郊,召权知宗正卿事。世宗征刘崇,为北面行营都监,历绛、蔡、齐三州防御使。在齐州,民饥,琼以己俸赈之,人怀其惠,相率诣阙,颂其德政。诏许立碑。宋建隆三年(962年),告老,加右领军卫上将军致仕,归洛阳。乾德二年(964年)卒,年七十二。琼虽起卒伍,而所至有惠政,尊礼儒士,孜孜乐善,盖武臣之贤者也。(《宋史》)。

辽

赵思温，字文美，少果锐，膂力兼人，隶燕帅刘仁恭^①幕。李存勖^②问罪于燕，思温统偏师拒之，流矢中目，裂裳渍血，战犹（未）[不]已，为存勖将周德威^③所擒，存勖壮而释其缚。久之，日见信用。与梁战于莘县，以骁勇闻，授平州刺史兼平、营、蓟三州都指挥使。神册二年（917年），太祖^④遣大将经略燕地，思温来降。及伐渤海^⑤，以思温为汉军都团练使^⑥，力战，拔扶余城^⑦，身被数创，太祖亲为调药。太宗^⑧即位，以功擢检校太保、保静军节度使。天显十一年（936年），唐兵攻太原，石敬瑭^⑨遣使求救。上命思温自岚、宪间出兵援之。既罢兵，改南京留守、卢龙军节度使，管内观察处置等使、开府仪同三司兼郎中，赐协谋静乱翊圣功臣。寻改临海军^⑩节度使。会同初（938年），从耶律牒蜡^⑪使晋行册礼，还，加检校太师。二年，有星陨于庭，卒。上遣使赙祭，赠太师、魏国公。子延昭、延靖，官至使相。（《辽史》）。

【注释】

①刘仁恭（? ～914）：深州（今河北深州）人。唐末乾宁间范阳节度使，后被其子刘守光囚禁。守光败于晋王李存勖后，仁恭亦被擒，处死。

②李存勖（885～926）：沙陀族，山西应县人，唐末河东节度使、晋王李克用长子。天佑五年（908年）继晋国王位。同光元年（923年）四月在魏州（河北大名府）称帝，国号"唐"，史称后唐，于同年十二月灭后梁，定都洛阳。天成元年（926年）死于兵变。

③周德威（? ～918）：字镇远，小字阳五，朔州马邑（今山西朔州朔城区）人。唐乾宁中，以功由铁林军使升检校左仆射、衙内指挥使。天祐三年（906），迁检校太保、代州刺史、蕃汉马步军都指挥使。后梁开平二年（908），授振武节度使、同中书门下平章事。次年，授蕃汉马步总管。乾化三年（913），领兵攻幽州（今北京），灭大燕，授检校侍中、卢龙节度使。后梁贞明四年（918年），在与契丹军交战中战死。

④太祖：耶律阿保机（872～926），契丹族，后梁贞明二年（916年），称帝，建立契丹国。

⑤渤海：渤海国，唐代时以靺鞨族为主的政权，主要分布在中国东北地区、朝鲜半岛东北及俄罗斯远东地区。698年，粟末靺鞨首领大祚荣在东牟山（今吉林敦化）自称"震国王"，建立政权。713年，唐玄宗册封大祚荣为"渤海郡王"并加授忽汗州都督，始以"渤海"为号。762年，唐朝诏令将渤海升格为国。926年，为契丹国所灭。都城初驻旧国（今吉林敦化），742年迁至中京显德府（今吉林和龙），755年迁至上京龙泉府（今黑龙江宁安），785年再迁东京龙原府（今吉林珲春），794年复迁上京龙泉府。

⑥汉军都团练使：团练使，全名团练守捉使，唐代官制，负责一方团练（自卫队）的军事官职。唐初团练使有都团练使、州团练使二种，皆负责统领地方自卫队，地位低于节度使。一般都团练使多由观察使兼任，州团练使常由刺史兼任。辽朝于南面各州置团练使

司,以团练使掌一州军政。汉军,辽金元时,由汉人编成的军队。

⑦扶余城:346 年为扶余国都。公元 493 年,入高句丽为扶余府治所。辽将扶余府改为黄龙府,故治在今吉林农安县。

⑧太宗:耶律德光(902~947),字德谨,小字尧骨,契丹族,辽太祖耶律阿保机次子。天赞元年(922 年)为天下兵马大元帅,引兵掠蓟北。天赞二年(923 年)正月,攻克平州(州治今卢龙县城),获刺史赵思温、裨将张崇;二月以平州为卢龙军,置节度使;三月于箭笴山(今青龙满族自治县祖山一带)讨平胡损奚。天显元年(926 年)七月辽太祖病死,于次年即位。大同元年(947 年)二月,将国号契丹国改为大辽。

⑨石敬瑭(892~942):五代十国时期后晋开国皇帝。初隶属李克用义子李嗣源帐下,后梁朱温与李克用、李存勖父子争雄,石敬瑭冲锋陷阵,战功卓著。唐末帝李从珂继位后,石敬瑭任河东节度使。清泰三年(936 年),石敬瑭起兵反唐,后唐军围太原,石敬瑭向契丹求援,割让幽云十六州给契丹,甘做"儿皇帝"。石敬瑭灭后唐,定都汴梁,国号"晋"。天福七年(942 年)六月忧郁而卒。

⑩临海军:辽置,治所在今辽宁锦州。《辽史·地理志》:"锦州,临海军,中,节度。太祖以汉俘建州。"

⑪耶律牒噶:耶律牒蜡。《辽史·耶律牒蜡传》:"牒蜡,字述兰,六院夷离堇蒲古只之后。天显中,为中台省右相。会同元年(938 年),与赵思温持节册晋帝。"

刘六符,年十五,究通经史,更①兼综百家之言。长而喜功名,慷慨有大志。历事圣宗朝,为著作郎、中允,又为詹事、国子祭酒。兴(中)[宗]时,为翰林学士、右谏议大夫,知制诰,同修国史。契丹聚兵幽、蓟,来求关南,时宋庆历二年(1042 年)也。先是西(一本"西"下有"夏"字)兵久不决,六符以宋朝为怯。又李士彬、刘平之兵屡败,宋朝旰食,积苦兵间,因说其主聚兵幽、(队)[涿],声言南征,而六符及萧英先以书来求关南十县,其书皆六符所撰也。书至宋朝,富弼为回谢使。弼至没打河,六符馆之,谓弼曰:"北朝皇帝坚欲割地,如何?"弼曰:"北朝若欲割地,必志在败盟,南朝决不从,有横戈相待耳!"六符曰:"南朝若坚执,则事安得济?"弼曰:"南朝不发兵,而遣使好辞,更议嫁女、益币,岂坚执乎?"六符引弼入见,往复辩议,兴宗大感悟,乃从弼所请。是年八月,宋朝再遣(富弼)赍国书、誓书至契丹清泉淀金毡馆,许(赠与)[增以]②岁币二十万。时契丹固惜盟好,惟六符画策扬声,聚兵幽、涿,以动宋朝。宋方困西夏之扰,名臣猛将相继败衄,吕夷简畏之。契丹既得岁币五十万,勒碑纪功。擢六符枢密使、礼部侍郎、同修国史。后迁至中书政事令。子孙显贵不绝,为节度、观察使者十数人。(《契丹国志》)

案:《辽史·列传》:六符有志操,能文。重熙初,迁政事舍人,擢翰林学士。十一年,与宣徽使萧时默使宋,索十县地。还,为汉人行官副部署。会宋遣使增岁币以易十县,复与耶律仁先使宋,定"进贡"名,宋难之。六符曰:"本朝兵强将勇,海内共知,人人愿从事于宋。若恣其俘获以饱所欲,与'进贡'字孰多? 况大兵驻燕,万一南进,何以御之? 顾小节,忘大患,悔将何及?"宋乃从之,岁币称"贡"。六符还,加同中书门下平章事。及宋币至,命六符为三司使以受之。六符与参知政事杜防有隙,防以六符尝受宋赂,白其事,出为长宁军节度使,俄召为三司使。道宗即位,将行大册礼,北院枢密使萧格曰:"行大礼,备仪物,必择广地,莫若黄(州)[川]。"六符曰:"不然。礼仪,国之大礼,帝王之乐,不奏于野。今中京四方之极,朝觐各得其所,宜中京行之。"上从其议,寻以疾卒。

【注释】

①更:光绪五年《永平府志》有"更"字,《契丹国志》无"更"字。

②(赠与)[增以]:《永平府志》为"赠以",《契丹国志》为"增以"。《永平府志》从汉人角度所言,本来契丹索要岁币,宋朝却说成是"赠以";《契丹国志》从契丹人角度而言,向宋朝提出"增以"。《辽史·刘六符传》:"重熙十一年,与宣徽使萧特末使宋索十县地。会宋遣使增岁币以易十县,复与耶律仁先使宋,定'进贡'名,宋难之。六符曰:'本朝兵强将勇,海内共知,人人愿从事于宋。若恣其俘获以饱所欲,与『进贡』字孰多?况大兵驻燕,万一南进,何以御之!顾小节,忘大患,悔将何及!'宋乃从之,岁币称'贡'。"

金

刘敏行,登天会三年(1125年)进士,除太子校书郎,累迁肥乡令。岁大饥,盗贼掠人为食。诸县老弱(人)[入]保郡城,不敢耕种,农事废,畎亩①荒芜。敏行白州,借军士三十,护县民出耕,多张旗帜为疑兵。敏行率兵巡逻,日暮则阅民入城,由是盗不敢犯,而耕稼滋殖。转高平令。县城圮坏,久不修。大盗横恣,掠县镇,不能御。敏行出己俸,率寮吏出钱,催役缮治,百姓欣然从之,凡用二千人,版筑②遂完。乡村百姓入保,贼至,不能犯。(凡)九迁,为河北东路转运使。致仕,卒。(《金史》)。

【注释】

①畎亩:原志"畎畎"。田亩,泛指农田。

②版筑:指筑土墙,即在夹版中填入泥土,用杵夯实。

赵兴祥,六世祖思温,辽燕京留守,封天水郡王。父瑾,辽静江军节度使。兴祥以父任阁门祇候,谒告省亲于白霫①。会辽季土贼据郡作乱,兴祥携母及弟妹奔燕京,不能进,乃自柳城②涉沙碛,夜视星斗而行。仅达辽军,而不知辽主所向,遂还柳城。及娄室③获辽主,兴祥乃归国,从宗望④伐宋,为六宅使⑤。天眷初,累官同知宣徽院事。母忧去官。熙宗素闻兴祥孝行,及英悼太子受册,以本官起复,护视太子。转右宣徽使。天德初,改左宣徽使。海陵⑥尝问兴祥:"欲使子弟为官,当自言。"兴祥辞谢,海陵善之,赐以玉带,诏曰:"汝官虽未至一品,可佩此侍立。"为济南尹,赐车马、金币、金银器皿。改绛阳军节度使,召为太子少保,封广平郡王,改钜鹿。正隆初,例夺王爵,迁太子少傅,封申国公。起为定武军节度使。海陵伐宋,兴祥二子从军。世宗即位,海陵尚在淮南,二子未得还。兴祥来见于平州。世宗嘉其诚款,以为秘书监,复为左宣徽使。久之,以其孙珣为阁门祇候。十五年,上幸安州春水,召兴祥赴万春节。上谒于良乡,赐银五百两。感风眩,赐医药,未几,卒。(《金史》)。

【注释】

①白霫(xí):南北朝时期北方古代少数民族,匈奴之别种,铁勒十五部之一,以狩猎、游牧为生,胜兵三千人。自6世纪开始兴起,游牧于潢水(今西拉木伦河)以北、拔野古东的独洛河(今图拉河)东北等地。

②柳城:隋置营州,唐改柳城郡。治所在今辽宁省朝阳市双塔区。

③娄室(1078~1130):完颜氏,字斡里衍,金代开国功臣。辽天庆四年(1114),随金太祖完颜阿骨打起兵抗辽。金收国元年(1115年),以功擢猛安。从阿骨打攻达鲁古城(今吉林扶余西北土城子),大破辽军。天辅六年(1122年),以都统从完颜杲(斜也)破辽中京(今内蒙古宁城西大明城)。旋与阇母攻破西京(今山西大同)。七年四月,辽都统耶律大石攻奉圣州(今河北涿鹿),娄室与诸将合兵迎击,生俘大石。天会三年(1125年),与习室等将追袭辽天祚帝耶律延禧,至应州(今山西应县)境将其擒获。

④宗望(?~1127年):本名斡鲁补,又作斡离不,金太祖次子。从金太祖征伐,屡建殊功。金天辅六年十二月,率七千兵,攻入辽燕京。天辅七年五月,南京(治今卢龙县城)留守、平州节度副使张觉叛。六月,金南路军都统完颜阇母败张觉于营州(今昌黎县)。十月,张觉败阇母于兔耳山(今抚宁城西)。十一月以宗望统帅阇母军,讨伐张觉,大败张觉军于南京城东,张觉奔宋燕山府(燕京),宋燕山府宣抚使王安中杀之以献。天会三年十月,以宗望为南京路都统,阇母副之,自南京入燕山府。十二月败宋将郭药师于白河,郭药师降金。天会四年八月,以左副元帅完颜宗翰、右副元帅完颜宗望伐宋。十一月,宗翰、宗望两路大军抵汴梁城外。五年正月,金军入城,俘获宋徽宗、宋钦宗,北宋灭亡。

⑤六宅使:官名。唐宋时皇帝诸子年长后分院居住,并置十宅、六宅使,负责管理诸宅院事务。后只称六宅使。

⑥海陵:海陵王完颜亮(1122~1161),金代第四位皇帝。天眷三年(1140年),以宗室子为奉国上将军,迁骠骑上将军。皇统四年(1144年),加龙虎卫上将军,为金朝中京(今北京一带)留守,迁光禄大夫。皇统七年(1147年)五月,任同判大宗正事,加特进。十一月,拜尚书左丞。翌年六月,拜平章政事。十一月,拜右丞相。1149年正月,兼都元帅。三月,拜太保,领三省事。皇统九年(1149年)十二月,弑金熙宗,自立为帝。正隆六年(1161年)十一月被叛将刺杀。大定二年(1162年)四月,降封为海陵郡王。

张景仁,字寿甫,辽西人。累官翰林待制。贞元二年(1154年),与翟永固俱试礼部进士,以"尊祖配天"①为赋题,忤海陵旨,语在永固《传》。大定二年(1162年),仆散忠义伐宋,景仁掌其文辞。宋人议和,朝廷已改奉表为国书,称臣为侄,但不肯世称侄国。往复凡七书,然后定其书,皆景仁为之。世宗称其能,尝曰:"今之文章,如张景仁与宋人往复书,指事达意,辨而裁,真能文之士也。"五年(1165年),罢兵,入为翰林直学士。七年

（1167 年），（选）［迁］侍讲。八年（1168 年），为详读官。宋国书中有"宝邻"字，景仁奏"邻"字太涉平易。上问累年国书有"邻"字否，命一一校勘。六年书中亦有之，上责问六年详读官刘仲渊，右丞石琚亦请罪，曰："臣尝预六年详读。"上曰："此有司之过，安得一一责宰臣耶？"诏有司就（论）［谕］宋臣王瀹，使归告其主，后日国书不得复尔。仲渊时为礼部侍郎，降石州刺史，景仁迁翰林学士兼同修国史。久之，上召景仁读陈言文字，上问："事款几何？"景仁率易，少周密，对曰："二十余事。"复曰："其中如某事某事十事可行，余皆无谓也。"明日，上召景仁，责之曰："卿昨言可行者，朕观之，中复有不可行者。卿谓无谓者中，亦有可行者。朕未尝使卿分别可否，卿辄专可否，何也？自今戒之。"十年（1170年），兼太常卿，学士、同修国史如故。转承旨，兼修国史。改河南尹。二十一年（1181年），召为御史大夫，仍兼承旨、修国史。世宗谓景仁曰："卿博学老儒，求如古之御史大夫，然后行之，斯为称矣。不能如古之人，众人不独诮卿，亦谓朕不能知人。卿醉中颇轻脱失言，当以酒为戒。"初，朝臣言景仁有文艺，而颇率易，不可任台察。景仁被诏，就台中治监察罪，辄以便服视决罚。上闻之，责景仁曰："朕初用卿为大夫，或言卿不可居此官。今果不用故事，率易如此。卿自慎，不然黜罚及矣！"景仁顿首谢。未几，诏葬元妃李氏于海王庄。平章政事乌古论元忠提控葬事，都水监丞高（果）［杲］寿治道路不如式②，元忠不奏，决之四十。景仁劾奏元忠辄断六品官，无人臣礼。上曰："卿劾奏甚当。"使左宣徽使蒲察鼎寿传诏戒敕元忠曰："监丞六品，有罪闻奏。今乃一切（超）［趣］办，擅决六品官，法当如是耶？御史在尊朝廷，汝当自咎，勿复再。"元忠尚③豫国公主，（帖）［怙］宠自任，倨慢朝士。景仁劾之，朝廷肃然。是岁，薨④。（《金史》）。

【注释】

①尊祖配天：《金史·翟永固传》："俄迁太常卿，考试贞元二年进士，出《尊祖配天赋》题，海陵以为猜度己意，召永固问曰：'赋题不称朕意。我祖在位时祭天拜乎？'对曰：'拜。'海陵曰：'岂有生则致拜，死而同体配食者乎？'对曰：'古有之，载在典礼。'海陵曰：'若桀、纣曾行，亦欲我行之乎？'于是永固、张景仁皆杖二十。"

②不如式：不符合规定。

③尚：娶帝王之女为妻。

④薨（hōng）：古代称诸侯或有爵位的大官死去。

张谨言，幼名元奴，平州义丰①人。毅②之子也。宗望攻下平州，谨言在褴（裸）［褓］间，里人刘承宣得之，养于家。其邻韩夫人甚爱之，年数岁，随韩夫人得见贞懿皇后③，留之藩邸。稍长，侍世宗读书，遂使谨言主家事，绳检部曲④，一府惮之。世宗留守东京，海陵用兵江、淮，将士往往亡归，诣东京，愿推戴世宗为天子。谨言劝进，世宗即位，除内藏库副使，权发遣宫籍监事。（海）陵死扬州，谨言与礼部尚书乌居仁、殿前左卫将军阿虎带、御院通进刘珫发遣六宫百司国书府藏在南京者还，以本职提控尚食局⑤，转少府监丞，仍主内藏。谨言能心计，世宗倚任之，凡宫室营造、府库出纳、行幸顿舍，皆委之。世宗尝曰:"一经谨言,无不惬朕意者。"六年,提举修内役事。役夫掘地得白金,匿之。事觉,法当死。谨言责取其物与官,释其罪。寻兼祇应司⑥。迁少府监⑦,提控宫籍监⑧、祇应司如故。护作太宁宫,引宫左流泉溉田,岁获稻万斛。十七年,复提点内藏,典领昭德皇后山陵。迁劝农使,(领)诸职如故。谨言虽旧臣,出入左右,然世宗终不假以权任。尝欲以为横海军节度使,而不可去左右,遂止。及得疾,犹扶杖视事,疾亟,诏太医诊视,近侍问训相属⑨。及卒,上深惜之,遣官致祭,(赠)[赙]银五百两,重彩十端,绢二百匹,棺椁、衣衾、银汞、敛物、葬地,皆官给,赠辅国上将军。(《金史》)。

【注释】

①义丰:义丰县,隋开皇元年(586年)置,治郑德堡(今河北保定市安国市区),属定州。辽世宗时,掳北宋义丰县(今安国)民,置于滦州,别置义丰县,为滦州治所。元至元二年(1265年)撤义丰入滦州,次年再置,仍为滦州治所。明洪武二年(1369年)再撤义丰入滦州。民国二年(1913年)裁撤滦州,改称滦县。

②毅:《契丹国志》《三朝北盟会编》《续资治通鉴》作"张毅",《辽史》《宋史》《金史》作"张觉",辽天祚帝乾统元年辛巳科(1101年)进士(光绪二十四年《滦州志》),累官至辽兴军节度副使。保大三年(金天辅七年,北宋宣和五年,1123年)正月,平州军乱,辽兴军节度使萧谛里(萧敌里)被杀。张觉抚定州乱,州民推举张觉领州事。金兵入燕京,时立爱以平州降金。二月,金升平州为南京,以张觉为留守,兼任营州邻海军(今昌黎县)节度使,平州、滦州、营州俱为张觉所据。五月,张觉杀丞相左企弓等,据南京叛金。金将闍母自锦州来讨张觉。宋建平州为泰宁军,升张觉为节度使。六月,闍母败张觉于营州(今昌黎县),破觉将王孝古于新安镇(今抚宁城),复败之于楼峰口(今抚宁镇芦峰口村)。十月,闍母与张觉战于兔耳山(今抚宁城西),闍母败绩。十一月,完颜宗望统闍母军,与张觉大战于南京城东,觉军大败,逃往燕山府。金兵索之甚急,宣抚使王安中杀之,函首以献。

③贞懿皇后:李氏,辽阳人,金睿宗完颜宗辅的皇后,金世宗完颜雍的母亲。天会十三年,金睿宗薨。后祝发为比丘尼,号通慧圆明大师,赐紫衣,归辽阳,营建清安禅寺,别为尼院居之。正隆六年五月,后卒。世宗即位于东京,尊谥为贞懿皇后。

④绳检部曲:约束部下。绳检,约束,规矩。部曲在汉代本是军队编制的名称,大将军营有五部,部下有曲,泛指某人统率下的军队。

⑤尚食局:古代供应皇家伙食的机构。

⑥祇应司:掌妆銮油染裱褙之事。明昌七年以后负责供应宫廷所需绘画。

⑦少府监:战国时,始置少府,掌管手工业和国君的私人庄园。唐代少府仅掌管百工技巧诸务。宋朝则但掌制造门戟、神衣、旌节、祭玉、法物、牌印、朱记、百官拜表法物等事。

⑧宫籍监:金朝官署。掌管宫内外监户,及皇室土地、钱帛及大小差役。

⑨相属：相接连，相继，接连不断。

元

张昇①，字伯高。幼警敏过人，学语时辄能辨字音，应对异于常儿。既长，力学，工文辞。至元二十九年（1292年），用荐者，授将仕郎②、翰林国史院编修官，预修《世祖实录》。昇应奉翰林文字，寻升修撰，历兴文署令，迁太常博士。成宗崩，大臣承中旨，议奉徽号，祔宗庙。昇曰："在故典，凡有事于宗庙，必书嗣皇帝名。今将何书？"议遂寝。武宗即位，议躬祀礼，昇据经引古，参酌时宜以对，帝嘉纳之。至大初，改太常寺为太常礼仪院，即除昇为判官。久之，外补知汝宁府。民有告寄束书于其家者，逾三年取阅，有禁书一编，且记里中大家姓名于上。昇亟呼吏焚其书，曰："妄言诬民，且再更赦矣，勿论。"同列惧，皆引起。既而事闻，廷议谓昇脱奸轨，遣使穷问，卒无迹可指，乃诘以擅焚书状。昇对曰："事固类奸轨。然昇备位郡守，为民父母，今斥诬诉，免冤滥，虽重得罪不避。"乃坐夺俸二月。旁郡移文报：吴人侯君远者言："岁值壬子六月朔日蚀③，其占为兵寇；岁癸丑，其应在吴分野。"同列欲召属县为备御计。昇曰："此讹言，久当自息，毋用（感）[惑]民听。"斥其无稽，众论韪之。部使者（誉）[举]治行为诸郡最。历江西行省左右司郎中，除绍兴路总管。初，大德、至大间，越大饥，且疫疠，民死者殆半，赋税、盐课责里胥代纳，吏并缘为奸，害富家。昇为证于簿籍，白行省蠲之。前守有为江浙行省参加政事者，争代者禄米，有隙，欲内之罪，移平江岁输海运粮布囊三万，俾绍兴制如数，民患苦之，不能堪。更数守，谓岁例如此，置弗问。昇言："麻非越土所生，海漕实吴郡事，于越无与。"章上，卒罢之。昇既谨于绳吏，又果于去民瘼。故人心悦服。历湖北道廉访使④、江南行台治书侍御（使）[史]⑤。召为参议中书省事，改枢密院判官，寻复中书参议。至治二年（1322年），又出为河东道廉访使，未行，拜治书侍御史。明年，出为淮西道廉访使。泰定二年（1325年），拜陕西行省参知政事，加中奉大夫，寻迁辽东道廉访使。属永平大水，民多捐瘠，昇请发海道粮十八万石，钞五万缗，以赈饥民，且蠲其岁赋。朝廷从之，民得全活者众。明年，召拜侍御史。天历初，出为山东道廉访使。时方有警，有司请完城以为备。昇曰："民恃吾以生，完城是弃民也。"由是民皆安之。文宗赐尚酝文币，以赏其功。逾年，召为太禧院⑥副使，兼奉赞神御殿事，除河南省左丞，复遣淮西道廉访使。昇时年六十有九，上书乞致仕。至顺二年（1331年），复起为集贤侍讲学士，文宗眷待之意甚隆。元统元年（1333年），顺帝即位，首诏在廷耆艾，访问治道，昇条上时所宜先者十事。寻兼经筵官，廷试进士，特命昇读卷。事已，告省先墓。帝赐金织文袍，以宠其归。明年，以奎章阁大学士、资善大夫、知经筵事，召赐上尊，趣就职。昇以疾辞。帝察其不可强，许之。寻命本部月给禄米，以终其身。至正元年（1341年），卒，年八十一。赠资德大夫、河南等处行中书省左丞，谥文宪。（《元史》）。

【注释】

①张昇:《乐亭县志》载为乐亭县籍,《卢龙县志》因"平州人"亦列入"卢龙人"。《元史·张昇传》:"其先定州人,后徙平州。"元马祖常撰《石田文集·大元赠中奉大夫行中书省参知政事张公神道碑》:"公讳昂霄,字云卿,姓张氏。先世居定州。(五代时)徙真定民以实平营,故今为平州人。子男九人:次(三子)讳昇,今奎章阁大学士、资善大夫,为时名臣。""葬平州西苑家庄之原"。

②将仕郎:文散官名。隋始置,元为正八品。

③日蚀:日食。古代把日全食现象视为"天狗食日"。古人认为日食是不吉利的征兆,预示着将有灾难降临,天下大乱。日代表天帝,皇帝为天之子。发生日食,为皇帝失德,奸臣当道的表现,天下将有刀兵之祸,有亡国亡君的危险。朔日,即初一日。唐李淳风《乙巳占》:"日蚀,必有亡国死君之灾。日蚀则失德之国亡。日蚀,则王者修德。修德之礼重于责躬。是故禹汤罪己,其兴也勃焉。"

④廉访使:元代称肃政廉访使,主管监察事务。

⑤治书侍御(使)[史]:西汉宣帝时令侍御史二人治书(管理图籍文书)。

⑥太禧院:太禧宗禋院,元官署名。掌神御殿朔望岁时讳忌时辰禋享礼典。

陈颢,字仲明。其先居卢龙,有名山者,仕金为穆昆①监军,太祖②得之,以为平阳等路军民都元帅,子孙徙清州,遂为清州人。颢(幼)颖悟,日记诵千百言。稍长,游京师,登翰林承旨③王磐、安藏之门。磐熟金典章,安藏通诸国语,颢兼习之。安藏乃荐颢入宿卫,寻为仁宗④潜邸⑤说书。于是,仁宗奉母后出居怀庆,颢从行,日开陈以古圣贤居艰贞之道。会成宗⑥崩,仁宗入定内难,以迎武宗⑦,颢皆预谋。及仁宗即位,以推戴旧勋,特拜集贤大学士、荣禄大夫,仍宿卫禁中,政事无不与闻。科举之行,颢赞助之力尤多。颢时伺帝燕间⑧,辄取圣(经所)⑨载大经大法有切治体者陈之,每(年)[见]嘉纳。帝尝坐便殿,群臣入奏事,望见颢经所⑩,喜曰:"陈仲明在列,所奏必善事矣!"颢以父年老力请归养清州,帝特命颢长子孝伯为知州以就养。颢(因)[固]辞,乃以孝伯为州判官。帝欲用颢为中书平章政事,颢叩首谢曰:"臣无汗马之功,又乏经济之略,一旦置之政途,徒速臣咎。臣愿得朝夕左右,献替可否,庶少裨万一,亦以全臣愚忠。"帝乃允。仁宗崩,辞禄家居者十年。文宗即位,复起为集贤大学士。上疏劝帝大兴文治,增国子学弟子员,蠲儒生徭役,文宗皆嘉纳焉。颢先后居集贤署,荐士牍累数百,有(许)[评]之者。颢曰:"吾宁以谬举受罚,蔽贤诚所不忍。"顺帝元统初,颢扈跸行幸上都,至龙虎台,帝命造膝前,而握其手曰:"卿累朝老臣,更事多矣,凡议政事,宜极言无隐。"颢顿首谢不敏⑪。颢每集议,其言无不(凯)[剀]切⑫。至元四年(1338 年),致政,命食全俸于家。明年,卒,年七十六。至(五)[正]十四年(1354 年),赠摅诚秉义佐理功臣、光禄大夫、河南江北等处行中书省平章政事、柱国,追封蓟国公。谥文忠。(显)[颢]出入禁闼数十年,乐谈人善,而恶闻人过。大夫士因其荐拔以至显列,有终身莫知所自者,是以结知人主,上下无有(恶)[怨]尤。欧阳元[玄]为国子祭酒,与颢同考试国子伴读,每出一卷,颢必拾而观之,苟得其片言善,即以置选列,为之色喜。元[玄]欢曰:"陈公之心,盖笃于仁而逾于厚者,真可使鄙夫宽、薄夫敦矣!"次子敬伯,至正中仕为中书参知政事,历左丞、右丞。二十七年(1367年),(拜)中书平章政事。(《元史》)。

【注释】

①穆昆:宗族组织名。满语译音。源于女真语之"谋克",是女真人的一种父系血缘组织。"谋克",金代军政合一的社会基层组织编制单位及其主官名称。大体上每谋克辖300户,七至十谋克为一猛安。后来又改为每25人为一谋克,四谋克为一猛安,每谋克有蒲辇一人、旗鼓司火头五人,其任战者仅十八人。谋克亦为这一级编制单位的统领官名称,相当于元、明的百户。《金史·百官三·诸猛安》:"诸谋克,从五品,掌抚辑军户、训练武艺。"《元史·陈颢传》作"谋克"。

②太祖:孛儿只斤·铁木真,蒙古帝国可汗,尊号成吉思汗。元世祖至元二年(1265年)十月,忽必烈追尊成吉思汗庙号为太祖。

③翰林承旨:元代设翰林学士承旨,为翰林兼国史院长官,初置一员,正三品,屡有增减,后定置六员,从一品。

④仁宗:孛儿只斤·爱育黎拔力八达,元武宗弟,被封为皇太子。至大四年(1311年)正月,元武宗崩,弟弟爱育黎拔力八达继位,是为元仁宗。

⑤潜邸:非太子身份即位的皇帝登极前的王府。

⑥成宗:元成宗孛儿只斤·铁穆耳,元朝的第二位皇帝。大德十一年(1307年)驾崩,庙号成宗。

⑦武宗:孛儿只斤·海山,元朝第三任皇帝,成宗铁穆耳之侄,仁宗爱育黎拔力八达之兄。1304年被封为怀宁王。1307年元成宗无嗣而崩,爱育黎拔力八达在大都发动政变,除掉了成宗皇后伯岳吾·卜鲁罕及她试图拥立的安西王阿难答,海山自漠北率军南下,夺取皇位,册封爱育黎拔力八达为皇太子。

⑧燕间:亦作"燕闲"。安宁,安闲;公余之时,闲暇。

⑨经所:《永平府志》《元史·陈颢传》有"经所",民国二十年《卢龙县志》无"经所"。

⑩经所:《元史》《新元史》《永平府志》陈颢传均无此二字,民国二十年《卢龙县志》系排印衍字,将⑨处"经所"二字误排在⑩处。

⑪谢不敏:恭敬地表示自己能力不足,不能够接受做某事。多作推辞做某事的婉辞。不敏,不聪明,没才能。

⑫(凯)[剀]切:切中事理。

明

白瑜,字绍明,万历二十三年(1595年)进士,选庶吉士,授兵科给事中。帝既册立东宫①,上太后徽号,瑜请推广孝慈,以敦俭、持廉、惜人才、省冤狱四事进,皆引《祖训》及先朝事以规时政,辞甚切,帝不能用。三十年(1602年),京师旱,陕西、河(州)[南]黄河竭,礼官请修省②。瑜言:"修省宜行实政。今逐臣久锢,累臣久羁。一蒙矜释,即可感格天心。至矿税一事,率土哀号,今江右潘相、辽左高淮、淮上陈增、畿辅王虎、滇南杨荣、粤东李凤、关西梁永,其民甘心久矣。恐琼林、大盈之储,不足当斩木揭竿之费也③。"亦不报。累迁工科都给事中。帝于射场营乾德台,瑜抗疏力谏;又再疏请斥中官王朝、(栋)[陈]永寿,帝不能无憾。会瑜论治河当专任,遂责其剿拾④陈言,谪广西布政司照磨,以疾归。光宗立,起光禄少卿,三迁太常卿。给事中倪思辉、朱钦相、王心一以直言被谪,瑜抗疏论救。天启二年(1622年),由通政使拜刑部右侍郎,署部事。郑贵妃⑤兄子养性⑥奉诏(递)[还]籍,逗留不去。其家奴张应登讦其通塞外⑦。永宁伯王天瑞者,显皇后⑧弟也,以后故衔郑氏,遂偕其弟锦衣天麟,交章劾养性不轨。瑜以郑氏得罪先朝,而交通事实诬,乃会都御史赵南星、大理卿陈于廷等谳上其狱,请抵奴诬告罪,勒养性居远方。制可。明年,进左侍郎,卒官,赠尚书。(《明史》)。

【注释】

①东宫:古代太子住所,因代称太子。

②修省:皇帝诏书责令修身反省。古代发生天灾人祸时,皇帝修身反省举行的一种祭祀祷告仪式。

③至矿税一事……当斩木揭竿之费也:《永平府志》内容。《明史》所载仅为"末言矿税之害"。琼林,唐朝内库名,唐德宗时设,以藏贡品。大盈,大盈库,唐代库名,极其充盈。斩木揭竿,民众武装起义。

④剿(chāo)拾:袭取、抄袭。

⑤郑贵妃(1565~1630):明神宗朱翊钧之皇贵妃。大兴(今北京大兴)人。万历九年入宫,是万历皇帝最宠爱的妃子。万历十四年生皇三子朱常洵后,进封皇贵妃。因太子久不立,外廷疑郑氏有立己子谋。万历二十九年(1601年)太子册立。万历四十一年,奸人孔学为陷害太子,牵连郑贵妃,梃击案又有郑贵妃之太监参与其事。万历四十八年明神宗崩,遗命封郑贵妃为皇后,以大臣反对乃止。崇祯三年七月,郑贵妃薨,谥曰恭恪惠荣和靖皇贵妃。

⑥养性:郑养性,郑贵妃哥哥郑国泰之子。《明史·高攀龙传》:"天启元年进少卿。明年四月疏劾戚郑养性。疏入,责攀龙多言,然卒遣养性还籍。"《明史·周嘉谟传》:"万历四十八年七月,神宗崩。八月丙午朔,光宗即位。郑贵妃据乾清宫,且邀封皇太后。(吏部尚书周)嘉谟从言官杨涟、左光斗等言,以大义责贵妃从子养性,示以利害。贵妃乃移慈宁宫,封后事亦寝。"

⑦讦其通塞外:《明熹宗实录》:"天启三年正月壬辰朔。戊午,先是锦衣卫百户王忠梁、郑养性家人张应登告养性交通奴酋,单款于巡视南城御史温皋谟、户科给事中罗尚

忠、永宁伯王天瑞、锦衣卫带俸都指挥金事王天麟等疏参养性。养性亦疏辩，俱下刑部。刑部署部事侍郎白瑜，会同都察院左都御史赵南星等，大理寺卿陈于庭会审。至是具疏言养性乃戚畹之大蠹，为当今指名。盖缘其父郑国泰构衅官闱，几摇社稷，且权倾中外，毒焰薰天，神人共愤。故三十年来，凡有血气者谈及郑氏，无不切齿腐心。今虽事往人亡，而遗孽尚存，祸根未断，举朝薰目，俱以养性为伏莽之戎、肘腋之患，有一日不去一日不解群情之疑者。及奉有回籍自奏之旨，是皇上所以为养性计者，亦既委曲恳至矣。乃悠悠半载，蔑视纶音，致讦首丛兴，交章论劾。养性至是犹得晏然如故耶。试思今日夷狄奸宄，中外惶惶，我实犯通国之疑，自不得侈信心之口，不以此时决计辞归，万一奸人构煽其间，借我发难，即欲优游故里，岂可得乎？故养性在今日无如去之使，非独为君侧除隐忧，实为养性图善后也。若王忠梁所首通奴，审无实据。张应登为梁党翼，语复支吾，只因怨毒伤心，不觉仇诬横口，各与应得之罪，总协情理之平。得旨：郑国泰在先朝有嫌，中外共知，赖皇考宽贷涵客，且加优待仁孝，至德千古。仅见朕仰体遗意，不欲深求。伊子养性自当感恩，通奴情节，理所必无。尔每既究问明白，俱依拟。郑养性着于外方远处，觅使居住。王忠梁等既系诬告，著照例发配，不许纳赎。此事已经处分，以后不得牵连渎奏及奸徒乘机诈害，有负朕意，违者究治。"

⑧显皇后：明神宗孝端显皇后王氏，祖籍余姚，生于京师。父王祎，以恩泽封永年伯。万历六年（1578年）册立为皇后。未能生育。恭妃王氏生光宗朱常洛，郑贵妃生福王朱常洵。郑贵妃专宠，王皇后谦退。万历四十八年（1620年）四月卒。光宗即位，上尊谥孝端贞恪庄惠仁明媲天育圣显皇后。

王构，字克美，明宁夏巡抚王镐①之孙也。镐生平事略载《畿辅通志》《永平府志》《滦志》。构以明制贡任汶水县主簿，转楚府审理。生四子：伯熹、仲默、叔烈、季然。迨解组②家居，惟以课子为事。明崇祯三年（1630年），满清入关，困滦城，叔烈、季然素以勇力著，督民兵守城。城破，战殁，仓猝合葬一冢，至今依稀尚存焉。十六年（1643年），构率二子迁于卢龙之九百户③。精图章，善传真，耆年盛德，乡里称之。

【注释】

①王镐：字宗周，滦州人。嘉靖八年进士，授大理寺评事，改山西道御史，巡按河南。转山东、山西副使，甘肃行太仆寺卿，迁山东右参政，升湖广按察使，擢右佥都御史，巡抚宁夏。召回京，以忤奸相严嵩乞归。

②解组：解绶。组，旧时官印上系结的丝绳。解组指解下官印，辞官卸任。

③九百户：今属滦县九百户镇。1946年7月以前属卢龙县管辖。

清

李成勋，旗籍，字万服。笃学好义，捐资设塾于迁属之沙河驿，不惜重金延聘名师，从学者多所成就。每逢春冬两季，设粥厂以赡贫困。府宪杨占魁以"乐善不倦"颜其门。本邑邓令尊德给匾曰"朴实和平"。

李绍祖,旗籍,成勋之次子。承父志,复增义学于本村九百户,四十余年而无倦志。又于孔道傍施茶水以便行人。清乾隆(任)[壬]午(二十七年,1762年)、庚寅(三十五年,1770年)、壬寅(四十七年,1782年)岁大饥,出资放赈,活人甚众。

王杞,善画工诗,尤精岐黄术①,施医舍药,力行不怠。

【注释】

①岐黄术:古代医术的代称。相传《黄帝内经》为黄帝和他的大臣岐伯所作。

王锺煐,少嗜诗书,卒成举业。孝廉①继武,数世不替。清嘉庆戊辰(十三年,1808年),以大挑②任唐山县③教谕。迨旋里,侍亲奉汤药十余年,始终不倦。事必躬亲,不假臧获④手,先意承志,以纯孝称。

【注释】

①孝廉:汉武帝时所立的察举考试,以任用官员的一种科目。明清时对举人的美称。

②大挑:清乾隆十七年(1752)定制,三科(原为四科,嘉庆五年改三科)不中的举人,由吏部据其形貌应对挑选,一等以知县用,二等以教职用。每六年举行一次,意在使举人出身的士人有较宽的出路,名曰大挑。

③唐山县:位于今河北邢台市隆尧县西部,原名柏人县,北魏改柏仁县。唐天宝元年(742年)因遭水患,城被水淹,县治迁往尧城镇,遂改名尧山县。金大定中因避金世宗完颜宗尧讳,改名唐山县。1947年8月,隆平、尧山两县合并为隆尧县。今唐山市,清光绪二十四年(1898年)设唐山镇,属滦州。1928年改称唐山市。1938年1月正式建市。

④臧获:古代对奴婢的贱称。

王锡韩,清同治四年(1865年),东捻①犯畿辅,大府饬各县劝办民团。为自卫计,锡韩协商堂弟铭泰,选族中子弟自立一团,旗帜鲜明,号令严肃,四境土匪闻而远遁。司马穰苴②以不战而胜,其似之乎?

【注释】

①东捻:赖文光,广西客家人,原籍广东嘉应州(今梅州市),捻军统帅,太平天国将领,封遵王。早年参加金田起义,转战广西、湖南、湖北。同治三年(1864年),天京失陷后,赖文光之太平军与张宗禹之捻军合并,成为捻军首领。同治四年十月捻军一分为二,赖文光为东捻军首领,张宗禹为西捻军首领。同治四年在山东曹州大败清军,击毙蒙古亲王僧格林沁等清军名将。转战于华北一带,清廷震动,调集各路清军围剿。同治六年十二月在山东寿光县弥河全军覆灭。次年正月在扬州瓦窑铺被俘就义。

②司马穰苴(ránɡjū):田穰苴,春秋末期齐国人,田完(陈完,陈厉公之子,齐桓公时,陈国内乱,逃到齐国,改姓田)之后代。齐景公时,晋国进攻齐国的阿城和甄城,同时燕国入侵齐国黄河南岸一带,齐军大败。大夫晏婴向齐景公推荐田穰苴,任为大司马,统帅齐军,治军严明,齐军势气大振。晋军、燕军闻之,不战而退,齐军乘胜追击,收复失地。

王淋溥,以明经例得州司马,顾退居家,食殷殷,以文学勖后进,从游者恒数十人。创办团练,乡里宴然。迨清光绪二十六年(1900年),拳匪起衅①,教民被戕者十数余家。淋溥辛苦奔走,权其轻重,善为排解,既息争,又免拖累,一言剖决,若定爰书。年至九十,强饭②犹如少年,出入无须曳杖。民国五年(1916年),经袁大总统③颂以"黄耇④传经"匾额,知卢龙县事李公兆周⑤以"八叶衍祥"颜其门。年九十一,寿终。

【注释】

①拳匪起衅:1900年2月,永平府卢龙县迷谷村人张鸿在首阳山洞山寺设坛传教。至五六月间,在各地设坛练拳,各县分别有团民数百人、一两千人不等。6月27日,义和团队伍攻入卢龙城内,焚毁天主教堂。

②强饭:努力加餐;勉强进食。

③袁大总统:袁世凯,字慰亭,号容庵,河南项城人。1895年,奉命在天津小站练兵,从此起家,成为北洋军队的首领。光绪二十三年,授直隶按察使。次年,升工部右侍郎。戊戌变法,告密有功,升山东巡抚。光绪二十七年任直隶总督兼北洋大臣。1911年武昌起义后,任内阁总理大臣。1912年,逼迫清帝溥仪退位,就任中华民国大总统。

④黄耇(gǒu):年老。亦指年老的人。

⑤李公兆周:李兆周,江苏淮阴县人。光绪末年,署宜山县知县、山西候补知县。民国五年前后任卢龙县知事。民国六年十月至八年十月任抚宁县知事。

王承泰,善医术,尤精外科。家本寒素,经其治愈者,概不索谢。凡枪伤断骨,虽命在呼吸,竟能起死回生。设有养病院,其中恒数十人。行医几五十年,全活者不可指计。且急公好义,左右二三十村,凡有争竞,一言剖决,罔有不服。民国十三年(1924年),卒。

武绍棠,邑诸生。性慷慨,急公好义。清光绪二十年(1894年),岁歉收。绍棠佐父煜庭每日施粥,直至秋成①而后已。二十六年(1900年),民教相仇,几酿大变。绍棠极力调和,舌焦唇敝,始得两造②相安于无事。及创立警务,尤为棘手。改革之初,人多不明真相,绍棠联合各村,筹械筹款,至三十三年(1907年)成立。且精岐黄术,自配丹药,按症施舍,遇瘟疫之年,全活者更众。此固一乡之善士也。

【注释】

①秋成:秋季庄稼成熟。

②两造:诉讼的双方,原告与被告。

史载德,字雨亭,居黄家庄。其先世业农,代有隐德。载德弟兄三人,载德其季也,幼承家法,耕读并务。生平重气节,每逢歉岁,左右村民量给钱米,且多假他人手,施惠而隐其名。民国元年(1912年),邻村董庄惨遭火灾,村众多枵腹露宿。载德见而悯之,施送柴米,并协济木料,俾从速补葺房屋,以便栖止。民国五年(1916年),七旬大庆,该董庄及本村公送以"欢洽闾阎"匾额。累年以来,兵匪为殃,水蝗互患,均施放赈粮,以恤灾困。其子炳堃,考入北京中央法政专门,以最优等毕业。民国十六年(1927年),充省政府秘书,旋推荐参佐。民国十八年(1929年),迁安县政府延聘佐理审判,载德之垂裕后昆^①亦可见也。卒年八十有三。

【注释】

①垂裕后昆:为后世子孙留下功业或财产。裕,富足。后昆,子孙,后代。

史钺,少失怙恃。及长,课农桑,讲林业,教子弟,以绍家声。数十年来,施医舍药,出于至诚。每遇凶年,择里中之贫乏者,周济钱米。前清末叶,其中表^①左忠第官晋,钺从之游,洁己奉公,捐金施济,沾其润者,视如慈父母。子可箴,考入北京中央法政专门学校法律本科,以最优等毕业,历充直隶督办公署一等军法官,高阳县承审员,大名道尹公署秘书等职,于民国十七年(1928年)寓津,执行律师职务。著有《法律问答》,已陆续在天津《益世报》登刊。钺之教子成名有如斯者。十八年(1929年)钺殁,可箴复捐资三百圆,购米二十石,在雷庄车站施放,所全活者计四十三家、一百五十余人口,受赐之李庆雨等特在天津《民报》登刊颂德,此固钺之遗教也。似此承先启后,重义轻财,洵不易易^②。

【注释】

①中表:古代称父系血统的亲戚为"内",称父系血统之外的亲戚为"外"(如:"外父"即为岳父,"外甥"即为姊妹之子)。外为表,内为中,合而称之"中表"。

②洵不易易:某件事做起来不那么容易。

张旭东,字晓岩,别号泰观,县城南六里淘金河庄人。清同治甲戌科(十三年,1874年)进士^①,(即)用知县。因重听^②告降,延为郡敬胜书院(长)[掌]院衡文^③,著有《三忍堂文稿》及《劝家格言》《族谱》等书。数年,忽奉文就职奉省昌图府儒学教授,兼理民词。到任后,力劝息讼,民有让耕之象焉。遇节寿馈遗,均辞却。及光绪九年(1883年),前丁内艰回籍,诸生赆奠各仪,暨奔送络绎于路,概不受。越数年,再任昌图,复旧职也,而实出诸生意料之外。公明决,好讼者不得尽其词。数年告职回籍,复应迁安文峰书院院(长)[掌]衡文之聘,后又延为郡城敬胜书院院长。为人品行公正,性质廉洁,和亲睦族,排难解纷,天下有达尊三^②,公兼备之矣。寿九十,无疾而终。

【注释】

①同治甲戌科进士:张旭东实为光绪二年(1876年)丙子恩科第三甲第九十七名进士。同年五月,经吏部掣签,授即用知县。《清德宗实录》:"光绪二年丙子五月辛卯朔。壬寅,引见新科进士。得旨:张旭东、杨澄鉴……李日章,俱著交吏部掣签,分发各省,以知县即用。"

②重听:听觉不灵敏,听觉迟钝,耳聋。

③衡文:品评文章。特指主持科举考试。

④达尊三:三达尊。天下有达尊三:爵一、齿一、德一。朝廷莫如爵,乡党莫如齿,辅世长民莫如德。

卢龙县志卷二十

名　宦

汉

李广，陇西成纪①人也。其先曰李信②，秦时为将，逐得燕太子丹③者也。广世世受射。孝文十四年(公元前166年)，匈奴大入萧关④，而广以良家子从军击胡，用善射，杀首虏多，为郎、骑常侍。文帝曰："惜广不逢时，令当高祖世，万户侯岂足道哉！"景帝即位，为骑郎将。吴、楚反⑤时，为骁骑都尉，从太尉(周)亚夫战昌邑下，显名。为上谷太守，数与匈奴战。典属国⑥公孙昆邪为上泣曰："李广材气，天下无双，自负其能，数与虏(确)〔战〕，恐亡之。"上乃徙广为上郡太守。后徙为陇西、北地、雁门、云中太守。武帝即位，左右言广名将也，由是入为未央卫尉。居无何，匈奴入辽西，杀太守，败韩将军⑦。韩将军后徙居右北平，死。于是上乃召拜广为右北平太守。广在郡，匈奴号曰"汉飞将军"，避之，数岁不入界。广出猎，见草中石，以为虎而射之，中石没(矢)〔镞〕，视之，石也。他日射之，终不能入矣。广为人长⑧，猿臂⑨，其善射亦天性，虽子孙他人学者莫能及。其射，见敌，非在数十步内，度不中不发，发即应弦而倒。用此，其将数困辱，及射猛兽，亦数为所伤云。元狩四年(公元前119年)，大将军、骠骑将军⑩大击匈奴，广数自请行。上以为老，不许；良久乃许之，(以为前将军)。大将军阴受上指，以为李广数奇⑪，毋令当单于，恐不得所欲。是时，公孙敖⑫新失侯，为中将军，大将军亦欲使敖与俱当单于，故徙广。广知之，固辞。大将军弗听，令长史封书⑬与广之莫府⑭，曰："急诣部，如书。"广不谢大将军而起行，意象愠怒⑮而就部，引兵与右将军(赵)食其⑯合军出东道。惑失道，后大将军。大将军与单于接战，单于遁走，弗能得而还。南绝莫⑰，乃遇两将军。广已见大将军，还入军。大将军使长史持糒醪⑱遗广，因问广、食其失道状，曰："青欲上书报天子失军曲折。"广未对。大将军、长史急责广之莫府上簿⑲。广曰："诸校尉亡罪，乃我自失道。(吾)〔于〕今自上簿。"至莫府，谓其麾下曰："广结发与匈奴大小七十余战，今幸从大将军出接单于兵，而大将军徙广部行回远，又迷失道，岂非天哉！且广年六十余，终不能复对刀笔之吏矣！"遂引刀自刭。百姓闻之，知与不知⑳，老壮皆为垂泣。(《汉书》)。

【注释】

①陇西成纪:陇西郡,治耿道(在今甘肃临洮)。成纪县,在今甘肃通渭县东。

②李信:字有成,槐里(今陕西咸阳兴平东)人,战国末期秦国名将。李广四世祖。荆轲刺杀秦王失败后,秦王政二十一年(前226年),李信率先抵达易水河畔,以轻骑突进大败燕太子丹,太子丹逃入燕都蓟城(故治在今北京市)。不久,王翦率大军抵达并攻克蓟城,燕王姬喜和太子丹退保辽东,李信率军追至衍水(今辽宁太子河),燕王喜派人斩杀太子丹,并将其首级献给秦国。秦王政二十五年(前222年),李信随王翦之子王贲攻取辽东,俘虏燕王喜,燕国灭亡。

③燕太子丹(? ~公元前226年):姬姓,名丹,燕王喜之子。秦王政二十年(前227年),燕国太子丹派刺客荆轲到咸阳,以献督亢(今河北涿州市东南以及高碑店市、定兴、固安等县一带)地图和叛将樊於期首级为名,刺杀秦王政,未遂,后被秦王所杀。秦王大怒,派王翦等攻打燕国。

④萧关:在今宁夏固原东南。六盘山山脉横亘于关中西北,为其西北屏障。

⑤吴、楚反:汉景帝三年(前154年)冬,汉景帝用御史大夫晁错《削藩策》,下诏削夺吴、楚等诸侯王的封地。吴王刘濞、楚王刘戊、赵王刘遂、济南王刘辟光、淄川王刘贤、胶西王刘昂、胶东王刘雄渠七国发动叛乱。汉景帝以周亚夫为太尉,率兵平叛。吴楚叛军攻打梁国(治今河南商丘),周亚夫屯兵于梁国以北的昌邑(在今山东巨野西南),趁机轻兵南下,断绝了叛军的粮道。吴军大乱,周亚夫大破吴、楚联军。吴王被东越刺死,楚王刘戊自杀而死。

⑥典属国:官名。掌管民族事务。

⑦韩将军:韩安国(? ~公元前127年),梁成安(今河南汝州)人,后迁居睢阳。西汉时梁孝王刘武幕下中大夫。汉武帝即位,任北地都尉。建元三年(前138年)改任大农令。建元六年(前135年),任御史大夫。元光六年(前129年),改任卫尉。卫青与匈奴激战,韩安国任材官将军,驻屯渔阳。一个月后,匈奴大举入侵,韩安国改驻屯右北平。数月后,元朔二年(前127年),失意呕血病死。

⑧为人长:身材高大,高个子。

⑨猿臂:喻臂长而灵活。

⑩大将军、骠骑将军:卫青,字仲卿,河东平阳(今山西临汾市)人。西汉名将,汉武帝第二任皇后卫子夫之弟。元光六年(前129年),匈奴入犯上谷(今河北省怀来县),卫青为车骑将军,大败匈奴。元朔二年(前127年),匈奴攻破辽西,杀死辽西太守,击败渔阳太守韩安国。卫青率大军收复河南地(今黄河河套地区)、高阙(今内蒙古杭锦后旗),被封为长平侯。元狩四年(前119年)春,卫青与霍去病各率领五万骑兵,出击匈奴。卫青出定襄,出塞一千多里,与匈奴单于主力交战,俘获和斩杀敌兵一万九千余人,汉武帝特加封卫青、霍去病为大司马。元封五年(前106年),卫青病逝。霍去病,河东平阳(今山

西临汾西南)人,大将军卫青的外甥。元狩二年(前 121 年),授骠骑将军,出击占据河西(今河西走廊及湟水流域)地区浑邪王、休屠王部,歼敌四万余人。元狩四年(前 119 年)春,霍去病出代郡,深入漠北,与匈奴左贤王部接战,歼敌七万余人。元狩六年(前 117 年),卒。

⑪数奇(jī):言命运不佳。古代占卜,以偶为吉,以奇为凶。

⑫公孙敖:北地郡义渠县人。建元二年(前 139 年)春,卫青三姐卫子夫被汉武帝选入宫中。建元三年(公元前 138 年),卫子夫怀孕,皇后陈阿娇的母亲馆陶公主派人捉住卫青,意图杀害。同僚公孙敖救下卫青。公孙敖初以骑郎身份侍奉汉武帝。元朔五年(前 124 年)春,公孙敖任校尉,随大将军卫青攻打匈奴,因战功受封合骑侯。元狩二年(前 121 年)夏,公孙敖任将军,与骠骑将军霍去病从北地郡(在今甘肃环县)出击匈奴。公孙敖在沙漠中迷路,霍去病孤军深入,抵达祁连山,歼灭匈奴三万多人。公孙敖因延误与霍去病约定的时间,废为庶人。元狩四年(前 119 年),公孙敖再任校尉,随大将军卫青攻打匈奴。

⑬长史封书:令长史起草文书。长史(zhǎng shǐ),最早设于汉代,当时丞相和将军幕府皆设有长史官,相当于现在的秘书长或幕僚长,将军下的长史亦可领军作战,称作将兵长史。

⑭莫府:即幕府。"莫",通假字,同"幕"。之幕府,到大将军卫青行军府。"之",到。

⑮意象愠怒:内心怒表露于外。愠,含怨。

⑯食其:赵食其(yi ji,前 162 年~?),役祤县(雍州同官县)人。以主爵为右将军,从大将军卫青出定襄,迷失道,当斩,赎为庶人。

⑰南绝莫:向南渡过沙漠。绝,横渡。"莫",通"漠"。

⑱糒醪(bèiláo):干饭、浊酒。遗(wèi),送给。

⑲上簿:申状受审。

⑳知与不知:熟悉与不熟悉。

路博德,西河①(《史记》无"西河"字)平州人。以右北平太守属骠骑将军②。会兴城,不失期,从至梼余山③,斩首捕虏二千八百级,封博德为邳(《史记》作"符")离侯。骠骑死后,博德以卫尉为伏波将军④,伐破南越⑤,益封。其后坐法失侯。为(疆)[强]弩都尉⑥,屯居延⑦,卒。(《汉书》)。

【注释】

①路博德西河:旧志误为"路博德西河,平州人",实为"路博德,西河平州人"。汉武帝元朔四年(前 125 年),分上郡北部置西河郡,治所在富昌县(今内蒙古杭锦旗霍洛柴登古城),东汉永和五年(140 年)移治平定县(在今山西吕梁市离石区)。汉武帝元狩四年(前 119 年),路博德跟随霍去病北征匈奴,立下战功,官拜邳离侯。元鼎五年(前 112 年),南越国丞相吕嘉发动叛乱,杀害汉朝使节和南越王赵兴及王太后。汉武帝派伏波将

军路博德、楼船将军杨仆等领兵十万进击岭南,会师番禺(今广东广州市),于元鼎六年(前111年)冬,平定叛乱,后将其属地岭南、交趾和海南诸地分置九郡。

②骠骑将军:霍去病。

③梼余山:今蒙古国东南部,燕然山(今杭爱山)南麓。

④伏波将军:古代将军的封号,意为降伏波涛。东汉光武帝时,马援亦封为伏波将军。《史记·南越列传》:"元鼎五年秋,卫尉路博德为伏波将军。"

⑤南越:南越国,西汉时期岭南地区(今广东、广西、云南地区和越南北部地区)的一个诸侯国,国都位于番禺(今广州市)。秦朝将亡,南海郡尉赵佗起兵兼并桂林郡和象郡,于约前203年建立南越国。前196年,赵佗向汉高祖刘邦称臣。约前183年,赵佗开始称帝。前179年,赵佗再次向汉文帝称臣。前113年,南越国第四代君主赵兴因向西汉请求"内属",丞相吕嘉杀死赵兴,立其兄赵建德为新君主。前112年,汉武帝出兵征讨,次年南越国灭亡。

⑥(疆)[强]弩都尉:汉武帝时将军封号。"强"繁体字为"彊",与"疆"字相近,故误。

⑦居延:居延城,故址在今内蒙古额济纳旗东南约17公里处。西汉太初三年(公元前102)强弩将军路博德筑居延塞,称"遮虏障"。

后汉

赵苞,字威豪,甘陵东武城①人。初仕州郡,举孝廉②,再迁广陵令。视事三年,政教清明,郡表其状,迁辽西太守。抗厉威严,名振边俗。以到官明年③,遣使迎母及妻子,垂④当(道)[到]郡,道经柳城⑤。值鲜卑⑥万余人入塞寇钞⑦,苞母及妻子遂为所劫质,载以击郡。苞率步骑二万,与贼对阵。贼出母以示苞,苞悲号,谓母曰:"为子无状,欲以微禄奉养朝夕,不图为母作祸。昔为母子,今为王臣,义不得顾私恩、毁忠节,惟当万死,无以塞(贼)[罪]。"母遥谓曰:"威豪,人各有命,何得相顾,以亏忠义!昔王陵⑧母对汉使伏剑,以固其志,尔其勉之。"苞即时进战,贼悉摧破,其母、妻皆为所害。苞殡敛母毕,自上归葬。灵帝遣策吊慰,封鄃侯。苞葬讫,谓乡人曰:"食禄而避难,非忠也;杀母以全义,非孝也。如是,有何面目立于天(地)[下]!"遂呕血而死。(《后汉书》)。

【注释】

①甘陵东武城:今山东武城西。

②举孝廉:汉朝的一种由下向上推选人才为官的制度,孝廉是察举制的主要科目之一。孝廉,即孝子廉吏。举孝察廉原为察举二科,汉武帝元光元年初令郡国举孝廉各一人,即举孝举廉各一人。

③到官明年:熹平五年(176年)。熹平四年(175年),辽西太守赵苞到任。

④垂:接近,快要。

⑤柳城:西汉时置柳城县,治所在柳城(在今辽宁省朝阳县十二台乡袁台子村),属辽西郡。东汉末,黄初元年(220年)废。

⑥鲜卑:东胡余种。西汉初期,东胡被匈奴击败后,鲜卑退保鲜卑山,世属匈奴奴役。汉武帝时期,击败匈奴,鲜卑南下到乌桓故地饶乐水(今内蒙古西拉木伦河)流域。

⑦寇钞:劫掠。

⑧王陵:汉初名臣。沛县豪杰,汉高祖刘邦好友。刘邦起兵,攻陷咸阳,王陵集合数千兵,占据南阳,不欲跟随刘邦。楚汉相争时,王陵以兵属汉王,项羽劫持王陵母,企图招降王陵。王陵的母亲对使者说:"愿为老妾语陵,善事汉王。汉王长者,毋以老妾故持二心,妾以死送使者。"王陵母拔剑自刎。王陵最终归顺刘邦。高祖六年(前201年)八月,封为安国侯。汉惠帝六年,封为右丞相。

唐

张仲武,范阳①人也。仲武少业《左氏春秋》,掷笔为蓟北雄武军②使。会昌初,陈行泰③杀节度使史元忠,权主留后。俄而,行泰又为次将张绛所杀,令三军上表,请降符节。时仲武遣军吏吴仲舒表请以本军伐叛。上遣宰臣询其事,仲舒曰:"绛与行泰,皆是游客,主军人心不附。仲武是军中旧将张光朝之子,年五十余,兼晓儒书,老于戎事。性抱忠义,愿归心阙廷。"李德裕④因奏:"陈行泰、张绛皆令大将上奏,邀求节旄,所以必不可与。今仲武上表布诚,先陈密款,因而拔用,即似有名。"许之,乃授兵马留后⑤,诏抚王纮遥领节度。寻改仲武节度副大使、知节度事,检校工部尚书⑥、幽州大都督府长史,兼御史大夫、兰陵郡王。俄而回鹘⑦扰边。时回鹘有(持)[特]勒⑧那颉啜拥赤心宰相一族七千帐,东逼渔阳⑨。仲武遣其弟仲至与裨将游奉(最)[寰]、王如清等,率锐兵三万人大破之。前后收其侯王贵族千余人,降三万人,获牛马、橐驼、旗纛、罽幕不可胜计。遣从事李周瞳、牙门将国从玘相次献捷。诏加检校兵部尚书,兼东面招抚回鹘使。先是,奚、契丹皆有回鹘监护使,督以岁贡,且为汉(谋)[谍]。至是,遣裨将石公绪等谕意两部,凡戮八百余人⑩。又回鹘初遣宣门将军等四十七人,诡词结欢,潜伺边(隙)[隙]。仲武使密赂其下,尽得阴谋。且欲驰入五原⑪,驱掠杂虏。遂逗留其使,缓彼师期。人马病死,竟不遣之。回鹘乌介可汗⑫既败,不敢(进)[近]边,乃依康居⑬求活,尽徙余(粮)[种],寄托黑车子部⑭。仲武由是威加北狄,表请于蓟北立《纪圣功铭》⑮,敕李德裕为之文。其铭曰:

(太)[大]和之初,赤气宵兴;开成之末,彤云暮凝。异鸟南来,胡灭之征;北夷飙扫,厥国土崩。逼迫迁徙,震我边鄙;长蛇去穴,奔鲸失水。上都蓟门,兵连千里;曾不畏天,独为骄子。丐我边谷,邀我王师;假我一城,建彼幡旗。归计强汉,郅支嫚辞;狼顾朔野,伏莽见赢。雁门之北,羌戎杂处;溅溅群羊,茫茫大卤。纵其枭骑,惊我牧圉;暴若豺狼,疾如风雨。皇赫斯怒,羽檄征兵;谋而泉默,断乃霆声。沉机变化,动合神明;沙漠之外,虏无隐情。渔阳突骑,燕歌壮气;赳赳元戎,眈眈虎视。金鼓誓众,干旄蔽地。爰命其弟,属之大事。翩翩飞将,董我三军;禀兄之制,代帅之勤。威略火烈,胡马星分;戈回白日,剑薄浮云。天街之北,旄头已落;绝辔之野,蚩尤未缚。俾我元侯,恢宏[弘]远略;终取单于,系之徽索。阴山寝锋,亭徼弢弓;万里昆夷,九译而通。蛮夷既同,天子之功;儒臣篆美,刊石垂鸿。

仲武,历官至检校司徒、中书门下平章事。大中年,卒,谥曰庄。子直方,以幽州节度副使袭父位。(《旧唐书·列传》)。

【注释】

①范阳:唐幽州范阳郡,本涿郡,天宝元年(742年)改置。治蓟县(今北京市城西南)。又为方镇名,本为幽州节度使,天宝元年亦改为范阳。宝应元年(762年)改幽州节度使,并兼卢龙节度使。

②雄武军:故址在今天津市蓟州区北黄崖关。唐天宝六载(747年),安禄山筑城,其后置军使于此。明王祎《大事记续编》:"《新史·地志》:雄武军在蓟州故广汉川也。"清英廉《钦定日下旧闻考》:"广汉川,俗名黄崖川。《蓟州志》:原洵水,在州北四十里,一名广汉川。发源黄崖口。雄武城,故广汉川也。《唐书·志》注:臣等谨按:雄武城,今仅存遗址。原安禄山筑垒范阳城北,号雄武城,峙兵积谷。"清道光《蓟州志》:"洵水,源出塞外,在黄崖川(即广汉川)。"《唐书·地理志》:"蓟州有雄武军"。会昌二年,回鹘部将丹颉啜南趣雄武军窥幽州,节度使张仲武遣军败之。

③陈行泰:唐代卢龙镇牙将。会昌元年(841)九月,卢龙军乱,陈行泰发动兵变,杀死节度使史元忠,但众心不服,时隔仅一月,即被牙将张绛诛杀。唐文宗大和八年(834年)冬,史元忠任卢龙兵马使,卢龙军乱,卢龙节度使杨志诚被处死,唐文宗任史元忠为留后。大和九年(835年),任节度使。明王祎《大事记续编》:"唐武宗皇帝会昌元年(841年)九月癸巳,卢龙军将陈行泰杀史元忠,自称知留务。闰月,军将张绛杀行泰,自称主军务。雄武军使张仲武请讨绛。冬十月以为留后。"

④李德裕:字文饶,唐代赵郡赞皇(今河北赞皇)人,中书侍郎李吉甫次子。唐文宗太和六年(832年),授兵部尚书。太和七年(833年)二月,拜相,加授同平章事,进封赞皇县伯,食邑七百户。六月任中书侍郎、集贤殿大学士。开成五年(839年),唐武宗继位,将李德裕从淮南召回朝廷,拜为宰相,授其为门下侍郎、同中书门下平章事。

⑤兵马留后:官名。唐代中后期,节度使临死或有特殊事故时,往往以子弟或亲信将吏代行其职务,称"节度留后"。也有掌权之将领于节度使出缺时自称"观察留后""兵马留后"者,事后多由朝廷予以追认。

⑥检校工部尚书:以工部尚书的身份代领某某地节度使。唐中前期,加"检校"官职虽非正式拜授,但有权行使该是事职,相当于"代理"官职。

⑦回鹘:又作"回纥",中国古代少数民族,分布于我国新疆、内蒙古、甘肃,蒙古国以及中亚的一些地区。788年改称回鹘。会昌元年(841年)八月,回纥嗢没斯部到天德军

(今内蒙古乌拉特前旗东北)请求内附。唐武宗采纳宰相李德裕建议,赐给嗢没斯部粮食二万斛。会昌二年(842年),回纥乌介可汗要求唐朝执送嗢没斯,并索要粮食、牛羊,又提出借取天德城。朝廷不许,乌介可汗率军越过杷头峰(今内蒙古包头附近),进犯大同、云州等地。唐武宗遂征调许州、蔡州、汴州、滑州等六镇兵马,任命振武节度使刘沔(振武军在今内蒙古和林格尔北)为回纥南面招讨使,张仲武为东面招讨使,李思忠(即嗢没斯)为西南面招讨使,征讨乌介可汗,刘沔牙将石雄率三千骑兵夜袭乌介可汗牙帐。乌介可汗身受重伤,仓皇而逃。刘沔率大军随后赶到,在杀胡山大破回纥军。《新唐书·回鹘传》:"其相赤心与王子嗢没斯、特勒那颉啜将其部欲自归。又大臣颉干伽思等表假振武居公主、可汗。帝乃诏右金吾卫大将军王会持节慰抚其众,输粮二万斛,不许借振武。""明年,回鹘奉主至漠南,入云、朔,剽横水,杀掠甚众,转侧天德、振武间,盗畜牧自如。乃召诸道兵合讨。嗢没斯以赤心奸桀,难得要领,即密约天德戍将田牟(天德都防御使),诱赤心斩帐下。那颉啜收赤心众七千帐东走振武、大同,因室韦、黑沙南窥幽州,节度使张仲武破之,悉得其众。那颉啜走,乌介执而杀之。"《资治通鉴·文宗元圣昭献孝皇帝下》:"会昌二年春正月,以张仲武为卢龙节度使。朝廷以回鹘屯天德、振武北境,以兵部郎中李拭为巡边使,察将帅能否。三月,戊申,李拭巡边还,称振武节度使刘沔有威略,可任大事。回鹘嗢没斯以赤心桀黠难知,先告田牟云,赤心谋犯塞。乃诱赤心并仆固杀之,那颉啜收赤心之众七千帐东走。五月,戊申,遣鸿胪卿张贾安抚嗢没斯等,以嗢没斯为左金吾大将军、怀化郡王。那颉啜帅其众自振武、大同,东因室韦、黑沙,南趣雄武军,窥幽州。卢龙节度使张仲武遣其弟仲至将兵三万迎击,大破之,斩首捕虏不可胜计,悉收降其七千帐,分配诸道。那颉啜走,乌介可汗获而杀之。"

⑧(持)[特]勒:突厥三大显爵之一,地位仅在叶护、设之下。《周书·突厥传》谓:"大官有叶护,次设,次特勒。"《新唐书》谓称"特勒"为可汗子弟的称呼。

⑨渔阳:秦置渔阳县,在今北京市密云区西南。隋末改无终县为渔阳,在今天津蓟州区。

⑩八百余人:《资治通鉴·唐纪·武宗至道昭肃孝皇帝上》:"会昌二年壬戌(842年)九月,以刘沔兼招换回鹘使,以张仲武为东面招抚回鹘使,以李思忠为河西党项都将回鹘西南面招讨使,皆会军于太原。令沔屯雁门关。初,奚、契丹羁属回鹘,各有监使,岁督其贡赋,且词唐事。张仲武遣牙将石公绪统二部,尽杀回鹘监使等八百余人。仲武破那颉啜,得室韦酋长妻子。"

⑪五原:汉武帝元朔二年(前127年)置五原郡,郡治在九原县(在今内蒙古包头市九原区麻池镇西北)。唐置丰州、天德军。

⑫乌介可汗(?~846):碘跌氏,名乌希特勒,昭礼可汗葛萨特勒之弟,彰信可汗胡特勒之叔。回鹘汗国第十四任可汗。840年,阖馺特勒被所属部黠戛斯击败,可汗和掘罗勿被杀。昭礼可汗之弟乌希特勒被拥立为乌介可汗,率部南迁至唐朝天德军(今内蒙古五

原）、振武军（今内蒙古托克托）北，常常掠夺唐朝边境。843 年，唐武宗和宰相李德裕派天德军使石雄击败回鹘，迎回太和公主，乌介可汗北逃。846 年，为宰相隐逸啜所杀。

⑬康居：西域古国名。在安息东北方、大月氏北方，东界乌孙，西达奄蔡，南接大月氏，东南临大宛，约在今哈萨克斯坦巴尔喀什湖和咸海之间，王都卑阗城（巴尔喀什湖西南锡尔河北岸突厥斯坦）。

⑭黑车子部：黑车子，又名黑沙，在契丹北，在沙漠之中，犹去汉界一千余里。五代后晋胡峤《陷虏记》："（契丹）又北黑车子善作车帐，其人知孝义，地贫无所产云。契丹之先常役回纥，后背之，走黑车子，始学作车帐。"

⑮《纪圣功铭》：全称《幽州纪圣功碑铭（并序）》，宰相李德裕撰，见《全唐文》卷七百十一李德裕（十六）。

贾循，京兆华原人。有大略。礼部尚书苏颋①尝谓今颇、牧②。及为益州，表署列将，败吐蕃③于西山④。三迁静塞军营田使⑤。张守珪⑥北伐，次滦河，属冻泮，欲济无梁。循揣广狭为桥以济，破虏而还。以功擢游击将军、榆关守捉使⑦。地南负海，北属长城，林（垠）［垠］岑嶭⑧，寇所蔽伏。循调士斩木开道，贼遁去。范阳节度使李适之荐为安东副大都护。安禄山兼平卢节度，表为副。禄山反，使循守幽州，杲卿⑨招之，以倾贼巢穴，循许可。为向润客等发其谋，贼缢之。建中二年（781 年），赠太尉，谥曰忠。（《新唐书·忠义传》）。

【注释】

①苏颋：字廷硕，京兆武功人。进士，开元四年（716 年）累官至紫微侍郎、同紫微黄门平章事（宰相）。开元八年（720 年），罢为礼部尚书。不久出任益州大都督府长史，按察节度剑南各州。

②颇、牧：战国时赵国名将廉颇与李牧的并称。

③吐蕃(tǔ bō)：古代青藏高原的藏族王朝。

④西山：在今四川大金川流域阿坝州金川县和甘孜州丹巴县。西山八国，包括哥邻国、白狗国、逋租国、南水国、弱水国、悉董国、清远国、咄霸国。

⑤静塞军营田使：静塞军，属范阳节度使，在蓟州城（今天津市蓟州区）内，管兵万六千人，马五百匹。营田使，掌管屯田诸事宜，唐玄宗时始置，后多由节度使兼领。

⑥张守珪：字元宝，唐代陕州河北（今山西平陆）人。开元十五年（727 年）为瓜州刺史，兼墨离军使。因功加封银青光禄大夫、宣威将军、左领卫率。加瓜州都督府都督。开元十六年（728 年），被封为右羽林将军，兼鄯州都督、持节陇右经略节度使。开元二十一年（733 年），移镇幽州，迁任幽州节度使。诏兼御史中丞，营州都督，河北节度副大使及河北采访处置使。开元二十三年（735 年）被封为辅国大将军，右羽林大将军兼御史大夫。

⑦榆关守捉使：《旧唐书·地理志》："榆关守捉，在营州城西四百八十里，管兵三百

人，马百四。"守捉城在今秦皇岛市抚宁区榆关镇。

⑧林（垠）[垠]岑嶔（làngcén yì）：形容森林广袤，林木茂密。垠，广，旷远；岑嶔，形容林木茂密。

⑨杲（gǎo）卿：颜杲卿，字昕，唐朝京兆万年人。初任范阳户曹参军。天宝十四年（755年），摄常山太守。同年十一月，河北、河东采访使安禄山在范阳起兵反唐。十二月十二日攻陷东都洛阳。颜杲卿设计杀安禄山部将李钦凑，擒高邈、何千年。天宝十五年（756年），安禄山叛军围攻常山，其子颜季明被杀。不久城为史思明所破，颜杲卿被押到洛阳，处死。

张允伸，字逢昌，范阳人也。曾祖秀，檀州刺史。祖岩，纳降军使。父朝掖，赠太尉。允伸世仕幽州军门，累职至押衙①，兼马（部）[步]都知兵马使②。大中四年（850年），戎帅周綝寝疾，表允伸为留后。朝廷可其奏，加右散骑常侍。其年冬，诏赐旌节，迁检校工部尚书。咸通九年（868年），累加至光禄大夫、检校司徒、兼太傅、同中书门下平章事、燕国公。十年（879年），徐人作乱①，请以弟允皋领兵伐叛，懿宗不允。进助军米五十万石，盐二万石。诏嘉之，赐以锦彩、玉带、金银器等。冬，又加特进兼侍中。十二年（871年），以风恙拜章请就医药，诏许之。以子简会检校工部尚书，充节度副大使。十三年（872年），允伸再上表进纳所赐旌节，朝命未至。其年正月二十五日卒，年八十八。（册）[再]赠太尉，谥曰忠烈。允伸领镇凡二十三年，克勤克俭，比岁丰登。边鄙无虞④，军民用乂⑤。至今谈者美之。（《旧唐书·列传》）。

【注释】

①押衙：古时对吏目的尊称。吏目为中国古代文官官职名，掌文书。

②都知兵马使：节度使属下的官职，属于武职，掌管兵马。

③徐人作乱：唐懿宗咸通三年（862年），南诏（西洱河地区居住着六诏，其中蒙舍诏势力最强。649年，蒙舍诏首领细奴逻建号大蒙国）侵占交趾（今越南北部，唐朝藩属国），唐朝派徐州、泗州兵二千人赴援，以八百人戍守桂州。咸通九年（868年）七月，戍卒思归心切，在桂州哗变，杀都头王仲甫，推桂州戍军粮料判官庞勋为首领，由桂林回到徐州。咸通十年（869年）唐朝廷派康承训、王宴权、戴可师等二十万前往镇压。戴可师率三万羽林军恃勇轻进，占领都梁城（在今江苏盱眙东南），庞勋军半夜悄悄撤出。第二天，天降大雾，濠州王弘立引兵数万大军重新杀入，三万官军全军覆没，戴可师死于乱军之中。咸通十年（869年）九月，庞勋自徐州引兵西撤，唐军以八万之众紧追不舍，庞勋退至蕲县（今安徽宿县南）渡河，为康承训等人所击杀。

④无虞：没有忧患，太平无事。

⑤乂（yì）：治理，安定。

田仁会，雍州长安人。永徽中①，为平州刺史。岁旱，自暴②以祈，而雨大至，谷遂登③。人歌曰："父母育我兮田使君，挺精诚兮上天闻。中田致雨兮山出云，仓廪实兮礼义申。愿君常在兮不患贫。"(又)[五]迁胜州都督。境有夙贼,仁会发骑捕格,夷之。城门夜开,道无寇迹。(《新唐书·列传》)。

案:《旧唐书·列传》云:永徽二年(651年),授平州刺史。劝学务农,称为善政。转郢州刺史。属时旱,自暴祈祷,竟获甘泽。其年大熟,百姓歌曰:"父母育我田使君,精诚为人上天闻。田中致雨山出云,仓廪既实礼义申。但愿常在不患贫。"与此少异。

【注释】

①永徽中:《旧唐书》为"永徽二年"(651年)。

②自暴:自虐,自己糟蹋自己。暴,糟蹋,损害。

③谷遂登:粮食丰收。谷,粮食。登,丰收,庄稼成熟。

辽

韩德枢,幽州安次人。延徽①子。年甫十五,太宗②见之,谓延徽曰:"是儿卿家之福,朕国之宝,真英物也!"未冠,守左羽林大将军,迁特进太尉。时汉人降与转徙者,多寓东平③。丁④岁(菑)[灾],饥馑疾疬。德枢请往抚字⑤之,授辽兴军节度使。下车,整纷剔蠹⑥,恩煦信孚,劝农桑,兴教化,期月⑦民获苏息。入为南院宣徽使,遥授天兴军节度使,平、滦、营州管内观察处置等使、门下平章事。已而,加开府仪同三司、行侍中,封赵国公。保宁元年(969年),卒。孙资让,寿隆初拜中书侍郎、平章事。会宋徽宗嗣位,遣使来报,有司按籍,有"登宝位"⑧文,坐是⑨出为崇义军⑩节度使,改镇辽兴,卒。(《辽史》)。

【注释】

①延徽:韩延徽,幽州卢龙节度使刘仁恭召为幽都府文学、平州录事参军,又授幽州观察度支使。天祐四年(907年),刘守光囚禁父亲刘仁恭,自立为卢龙节度使,派韩延徽出使辽国,被辽太祖耶律阿保机扣押,后任守政事令、崇文馆大学士。天赞四年,从征渤海,以功拜左仆射。太宗朝,封鲁国公。世宗朝,迁南府宰相。

②太宗:辽太宗耶律德光。

③东平:东平郡,郡治在今辽宁辽阳市白塔区。辽神册三年(公元918年),辽太祖耶律阿保机攻占辽城州(今辽阳市老城区)。翌年(919)改为东平郡,置防御使。

④丁:当,遭逢。

⑤抚字:谓对百姓的安抚体恤。

⑥整纷剔蠹:谓整治纷乱,清除弊害。

⑦期月:整月。

⑧登宝位:皇帝登基。宋真宗景德元年(1004年)秋,辽萧太后(萧绰,小字燕燕,辽圣宗母)与辽圣宗亲率大军南下,深入宋境。宋真宗在宰相寇准的极力劝说下至澶州督战,宋军坚守城池,又在澶州城下射杀辽南京统军使萧挞凛。战争陷于僵持状态,辽国怕处于腹背受敌状态,于十二月间(1005年1月),宋辽订立和约,规定宋朝每年送给辽国岁

币银 10 万两、绢 20 万匹。史称"澶渊之盟"。宋朝皇帝向辽国皇帝称"侄"。因辽国不承认宋朝皇帝,故文书中有宋朝皇帝"登宝位",触犯了辽国的忌讳。

⑨坐是:因是之故,因此,因为这件事。坐,因为,由于。

⑩崇义军:在中京道宜州(今辽宁义县境内)。辽圣宗统和八年(990 年)设崇义军节度使。《辽史·地理志》:"宜州,崇义军,上,节度。"

耶律哈尔吉(原作"合里只"),字特们(原作"特满"),六院额尔奇木(原作"夷离毕")巴古济(原作"蒲古只")之后。清宁初,起为怀化军①节度使。七年(1061 年),入为北院大王②,封豳国公。历辽兴军节度使、东北路详滚③(原作"详稳"),加兼侍中。致仕,卒。哈尔吉明达勤恪,怀柔有道。置诸宾馆及西边营田,皆自哈尔吉发之。(《辽史》)。

【注释】

①怀化军:在今朝鲜平壤西北。契丹灭渤海国后,置东丹国,以辽国太子耶律倍为人皇王。在官廷斗争中,耶律德光夺取皇位,耶律倍逃往后唐,后唐明宗李嗣源改东丹国瑞州为怀化军,以耶律倍为节度使。

②北院大王:辽官署名。掌契丹五院部兵马。辽太祖分契丹迭剌部为五院部与六院部,各部设有夷离董或大人。会同元年(938 年),辽太宗改两部夷离董为两大王,称北院大王与南院大王。北院大王官署称北大王院,下设有知北院大王事、北院太师、北院太保、北院司徒、北院司空等。《辽史·道宗本纪》:"咸雍七年秋七月甲申朔,以东北路详稳合里只为南院大王。"

③详滚:详稳,辽国官名。为汉语"将军"的契丹语转译。

耶律玦,字乌展(原作"吾展"),约尼(原作"遥辇")森济汗(原作"鲜质可汗"①)之后。重熙初,召修国史,补符宝郎②,累迁知北院副都(部)署事③。入见太后,后顾左右曰:"先皇谓玦必为伟人。"果然,除枢密副使④,出为西南面招讨都监⑤,历同签南京留守事⑥、南面林牙⑦。皇弟秦国王⑧为辽兴军节度使,以玦同知使事,多所匡正。十年(1041 年),复为枢密副使。咸雍初,兼北院副都(部)署。及秦国王为西京留守,请玦为佐,从之。岁中狱空者三。(《辽史》)。

【注释】

①鲜质可汗:契丹遥辇氏第五任可汗,其在位时间大约相当于唐宪宗。辽国建立后,鲜质可汗的子孙为遥辇九帐之一。清乾隆四十七年《钦定辽金元三史国语解》,对辽金元史中地名、人名、官名等进行了更改。

②符宝郎:官名。唐改符玺郎为符宝郎。辽沿置,属门下省符宝司。掌宝玺,并掌金银等牌。

③知北院副(都)[部]署事:《辽史·百官志》:"辽国官制,分北、南院,北面治官帐、部族、属国之政;南面治汉人州县、租赋、军马之事。""契丹北枢密院,掌兵机、武铨、群牧之政,凡契丹军马皆属焉。以其牙帐居大内帐殿之北,故名北院。"北院都部署司,设北院

都部署、北院副部署等官，掌北院部族军民之事。

④枢密副使：辽代置北枢密院、南枢密院及汉人枢密院等三院，北枢密院相当于兵部，南枢密院相当于吏部。设北枢密使（契丹枢密使）和南枢密使（汉人枢密使），分主"蕃事"和"汉事"，执掌军政大权。枢密副使为枢密使的佐官。

⑤西南面招讨都监：辽代设在边疆多民族地区的边防军政机构称招讨司或统军司（契丹语称详稳司）。西南路招讨司，负责辽夏及本路的辽宋边防，镇遏党项、吐谷浑、突厥等属部。辽代"纠军"中设都监，掌部署约束营伍，位次于详稳而高于将军。

⑥同签南京留守事：辽代有五京。太宗天显三年升东平郡为南京，治辽阳。十三年以幽州为南京，治析津。南京置南京留守司，设南京留守兼行京城府尹之事。此外，还设有某京副留守、知某京留守事、某府少尹、同知某京留守事、同签某京留守事、某京留守判官、某京留守推官。

⑦南面林牙：辽世宗时，建"政事省"，主管汉人事务。辽兴宗时，又改政事省为中书省。南枢密院是综理汉人军政的最高官衙。南面官中没有翰林院掌管汉文文书。官员有总知翰林院事、翰林学士、翰林学士承旨等名目。契丹人任职者称为南面林牙。林牙，辽朝官名。北面行军官有行枢密院，为枢密院的派出机构。辽北面官有北面都林牙、北面林牙承旨、北面林牙、左林牙、右林牙，为掌理文翰之官。

⑧皇弟秦国王：一说耶律马六，字扬隐，孟父楚国王之后。重熙初，迁旗鼓拽剌详稳。三年，迁崇德宫使，拜北院宣徽使，宠遇过宰辅，帝常以兄呼之。改辽兴军节度使。一说耶律阿琏，字讹里本，辽兴宗第三子。重熙十七年（1048 年），被封为许王。清宁初年，改封陈王、秦王，进封秦越国王。清宁年间，出任辽兴军节度使。咸雍年间，历任西京、上京留守。大安三年（1087 年）七月，从皇帝车驾秋猎，得病而死。追封秦魏国王。民国吴廷燮《辽方镇年表·辽兴军节度使》："重熙九年，耶律马六。《本传》：拜宣徽北院使，改辽兴军节度使。《本纪》：重熙七年十二月，耶律马六，北院宣徽使。""清宁二年，秦国王阿琏。《本纪》：十一月，徙封陈国王阿琏为秦国王。《皇子表》：阿琏，清宁中出为辽兴军节度使。"时任辽兴军节度使当为耶律玦，但《辽史·耶律玦传》记载有误，耶律玦未任过秦国王。耶律阿琏任辽兴军节度使时间较晚。

姚景行，始名景禧。祖汉英，本周将。应历初，来聘，用敌国礼。帝怒，留之，隶汉人宫分①。及景行既贵，始出籍贯兴中县②。景行博学。重熙五年（1036 年），擢进士乙科。（咸雍元年，出为武定军节度使。明年，驿召拜南院枢密使。丁家艰，起复，兼中书令。）上问古今儒（事）［士］优劣，占对称旨③，知兴中府④，改朔方军⑤节度使。太康初，徙镇辽兴。以上京多滞狱，命为留守。不数月，以狱空闻。（《辽史》）。

【注释】

①汉人宫分：辽代实行军民合一的军政体制。辽军分为皮室军（皮室，契丹语，"金刚"之意）、宫分军。辽中期以来，皮室军长期屯戍地方，宫分军则主要宿卫行宫，只以部

分军队承担戍边任务。宫分军征集自诸宫分（斡鲁朵，汉译宫帐、御帐、牙帐、行宫）。斡鲁朵民户分正户和蕃汉转户两种。宫分户，有契丹人，奚人，汉人，还有渤海人。宫分军按不同的宫分编制，每宫自成一军。各宫分设官置府，"各有民户，出兵马"。

②兴中县：辽重熙十年（1041年），改霸城县为兴中县，均属中京道。在今辽宁朝阳市朝阳县一带。

③占对称旨：回答令皇帝满意。占对，应对，对答。称旨，符合上意。

④兴中府：辽兴宗重熙十年（1041年）升霸州为兴中府。府治兴中县。

⑤朔方军：唐开元中置，治灵州，在今甘肃灵武县西南，统经略等军、三受降等城六。新泉守捉一，在甘肃灵武县以北及内蒙古西南部之地。

金

张元［玄］素，字子贞，辽阳渤海①人。天眷元年（1138年），以静江军②节度使知涿州，察廉最③，进官一阶。皇子魏王道济遥领中京④，以元［玄］素为魏王府同提点⑤。寻改镇西军⑥节度使，迁东京路都转运使⑦，改兴平军节度使⑧。正隆末年，天下盗起，元［玄］素（牧）［发］民夫增筑城郭，同僚谏止之，不听。未几，寇掠邻郡，皆无备，而兴平独安。年八十四，卒。元［玄］素厚而刚毅，人畏惮之。往往以片纸署字其上，治疟疾辄愈，人皆异之。（《金史》）。

【注释】

①渤海：渤海国，古代东亚地区一个以靺鞨族为主体的政权，辖域范围在今中国东北地区、朝鲜半岛东北和俄罗斯远东部分地区。762年唐朝所封，926年为契丹所灭。原渤海国人称渤海人。辽太祖灭渤海国后，在辽阳设东平郡。辽太宗升东平为南京，会同元年（938年）改名东京。

②静江军：唐光化三年（900年）在广西桂林置桂州静江军，属静江节度。辽代"静江军节度使"管辖地不在辽国境之内，属于"遥设，遥授"的虚职，享受"军节度使"三品武官的待遇。

③察廉最：政绩突出。古代考核官吏政绩时，以上等为最。

④中京：辽圣宗统和二十五年（1007年）置，在今内蒙古赤峰市宁城县天义镇铁匠营子乡和大明镇之间的老哈河北岸。原为奚族人所居，为奚王府所在地。辽天祚帝保大二年（1122年）正月被金人攻克。完颜道济，金熙宗完颜亶次子。皇统三年（1143年），任中京留守，以直学士完颜阿懒为都提点，张玄素为同提点，辅佐完颜道济。不久被封为魏王，皇统四年（1144年）八月被金熙宗杀死。

⑤提点：金代设近侍局，属殿前都点检司。掌侍从，承奉敕令，转进奏贴。有提点、使、副使等官。同提点，为提点佐官。

⑥镇西军：金代置，在今内蒙古呼和浩特市清水河县西南50公里黄河北岸下城

湾村。

⑦都转运使：唐代以后各王朝主管运输事务的官职。金代于各路设都转运司，以都转运使领之，掌管征解钱谷、仓库出纳、权衡度量等事务。

⑧兴平军：辽天赞二年，契丹大元帅尧骨（耶律德光）攻取平州（州治今卢龙县城），置辽兴军节度使，属中都路。金天辅七年（1123 年），以平州为南京。天会四年（1126 年），复为平州，置兴平军节度使。

通吉思忠①，本名迁嘉努（原作"千家奴"）。明昌六年（1195 年），为行省都事②，累迁同签枢密院事。承安三年（1198 年），除兴平军节使，改西北路招讨使③。初，大定间修筑西北屯戍，西（至）[自]塔木色④，东至呼尔根⑤，几六百里。中间堡障工役促迫，虽有墙隍，无女墙副堤。思忠增缮，用工七十五万，止用屯戍军卒，役不及民。上嘉其劳，赐诏奖谕曰："直乾之维，（搹）[扼]（边）之要。正资守备，以靖翰藩。垣垒弗完，营屯未固。卿督兹事，役惟用戍兵，民不知劳。时非淹久，已臻休毕，仍底工坚。赖尔忠勤。办兹心画，有嘉乃力，式副予怀。"赐银五百两，重币⑥十端。（《金史》）。

【注释】

①通吉思忠：《金史》作"独吉思忠"。金宣宗长子，本名千家奴。

②行省都事：金熙宗天会十五年，设置行台尚书省。尚书省官职设尚书令、左丞相、右丞相、平章政事，平章政事位在右丞相下，与左右丞相为宰相。左右司官员为郎中、员外郎、都事。

③西北路招讨使：辽兴宗时置，负责管理西羌地区事务。在今蒙古国乌兰巴托南。

④塔木色：《金史》作"坦舌"，在今内蒙古乌兰察布市商都县二股地村。

⑤呼尔根：《金史》作"胡烈么"，在今内蒙古赤峰市克什克腾旗达里诺尔湖东。

⑥重币：重额的钱币，厚重的礼物。

完颜哈达（原作"合达"），名瞻，字景山。少长兵间，习弓马，能得人死力。贞祐初，以亲卫军送岐国公主①，充护（慰）[卫]。三年（1215 年），授临潢府②推官，权元帅右监军③。时临潢避迁，与全、庆两州之民共壁平州。哈达隶其经略使乌凌阿奇珠④，奇珠以便宜授军中都统，累迁提控，佩金符。未几，会燕南诸帅将兵复中都城，行至平州迁安县，临潢、全庆两军变，杀奇珠，拥哈达还平州，推为帅，统奇珠军。哈达以计诛首乱者数人。其年六月，北兵大将轩达布⑤（原作"喊得不"）遣监战提军至平州城下，以州人黄裳入城招降，父老不从。哈达引兵逆战，知事势不敌，以本军（阵）[降]于阵。监战以哈达北上，留半（岁）[发]，令还守平州。已而，谋自拔归，乃遣奉先县令赫舍哩伯尔克（原作"纥石烈布里哥"）、北京教授富察呼兰（原作"蒲察胡里安"）、右三部检法富察博纽（原作"蒲察蒲女"）等涉海来报。四年（1216 年）十一月⑥，哈达果率所部及州民并海西南归国。诏进官三阶，升镇南军节（度）使，驻益都。（《金史》）。

【注释】

①岐国公主：完颜氏，金国卫绍王四女。贞祐三年（1215 年），蒙古大军包围金中都，金宣宗与蒙古和亲，将岐国公主嫁给成吉思汗，蒙古人尊称她为"公主皇后"。

②临潢府：辽国上京。辽太祖神册三年（908 年）建城，称皇都。天显十三年（938 年），更名上京城，府曰临潢。在今内蒙古赤峰市巴林左旗林东镇南郊。

③元帅右监军：金太宗天会三年（1125 年），设元帅及左右副元帅、左右监军、左右都监。元帅左右监军，正三品。

④乌凌阿奇珠：《金史》作"乌林答乞住"，大名路猛安人。大定二十八年进士。历官补尚书省令史，除山东提刑判官、英王府司马。改太原府治中。签陕西按察司事，历汝州、沁州刺史，北京、临潢按察副使，迁蒲与路节度使。贞祐初，改同知咸平府事，迁归德军节度使，改兴平军，就充东面经略使。寻罢经略司，改元帅右都监。赴援中都战殁。

⑤轩达布：《金史》作"喊得不"。父舒穆噜明安（《元史》作"石抹明安"），桓州人。元太祖破金抚州，明安来降，命领蒙古军南进，尽有河北诸郡，复攻取景、蓟、檀、顺诸州。元太祖十年五月，攻陷金中都。官至右太傅、邵国公兼管蒙古汉军兵马都元帅。轩达布袭职为燕京行省达鲁花赤。

⑥四年十一月：《金史·宣宗本纪上》："贞祐四年十一月庚辰朔。丙戌（初七日），前临潢府推官、权元帅右监军完颜合达率官军老幼自北归国，升镇南军节度使，进官三阶。"

元

塔本，伊吾庐①人。人以其好扬人善，称之曰扬公。父宋五设托多（原作"托陀"②）。托多者，其国主所赐号，犹华言"明哲"也。塔本，初从太祖讨诸部③，屡厄艰危。复从围燕，征辽西，下平、滦④、白霫⑤诸城。军士有妄杀人者，塔本戒之曰："国之本，民也。杀人得地，何益于国？且杀无罪，以坚敌心，非上意。"太祖闻而喜之，赐金虎符⑥，俾镇抚白霫诸郡，号行省都元帅⑦，管内得承制除县吏，死囚得专决。久之，徙（治）兴平。兴平兵火伤残，民惨无生意。塔本召父老问所苦，为除之，薄赋敛，役有时。民大悦，乃相与告，教无违约束，归者四集。塔本始至，户止七百，不一二年，乃至万户。出己马以宽驿人；贷廉吏银，其子钱不能偿者，焚其券。农不克耕，（亦）与之牛。比岁告稔⑧，民用以饶。岁庚寅（1230 年），诏益中山、平定、平原隶行省⑨。甲午（1234 年），盗李仙、赵小哥等作乱⑩，塔本止诛首恶，宥其讹误。癸卯（1243 年）立春日，宴群僚，归而疾作，遂卒。是夕星陨，隐隐有声。遗命葬以纸衣瓦棺⑪。赠推诚定远佐运功臣、太师、开府仪同三司、上柱国，追封营国公，谥忠武。子阿尔济苏特穆尔⑫。（《元史》）。

【注释】

①伊吾庐：又作"伊吾卢"，今新疆哈密地区。东汉置宜禾都尉，北魏置伊吾郡，隋设伊吾郡和柔远镇，唐置西伊洲，后改称伊洲，称哈密力。

②托陀:《元史》作"国老"。讬陀、托陀:蒙古语,国老。

③太祖讨诸部:南宋开禧二年(1206年),成吉思汗统一蒙古草原诸部,建立蒙古帝国,高昌回鹘王国臣服于蒙古帝国。元太祖十四年(南宋嘉定十二年,1219年),成吉思汗亲征花剌子模(中亚古国,在今乌兹别克斯坦和土库曼斯坦两国地),高昌亦都护率塔本所属的合迷力(今哈密)畏兀儿(今称维吾尔)万人从征。1231年花剌子模被蒙古所灭。

④征辽西,下平、滦:《金史·卫绍王本纪》:"大安三年(1211年)十一月,德兴府、弘州、昌平、怀来、缙山、丰润、密云、抚宁、集宁,东过平、滦,南至清、沧,由临潢过辽河,西南至忻、代,皆归大元。"平、滦:平州和滦州。

⑤白霫(xí):古部落名。铁勒别部。白霫自6世纪开始兴起,游牧于潢水(今西拉木伦河)以北、拔野古东的独洛河(今图拉河)东北等地,东接靺鞨,西至突厥,南至契丹,北与乌罗浑相接。白霫随同铁勒臣服于突厥。唐太宗击败东突厥之后,改归附于唐朝。辖区在今内蒙古大兴安岭西南至蒙古国东方省一带,还有一部分白霫人被迁徙到今内蒙古赤峰市巴林右旗查干木伦河上游一带,归附于奚族。《元史·王珣传》:"岁乙亥(金宣宗贞祐三年,蒙古太祖十年,1215年),太师木华黎略地奚、霫,王珣率吏民出迎,承制以珣为元帅,兼领义、川二州事。"《元史·刘柏林传》:"乙亥,同国王木华黎攻破燕京。"《元史·太祖本纪》:"十年乙亥春正月,金右副元帅蒲察七斤以通州降。二月,木华黎攻北京,金元帅寅答虎、乌古伦以城降。三月,金御史中丞李英等率师援中都,战于霸州,败之。五月庚申,金中都留守完颜福兴仰药死,抹撚尽忠弃城走,明安入守之。秋七月,诏史天倪南征,授右副都元帅,赐金虎符。八月,天倪取平州,金经略使乞住降。木华黎遣史进道等攻广宁府,降之。"

⑥金虎符:古代发兵或表明身份的凭证。《元史·兵志》:"万户佩金虎符。符跌为伏虎形,首为明珠,而有三珠、二珠、一珠之别。"

⑦行省都元帅:元朝于沿边地区设都元帅府,置都元帅,为地方军事长官。

⑧稔(rěn):庄稼成熟。

⑨诏益中山、平定、平原隶行省:益,增加,增设。民国柯劭忞《新元史·塔本传》:"太宗二年,诏以中山府、平定州及德州之平原县隶行省。"

⑩盗李仙、赵小哥等作乱:《新元史·塔本传》:"太宗六年,盗李仙、赵小哥作乱,塔本止诛首恶,宥其诖误。"

⑪纸衣瓦棺:用纸缝制的冥衣,用泥瓦制作的棺椁,比喻丧事从简。《旧五代史·周书·太祖纪》:后周太祖郭威临终前嘱咐养子柴荣说:"我若不起此疾,汝即速治山陵……陵寝无须用石柱,费人工,只以砖代之,用瓦棺纸衣。"

⑫阿尔济苏特穆尔:《元史》作"阿里乞失铁木儿"。

阿尔济苏特穆尔(原作"阿里乞失铁木儿"),嗣父职为兴平等处行省都元帅。其为治一遵先政,兴学养士,轻刑薄徭,虽同僚不敢私役一民。从大军伐高丽有功。岁丙辰(1256年),卒,赠宣忠辅义功臣、荣禄大夫、平章政事、柱国,追封营国公,谥武襄。子阿勒台①。(《元史》)。

阿勒台(原作"阿台"),当袭父职,适罢行省为平滦路总管府②,丁巳(1257年),宪宗命为平滦路达鲁噶齐③。始至,请蠲银、盐、酒等税课八之一,细民④不征。世祖即位,来朝,赐金虎符。诸侯王道出平滦,供给费银七千五百两,户部不即偿。阿勒台自陈上前,尽取偿以归。置甲乙籍,籍民丁力,民甚便之。至元十年(1273年),进(阶)怀远大将军。岁饥,发粟赈民。或持不可,阿勒台曰:"朝廷不允,愿以家粟偿官。"于是全活甚众。僚属始至,阿勒台必(馈)[遗](之)盐、米、羊畜、什器,曰:"非有他也,欲其不剥民耳!"姻族穷者,月有常给;民有丧不能葬者,与之棺椁、布帛、资粮。滦为孤竹故国,乃庙祀伯夷、叔齐,以励风俗。二十一年(1284年),进昭武大将军。二十四年(1287年),纳延⑤叛,献马五百匹佐军,世祖大喜。已而得纳延银瓮⑥,亟以赐之。二十五年(1288年),入朝。以疾卒。赠宣力功臣、资德大夫、中书右丞、上护军,追封永平郡公,谥忠亮。(《元史》)。

【注释】

①阿勒台:《元史》作"阿台"。

②平滦路总管府:《元史·地理志》:"永平路,下。元太祖十年(1215年),改兴平府。中统元年(1260年),升平滦路,置总管府。"

③达鲁噶齐:达鲁花赤。蒙古语,意为"镇守者"。汉文文献也称"监"、监某州、监某府、监某路。即一个地方掌有实权的最高监治长官。蒙古征服其他民族和国家后,在许多地区、城镇及非蒙古军队都设达鲁花赤监治。元世祖至元二年(1265年)规定,各路达鲁花赤必须由蒙古人或个别出身高贵的色目人担任,汉人、南人一律不能出任此职。

④细民:平民,仆人。

⑤纳延:《元史》作"乃颜"。成吉思汗幼弟斡赤斤的后裔,蒙古帝国东翼宗王,祖父塔察尔曾拥戴忽必烈为蒙古大汗,被任命为东道诸王之长。元至元二十三年(1286年),西北诸王海都、笃哇进攻按台山,忽必烈率蒙古大军西征。至元二十四年(1287年)四月,乃颜与其他东道诸王一同起兵反叛,占据潢河(今西拉木伦河)流域,五月忽必烈从上都出发,急行军攻打乃颜。六月,两军决战于呼伦贝尔草原。乃颜溃败,不久被抓获处死。

⑥银瓮:银质盛酒器。古代传说常以为祥瑞之物。政治清平,则银瓮出。

刘德温,字纯甫,大兴人。同知上都①留守司事。省檄和籴②粮,民以价不时得,递相观望。德温下令曰:"粮入价出,(更)[吏]有敢为弊者罪之。"于是,粮不逾期而集。转大司农③丞。耕藉④之仪,取具⑤一时。德温欲考订典礼,集为成书,未毕。俄授通仪大夫⑥、永(郡)[平]路总管。永平当天历兵革⑦之余,野无居民。德温为政一年,而户口增,仓廪实,遂兴学校以育人材,庶事毕举。岁大旱,祷而雨,岁以不歉。滦、漆二水为害,有司岁发民筑堤。德温曰:"流亡始集,而又役之,是重困民也。"遂罢其役,而水亦不复至。有豪民武断于乡里,前吏莫敢治,德温按得其罪,论如法,杖之。书其过于门,后竟以不道伏诛⑧。永平,古孤竹国也。国初,郡守杨阿尔台⑨请于朝,谥伯夷曰清惠,叔齐曰仁惠⑩,为庙以(祀)[祠]之,而(祀)[祠]礼犹未具也。德温请命有司春秋具牢礼致祭,从之,著为式。赐庙额曰清圣,士论韪之。至顺间⑪卒,年六十九,谥清惠。(《元史》)。

【注释】

①上都:元代上都,位于内蒙古锡林郭勒盟正蓝旗旗政府所在地东北约 20 公里处、闪电河北岸。建于 1256 年,1259 年落成。中统元年(1260 年)忽必烈即位于此,称开平府,1264 年加号上都。

②和籴:原指官府出资向百姓公平购买粮食。《新唐书·食货志三》:"宪宗即位之初,有司以岁丰熟,请畿内和籴。当时府县配户督限,甚于赋税,号为和籴,其实害民。"元代和籴包括粮草,其值以钱钞或盐引支付。每岁收粮数十万石,以供应上都、和林,并作备荒之用。

③大司农:户部尚书的别称。秦代称治粟内史,汉景帝后元元年(前 143 年)更名为大农令,汉武帝太初元年(前 104 年)改为大司农。元代设大司农,掌劝课农桑、水利、救荒等事。至元七年(1270)二月,始置司农司,拟定劝农条画,设立四道巡行劝农司,每道派出劝农使和副使各一人巡行督促、检查农业生产及应兴办水利等事,仍命各路、府、州、县管民长官兼理农事,用心劝课。

④耕藉(gēng jiè):亦作"耕籍""耕耤"。古时每年春耕前,天子、诸侯举行仪式,亲耕藉田,种植供祭祀用的谷物,并以示劝农。历代皆有此制,称为耕藉礼或籍田礼。

⑤取具:谓领取备办、置办。

⑥通仪大夫:文散官名。隋始置。元升为正三品。

⑦天历兵革:元泰定五年(1328 年)七月,泰定帝也孙铁木儿崩于上都,丞相倒剌沙专权自用,迟迟不立储君。九月知枢密院事燕铁木儿迎元武宗之子、怀王图贴睦尔至大都(今北京),即位为文宗,改元天历。丞相倒剌沙、宗王脱脱等拥立皇太子阿速吉八为帝,改元天顺。从此爆发大规模的内战。10 月中旬,上都及辽东兵败,阿速吉八被杀。史称"两都之战"。

⑧伏诛:指坏人被法律惩罚而判处死刑。

⑨杨阿尔台:《元史·刘德温传》作"杨阿台",即《元史·阿台传》之"阿台"。

⑩谥伯夷曰清惠,叔齐曰仁惠:《元史·世祖本纪》:"至元十五年(1278 年)十二月戊申,封伯夷为昭义清惠公,叔齐为崇让仁惠公。"清毕沅《续资治通鉴·元纪》:"至元十五年十二月己卯朔。戊申(三十日),封伯夷为昭义清惠公,叔齐为崇让仁惠公。"不过,元于钦《齐乘·山川》:"孤山:潍州西四十里。以孟子言伯夷避纣居此北海之滨,因立庙,封伯夷清惠侯、叔齐仁惠侯。国朝至元十八年(1281 年),加封伯夷昭义清惠公,叔齐崇让仁

惠公。"元御史中丞马祖常《圣清庙记》:"至元十有八年,……谥曰清惠、仁惠。……宜以圣清额庙。"明郭造卿《拟乞正孤竹颛封疏》:"臣按:至元十有八年,诏封伯夷为昭义清惠公,叔齐为崇让仁惠公。至顺元年,颁庙额曰圣清。至我大明成化九年,诏颁清节庙额。"(清黄宗羲《明文海》)。清乾隆《钦定续通志·金石略三(今有)》:"加封伯夷叔齐诏(正书,至元十八年,蒲州)。""圣清庙碑(马祖常撰并书,正书,至元十八年,卢龙)。"柯劭忞《新元史·礼志》:"至元十五年,封伯夷为昭义清惠公,叔齐为崇让仁惠公。至顺元年(1330年),赐伯夷叔齐庙额曰圣清。"史料所载,殊有不同。

⑪至顺间:《元史》为"至顺四年"。

廉和斯哈雅[①](原作"惠山海牙"),至治间,迁都水监。疏会通河,堤滦、漆二水,又修京东闸。(《元史》)。

【注释】

①廉和斯哈雅:《元史》作"廉惠山海牙",维吾尔名散坷亚,字公亮,畏兀儿(今维吾尔)人。因其祖父布鲁海牙官燕南诸路廉访使,为官清廉,为子孙取汉姓"廉"。父廉希宪,累官至中书平章政事。至治元年,惠山海牙登进士第,授承事郎、同知顺州事。召入史馆,预修英宗、仁宗《实录》,寻拜监察御史。迁都水监,历秘书丞、会福总管府治中。出佥淮东廉访司事,迁江浙行省左右司员外郎,历佥河东、河南、江西廉访司事,升江南行御史台经历。至正三年初,召拜侍仪使,预修辽、金、宋三史,迁崇文太监。累迁为河南行省右丞、湖广行省右丞、江西行省右丞,除本道廉访使,佥江浙行枢密院事,改拜福建行省右丞,迁行宣政院使,拜翰林学士承旨、知制诰兼修国史。参与编纂《辽史》《元史》)。

伊苏[①](原作"也苏"),蒙古人。倜傥,有能名。至正间,进阶金紫光禄大夫,知枢密院事。既而雷特穆尔布哈(原作"雷帖木儿不花")、程思忠等陷永平[②],诏伊苏出师,遂复滦州及迁安县。时辽东郡县惟永平不被兵,储粟十万,刍藁山积,居民殷富。贼乘间窃入,增土筑城,因河为堑,坚守不可下。伊苏乃外筑大营,绝其樵采。数与贼战,获其伪帅二百余人,平山寨数十。又复昌黎、抚宁二县,擒雷特穆尔布哈送京师。贼急,乃乞降于参政彻尔特穆尔[③](原作"彻力帖木儿"),为请命于朝。诏许之,命伊苏退师。伊苏度贼必以计怠我师,乃严备以侦之。程思忠果弃城遁去,亟追至瑞州[④],杀获万计。贼遂东走金、复州。诏还京师,拜辽阳行省左丞相,知行枢密院事,抚安迤东兵农,委以便宜,开省于永平,总兵如故。金、复、海、盖、乾[⑤]、王等贼并起,西侵兴中州[⑥],阴由海道趋永平,闻伊苏开省乃止。伊苏亟分兵防其冲突,贼乃转攻大宁,为守将王聚所败,斩其渠魁,众溃,皆(北)[西]走。伊苏虑贼窥上都,即调右丞和琳台(原作"忽林台")提兵护上都,简精锐自蹑贼后。贼果寇上都,和琳台击破之,贼众又大溃,永平、大宁于是始平。乃分命官属,劳来安辑其民,使什伍相保,以事耕种,民为立石颂其勋德。(《元史》)。

【注释】

①伊苏:中华书局版《元史》《明史》作"也速"。

②陷永平:《元史·月鲁不花传》:"转吏部尚书。会剧贼程思忠据永平,其佐雷帖木儿不花伪降,事觉被擒,杀之,思忠壁守遂益坚。诏令月鲁不花招抚之,众悉难其行,月鲁不花毅然曰:'臣死君命,分也,奈何先计祸福哉!'竟入城谕贼,贼皆感泣罗拜纳降。"《元史·孛罗帖木儿传》:"至正二十年二月,除中书平章政事。三月,命讨上都程思忠,兵次兴和,思忠奔溃。"清钱谦益《国初群雄事略》:"龙凤六年庚子(至正二十年)八月乙未,永平路陷。贼雷帖木儿不花、程思忠等陷永平,坚守不可下。"

③彻尔特穆尔:《元史》《明太祖实录》作"彻里帖木儿",阿鲁温氏。擢中书直省舍人,拜监察御史,除山东转运司副使,转刑部尚书。至元元年,拜中书平章政事,称疾不出。明洪武二十年八月,随北元辽阳行省丞相、太尉纳哈出降明。

④瑞州:辽来州归德军,金太祖天辅七年(1123年)没于女真,置归德军节度使,统辖润州、迁州、㷱州。金海陵王天德三年(1151年)改为宗州,治所在来宾县(治今辽宁绥中县前卫镇)。泰和六年(1206年)改宗州为瑞州。金宣宗贞祐三年(1215年)陷于蒙古。明太祖洪武六年十二月,北元兵入犯抚宁县及瑞州,诏罢瑞州州治,迁其民于滦州。洪武二十六年(1393年)正月置广宁前屯卫。光绪二十八年(1902年),设绥中县。

⑤金、复、海、盖、乾:金州,今辽宁大连市金州区。复州,辽兴宗置,治永宁(今辽宁瓦房店市西北复州)。海州,今辽宁阜新市海州区。盖州,今辽宁营口市,元置盖州路。明洪武四年(1371年),改盖州为盖州卫。乾州,辽置,今辽宁北镇市。

⑥兴中州:属大宁路,今内蒙古赤峰市宁城县西。至元七年(1270年),改北京路为大宁路,治所在大宁县。明朝洪武十三年(1380年)改为大宁府。二十年(1387年),改为大宁卫(北平行都司),宁王朱权封地。

明

徐达,字天德,濠人①。世业农。达少有大志,长身,高颧,刚毅武勇。太祖之为郭子兴②部帅也,达时年二十二,往从之,一见语合。洪武元年(1368年),太祖即帝位,以达为右丞相。三年(1370年)春,帝以达为大将军,追元嗣主③,先后露布④。闻诏,振旅还京师,帝迎劳于龙江。乃下诏大封功臣,授达开国辅运推诚宣力武臣,特进光禄大夫、左柱国、太傅、中书右丞相,参军国事。改封魏国公,岁禄五千石,予世券⑤。明年(1371年),率盛熙等赴北平练军马,修城池,徙山后⑥军民实诸卫府,置二百五十四屯,垦地一千三百余顷。其冬,召还。五年(1372年),复大发兵,征扩廓⑦。达战不利,死者数万人。帝以达功大,弗问也。明年,达复帅诸将行边,破敌于答剌海⑧,还军北平,留三年而归。十四年(1381年),复帅汤和⑨等讨乃儿不花⑩。已,复还镇。每岁春出,冬暮召还,以为常。还辄上将印,赐休沐,宴见欢饮,有布衣兄弟称,而达愈恭慎。乃命有司即旧邸前治甲第,表其坊曰大功。十七年(1384年),太阴犯上将⑪,帝心恶之。达在北平病背疽,稍愈,召还。明年(1385年)二月卒,年五十四。追封中山王,谥武宁。(《明史》)。

（案：旧志：洪武间，帝以燕民新附，又地邻边塞，于十四年命公镇之，乃依山阻海，创立关城，复修筑墙垣，阻塞隘口，联络周密，规度宏远。景泰间，山海士民感念功德，请建专祠，春秋祭享。）

【注释】

①濠人：今安徽凤阳县人。濠，濠州，隋开皇二年（582 年）改西楚州置，治钟离县（今安徽凤阳）。唐武德、乾元间复改濠州。元至元十五年（1278 年）升为临濠府，二十八年复为濠州。明太祖朱元璋，濠州钟离县人。

②郭子兴：安徽定远人、江淮地区红巾军领袖。元至正十二年（1352 年），集结数千人攻取濠州，任用朱元璋为十夫长，将义女马氏嫁予朱元璋。至正十五年（1355 年），郭子兴病逝，朱元璋被推举为吴国公。

③元嗣主：至正三十年（1370 年）四月二十八日，元顺帝妥懽帖睦尔驾崩于应昌（今内蒙古赤峰市克什克腾旗达尔罕苏木），皇太子爱猷识理答腊继位。

④露布：一种写有文字并用以通报四方的帛制旗子，多用来传递军事捷报。

⑤世券：又称铁券。明代赐予功臣，使其世代享有特权的凭证。若子孙犯罪，取券勘合，折其功过，予以赦减。

⑥山后：古地区名。五代时，幽州卢龙军节度使刘仁恭在今河北太行山北端、军都山迤北地区，置山后八军以防御契丹。置云中府路，管辖云中府和武、应、朔、蔚、奉圣、归化、儒、妫八州之地，相当今山西大同、河北张家口、内蒙古赤峰部分地区。

⑦扩廓：扩廓帖木儿，汉名王保保，蒙古伯也台部人。被封为河南王、中书左丞相。至正二十八年（1368 年），明军攻占元大都，扩廓帖木儿自山西退至甘肃。至正三十年（1370 年），北奔和林，辅佐北元昭宗爱猷识理达腊，企图卷土重来。北元宣光二年（明洪武五年，1372 年），大破明军于漠北。

⑧答剌海：蒙古许兀慎氏人，太师知枢密院事和宣徽使月赤察儿之子。至元三十年（1293 年），官居左都威卫使，佩金虎符。大德元年（1297 年）授徽政使，四年兼枢密副使，六年（1302 年）升同知枢密院事，八年（1304 年）兼宣徽使，十年（1306 年）知枢密院事。十一年（1307 年）五月元武宗即位，拜中书省左丞相，仍领枢密、徽政、宣徽和怯薛（元朝宿卫军）长，加太保，拜中书右丞相。

⑨汤和：字鼎臣，濠州钟离人。随朱元璋征战，累功升统军元帅。洪武十一年春，晋封信国公。洪武十四年，以左副将军率军出塞，征讨乃儿不花，攻占灰山营，俘获平章别里哥、枢密使通而归。

⑩乃而不花：《明史》作"乃儿不花"。北元太尉。洪武十四年（1381 年）正月，北元平章乃儿不花侵犯永平府。朱元璋命魏国公徐达为征虏大将军、信国公汤和为左副将军，颍川侯傅友德为右副将军率军北征。洪武二十三年（1390 年）正月，故元丞相咬住、太尉乃儿不花、知院阿鲁帖木儿等屡犯明边。三月，燕王朱棣率军出古北口，直捣乃儿不花大

营迤都(今蒙古国苏赫巴托之达里甘戛附近),乃儿不花等被迫投降,悉收其部落数万人、马驼牛羊数十万头而还。

⑪太阴犯上将:古代占星术中的一种星象,不利于大将。太阴,月亮。

毛思义,阳信人。宏[弘]治十五年进士,官永平知府。正德十三年(1518年),驾幸昌平,民间妇女惊避。思义下令,言:"大丧未举,车驾必不远出。非有文书,妄称驾至扰民者,治以法。"镇守中官郭原与思义有隙,以闻。立逮,下诏狱,系半岁,谪云南安宁知州。嘉靖中,累迁副都御史、应天巡抚。(《明史》附张文明传)。

【补录】

正德十三年夏四月己巳朔。甲申,执永平知府毛思义。时上幸密云,民间传言欲括女子,敛财物,以充进奉,多惊疑避匿,哭泣相闻。思义下令,以大丧未举,车驾必不远游。此皆奸徒矫诈,煽惑人心,百姓其各安业,非有府部抚按官文书,敢称驾至,扰民者,即捕治之。或奏其言,上怒,遂执思义,送锦衣卫狱。寻令法司重拟,罪当赎,杖还职。得旨:降三级,为云南安宁知县。(《明武宗实录》)。

毛思义,阳信人。弘治十五年进士。官永平知府。正德十三年驾幸昌平,民间妇女惊避。思义下令言:"大丧未举,车驾必不远出。非有文书。妄称驾至扰民者,治以法。"镇守中官郭原与思义有隙,以闻。立逮下诏狱,系半岁,谪云南安宁知州。嘉靖中,累迁副都御史、应天巡抚。(《明史·毛思义传》)。

正德十三年正月还京,数念宣府。彬复导帝往,因幸大同。闻太皇太后崩,乃还京发丧。将葬,如昌平,祭告诸陵,遂幸黄花、密云。彬等掠良家女数十车,日载以随,有死者。永平知府毛思义忤彬,下狱谪官。(《明史·江彬传》)。

会慈圣康寿太皇太后崩,上还自宣府。正德十三年四月,上幸昌平,诣诸陵祭告毕,遂幸密云,时民间竞传,欲括女子,敛财物,以充进奉,所至遁匿。独永平知府毛思义下令,以为大丧未举,车驾必不出。此必奸徒矫诈,藉以惑人者。百姓各安业,非有府部抚按官文书,妄称驾至扰民者,悉捕治之。上闻大怒,执思义送诏狱,令法司从重拟,罪当赎,杖还职。得旨:降三级,为云南安宁知州。(清毛奇龄《武宗外纪》)。

毛思义,字继贤,阳信人。宏[弘]治进士,历知永平府,镇守蓟州。武宗时中官郭原以科敛虐民,为思义所抑,衔之,譖之于帝。下诏狱,谪官。嘉靖中累迁副都御史,巡抚应天诸府,以治办闻。(《大清一统志》)。

李成梁,字汝契。高祖英自朝鲜内附,授世(职)铁岭卫指挥佥事,遂家焉。成梁英毅骁健,有大将才。家贫,不能袭职。年四十,犹为诸生。巡按御史器之,资入京,乃得袭。积功为辽东险山参将。隆庆元年(1567年),土蛮大入永平。成梁赴援有功,进副总兵,仍守险山,寻协守辽阳。(《明史》)。

袁应泰,字大来,凤翔人。万历二十三年(1604年)进士。以按察使治兵永平。辽事方棘,应泰练兵缮甲,修亭障,饬楼橹,关外所需刍荛①、火药之属呼吸立应。经略熊廷弼深赖焉。泰昌元年（1620 年）九月，擢右金都御史，代周永春巡抚辽东。逾月，擢兵部右侍郎兼前职，代廷弼为经略，而以薛国用为巡抚。应泰受事，即刑白马②祀神，誓以身委辽。疏言："臣愿（以）[与]辽相终始，更愿文武诸臣无怀二心，与臣相终始。有托故谢事者，罪无赦。"熹宗优诏褒答，赐（上）[尚]方剑。乃戮贪将何光先，汰大将李（克）[光]荣以下十余人，遂谋进取抚顺。议用兵十八万，大将十人。上奏陈方略。应泰历官精敏强毅，用兵非所长，规画颇疏。廷弼在辽边，持法严，部伍整肃。应泰以宽矫之，多所更易。辽阳之破，佩剑印自缢死。（《明史》）。

【注释】

①刍茭（jiāo）：干草。牛马的饲料。

②刑白马：刑马，古代结盟要杀马歃血，立誓为信，称"刑马"。古代用白马为盟誓或祭祀的牺牲。

孙承宗，字稚绳，高阳人。貌奇伟，须髯戟张。与人言，声殷墙壁。始为县学生，授经边郡。往来飞狐、拒马间，直走白登，又从纥干、清波故道南下。喜从材官老兵究问险要阨塞，用是晓畅边事。万历三十二年（1604 年），登进士第二人①，授编修。天启二年（1622 年），擢礼部右侍郎。（据《明史》补：未几，大清兵逼广宁，王化贞弃城走，熊廷弼与俱入关。兵部尚书张鹤鸣惧罪，出行边。帝亦急东事，遂拜承宗兵部尚书兼东阁大学士，入直办事。承宗自请督师。诏给关防敕书，以原官督山海关及蓟、辽、天津、登、莱诸处军务。承宗方遣诸将分戍锦州、大小凌河、松、杏、右屯诸要害，拓地复二百里。五年九月，（马世龙）遂有柳河之败，死者四百余人。承宗求去益力。十月始得请。先已屡加左柱国、少师、太子太师、中极殿大学士，遂加特进光禄大夫，荫子中书舍人，赐蟒服、银币，行人护归。崇祯二年十月，大清兵入大安口，取遵化，将薄都城，廷臣争请召承宗。诏以原官兼兵部尚书守通州。至十二月四日，而有祖大寿之变。大寿，辽东前锋总兵官也，偕（袁）崇焕入卫。见崇焕下吏，惧诛，遂与副将何可纲等率所部万五千人东溃，远近大震。承宗闻，急遣都司贾登科赍手书慰谕大寿，而令游击石柱国驰抚诸军。承宗密札谕大寿急上章自列，且立功赎督师罪，而己当代为剖白。大寿诺之，具列东奔之故，悉如将士言。帝优诏报之，命承宗移镇关门。诸将闻承宗、世龙至，多自拔来归者。乃遣世龙督步骑兵万五千入援，令游击祖可法等率骑兵四营西戍抚宁。三年正月，大寿入关谒承宗，亲军五百人甲而候于门。承宗开诚与语，即日列其所统步骑三万于教场，行誓师礼，群疑顿释。时我大清已拔遵化而守之。是月四日拔永平。八日拔迁安，遂下滦州。分兵攻抚宁，可法等坚守不下。大清兵遂向山海关，离三十里而营，副将官惟贤等力战。乃还攻抚宁及昌黎，俱不下。当是时，京师道梗，承宗、大寿军在东，世龙及四方援军在西。承宗募死士沿海达京师，始知关城尚无恙。承宗饬诸城严守，乃令东西诸营并进，亲诣抚宁以督之。五月十日，大寿及张春、邱禾嘉诸军先抵滦城下，世龙及尤世禄、吴自勉、杨麒、王承恩继至，越二日克之，而副将王维城等亦入迁安。我大清兵守永平者，尽撤而北还，承宗遂入永平。十六日，诸将谢尚政等亦入遵化。四城俱复。承宗言广宁道远，当先据右屯，筑城大凌河，以渐而进。兵部尚书梁廷栋主之，遂以七月兴工，工甫竣，我大清兵大至，围数周。承宗闻，驰赴锦州，遣吴襄、宋伟往救。禾嘉屡易师期，伟与襄又不相能，遂大败于长山。至十月，城中粮尽援绝，守将祖大寿力屈出降，城复被毁。廷臣追咎筑城非策也，交章论禾嘉及承宗，承宗复连疏引疾。十一月得请，赐银币乘传归。十一年，我大清兵深入内地。以十一月九日攻高阳，承宗率家人拒守。大兵将引去，绕城纳喊者三，守者亦应之三，曰"此城笑也，于法当破"，围复合。明日 城陷，被执。望阙叩头，投缳而死。）卒年七十（又）［有］六。

邱禾嘉，贵州新添卫人。举万历四十一年（1613年）乡试。好谈兵。崇正［祯］元年（1628年），有荐其知兵者，命条上方略。帝称善，即授兵部职方主事。三年正月，蓟辽总督梁廷栋入主中枢，衔总理马世龙违节制，命禾嘉监纪其军。时永平四城失守，枢辅孙承宗在关门，声息阻绝。蓟辽总督张凤翼未至，而顺天巡抚方大任老病不能军，惟禾嘉议通关门声援，率军入开平。二月，清兵来攻，禾嘉力拒守，乃引去。已，分略古冶乡，禾嘉令副将何可纲、张洪谟、金国奇、刘光祚等迎战，抵滦州。甫还，而清兵复攻牛门、水门，又督参将曹文诏等转战，抵遵化而还。无何，四城皆复。宁远自毕自肃遇害，遂废巡抚官，以经略兼之，至是议复设。廷栋力推禾嘉才，超拜右金都御史，巡抚其地，兼辖山海关诸处。禾嘉初莅镇，清兵以二万骑围锦州，禾嘉督诸将赴救，城获全。四年十一月，以金都御史巡抚山海、永平。请为监视中官设标兵。御史宋贤诋其谄附中人，帝怒，贬贤三秩。禾嘉持论每与（孙）承宗异，不为所喜，时有诋諆。既遭丧败，廷论益不容，遂坚以疾请。五年四月，诏许还京，以杨嗣昌代。

高邦佐，字以道，襄陵人。万历二十三年进士。历户部主事、员外郎，迁永平知府①。浚滦河，筑长堤。裁抑②税使高淮③，不敢大横。迁天津兵备副使。（《明史》）。

案：旧志云：万历间任永平知府。初履任即谢绝填宅④、供应，所需日用薪米，悉与平值。文移⑤朝进暮发，无停搁者。输纳尽去赢羡⑥，官衙如水，胥侩如缲。（闻）有书手⑦朋匿粮地，稽得其状，绳之以法。大狱久不决者，一经平反，人心皆服。榷税六属⑧，分认岁额为累，改以公用抵补折。税珰高淮诬（枪）［抢］驿卒及士元⑨，毒噬良善，公皆全力挽救之。朝觐不用邮递、夫马，禁加派，苏凋瘵，惠政累累，永人立石颂德。

【注释】

①迁永平知府：万历三十四年八月，高邦佐由户部郎中出任永平府知府，三十八年二月升山东副使。

②裁抑：制止；遏止。

③高淮：万历年间太监，官尚膳监监丞。万历二十七年三月，以征税使到辽东开矿、征税，搜刮民脂民膏，中饱私囊。其爪牙廖国泰虐民激变，他诬捕诸生数十人。旋诬劾辽东总兵马林，又扣除军士月粮，以致前屯卫（今辽宁绥中县）、金州（今辽宁锦州）、松山等

地戍军哗噪,他奔逃回京,诬奏同知王邦才、参将李获阳激起辽东境内变乱。万历三十六年六月,蓟辽总督塞达上疏揭发,始召回京。

④填宅:有人搬家或迁入新居,亲朋好友送礼物祝贺乔迁之喜。

⑤文移:文书、公文。

⑥赢羡:赢余,剩余。

⑦书手:古代官府中从事书写、抄写工作的书吏。

⑧六属:明朝时永平府管辖一州(滦州)、五县(卢龙、抚宁、昌黎、迁安、乐亭县)。

⑨士元:低级官吏。

陈辅尧,扬州人。万历中举于乡。历永平同知,转饷出关,与自在①知州段展②驻沈阳。天启元年(1621年),日晕异常。展牒③(袁)应泰言:"天象示警,宜豫防。"逾月,沈阳破,展死之。辅尧方奉命印烙,左右以无守土责,劝之去。辅尧曰:"孰非封疆臣,何去为?"望阙拜,拔刀自刭。与展并赠按察金事。(《明史》)。

【注释】

①自在:自在州,明永乐六年(1408)为安置内迁女真人而设置,聚居于开原城内。正统八年(1443)自在州移治辽东都指挥使司辽阳城。

②段展:泾阳县人,万历三十一年举人,万历四十四年至四十七年任沾化县知县,升辽东自在州知州。《明熹宗实录》:"天启元年三月癸卯朔。甲寅,奴贼深入沈阳,用战车冲锋,马步继之,遂围沈阳。乙卯,奴破沈阳,总兵尤世功、贺世贤死之。其死于城中乱兵者,运粮同知陈辅尧、自在知州段展也。"《钦定胜朝殉节诸臣录·通谥节愍诸臣》:"自在知州段展,泾阳人。天启元年,大兵破沈阳,与转饷同知陈辅尧同死节(见《明史》及《辑览》)。"清陈鼎《东林列传》:"天启元年三月甲寅,围沈阳。乙卯,下沈阳,总兵尤世功、贺世贤及援辽川浙总兵陈策、童仲揆、管粮同知陈辅尧、自在州知州段展、诸将吴文杰、雷安民、戚金、袁见龙、邓起龙、张名世、周敦吉、石硅、土官秦邦屏等皆死之。"《钦定大清一统志·奉天府》:"段展,泾阳人,为自在州知州,驻沈阳。天启元年,日晕异常,展牒袁应泰言:'天象示警,宜豫防。'逾月而沈阳破,展死之。本朝乾隆四十一年,赐谥节愍。"

③牒:官方文书。官府移文谓之牒。

郑国昌,邠州人,万历三十五年(1607年)进士。历山西参政。崇正[祯]元年(1628年),以按察使治兵永平,迁山西(右)布政使,上官奏留之。三年(1630年)正月,清兵自京师东行,先使人伏文庙承尘①上,主者不觉也。初四日黎明登城,有守将左右之,国昌觉其(意)[异],捶之至死②。须臾,北楼火发,城遂破。国昌自缢城上,中军守备程应琦从之。应琦妻奔告国昌妻,与之偕死。知府张凤奇、推官卢成功③、卢龙教谕赵允殖、副总兵焦庆延④、东胜卫指挥张国翰及里居中书舍人廖汝钦、武举唐之俊、诸生韩原洞、周祚新、冯维京、胡起鸣、胡光奎、田种玉等十数人皆死。国昌、凤奇一门尽死。事闻,赠国昌太常卿,凤奇光禄卿,并赐祭葬,荫一子。成功等赠恤有差。凤奇,阳曲人,起家乡举。(《明史》)。

案:旧志云:崇正[祯]元年,任永平道。时边围多故,羽檄交驰,公应之裕如。二年冬,清兵下永平,四境綦严。时议土著防兵单弱,调阳武营卒协守。岁除,主客争酒食丰啬,治兵相攻,因纵火,众大哗,永城遂破。公策马亲冒矢石,力挥武营兵数人,复率内丁堵马道,攻射武营逃兵,事以无济。有劝出亡者,公厉叱之,回署公服,西向再拜,曰:"臣力竭,臣罪不可赎矣!"乃约夫人、子女,阖门缢死。公从容自尽,命举火以焚。事平,追赠太仆寺卿,立坊表之,仍从祀武庙表忠祠。

【注释】

①承尘:古代房梁横木之上用遮布挡灰名曰承尘。《崇祯实录》:"崇祯三年春正月辛巳朔,清兵东趋永平。甲申,清兵入永平府。先有人伏文庙承尘上,晨登城,守将杨春导之;兵备道副使郑国昌、知府张凤奇、推官卢成功等死之。国昌先令诸生击杨春死,中书舍人廖汝钦、故副总兵焦延庆、守备赵国忠、诸生韩原洞等俱力战没,中军程应琦被杀。"

②捶之至死:《崇祯实录》:"先有人伏文庙承尘上,晨登城,守将杨春导之。(兵备道副使郑)国昌先令诸生击杨春死。"

③卢成功:《崇祯实录》《明史》为"卢成功",《崇祯长编》《广东通志》《高要县志》《大清一统志》作"罗成功"。罗成功,字惟一,万历三十一年举人。选永平推官,秩满,迁兴化同知,督师奏留之。崇祯三年正月初四日,城破,成功冠带自缢于署。

④焦庆延:《明史》作"焦延庆"。

张春,字泰宇,同州人。万历(二)十八年举于乡,历刑部主事。励操行,善谈兵。天启二年(1622年),辽东西尽失①,廷议急边才,擢山东佥事、永平燕、建二路②兵备道。时大军屯山海关,永平为孔道③,士马络绎,关外难民云集。春运筹有方,事就理而民不病。累转副使、参政,仍故官。七年(1627年),哈刺慎④部长汪烧饼⑤者,拥众窥桃林口,春督守将擒三人。烧饼叩关,愿(受)罚。春等责数之,誓不敢叛。崇正[祯]元年(1628年),改关内道。兵部尚书王在晋惑浮言,劾春嗜杀,一日枭斩十二人。春具揭(辨)[辩],关内民亦为讼冤。在晋复劾其通阉克饷,遂削籍,下法司治。督师袁崇焕言春廉惠,不听。御史李炳言:"春疾恶过甚,为人中伤。夫杀之滥否,一勘即明,乞免提问。"不从。明年,法司言:春被劾无实,乃释之。三年(1630年)正月,永平失守,起春永平兵备参议。春言:"永平统五县、一州,今郡城及滦州、迁安并失,昌黎、乐亭、抚宁又关内道所辖。臣寄迹无所,当驻何城?臣以兵备名官,而实无一兵,操空拳入虎穴,安能济事?乞于赴援大将中,敕一人与臣同事,臣亦招旧日义勇,率之自效。臣身已许此城,不敢少规避,但必求实,济封疆,此臣区区之忠,所以报圣明而尽臣职也。"因言兵事不可预泄,乞赐陛见,面陈方略。帝许之。即入对,帝数称善。进春参政。已而偕诸将收复永平诸城,论功加太仆少卿,仍莅兵备事,候巡抚缺推用。时乙榜⑥起家者,多授节钺⑦,而春独需后命,以无援于朝也。永平当兵燹之余,闾阎⑧困敝,春尽心抚恤,人益怀之。四年(1631年)八月,清兵围大凌河新城,命春监总兵吴襄⑨、宋伟⑩军驰救。九月廿四日,渡小凌河,越三日次长山,距城十五里。清兵以二万骑来逆战。两军交锋,火器竞发,声振天地。春营被冲,诸军遂败。襄先败,春复收溃众立营。时风起,黑云见,春命纵火,风顺,火甚炽,天忽雨反风,士卒焚死甚众。少顷雨霁,两军复鏖战,伟力不支亦走。春及参将张洪谟、杨华征,游击薛太湖等三十三人俱被执,部卒死者无算。诸人见清太宗,皆行臣礼,春独植立不跪。至晚,遣使赐以珍馔。春曰:"忠臣不事二君,礼也。我若贪生,亦安用我?"遂不食。越三日,复以酒馔赐之,春仍不食。守者恳劝,感太宗恩,始一食。令薙发,不从。居古庙,服故衣冠,迄不失臣节而死。初,襄等败书闻,以春守志不屈,遥迁右副都御史,恤其家。春妻翟闻之,恸哭,六日不食,自缢死。当春未死时,清有议和意,春为言之于朝,朝中哗然诋春。诚意伯刘孔昭遂劾春降敌不忠,乞削其所授宪职。朝议虽不从,而有司系其二子,死于狱。(《明史》)。

案:旧志云:天启间由刑部主事,备兵永平,一时政治铮铮有声。寻转山石道⑪,以执法不阿移病归。崇正[祯]二年,复起为永平兵备。收复永、滦,严禁屠掠,全活难民甚众。论功加太仆寺少卿,仍请告归籍。再起,备兵通州。不数月,又调永平。清兵下大凌河,公率兵救援,兵衄被执,坚求自尽。太宗嘉其忠直,(优)养十年,公留发不薙。及卒,以礼葬之。康熙三年,公子伸乞骸归葬,特旨准从所请,路经山、永,人皆(祖)[阻]道焚镪,络绎不绝。先是永人闻公死难,建立专祠,凡四区:一在东郭门外百步许,一在北郭外汤坨庄,一在县治东关帝庙,一在滦州。其德泽深入人心如此。当公败绩时,夫人尽节于永平韩氏楼中,公每食必具箸遥逊同餐。父忠子孝,夫义妇烈,皆出性成。入名宦,仍从祀武庙表忠祠。

【注释】

①辽东西尽失:天启元年(1621年)三月,沈阳、辽阳相继沦陷。经略袁应泰在辽阳城自杀殉国。熊廷弼任辽东经略,王化贞为宁远巡抚。天启二年(1622年)正月,努尔哈赤亲率五万人马,渡过辽河,攻占西平堡。王化贞三万大军全军覆没,广宁守将孙得功降清,王化贞弃城而逃。熊廷弼、王化贞退入山海关。

②燕、建二路:燕河路、建昌路。

③孔道:通道,大道,必经之路。

④哈剌慎部:喀喇沁部,又译哈喇臣、哈喇慎、哈拉克亲,明清时蒙古部落。15世纪末为蒙古太师亦卜剌统领的永谢布部十营之一。明正德五年(1510年),达延汗击败亦卜剌,喀喇沁分七鄂托克。达延汗之孙昆都力哈统领,牧地在明朝独石口边外开平(元上都)附近,东扩至朵颜卫地区(在今内蒙古赤峰市和河北北部、辽宁西部长城边外)。崇祯元年(1628年),林丹汗于土默特赵城(今呼和浩特)大败喀喇沁,喀喇沁部溃散。后金天聪初年,归附于皇太极。《明史·孙承宗传》:"初,(王)化贞等既逃,自宁远以西五城七十二堡悉为哈喇慎诸部所据,声言助守边。"

⑤汪烧饼:哈喇慎部长。《明熹宗实录》:"天启七年三月戊辰朔。甲申,蓟辽总督阎鸣泰言:东协诸虏哈喇慎一枝,独汪烧饼未款,凡有作歹者,俱归诸汪酋。二月初五日,汪酋率夷人二百余骑,屯聚桃林口外大戚谷岭一带,阴图窥犯。分镇内臣杨潮介马而驰,率该关信守官军擒活夷打喇骂等三名,并获夷器。汪酋随即叩关愿罚。内臣杨潮同道臣张春、协路将备等官公同面詈斥其平日之骄横,谕以朝廷之威德。该酋俯首顿地,悔过格心,不敢复版之意。我始纵前所获三夷而去。"

⑥乙榜:科举制度中取中举人的别称。

⑦节钺:符节与斧钺。古代授予官员或将帅,作为加重权力的标志。

⑧闾阎:泛指平民老百姓。原指古代里巷内外的门。闾,泛指门户,人家。古代以二十五家为闾。阎,指里巷的门。

⑨吴襄:字两环,辽东中后所(辽宁绥中县城)人。天启二年武进士。吴三桂之父。累升辽东团练总兵。崇祯四年八月,皇太极围攻大凌河城,吴襄奉命救援,全军覆灭,革职下狱,擢吴三桂为总兵。崇祯十七年三月,李自成破大同、真定,命吴襄提督京营。北京城破,吴襄被俘。四月二十一日,李自成携吴襄抵山海关,逼迫吴三桂投降。四月二十二日,李自成战败,从山海关西逃,斩杀吴襄于永平府城西范家庄。

⑩宋伟:山西山阴县人。崇祯初为辽东副将,崇祯三年正月升山海关总兵,随兵部尚书梁廷栋入援。崇祯四年八月,皇太极围攻大凌河城,宋伟率军入援,被清兵击溃,辽东总兵祖大寿降清,宋伟被革职。崇祯十七年二月,闯王李自成攻山阴县,宋伟率乡兵抵抗,城陷,服毒自尽。

⑪山石道:明天启元年,因辽东战事需要,特设山石道,负责整饬山海路、石门路(今今秦皇岛市山海关,海港区石门寨一带)兵备的道员,驻山海关,隶属于蓟镇总兵。清顺治十年裁撤。

方岳贡,字四长,谷城人。天启二年进士。授户部主事,进郎中。历典仓库,督永平粮储,并以廉谨闻。(《明史》)。

案:旧志云:天启六年(1626年),任户部分司。仁慈廉介。凡仓库钱谷出纳,丝毫不取余羡①。有逋户②解比③者,不事敲扑④,惟劝令速输而已。诸生有以文艺谒者,给膏火,课励之。接物和平乐易,咸以长者称。升松江知府,迁督粮道。时有以受贿误讦者,廷质,廉其实。加升都御史,寻入内阁⑤。未几,乞骸骨归,囊箧萧然⑥。

【注释】

①余羡:盈余。

②逋户:欠交赋税的人家。

③解比:谓选送应举者参加大比。

④敲扑:古代鞭打犯人的刑具,短曰敲(木杖),长曰扑。亦指敲打鞭笞。

⑤入内阁:崇祯十六年十一月以左副都御史兼东阁大学士入直文渊阁。

⑥囊箧萧然：行囊简陋，比喻为官清廉。囊箧，犹囊笥。古代读书人多用以装书籍文稿，故亦借指书籍。萧然，空空如也，简陋。

梁廷栋，鄢陵人。万历四十七年（1619年）进士。授南京兵部主事，召改礼部，历仪制司郎中。天启五年（1625年），迁抚治西宁参议。七年（1627年），调永平兵备副使。督、抚①以下为魏忠贤建祠，廷栋独不往，乞终养归。崇正［祯］元年（1628年），起（故）官，分巡口北道。明年（1629年）加右参政。十一月，清兵克遵化，巡抚王元雅自缢，即擢廷栋右佥都御史代之。廷栋请赐对，面陈方略，报可。未几，督师袁崇焕下狱，复擢廷栋兵部右侍郎兼故官，总督蓟、辽、保定军务及四方援军。廷栋有才知兵，奏对明爽，帝心异之。三年（1630年）正月，兵部尚书申用懋罢，特召廷栋掌部事。时京师虽解严，羽书旁午，廷栋剖决无滞。而廷臣见其骤用，心嫉之。给事中陈良训首刺廷栋，同官陶崇道复言："廷栋数月前一监司耳！倏而为巡抚、总督、本兵，国士之遇宜何如报。乃在通州时言遵、永②易复，良、固③难破，自以为神算。今何以难者易，易者难？且尝请躬履行间，随敌追击，以为此报主热血。今偃然中枢，热血何销亡也？谓（刺）［制］敌不专在战，似矣，而（发）［伐］谋用间，其计安在？"帝不听崇道言。廷栋疏辨，乞一岩疆自效，优诏慰留之。五月，永平四城复，赏廷栋调度功，加太子少保，世荫锦衣佥事。（《明史》）。

【注释】

①督、抚：总督、巡抚。《明熹宗实录》："天启六年十月庚子朔。壬寅，孝陵卫指挥同知李三才疏称：厂臣魏忠贤，体国勤劳，夙夜匪懈，京军鼓舞欢欣，愿捐赀建祠，仍请敕赐祠额。得旨，赐名'溥仁'。""天启七年四月丁酉朔。壬寅，蓟辽总督阎鸣泰、巡抚袁崇焕疏颂魏忠贤功德，请于宁前建祠。赐名'懋德'。癸卯，总督宣大山西张朴、山西巡抚曹尔祯、巡按刘弘光疏颂魏忠贤功德，请建祠于五台山。赐名'报功'。癸丑，巡抚宣府秦士文再颂魏忠贤功德，请生祠额名。赐名'隆勋'。甲寅，宣大总督张朴再颂魏忠贤功德，请生祠额名。赐名'德勋'。"

②遵、永：遵化，永平。

③良、固：良乡县、固安县。

邱民仰，字长白，渭南人。万历中举于乡。迁永平右参政，移督宁前兵备。民仰善理剧，以故所移皆要地。（《明史》）。

案：旧志云：崇正［祯］十二年，任永平道。公有文武才，历贵州道御史，凡条议时事，皆中肯要，有声于台。旋督蓟、辽兵饷，挽运有方，中外倚重。以永平岩疆，甫下车，严饬边防，稽核士马。颁《固圉录》，以备城守；著《帅中录》，以教战攻、习火攻诸法，以资行阵；讲《马政录》，以备征调，所部将士乐为驰驱，一时甲胄旌旄，严翼生色。

马世龙，字苍元，宁夏人。由世职举武会试，历宣府游击。天启二年（1622年），擢永平副总兵①。署兵部孙承宗奇其才，荐授署都督佥事②，充三屯营总兵官。承宗出镇，荐为山海总兵，俾领中部，调总兵王世钦、尤世禄分领南北二部。明年（1623年）正月，赐尚方剑,实授府衔③。承宗为筑坛拜大将,代行授钺礼,军马钱谷尽属之。寻定分地,世龙居中,驻卫城,世钦南海,世禄北山,并受世龙节制,兵各万五千人。世龙感承宗知己,颇尽力,与承宗定计出守关外诸城。四年(1624年),偕巡抚喻安性及袁崇焕东巡广宁,又与崇焕、世钦航海抵盖套④,相度形势而还。叙劳,加右都督。当是时,承宗统士马十余万,用将校数百人,岁费军储(数)百万。诸有求于承宗者,率因世龙,不得则大恚⑤。而世龙貌伟,中实怯。忌承宗者多击世龙以撼之。承宗抗辩于朝曰:"人谓其贪淫朘削⑥,臣敢以百口保其必无。"帝以承宗故不问。五年(1625年)九月,世龙误信降人刘伯漒言,遣前锋副将鲁之甲、参将李承先率师袭取耀州⑦,败没。言官交章劾奏,严旨切责,令戴罪图功。时魏忠贤方以"清君侧"疑承宗,其党攻世龙者,并及承宗。承宗不安其位去,以兵部尚书高第⑧来代。职方主事徐(曰)[日]久⑨者,先佐第挠辽事,及从第赞画,力攻世龙。世龙阴结忠贤,反削(曰)[日]久籍。其冬,世龙亦谢病去。崇祯元年(1628年),王在晋为尚书。世龙上疏极论其罪,有诏逮世龙,久不至。在晋罢,始诣狱。二年(1629年)冬,都城戒严。刑部尚书乔允升荐世龙才,诏图功自赎。会祖大寿师溃,京师大震,承宗再起督师,以便宜遣世龙驰谕大寿听命。及满桂战死,遂令世龙代为总理,赐尚方剑,尽统诸镇援师。三年(1630年)三月,进左都督。时遵化、永平、迁安、滦州四城失守已三月。承宗、大寿隔关门,与世龙诸军声息断绝。帝急诏四方兵勤王,昌平尤世威、蓟镇杨肇基、保定曹鸣雷、山海宋伟、山西王国梁、固原杨麒、延绥吴自勉、临洮王承恩、宁夏尤世禄、甘肃杨嘉谟,所将皆诸边锐卒;内地则山东、河南、南都、湖广、浙江、江西、福建、四川诸军,亦先后至,并壁蓟门,观望不进。给事中张第元上言:"世龙在关数载,绩效无闻,非若卫、霍之俦⑩,功名(足)以服人也。诸帅宿将,非世龙偏裨,欲驱策节制,谁能甘之?师老财匮,锐气日消,延及夏秋,将有不可言者。"帝以世龙方规进取,不纳其言。时大寿于五月十日薄滦(河)[州],明日世龙等以师会,又明日复其城。十三日,游击靳国臣复迁安。明日,副将何可纲复永平。又二日,别将复遵化。阅五月,四城始复。论功,大寿最,世禄次之。世龙加太子少保,荫本卫世千户。八月,复谢病归。(《明史》)。

【注释】

①永平副总兵:《明熹宗实录》:"天启二年四月丙寅朔。庚辰,先是蓟辽总督王象乾题议永平府一片石二处各添副总兵一员。上命经略酌议委用。经略王在晋称:应添各官,永平副总兵部推游击有马世龙矣,一片石题补副总兵有吴自勉矣。"

②署都督佥事:明洪武十三年(1380年),为加强中央集权制,明太祖朱元璋在废除丞相制度的同时,又废除大都督府,设立中军、前军、后军、左军、右军五个都督府,五军都督府互不统辖,听命于皇帝。后军都督府,掌北直隶、大宁都司、万全都司、山西都司、山西行都司。每个都督府设左、右都督一人,正一品;都督同知,从一品;都督佥事,正二品。署,暂时代理,试充官职。《明熹宗实录》:"天启二年五月丙申朔。甲辰,升新推永平副总兵马世龙署都督佥事,驻扎三屯营,专管中协四路。壬戌,命铸镇守永平等处关防,给副

总兵马世龙。"

③实授府衔：正式任命后军都督府都督佥事。实授，正式任命。府衔，都督府的职务。《明熹宗实录》："天启二年八月甲子朔。壬申，升署都督佥事、镇守永宁等处总兵官马世龙注后军都督府带衔。"

④盖套：盖州梁房口墩（今辽宁营口市内），在盖州卫城西北九十里，明永乐十三年置梁房口关、堡。明代由山东向辽东海运物资常以盖套为中转站。

⑤大恚（huì）：大怒。《广雅·释诂二》："恚，怒也。"

⑥朘削（juān xuē）：剥削、盘剥。《明熹宗实录》："天启五年八月丁丑朔。辛巳，御史安伸疏陈时务，一审兵机，谓辽疆久沦，奴患叵测，策战策守，计先稳著。马世龙屡有指及，而枢辅独信其可使。皇上重严其责成，为世龙者力去虚惰朘削之习，猛奋秣马厉兵之勇，当不俟终日矣。戊子，兵科都给事中罗尚忠疏参大将马世龙骄贪罪状，且言枢辅信非其人，所伤实多。为今之计，惟惩贪将，以正法纪，核兵数以杜侵冒。上曰：'枢辅既已汰兵清饷，必有一番振刷，以固封疆。'马世龙奉旨策励，姑看新图，以责后效。己丑，御史周昌晋疏言：关兵索饷，挺刃逼道臣之门，而松山、杏山之兵亦复煽动，枢辅与抚臣疾呼，请命饷司曲为给发，仅得解散。镇臣马世龙骄而且懦，朘削无厌，凡部伍中无骨气者，既竭趋承以奉款，即有才力者亦不能越阿堵以自竖，举朝知之。而枢辅若充耳也，或者期许之。上谓枢辅自有筹画，不必以多言乱听。"

⑦耀州：今辽宁营口市西北大石桥市岳州村。《全辽志》："耀州：海州城西南二百里。本渤海椒州地，辽置耀州，领岩渊一县，属海州。"天启五年八月，马世龙檄前锋营总兵鲁之甲、中军钱应选、参将李承先等率兵进袭耀州。军至耀州柳河遇伏，被后金四王子皇太极率兵击杀。李承先骑陷泥淖被杀，鲁之甲重伤与中军钱应选赴水死，明军丧师2000余人。《明熹宗实录》："天启五年九月丙午朔。壬子，辽东总兵马世龙遣副总兵鲁之甲等谋袭锦州，渡河败殁。先是降虏生员刘伯镪自虏中归，声言四王子见住锦州，兵不满三百，如我师渡河，辽民即杀四王子，歼其众以归。马世龙信之，遂托言东哨接济难民，调前锋营副总兵鲁之甲、参将李承先领兵渡河，而所调水兵游击金冠等大船不至，济以渔舟，往返不能多载，喧竞于河者四昼夜。奴酋已觉，伏兵掩击，我军败北。二将死焉。巡抚喻安性以闻。上以马世龙轻进丧师罪，莫可逭。喻安性同事封疆，何得诿于不知，姑著策励供职，悉心防御，候勘明处分。后兵科给事中王鸣玉、都给事中罗尚忠、刑科给事中苏兆先各具疏参劾马世龙，并及枢辅孙承宗，承宗亦引疾乞罢。得旨：轻进失事，责在镇臣。再整军容，严加备御，还俟卿督率弹厌，以安人心。封疆重，任何人堪代？岂得遂欲求归。既而承宗再疏告病。上复勉留之。"

⑧高第：字登之，滦州（今唐山市路南区）人。万历十七年进士，历任临颍县令、大同知府、山东按察副使，湖广右参政、山东按察使，陕西右布政使、山西左布政使，天启元年三月升都察院右佥都御史，巡抚大同。天启二年十二月擢兵部右侍郎，四年正月转左侍

郎。天启五年五月升兵部尚书,十月以兵部尚书经略蓟辽。

⑨徐(曰)[日]久:字子卿,浙江西安县(今衢州市柯城区)人。万历三十八年进士,授上海知县。升兵部职方清吏司主事。马世龙失律丧师,随经略高第赴辽东赞画军务,上疏弹劾"世龙不去,则法令不行"。宦官魏忠贤不悦,罢黜徐日久。崇祯元年,召为福建巡海道。升山东按察使。

⑩卫、霍之俦:西汉大将军卫青、骠骑将军霍去病。俦(chóu),同类、辈。

赵率教,陕西人。万历中,历官延绥参将,屡著战功。已,劾罢。辽事急,诏废将蓄家丁者赴军前立功。率教受知于经略袁应泰,擢副总兵,典中军事。天启六年(1626年)二月,擢都督同知,实授总兵官,代杨麒镇山海。寻论功,再进右都督,世荫本卫副千户。时满桂守宁远,亦有盛名,与率教深相得。及宁远被围,率教遣一都司、四守备东援。桂恶其稽缓,拒不纳,以袁崇焕言,乃令入。既解围,率教欲分功,桂不许,且责其不亲援,两人遂有隙。中朝闻之,下敕(诫)[戒]谕。而桂又与崇焕不和,乃召还桂,令率教尽统关内外兵,移镇宁远。崇祯元年(1628年)八月,移镇永平,兼辖蓟镇八路。逾月,挂平辽将军印,再移至关门。明年,清兵由大安口南下。率教驰援,三昼夜抵三屯营。总兵朱国彦不令入,遂策马而西。十一月四日,战于遵化,中流矢阵亡,一军尽殁。帝闻痛悼,赐恤典,立祠奉祀。率教为将廉勇,待士有恩,勤身奉公,劳而不懈,与满桂并称良将。二人既殁,益无能办东事者。(《明史》)。

刘肇基,字鼎维,辽东人。嗣世职指挥佥事①,迁都司佥书②,隶山海总兵官尤世威麾下。崇祯七年(1634年),从世威援宣府,又从剿中原贼。进游击,戍雒南兰草川。明年遇贼,战败伤臂。未几,世威罢。后从祖宽③,数有功,而其部下皆边军,久戍思归,与宽军譟而走。总理卢象升乃遣之入秦。其秋,畿辅有警,始还山海,竟坐前罪解职,令从征自效。俄以固守永平功复职,屡迁辽东副总兵。十二年(1639年)冬,蓟辽总督洪承畴请用为署总兵官,分练宁远④诸营卒。(《明史》)。

【注释】

①指挥佥事:明朝初,于冲要府州县地方设卫或所,一卫领五千户所,5600人。每卫设指挥使一人(正三品)、指挥同知二人(从三品)、指挥佥事四人(正四品)等官。

②都司佥书:明代设辽东都指挥使司(简称都司),治定辽中卫(今辽宁辽阳市)。都司设都指挥使一人(正二品)、都指挥同知二人(从二品)、都指挥佥事四人(正三品)等官,统领司事者称掌印,负责屯田者称为佥书。

③祖宽:原为祖大寿家仆,随祖大寿军征伐,累升宁远参将、副总兵。崇祯八年十月,授援剿总兵官,奔赴河南,围剿高迎祥、李自成、张献忠义军,攻克洛阳。

④宁远:明辽东宁元卫,宣德三年(1428年)建。清改为宁远州。民国二年改宁远县,三年更名为兴城县。1986年12月改为兴城市。

马负图①，山西临汾人。永乐十年（1412年）任永平知府。牧御有方，修举废坠，百姓戴之如父母。升山西布政。

【注释】

①马负图：建文元年己卯科应天乡试中举，建文二年庚辰科进士，河南左布政使。（《山西通志》）。

【补录】

马负图，永乐中为永平知府，在任孜孜爱民，多有善政，寻以绩最升陕西左布政使。（天顺五年《大明一统志·永平府》）

马负图，临汾人。洪武末乡贡，永乐中为永平知府。在任孜孜爱民，民多有善政。寻以绩最升陕西左布政使。（《万姓统谱》）

李文定，浙江临海人。进士，正统五年（1440年）任永平知府。遇事立（辨）［办］，刚果有为。修建郡学殿堂、斋舍及明远楼，皆极壮丽。升福建布政使。

王玺，陕西盩厔人。进士，成化四年（1468年）任永平知府。洁己爱人，尝辟郡学基址，奏复夷齐庙，请赐额及祀典祭文，时论伟之。祀名宦。

【附录】

成化九年九月己丑朔。丙午，永平府知府王玺奏：伯夷、叔齐庙在永平府境内，洪武中有司春秋致祭，景泰中始废。今臣已重建，请赐庙额及祝文。上曰："伯夷、叔齐，清节凛然，大有功于名教。宜特赐庙额曰清节，其令词臣撰祭文，有司以时致祭。"（《明宪宗实录》）

殷衡①，山东历城人。成化间任永平训导。学行优长，有邹鲁遗风②。以三礼③诲生徒，捐俸置纸笔，油烛资之。永平甲第汇征，多其教益。母性嗜鱼，板舆④迎养。值滦水涸，公密祷河，水涨鱼跃。后辟为德庄王审理⑤，多所裨益。卒，赠礼部尚书兼武英殿大学士。入祀名宦。淮南王世贞⑥为文，镌石以纪其德。

【注释】

①殷衡：隆庆年间礼部尚书、武英殿大学士殷士儋曾祖父。景泰四年（1453年）山东乡试第五名举人，选授永平府训导，"身率教士，造就居多"，迁德庄王府教授。殷士儋，嘉靖二十六年进士，授翰林院检讨，充任裕王朱载垕（隆庆皇帝）讲读官，迁右赞善，进洗马。隆庆元年，升侍读学士，掌翰林院事务，进礼部右侍郎，改吏部右侍郎。翌年春，升为礼部尚书。隆庆三年，兼任文渊阁大学士，晋升少保，改武英殿大学士，进太子太保。隆庆五年，辞官归里。

②邹鲁遗风：邹鲁遗留下来的风气。比喻孔孟遗留下来的儒学风气。孟轲，春秋时期邹国人。孔丘，春秋时期鲁国人。

③三礼：《周礼》《仪礼》《礼记》，古代政治制度的三部儒家经典。

④板舆：古代一种用人抬的轿子，多为老人乘坐。同时也用来代指官吏在任迎养父母。

⑤德庄王审理:德庄王,朱见潾,明英宗朱祁镇次子。景泰三年(1452年)五月,封荣王。正统十四年(1449年),明英宗朱祁镇御驾北征瓦剌,在土木堡(今河北怀来县东南)为瓦剌军俘虏,他的弟弟朱祁钰被拥立为皇帝(明代宗)。景泰八年(1457年)三月,明英宗复辟,改封德王于山东德州。成化二年(1466年)因德州贫瘠苦寒,将德王府迁至济南府(治历城县)。明代王府设长史司(左、右长史各一人,正五品)、审理所(审理正一人,正六品;审理副一人,正七品)等机构。

⑥王世贞:字元美,号凤洲,又号弇州山人,苏州府太仓州人。嘉靖二十六年进士,嘉靖三十五年春,以刑部郎中察狱畿辅,至永平。万历时期累升至南京刑部尚书。明代文坛"后七子"领袖,独领文坛二十年。王世贞撰有《永平祠殿训导先生名宦记》(《弇州四部稿》卷七十四)。乾隆《钦定续通志·金石略三》:"永平祀殿训导名宦记(王世贞撰,纪公巡书,嘉靖三十七年,卢龙)。"

刘魁,山东高唐州人。进士,成化三年(1467年)任卢龙知县。廉以持己,能以御事。公以存心,正以率下。秩满,擢御史。祀名宦。

李景华,南直隶江都人。进士①,成化二十一年(1485年)任卢龙知县。治尚廉慈,遇事果断。性不事奔竞②,时称为三代遗直③云。祀名宦。

【注释】

①进士:雍正、乾隆《江都县志》载为"成化辛卯科(七年,1471年)"举人。

②奔竞:奔走竞争。多指对名利的追求。

③三代遗直:唐代魏征及其曾祖魏钊、祖魏彦、父魏长贤被后人誉为"千秋金鉴,三代遗直"。

乔聪,河南河内人。举人,成化十年(1474年)任卢龙知县。宽猛交济,不以严刻励民①,不以姑息养奸,吏畏民怀。擢浙江衢州府通判。人多去后思。祀名宦。

【注释】

①严刻励民:排印错误。光绪《永平府志》、康熙《卢龙县志》为"严刻厉民"。

吴杰,南直隶江都人。进士,宏[弘]治七年(1494年)任永平知府。首崇祀典,缮治坛壝,修葺圣宫。滦、漆二河船夫岁用千余人,百姓苦之,公悉力裁减如制。郡旧有志,永乐初失之。下车访得一编,残缺舛讹,乃属致仕行人张廷纲、教官吴祺率诸生修之。

何诏,浙江山阴人。由进士正德二年(1507年)任永平知府。时中贵王宏镇边,踞视郡邑长吏,公独不往其所。诬盗成狱者十有四人,竟出之不坐。郡有叔杀人而赂见知者,移罪于侄,狱成且二年,公一讯立辨。厘宿弊,均粮役,修学校,勤考课。闻母艰去,百姓皆追送泣别,立去思碑。入祠名宦。历官工部尚书。

张守,陕西泾阳人。举人,嘉靖三年(1524年)任永平同知。廉慎爱民。署滦篆,旧例草束上京输场,岁费不赀,民甚病之。公为疏请,得改派附近仓驿,岁省(浮费)银十之九。建昌营中贵镇守恶其不利于己,潜以(忘)[妄]奏,械系京师,南北科道交章荐救。

升南京刑部员外。滦人请祀名宦,郡亦祀焉。

张玭,山西石州人。进士,嘉靖二十五年(1546 年)任永平知府。下车,即厘剔宿弊,凡有不便于民者,悉力除之。置脂膏簿,颁示属吏,无敢扰民。立孤竹书院,以风励士类,集文行优者肄业于中。拓夷齐故城,修举如制,祠成编志,畀守祠者世守之。升酒泉兵备,寻转蓟门巡抚。祀名宦。

韦文英,陕西泾阳人。举人,嘉靖二十六年(1547 年)任迁安知县。发奸摘伏①,爱民作士,亹亹不倦②。升本府通判。卒于官③。祀名宦。

【注释】

①发奸摘伏:揭发隐秘的坏人坏事。形容治理政事精明。

②亹亹(wěi wěi)不倦:亹亹,同"娓娓",形容说话连续不倦的样子。谓诗文或谈论动人,有吸引力,使人不知疲倦。

③卒于官:在任时逝世。韦文英,嘉靖七年举人。嘉靖二十一年后(康熙《阳城县志》职官表为嘉靖二十四年,宦绩为嘉靖二十一年)任山西阳城县令,嘉靖二十六年至三十一年任迁安知县。任永平府通判在嘉靖年间,具体时间不详。同治《迁安县志》也称"卒于官"。康熙《泾阳县志·韦文英传》称"久之,阳城大治,名擅晋中。升永平府通判。归无余资,田庐未尝增拓也。"并未说"卒于官"。

温景葵,字汝阳,号三山,山西太原人。嘉靖三十九年(1560 年)任永平道。创制筹画,精密周详。莅任四年,练兵裕饷,事惬人心。立籴贮法以厚农,立入仓法以苏商,立稽运法以清支,设径解惜薪司法以全活卫职。修诸营寨城堡,新郡城楼七座。约束军卫,宽严相济,居民赖以安枕。又遴(入)[八]庠之士,馆之孤竹书院,聘师丰廪,严课鼓舞。癸亥之变①,总兵阵殁,督抚重谴,朝议以公夙望,特授都御史,巡抚顺天。

【注释】

①癸亥之变:嘉靖四十二年(1563 年),岁次癸亥。《明史·世宗本纪》:"嘉靖四十二年冬十月丁卯,辛爱、把都儿破墙子岭入寇,京师戒严,诏诸镇兵入援。戊辰,掠顺义、三河,总兵官孙膑败死。乙亥,大同总兵官姜应熊御寇密云,败之。十一月丁丑,京师解严。"《明世宗实录》:"嘉靖四十二年十月丙午朔。丁卯,虏拥众自墙子岭、磨刀峪溃墙入犯,总督蓟辽侍郎杨选以闻,京师戒严。诏宣大总兵官马芳、姜应熊、刘汉等速调兵入援,以总督尚书江东统之。是时总兵官胡镇、孙膑及游击赵溱等已领兵赴通州迎敌。虏大掠顺义、三河等处,分兵围下店。诸将胡镇、赵溱、孙膑等引兵救之,虏骑大集,围镇等数重。镇遣间使告急。有旨,命祝福星驰赴援,仍令江东亟发兵应之。未至而镇等败,溱、膑死之,镇溃围出。"

【补录】

嘉靖三十八年六月辛丑朔。戊午,总督蓟辽保定军务尚书杨博言:秋防期迫,臣谨以便宜指挥,各兵备官分地画守,……蓟州兵备佥事尹介夫驻太平寨,提调太平、马兰谷二区,霸州兵备副使温景葵驻燕河营,提调燕河、石门二区;昌平兵备副使栗永禄驻昌平,提调镇边、黄花镇二区,责令人自为守,俟入冬解严后,核其地方有无失事,以为功罪。得旨允行。

嘉靖三十九年二月丁酉朔。己亥,添设怀柔、永平二道兵备各一员:调山按察司副使温景葵于永平,从总督杨博议也。

嘉靖四十四年十二月甲子朔。己丑,诏巡抚顺天右佥都御史温景葵回籍闲住,以总督侍郎刘焘奏其久疾未痊也。(《明世宗实录》)。

佥都御史温景葵传(顺天)

温景葵,字汝阳,大同举人也。其文行为乡表,令长山,升御史,守苏州,并有治绩。嘉靖庚申,边事孔棘,兵道初设,乃自霸州道移任。创制运筹,详审精密,任四年,政兼百善,事惬人心,功垂世轨。如谷贱伤农,立为籴贮法;因军饷对支,掠害商人,立为入仓法;因将士重冒,行粮滥费,立为稽涂法;因后府催徭,残坑卫职,疏准为径解惜薪司法。修建昌营、刘家营、石门寨、半壁山等城,为边疆保障。未再阅月,新郡城楼七座,处置有方,财不费而居民不扰,为重镇伟观。遴八庠士,馆之孤竹书院,聘师丰廪,严程课,如亲子弟,然联登科甲,皆出其门。约军卫而宽严并用,遇士夫而恩礼兼隆。在任四年,围肃清而民安堵。加参政俸。癸亥之变,总兵陈没,督抚重谴,朝议难其人,科道交荐,特擢都御史,巡抚顺天,其泽及永尤深,居三载,告病归。今人亡而泽不泯,岁久而思愈深云。(明焦竑编《国朝献征录》)。

温景葵,字汝阳,大同人。嘉靖戊子(七年,1528年)举人。令长山,升御史,守苏州,并有治绩。庚申(嘉靖三十九年,1560年),边事孔棘,兵道初设,乃自霸州道移任永平四年。创制运筹,详审精密,如谷贱伤农,立为籴贮法;因军饷对支,掠害商人,立为入仓法;因将士重冒,行粮滥费,立为稽涂法;因后府催徭,残坑卫职,疏准为径解惜薪司法。修建昌营、石门寨、半壁山等城,为边疆保障,处置有方,财不费而民不扰。选士入孤山书院,延师丰廪,严程课如亲子弟,科甲多出其门。特擢都御史,巡抚顺天,三载告病归。(《山西通志》)。

廖逢节,河南固始人。进士,嘉靖四十三年(1564年)任永平知府。设立木铎,自府治达闾巷,晨昏以六谕号诏之,有崇古化民之意。时左道盛行,结众酿乱。公罪其倡首者,众始解散。其自奉衣不罗绮,食不兼味。设义仓,编保甲,立乡约,勤蒙养,息讼缓征,与民休息。莅任三年,芝产后庭。升山西副使。

乐亭王好问《送太守廖公序》云:春泉廖公守平滦之三年,吏治民和,克当圣意,乃晋擢宪大夫,节镇云朔。命既下,邑大夫宋诣余而词曰:"太守廖公视政吾平久矣,育民如子,治民之事如家,休养节缩,思罔不周。至于创制作法,防奸烛微,有经有术,群下畏服,殆若神明。利兴而敝革,郡县下吏依戴,即严亲而向,承为明师,式刑所存,庶几自治。今其行矣,吾何怙乎?先生其有言,先是公承新命,平诸大夫士佥以文见属,业已诺矣!夫词烦则支,再则喋喋不已,得毋过乎?"大夫曰:"言畏多,善言宜详。古之圣人,闻昌言则拜,而彰善锡类亦先生所期也,又何以辞?"余为之喟然曰:"贤哉! 大夫其亲上之诚,而知德之深者乎?"遂作而言曰:"轲氏云:以善服人者,未有能服人者也。以善养人,然后能服天下。"信夫! 今之士大夫持一善焉,则恐恐然忌人有同,而无以擅其能也。然私心所存,终鲜允臧,只见其狭且陋矣。公仁厚正直,吏事晓畅,而与人为善之意,恒拳拳焉。郡县质成必随事开谕,断之以义而不遗乎法,务使民受其福,而政无所蠹。郡吏所为,或畔于理,亦兢兢然畏其怨责,而急于改新。至于善有可择,艺有可名者,则虚心采察,爱之若己出。呜呼! 推此心也,岂直守一郡、镇一路,泽有所施,而福及其身耶? 古之明相道者,断断休休,若无所长,而天下之技能猷谋,万有不穷,悉为所用,以究其业,而成其大,辟之泰山万仞,不见其崇,而诸峰之环列,悉其所宗;沧海九渊,莫测其深,而百川之流注,悉其所受。是用功加社稷,泽及亿兆,旗常纪其烈,而子孙蒙其庇。稽诸往古,固历历可鉴也。其不类者反是,故考人者,不专于才而取其德,不量其能而观其度,非以名位言也。即公之才猷,而得其蕴蓄,其功业岂易究耶? 我皇上轸念边务,期得壮猷之臣,与图大计,宣诏有归,则公其人也。或曰边人骜悍成习,长上多笼络之计,故积弊日深而法纪隳,公明察或非所宜。余曰:"是大不然。夫事兴于恒,功隳于罔。诚致饰于声音、笑貌之间,而实不足以孚之,人心之所以离也。公严断之中,而一德不回,渐摩之久,则人与其信,神鉴其诚,和顺所积,妖孽不生,彼龙跃重雾,而雷雨震迅,虎啸崇阿,而风飙飘弗,魍魉狐狸将恐惧潜伏,陨死灭迹矣。其何能为?"《诗》曰:"神之听之,式穀以女。"与正直也,其在是乎? 大夫曰:"然。先生其知公者,请志之。"遂次第其词,以为公贺,且以言别。

【补录】

隆庆五年二月癸巳朔。丁巳,山西按察司副使廖逢节为布政使司右参政,仍分巡北中二路兼兵备。

隆庆五年六月辛卯朔。庚子,升山西布政使司右参政廖逢节为都察院右佥都御史,巡抚甘肃等处。(《明穆宗实录》)

程鸣伊,字希正,号消溟,山东安邱人。进士,嘉靖四十四年(1565 年)任户部分司。创立永丰仓厫,修建衙署,助粮以修学宫,捐俸以恤寒士。升山西大同知府,晋太仆寺卿。

杨兆,字梦镜,号晴川,陕西肤施人。隆庆三年(1569 年)任永平道。为政平和近人,抚恤疮痍,作兴学校,凡坊表署额,皆出其笔。升都御史,巡抚顺天。

许守谦,字子受,号益斋,直隶藁城人。进士,隆庆四年(1570 年)任户部分司。嘉靖间充商者,悉荡产赔籴,后诬坐侵欺,充戍四十余人,公力为辩豁,人皆戴之。历兵部。

孙应元,号华山,湖广钟祥人(一作"承天卫人")。进士,隆庆四年(1570 年)任永平道。时坐商籴饷,罄资赔补,犹拟远戍,公力白当道,宥诬坐土商戍边者四十余家,永人世尸祝之。赒恤贫士,加意学校。至巡视边徼,不惮险阻,皆公自检核,力除虚冒,军卫敛手,牙侩裹足。其刚介精敏如此。

宋豸,字思直,号直庵,直隶容城人。进士,隆庆五年(1571年)任户部分司。时议蠲,商未决,公知应者苦,逐一蠲之。升汝宁知府,至运使。

顾褒,浙江余姚人,由进士万历二年(1574年)任永平知府。历事精明,公文不假胥吏手,听断狱讼,一见即决,庭无留系。尽革赎锾等弊。时各衙门雇差驿递,雇役为时大累。公严禁止之,一时吏治肃然。

冯露,河南襄城人。进士,万历四年(1576年),自乐亭调迁安知县。廉明仁恕,实惠及民,申请减免永平等卫徭银,民为立石。祀名宦。

乔学诗,山东东阿人。进士,万历五年(1577年)任永平推官。严明整肃,人不能欺。属邑有匿官解银数千金,以虚批应查,数年罔觉,公一见发之。卫官征收徭银耗重,贫苦无告。公建议令输纳于各卫首领,允为良法。行取,补刑部主事。

任铠,山西平定州人。举人,万历六年(1578年)任永平知府。时料丈田地,公以小民无知,十止报九,当罪者众。乃新制步弓,比旧暗增五寸,俾执以度地,视前丈分数相合,众俱免辜。存心宽厚,御下不尚鞭笞,时论称为仁厚长者。建南门楼、凭虚阁。升宁夏副使。

陈名华,字诚甫,号章阁,福建晋江人。进士,万历九年(1581年)任户部分司。申明不用土商之令,客兵屯海上扰民,请撤之,士民立石以颂。二十三年(1595年),调礼部主客司郎中。

马瀚如,字纡之,号抱白,河南陈留人。进士,万历十三年(1585年)任户部分司。时郡岁租甚鲜议,金商籴买以实仓庾,咸鬻产为避计。公如广开中法,令盐商输粟各仓,不用土著,而金商之议始寝,人皆德之。

沈之吟,浙江乌程人。进士,万历十三年(1585年)任永平推官。扶持义类[1],绰有仔肩[2]。丁亥(万历十五年,1587年)水灾,缚筏拯溺,散粟赈济,生全甚众。督修城垣,增下水关瓮城,创南关明滦门。一时才猷肆应,当事伟之。擢南京给事。

【注释】

[1]义类:善人。

[2]仔肩:所担负的任务;责任。谓担负,承担。

(陈)[孙]维城[1],山东邱县人。进士,万历十五年(1587年)任永平知府。操守廉清,衣履若寒士。卫余金大户,征收立致罄产。公决议以收纳事尽责各卫首领,著为令,甲卫余得苏。升山西赤城道副使。

【注释】

[1](陈)[孙]维城(1540~1602):《明神宗实录》《明史》《畿辅通志》《河南通志》《山西通志》《陕西通志》《太原府志》《邱县志》等皆作"孙维城"。字宗甫,号卫宇,山东邱县(今属河北)人。隆庆五年进士。历任浚县、太康、任丘知县,万历十年擢南京湖广道御史。万历十五年出任永平知府。升赤城兵备副使,进山西按察使。擢右布政使,守宣府。

改广东左布政使。万历二十九年，拜右佥都御史、巡抚延绥。

【补录】

直隶永平府知府孙维城制

制曰：朕眷切烝黎，选用良二千石，为吾拊安牧养之。有治理效，并得显褒。矧北平，吾股肱郡乎？尔直隶永平府知府孙维城，器度端凝，才猷敏练。自擢英甲第，岂誉邑符，留台凛屈轶之风，泽国留甘棠之爱。迨领兹郡，益裕乃猷。抚字之勤有加，清白之操弥励。政平讼理，嘉绩来闻。特授尔阶中宪大夫锡之诰命。昔光武劳颍川守，谓去帝城不远，河润九里，冀京师并蒙福也。今朕亦以此望永平矣！尚图懋勉毋弃。尔成称朕意焉，钦哉！（明李廷机著《李文节集·诰敕》）

王衮，山东阳谷人。举人，万历二十年（1592 年）任卢龙知县。性坦易，才敏决，并柜以省收头，俵马市之都门，免贴银赔累之苦。倭警，将籍民为兵，远近骇窜。公力陈当道，更为召募，应者立集，六属安堵。升陕西耀州知州。

徐准，山东新城人。进士，万历二十四年（1596 年）任永平知府。才干精明，临事爽决。时倭警方炽，海防单弱。公请兵二千防海，一时恃以无恐。倭平，仍申文撤之。又奉调征倭兵十万，由永渡辽，供需飞挽，增派丁银。倭平，悉飞告减，复如旧，六属欢呼。至条议河工利害，曲折详尽。遇事敢为，屹然莫夺。朝议以公长才，加河南按察司副使。二十七年（1599 年），升辽东海盖道、山西参政。

叶世英，字春谷，广宁卫籍浙江宁波人。进士，万历二十四年（1596 年）任卢龙知县。明敏倜傥，有应变才。二十六年（1598 年），奉调征倭广兵五千噪变于山海，公单骑陈以大义，悉抚定之。内三卫编徭，例属附郭县官审定之，访役诋欺，卫弁率意报徭，骤减骤增，骇愚启幸，为时大害。公先期谕众革除前弊，令各户自平，一时承应如流，六属咸取法焉。尤属意学宫，建魁星阁于埠上，树平临、北斗坊。迁兵部主事。

王象恒，山东新城人。进士，万历二十八年（1600 年）任卢龙知县。性廉洁，多惠爱。甲辰（万历三十二年，1604 年），值滦、漆涨溢，郭内行舟。岁饥，流民载道。公开仓赈粥，全活甚众。学宫倾圮，设法修葺，士民咸称颂之。

赵绂，号怀东，山西乐平人。进士，万历三十五年（1607 年）任卢龙知县。实心为政，勤俭自励。征收弗遣役滋扰，与民约四仲①受输，无后期者。听讼平允，不为锾罚。岁饥，赈糜，活人无算。编审金富家应役，以苏贫民，人咸悦服。擢御史。

【注释】

①四仲：农历四季中的第二个月的合称。即仲春（二月）、仲夏（五月）、仲秋（八月）、仲冬（十一月）。与民约定，在仲月主动交纳课税。

孙止孝，山东历城县人。进士，万历四十五年（1617 年）任卢龙知县。劳心抚字，持己洁清，且英毅有远略。时值多事，创立射会，练习乡勇，以备缓急。尤作兴斯文，岁时督课，设立赏格，以示鼓舞。崇祀名宦。

刘泽深，字警图，河南扶沟人。进士，万历四十六年（1618 年）任永平道。治政刚决，不容奸伪，人无敢干以私。其所兴除皆大利大害。升湖广参政。祀名宦。

陈所立，字如有，福建长乐人。举人，天启二年（1622 年）任永平知府。性嗜经术。甫下车，即于府治后建书院，以清圣主于中。政暇集诸生讲论文义，终日不倦。其文行俱优者，格外礼遇之，每岁暮各给膏火炭赀，以砺其学，诸生益奋。北郭外，洫、漆二水潆汇，夏秋涨，辄啮城趾。公设法自拱辰门至菊花台，横筑砖堤里许障之，今遗址尚在。著有《北平诗赋》诸集。

罗成功，广东高要人。举人，天启六年（1626 年）任永平推官。崇正［祯］三年（1630 年），永城不守，公慷慨尽节，视死如归。事平，立坊表之，仍从祀武庙表忠祠。

张凤奇，山西阳曲人。举人，崇正［祯］元年（1628 年）任永平知府。莅任初，值羽檄交驰，军需旁午。公修补废垒，设备刍粮，为固圉计。二年己巳（1629 年）冬，永平戒严，公悉心捐募，鼓励军士，又出库银以饷乡勇。三年庚午（1630 年），永城不守，公尽出所有，散诸行市及舆隶①，乃仰药而死，夫人阖门雉经②。事平，赠光禄寺卿。从祀名宦并武庙表忠祠。

【注释】

①舆隶：古代十等人中两个低微等级的名称。因用以泛指操贱役者；奴隶。

②雉经：指自缢。雉，通"绖"，牛鼻绳。

赵允植，辽阳人。崇正［祯］二年任卢龙教谕。品行端方，勤于训士。凡其诱诲启迪，必以忠孝行谊为先。值庚午兵燹，与妻钦氏及女同死。祀名宦。

刘景曜，号嵩曙，河南登封人。进士，崇正［祯］六年（1633 年）任永平道。赋性正直，不轻言笑。时中官奉使阅兵①，有总监、总督、监视、钦授等名，横甚，稍弗遂意，辄奏行逮治。公独不往谒，疏揭凡七上，时称敢言。察边阅操例，兵备伺陪以属礼见。公乘肩舆，直至演武中堂。总监出幄迎，以宾礼会。公犹抗言，不稍假以颜色。永镇各边将士得免横索凌铄，皆公力也。督师孙公传庭奉命赴山海，监视倚上方剑，纵护卫兵不守纪律，声势赫然，所过地方，民争趋避。公馆之郭外，不令一骑入城，行粮自陴上运给之。孙公怒，提协将知县、乡总欲置以法。公不为礼，事旋解，城中得免糜烂，永人德之。升山东巡抚。所著有《嵩山文集》及《北平名景》诸书。

【注释】

①中官奉使阅兵：崇祯皇帝对边关将士并不信任，派遣太监监视军队。这些太监依仗皇帝宠幸，凌驾于边将大臣之上，飞扬跋扈，祸国乱政，最终也导致明王朝的灭亡。清谷应泰撰《明史纪事本末·宦侍误国》："崇祯二年冬十月，命太监监军。崇祯六年六月，命太监高起潜监视锦、宁。崇祯七年六月，罢各道监视太监。惟关宁密迩外境，高起潜兼监两镇暨内臣提督如故。崇祯九年秋七月，太监高起潜为总监。辽东前锋总兵祖大寿为提督，同山海总兵张时杰属起潜。"《崇祯实录》："崇祯十年四月，总监太监高起潜行部，

永平道刘景耀、关南道杨于国耻行属礼，上疏求免。上谓总监原以总督体统行事，罢于国，降景耀二级。以后，监司皆莫敢争。"明文秉《烈皇小识》："崇祯十年四月，永平兵备刘景耀、关内兵备杨于国，各降三级管事。时总监太监高起潜行部，景耀、于国耻行属礼，俱上疏求罢。乌程票旨：'总监着照总督体统行事，申饬已久，景耀、于国徇私瞻顾，殊属藐玩，姑着降三级管事。'以后监司皆俯首屈膝，莫敢争矣。"乌程，即温体仁，字长卿，乌程人。万历二十六年进士，崇祯三年，以礼部尚书兼东阁大学士入阁辅政，成为首辅。崇祯十年六月，削职罢官。

韩国植，陕西泾阳人。进士，崇正[祯]四年（1631年）任永平推官。郡当残破之余，土著稀少，人文寥落，士气衰靡。公查府治后已废孤竹书院，捐俸修葺，延请有文行者董厥事，鸠民间子弟肄业其中，以东郊外营房隙地九十三亩为学俸，永平至今食其福利云。

张若麒[1]，山东胶州人。进士，崇正[祯]七年（1634年）任卢龙知县。果达明爽，案无积牍，革除金派民役收纳之累，立柜书收受，至今便之。秩满，行取[2]。

【注释】

①张若麒：字天石，山东胶州人。张若獬之弟，崇祯四年进士，初任清苑县知县。崇祯七年迁卢龙知县。崇祯十年以考核最优选任刑部主事，后调兵部职方司主事。崇祯十一年，升职方司郎中。崇祯十四年，赴锦州前线监军。崇祯十五年二月，松山城破，张若麒逃回京师，被劾下狱。崇祯十七年三月，李自成攻陷北京，张若麒降，授伪山海道防御使。降清后，授兵部职方司郎中。顺治元年任顺天府丞，暂管府尹事，九月丁父忧归。顺治五年九月，起补顺天府丞。顺治七年迁大理寺少卿，升太常寺卿，管太仆寺卿事。顺治九年四月擢通政使，八月丁母忧，回乡守制。顺治十年三月以疾乞休。

②行取：明清时期，经地方官推荐保举，到京城任职。

【补录】

崇祯十七年四月戊午朔。甲戌，李自成简轻骑以向永平。戊寅，李自成驻于永平，使张若麒赴吴三桂军中议和，三桂请归太子、二王、速离京城，奉天子即位后而罢兵。自成请旋师京城，送太子军前，三桂许之。己卯，伪山海道防御使张若麒投于建州。建人不受，以吴三桂转恳，乃受之，仍授若麒职方郎中。（明谈迁《国榷》）。

马孔健，河南陈留人。进士，崇正[祯]十年（1637年）任卢龙知县。当兵（燹）[燹]余，劝农兴学，固圉安民。己卯（崇祯十二年，1639年），畿东告警，督师孙公传庭休兵永平，欲入城，郡民骇甚。公设馆城外，请督师禁兵无入，民赖以安，被难男女千余人，给资归之，病者养之。庚辰（崇祯十三年，1640年），台司檄县运粮十万石至辽，民大困。公条议令卫卒营兵协力递运，刻期竣役。里中子投充椒戚，横噬小民，公置诸法不贷。有巨族兄弟讼家产，公闭阁引咎，数日不视事，两造惭谢，和好如初。后争以重赂酬德，抗颜却之。其持正惠民如此。擢御史。

刘浚源，山东曹州人。进士，崇正[祯]十四年（1641年）任卢龙知县。性介操清，驰任无行装,止挟一布被于舆中,服不衣帛,日用惟供蔬菜一束。时出巡行,预备饼数枚,自给于当道,毫无馈遗。听讼执法,虽势力者,不能干以私^①,永人以赵清献^②颂之。

【注释】

①干以私:谋取私利。"干",求。

②赵清献:赵抃,字阅道,号知非,衢州西安人。北宋名臣。景祐元年(1034年)进士,宋英宗即位后,除天章阁待制、河北都转运使。治平元年(1064年),以龙图阁直学士再知成都。宋神宗即位后,召为知谏院,擢右谏议大夫、参知政事。元丰二年(1079),以太子少保致仕。卒,谥清献。在朝弹劾不避权势,时称铁面御史。

朱国梓^①,字邓林,前屯卫^②人。总镇朱梅子。选贡生,崇正[祯]十六年(1643年)任永平道。操持耿介,治政刚方,慎重精明,屏除陋习。甲申(崇祯十七年,1644年)春,逆闯陷京,将薄永郡。公赴关,与总(兵)[镇]^③举义拒寇。

【注释】

①朱国梓:岁贡,明末山海关总兵朱梅次子。崇祯四年任山东福山县令。崇祯十三年,升山海关兵部分司主事。崇祯十六年,擢永平兵备道。崇祯十七年春,李自成围攻山海关,朱国梓协助守城。清军入关后,隐居石门傍水崖(今秦皇岛市海港区石门寨镇北未庄)。

②前屯卫:明洪武二十六年正月置广宁前屯卫,治所在今辽宁绥中县前卫镇。

③总(兵)[镇]:指辽东团练总兵、平西伯吴三桂,崇祯十七年春奉命从宁远撤守山海关城。时山海关总兵为高第,字汉冲,陕西榆林人。顺治元年五月,降清,仍为山海关总兵。顺治二年三月,调任河南开归总兵。顺治十年十二月因病乞休。康熙十年卒。

彭份,字洗存,江西南昌人。举人,崇正[祯]十三年(1640年)任永平知府。下车,约法三章,悬锣中门,有冤抑者,任其不时申诉。筑敌台以固东围,修泊岸以障西河。前官遗逋累公镌级者六矣,终不遣一骑,以督各属。岁祲,蝗不入境,永人有秋,尽数年逋欠,争相效输,得尽复所镌级。修葺府县学宫,不扰民间。庚辰(崇祯十三年,1640年),大饥,流民万计趋永,僵仆^①载道。公措施衣粥,为暖舍以居之,所全活甚众。车骑营兵乘夜鼓噪,公戒守栅扼巷,始开门击之,谍兵以无内应宵遁,城中得免屠掠,时服其才大而识高云。升贵州道副使。

【注释】

①僵仆:僵尸倒下。

唐之靖,浙江山阴人。会举第二,崇正[祯]元年(1628年)任武学科正。三年庚午(1630年),清兵下永平,公先令阖家俱焚,因谓左右曰:"吾死之后,亦焚吾尸。"遂西向再拜,自缢,从容就义,大节昭然。祀武庙忠烈祠。

程应琦,浙江山阴人。三科武举。崇正[祯]元年任永平道标中军都司。沉毅英发,有应变才。庚午(崇祯三年,1630年),永城不守,公挺戈巷战,事不济,拔所佩刀自刎,不死,令家丁断头,众皆涕泣劝慰。公竖发裂眦,复起自杀。事平,立坊表之。祀武庙忠烈祠。

朱梅,号海峰,辽东前屯卫人。崇正[祯]三年(1630年),总镇山海。厚重浑朴,御事精详。先是值广宁失守①,边人要赏,士民震骇,当事难之。时公为裨将,慨然自任,出抚于关东八里堡,奢以威灵,绥以恩信,众皆帖服,罗拜而去,关门安堵。至招降丁,活难民,垦地筑垣,种种著绩。适辽兵溃②,还至关,公匹马独前,宣布恩威,相对抚膺,流泣无不感动。镇关③不浃旬④,克奏肤功⑤,加秩世袭。及卒,晋阶谕祭,以酬其勋。子国梓,历官永平道。

(以上武职。旧志)。

【注释】

①广宁失守:《明熹宗实录》:"天启元年四月壬申朔。丙子,升巡抚辽东右佥都御史薛国用为兵部右侍郎兼都察院右佥都御史,经略辽东;升宁前道右参议王化贞为都察院右佥都御史,巡抚广宁事务。"《明史·熹宗本纪》:"天启元年四月丙子,参议王化贞为右佥都御史,巡抚广宁。六月丙子,熊廷弼为兵部尚书兼右副都御史,经略辽东。二年春正月丁巳,大清兵取西平堡,副将罗一贵死之。镇武营总兵官刘渠、祁秉忠逆战于平阳桥,败没。王化贞走闾阳,与熊廷弼等俱入关。参政高邦佐留松山,死之。"

②辽兵溃:崇祯二年十二月,督师袁崇焕下狱,辽东前锋总兵祖大寿等惧怕牵连,率众东奔,出山海关,归宁远。大学士、兵部尚书孙承宗命朱梅安抚劝慰祖大寿。《明史·庄烈帝本纪》:"崇祯二年十二月辛亥朔,再召袁崇焕于平台,下锦衣卫狱。甲寅,总兵官祖大寿兵溃,东出关。"《崇祯实录》:"崇祯二年十二月申亥朔,召袁崇焕、祖大寿、满桂、黑云龙于平台。命(袁崇焕)下锦衣狱。命满桂总理援兵、节制诸将,马世龙、祖大寿分理辽东兵。甲寅,辽东兵溃。辽兵素感崇焕恩,满桂与祖大寿又互相疑贰,大寿辄率兵归宁远,远近大骇。"《崇祯长编》:"崇祯二年十二月辛亥朔。督师袁崇焕、总兵满桂、黑云龙等锦衣卫堂官召对。逮督师尚书袁崇焕于狱。丙寅,大学士孙承宗疏言:臣于本月十四日抵关,即命原任总兵朱梅面谕祖大寿等,宣布主恩,勉以报答。适兵部差人赍至袁崇焕手字,即令赍去,而大寿称兵马远回疲苦,暂令攒槽喂养,休息数日,方可调发。"

③镇关:驻守山海关。《崇祯实录》:"崇祯二年十一月壬午朔。己丑,袁崇焕入蓟州,以故总兵朱梅、副总兵徐敷奏等守山海关。"《崇祯长编》:"崇祯三年庚午四月庚戌朔。甲戌,枢辅孙承宗奏:山海关平辽将军印信向以原任总兵官朱梅署掌,料理关门军务。今于四月十八日新推山海镇总兵官宋伟援剿蓟门,奉旨请印,西随山海军务,难以空文料理,有宁远库贮前将军印暂请借给署镇朱梅掌管,庶军务得有所凭。从之。"明时,须凭朝廷的虎符、印信方能调动军队。

④浃旬:一旬,十天。

⑤克奏肤功:事情已经办成,功劳十分显赫。克,战胜;奏,臣下向帝王陈述事情;肤功,大功。

清

李丕著①,号愚公,山西曲沃人。进士,顺治元年(1644年)任永平道。当定鼎之初,郡邑无专官,公措置经理,城市始治有法。乘乱为盗者,许其投首自新。招抚流离,民得复业。又请设寓学,绥恤远士。立月课,以示鼓舞。凡有不便于地方者,不待陈控,即革除之,士民感其镇定安辑功,肖像立祠于南山之巅。

【注释】

①李丕著:崇祯十年进士,授行人。崇祯十七年四月,清军入关,降清,授永平道。顺治二年五月,升山东按察使司副使、淮海兵备道;七月改山东按察司副使兼布政使司参议兼漕储道。

冯如京,山西太原镇武卫人。恩贡,顺治元年,值开国之初,以本府同知擢用知府。弹压变乱,招集流离,申请创立寓学,以恤远士。革除明季陋规,以抚疮痍,六属钦服,士民爱戴。其任滦也,常革老人应驿之苦,立法攒槽,至今赖之。寻升榆林道副使,历广东、江南左右布政。

李日芃,字培原,满洲人。生员,顺治二年(1645年)任永平知府。惩投充,革滥派,吏不能为奸。寻升霸州道副使,历官操江都御史。

李中梧,号灿宇,满洲人。顺治三年(1646年)任永平知府。厚重少文,不轻謦笑。居官廉明有威,不避豪右。有以锄刃毙人,久未成狱。公命以谷草炙锄,血迹俨然,乃脱无辜于狱,坐实杀人者。升蓟州道,士民攀辕泣送,自永至蓟,凡三百余里,络绎不绝。历湖广按察司。

梁应元,字仁吾,辽阳人。生员,顺治三年任卢龙知县。当定鼎之初,人心惶惑,公慈惠宽仁,鞠保备至,士民爱戴之。学宫倾圮,公创造一新。寻升江南池州知府,转天津道。

赵汲,字学夫,号润宇,奉天锦州人。贡生,顺治五年(1648年)任卢龙知县。沉静练达,廉明仁厚,政皆和易近人。前令学宫未竣,公慨然继成之。时部议召买刍豆赴三屯备行,幸羽书旁午,民间供应不及。公乃给值铺商,以所收米豆雇运,不扰民,而公事立济。升江南泰州知州。

白芬,字猗若,河南洛阳人。举人,顺治八年(1651年)任户部分司。刚果有为,御下明决。尝自谓云:"兴一利,不如除一害。"甫下车,严饬仓库,有弄法者,悉痛治之,积弊顿清,军民慑服。著《四书干选程墨①》,以教诸生。九年,移驻蓟州,而永平饷司自此裁矣。

【注释】

①程墨:科举时代,刊行官撰或士人中式试卷以为范例的文章。

尤侗,字展成,江南长(州)〔洲〕人。选贡,顺治九年(1652年)任永平推官。学识优长,治政明决,尤优礼学校,因材鼓舞,人文振兴,一时称为盛事。以执法不阿,调任去。所著有《北堂秋梦》《西堂杂俎》诸集行世。

王美,顺天昌平人。贡生,顺治十一年(1654年)任永平教授。识见超卓,安静有才干。凡军民以事诘诸生者,公收牒,斥逐之,封牒付本生,令其自省。时进诸生,讲论经史,奖其所能,进其所不及。人以方李宗思①、常浚孙②云。

【注释】

①李宗思:字伯谏,福建建安县人。隆兴元年(1163)进士,宋孝宗乾道八年(1172)任蕲州学教授。好友朱熹撰有《送李伯谏序》相赠,指出"国家建立学校之官,……教天下之士,使之知所以修身、齐家、治国、平天下之道,而待朝廷之用也,……今而后闻蕲之士其有慨然兴起于学,而明乎所以修身、齐家、治国、平天下之道者,是则伯谏之德之修之验也夫。"李宗思到任后,在州学东面一片荒地上修建教授厅。乾道九年(1173)七月,朱熹撰写《蕲州教授厅记》。庆元年间,任福州福清县知县。

②常浚孙:临邛人。乾道八年(1172年)进士,南宋绍熙初任福州教授,检《闽书》补。绍熙四年(1193年),即旧御书阁后址重修福州经史阁。朱熹《福州州学经史阁记》:"绍熙四年,今教授临邛常君浚孙始至,既日进诸生,而告之以古昔圣贤教学之意。又为之饬厨馔,葺斋馆,以宁其居。然后谨其出入之防,严其课试之法,朝夕其间,训诱不倦。于是学者竞劝,始知常君之为吾师。"

李士模,字可庵,山东高密人。进士,顺治十四年(1657年)任卢龙知县。才识优长,遇事立剖。卢邑无专志,公留心纂辑,以备一邑文献。约束胥吏,不假辞色,蠹弊悉除。升大理寺评事。

宋琬,字玉叔,山东莱阳人。进士,顺治十四年任永平道。慷慨明决,遇事立剖,一时奸宄敛迹,境内肃然。增修府学,规模壮丽,前所未有。又按八佾设乐舞生,捐修乐器,以光祀典。搜辑府志,以备百年文献。所著有《安雅堂集》《秦州记异》诸书。调浙江宁绍台道,寻升浙江廉访使。祀名宦。

戴万象,江西南昌人。由吏员康熙三年(1664年)任卢龙(知县)。恪守职司,留心捕务。不畏强御,历事明决,民赖以安。

闵峻,字山纡,浙江湖州府乌程县人。由拔贡康熙四年任卢龙(知县)。土瘠民疲,地冲事剧。公秉性廉洁,悉心抚字,劝谕输将,禁止杂耗。力行保甲,盗息民安。编审持公,不畏强御,听讼明决,狱无冤滞。学宫年久倾圮,公捐俸重修。治卢五载,考绩称最。升兵部职方司。

钱世清,字生一,浙江钱塘人。选贡,康熙四年(1665年)任永平道。公甫筮仕,即簪笔直庐,周知制度典章沿革要务所在,居官忠宽敏惠,廉静端凝,历有声誉。其金臬北平也,咨恤民隐,崇尚俭约,莅任数年间,凡屯田、驷牧、邮传诸大政,以迄城郭、学校、仓廪、堤圩,罔不具饬,一时属吏咸称风化焉。郡丞梁某①赔补官粮,贫不能偿,以镌级解任,寻殁于官。公矜恤之,代措千五百余金,得归其丧。其生平盛德类如此。周恤贫士,鼓舞庶司,孳孳不倦。凡祠庙载在祀典、有关风化者,亟修葺之。寻移任通州道,衔加通永自公始。辛亥岁（康熙十年，1671年），予告养亲。去之日，士民攀辕涕泣，如失怙恃，议入名宦祠崇祀。

【注释】

①郡丞梁某：梁泰来，康熙四年至九年任永平府同知。

梁泰来，字吉人，江南寿州人。举人，康熙四年任永平同知。学识优长，治政简恕。经理粮储，收授惟慎。奉批词讼，公以执法。署本府篆，推诚待物，廉静自持，留心郡乘，礼士修补，时以厚重长者称之。惜用未竟，以镌级去。

陈丹，字自修，江南山阳人①。举人，康熙七年（1668年）任永平知府。公文武兼长，先以武科起家，仕淮安总戎从事，凡天文、舆图，靡不精晓。值清（朝）定鼎，率众归诚。清世祖赐以宫媛罗氏，公询其家世，知为士妻，遂养为己女。逾年，访其夫（妇）[归]之，长安士大夫争为诗歌，以颂其事。寻弃武职入太学，应辛卯（顺治八年，1651年）乡试，与子同登贤书②，士论荣之。初筮河南邓州牧，及广西浔州，俱称循良。臬宪③三楚④，好持矜恕，以失出左迁⑤永平。下车，尽撤地方供应，治事精勤，严绝馈送，日用蔬水，与寒士无异。未几，卒于官，合郡哀之。祀名宦。

【注释】

①江南山阳人：《畿辅通志》《广西通志》作"奉天人"；《钦定奉天通志》为"汉军镶黄旗人，原籍江南山阳（县）"；《山阳县志》为"汉军"；《河南通志》《贵州通志》为"山阳人"。

②登贤书：考中举人。周代乡大夫等地方官每隔三年向周王献当地贤明者书，供周王挑选授职。《周礼·地官·乡大夫》："乡老及乡大夫、群吏献贤能之书于王。"后世因称乡试中式为登贤书。顺治八年，陈丹及其子陈愚一同考中举人。《山阳县志·选举志》："举人：陈丹，顺治辛卯（八年，1651年），以汉军中式，官湖广按察司。"同治《重修山阳县志·选举志》："陈丹，顺天中式，汉军籍，官湖广按察使。"陈愚，丹子，父子同榜，以汉军中式，授虹县知县，补渑池县知县。"顺治十年任河南邓州知州（《河南通志》）。顺治十八年任贵州清军兼理驿传道（《贵州通志》）。

③臬宪：旧时对按察使的敬称。

④三楚：指先秦时期楚国的疆域，秦汉时期分为西楚、东楚、南楚。后多用以泛指湖广一带。《幼学琼林》："湖广地名三楚。"

⑤左迁：贬官、官员降级使用。陈丹由湖广按察使（正三品）降为永平府知府（正五品）。《贵州通志·清军兼理驿传道》："陈丹（山阳人，举人，顺治十八年任）"。《清世祖实录》："顺治十六年己亥秋七月庚申朔。甲子，升广西浔州府知府陈丹为山西按察使司副使，分巡冀宁道。""顺治十七年庚子八月甲申朔。戊戌，升山西冀宁道副使陈丹为贵州布政使司参政，分守贵宁道。"《清圣祖实录》："康熙二年癸卯十一月乙丑朔。庚辰，贵州贵宁道陈丹升为湖广按察使司按察使。"

蔡兴周，字姬桢，镶黄旗人。贡生，康熙八年（1669年）任永平知府。初令完县①，治政有声。行取御史，历参议，左迁永平。恤念民艰，未入境，即禁止填设，以清科派之原。敬士爱民，斥强抑悍。凡事止署限期，不轻差役，而案牍从无耽搁。明敏剔弊，一时积蠹尽消。

【注释】

①完县：春秋战国时置曲逆县。王莽改为顺平县。金宣宗贞祐二年置完州。明洪武二年降为完县。1993 年 8 月改称顺平县。

罗京，字周师，浙江会稽人。贡生，康熙九年（1670 年）任永平同知。历事勤慎，清核仓粮。民间利弊，每虚公①咨访。有穷民积逋，鬻女完欠，公廉其实，代偿之，令赎女以归之。境内茕独，时加赈济。代管关篆②，修举废坠，爱士恤穷，严饬轻生，浇俗丕变③，关民戴之。以丁外艰去。补升直隶顺德④知府。

【注释】

①虚公：无私而公正。

②代管关篆：代理山海关兵部分司主事。

③浇俗丕变：社会风气大为改变。浇俗，浇风薄俗，社会风气轻浮庸俗。

④顺德：元中统三年（1262 年）改邢州为顺德府。至元二年升为顺德路。明洪武元年又改顺德府。1913 年废府。1945 年改设邢台市。

魏师段，字松岩，湖广黄冈人。贡生，康熙九年任卢龙知县。履任初，革除一切陋弊，编审研核均平。值圣祖东巡①，召见，询以爱民之实，奏对称旨。公勤于政事，诸务亲裁，听讼虚公，恤穷除暴。修学宫及邑治，焕然改观。邻邑有自殪其仆而诬人者，承审官顾其豪势，狱竟成。公一讯得情，莫不以神明颂之。祀名宦。

【注释】

①圣祖东巡：康熙十九年增刻《卢龙县志》为"圣驾东狩"，光绪五年《永平府志》作"圣驾东巡"。康熙皇帝赴沈阳祭祖。《清圣祖实录》："康熙十年辛亥九月己酉朔。甲寅，上驻跸榛子镇。乙卯，上驻跸范家店。丙辰，上驻跸榆关。"清唐敬一纂修《续补永平志》："康熙十年辛亥秋九月，皇上东幸谒陵，驻跸于滦河之西。卢龙县预备桥梁、龙坊、龙舟、帐幔如仪。皇上登舟观鱼，见桥梁坚固，各项预备有方，嘉悦，赏银二十两。召见卢龙县知县魏师段，面询爱民之实，又询其籍贯，奏对称旨，亲降玉音'用心做官'。命内院宣敕一道，又命速赴鸿胪寺记名。次日由西门入，自东门出，东幸。"

唐敬一，字耕留，四川成都人。举人，康熙十年任永平知府。禁革铺垫陋习，劝民休息词讼，严饬吏胥，不轻差役。尤雅爱士子，多所启迪。壬子（康熙十一年，1672 年）夏旱，禾渐焦。公斋戒虔祷，三致告于守土之神，凡五日，霖雨大至①。是年，有秋②。癸丑（康熙十二年，1673 年），郡城西北隅圮于水，公捐俸修筑，以固城堧。前任太平司理③衔，命招抚安南④，以军功擢长安郡丞，继补临洮。所在颂声丕作。乙卯（康熙十四年，1675 年），升洮（珉）［岷］道副使。

【注释】

①霖雨大至:清唐敬一《续补永平志》:"康熙十一年壬子六月至七月大旱,祷来雨。"

②有秋:丰收,有收成;丰年。

③司理:推官的别称。顺治十六年唐敬一任太平府推官。

④安南:今越南北部,历史上为中国的藩属国。唐高宗永徽六年(655年)始称"安南"。明永乐五年,明成祖朱棣派兵征安南,置交趾承宣布政使司。明宣德二年又改为安南国。清嘉庆八年改称越南国。

【补录】

唐敬一,字慎斋,达州人。顺治甲午(十一年,1654年)举人,历官洮岷副使。狱有囚,拟大辟者十七人。敬一至,讯得其冤状,俱释之。又尝勘澧泉盗案,平反甚众。(嘉庆重修《大清一统志·四川统部·绥定府》)

汤旺,陕西巩昌府人。由吏目康熙十一年任卢邑巡捕。公慎有为,衙署向称狭隘,公莅任初,即重修堂宇,增修中门,大门正方向扩基址,观瞻以肃,而吏民不扰。

常文魁,字月生,正蓝旗人。贡生。康熙十五年任永平知府。治政精勤,历事敏练,折狱①不费繁言,两造②俱服。向者旗丁③与投充④肆横。公至,咸知守法。修理文庙,添设石坊、石栅,悉心经画。于学前购隙地,创建书院,为生儒会文之所。其诸祠庙,亦次第修葺。又尝补郡乘,冀续宋公琬之后足征留心文献之雅意云。

【注释】

①折狱:折进大狱。指判决诉讼案件。《易·丰》:"君子以折狱致刑。"孔颖达疏:"断决狱讼。"

②两造:专指有关争讼的双方当事人。《书经·吕刑》:"两造具备,师听五辞。"《周礼·司寇》:"以两造禁民讼,入束矢于朝,然后听之"。

③旗丁:八旗人丁。八旗男子年满十六称为丁,自十六岁以上均登记入档册,八旗人丁每三年编审一次。

④投充:满清入关,跑马圈地,役使奴仆壮丁从事农业生产。汉族农民投靠满洲人为奴,称为"投充"。康熙帝亲政后下诏禁止圈地和投充。乾隆四年(1739年)规定:"禁止汉人带地投充旗下为奴,违者治罪"。

冯杰,浙江山阴县人。康熙十五年七月内任卢龙知县。勤以供职,慎以治政,留心逃盗,词讼虚公①,咸以能称。十八年,丁艰去。

朱持正,字元定,顺天大兴人。由岁贡于康熙十七年(1678年)任卢龙教谕。勤以供职,赞理修学宫,及督修奎楼,俱先劳无倦,详请课士,多所成就。

卫立鼎,字慎之,山西阳城人。举人,康熙十九年(1680年)任卢龙知县。清明勤慎,治先教化,修补邑乘,薄敛省刑,境内搭桥,秣秸向为民累,公给时价采买,以清夙弊,遇剧有为。秩满,行取①。卢龙满汉杂处,多逋逃,盗贼难治。自公为令,以廉能闻于四方,境内大治。时于清端公②抚畿辅，举循良数人，公与陆公陇其③并举。上遣刑部尚书魏象枢④巡察畿内，至卢龙，治具不为食，啜茶一瓯，曰："令饮卢龙一杯水耳，吾亦饮令一杯水。"诸大狱悉以咨之，公引经准律，魏公益大称善。公因言民无知，宜哀矜勿喜，魏公嘉纳之。格文清公⑤为直隶巡抚，以事迁道至其县中，迎谓曰："令之苦，无异秀才时。然作秀才自苦耳，今令苦而百姓乐，不犹愈乎？"疏荐卢龙令第一，灵寿陆公次之。

【注释】

①行取：明清时，地方官知县、推官，科目出身三年考满者，经地方高级官员保举和考选，由吏部、都察院协同注拟授职，称为行取。优者授给事中，次御史，再次各部官职。清初定三年一次。康熙二十五年，卫立鼎擢用户部江西清吏司主事，后升户部郎中，秩满出任福州知府。

②于清端公：于成龙，字北溟，号于山，山西永宁州人。康熙十九年任直隶巡抚。累官至福建按察使，布政使、巡抚和总督，加兵部尚书、大学士等职。康熙二十年入京觐见，升任江南江西总督。卒，谥清端。《清史稿·卫立鼎传》："于成龙之巡抚直隶也，尝迎驾於霸州，奏举循吏，以立鼎、陆陇其并称。"

③陆公陇其：陆陇其，字稼书，浙江平湖人，清代理学家，人称当湖先生。康熙三十一年去世，乾隆元年，追谥为清献。康熙九年进士，康熙二十二年，任灵寿县知县。以清正廉洁而著称。《清史稿·卫立鼎传》："疏荐立鼎治行第一，灵寿令陆陇其次之。"

④魏象枢：字环极，又号寒松，蔚州人。清初著名学者。顺治三年进士。康熙十七年七月累升都察院左都御史，十八年三月迁刑部尚书。康熙二十一年六月，偕吏部侍郎科尔坤巡察直隶地方。卒，谥敏果。民国徐珂《清稗类钞》："阳城卫慎之太守立鼎知卢龙，魏敏果公象枢偕吏部侍郎科尔坤巡察畿内，至卢龙，已治具，不食，但啜茶一瓯。"

⑤格文清公：格尔古德，字宜亭，钮祜禄氏，满洲镶蓝旗人。康熙二十一年，授直隶巡抚。卒，谥文清。《清史稿·格尔古德传》："康熙二十三年，上幸五台山，格尔古德迎驾，询地方贤吏，以灵寿知县陆陇其对。寻疏荐井陉道李基和、卢龙知县卫立鼎与陇其廉能，下诏擢用。"

陆棌，字林士，浙江平湖人。副榜，康熙二十五年（1686年）任卢龙知县。廉明刚正，不畏权势。时有旗员假公干虐扰地方，公执法严惩，民获安堵。春郊劝农，亲爱如家人。以直忤去官。命整行李，惟来时竹笥、伞、屐而已。去之日，老幼焚香泣送，达于境外。

陈梦熊，字渭公，号耐庵，山东潍县人。拔贡生，康熙二十七年（1688年）任卢龙（知县）。公赋性耿介，莅事详慎。凡地方兴除大事，慷慨果决，咸惬人心。尤善决狱，片言之下，两造俱服。旧例编审增丁，索费纷纷，守候误农病民。公预定某社某日，止令户首呈单，足额者免候，一应需索积弊顿除，民感悦欢呼，镌石颂之。

梁世勋，号鹤汀，陕西安塞人。荫生①，康熙二十九年（1690年）任永平知府。立心宽厚，冰蘖自矢。丁丑（康熙三十六年，1697年），郡西北城堤被水冲塌，经营修筑。尤拳拳爱民,煮粥赈饥,必亲尝寒熟。捕蝗祈雨,则不惮先劳。然秋霜凛若,毫无宽假,以故士乐民安,豪强敛迹。升两淮盐法道,寻转直隶巡道,升山东藩臬②,广西、安徽巡抚。

【注释】

①荫生:凭借上代余荫取得的监生资格。清凡因上代系现任大官或遇庆典给予的称恩荫。梁世勋之父梁加琦,清初由略阳游击升团练总兵,从肃亲王豪格征四川,累升四川抚剿署总兵官、左都督,授骁骑将军,梁世勋由正一品荫生授知县。

②藩臬:明清时布政使(藩司)和按察使(臬司)的并称。《清圣祖实录》:"康熙四十四年乙酉春正月丙申朔。丁未,升直隶巡道梁世勋为山东按察使司按察使。""康熙四十四年乙酉八月壬辰朔。甲申,升山东按察使梁世勋为山东布政使司布政使。"

彭尔年,字永公,奉天杏山人。监生,康熙三十二年(1693年)任永平同知。时与郡守梁公世勋协恭,议修文庙并城垣堤岸,赞助经营,多公之力。承审部案,存心矜恤,释无辜牵累者数十人。丙子(康熙三十五年,1696年),奉天饥,上命截留漕米三十万石,由海运(供赈)济。公呈请领运,前赴复州,舟至大洋,飓风几覆。公焚香吁天,风顿息,咸谓公忠诚所格,克奏厥功。生平廉介自持,清操丕著。轸恤穷黎,时施惠政。无何,因公镌级,补任云南姚州(知州),迁陕西西安郡丞。

蔡维寅,字典三,号赓庵,浙江德清人。进士,康熙四十年(1701年)任永平知府。公早失怙,事母至孝。为政首崇学校,朔望聚诸生于明伦堂,讲论经书,分别奖励。郡有义学,名存课荒,公加意作兴,慎择塾师,清查义田亩,并设法添置膳田,义学生童至今怀之。

华黄,号中湄,江南无锡人。进士,康熙四十三年(1704年)任永平知府。介节自持,惠爱百姓。其理讼,片言平反,人心悦服。凡久稽部件,到案立剖。同城官以事干渎,公端坐假寐,唯唯以应。及审不为,稍假彼复来语,曰:"因在梦中醒,则忘耳!"其不恶而严类如此。乙酉岁(康熙四十四年,1705年),值宾兴①,公加意振兴。是岁,获隽②者多人,自此永属弦诵之风较昔浸盛。以老乞休去,士民为立去思碑。

【注释】

①宾兴:周代举贤之法。谓乡大夫自乡小学荐举贤能而宾礼之,以升入国学。科举时代,地方官设宴招待应举之士。亦指乡试。

②获隽:乡试中举。康熙乙酉科顺天乡试中,山海卫高汝翼、李作楫,滦州张瑄、卫锦,昌黎张蔚、韩珣、马云蔚、万瑄、赵文颖,卢龙王珍,抚宁金蔚昌十一人考中举人。

晏宾,字鹿庵,贵州平远州人。举人,康熙四十四年任卢龙知县。天性仁厚,立品端方,尚德缓刑,爱民重士。于听讼、催科,常存矜恤,惟以"天理良心"四字谆谕而感动之。以故俗鲜刁讼,亦无逋课,每冬征收仓粮,随到随收,有升米不足者,怜其天寒路远,概免补偿,欢声载道。(乙)[己]丑(康熙四十八年,1709年),水圮学宫,设法修葺。编审户口,旌举节烈,皆实心研核,公当精详。尝摄迁篆①,两邑差务冗剧,公从容肆应,措理咸宜,自奉不改儒素。各上宪有第一清官之誉。以忧去,士民无计挽留,歌谣成集,以颂其德。

【注释】

①摄迁篆：代理迁安县知县。摄篆，指代理官职，掌其印信。因印信刻以篆文，故名。

白为玑，字子仪，镶白旗人。监生。初筮东光令。贤绩懋著。巡抚李公①以大城西堤紧要，题授河间府丞，保饬河防，克见成效。迁永平守②。四十五年迁通永道副使。存心仁恕，周恤民瘼，凡遇地方水旱蝗蝝③，沐雨披星，不惮寒暑，竭力经营。数年来畿东无灾祲之告，实公之力也。公事调委属员，温词慰劳，往往捐俸资给，下皆感德而忘其劳，所属吏治民生，咸向化抱蒙休④。祀名宦。

【注释】

①巡抚李公：李光地，字晋卿，号厚庵，福建泉州安溪人。康熙九年进士，康熙三十七年十二月至四十四年任直隶巡抚。四十二年升吏部尚书，四十四年升文渊阁大学士。

②迁永平守：担任永平府知府。守，即太守，知府的别称。

③蝗蝝（yuán）：蝗的幼虫。

④咸向化抱蒙休：乾隆三十九年、光绪五年《永平府志》为"咸向化蒙休"。"抱"，当为衍字。

卢见曾，字抱孙，号雅雨，山东德州人。工诗文，性度高廓，不拘小节。形貌矮瘦，时人谓之"矮卢"。康熙辛丑（六十年，1721年）进士，初任洪邑，历官至两淮转运使。罡吏议，戍台①。再起任邯郸，补滦州牧，创造海阳书院。寻迁永平守。时永平文风不振，公于明武学旧基，创修敬胜书院。命名之义，盖取丹书"敬胜怠"语，以东邻太公庙也。设立学规，增置膏火，至今书院尚设主祀之。后司鹾长芦，再调（阳）[扬]州。以年老休致归里。著有《雅雨集》《平山堂集》《出塞集》《邯郸集》《北平集》《海门集》《平山堂后集》《里门感旧集》。（卢公政绩，惟创修书院，它俱无考。此传（盖）取《山左诗钞》《扬州画舫录》而成之者也。）

【注释】

①戍台：遣戍军台。乾隆元年七月，卢见曾任两淮都转盐运使，兼理扬州关务。乾隆二年七月，因"植党营私"，被罢官。乾隆五年八月，遣戍伊犁坐台。乾隆九年六月，补授滦州知州。乾隆十年九月，升永平府知府。乾隆十一年六月敬胜书院开工，乾隆十二年四月竣工。乾隆十六年春，迁长芦盐运使。乾隆十八年春，复任两淮盐运使。

万承芩，江西南昌县人。进士，雍正三年（1725年）以庶吉士①改授卢龙知县。抵任后，洁清自励，厘弊安民。以振兴文教为己任，捐资立义学，敦请名师，兼为捐给薪水，俾有志之士，各有造就。又奉行保甲，严稽盗贼，征取钱粮，力除耗羡，邑民歌盛德焉。

【注释】

①庶吉士：明清时期，从考中进士的人当中选择有潜质者（一般为二甲进士），入翰林院学习深造，为皇帝近臣。庶吉士为期三年，三年后，在下次会试前进行考核，称"散馆"。

成绩优异者授翰林院编修或检讨,其他则被派往六部、六科、都察院等任职。万承苓于雍正元年(1723年)癸卯恩科殿试中考中第二甲第七名进士,被选入翰林院,但因受其兄万承苍(康熙五十二年癸巳恩科二甲第五名进士,选翰林院庶吉士,授编修,历官翰林院侍讲学士、日讲起居注官)牵连,被革去庶吉士,作为普通进士候补任职。《清世宗宪皇帝上谕内阁》:"雍正二年十一月初五日,谕翰林院:从前科场声名不好,近来在外仍复招摇。春间乡试之前,又不安静。因朕特降严旨,故弊端止息。翰林一官,首重人品。罢斥此等不端之人,正所以重清华之选。万承苍著革职,发回原籍。伊弟庶吉士万承苓著革去庶吉士,仍归闲散进士班内挨次候选。尔等谕令闭户读书,勿效伊兄行止。倘不知自励,亦不免于罪戾。掌院学士当不时察访,如有此等之人,即当参奏,毋得姑容,有负职任。"万承苓,雍正五年调任山西大同县知县。

屈成霖①,江南常熟县人。进士,乾隆年任卢龙知县。捐俸立义学,延师训读,并为捐备膏火,每月传集生儒,时加考课,文教振兴。又首倡捐资修理文庙,改学宫,黉序焕然。滦、青二河桥梁向由社甲摊派,霖独力捐修,邑民称便。

【注释】

①屈成霖(1683~1766):字启商,江苏常熟城区南门大街人。乾隆元年进士,授卢龙县知县,有治声。乾隆五年升景州知州。增修城池,兴修水利,振兴书院,纂修州志。凡地方公事,无不竭力经营。乾隆八年地方大旱,庄稼无收,奏请赈济,四万八千人赖以生存。返里后,力行善事,置义田,设安济堂,收养贫弱无依者,修学官、道观寺院等。

孔继炘,圣裔①也。乾隆五十六年(1791年)任永平守。治尚宁静,有东海汲黯②之风。书法简淡高古,尤精篆隶,人得其片楮③只字,珍之如寸金拱璧④焉。

【注释】

①圣裔:孔继炘为孔子六十九代孙。

②东海汲黯:汲黯,西汉名臣。字长孺,濮阳人。汉景帝时任太子洗马。汉武帝时,任东海太守,有政绩。被召为主爵都尉,列于九卿。汲黯为人耿直,好直谏廷诤,汉武帝刘彻称其为"社稷之臣"。居田园数年,召拜淮阳太守,卒于任上。

③片楮(chǔ):片纸。

④拱璧:古代一种大型玉璧,用于祭祀。因其须双手拱执,故名。后因用以喻极其珍贵之物。

阮常生,号小云,扬州仪征人。大学士阮元子,由荫生供职部曹,道光十年(1830年)授永平知府。清慎廉勤,以除蠹安良、振兴文教为首务。时郡城敬胜书院废弛已久,下车即亲临其地,相度经营,捐廉倡修,增置膏火,立规条十八则,刊石垂远。每月官课一,斋课五,俱自备奖赏。官课之期,赴院点名收卷,葳事方出,口讲指画,训诲谆谆,永郡文风,以此中兴。武庙有义学二所,一律整顿,每月察其勤惰,奖以笔墨。城西旧有滦、漆官渡,行人每为黄头①所苦,甚有暮不得渡,而露宿河干者。公闻之,严加申饬,给新瓦一片,上画印押，俾置船头牌示舟子，如蹈前弊许行人碎瓦，日加侦探，见瓦破即械项以示罚。又恐侦者积久怠玩，乃仿东坡调水符法②，每渡分置二筹，朝暮更易，以为往来之信。舟人悚惕，行人称便。永平旗民杂处，讼狱繁多，案有数十年不结者。公亲自剖决，不数月积牍以清，放告之期日，坐堂皇，随到随讯，民无稽留，亦无拖累。至于严盗贼，惩健讼，恤茕黎，皆有实惠及人。十三年（1833年），擢清河道，旋署按察使。丁内艰，卒。前此留意书院，勤于课士者，有祝公庆承（敬胜书院有碑可考）。嗣此则有朱小云、史銮坡二太守。朱名壬林，浙江人；史名珮珫，湖北人。（此传据都察院批驳请祀名宦公禀，祝、朱、史三公亦加意造士者，政绩无考，故附于此）。

【注释】

①黄头：船夫。

②东坡调水符法：宋人吴事《观林诗话》："东坡爱玉女洞中水，既致两瓶，恐后复取而为使者见绐。因破竹为契，使寺僧藏其一，以为往来之信，戏谓为调水符。"苏轼《调水符》诗序云：爱玉女洞中水既致两瓶，后复取而为使者见绐，因破竹为契，使寺僧藏其一，以为往来之信，戏谓之调水符。

梅成栋①，字树君，号吟斋，天津人。举人，道光十七年（1837年），秉永平铎。博极群书，爱才成癖。体貌清癯翛然，有出尘之表，与庆云崔晓林②进士俱出张船山③先生之门。诗笔倜傥风流。著有《燕南》《二俊》合稿行世。

【注释】

①梅成栋（1776～1844）：嘉庆五年举人，与崔旭、姚元之同出大诗人、著名书画家张船山（名问陶）门下，人称"张门三才子"。嘉庆、道光年间天津诗坛公认领袖。道光年间倡立辅仁学院，主讲席十余年。著有《欲起竹间楼存稿》《四书讲义》《管见篇》《吟斋笔存》等，道光四年辑有《津门诗抄》。道光十六年，应大名府知府陶梁之聘，编辑《畿辅诗传》，并主讲大名府天雄书院。道光十七年，选授永平府训导。道光二十四年六月卒于任，时年69岁。

②崔晓林：崔旭，字晓林，号念堂，清代直隶天津府庆云县（今河北盐山县庆云镇）人。嘉庆五年庚申八月，张船山充顺天乡试同考官，取中崔旭、梅成栋、姚元之等人，为张所赏拔。船山极赏识崔旭。道光六年，崔旭任山西蒲县知县，后兼理大宁县事，政声卓著，深受乡民爱戴。道光十三年，因病引退归里，潜心著述。

③张船山：张问陶，清代杰出诗人、诗论家，著名书画家。字仲冶，号船山，四川遂宁人。乾隆五十五年进士，历任翰林院检讨、江南道监察御史、吏部郎中、山东莱州知府。

谢子澄，字云航，四川新都举人。咸丰四年（1854年）署卢龙（知县）。公正廉明，民情爱戴。未二载，调授天津县知县。适发逆①至杨柳青，距城四十里。公纠合义勇御之，连战皆捷，畿东不至蹂躏者，皆公之力也。后因援兵不至，身受重伤，投河死。事闻，钦加布政司衔，天津立专祠，而卢龙亦设木主②于南月城关帝庙中。

【注释】

①发逆:清廷对太平天国军的蔑称。咸丰三年五月,林凤祥、李开芳等率2万太平军,挥师北伐,攻入直隶,下沧州,抵杨柳青,逼近天津。

②木主:上书死者姓名的木制神位。

游智开,字子代,湖南新化人。宋儒游定夫之后裔也。辛亥(咸丰元年,1851年)膺乡荐,同治四年(1865年)以知州筮仕皖省,权篆历阳,有政声。直督曾文正①以其治行为江南第一,奏调畿辅,旋摄深州。十年(1871年),补滦州牧。未期年,政成民和。擢守永平。去滦之日,吏民遮道攀辕以万计。甫抵永,即驰诣书院,相度基址,鸠工(庀)[庀]材,费款巨万,延师课读,成就诸生。而又躬亲案牍,重修志书,旌表节孝,缮葺城垣,整饬桥梁,严禁游博。济孤贫,施牛痘,举坠兴废,引为己责。敝车羸马,微服出行,而疑案立破,狡黠潜踪,吏畏其威,民怀其德。光绪六年(1880年),升任永定河道,郡人为之勒碑以志实政。

【注释】

①曾文正:曾国藩,湘军的创立者和统帅。道光十八年中进士,历任内阁学士,礼部侍郎,署兵、工、刑、吏部侍郎,两江总督、直隶总督、武英殿大学士,封一等毅勇侯,谥号文正,后世称"曾文正"。

乐观韶,字芝田,云南通海县路居乡人。生有至性,制行纯洁。年十四入庠,同治九年(1870年)拔贡。光绪丙子(二年,1876年)举于乡,丁丑(光绪三年,1877年)成进士,以即用知县分发直隶,历任保阳、东明、衡水、容城、卢龙、昌黎、迁安等县,永平府理事同知,热河围场粮捕同知,两权永平府知府。为官慈惠廉明,刑轻政简。宰卢龙最久,事绩亦最多。其尤昭著者,清庚子拳匪之乱①,全城官吏逃亡靡遗,惟公偕士绅冒险维持,备尝艰苦,所赖公拂舆情以全教士,伸正论以护善良,是以联军入境,未遭屠戮,善后赔偿亦得清减。至地方民教之争,经公一言处理,无不迎刃而解,盖因积诚所至要,皆感沁心脾也。光绪甲辰年(三十年,1904年),升任去官,遗爱在民,至今称之。

【注释】

①庚子拳匪之乱:光绪二十六年(1900年)岁次庚子义和团运动。

卢龙县志卷二十一

行　谊

明

马麟,景泰三年(1452 年)滦水坏田,民多流亡,输粟八百石助赈。诏旌其门。

吕信,捐粟八百石助赈。事闻,诏旌。

白钥,少颖慧,为郡诸生。居家孝弟,事兄如父、嫂如母。由国学选南锦衣幕官,迁汶上丞①,执陈友宽等大盗,置之法。锄蔬植良,百姓德之。无何,挂冠,世高其恬退。处乡恂恂,课三子,寒暑不辍。长珩、季璞皆廪生;仲瑜,登万历乙未(二十三年,1595 年)进士,历官刑部尚书②。

【注释】

①汶上丞:康熙五十六年《汶上县志·职官志》:"县丞:白钥,抚宁县人,吏员。"光绪五年《永平府志》:"白尚书瑜墓在抚宁县芦峰口"。

②刑部尚书:《明熹宗实录》:"天启三年三月辛卯朔。壬子,赠刑部左侍郎白瑜刑部尚书,荫一子国子生。""天启三年五月庚寅朔。己亥,荫原任刑部左侍郎白瑜男养元国子生。"《明史·白瑜传》:"天启二年,由通政使拜刑部右侍郎,署部事。明年进左侍郎。卒官。赠尚书。"

李士杰,为诸生时,聘陈氏女,女后失明,或劝其更聘,杰竟娶之,人钦其义。宏[弘]治中登贤书。

耿自然,耿家庄人。生数日,啼不绝声。适一僧造门,负杖担经,岸然高古,谓其父曰:"汝家儿有善缘,抱出一见。"从之,见僧则转涕为笑,为之讽经,能点头。及长,不茹荤,乐善好施,放生戒杀。破产修白蟒山寺,遇荒年出家资,与乡人共之,众感其惠,为之修祠立像。

崔赴闱,字名胪,庠生。博学善属文,小试屡冠军,以躯干丰伟,号舍不能容,遂绝意仕进。性好周恤,尤爱惜文士。族孙及第,家贫力学,赴闱阅其文,许必售①,资助应试,果登乡荐②,捷南宫③。兄之孙启亨,少孤,收养之,为择师教训。是岁亦列贤书。迁安郭巩④少甚贫,衣履弗完,延之家,教养之。巩遂早捷,由给谏晋少司马⑤。尝(於)[予]告归来谒,留之饭,粗粝不异昔时,巩欢然语人曰:"吾师以古人待我矣!"因乏嗣子,弟之子然弗材。是时年已古稀,又病足痿。巩肩舆逆⑥至其家,察精神犹健,劝纳继室,笑曰:"世岂有七十翁婿人者乎?"不许。然巩已密聘王氏女。至期,大惊,辞之不能,遂合卺⑦焉。生子巍,甫六岁,而赴闱卒。

【注释】

①许必售:许诺必能考中。

②登乡荐:考中举人。

③捷南宫:考中进士。汉代把尚书省比作南方列宿,称之为南宫。宋、明以来称礼部为南宫。会试由礼部主持,因称会试中式为捷南宫。

④郭巩:迁安县(今为市)夏官营人。万历四十一年进士,由行人司行人、兵科、户科给事中升都给事中,历任太仆寺、太常寺、大理寺正卿。崇祯元年三月迁兵部左侍郎。崇祯三年正月,皇太极率兵攻入迁安,郭巩逃跑。明军收复永平、迁安等四城后,遣戍广西廉州。

⑤少司马:兵部侍郎。

⑥逆:迎接。通"迎"。

⑦合卺(jǐn):新郎、新娘在结婚当天的新房内共饮交杯酒(合欢酒)。

高向辰,字钦邻,第①长子。廪生。继母许卒,竭哀尽诚,扶榇步行百里。友爱诸弟,若不知为异母者。推诚任侠,助友至数百金不惜。年四十二,卒。会葬者,不远数百里而至。

【注释】

①第:高第,字登之,永平府滦州人。万历十七年进士。天启年间,官至兵部尚书,经略蓟辽。

高应辰,字钦明,第仲子。性谦谨,不以贵介忤物。以官生任户部照磨督犒。援兵城下,椎牛(封)[刲]羊①,干糇刍茭②,一手拮据,劳瘁骨立。值父丧,痛躄奔赴,逮葬,呕血数升,三月而卒。

【注释】

①椎牛(封)[刲]羊:杀牛宰羊。

②干糇刍茭:粮草,干粮、草料。糇,糇。

韩坤业,字子厚,(府)庠生。尝受业容城孙征君①门。父原洁,崇正[祯]庚午殁于兵。母王氏苦节四十年,抚坤(业)成立。自幼事母至孝,内外无闲言。母殁,庐墓三年,哀感行路,日手抔土,高冢巍然。康熙九年(1670 年),题旌建坊。

【注释】

①孙征君:孙奇逢,直隶容城县人。明末清初理学大师,世称夏峰先生。明亡后,清

廷屡召不仕,人称孙征君。

清

翟正经,字迁斋,平山司训凤翥①孙也。少失怙恃,安贫励行。康熙癸酉(三十二年,1693年)登贤书,壬辰(五十一年,1712年)成进士,就职左卫教授。教士先器识而后文艺,为大中丞赵公②许可,延为会城义馆师,一时知名之士多从之。及补山海教授,修理黉宫③,捐设祭器,讲学论文,士风丕振。乾隆元年(1736年),以卓异授江南建平令。持法平允,称循吏④焉。未几,卒于官,士民追慕不忘。其挽词有云:"百日仁风周蔀屋,千秋清节照郎川。"其事实可概见矣。子九:苞,国学生;孙赐钺,雍正乙卯科(十三年,1735年)武举人;赐书,廪贡;曾孙晓,庠生。

【注释】

①凤翥:翟凤翥,顺治九年至十八年任平山县训导。司训,训导。

②大中丞赵公:大中丞,巡抚的别称。翟正经,雍正六年任山海卫教授。赵弘燮,字亮工,号理庵,宁夏卫(今宁夏银川)人。康熙四十四年任直隶巡抚,加总督衔。康熙六十一年六月,卒于任。

③黉(hóng)宫:学官。古代称学校为"黉"。

④循吏:奉公守法、勤政廉洁的官吏。

张盛,字子震,康熙辛卯(五十年,1711年)举人。寡言慎行,事继母以孝闻。郡守满云鹏①以孝廉方正②举,坚辞不就。选深泽教谕,尽职奉公,振兴士习。历九年,卒于官。榇舆旋里,执绋者百余人,皆失声。祀深邑七贤祠。子长采,次会;孙应纶、应绅,俱庠生。

【注释】

①满云鹏:镶红旗汉军籍奉天人,康熙三十二年举人,康熙四十一年二月任四川富顺县知县。四十六年十二月任直隶开州知州。雍正元年三月补直隶宣化府同知。雍正三年十月补授永平府知府。雍正四年十月补授福建兴泉道。雍正十一年至乾隆四年任彰德府知府。

②孝廉方正:清代特诏举行的制科之一。新帝嗣位,诏直省府、州、县、卫各举"孝廉方正",赐六品章服,备召用。乾隆以后,定荐举后送吏部考察,授以知县等官及教职。孝,孝悌者;廉,清廉之士。方正,正直。

李廷桂,字瑞英,康熙年拔贡。性豪爽,学最博,尤善风鉴。尝宴姻家,指臧获①中一人语主人曰:"若者不为干城②,定聚绿林。非若家所宜有也。"主人遂善遣之。后果为逻者③,得旋脱去,卒以武功显,由是世咸服其灼见。平生持躬俭朴,睏恤里党,无吝色德容,且不畏权要。里有豪右欲塞巷,以广庐舍,众莫敢撄,桂独挺身相抗,巷赖以存,至今居民便之。长子忠,恩贡;次子肃,增生;孙向春,庠生;曾孙美,廪生。

【注释】

①臧获：古代对奴婢的贱称。

②干城：盾牌和城墙。比喻捍卫者。指保卫国家的栋梁之才。

③逻者：巡逻的人。

王嗣昌，字祖生，庠生。九岁失恃，赖继母陈氏抚育，昌事之克孝。生平谦厚恬退，课子义方。子五：长珍，康熙丙戌（四十五年，1706 年）进士；仲、季俱庠生。

何之枢，援例捐知府衔。生平笃亲睦族，乐善好施。设义学，以教育寒士，由此入庠者二十余人。又于城北尹家庄置义冢四十亩，以妥游魂。乾隆二十八九年间（1763～1764），舍粥救饥，兼助丧葬费，闾里德之。嗣子有本，武孝廉①，亦善承先志，奉行不怠。

【注释】

①孝廉：举人的别称。

孙薮，字占元，家素封①，急公好义。嘉庆六年（1801 年）岁饥，薮设立粥厂，全活甚众。道光十三年（1833 年）岁又饥，复出粟千石，施钱万缗助赈。事闻，以"好善乐施"额旌其门。二十年（1840 年），重修郡西白塔寺，薮所费不赀。二十九年（1849 年），青、滦二河水大溢，淹没民居无算。薮赁舟拯溺藉，免其鱼害者以数百计。每逢岁暮，凡宗族乡党之窘乏者，悉周济之。孜孜为善，惟日不足。年七十，卒，远近闻之，如丧所亲。子二人：长承绪，邑庠生；次承缙，廪膳生。以孙铺，增广生、候选同知，皆诰封奉政大夫②。公之子若孙，胥善承先志，至今犹称为积善之家。

【注释】

①素封：无官爵封邑而富比封君的人。

②奉政大夫：清朝正五品文散官。

王维城，字芮懿，幼读书颖悟，尤善骑射。逾冠，应武试县府院，俱列第一。嘉庆己卯（二十四年，1819 年）以第五名领武闱乡荐，候选卫千总。性伉爽，重然诺，济困扶危，终身不倦。尝遇同里窃薪者于园，其人惶愧无地，城婉慰之，为益其薪，启扉令去，终不言其人。又尝夜过北村，遇里中无赖者，欲自经以祸人，曲为解释，并出资助之。道光癸巳（十三年，1833 年）春大饥，城煮粥代赈，日至千余人。时郡守朱①与县令成②，议发义仓，先发谷票于乡长，使自择穷乏者与之。各乡多以贿得票，而真贫者恒不得，遂于按票发谷之期，相聚千余人呼冤，为之枷号，乡长不已，谕之别期领票，而又不已。无何，一面放谷，一面发票，旋以票多冒滥，仍行停止。于是无票者益怨苦，喧呶街巷，彻夜不休。令急叩府求罢，太守不许，集众官议之，殊无策。适前令汪③至，太守与议，汪谓放谷不如放粥，粥无票而亦无弊。（成）[城]谓放粥亦匪易，且董事殊难其人。汪遂以维城荐，守趣令礼聘之，面询赈计。城对曰："先设粥厂四五处，以分众聚之势。董事用公正绅耆，城市则多用富商，委官弁备弹压，书吏备呈报，兵役备巡逻，不令干预财物。至水火锅灶缸勺等事，听董事者自雇民夫。"太守深然之,即设粥厂于南关隆教寺、东路双望堡、西路油榨、北路滤马庄、西南路九百户厂各一处,以郡城为总厂,用人筹款惟维城是听。城又荐其弟维凝副之。自三月二十九日开厂,至四月中旬仓谷告匮,城倡捐银九百两,弟凝捐银六百两,一时绅商乐输恐后,至麦秋停赈。是举财无虚縻,人需实惠,皆其力也。直督奏请奖励,赏加五品衔,邑令旌以"义隆推解"额。道光己酉(二十九年,1849 年)六月,滦水大溢,没田庐,民多漂溺。城广觅舟楫渡人,得活者无算。其佗善举,率多类是。年六十八岁,卒。子四人:长龙光,丙午(道光二十六年,1846 年)举人,以誊录议叙知县。

【注释】

①郡守朱:朱壬林,浙江平湖进士,道光十二年至十八年任永平府知府。

②县令成:成章瓒,湖南宁乡进士,道光十二年至十六年任卢龙县知县。

③前令汪:汪鸣鹏,山东历城县附监生,道光九年至十二年任卢龙县知县。

王清海,字子澄,号荷夫,庠生,援例捐户部主事,加员外郎衔,赏戴花翎,在部二年,以亲老归养。性孝友,敦气谊,家风清肃,门无杂宾。同治壬申(十一年,1872 年),新化游智开知永平府,见城堭、公署、坛庙、津梁,率皆颓敝,慨然有重修之志,乃捐俸倡首,七属①绅民皆乐输恐后。大工将作,知海勤敏任事,遂专委以监修之责。海夙夜匪懈,越六载,凡龙亭、察院、书院、演武厅、鸾桥、武庙、牛痘局诸工陆续告成,而城工尤巨,且于城工、志局②,公款出入丝毫不苟。知府游智开以"勤俟士行""贤劳永著"两额其门。光绪戊寅(四年,1878 年)四月忽以痰疾卒,年止四十八。

【注释】

①七属:清代永平府下辖一州六县(滦州,卢龙、迁安、抚宁、昌黎、乐亭、临榆县)。

②志局:修志局,清代、民国时期地方志编纂机构。光绪二年,知府游智开聘请乐亭史梦兰等开始编修《永平府志》,光绪五年刊印。

韩聪,七世同居,治家有法,亲丁六十余人,均无闲言。光绪二年(1876 年)知府游智开赐以"德寿俱高"额。卒,年八十四岁。

薛继畬,燕河营人。卢龙县之拔萃生,举人(仆)[朴]庵公①次子也。为文必宗大家,行已不随薄俗,名重士林。

【注释】

①仆庵公:薛安仁,字朴庵,道光间由举人实授辽东复州学正。(民国九年《复县志略》)

周秀,字玉润,武举鸿宾子也。父殁后,独支门户,常于街市上,抑强扶弱,排难解纷,人咸颂德,门外匾额挂满。其生平所为,大有侠义气概焉。

马进广,杨各庄人。处世直正,人咸服之。兄弟析居,多年后,其弟病故,家计萧然,遗有子女三人,年俱幼。进广心滋痛焉,乃焚分家契约,召弟妇、子女同居同食,始终无间。其赋性之厚,见义能为,有足多者。

何惠(林)[霖],字迪吉,世居城内南街。明清两代书香,光绪壬午科(八年,1882 年)恩进士①,候选训导。家道清贫,设帐教读,受业诸生多掇巍科②为显宦者。湘阴吴獬③,少负才名,登进士科,自书经明,行修榜于先生之门。公生平行无愧事,教有义方,天资沉敏,性质朴诚,为乡邻所矜式。寿八十四,光绪二十九年(1903 年)卒。

【注释】

①恩进士:恩贡的俗称。恩贡为秀才的一种。

②掇巍科:科举考试中登高第。

③吴獬:字凤笙,湖南临湘市桃林镇人。光绪十五年进士。光绪十八年,任广西荔浦知县,光绪二十二年任湖南沅州府学使,兼敦仁书院山长。

何凌云,字裔卿,惠霖公哲嗣①也。同治癸酉科(十二年,1873 年)选拔文元,候选训导,在敬胜书院教授生徒。有李生廷燮②者,少家贫,无力攻书,公独赏识之,助其膏火,俾得学成有用,后任京兆固安县县长。

【注释】

①哲嗣:对别人儿子的尊称。

②李生廷燮:李廷燮,民国十三年九月至十二月任固安县知事。

方家承,夏官营人。清国子监(生)。慷慨仗义,同治六年(1867 年)、光绪元年(1875 年)、二十一年(1895 年),均施粥济饥,乡人感泣,送匾颂德,固辞不受。寿八十有三,光绪二十九年卒。

王燮,字理斋,兄弟四人,燮居长,增广生。性聪学粹,为文宗先正典型,不屑以一挑半剔趋时好。乾隆庚辰科(二十五年,1760 年)仲弟焊捷于乡,燮益自刻苦,文益纯正,每京兆试,罔有不赴。浙江钱大司马维城①,燮之业师也,常谓"学如王燮焉,有屡踬场屋②者?"庚寅(乾隆三十五年,1770 年),子坊以弱冠中式,庚子(乾隆四十五年,1780 年)季弟燕暨胞侄增复捷。燮志不少懈,计偕十余次,年五旬余,精神濯濯,犹携子侄辈,驰骤于名场。壬寅(乾隆四十七年,1782 年),钱大司马奉清廷命,由辽左返,宿沙河堡,燮偕弟焊往谒,谈笑竟夕,复赠以诗,且问年几何? 对以五十七。司马叹曰:"文章憎命,汝之食,报其在后人乎? 子虽显,固未已也。"厥后,乙卯科(乾隆六十年,1795 年),孙钟煐领乡荐。道光丁酉(十七年,1837 年),曾孙恩浩领乡荐。光绪丁酉(二十三年,1897 年),元[玄]孙宝枢领乡荐。钱公之言,殆有所试也。

【注释】

①钱大司马维城:钱维城,字宗磐,号纫庵,晚号稼轩,江苏武进人。清代著名画家。乾隆十年状元,授翰林院修撰,历任右中允,入直南书房,充日讲起居注官,侍讲学士,侍读学士,内阁学士,礼、工、刑部侍郎等职。卒,赠尚书,谥文敏。大司马,兵部尚书的别称。钱维城未任过兵部尚书,故称"大司马"不妥,应该称"大司寇"(刑部尚书)。

②屡踬(zhì)场屋:科举考试屡次失利。踬,绊倒,引申为不顺利。场屋,科举考场。

民国

赵际亨,沙坡子村人。清儒学文生。品行端正,济困扶危,人为额其门曰"一乡善士"。寿八十四,无疾而终。

薛清元,武庠生,薛各庄人。不善理财,致临窘境,虽日不举火,泊如也。凡有取与,必择其可,人以介洁目之。

李兰亭,字香圃,石崖庄人。年十五游泮,十七补廪,二十五拔贡,三十二领乡荐。品端学粹,循循善诱。邑诸生多出其门。清末科举停,无志进取。民国初年,充劝学所总董,历充中学教员及县署顾问。生平谨以持己,和以待人。宗族乡党间以孝悌称,洵儒林内之贤士,伦理中之完人也。卒年七十。

刘芝田,字仙坡,耿家庄人,鸿胪寺秉铎公长嗣也。性聪颖淳谨,无急言遽色。其在家庭,以孝友闻,乡里咸景慕之。年十七入泮,三十二补廪,设帐授读,悉本性道,一时学子多出其门。为文清新骏逸,一望而知为清品也。

卢龙县志卷二十二

艺　术

文艺　伎术　著述　金石

文　艺

后魏

卫冀隆①,辽西人。官国子博士,为服氏之学②,上书难《杜氏春秋》③六十三事。

【注释】

①卫冀隆:《魏书·贾思伯传》:"思同(贾思伯弟)之侍讲也,国子博士辽西卫冀隆为服氏之学,上书难《杜氏春秋》六十三事。思同复驳冀隆乖错者十一条。互相是非,积成十卷。"

②服氏之学:服虔,字子慎,初名重,又名只,河南荥阳人。尝入太学受业,举孝廉,官至尚书侍郎、高平令,东汉中平末迁九江太守。善文论,其经学尤为当世推重,著《春秋左氏解谊》三十一卷。

③《杜氏春秋》:杜预(222~285年),字元凯,京兆杜陵(今陕西西安东南)人,西晋时期著名政治家、军事家和学者。历任曹魏尚书郎、西晋河南尹、安西军司、秦州刺史、度支尚书、镇南大将军,官至司隶校尉。著有《春秋左氏经传集解》及《春秋释例》等。

金

王元粹,字子正,初名元亮,后止名粹,平州人,系出辽世衣冠家①。年十八九作诗,便有高趣。性习专固,世事不以累其业,故时辈无能当之者。正大末,用门资叙为南阳酒官。遭难②,流寓襄阳。襄阳破,只身北归,寄食燕中,遂为黄冠师③,有"十月风霜侵病骨,数家针线补残衣"之句。亲旧有怜其孤苦,欲为(之)更娶者。子正业已高举,主太极道院,竟不能自返。年四十余,癸卯(宋理宗淳祐三年,1243年)九月病卒。诗人淄川杨叔能④挽之云："匹妇主中馈,虽贫生理存。五言造平淡,只影卧黄昏。谩下陈蕃⑤榻,虚沽文举⑥尊。北平家世绝,衔恨入荒原。"从弟郁,亦攻诗,方之其兄,盖商周⑦矣。郁,字飞伯,少日作乐府《拟古别离》,有"黄鹤楼高云不飞,鹦鹉洲寒星已曙"之句,人多传之。其后入京师,大为李钦叔⑧所称,与之诗云："诗句媲国风,下者犹楚乱⑨。"赠诗者甚多,有云："忆昔颍亭⑩见飞伯,恍若梦中逢李白。"又云："紫陉仙人今渊云,骑风御气七尺身。"又云："良金原⑪有价,白璧况无瑕。"又云："王郎少年诗境新,气象惨澹含古春。笔头仙语复鬼语,只有温李⑫无他人。"飞伯用是颇自贵重云。(《中州集》)。

案:《甘水仙源录》⑬云:恕斋先生姓王氏,名粹,字子正,北平(之)巨族也。才高学赡,少有诗名,每一咏出,脍炙人口,然与世疏阔,不事举业。正大间,薄游邺下⑭,漂泊江汉间。甲午(宋理宗端平元年,金哀宗天兴三年,1234 年),还,(至)燕,遇真常大宗师⑮,即北面事之,执弟子礼,居长春宫之萃玄堂。年四十余,以癸卯(宋理宗淳祐三年,1243 年)九月无疾而逝。不浃旬而见梦于诚明张君⑯,其云为款曲不异,平昔少焉作诗而别,云："当时每恨花开早,及看花开花已老。花开花落⑰能几何,回头又见春光好。"诘旦,诚明尝见梦之诗⑱,白于真常,真常叹曰："子正仙矣!"闻者异之。先生性恬澹,无机构,廉洁贞介。与人交,悉待之以诚。闻有道行者,虽穷居陋巷,必亲之。嗜读书作文,尤长于诗。其古诗虽淡⑲,有陶、韦⑳之风焉。

【注释】

①衣冠家:缙绅、名门望族。衣冠,衣和冠。古代士以上戴冠,因用以指士以上的服装。

②遭难:清光绪五年《永平府志》为"遭难",上海涵芬楼董氏景元刊《中州集》、清英廉等编《日下旧闻考》为"遭乱"。

③黄冠师:指道士。黄冠,道士所戴束发之冠,用金属或木类制成,其色尚黄,故曰黄冠。

④杨叔能:杨弘道,字叔能,号素庵,山东淄川人。金末元初著名文学家,是金末元初诗坛上力倡宗唐的著名代表人物。延祐三年追谥其为"文节"。

⑤陈蕃:字仲举,汝南平舆(今河南平舆北)人。东汉时期名臣,与窦武、刘淑合称"三君"。举为孝廉,历郎中、豫州别驾从事、议郎、乐安太守、豫章太守,迁尚书令、大鸿胪,征为尚书仆射,转太中大夫。延熹八年(165 年),升太尉。汉灵帝即位,为太傅、录尚书事。《后汉书·陈蕃传》:"郡人周璆,高洁之士。前后郡守招命莫肯至,唯(陈)蕃能致焉。字而不名,特为置一榻,去则县之。"陈蕃榻,代指礼贤下士。

⑥文举:孔融,字文举,东汉鲁国(今山东曲阜)人。汉献帝时,任北军中侯、虎贲中郎将、北海相,兼领青州刺史。征为将作大匠,迁少府,又任太中大夫。性好宾客,因喜抨议时政,触怒曹操被杀。文举尊,指热情好客。

⑦商周:相差甚远。《左传·桓公十一年》:"师克在和,不在众。商周之不敌,君之所

闻也。"后用"商周"比喻两者难以匹敌。意思是说,王郁与其兄王元粹相比,还有差距。

⑧李钦叔:李献能,字钦叔,河中人。金贞祐三年(1215年)特赐词赋进士,廷试第一人,宏词优等。授应奉翰林文字,在翰苑凡十年。正大末,以镇南军节度副使,充河中帅府经历官。元兵破河中,奔陕州行省,权左右司郎中。值兵变遇害。

⑨楚乱:光绪五年《永平府志》为"楚乱",当误。《中州集》为"楚辞"。

⑩颍亭:在阳翟(今河南禹州),为唐代禹州故城一大美景。唐大中庚午年(公元850年),阳翟令陈宽在城西禁沟九山祠东修建颍亭,并撰《颍亭记》,书石以介其壁。唐代以来,多有文人雅士游此,留下佳句。唐代诗人韩琮写有《颍亭》诗。金哀宗正大二年(1225年),元好问由登封赴阳翟。临行,友人在颍亭送行,元好问写下《颍亭留别》诗。

⑪原:金元好问编辑、民国时期上海涵芬楼刊《翰苑英华中州集》作"元"。

⑫温李:晚唐诗人温庭筠和李商隐的并称。

⑬《甘水仙源录》:元至元二十五年(1288年)由全真道士李道谦编成,主要收录全真道士事略、宫观碑铭等内容,其中有《恕斋王先生事迹》。

⑭邺下:古邺城,在今河南省安阳市境内,汉献帝建安年间,曹操据守邺城,建安七子常在此聚会,吟诗作赋。

⑮真常大宗师:李志常(1193~1256),字浩然,元初著名全真道士。元太祖十三年(1218),邱处机居莱州(今山东莱州市),乃束装往拜席下,赐号真常子。元太祖二十二年邱处机逝世,尹志平嗣教,委之为都道录兼领长春宫事。元太宗十年(1238)春,尹志平以年老荐李志常继任掌教。清英廉等编《钦定日下旧闻考》:"王粹,字子正,北平人。遇真常,北面执弟子礼,居长春宫之萃元[玄]堂。"

⑯诚明张君:张志敬,字义卿,号诚明真人,元初道士,燕京(今廊坊安次区)安次人。八岁入长春宫,拜李志常为师。志常临终,以其为掌教。

⑰花开花落:清光绪五年《永平府志》为"花开花落"。元李道谦编《甘水仙源录》为"花落花开"。

⑱尝见梦之诗:《甘水仙源录》为"以所梦见之诗",《永平府志》为"书见梦之诗"。

⑲其古诗虽淡:《永平府志》为"其古诗虽淡",《甘水仙源录》为"其五言雅淡"。

⑳陶、韦:陶潜,字元亮,字渊明,浔阳柴桑人。东晋末至南朝宋初著名诗人。韦应物,京兆人。唐代山水田园派诗人。

张介,字介甫,平州人。正大元年(1224年)经义进士第一①,为国用安参议。用安表请用安②幸山东,上以其言示宰臣,宰臣奏用安反复,本无匡复志,此必参议张介等为之,业已迁蔡,议遂寝。(《金史》附国用安传)。

案:《中州集》作"彭城人",历巩、谷、熟三县令,幼有赋声,为人有蕴藉,尝赠诗人杨叔能末章云:"我贫自救如沃焦,君来过我亦何聊?为君欲写贫士叹,才思殊减荒村谣。"杨初以荒村谣得名,故云。

【注释】

①经义进士第一：经义状元。金哀宗完颜守绪正大元年（1224年），取士共约70人，词赋状元王鹗，女真状元孛术里长河，经义状元张介。金代科举考试分为词赋、经义、女真三科，各设状元一名。《金史·哀宗本纪》："正大元年五月甲辰，赐策论进士孛术里长河以下十余人及第，经义张介以下五人及第；戊申，赐词赋进士王鹗以下五十人及第。"

②用安：印刷错误，应为"陛下当"。《金史·国用安传》："及闻上将迁蔡州，乃遣人以蜡书言迁蔡有六不可……虽然，陛下必欲去归德，莫如权幸山东。"国用安，淄州人。随李全参加红袄军。宋绍定元年（1228年）李全死，奉李全妻杨妙真为主，同降蒙古，称都元帅，行山东路尚书省事。金天兴元年（1232年），杀蒙古帅阿术鲁部将张进及杨妙真部海州元帅田福，降金，任金平章政事兼都元帅，京东、山东等路行尚书省事，特封兖王。宋端平元年（1234年）正月，沛县为蒙古阿术鲁等军所围，领兵赴援，败退徐州，投水死。

明

刘景周，字宪之，号鸣岐，廪生。幼颖异，笃孝行，性沉默，博研今古，教子义方。后猝梦绯衣奉诏，内记一联云："玉碎白犹在，松枯节更坚。"未百日卒，年五十四。著《易义心解》三卷，诗文诸稿存于家。

张诗，字子言，别号昆仑山人，卢龙卫民李氏子。十岁避金丁，随父母逃京师，衡州同知张公抱以为子。张殁后，访卢龙，得诸从兄弟，哭诸祖父墓。衡州卒乏嗣，仍子之。初学举子业于吕（枏）[柟]①，继学诗文于何景明②，声名藉藉。长安会府试士，士当自负，几入试诗，使其家童代之，试官不许，遂拂衣出。一意为诗，遍游天下名胜，与诸名人（倡）[唱]和，时称燕山豪士。至汝南，视何景明疾，守七月。景明卒，还北平。所居一亩之宅，择隙地种竹，每遇风雨飘潇，披襟流盼，相对欣然命酌。杭守李士行称其不狂、不屈、不惰、不骄，春风不足融其情，醇醪不足味其况。为文雄奇变怪，览者不敢以今人待之。著有《骂鬼诘发》《笑琳七子》等文。善行草，得旭颠、素师③遗意，岳氏《两华编》以昆仑为首云。

【注释】

①吕（枏）[柟]：字仲木，号泾野，明代著名理学家。陕西西安府高陵人。正德三年状元，授翰林院修撰。嘉靖六年升南京吏部考功郎中、尚宝司卿。十一年升南京太常寺少卿。十四年调国子监祭酒。次年升南京礼部侍郎。

②何景明：字仲默，号白坡，又号大复山人，河南信阳人。弘治十五年进士，授中书舍人，官至陕西提学副使。明代著名的"前七子"之一，与李梦阳并称文坛领袖。正德十六年（1521年）卒。

③旭颠、素师：张旭，字伯高，唐朝吴（今江苏苏州）人。曾官常熟县尉，金吾长史。善草书，性好酒，世称张颠。怀素，唐时僧人，字藏真，俗姓钱，永州零陵（湖南零陵）人。与

张旭齐名,人称"张颠素狂"。

【补录】

昆仑山人张诗试顺天,试士皆自负几凳,山人命僮代之,试官不许。山人遂拂衣去,不复试。以诗名豪俊,所居一亩之宅,隙间种竹,每风雪飘萧,披襟流盼,欣然命酌,醉辄跨驴,信其所之,风雨自如。李士行称其"不狂,不屈,春风不足融其情,醇醪不足况其味。"(清吴肃公编著《明语林》)

清

薛国琮,字鲁直,乾隆乙卯科①举人,由遵化州训导升山西乐平县知县。因事谪戍伊犁,放归,卒于家。所著有《伊江百咏》。

【注释】

①乾隆乙卯科:乾隆六十年,1795 年。据《清代官员履历档案全编》,薛国琮为乾隆元年生人,乾隆二十四年(己卯科)举人,乾隆五十七年六月任山西平定州乐平县知县(同治九年《乐平县志》无记载)。乾隆五十九年《直隶遵化州志》载,乾隆己卯举人,挑选教职,乾隆四十四年任训导,四十五年丁艰回籍。

温如玉,字尹亭,号廉圃,乾隆甲子(九年,1744 年)联捷进士,由翰林院检讨授山西道监察御史,癸酉(乾隆十八年,1753 年)充广西正主考,升礼科给事中,转刑科掌印给事中。乙亥(乾隆二十年,1755 年)、(乙)[己]卯(乾隆二十四年,1759 年),提(督)湖南北学政。甲申(乾隆二十九年,1764 年),巡视山东漕务。旋以病乞假归。父德厚,慷慨有大志,薄游淮上,入赘为郎。继娶于淮,生二子:次子如暄,终国学生;长即尹亭也。天性孝友,髫龄就傅日诵千言,老生宿儒咸目为奇器。弱冠回籍,应童子试,冠其军。后屡掌文衡,所拔尤多卓荦之士。历官清要,廉洁自持,(帝)[圣]眷方隆,因疾引退。以永(平)[郡]为孤竹遗墟,有廉让风,遂家焉。藏书万卷,著有《静渊斋诗》存行世。

李文沛,字南丰,乾隆丁卯科(十二年,1747 年)举人。家贫勤学,少时读书无膏火资,每然①香以代。遇塾师为徒讲论,于旁窃听,塾师异而教之,勤苦倍于诸弟子。数年捷于乡,仕为深州学官。晚年应试,钦赐翰林院检讨。

【注释】

①然:通"燃"。

【补录】

乾隆五十五年庚戌夏四月辛亥朔。戊辰,谕据知贡举铁保、姜晟奏:本年会试举子内,九十岁以上者四名,八十岁以上者七十三名,七十岁以上者二十四名,皆三场完竣,未经中式等语,本年届朕八旬特开万寿恩科,各省举子,年老应试者,至一百余人之多。庞眉皓首,踊跃观光,洵为升平盛事。所有年届九十以上之刘湘、胡椿、陈凤翔,八十以上之吴霖……李文沛……于令涝(曾任永平府敬胜书院山长)、赵敦典,俱著赏给翰林院检讨衔。其九十以上者,各加赏缎三匹;八十以上者,各加赏缎二匹;七十以上者,各加赏缎一匹,并年在九十、八十、七十以上,亦著一体分别赏给缎匹,以示朕嘉惠耆儒、仁寿作人之至意。(《清高宗实录》)

李美,诸生。生而笃厚,孝友性成。家素贫而刻苦于学,性尤喜诗,凡一郡之山川名胜尽入诗筒。晚年贡于乡,旅食桃林、徐流诸塞,而往来风雪,驴背推敲,托兴仍自不浅,学者号为乐吟先生。所著有《清华堂诗钞》。

王仲默,原滦州人。明崇祯十六年,随父构占籍卢龙,见《畿辅通志》《永平志》《滦志》各文庙传①。《通志》内有感悼诗三首,今录之:

剑解双龙记玉楼,繁华如梦水东流。

年来鹤返家山路,秃柳残松共语愁。

月上孤城鬼火青,吟魂联臂集荒亭。

东风寒食梨花下,应笑天涯梦未醒。

骨委黄沙哭暮鸦,北邙开遍杜鹃花。

雍门两袖龙钟泪,洒向东陵五色瓜。

【注释】

①各文庙传:当为"各有传"。"文庙"为衍字。

王采珊,字海樵,光绪丁酉科(二十三年,1897 年)举人。食廪饩时,曾作李广庙碑文,颇为教谕朱佩青见赏。

文云:山西出将,固多应运而生;塞北从军,岂曰成功者退? 苟倚长城于万里,定陈俎豆于千秋,以故书于太常,祭于太烝者,国家报功之典也。画于丹青,铭于钟鼎者,后世崇德之(条)[报]也。若乃虎能食肉,生不封侯,豹欲留皮,死犹对簿,如汉李将军者,良可慨已。将军,天上星精,陇西人。望远承先世佐秦之烈,生当匈奴寇汉之年,挽两石弓,神通望远,学万人敌,胸有甲兵。男儿有志四方,丈夫立功异域,纵或时非,高祖万户难图,自能名震羌胡,千人立废。孝文十四年,以良家子从军击胡,阴山踏脚。弱冠请缨,均服振振,勇可习也。戎容暨暨,望之威如。始则善射萧关,位居常寺。继且显名昌邑,印佩将军,从来御侮以折冲。每见出奇而制胜,观其文书,自省刁斗,何严作壁上观。劲敌之射雕,生得探囊底智,胡儿之善马暂腾。由是肉号飞仙人称著。翘月照营而龙堆秣马,云迎阵而鱼海洗兵,逐穷寇而狐尾低头,草降书而羊皮纸尽。项王创霸七十载,竭力经营;李牧镇边十余年,强胡慑服。此其功在社稷,利在生民,固宜天子酬庸百星,荷分茅之典,功臣绘像,九泉膺褒,谥之尊也。而乃数以奇而不偶,相虽贵而空谈射猎南山,霸陵呵止,失军东道,长史吹求,遂使地起愁云,天飞冤雪,赤星陨石,碧血流河,负虎头燕颔之奇,蝉飞饮剑,建鹰建鸡川之烈,鸟尽藏弓。是岂真三代相仍,道家所忌,在为将寸功莫立,将军之恨在杀降也乎? 然而行人争附,拟桃李之成蹊溜涕,归怀如婴儿之投母,一时怨愤,千古英灵,人有同心,诚能动物,况乎永平旧属辽西之郡? 将军曾拜太守之官,夷考其时,韩安国败衄于前，右北平承乏于后，人情瓦解，谁为余烬之收，敌势山排，难作婴城之守。公则旗折更进军孤转，先奋臂长呼，疮痍尽起，扬眉远瞩，烽燧能清，驰单骑而说降，身都是胆，筑瓮门而备，敌患不养痈，遂乃薄休屠之营，夺单于之垒，脱车师之帽，犁呼韩之庭。当年白草黄沙，骨成乐土。从此塞花边柳，即是甘棠。公之戚也，民之福也。方今关山万里，胡越一家，虎石寻幽，话前朝之故事，龙城吊古，仰上将之成名，爰仿栾公立社之文，乃作朱邑桐乡之祭。纵使神归华表，怅人民城郭之已非；庶几泪堕丰碑，见尸祝讴思之未已。

又《塞上曲》云：黄沙兼白草，马鸣风萧萧。古道少行人，中天月寂寥。当年凿险长城窟，秦皇汉武勤征伐。画角一声天地哀，万里战场抛白骨。将军连年听鼓鼙，深闺夜夜梦辽西。愁杀江南春草绿，鹧鸪啼罢杜鹃啼。捷书已奏天山远，屯戍依然重开垦。将军受赏尽封侯，多少儿郎魂不返。而今胡越本一家，散群怀植同书车。凭高远眺卢龙塞，烟树苍茫噪暮鸦。

伎　术

安永全，郡城沙河人，生于乾隆四十年（1775 年），于道光末年幼习梓人[①]业，精巧绝伦。尝以长锛破西瓜子，其法置西瓜子于地，跣其足以将指踏定，执长锛破之，瓜子开而足指不伤，百试不失。此真与郢匠[②]之运斤成风者同巧矣。

郑重寿，诸生郑汉弼长子。生于雍正五年（1727 年），府城上水关人也。幼读书，有巧思，后以家贫入都学银匠，艺既成，名动京师。尝为扁铤银钏上分镌二十四孝，须眉毕具，喜愠如生，乾隆时宫中争购之。其他首饰亦价增十倍，家计因而小康。

【注释】

①梓人：古代木工。《考工记·总序》载，木工有七，其一为梓人，专造饮器、箭靶和钟磬的架子。后世亦称建筑工人为"梓人"。

②郢匠：比喻技术精湛。典出《庄子·杂篇·徐无鬼》。楚郢中的巧匠，名石。"郢人垩漫其鼻端若蝇翼，使匠石斫之。匠石运斤成风，听而斫之，尽垩而鼻不伤，郢人立不失容。"

著　述

明

《韩鹏南诗文集》八卷，《奏疏》二卷，《尺牍》四卷，《六壬指掌》二卷，韩原善继之撰；

《昆仑山人集》，张诗子言撰；

《易义心解》三卷，刘景周宪之撰；

《拾烬集》《悯遗集》，廖自显德潜撰；

《忠国论》，韩原洞开之撰。

【补录】

《夷齐录》，张玭著，明嘉靖年间刻本；

《夷齐志》，白瑜著，明万历二十八年刻本；

《夷齐考疑》，胡其久著，明隆庆年间刻本；

《三元通天照水经》①，明孤竹山人西玄韩应庚校辑，嘉靖年间抄本。

【注释】

①《三元通天照水经》：一部看阴阳风水的专著。唐杨救贫撰，明韩应庚补注。民国二十年《迁安县志·梅如玉传》云："尝从遵化牛东阳，授《三元天通照水经》二卷。不著作者姓氏，云得之易水上异人。为人相宅，百无一失。其言休咎如指掌。嘉靖中如玉为河内尹，以传邑人张九一，九一以付梓。卢龙韩西元注之，厘四卷。"休咎，吉与凶。韩西元，即韩应庚，号西玄，避康熙帝讳改为"西元"。

清

《抚江集》《督漕奏议》，蔡士英伯谚撰；

《筹滇善后十疏》，蔡毓荣仁庵撰；

《宁阳政略》《公余录》，李本洁澄庵撰；

《洪雅公诗存》，岂惟纳敏公撰；

《守素堂诗集》，蔡珽若璞撰；

《清华堂诗抄》，李美纯之撰（《止园诗话》：纯之家贫好学，尤耽吟咏，人称乐吟先生）。

《伊江杂咏》，薛国琮鲁直撰；

《楚游草》，蒋第次竹撰；

《萝村遗稿》，辛大成展亭撰；

《六匹心声诗集》，温序斌①石坡撰（梅学博成栋序云：其春阴即事句云："一瓢安陋巷，五斗谢华簪。适意应多趣，居山不在深。"此四言足以尽先生之平生，亦可谓工于写照者矣。《止园诗话》：诗不矜格调，而机趣盎然合拍。高鱼侯方伟题其卷云："论超由卓识，语妙见高才。不费经营处，都从阅历来。"颇能道其仿佛）。

《悟雪堂诗草》，马宗沂春隄撰；

《蕴真轩小草》，蔡琬②季玉撰（沈归愚《别裁集》云：夫人无书不读，谙于政治。文良③奏疏、移檄等项每与商酌定稿，闺中良友也。诗集无可觅于选本中，录取四章皆掷地有声者。袁简斋《随园诗话》云:夫人生而明艳,娴雅能诗。高文良公巡抚苏州,与总督某不合,屡为所倾,而公卓然孤立,咏《白燕》第五句云:"有色何曾相假借",沉思未对。适夫人至,代握笔曰:"不群仍恐太分明"。盖规之也,诗(记)[集]不传,记其咏九华(峰)[寺]云云。此为其父平吴逆后获咎归空门而作也)。

【注释】

①温序斌:字石坡,温如玉之子。食贫读书,力绍父学。为诗不矜格调,而机趣自然。因屡试不售,橐笔远游,足迹半天下。年七十,始归故里。家徒四壁,授徒自给。

②蔡琬:字季玉,蔡毓荣之女。

③文良:高其倬(1676~1738),字章之,辽宁铁岭人,隶汉军镶黄旗籍。康熙三十三年进士,迁内阁学士。历任云贵、闽浙、两江总督,江苏巡抚。乾隆初,转湖北、湖南巡抚,工部尚书、户部尚书。卒谥文良。有奏疏及《味和堂诗集》。蔡琬为高其倬继室。李岳瑞《春冰室野乘》称:"夫人濡染家学,诗词之外,兼通政术,文良(高其倬)扬历中外,奏书文移,出自闺房中者居多。"蔡琬诗笔力雄健,苍劲悲壮。

《西陲事略》《蕴真诗草》《旷游随笔》,李云麟撰。

【补录】

《孟忠毅公奏议》二卷,孟乔芳撰;

《滕王阁全集》十三卷,《征汇诗文》十一卷,蔡士英编;

《四川总志》,蔡毓荣主修,康熙十二年刊。

重刻苏轼《东坡全集》一百一十五卷,苏洵《嘉祐集》十五卷,蔡毓荣重刊。

《通鉴本末纪要》八十一卷,蔡毓荣撰。

《楞严会归》十卷,蔡斑撰。

民国

《中华民国省区全志》全部八册,《地文》之部全一册,《中国人文地理》全一册,《地理哲学》全一册,《新建设时代初中中地教本》全二册,《新建设时代初中世界地理教本》二册,《高中世界地理教本》二册,《京直绥察热志》《鲁豫晋志》《满洲三省志》《秦陇羌蜀志》《鄂湘赣志》各一册,《最初物质建设精解》二册,均白眉初著。

《中国国耻图》全一幅,《蒙古详图》一幅,《中国地理教授挂图》共二十五幅,《中华民国建设全图》一册三十二幅,《河北省分县详图》一幅,《最新北平全市详图》一幅,《中华民国改造全图》一册,《中华民国详细大挂图》一幅,均白眉初①绘。

【注释】

①白眉初(1876—1940):名月恒,卢龙县城人。中国近代著名地理学家。1909年,毕业于北洋师范学堂,1913年任直隶女子师范学校(今河北师范大学前身)地理和国文教师,还兼任京师女子师范学校地理课教师。1917年8月任北京师范大学历史地理部主任

兼地理学教授。创建了完整的中国区域地理学。1936年在他画的中国地图上最先画出南海"九段线",不是虚线,而是实线。他认为,只有中国人最早有能力航行在这片海域,在这片海域中的那些珊瑚礁岛屿上,只有中国人有能力最早发现,也只有中国人能在上面生存下来。1947年,国民政府接收南海诸岛,重新整理和公布了南海诸岛的地名,并出版了包括南海诸岛的新地图。

金　石

旧府学明伦堂壁间石刻永平府十二景绝句,系崇祯元年(1628年)立冬日黔阳备兵、永平郡守闽中陈所立题,笔画苍古,惜堂已拆毁,石暴露于风日中,字迹模糊。兹录于下:

漆滦带玉　巨浸交流岂世情,泠泠漱玉绕孤城。淳泓莹澈芳祠下,直到沧溟万古清。

阳台列屏　万壑千崖列作屏,胡尘隔断杳然青。射飞校尉多乘障,雁度峰头不敢停。

卢龙迹古　卢龙古塞傍燕台,黑水遥从口外来。肯使北平销侠气,沉沦瀚海作凡材。

石虎名高　荒沼於菟①未易寻,弯弧宁致镞痕深。将军未必皆猿臂,要使人持射虎心。

孤竹风清　基留故国泽偏长,玉瘗荒山骨自香。夜宿层台朝荐芷,怪来魂梦亦清凉。

钓台月白　一著羊裘动客星,非熊感遇亦无情。临流莫学任公子,月白江空负钓名。

仙台气爽　缥缈高台望不迷,仙人坐隐亦忘机。当头急着休教挫,世事原来此局棋。

都山望雪　祁连绝处总燕支,到此回看北斗低。六月山头犹戴雪,罡风吹落蓟门西。

碣石闻鸡　砥柱东溟碣石开,黄河万里直西来。天鸡解唤扶桑日,起舞何人是异才。

溟海波澄　匈奴右臂断来难,犄角东方露布寒。可怪乘槎张博望②,单于不斩是楼兰。

偏凉汀趣　处处歊蒸此独凉,波光万顷接沧浪。澄潭千尺骊龙卧,愿借甘霖遍八荒。

崆巄洞奇　鸿蒙窍凿混沌死,神斧何年泣鬼工。上彻天门下地肺,灵源一线本来通。

又明伦堂西偏有钟上铸"迁安林河社胜水寺钟"字样,传是清初时一夕为大风摄至,遂悬之,为宣讲之用。款识云"重六百斤,天顺四年(1460年)造"。

铜壶滴漏,共四具,圆形如柱者二方,如盆盂者二,均古铜质,不知创自何年,亦不知其用法,确远代古物也。民国十七年(1928年),经东北陆军第十一军富军长③带去,物之迁徙殆亦有数欤?

【注释】

①於菟(wūtú):《左传·宣公四年》:楚人谓虎"於菟"。《辞海》:"於菟,虎的别称"。

②张博望:张骞,字子文,汉中郡城固(今陕西省汉中市城固县)人。西汉建元二年(公元前139年),奉汉武帝之命,出使西域,打通了汉朝通往西域的南北道路——丝绸之路,以军功封为博望侯。

③富军长:富双英(1895~1951.5),字耀天,满族,辽宁辽阳人。1918年9月毕业于保定军官学校步兵科第五期,投入奉军后,从排长、连长擢升到第三十四旅第四十六团团长。1925年3月任东北军京榆驻军司令(张学良)部陆军第5师第十二旅(旅长孙旭昌)64团团长,驻扎滦县一带。同年11月,郭松龄举兵反奉。12月初,富双英率团向奉军投诚,任新编第十二旅旅长,参加讨伐郭松龄作战。后历任东北军第3方面(总司令张学良)陆军新编第一步兵旅旅长,中路军(总指挥张学良兼)陆军新编步兵第一师师长。1927年6月,任安国军(总司令张作霖)第三方面军军团(军团长张学良)第十一军军长。1928年3月,任安国军第五方面军军团代理军团长,兼第十一军军长。1928年12月,东北军易帜后,任东北边防军司令长官(张学良)公署军事参议官等职。1931年九一八事变后,任井陉矿务局局长、沈阳关监督等职。1942年10月,任汪伪陆军编练总监公署中将参谋长。1943年9月,任汪伪军事参议院副院长。1945年2月,任汪伪政府参军处参军长兼汪伪独立第10军军长。1945年4月,被汪伪军事委员会授予陆军上将军衔。1951年5月被北京市人民政府以反革命罪判处死刑。

卢龙县志卷二十三

故　事

史　事

虞

舜肇十有二州,以冀兖地广始分冀东恒山之地为并州,其东北医无闾之地为幽州。又分青之东北辽东等处为营州。(陆氏释文曰:十有二州谓冀、兖、青、徐、荆、扬、豫、梁、雍、并、幽、营也。时舜以冀青地广始分卫水西北为并州,燕以北为幽州,青州东北跨海为营州。)

商

汤十有八祀(约公元前 1600 年)三月,王至东郊,立禹后及古圣贤有功者之后,封孤竹等国各有差。(《纲鉴》)

周

惠王十有三年(齐桓公二十三年,公元前 664 年),山戎伐燕,燕告急于齐。齐桓公救燕,遂伐山戎,至于孤竹而还。(《史记·齐世家》。案:《国语》载桓公之言曰:"寡人北伐山戎,刜令支,斩孤竹而南归,滨海诸侯莫不来服。")

汉

武帝元朔元年(公元前 128 年)秋,匈奴入辽西,杀太守。(《汉书·本纪》。案:《汉书·匈奴传》:匈奴二万骑入汉,杀辽西太守,略二千余人,又败渔阳太守军千余人,围将军(韩)安国。《韩安国传》:安国为材官将军,屯渔阳,捕生口虏①,言匈奴远去。即上言方佃作时,请且罢屯。罢屯月余,匈奴大入上谷、渔阳。安国壁②乃③有七百余人,出与战,安国伤,入壁。匈奴虏略千余人及畜产去。上怒,使使责让安国,徙益东,屯右北平。)

五年(公元前124年)春,令大行④李(恩)[息]、岸头侯张次公为将军,出右北平,击匈奴。(《史记·霍去病传》)

元狩二年(公元前121年)夏,匈奴入雁门,遣卫尉张骞、郎中令李广,皆出右北平。广杀匈奴三千余人,尽亡其军(四千人,独身脱还)。(《汉书·本纪》)

三年(公元前120年)(秋),匈奴入右北平,杀略千余人。(《汉书·本纪》)

四年(公元前119年)春,骠骑将军霍去病出右北平二千余里,击匈奴,所斩捕功多。上以五千八百户,益封骠骑将军、右北平太守路博德等四人为列侯。(《汉书·霍去病传》)

太初二年(公元前103年),(武)帝(遣霍去病)击破匈奴左地,徙乌桓于上谷、渔阳、右北平、辽西、辽东五郡塞外,侦察匈奴动静。于是始置护乌桓校尉。(《汉书·本纪》。案:《后汉书》所载,有辽东乌桓、右北平乌桓、渔阳乌桓、上谷乌桓之别,而鲜卑亦复有辽东、辽西等名,则漠南之地,其疆围分合虽不可考要,其为二部之错居也久矣。)

【注释】

①生口虏:当作"生虏",即活着的匈奴人。"口"为衍字。

②壁:营垒。

③乃:才、仅。

④大行:大行人。古官名。《周礼》谓秋官司寇所属有大行人,设中大夫二人。掌接待大宾(诸侯)、大客(孤卿)之礼仪。李息,北地郡郁郅县(今甘肃省庆城县)人,西汉时期著名将领。少年从军,侍奉汉景帝。汉武帝时,曾多次率军征讨匈奴,因军功封关内侯。

后汉

光武帝建武元年(25年)夏,遣耿弇与吴汉、景丹等十三将军追贼至潞东,及平谷,斩首万三千余级,遂穷追于右北平无终①、土垠②之间,至浚靡③而还。(《后汉书·耿弇传》。案:注云:浚靡,县名,属右北平,故城在今渔阳县北。)

二十五年(30年)春正月,辽东徼外貊人④寇右北平,辽东太守祭肜招降之。(《后汉书·本纪》。案《东夷传》:二十五年,寇右北平者即句骊也。)是岁,辽西乌桓大人郝旦(第)[等]九百二十二人诣阙朝贡,封其渠帅为侯王君长者八十一人,皆居塞内,布于缘边诸郡。(《乌桓传》)

和帝永元九年(97年)秋八月,鲜卑寇肥如。(《后汉书·本纪》。案:注云:肥如县,属辽西郡。前书音义曰:肥子奔燕,封于此。今平州也。)

元兴元年(105年),辽东貊人反,钞⑤六县。发上谷、渔阳、右北平、辽西乌桓兵讨之。(《后汉书·天文志》)。

元初四年(117年)春二月己巳,鲜卑寇辽西,辽西郡兵与乌桓击破之。(《后汉书·本纪》。案:注云:辽西郡故城在今平州东阳乐城是。又案《后汉书·鲜卑传》:元初四年,辽西鲜卑连休等烧塞门,寇百姓。)

永宁元年(120年)冬十二月,辽西鲜卑降。(《后汉书·本纪》。案:《后汉书·鲜卑传》:永宁元年,辽西鲜卑大人乌伦、其至鞬率众诣邓遵降,奉贡献。诏封乌伦为率众王,其至鞬为率众侯。建光元年(121年)秋,其至鞬复叛,累杀郡守,控弦数万骑,后其至鞬死,鲜卑抄盗差稀。)

桓帝延熹九年(166年)夏六月,南匈奴及乌桓、鲜卑寇缘边九郡(《后汉书·本纪》。案:《鲜卑传》云:桓帝时,鲜卑檀石槐者,勇健有智略,部落畏服。自分其地为三部,从右北平以东至辽东,接扶余、濊貊二十余邑为东部;从右北平以西至上谷十余邑为中部;从上谷以西至敦煌,乌孙二十余邑为西部,各置大人主领之。)

灵帝熹平六年(177年)冬十二月,鲜卑寇辽西。(《后汉书·本纪》。案:《乌桓传》:灵帝初,乌桓大人,辽西有邱力居者众五千余落,自称王;右北平乌延众八百余落,自称汗鲁王,并勇健而多计策。)

中平四年(187年)夏六月,渔阳人张纯与同郡张举举兵叛,攻杀右北平太守刘政等,众至十余万,屯肥如。(《后汉书·本纪》及《刘虞传》。案:《乌桓传》:中平四年,前中山太守张纯(畔)[叛]入邱力居众中,自称弥天安定王,遂为诸郡乌桓元帅,寇掠青、徐、幽、冀四州。)

五年(188年)冬十一月,公孙瓒与张纯战于石门⑥,大破之。瓒深入无继,反为邱力居等所围于辽西管子城⑦二百余日,士卒死者十有五六。虏亦饥困,远走柳城⑧。(《后汉书·本纪》及《公孙瓒传》。案:《公孙瓒传》注:石门,山名,在今营州柳城西南。)

建安十年(205年)春,袁熙、袁尚为其将焦触、张南所攻,奔辽西乌桓。(《后汉书·袁绍传》)

十二年(207年)秋八月,曹操征辽西,击乌桓,大破蹋顿于柳城,斩之。袁尚、袁熙与楼班、乌延等皆奔辽东。辽东太守公孙康并斩,送之,其余众万余落悉徙居中国。(《后汉书·本纪》及《袁绍传》《乌桓传》。《本纪》注云:蹋顿,匈奴王号。案:《后汉书·乌桓传》:献帝初平中,邱力居死,子楼班年少,从子蹋顿有武略,代立,总摄三郡,谓辽西乌桓、右北平乌桓、辽东属国乌桓,众皆从其号令。建安初,冀州牧袁绍与前将军公孙瓒相持不决,蹋顿遣使诣绍求和亲,遂遣兵助击。又案:《三国志·魏武帝纪》:三郡乌丸承天下乱,破幽州,略有汉民合十余万户,袁绍皆立其酋豪为单于,以家人子为己女妻焉。辽西单于蹋顿尤强,为绍所厚,故尚兄弟归之。乌丸,即乌桓。)

【注释】

①无终:古县名,秦置,治所在今天津市蓟州区,属右北平郡。

②土垠:古县名,西汉置,治所在今唐山市丰润区银城铺乡。东汉时为右北平郡治。

③浚靡：一作"俊靡"，古县名，汉置，属右北平郡。治所在今河北唐山市遵化市西北、承德市兴隆县东南。"靡"，读作"麻"。北魏郦道元《水经注》："灅水出右北平郡俊靡县，王莽之俊麻也。"

④貊人：生活在中国东北和朝鲜半岛西北部的古老民族，又称藏貊，后与**濊**人汇合而成濊貊（huì mò）族。

⑤钞：掠取、抢劫。后作"抄"。

⑥石门：《后汉书·公孙瓒传》为"属国石门"。元胡三省注《资治通鉴》为"辽东属国石门"。汉安帝时，为安置内附汉朝的乌桓人，分辽东、辽西两郡，置辽东属国，治所昌黎县（今辽宁义县）。东汉末省。唐章怀太子李贤注云："石门，山名，在今营州柳城县西南。"即今辽宁朝阳市凌源西南。

⑦辽西管子城：在今辽宁锦州市西北。清顾祖禹《读史方舆纪要》："管子城，亦在营州西南。志云：齐伐山戎，管仲尝至此城，因以名。"

⑧柳城：古县名，西汉置，治所在今辽宁朝阳市。

魏

明帝景初元年（237年）秋七月，公孙渊反，幽州刺史毌邱[丘]俭①进军讨之，右北平乌丸单于寇娄敦、辽西乌丸都督王护留等居辽东，率部众随俭内附。（《三国·魏志》）。

二年（238年）春正月，诏太尉司马懿帅众讨辽东。（《三国·魏志》）。进师，经孤竹，越碣石，次于辽水。（《晋书·宣帝纪》）

【注释】

①毌邱[丘]俭（Guànqiū Jiǎn）：本作"毌丘俭"，字仲恭，河东闻喜（今山西闻喜县）人。魏明帝初，为尚书郎，迁羽林监，出为洛阳典农，升为荆州刺史。景初二年（238年）从司马懿攻灭公孙渊。正始五年（244年）至正始六年（245年）两次率兵征讨高句丽，攻破丸都，几亡其国。清雍正三年（1725年），为避至圣先师孔子名丘讳，诏令改"丘"为"邱"。

晋

武帝太康二年（281年）冬十一月，鲜卑寇辽西，平州刺史鲜于婴讨破之。（《晋书·本纪》）。

五年（284年），慕容廆入寇辽西，帝遣幽州诸军讨之，战于肥如，廆众大败。（《十六国春秋·前燕录》）。案：旧志作"六年"，误。）

惠帝太安二年（303年）冬十一月，封鲜卑段务勿尘为辽西公。（《晋书·本纪》）。案：《魏书》：徒河段就六眷，本出于辽西。其伯祖曰陆眷，因乱被卖为渔阳乌丸太库辱官①家奴。其后渔阳大饥，库辱官以日陆眷为健，使将之诣辽西逐食，招诱亡叛，遂至（疆）[强]

盛。日陆眷死,弟乞珍代立。乞珍死,子务目尘代立,即就六眷父也,据有辽西之地而臣于晋,其所统三万余家,控弦上马四五万骑。晋穆帝幽州刺史王浚以段氏数为己用,深德之,乃表封务目尘为辽西公,假大单于印绶。"目尘",即"勿尘"。《魏书》作穆帝时,与《晋书》异,应误。)

【注释】

①乌丸太库辱官:《魏书》作"乌丸太库辱官",《太平寰宇记》作"乌丸大库辱官",《北史》作"乌丸大人库辱官"。《吕思勉全集·读史杂记》云:"大人简称为大。"库辱官,渔阳乌丸首领。

东晋

元帝大兴元年(318年)春正月,辽西公疾陆眷①卒,其子幼,叔父截附真②自立为单于。(《晋本纪》)

成帝咸康四年(后赵建武四年,338年)春正月,石虎伐鲜卑段辽于辽西,辽率妻子、宗族、豪大千余家弃令支,奔密云山。虎入令支,迁其户二万余于司③、兖、雍④、豫四州;士大夫之有才行者,皆擢叙之。夏四月,虎谋伐昌黎⑤,遣渡辽将军曹伏将青州之众渡海,戍蹋顿城⑥,无水而还,因戍于海岛,运谷三百万斛以给之。又以船二百艘运谷三十万斛诣高句(骊)[丽],使典农中郎将王典率众万余,屯田海滨,掠缘海诸县。(《后赵录》。案:《前燕录》:是年正月,(慕容)皝遣都尉赵槃如赵,请听师期。虎将击段辽,募骁勇者三万余人,悉拜龙腾中郎,帅舟师十万、步骑七万伐之。三月赵槃还,至棘城,皝引兵攻掠令支以北诸城。段辽遣弟兰来拒,大战,败之,斩级数千,掠五千余户及畜产万计以归。五月虎入令支,怒皝之不会师,先攻段辽而自专其利,帅众来伐兰。《魏书》作"郁兰"。)

五年(后赵建武五年,339年)夏四月,燕遣别将攻辽西,俘获数千家而去。冬十月以抚军将军李农为使,持节监辽西、北平诸军事,征东将军、营州牧镇令支,虎以辽西近燕境,数遭攻袭,乃徙其民于冀州之南。(《后赵录》)

六年(后赵建武六年,340年)春二月,虎将石成与慕容皝战于辽西,大败引归。秋九月,虎将讨慕容皝,命司、冀、青、徐、幽、并、雍七州兼复之家⑦,五丁取三,四丁取二,合邺城旧军,满五十万,具船万艘,自河通海,运谷千一百万斛于乐安城(即今乐亭县)以供军征之用。徙辽西、北平、渔阳万余户于兖、豫、雍、洛四州之地。自幽州以东至白狼,大兴屯田,括取民马,得四万余匹,大阅于曜武场⑧。冬十月,皝入自蠮螉塞⑨,戍将当道者皆斩之⑩。(《后赵录》)

穆帝永和六年(燕俊二年,350年)(二月),燕王(慕容)俊使慕容霸将兵二万,自东道出徒河(在今锦县西北),慕舆干自西道出蠮螉(蠮螉,即"居庸"之转音,在今昌平州)。俊自中道出卢龙塞(即潘家口,在今迁安县),三道并进伐赵,霸军至三陉⑪(《魏书》:海阳县有横山。盖即"三陉"之地。)。赵征东将军邓恒焚仓库,弃安乐⑫遁去。(徒河)南部都尉孙泳入城,扑灭余火,(藉)[籍]其谷帛。霸收安乐、北平兵粮,与俊会于临渠。(《前燕录》)。临渠,今三河县地。案:《汉书·地理志》:安乐县,属渔阳郡。乐安县,属千乘郡。邓恒屯兵之所,《后赵录》作"乐安",《前燕录》作"安乐"。就"三陉"之地论之,当以安乐为长。时其地尚别有乐安城,不知谁是,姑分录以俟考。)

九年(燕元玺二年,353年),(燕景昭帝)遣将军步浑治卢龙道,焚山刊石,令通方轨,刻石岭上,以纪事功。(《水经注》)

升平二年(燕光寿二年,358年),辽西获黑兔[13]。(《前燕录》)

孝武帝太元十五年(后燕建兴五年,北魏登国五年,390年)秋九月,北平吴柱聚众千余,立沙门为天子,攻破北平,转寇广都[14],入白狼城[15]。高阳王隆遣安昌侯进将百余骑,穷捕斩之。(《后燕录》)

二十年(后燕建兴十一年,北魏登国十年,395年)春,征东将军平视反于鲁口,视弟海阳令翰起兵辽西以应之。(《后燕录》)。案:旧志"视"作"规",误。)

二十一年(后燕永康元年,北魏皇始元年,396年)春三月,闻魏兵东下,(慕容)宝使征南将军库傉官伟、建威将军余崇将兵五千为前锋,伟等(顿)[屯]卢龙城,近百日。(《后燕录》)

安帝隆安二年(后燕建平元年,北魏天兴元年,398年)夏四月,燕主(慕容)宝为兰汗所杀,汗子和屯令支,长乐王(慕容)盛遣兵袭诛之。秋九月乙未,以慕容豪为幽州刺史,镇肥如。(《后燕录》)

三年(后燕长乐元年,北魏天兴二年,399年)秋八月,辽西太守李朗阴招魏兵,许以郡降。(燕主慕容)盛遣辅国将军李旱讨之。朗留其子养守令支,躬迎魏师于北平,旱袭克令支,遣广威(将军)孟广平率骑迎朗,及于无终,斩之。(《后燕录》)

四年(后燕长乐二年,北魏天兴三年,400年)春正月,魏遣材官将军和拔(一作"突")袭幽州刺史卢溥,盛遣孟广平援之,无及,斩魏辽西守宰而还。高句(骊)[丽]王安事燕礼慢。二月丙申,盛率众三万伐之,开境七百余里,散其积聚,徙五千余户于辽西。(《后燕录》)

元兴元年(后燕光始二年,北魏天兴五年,402年)春正月丁丑,(后燕主慕容)熙(遣)平寇将军慕容拔攻辽西,拔令支戍,宿库千[16]退走,执魏辽西太守那颉,以拔为幽州刺史,镇令支,以中坚将军辽西阳豪为本郡太守。(《后燕录》)

义熙二年(后燕光始六年,北魏天赐三年,406年)夏五月,以上庸公(慕容)懿为镇西大将军、冀州刺史,镇肥如[17]。(《后燕录》)

五年(后燕高云正始二年,北燕冯跋太平元年,北魏永兴元年,409年)夏五月,以尚书令冯万泥为幽、冀二州牧,镇肥如。(《后燕录》)

十四年(北燕太平十年,北魏泰常三年,明年晋亡,418年)夏五月,魏太宗东巡,遣征东大将军[18]长孙道生等率精骑二万来伐。又遣(晓)[骁]骑将军延普、幽州刺史尉诺自幽

州引兵北趋辽西,为之声援。(《北燕录》)

【注释】

①疾陆眷:段疾陆眷,东部鲜卑人,晋骠骑大将军、辽西公、段部鲜卑首领。晋辽西公段务勿尘之子。段务勿尘死后,世子段疾陆眷继位为辽西公、大单于。318 年正月,段疾陆眷在令支逝世,叔父段涉复辰代立。

②截附真:段涉复辰(? —318),十六国时期段部鲜卑的首领,辽西公。段务目尘之弟,段就六眷之叔父。

③司(州):三国魏、西晋、北朝时以京师周围地区为司州,治所在今河南洛阳市东。辖今陕西中部、山西西南部及河南西部。

④雍州:古九州之一,辖今青海、甘肃、宁夏、新疆部分地区和陕西小部分地区。

⑤昌黎:古郡县名,三国魏改辽东属国置昌黎郡,治昌黎县(在今辽宁锦州市义县一带)。今河北省昌黎县为金大定二十九年改广宁县而来。

⑥蹋顿城:在今辽宁朝阳市西南。清顾祖禹《读史方舆纪要》:"(营)州西南有蹋顿城。后汉末,乌桓蹋顿尝屯此,因名。"

⑦兼复之家:承担兵役义务较重的多男丁之户。家有多丁,一户有丁壮二人及其以上者,称家有兼丁。

⑧曜武场:司马光《资治通鉴》为"季龙如宛阳,大阅于曜武场"。

⑨蠮螉(yē wēng)塞:居庸关,又名军都关,在今北京市昌平西北。蠮螉,细腰蜂。关上筑土室以候望,如蠮螉之掇土为房,故名。

⑩斩之:《资治通鉴》为"擒之"。

⑪三陉:元胡三省注《资治通鉴》时认为魏收撰《魏书·地形志》中海阳县(今滦县)横山即"三陉"。清杨同桂等编《盛京疆域考》:"三陉:慕容霸伐赵军至三陉。《地形志》:海阳县有横山。《通鉴》注:盖即'三陉'之地。"1986 年上海复旦大学历史地理研究所编《中国历史地名辞典》:"三陉:在河北滦县境。"1996 年上海辞书出版社出版的《中国历史大辞典(历史地理分册)》:"三陉:在今河北滦县北。"但清初史学家顾祖禹并不认同胡三省的说法,其《读史方舆纪要》:"三陉:在(永平)府东北。胡氏曰:魏收《志》:海阳县有横山。盖即'三陉'之地。恐误。"海阳县,即今河北滦县、滦南县一带。

⑫安乐:古县名,西汉置,属渔阳郡,故城在今北京市顺义区西南古城村北。三国魏时移治于今顺义区西北六里衙门村(旧名安乐庄)。

⑬黑兔:古人以为祥瑞之兆。《宋会要辑稿》:"至道元年(995 年)五月,开封府寿王上言:'太原招庆乡华阳村民获黑兔一以献。'帝谓宰臣曰:'黑兔之来,国家之庆也。'"

⑭广都:古县名,北魏置,属营州建德郡,今辽宁省北镇市地。

⑮白狼城:古城名,故址在今辽宁省喀喇沁左翼蒙古族自治县西南。西汉置白狼县,因白狼山得名。东汉废。十六国后燕、北燕皆为重镇,为并州治所,北魏为建德郡治所。

⑯宿库千：《魏书》《资治通鉴》作"宿沓干"，虎威将军。

⑰镇肥如：此段抄录有误。《晋书》："上庸公慕容懿为镇西将军、幽州刺史，镇守令支；尚书刘木为镇南大将军、冀州刺史，镇肥如。"

⑱征东大将军：《魏书》《资治通鉴》为"征东将军"。

后魏

世祖始光二年(北燕太平十七年，425年)春正月甲寅夜，天东南有黑气，广一丈，长十丈。占有兵①。二月，慕容渴悉邻反于北平，攻破郡治，太守与守将击败之。(《魏书·灵徵志》及《本纪》)

延和元年(北燕太兴二年，432年)夏(六)[五]月，大简舆徒②将讨冯文通③。秋七月己未，车驾至濡水④。庚申，遣安东将军、宜城公奚斤发幽州民及密云丁零万余人，运攻具，出南道，俱会和龙⑤。帝至辽西，文通遣其侍御史崔聘奉献牛酒。九月乙卯，车驾西还，徙营邱、成周、辽东、乐浪、带方、玄菟六郡民三万家于幽州，开仓以赈之。(《通鉴》注：燕国自慕容以来分置郡县于辽西，其间或省并，为郡为县，皆不可考。)冬十月癸酉，车驾至濡水。十有一月乙巳，车驾至，自伐和龙。十有二月己丑，冯文通长乐公崇及其母弟朗、朗弟邈以辽西内属。文通遣将封羽围辽西。(《魏书·本纪》)

延和二年(北燕太兴三年，433年)春正月乙卯，抚军大将军、永昌王健督诸军救辽西。二月庚午，诏兼鸿胪卿李继，持节假冯崇车骑大将军、辽西王承制，听置尚书已下；赐崇功臣爵秩各有差。(《魏书·本纪》)

太延二年(北燕亡，436年)二月辛未(二十日)，平东将军娥清、安西将军古弼率精骑一万讨冯文通，平州刺史元婴⑥帅辽西诸军会之，文通奔高丽。(《魏书·本纪》)

五年(439年)春二月，辽西上言木连理⑦。(《魏书·灵徵纪》)

太平真君八年(447年)秋七月，平州大水。(《魏书·灵徵纪》)

高宗太安三年(457年)冬十月，将东巡，诏太宰常英起行宫于辽西黄山⑧。(《魏书·本纪》：案：肥如有黄山。)

四年(458年)春正月(乞)[乙]卯，帝东巡平州。庚午，至辽西黄山，游宴数日，亲对高年劳问疾苦。(《魏书·本纪》)

五年(459年)春三月，肥如城内大火，官私庐舍焚烧略尽，惟东西二寺(佛图像舍火独)不及。(《魏书·灵徵志》)

高祖太和三年(479年)春三月戊辰，平州地震有声如雷，野雉皆雊⑨。(《魏书·灵徵志》)

六年(482年)冬十一月辛亥朔，月寅见东方⑩，京师不见，平州以闻。(《魏书·灵徵志》)

肃宗熙平二年(517年)秋九月，城平州城，所治肥如城。(《魏书·本纪》)

孝昌元年(525年)秋八月癸酉,杜洛周(及)[反]于上(古)[谷]⑪。九月丙辰,诏幽州刺史常景与幽州都督元谭讨之。别敕谭西至军都关⑫,北从卢龙塞,据险以杜贼出入。(《魏书·本纪》,参《常景传》)

孝庄建义元年(528年)十月丁酉,以冀州之长乐,相州之南赵,定州之博(博)[陵],沧州之浮阳,平州之辽西,燕州之上谷,幽州之渔阳七郡,各万户,增封太原王尔朱荣为太原国。(《魏书·本纪》)

【注释】

①占有兵:占卜预测,将要发生兵事(战争)。

②大简舆徒:大肆选拔精兵强将。简,选拔、简任。舆徒,车马徒众。

③冯文通:冯弘,字文通,长乐信都(今河北冀州)人。十六国时北燕主。北燕文成帝冯跋之弟。冯跋死后,自立为君。

④濡水:今滦河。《汉书·地理志》:辽西郡肥如县"玄水东入濡水。濡水南入海阳。"玄水,即今青龙河。

⑤和龙:今辽宁朝阳市。咸康七年(341年)正月,燕王慕容皝在柳城之北、龙山之西修筑龙城。改柳城县为龙城县。咸康八年十月,迁都于龙城。永和元年(345年)正月,"时有黑龙、白龙各一,见于龙山……二龙交首嬉翔,解角而去。皝大悦,还宫,赦其境内,号新宫曰和龙,立龙翔佛寺于山上。"

⑥元婴:《资治通鉴》作"拓跋婴"。

⑦木连理:不同根的草木枝干连生在一起,古人认为是祥瑞之征兆。

⑧黄山:在今河北迁西县东南二十里。民国二十年《迁安县志》:"黄山,距城五十里,绵亘十里,巍然高耸。魏文成大安三年,将东巡,诏起行宫于辽西黄山。即此。"1946年,析迁安县西部置迁西县。

⑨雊(gòu):雄鸡叫。

⑩月寅见东方:月在寅时(凌晨3时至5时)出现在东方。冬十一月辛亥朔(初一日),是看不到月亮的。只有望日(农历十五日)前后出现月亮。初一日出现月亮,很反常。

⑪上谷:燕昭王二十九年(公元前283年)置,郡治在沮阳县(今河北张家口市怀来县大古城村北)。

⑫军都关:居庸关的别称。

北齐

显祖天保四年(553年)秋九月,契丹犯塞。冬十月丁酉,帝至平州,从西道趋长堑(曹操征乌桓,出卢龙塞,堑山堙谷五百余里,后人因谓之长堑)。诏司徒潘相乐帅精骑五千,自东道趋青山,大破契丹别部,所虏生口皆分置诸州。丁巳,登碣石,临沧海。十一月

己未,帝自平州入晋阳。(《齐书·本纪》)

七年(556年)冬十一月壬子,并省州三、郡百五十三、县五百八十九、镇三、戍二十六。先是,自西河总秦戍筑长城,东至于海,前后所筑东西凡三千余里。六十里一戍,其要害置州镇,凡二十五所。(《北史·齐纪》)

幼主承光元年(577年),周师至邺[①],营州刺史高保宁率骁锐并契丹、靺鞨万余骑赴救,至北平[②],闻邺都不守,乃还。据黄龙[③],竟不臣周。(《北齐书·高保宁传》。案:《齐书》"保"作"宝")

【注释】

①邺:汉高祖刘邦置邺县,治所在邺城(旧址在今河北临漳县西)。东汉建安九年,曹操平袁绍后,修建邺城,后定为魏王王都。《晋书·地理志》:"穆帝永和五年,慕容俊僭号于蓟,是为前燕。七年,俊移都于邺。"

②北平:郡名。《晋书·地理志》:北平郡统县四:徐无、土垠、俊靡、无终。辖境约今河北唐山市遵化、玉田、丰润以及天津蓟州区一带。

③黄龙:黄龙城。契丹黄龙府在今吉林省长春市农安县。

隋

文帝开皇二年(582年)夏五月己未,高宝宁寇平州。(《隋书·本纪》)

三年(583年)夏四月庚辰,行军总管阴寿帅步骑数万,出卢龙塞,破高宝宁于黄龙。以寿为幽州总管。(《隋书·本纪》及《阴寿传》。案:《隋书·突厥传》:高祖受禅,待之甚薄,北夷大怒。会营州刺史高宝宁作乱,沙钵略与之合军,攻陷临渝镇。上敕缘边修保障,峻长城以备之。)

十八年(598年)春二月,高丽王(高)元帅靺鞨之众万余骑寇辽西,命汉王(杨)谅为行军元帅,总水陆三十万讨之。(《隋书·本纪》及《东夷传》)

炀帝大业十年(614年)春三月,帝征高丽。(壬子即十四日,行幸涿郡),癸亥(二十五日),次临渝宫[①],亲御戎服,祃祭黄帝,斩叛军者以衅鼓。夏四月甲午(二十七日),车驾至北平[②]。五月庚子,诏举郡孝悌廉洁各十人。秋八月(乙)[己]巳,班师。(《隋书·本纪》。案:《本纪》:是年二月戊子,诏曰:往年出师问罪,将届辽滨,死亡者众,不及埋藏。今宜遣使分道收葬,设祭于辽西郡,立道场一所,恩加泉壤,度弥穷魂之冤泽及枯骨,用宏仁者之惠。)

十一年(615年)春二月戊辰,贼帅杨仲绪攻北平,滑公李景破斩之。(《隋书·本纪》)

十三年(一作"十二年",617年)秋,河间贼帅高开道陷临渝,围北平。守将李景遂据其地[③]。(《隋书·本纪》及《唐书·高开道传》)

【注释】

①临渝宫:此当为临朔宫,隋炀帝大业五年建,在涿郡蓟县(今北京市大兴区西南)。《隋书》《资治通鉴》《册府元龟》等记载皆有误。临渝宫在北平郡东(今秦皇岛市抚宁区东二十里榆关镇)。

②北平:郡名,治所在新昌县(今卢龙县城)。《隋书·地理志》:"北平郡:旧置平州,统县一:卢龙县。大业初置北平郡。"

③守将李景遂据其地:此段引述有误,当为"守将李景度不能支,拔城去,开道遂据其地。"《新唐书·高开道传》:"复引兵围北平,未下,隋守将李景自度不能支,拔城去,开道据其地。"

唐

高祖武德三年(620 年),契丹寇平州。(《旧唐书·北狄传》)

武后万岁通天元年(696 年)夏五月,契丹首领、松漠都督李尽忠、归(城)[诚]州刺史孙万荣陷营州。秋七月辛亥,命春官尚书①武三思为渝关道安抚大使,以备契丹。八月丁酉,左鹰扬卫将军曹仁师、右金吾卫大将军张元[玄]遇、右威(武)[卫]大将军李多祚、司农少卿麻仁节等与契丹战于西硖石黄獐谷②。(《唐书》:平州有西硖石、东硖石二戍。),大败,契丹执元[玄]遇、(元)[仁]节,进攻平州。刺史邹保英妻奚氏率家童女丁乘城不下。(《旧唐书·本纪》及《列女传》)

久视元年(700 年)秋八月壬子,平州火,燔千余家。(《唐书·五行志》)

睿宗景云元年(710 年)冬十二月,奚、霫犯塞,掠渔阳雍奴③,出卢龙塞而去。幽州督都薛讷追击之,弗克。(《新唐书·本纪》)

玄宗开元二年(714 年)七月庚子,薛讷及奚、契丹战于滦河,败绩。(《新唐书·本纪》)

天宝二年(743 年),平卢军④节度使治辽西故城⑤。(《唐书·方镇表》)

代宗广德元年(764 年)春正月,贼将李怀仙杀史朝义,传首京师。怀仙仍故地,为卢龙节度使。(《纲鉴》。案:"朝义"自缢温泉栅⑥。)

德宗(真)[贞]元十一年(795 年)夏四月丙寅,奚寇平州,卢龙军节度使刘济败之于青都山。(《新唐书·本纪》)

穆宗长庆元年(821 年)二月己卯,刘总⑦以卢龙军八州归于有司。(《新唐书·本纪》)

文宗太和四年(830 年),奚复盗边,卢龙李载义⑧破之,执大将二百余人。(《新唐书·北狄传》)

宣宗大中元年(847 年),北部诸山奚悉叛,卢龙张仲武⑨擒酋渠,烧帐落二十万,取其刺史以下面耳三百,牛羊七万,辎贮五百乘,献京师。(《唐书·北狄传》。案:《通鉴纪事本末》:是年春二月庚午,加卢龙节度使张仲武同平章事,赏其屡破回鹘也。)

昭宗乾宁二年(895年)春二月,以刘仁恭为卢龙节度使。(《通鉴纲目》。案:《新唐书·北狄传》:光启时刘守光戍平州,契丹以万骑入,守光伪与和,伏发,禽其大将,输重赂求之,乃与盟,十年不敢近边。时耶律阿保机建旗(彭)[鼓]为一部,自立为王而有国,大贺氏遂亡。)

昭(和)[宣]帝天祐四年(是年唐亡,907年)夏四月,刘守光囚其父仁恭,自称幽州卢龙军节度使。秋七月,其兄平州刺史守奇率其众数千人奔契丹。(《唐书》及《辽本纪》。案:旧志"守奇"作"守文",误。)

【注释】

①春官尚书:古官名,礼部尚书。《周礼》分设天、地、春、夏、秋、冬六官,春官以大宗伯为长官,掌理礼制、祭祀、历法等事。唐光宅元年(684年),改礼部为春官,改礼部尚书为春官尚书。

②黄獐谷:在河北省卢龙县东南,与昌黎碣石山脉相接。吕思勉著《隋唐五代史》:"万岁登封元年五月,(契丹松漠都督李尽忠)遂杀(营州都督赵)文翙。武后发二十八将击之。又以武三思为安抚大使。八月,诸将战西硖石黄獐谷,败绩。(胡三省曰:平州有西硖石、东硖石二戍。黄獐谷在西硖石。平州,今河北省卢龙县。)"

③雍奴:古县名。西汉置,治所在今天津市武清区东北。北魏时移治于今武清区东,为渔阳郡治所。唐天宝初改名武清县。2000年,改为武清区。

④平卢军:当为卢龙军。唐天宝初,分范阳节度使,置平卢节度使,治营州(柳城县,今辽宁朝阳);统辖平卢军、卢龙军、榆关守捉、安东都护府。《旧唐书·地理志》:"平卢军节度使,镇抚室韦、靺鞨,统平卢、卢龙二军,榆关守捉,安东都护府。平卢军节度使治,在营州。平卢军,在营州城内。卢龙军,在平州城内,管兵万人,马三百四。"

⑤辽西故城:明景泰七年《寰宇通志》:"辽西故城:在(永平)府治东一里,西汉为郡于此,遗址尚存。"天顺五年《大明一统志》:"辽西城:在府治东。西汉为郡治于此。隋省。"其说不确。《汉书·地理志》:辽西郡统县十四:且虑、海阳、肥如、阳乐等,郡治且虑(今辽宁朝阳市西南),不在今卢龙县境。北魏时肥如县(今卢龙县)为辽西郡治。

⑥温泉栅:在今河北滦县南、唐山市丰润区东。清顾祖禹《读史方舆纪要》:"温泉栅,在废石城县东北,旧为戍守处。"

⑦刘总:《钦定续通志》为"刘总",《新唐书》作"刘栝"(niè)。

⑧李载义:字方谷,唐朝藩镇。初任衙前都知兵马使。宝历二年(826年),发动兵变,杀卢龙节度使朱延嗣,旋被朝廷授为卢龙节度使,封武威郡王。因功加衔同平章事。唐文宗时历任山南西道节度使、河东节度使等职,并加兼侍中。

⑨张仲武:范阳(今北京西南)人,唐朝中晚期藩镇。累官至蓟北雄武军使。会昌元年(841年),率军讨平卢龙军变,授卢龙节度使、检校工部尚书等职,封兰陵郡王。大破

回鹘、契丹与奚族，并任检校兵部尚书、东面回鹘招抚使，降服回鹘，累官至检校司徒、同中书门下平章事。

后梁

末帝乾化(二)[三]年(913年)夏四月，晋师逼幽州，拔平、营州。冬十一月，晋王入幽州，执刘仁恭及守光以归。卢龙巡属皆入于晋，以周德威为卢龙节度使。(《通鉴纲目》)

辽

太祖神册二年(梁贞明三年，917年)春二月，晋裨将卢文进率其众奔契丹，太祖以为卢龙节度使，居平州。(《契丹国志》。案：志云：先是，幽州七百里有榆关，下有渝水通海。自关东北循海有道，狭处才数尺，旁皆乱山，高峻不可越，北至进牛(一作"午")口。中国尝置八防御军，募士兵守之，田租皆供军食，岁致缯纩以供衣。每岁早获，清野以待。契丹兵至，则坚壁不战。俟其去则选骁勇，据隘邀之，契丹常失利，不能轻入。及周德威镇卢龙，恃勇(轻)[不]修边备，遂失渝关之险，契丹(始)[每]刍牧于营、平之间。卢文进来归，常居平州，率骁奚①岁入北边，杀掠吏民，卢龙巡属为之残散。)

天赞二年(后唐同光元年，923年)春正月丙辰，大元帅耀库济②(原作"尧骨")克平州，获刺史赵思温、裨将张崇。二月，如平州。甲子，以平州为卢龙军节度使。(《辽史·本纪》)

三年(后唐同光二年，924年)，太祖谋南征，遣其将秃馁及卢文进据平、营等州，以(据)[扰]燕地。(《契丹国志》)

六年(后唐天成元年，926年)冬十月，卢龙军节度使卢文进率其众十万奔唐。(《契丹国志》。时文进守平州，唐遣人说之，以易代之，后无复嫌怨，而文进所部华人皆思归故也。案：《辽史》作"卢国用"③，奔在天显元年。)

太宗天显二年(后唐天成二年，927年)五月，契丹退师，为卢龙节度使赵德钧邀击，殆无孑遗。(《契丹国志》)

六年(后唐长兴二年，932年)冬十二月丙辰，遣人以诏赐唐卢龙军节度使赵德钧。(《辽史·本纪》)

七年(后唐长兴三年，933年)秋七月壬寅，唐卢龙节度使赵德钧遣人进时果。(《辽史·本纪》)

会同六年(晋天福七年，944年)，以赵延寿为卢龙节度使。(《契丹国志·太宗本纪》及《延寿传》。案：《传》云：是时，晋少帝初立，构怨契丹。延寿欲代晋帝中国，屡说太宗击晋。太宗乃集山后及卢龙兵，合五万人，使将之曰："得之，将立汝为帝。")

圣宗统和元年(宋太平兴国八年，983年)秋九月癸丑朔，以东京、平州旱蝗，诏赈之。(《辽史·本纪》)

四年(宋雍熙三年,986年)春三月,诏林牙勤德④率兵守平州海岸以备宋。夏四月戊申,将军华格⑤统平州兵马赴蔚州以助色珍⑥。秋七月丙子,枢密使色珍奏复朔州,擒宋将杨继业⑦。诏传其首,以示诸军。仍以朔州之捷宣谕南京平州将吏。(《辽史·本纪》)

十五年(宋至道三年,997年)夏五月己巳,诏平州决滞狱。(《辽史·本纪》)

十九年(宋咸平四年,1001年)冬十二月,免平州租税。(《辽史·本纪》)

二十年(宋咸平五年,1002年),平州麦秀两歧。(《辽史·本纪》)

二十八年(宋大中祥符三年,1010年)秋八月,赈平州(饿)[饥]民。(《辽史·本纪》)

二十九年(宋大中祥符四年,1011年)春三月庚寅,平州水,赈之。(《辽史·本纪》)

【注释】

①率骁吴:宋叶隆礼著《契丹国志》为"帅奚骑"。

②耀库济:清阿桂等编纂《钦定满洲源流考》作"耀库济",中华书局版《辽史》作"尧骨",即辽太宗耶律德光,契丹名尧骨。清朝乾隆皇帝认为"辽金元三史人、地名音译讹舛,鄙陋失实者多",命"廷臣重订金、辽、元国语解,将三史内讹误字样,另行刊定,以示传信",对辽金元三史中人名、地名、官名、物名进行更改。

③卢国用:卢文进,字国用,一字大用。元陈桱撰《通鉴续编》为"卢国用"。《钦定续通志·辽纪·太宗》:"神册元年(916年)夏四月乙酉朔,晋幽州节度使卢国用来降,以为幽州兵马留后。(按此时晋幽州节度使为周德威。观此纪上年及下年,俱有幽帅周德威可见。况此'卢国用'者,新旧《五代史》及《通鉴》皆无其人,疑此及天显元年所书皆因'卢文进'致误也)。""天显元年(926年)冬十月,卢龙军节度使卢国用叛,奔于唐。"《旧五代史·晋列传》:"卢文进,字国用,范阳人也。少事刘守光,唐庄宗攻燕,以文进首降,遥授寿州刺史。"《新五代史·杂传》:"卢文进,字大用,范阳人也。为刘守光骑将。唐庄宗攻范阳,文进以先降拜寿州刺史。"《辽史拾遗》:"神册二年春二月,晋新州裨将卢文进杀节度使李存矩来降。"《契丹国志》:"卢文进,字大用,幽州范阳人也。守光与晋王构怨,时晋王遣周德威攻幽州,文进以骑先降,拜蔚州刺史。"

④林牙勤德:林牙,辽代官名。北面行军官有行枢密院,为枢密院的派出机构。辽北面官有北面都林牙、北面林牙承旨、北面林牙、左林牙、右林牙,为掌理文翰之官。勤德,萧勤德,又称萧恒德、萧金德、萧恩德,字逊宁,辽宁法库人。萧排押之弟。统和元年尚越国公主耶律延寿(辽景宗与萧燕燕的三女儿),拜驸马都尉,迁南面林牙,改北面林牙。统和十一年任东京留守使,统和十四年改行军都部署。

⑤华格:中华书局版《辽史》作"化哥"。耶律化哥,字弘隐,乾亨初为北院林牙。统和四年(986年),南侵宋,化哥擒谍者,知敌由海路来袭,即先据平州要地。事平,拜上京留守,迁北院大王。十六年,复侵宋,以功迁南院大王,寻改北院枢密使。开泰元年,封齐王。

⑥色珍：中华书局版《辽史》作"斜轸"。统和四年,诸军副部署萧挞凛从枢密使耶律斜轸战于山西,俘获宋将杨继业于朔州。

⑦杨继业：本名杨业,戏剧中称为"杨继业",并州太原人,北宋名将。仕北汉世祖刘崇为保卫指挥使,累升建雄军节度使。北汉灭亡后,宋太宗授为右领军卫大将军,累迁代州刺史兼三交驻泊兵马部署。太平兴国五年(980年),在雁门关大破辽军。宋雍熙三年(辽统和四年,986年),随军北伐,中伏大败,力战被擒,绝食而死。

道宗咸雍十年(宋熙宁八年①,1074年)春二月癸未,蠲平州复业民租赋。(《辽史·本纪》)

大康元年(宋熙宁七年②,1075年)夏四月丙子,赈平州饥。闰月丙午,赈平、滦二州饥。(《辽史·本纪》)

五年(宋元丰二年,1079年)冬十月丁巳,赈平州贫民。(《辽史·本纪》)

六年(宋元丰三年,1080年)夏五月壬申,免平州复业民租赋一年。(《辽史·本纪》)

大安四年(宋元祐三年,1088年)春三月己巳,赈平州饥。(《辽史·本纪》)

寿隆六年(宋元符三年,1100年)冬十月(甲寅),以平州饥,复其租赋一年。(《辽史·本纪》)

天祚帝天庆四年(宋政和四年,1114年),召宰相张琳、吴庸,付以东征事。琳等请用汉军二十万,分路进讨。天祚谓其数多,即降宣札付上京、长春、辽西诸(路),计人户家业钱,每三百贯自备一军,限二十日各赴期会。时富民有出一百军、二百军者,家资遂竭。(《契丹国志》)

保大二年(宋宣和四年,金天辅五年,1122年)春正月乙亥,金人克中京③,平州军乱,杀节度使萧谛里。张觉④(一作"毂")以乡人能招安息乱,以功权知平州事。(《辽史·本纪》,参《契丹国志》。案：是时金破中京,别遣精兵五百骑到松亭关邀截本京官民奔逸车乘。天祚在燕京,闻报甚惧,即日出居庸关。又闻金师渐逼,遂自奔夹山,命令不(行)[通]。燕王淳⑤守燕,深得人心。李处温等谋立之,王惊泣,辞不获免,乃即位,改元建福。废天祚为湘阴王,遂据有燕、云、平及中京、上京、辽西六路。天祚所有沙漠(已)[以]北、西南、西北路两都招讨府诸番部族而已。是年八月,燕王薨。觉度契丹必亡,籍管内丁壮充军五万人,马一千匹,招豪杰,潜为一方之备。萧太后尝遣太子少保时立爱知平州,觉有不容之意。由是立爱常称疾不出,觉依旧权知州事。)

三年(宋宣和五年,金天辅六年,天会元年,1123年)春正月丁巳,奚王和勒博⑥(原作"回离保")即箭笴山⑦自立(一作"据卢龙岭"),号奚国皇帝,改元天复。(《辽史·本纪》,参《和勒博传》。案：《传》云：和勒博为郭药师所败,其党杀之,伪立凡八月。)。甲子,辽平州节度使时立爱降。诏曲赦平州。(案：《金史·时立爱传》：太(宗)[祖]已定燕京,访求得平州人韩询,特诏招谕平州。是时,奚王回离保在卢龙岭,立爱未敢即朝见,先使人(道)[送]款,乞下明诏,宣谕德(意)[义]。上嘉之。)。二月戊申,诏平州官与宋使同分割所与燕京六州之地。改平州为南京,以张觉为留(后)[守]。五月甲寅,南京留守张觉据城叛。六月壬午(朔),栋摩(一作"阇母")败张觉于营州⑧。是岁,金太宗即位,改天会元年。九月癸酉,南路军帅栋摩败张觉于楼峰口⑨。十月己亥,栋摩及张觉战于兔耳山⑩,栋摩败绩。十一月壬子,命宗望问栋摩罪,以其兵讨张觉。庚午,宗望及张觉战于南京东,大败之。张觉奔宋,城中人执其父及二子以献,戮之军中。壬申,张忠嗣、张敦固以南京降,遣使与张敦固入谕城中,复杀其使者以叛。(《金史·本纪》。案:《地理志》:是年以燕西地与宋,遂以平州为南京。又案:《大金国志》云:燕、云之地,易州西北乃金坡关,昌平之西乃居庸关,顺州之北乃古北口,景州东北乃松亭关,平州之东乃隃关,隃关之东乃金人之来路也。凡此数关,乃天造地设,以分番汉之限。一夫守之,可以当百。当时南宋之割地也,若得诸关,则燕山之地可保。然关内之地平、滦、营三州自后唐为契丹阿保机陷之后,改平州为辽兴府,以营、滦二州隶之,号平州路。至石晋之初,耶律德光又得燕山檀、顺、景、蓟、涿、易诸州,建燕山为燕京,以控六郡,号燕京路。与平州自成两路。昔宋朝海上密议割地,但云燕、云两路而已。盖初建燕山之路,尽得关内之地,殊不知关内之地平州与燕山异路也。由是破辽之后,金人复得平州路,既据平州,则关内之地,番汉杂处,故(幹)[斡]离不⑪后自平州入攻,此当时议割燕、云,不明地理之误也。)

四年(宋宣和六年,金天会二年,1124年),张敦固等皆加徽猷阁待制。金栋摩克南京,杀都统张敦固,移置中书枢密于平州。宋建平州为泰宁军,以张觉为节度使。觉奔宋,入于燕京。金以纳叛责宋。宋人杀觉,函其首以与金人⑫。冬十月丙寅,诏有司运米五万石于广宁⑬,以给南京⑭、润州⑮戍卒。(《金史·本纪》及《张觉、韩企先传》。案:《企先传》:初,太祖定燕京,始用汉官宰相,赏左企弓等,置中书省枢密院于广宁府,而朝廷宰相自用女直官号。太宗初年,无改更。及张敦固伏诛,移置中书枢密于平州。蔡靖以燕山降,移置燕京。凡汉地选授(官职)、调发租税,皆承制行之。故自时立爱、刘彦宗及企先辈,官为宰相,其职大抵如此。舍音、宗干当国,劝太宗改女直旧制,用汉官制度。天会四年,始定官制,立尚书以下诸司、府、寺。)

【注释】

①宋熙宁八年:误,当为"宋熙宁七年"。

②宋熙宁七年:误,"辽大康元年"为"宋熙宁八年"。

③中京:辽中京在大定府,故址在今内蒙古赤峰市宁城县大明城。《金史·太祖本纪》:"天辅六年正月乙亥,取中京,遂下泽州。"《辽史·天祚皇帝本纪》:"保大二年春正月乙亥,金克中京,进下泽州。"

④张毂:一作张觉,平州义丰(今滦县)人。《契丹国志·张毂传》:"因乡兵经过,杀节度使萧谛里全族二百口,劫掠家资数十万。毂以乡人,能招安息乱,以功权知平州事。"《宋史·张觉传》:"镇民杀其节度使萧谛里,觉拊定乱者,州人推领州事。"

⑤燕王淳：耶律淳，小字涅里，辽兴宗之孙，宋魏王耶律和鲁斡之子，天祚帝耶律延禧堂叔。历任彰圣军节度使、东京留守、南京留守、都元帅，封秦晋国王。保大二年（1122年），金兵连续攻陷辽上京和中京，天祚帝逃入夹山，群臣拥立耶律淳为帝。同年六月病逝后，其妃萧普贤女摄政。同年十一月，金兵攻陷居庸关，萧普贤女投奔天祚帝后被杀。

⑥和勒博：汉名作"萧干"，《辽史》《金史》作"回离保"（奚名），《续资治通鉴》作"和勒博"，《三朝北盟会编》作"古尔班"。奚王忒邻之后，辽末奚王。辽道宗时历任铁鹞军详稳、汉人行宫都部署、知奚六部大王事、奚本部大王、契丹行宫都部署，天祚帝时任北女真详稳，兼知咸州路兵马事，后改东京统军、知北院枢密事。

⑦箭笴山：今青龙满族自治县东南祖山。《辽史·地理志》：迁州（州治今山海关）有箭笴山。《辽史·国语解》云：箭笴山，胡损奚所居。《辽史·太祖本纪》："天赞二年三月戊寅，军于箭笴山，讨叛奚胡损，获之，射以鬼箭。"

⑧营州：辽置广宁县，又置营州邻海军于此。治所今昌黎县城。

⑨楼峰口：今抚宁城西十五里之芦峰口村。

⑩兔耳山：在抚宁城西七里。

⑪（斡）[斡] 离不：完颜宗望，金太祖完颜阿骨打次子，金初名将。

⑫函其首以与金人：此前所记之事，当发生于辽天祚帝保大三年。"冬十月丙寅"之后，方为辽保大四年（金天会二年）之事。

⑬广宁：广宁府，故址在今辽宁锦州市北镇市。金天会元年（1123年）升辽显州为广宁府。今昌黎县，辽时为广宁县，金大定二十九年（1189年）因与广宁府重名改称昌黎县。

⑭南京：指平州。

⑮润州：辽圣宗太平十年，平渤海贵族大延琳叛乱，迁宁州民置润州，治所在海阳县（今秦皇岛市海港区海阳镇）。

金

太宗天会四年（宋靖康元年，1126年）九月己巳，复以南京为平州。（《金史·本纪》）。改辽兴军为兴平节度使。（《地理志》）

熙宗天眷元年（宋绍兴八年，1138年）九月己酉，省平州东、西等路州县。（《金史·本纪》）

皇统二年（宋绍兴十二年，1142年）秋，平州大熟。（《金史·五行志》）

四年（宋绍兴十四年，1144年）正月己未，以宋使王伦为平州转运使。既受命，复辞，罪其反复，诛之。（《金史·本纪》）

世宗大定元年（1161年）十月丙午，即位于东京。甲子，兴平军节度使张元[玄]素上谒。己丑，如中都。（《金史·本纪》）

四年(宋隆兴二年,1164 年)秋九月己酉,以平、蓟二州蝗、旱,民多鬻为奴,遣使阅实其数,出内库物赎之。(《金史·本纪》)

十三年(宋乾道九年,1173 年)春二月,罢平、滦盐铁。(《金史·本纪》。案:《食货志》:大定十三年,平州副使于马城县置局贮钱。解盐行河东南北路。)

二十二年(宋淳熙九年,1182 年)冬十月辛丑,(从)[徙]河间宗室于平州。(《金史·本纪》。案:《富察鼎寿传》:鼎寿为河间尹,号令必行,豪右屏迹。有宗室居河间,侵削居民,鼎寿奏(从)[徙]其族于平州。)

至宁元年(宋嘉定六年,元太祖八年,1213 年)(秋),蒙古分兵三道,皇弟哈扎尔^①为左军,遵海而东,取蓟州、平、滦、辽西诸郡而还。(《元史·本纪》)

宣宗贞祐二年(宋嘉定七年,元太祖九年,1214 年)夏四月,侨置临潢府^②于平州。(《金史·地理志》)

【注释】

①哈扎尔:中华书局版《元史》作"哈撒儿"。

②临潢府:辽上京,始建于辽太祖神册三年(908 年)。治所在今内蒙古赤峰市巴林左旗林东镇南部。

元

世祖中统元年(宋景定元年,1260 年)秋七月丙子,诏中书省给诸王塔齐尔^①益都、平州封邑岁赋、金帛。(《元史·本纪》)。升兴平府为平滦路,置总管府,设录事司。(《元史·地理志》。案:《元史》:时西域人塔本世袭行省总管于平州。)

至元三年(宋咸淳二年,1266 年)夏五月丙辰,蠲平、滦质子^②户赋税之半。冬十二月^③,平、滦蝗。(《元史·本纪》)

十五年(宋祥兴元年,明年宋亡,1278 年)冬十二月戊申,封伯夷为昭义清惠公,叔齐为崇让仁惠公。(《元史·本纪》)

二十四年(1287 年)九月己亥,以平滦路饥禁酒。冬十二月,以平滦路风雹害稼,诏赈贫乏。(《元史·本纪》)

二十六年(1289 年)夏六月丁丑,平滦霜雨害稼,免田租。秋七月丁亥,发至元钞,市马于平滦。九月丙申,平滦、昌国等屯田霖雨害稼。(《元史·本纪》)。冬十月^④,平滦路水,坏田稼一千一百顷。(《五行志》)。癸酉,以平滦等路饥,弛河泊之禁。辛巳^⑤,诏^⑥平滦大水伤稼,免其租。(《本纪》)

二十七年(1290 年)夏四月甲申,免平滦今岁银俸钞。六月辛丑,免平滦岁赋丝之半。秋八月庚辰,免平滦等路流民租赋及酒醋课。冬十二月戊寅,免平滦自至元二十四年至二十六年逋租^⑦。(《元史·本纪》)

二十八年(1291 年)春三月己亥朔,平滦饥。秋九月乙卯,(以岁荒)免平滦屯田二十七年田租(三万六千石有奇)。十一月(乙卯),平滦诸州饥,弛猎禁,其孕字之时勿捕。十二月癸未,以平滦路及丰赡、济民二署饥,出米赈之。(《元史·本纪》)。案:《食货志》:二十七年,减平滦路丝线之半。二十八年,平滦路丝线并除之。)

二十九年(1292)春三月丙午,平滦路免今岁公赋。秋八月戊午,弛平滦州酒禁。九月丁丑,以平滦路大水且霜,免田租二万四千四十一石。(《元史·本纪》)。案:《食货志》:二十九年,免平滦路包银俸钞。)

三十年(成宗即位,1293年)秋八月癸未,平滦路迁安等县水⑧,蠲其田(赋)[租]。(《元史·本纪》)。冬十月,平滦路水⑨。(《五行志》)

成宗大德元年(1297年)夏六月,平滦路虫食桑。(《元史·本纪》)

二年(1298年)夏五月(壬寅),平滦路旱。六月,水。(《元史·五行志》)

五年(1301年)秋八月己巳,平滦路霖雨,滦、漆、泇、泇河溢,民死者众。免田租,仍赈粟三万石。冬十一月己亥,降平滦金丹提举司为管句⑩。(《元史·本纪》)

六年(1302年)春正月乙卯,以平滦路去年被水,其军应赴上都驻夏者,免其调遣一年。三月丁酉,免平滦差税三年。(《元史·本纪》)

七年(1303年)春二月己卯,平滦路饥,减直粜粮以赈之。冬十月(庚子)[乙未],改平滦为永平路⑪。(《元史·本纪》)

八年(1304年)夏四月庚子,以永平屯田被水,其逋租及民贷食者皆勿征。(《元史·本纪》)

十一年(武宗即位,1307年)秋七月乙亥,以永平路为皇妹鲁国长公主⑫分地,租赋及土产悉赐之。冬十一月庚午,卢龙、滦州、迁安、昌黎、抚宁等县水,民饥,给钞千锭赈之。(《元史·本纪》)

武宗至大二年(1309年)秋八月丁丑,永平路陨霜杀禾。(《元史·本纪》)

英宗至治元年(1321年)夏六月,永平路大雹,深一尺,害稼。(《五行志》)

二年(1322年)夏五月庚辰,置营于永平,收养蒙古子女,(遣使谕四方),匿者罪之。(《元史·本纪》)

泰定帝泰定二年(1325年),筑滦河堤。夏六月丁未,蠲永平屯田丰赡、昌国、济民等署⑬租。(《元史·本纪》)。案:《河渠志》:泰定二年三月十三日,永平路屯田总管府言:"国家经费咸出于民,民之所生,无过农作。本屯辟田收粮,以供亿内府之用,不为不重。访马城东北五里许张家庄龙湾头,在昔有司差夫筑堤,以防滦水,西南连清水河,至公安桥,皆本屯地分。去岁霖雨,水溢冲荡皆尽,浸死屯民田苗,终岁无收。方今农隙,若不预修,必致为害。"工部移文都水监,差濠寨泊本屯官及滦州官亲诣相视,督令有司差夫补筑之。)

三年(1326年)春三月,永平诸路饥,免其田租之半。秋七月庚午,永平路属县水,大风雨雹,赈永平钞七万锭。八月,永平饥,发粟赈之。(案:《五行志》:八月,永平蝗)。

冬十一月,弛永平路山泽之禁,免其租,仍赈粮四月。(《元史·本纪》)

四年(1327年)春二月,永平路饥,赈钞三万锭,粮二月。春四月,免永平路租,仍赈粮两月。冬十一月,(永平路水旱,民饥),蠲永平路田赋(二)[三]年。(《元史·本纪》)

文宗天历二年(1329年)春二月,永平告饥,赈粮五万石。夏六月丙午,永平屯田府所隶昌国诸屯大风骤雨,平地出水,免今年租。秋七月,永平蝗。(《元史·本纪》)

至顺元年(1330年)春三月辛巳,永平路以去年八月雹灾告。秋七月,永平庞遵以孝行,旌其门。(《元史·本纪》)

顺帝元(纯)[统]二年(1334年)春二月,滦河、漆河溢⑭,永平诸县水灾,赈钞五千锭。(《元史·本纪》)

至元四年(1338年)闰八月甲寅,追封湖广平章雅奇(一作"燕赤")永平王。(《元史·本纪》)

至正四年(1344年)春闰二月辛酉朔,永平路饥,赈之。秋七月,滦河水溢。(《元史·本纪》。案:《五行志》:七月,滦河水溢,出平地丈余,永平路禾稼、庐舍漂没甚众。)

五年(1345年)二月,永平饥,赈之。(《元史·本纪》)

八年(1348年)春二月,以前奉使宣抚贾(维)[惟]贞称职,特授永平路总管。会岁饥,惟贞请降钞四万余(锭)赈之。(《元史·本纪》)

二十二年(1362年)秋八月,以伊苏⑮辽阳省左丞相知行枢密院事,开省(于)永平。(《元史·伊苏传》)

二十七年(1367年)秋八月癸丑,封太师巴咱尔永平王。(《元史·本纪》)

【注释】

①塔齐尔:中华书局版《元史》作"塔察儿"。

②质子:质子军,元代军队名称。为防止藩属及将领叛变,而召其子弟编成军,以便挟制。《元史·兵志》:"或取诸侯将校之子弟充军,曰质子军。"《元史·世祖本纪》:"中统三年冬十月丁丑,敕宿州百户王达等所擒宋王用、夏珍等八人赴京师。命百家奴所将质子军入侍。戊寅,命不里剌所统固安、平滦质子军自益都徙还故地。"

③(至元三年)冬十二月:冬季起蝗虫,于理不通。原志书摘录有误,当为"是岁"。《元史·世祖本纪》:"是岁,东平、济南、益都、平滦、真定⋯⋯河间、北京蝗。"

④(至元二十六年)冬十月:《元史·五行志》:"至元二十六年十月,平滦路水,坏田稼一千一百顷。"冬季焉能有大水? 此时间记载有误。柯劭忞撰《新元史》:"至元二十六年六月,平滦路水,坏田稼一千一百顷。"

⑤辛巳:当为十二月辛巳日。《元史·世祖本纪》:"十二月辛巳,平滦大水伤稼,免其租。"

⑥诏:衍字。或改为"诏免其租"。

⑦逋租:指欠租。

⑧平滦路迁安等县水：此事当发生在至元三十一年。《元史·成宗本纪》："至元三十一年八月癸未，平滦路迁安等县水，蠲其田租。"

⑨冬十月，平滦路水：农历十月，寒冷异常，滴水成冰。《元史·五行志》："至元三十年十月，平滦路水。"柯劭忞编纂《新元史》也是如此记载。不合情理，时间必有误。

⑩管句：一作"管勾"，原为办理、管理之意，宋代始为官职，掌管文卷簿籍架阁之事。金、元时期管勾一职，品秩为八品或九品。提举司提举一般为从五品。

⑪改平滦为永平路：《元史·地理志》：永平路"辽为卢龙军。金为兴平军。元太祖十年，改兴平府。中统元年，升平滦路。大德四年，以水患改永平路。"而《成宗本纪》："大德七年冬十月乙未，改平滦为永平路。"柯劭忞编《新元史·地理志》："大德四年，以水患，改永平路。"《成宗本纪》删除了"改平滦为永平路"的记述。

⑫鲁国长公主：孛儿只斤·祥哥剌吉，又称桑哥剌吉，元朝公主，忽必烈太子真金孙女，答剌麻八剌之女。兄元武宗，弟元仁宗。大德十一年（1307年）封为皇妹鲁国大长公主，赐永平路为分地。至大四年（1311年），元仁宗即位，封皇姊鲁国大长公主。

⑬永平屯田丰赡、昌国、济民等署：《元史·泰定帝本纪》："泰定二年六月己卯朔。丁未，永平屯田丰赡、昌国、济民等署雨伤稼，蠲其租。"元至元二十四年（1287年）在马城（今滦南县东北马城镇）置永平屯田总管府，下辖丰赡、昌国、济民三署。《魏源全集》："大司农所辖：永平屯田总管府，世祖二十四年，以北京采木百姓三千余户，于滦州立屯，为田万有千六百十四顷有奇。"

⑭春二月，滦河、漆河溢：《元史·顺帝本纪》："元统二年二月己未朔。是月，滦河、漆河溢，永平诸县水灾，赈钞五千锭。瑞州路水，赈米一万石。"清毕沅著《续资治通鉴·元纪》："顺帝元统二年（甲戌，1334年）二月己未朔。是月，滦河、漆河溢，永平诸县水灾。"永平地区，春旱少雨，春二月绝然不会发生河溢现象，定是灾情发生于上一年，赈灾于本年二月。

⑮伊苏：原作"也速"，蒙古人，由宿卫历尚乘寺提点，迁宣政院参议。以功除同知中政院事。历迁淮南行枢密院副使、同知枢密院事、中书平章政事，进阶金紫光禄大夫、知枢密院事。至元二十年八月，雷帖木儿不花、程思忠等陷永平，诏也速出师，遂复滦州及迁安县。又复昌黎、抚宁二县，擒雷帖木儿不花送京师。累官至中书左丞相、右丞相。

明

太祖洪武元年（1368年）秋九月戊申，大将军徐达遣都督同知孙兴祖等徇永平。元分省参政崔文耀以州县降，兴祖留平章俞通源等以元五省八翼兵守之。（旧志①）

【补录】

洪武元年八月己巳朔。壬午，诏改大都路为北平府，命征元故官，送至京师。

九月戊戌朔。戊申，都督同知（张）[孙]兴祖率师徇永平，下之。己未，都督同知

（张）［孙］兴祖自永平还至北平。（《明太祖实录》）

二年（1369年）春，元行省丞相也速寇永平。（旧志）。命大将军徐达等备边，自永平迤西二千余里关隘，皆置戍守。（《明史·兵志》）

【补录】

洪武二年六月癸亥朔。乙丑，以元分省参政崔文耀署平滦府事。文耀先守平滦，以其州县来降，故有是命。

洪武三年春正月辛卯朔。丁巳，置永平卫。三月庚寅朔。甲午，以永平府所属宜兴、隆庆二州及怀来县俱隶北平府。甲辰，淮安侯华云龙言：前大军克永平，留故元五省八翼兵一千六百六十人屯田，人月支粮五斗。今计其所收，不偿所费，乞取赴燕山诸卫补伍练用。诏从之。（《明太祖实录》）

四年（1371年）秋，永平旱。（《明史·五行志》）。九月秋旱。（旧志）

【补录】

洪武四年三月乙酉朔。壬寅，改北平平滦府为永平府。六月壬午朔。戊申，魏国公徐达驻师北平，以沙漠既平，徙北平、山后之民三万五千八百户，一十九万七千二十七口，散处卫府，籍为军者，给以粮；籍为民者，给田以耕。凡已降而内徙者，户三万四千五百六十口，一十八万五千一百三十二；招降及捕获者户二千二百四十口，一万一千八百九十五。永平府梦洞山、雕窝崖、高家峪、大斧崖、石虎、青矿洞、庄家洞、杨马山、买驴独崖、判官峪十一寨，户一千二百二口六千人。（《明太祖实录》）

九（月）［年］②（1376年）秋旱。（旧志）。七月，赈永平旱灾。（《明史·本纪》）。

十年（1377年）夏六月，永平滦、漆二水，没民庐舍。（《明史·五行志》）

【补录】

洪武十年六月丁未朔。丙寅，永平府滦、漆二水暴发，没民庐舍。冬十月丙午朔。丙辰，上闻永平府火，民被延烧者户九十有四，遣官户给米布赈之，为米九十四石，布四百二十四。北平、永平二府守臣言：山后来归之民以户计者五百三十；以口计者二千一百余，皆携挈妻孥，无以为食。上命有司稽其口之大小赈给之，凡赈米八百一十石。（《明太祖实录》）

十三年（1380年）冬十一月，元平章完者不花与乃儿不花率骑数千人，入桃林口，寇永平。指挥刘广战死，千户王辂追击至迁民镇③，败之，擒完者不花。（旧志）

【补录】

洪武十三年十一月丁亥朔。丙午，故元平章完者不花与乃儿不花，率胡骑数千，入桃林口，寇永平，掠民赀畜。指挥刘广率兵御之，时步兵多，骑兵少，广令步卒继后，独率四十余骑先至城北三十里蔡家庄，遇胡骑千余，即迎击之。兵少不敌，后军又不继。胡兵射广中马，马惊仆地，遂被杀，左右多战死。千户王辂被伤裹创临阵，会后军至，阴令部下先分兵伏迁民镇、界岭等处邀其归路，又分兵出燕河夹击之。胡兵败走，辂乘胜追至迁民镇，伏发，擒完者不花以归，乃儿不花遁去。广，蕲之罗田人。洪武初从征，北克永平。以广为指挥佥事，镇其地。广有胆略，善弓马，遇敌尝提双刀，出入阵中，人莫御者，军号双刀刘。后以功升指挥同知。尝病且殆，语人曰："战阵死王事，吾志也。居牖下死儿女手，岂吾愿哉？"至是以战死上闻而惜之，遣使敕永平府传送其丧至京，以钞百锭赐其家长子荣先为城门都尉。至是袭广职，未几亦病死，上念广之功，复命其次子贵袭职，使镇守陕西之岷州。（《明太祖实录》）

十七年（1384年），北平留守傅友德奏通滦河、青河故道漕运。（旧志）

【注释】

①旧志：旧地方志的简称，指《永平府志》《卢龙县志》。

②九（月）[年]：《明太祖实录》："洪武九年秋七月，赈永平旱灾。"

③迁民镇：辽圣宗太平十年（1030年），平定大延琳叛乱后，迁归州（今辽宁营口盖州市归州镇一带）民置迁州、迁民县。金改迁民镇，属瑞州海阳县。治所在今山海关。

惠帝建文元年（1399年）春三月甲午，敕都督耿瓛将兵屯（三）[山]海关。秋七月丙戌，靖难兵至永平，指挥赵彝、千户郭亮、百户吴买驴等以城降。（"买驴"后改名"成"，封清平伯）。九月，江阴侯吴高、都督耿瓛、杨文率辽东兵围永平，焚西门。燕王自将救之，营于永平城东，追奔百余里，斩首千余级。（旧志）

【补录】

建文元年七月丙戌，永平守将赵彝、郭亮以城来归。九月戊辰朔。永平守将郭亮驰报：江阴侯吴高、都督耿瓛等以辽东兵围城。丙戌，上（燕王朱棣）率师援永平。壬辰，吴高等闻上至，仓卒尽弃辎重，走山海。上遣轻骑追之，斩首数千级，俘降亦数千人，尽散遣之。（《明太宗实录》）

二年（1400年）秋七月，败辽东兵于部落岭，克兔耳山寨。八月，辽东兵围永平，不克。（旧志）

四年（1402年）夏五月，辽东兵至永平，都指挥佥事谷祥引军过小河，至十八里铺，拒却之。论功普升一级。秋七月乙巳，燕王即位。九月，以守城功，封郭亮为成安侯，赵彝为忻城伯。（《旧志》）八月丁丑，命抚永平流民复业。冬十二月丁卯，成安侯郭亮镇守永平、山海。壬申，许永平民兵还籍。（谈迁《国榷》。案：《读史方舆纪要》：十八里铺，在府东。小河，即漆水也。）

成祖永乐元年（1403年），诏流民复业，遣南民来屯。（《旧志》）冬十月乙卯，敕镇守永平、山海成安侯郭亮选三千骑，剿十八盘贼。（《国榷》）

【补录】

永乐元年八月丙午朔。己巳，定罪囚北京为民种田例。先是刑部尚书郑赐、都察院左都御史陈瑛等上言：北京、永平、遵化等处壤地肥沃，人民稀少。今后有犯者，令于彼耕成，涉历辛苦，顿挫奸顽。庶几，良善获安，词讼简息。凡徒流罪，除乐工、灶匠拘役，老幼残疾收赎,其余有犯俱免杖,编成里甲,并妻子发北京、永平等府州县为民种田,定立年限,纳粮当差杖罪,除官吏不该罢职役者及民单丁有田粮者,依律科断,余皆如之。上是之,命犯杖罪者,其牛具种子皆给直,五年后如民田例科差;徒流迁徙者不给直,三年后如民田例科差。礼部仍会官议其直之多寡以闻。礼部议奏,以山东、山西、河南、陕西四布政司就本部政司,编成里甲,应给钞者,人给钞三百贯,编成一甲、二甲,既先发遣。每甲先买牛五头,有自能多买者听。其浙江六布政司及直隶府州俱送户部,如前编甲,给钞发遣。先于顺天府所属州县内,人拨荒闲秋夏田地共五十亩,有力自愿多耕者听。永平诸处以次定拨,事故者不追补。其军户有犯者,每一名存留二丁,听补军役,止依律科断;三丁以上者,依例发遣种田。其当军多者,此数存之。上悉从之。(《明太宗实录》)

二年(1404 年)春二月,命成安侯郭亮镇永平,都指挥同知费瓛镇山海。(旧志)

【补录】

永乐二年二月壬申朔。壬午,升永平卫指挥佥事谷祥为都指挥使,仍守永平。(永乐十五年八月甲申朔。乙卯,命都指挥谷祥、张鬙往直隶府州及浙江、福建缘海巡捕海寇。永乐十九年春正月甲子朔。丁卯,都指挥谷祥有罪下狱,死。初,祥为永平卫指挥佥事。上兴义兵,敌兵攻永平城,祥以上命竭力修战守之具,以御敌。用功升都指挥使,仍镇永平。至是命祥备御倭寇,恣肆贪虐,掊克部属,杖死指挥梁海。事闻,命法司鞫治,死于狱。)(《明太宗实录》)

三年春(1405 年)正月庚申,复免顺天、永平、保定田租二年。(《成祖本纪》)

十三年(1415 年)夏四月丁丑,以永平溠水赈之。(《国榷》)

十四年(1416 年)秋七月,永平大雨,水坏田庐,命赈之。(《国榷》。案:《明史·五行志》:是岁滦、漆二水溢,坏田禾。)

二十二年(1424 年)秋九月戊子,遂安伯陈瑛充总兵(官),往山海、永平巡视关隘。(《国榷》)

仁宗洪熙元年(1425 年)夏四月庚子,敕责山海永平总兵官、遂安伯陈瑛及都指挥陈景先,以纵寇疏防之罪。闰七月丙午,后军都督佥事郭义为游击将军,巡(蓟州)、永平、山海关隘。(《国榷》)

宣宗宣德元年(1426 年)秋八月乙丑,召镇守永平总兵遂安伯陈瑛还京,边事付都督陈景先。(《国榷》)

三年(1428 年)冬十月,命遂安伯陈瑛镇永平。(《旧志》)

【补录】

宣宗宣德三年十月己卯朔。甲申,阳武侯薛禄为总兵官,遂安伯陈瑛、武进伯朱冕为左右参将,率兵镇守蓟州永平山海,并提督各关隘。都督佥事陈景先仍守蓟州。(《国榷》)

九年(1434 年)夏六月辛未,免永平逋租。(《国榷》)

英宗正统五年（1440 年），夏蝗。（旧志）四月戊戌，赈永平、开平等卫军余①。（《国榷》）。六月，遣吏部侍郎魏骥抚安永平等府蝗灾。（旧志）

六年（1441 年）春三月，遣大理寺右少卿李奎抚恤永平府州县流移饥民。（旧志）

九年（1444 年）夏四月丙戌，增山海卫户部主事，提督屯粮，并巡视永平界岭口、刘家口、喜峰口仓场。秋闰七月，永平大水伤稼，遣视。冬十月丁巳，应城伯孙杰为总兵，镇守蓟州、永平、山海。（《国榷》）

十二年秋（1447 年）七月辛卯，赈永平蝗灾。（《国榷》）

十四年（1449 年）夏，永平蝗。（《明史·五行志》）。秋七月庚辰，命给事（中）翟敬、监察御史罗篪等劳辽蓟、永平、山海等军士各一金②。庚寅，召商盐永平纳粮界岭口、刘家口。九月丙午，镇守山海永平总兵应城伯孙杰免，指挥同知宗胜为后军都督佥事代之。（《明史·景帝本纪》）

【注释】

①军余：指未取得正式军籍的军人。明洪武十七年（1384 年），在全国各军事要地设立军卫。洪武二十一年，编造黄册，军户世袭。军户主要义务是派出一名丁男赴卫所当兵，称作正军，其他的子弟称作余丁或军余。正军赴卫所，至少要有一名余丁随行，以助其日常生活。

②各一金：《永平府志》为"各一金"；《明英宗实录》为"每人银一两"。

景帝景泰元年（1450 年），大水入城，与东南城几平，滦河徙。（旧志。河旧在城东，至是徙于河西。）

三年（1452 年）秋八月辛丑，永平大雨，水淹稼，赈之。（《国榷》）十二月，免永平被灾秋粮。（《明史·本纪》）

六年（1455 年）夏四月，遣吏部右侍郎叶盛安抚永平等府流移饥民。秋七月，陨霜伤稼。十月，大雷雨竟日①。（旧志）。冬十一月丁丑，免永平灾租。（《国榷》）

七年（1456 年）夏六月，遣户部侍郎原杰赈恤永平等府水灾②。（旧志）秋八月甲寅，卢龙人刘杰言③：和籴乞秋稔，依直收纳，庶官民两利。从之④。（《国榷》）

【注释】

①（景泰六年）十月，大雷雨竟日：于理不通。乾隆三十九年和光绪五年《永平府志》亦有如是记载（乾隆志称"下二条《滦志》"。查光绪二十四年《滦州志》并无景泰六年之记载）。"大雷雨竟日"当是"七月"之事，"陨霜伤稼"当在"十月"。

②遣户部侍郎原杰赈恤永平等府水灾：光绪五年《永平府志》和民国二十年《卢龙县志》传抄出误，本当删除。此为成化七年之事。《明英宗实录》："景泰七年秋七月戊辰朔。己巳，升广西道监察御史原杰为江西按察司按察使。"《明宪宗实录》："成化六年十一月乙亥朔。辛卯，召巡视河南户部左侍郎原杰代右都御史项忠赈济顺天、永平、河间三府饥民。""成化七年五月癸酉朔。庚子，召户部左侍郎原杰还京。杰，巡视顺天、永平、河

间、保定四府被灾州县,赈恤饥民,抚安流移。"

③卢龙人刘杰言:此为景泰七年之事。《明英宗实录》:"景泰七年八月戊戌朔。甲寅,直隶永平府卢龙县民刘杰奏:臣本地方天雨连绵,山水漫涨,田禾人口淹死,房屋财物漂流。府县具实以闻。家遣官踏勘。其巡抚都御史李宾却言低洼颇伤,高阜得熟。踏勘官俱附势雷同,以致受灾者不得宽恤。自后人食树皮,盗贼蜂起。其年税粮并无颗粒上仓,军民不胜饥困。且王畿之地,民情犹不能上达,况天下四方之远乎?此等巡抚官不如无有。臣愿今后各处但遇水旱不必申行上司转达迟误,先径差人陈奏,然后通行。若巡抚并司府州县官不实,俱坐以罪,庶除官吏欺罔之弊,军民灾困得以上闻。又和籴边储,诚为预备之良策,理当伺时而散,候熟而收。今都御史李宾于臣本府青苗方长之初,散银和籴,每银一两,约至秋成,纳米豆四石。夫秋成收敛系乎天时,米之贵贱,难以预定。又富者得银浪费,贫者籴食无存。纵遇秋丰,犹不能偿累岁负欠。况遇荒歉,岂不逼迫军民?臣愿敕户部计议,今后和籴,务俟秋熟,依直收纳,庶使官民两利,毋得预为定价。事下,户部言:报灾伤已有见例,宜再申明和籴,宜准其言,俟秋成收纳。从之。"

④从之:皇帝同意这么办。

英宗天顺元年(1457年)夏四月己未,免永平去年灾租。(《国榷》)

二年(1458年)庚戌,遣官以江南折银输永平一万易粟。(《国榷》)

五年(1461年)春三月丙寅,蓟州永平右参将马荣为总兵官镇守。(《国榷》)

宪宗成化元年(1465年)秋八月,永平大雨,坏城。(《明史·五行志》)

【补录】

成化元年六月丁丑朔。丁卯,镇守山海等处修武伯沈煜奏:今年六月淫雨为虐,水溢山海、永平、蓟州、遵化等诸关隘坏城垣、烽堠、庐舍,溺人畜,漂甲仗器械无算,官军被患窘甚。请加赈恤。上命该部行之。(《明宪宗实录》)

成化元年六月,畿东大雨,水坏山海关、永平、蓟州、遵化城堡。(《明史·五行志》)

二年(1466年)夏五月丁丑,永平同知刘璲①著绩,特赐诰敕。秋七月丁丑,永平知府(周)晟②廉能,赐诰敕旌表。八月甲寅,东宁伯焦寿为总兵,镇守蓟州、永平。(《国榷》)

【补录】

成化四年八月戊子朔。辛丑,设顺天府三河县东关、永平府新店、抚宁县西关三递运所。(《明宪宗实录》)

六年(1470年)夏五月乙巳,安抚永平。六月戊辰,永平大水。(《国榷》)

七年(1471年)夏六月,遣户部侍郎原杰赈恤永平等府水灾。(《旧志》)

八年(1472年)春正月乙卯,右都督冯宗(充)总兵(官),镇守永平、山海。(《国榷》)

九年(1473年)秋九月丙午,修永平伯夷叔齐庙,曰清节,致祭。从知府王玺之请③。(《国榷》)

十年(1474年)夏五月庚戌,增永平劝农通判。(《国榷》)

十三年(1477年)秋七月(丁亥),总兵刘青④移(镇)永平、山海。(《国榷》)

十五年(1479年)夏五月癸未,(升分守)燕河营右参将李(铭)⑤为署都督金事,(充)总兵官,镇守(蓟州)、永平。冬十月辛亥,永平地震。(《国榷》)

十六年(1480年)夏五月戊子,福建左布政使李田为都察(院)右副都御史,整饬蓟州、永平、山海边备。(《国榷》)

十七年(1481年)夏六月甲辰,永平地三震。(《国榷》)。清水⑥溢,漂没庐舍禾稼,民大饥。(旧志)

十八年(1482年)春三月甲申,免顺天、永平田租三万六千三百余石。(《国榷》)

十九年(1483年)夏六月庚辰,闻寇警,命安顺伯薛瑶驻永平。(《国榷》)

二十三年(1487年)冬十月甲午,旱免永平夏税麦。(《国榷》)

【注释】

①刘璲:一作刘遂,陕西清涧人,成化初任永平府同知。道光八年《清涧县志》:"刘遂,正统十二年丁卯科举人,云南石阡知府。"《明宪宗实录》:"成化二年五月辛未朔。丁丑,赐直隶永平府同知刘璲、常州府通判刘衢、镇江府通判刘文徽、苏州府推官宋徽等诰敕,以旌异之。从巡按御史奏其政迹,吏部移文核实也。"

②晟:周晟,字德明,河南安阳人。景泰五年进士。天顺四年闰十一月由刑部主事升永平府知府。成化四年二月迁湖广右参政,九年八月改山东,十一年正月晋山东按察使,十三年九月擢江西左布政使。《明宪宗实录》:"成化二年秋七月庚午朔。丁丑,吏部言各处巡抚、巡按等官奏保府州县正佐等官陕西西安府知府余子俊等四十八员廉能公正,抚字勤劳,乞赐诰敕旌异:直隶保定府知府谢骞、永平府知府周晟、镇江府知府姚堂……疏入,上悉从之。"乾隆三年《安阳县志·周晟传》:"天顺庚辰(四年,1460年),迁永平知府。政尚宽大,课民树麦,贫民子暨女,过时不能昏(婚),召富民安才等令以赀资,贫各得愿焉。郡中滞讼几千人,数日而决。"

③知府王玺之请:《明宪宗实录》:"成化九年九月己丑朔。丙午,永平府知府王玺奏:伯夷叔齐庙在永平府境内,洪武中有司春秋致祭,景泰中始废。今臣已重建,请赐庙额及祝文。上曰:伯夷叔齐,清节凛然,大有功于名教,宜特赐庙额曰清节。其令词臣撰祭文,有司以时致祭。"

④刘青:一作刘清,字澄之,北京人。成化九年,以都督同知佩镇朔将军印,任宣府总兵官。《明宪宗实录》:"成化十三年秋七月丙寅朔。丁亥,(宣府总兵官)刘清镇守永平、山海等处,召都督冯宗还京。"

⑤李(铭):应为"李铭",山东邹平县人。光绪五年《永平府志》、民国二十年《卢龙县志》均缺"铭"字。《明宪宗实录》:"成化十五年五月丙辰朔。癸未,升分守燕河营右参将、都指挥金事李铭为署都督金事,充总兵官,镇守蓟州、永平、山海等处。"

⑥清水:光绪五年《永平府志》为"清水"。疑"漆水"之讹。

孝宗弘治二年(1489年)秋七月,永平属县大水。(《明史·五行志》)。壬申,暂停永平(奇)[寄]牧马征驹。戊寅,户部郎中陈瑗赈永平水灾,户(粟)一石。(《国榷》)

四年(1491年)五月,蝗。(旧志)

九年(1496年)春三月辛未,永平卫地震。夏四月庚寅,(元)[兀]良哈再入蓟州燕河营①。(《国榷》)

十年(1497年)秋七月癸丑,都督杨玉帅京营军备永平。(《明史·本纪》)。(八)[七]月乙巳,泰宁、福余卤患,不入贡。命署都指挥同知王杲驻永平,游击将军白琮分守燕河营,发游兵三千,驻建昌。九月乙巳,大星陨于永平,天鸣。冬十月甲戌,永平地震,声如雷。己卯,地复震。(《国榷》)

【补录】

弘治十年七月庚子朔。乙巳,兵部奏:近自古北口虏贼寇抄之后,永平一带时有警报至,万寿圣节三卫夷人不入贺,恐与北虏合谋入寇。建昌、三屯二营兵马虽多,去马兰谷、燕河二营道远,有警必须禆将领军往来截杀,庶克有济,况各边总镇处所皆有副将及游击将军,今永平比之各镇尤重,请暂设游击将军一员,常驻三屯。燕河营山多平漫,非如马兰谷有险可据。参将杨胜不能独守,请添设协同一员,常驻燕河,与杨胜同心共济。其游兵于三屯、建昌二营拣选,俱待事宁之日,别议裁革。从之。遂命河南都司、署都指挥同知王杲充永平等处游击将军,金吾左卫指挥佥事白琮协同杨胜分守燕河营。(《明孝宗实录》)

十二年(1499年)夏六月戊申,朵颜犯永平之苇子谷②。(《国榷》)

十四年(1501年),永平饥。(《明史·五行志》)

十五年(1502年)秋七月辛卯,命各边卫设养济院、漏泽园。(《明史·本纪》)

十八年(1505年)夏六月辛酉,团操畿内,军余民兵永平千人。(《国榷》)

【注释】

①(元)[兀]良哈:兀良哈人生活于西辽河、老哈河流域。元朝灭亡后,原元辽王、惠宁王、朵颜元帅府相继请求内附,洪武二十二年(1389年)明太祖朱元璋置泰宁卫、朵颜卫、福余卫指挥使司,因朵颜卫势力大,又称朵颜三卫。并于其地设置大宁都司(治所在今内蒙古赤峰市宁城县),册封第十七子朱权为宁王,统领诸卫。燕王朱棣借助兀良哈势力靖难成功,夺得帝位,徙宁王于南昌,"弃大宁",朵颜三卫不断南侵,抵达蓟镇长城边外。时常勾结鞑靼,入境劫掠。《明孝宗实录》:"弘治九年四月戊寅朔。庚寅,虏再入蓟州燕河营之境,杀逻卒三人。命把总指挥刘镇等五人下巡按监察御史逮问,罚分守右参将杨胜俸两月,与守备奉御高孜俱戴罪杀贼。"

②永平之苇子谷:苇子谷堡,明洪武年建,时属抚宁县境(在今海港区石门寨镇苇子峪村),不属卢龙县境。《明孝宗实录》:"弘治十二年六月己丑朔。戊申,虏入永平之苇子谷关等处,杀掠人畜。镇巡等官劾奏分守参将高瑛等罪。兵部覆奏,请俟边事稍宁日

逮问。从之。"

武宗正德元年(1506年)夏六月甲子,命太监王宏镇守①蓟州、永平。冬十月丙寅,免永平灾租。十二月戊午,都指挥佥事温和为右府署都督佥事,(充)总兵(官),镇守蓟州、永平、山海。(《国榷》)

二年(1507年)春闰正月癸亥,卢龙、迁安、滦州大风拔木,昼晦。冬十一月甲辰,守备刘家口左监丞高永求②兼分守燕河营,特许之。(《国榷》)

【补录】

正德二年闰正月乙巳朔。癸亥,永平府卢龙县、滦州、迁安县俱大风拔木,毁民居,霾暗如夜。至次日始息。(《明武宗实录》)

三年(1508年)春三月己未,逮永平管粮户部郎中刘乾及知县郭议、通判田泰、指挥李英,下镇抚司狱③。夏六月甲戌,太仆寺少卿刘聪督理永平、山海等马政。(《国榷》)

四年(1509年)春三月丁未,永平(水)[大]旱,免田租。(《国榷》)

八年(1513年)夏四月蝗。(旧志)。秋七月己巳,免永平旱灾夏租。(《国榷》)

九年(1514年)春二月戊申,永平大饥,命赈之。运通州粟十万石,减其值。三月壬辰,移密云兵备副使于永平。冬十一月戊辰,免永平水灾屯田租。(《国榷》)

十一年(1516年)秋八月癸丑,免永平旱灾夏税有差。(《国榷》)

十二年(1517)春二月辛未,赈永平。夏四月癸丑,免永平逋赋。(《国榷》)

十三年(1518)夏四月甲申,执永平知府毛思义④。(《国榷》)。六月,刘家口关雨,城坏楼倾,铁叶门流至乐亭。(旧志)

十四年(1519年)春三月丁未,右监丞李原守备刘家口。夏四月丁亥,永平地震。(《国榷》)。冬十一月壬申,免永平水灾粮刍有差。(《国榷》)

十五年(1520年)夏六月丁巳,雹。(旧志)。秋九月丁卯,免永平水灾夏税有差。(《国榷》)

十六年(1521年)春正月甲寅(朔)寅刻,永平⑤有大星如火,变白,长六七尺,复变句曲之状,久之散。

【注释】

①太监王宏镇守:《明武宗实录》:"正德元年六月己酉朔。甲子,太监陈宽传旨:以御马监太监王宏镇守蓟州、永平、山海等处,刘琅即取回京别用。"明洪熙元年(1425年),为加强对边关将士的监控,明仁宗朱高炽派太监王安为甘肃镇守太监,以宦官总镇一方始于此。正统年间,各省各镇皆有太监镇守。起初仅限于军事,以后又扩大到地方行政,总揽地方军政大权,位高权重,飞扬跋扈。

②求:明谈迁《国榷》为"求",《明武宗实录》为"乞":"正德二年十一月庚子朔。甲辰,守备刘家口左监丞高永乞兼分守燕河营等处。兵部议不可,有旨特许之。"

③下镇抚司狱:《明武宗实录》:"正德三年三月戊戌朔。己未,管粮户部郎中刘乾及

知县郭议、通判田泰、指挥李英,以永平滦阳驿烧毁草束,命巡按御史逮问。乾恐废事,请遣官代管。户部议奏,乃命御史械系乾等入京,送镇抚司考讯,盖触瑾之怒也。"瑾,刘瑾,司礼监掌印太监,明武宗宠臣。

④毛思义:山东阳信人。弘治十五年二甲第五十一名进士,授户部主事,升工部都水司郎中。正德九年出为永平府知府。嘉靖元年三月,擢陕西按察副使、固原兵备。嘉靖二年五月,升四川布政司右参政。嘉靖八年五月由浙江布政司右参政升左布政使,十月擢都察院右副都御史,总督漕运兼巡抚凤阳。嘉靖九年二月,调任总理粮储兼巡抚应天等处右副都御史。

⑤永平:当为"太平(府)"之误。太平府,宋置太平州。元至正十五年四月,改太平路为太平府。辖当涂、芜湖、繁昌三个县,府治在当涂县。辖境相当今安徽省马鞍山市和芜湖市。《明武宗实录》:"正德十六年春正月甲寅朔。是日寅刻,直隶太平府东南有星如火,变白色,长可六七尺,横悬东西,复变勾屈之状,良久乃散。巡抚都御史李充嗣奏曰:按占书,国皇星大而赤。昔梁普通中有星辰见南方,光烂如火。占曰:国皇星,今是星,色红如火,寅见东南。盖国皇也。其应为有急兵。《春秋考异》曰:国皇见东南,兵起天下急。又《风角书》:凡妖星以五寅日出见。是日,乃甲寅也。倏忽三变形状甚异,其为妖无疑矣!方今东南为国家财赋之区,民力已竭,而妖星之见,适在正旦,将来恐有意外之变。伏乞通行戒谕修省,整饬武备以戒不虞。章下所司知之。"《明史·五行志》:"正德十六年正月甲寅朔,东南有星如火,变白,长可六七尺,横亘东西,复变勾屈状,良久乃散。"仅说"东南",没说具体地方。"有星如火",指天空有陨石降落。李充嗣,字士修,号梧山,四川内江人。成化二十三年进士,弘治初授户部主事,改刑部,历官云南按察使。正德九年,擢都察院右副都御史,巡抚河南。正德十二年,改应天(南直隶)巡抚。嘉靖二年十一月升南京工部尚书。太平府属南直隶省,因此所记当是太平府之事。

世宗嘉靖元年(1522年)秋七月,螟,大旱,地震。(旧志)。冬十月甲申,永平地屡震。(《国榷》)

【补录】

嘉靖元年十月癸酉朔。甲申亥刻,直隶永平等府地震有声,次日连震数次。(《明世宗实录》)

二年(1523年)秋八月癸卯,蠲永平田租。(《国榷》)

三年(1524年)秋八月丙午,免永平旱蝗夏税。(《国榷》)

六年(1527年)秋七月己亥,蠲永平田租有差。(《国榷》)

八年(1529年)秋九月丙戌、甲申①,免永平旱蝗夏税。(《国榷》)

九年(1530年)春二月辛未,(以灾伤)免永平田租。(《国榷》)

十年(1531年)春三月丙申,停永平各守备。(《国榷》)。四月大风。(旧志)

十二年(1533年)夏六月雹。(旧志)。秋七月壬子,免永平旱蝗夏租。(《国榷》)

十四年(1535年)春二月辛酉,雨雹,大如卵。夏淫雨,滦水溢,害稼。冬十二月,雷。(旧志)

十五年(1536年)夏五月丁巳,免永平田租。(《国榷》)。冬十月,永平地震,声如雷。(《明史·五行志》)

十六年(1537年)春正月庚子,裁永平边粮通判。(《国榷》)。秋八月甲子,免永平水灾田租。(《国榷》)

十八年(1539年)春三月甲戌,免永平灾租。(《国榷》)

二十年(1541年)夏六月,免永平灾租,仍赈之。(《国榷》)。冬十月辛酉,复辽蓟永平治饷户部郎中。(《国榷》)

二十一年(1542年)夏四月丙子,赈永平。(《国榷》)。淫雨伤禾,霾沙屡作,蝗蝝遍地,大饥。冬十月,桃李花②。(旧志)

二十二年(1543年)夏六月,雹。(旧志)

二十四年(1545年),永平饥。(《明史·五行志》)

二十七年(1548年)秋九月庚子,免永平水灾田(租)。(《国榷》)

二十八年(1549年)春三月丁酉,大风昼晦。(旧志)

二十九年(1550年)(夏)[春]三月丙戌,大风昼晦。(旧志)。秋八丁亥,命总兵李凤鸣镇守蓟州、永平、山海。(《国榷》)

三十二年(1553年)秋七月,大水。(旧志)

三十三年(1554年)春三月,大风,昼晦,地震。(旧志)

三十六年(1557年)春二月癸丑,燕河营地震有声。(《国榷》)。三月辛巳③,蒙古犯冷口,(壬午,攻刘家口)关,副总兵蒋承勋死之,遂陷桃林营,掠迁安县及永平,至双望堡。夏四月甲申朔,陷河流口,及暮引去。(旧志。案:《明史·世宗本纪》:三十六年二月,俺答犯大同。三月癸丑,把都儿④寇迁安,副总兵蒋承勋力战死。与此异日。)。府城地震。

三十七年(1558年)春三月丁丑,永平地震。(《国榷》)。秋七月,蝗,水,岁饥。(旧志)

三十八年(1559年)春三月戊子,提督京城巡捕、署都督佥事李广为总兵,镇守蓟州、永平、山海。六月戊午,(兵部尚书)杨博定蓟镇兵备,(画)[划]地分守。霖雨,滦、漆河溢,城内行舟。秋七月戊子,复设永平守备。八月,蝗。(九月庚午,蓟州总兵李广劾免。壬申,大同总兵张承勋移蓟州。)冬十月,免永平水灾田租。(《国榷》)

【补录】

嘉靖三十八年三月癸酉朔。戊子,命提督京城巡捕、署都督佥事李广充总兵官,镇守蓟州、永平、山海等处。九月己巳朔。庚午,革蓟州总兵官李广职回卫,以巡边兵部郎中徐善庆论其废弛边务,主兵不练故也。壬申,改大同总兵官张承勋镇守蓟州。(《明世宗实录》)

三十九年(1560年)春二月丁酉朔。己亥(初三日),增永平兵备副使。己未(二十三日),赈永平水灾。夏四月壬子,赈永平饥民。秋九月庚午,免永平旱蝗田租。(《国榷》)

四十年(1561年)春正月戊子,赈永平饥。(《国榷》)。夏蝗。(旧志。案:《抚志》云:斗米银二两,人食草根树皮。)。秋九月甲(申)[辰]⑤,神机营副将、署都督佥事孙膑为总兵,镇守蓟州、永平、山海。(《国榷》)

四十五年(1566年)六月,府廨后产芝⑥,五色五本,(献之朝)。(旧志)

【注释】

①八年秋九月丙戌、甲申:"丙戌"为衍字。《明世宗实录》:"嘉靖八年十月癸亥朔。甲申,以旱蝗免顺天、永平二府夏税及山东秋粮有差。"明谈迁《国榷》:"嘉靖八年十月癸亥朔。甲申,免顺天、永平旱蝗夏税、山东田租。"

②冬十月,桃李花:气候异常,意味着暖冬。古人常以天象异常暗示朝廷不修德政,将有灾祸发生。《前汉纪·孝文皇帝纪》:"前元六年冬十月,桃李花。十一月,淮南王长谋反发觉。徙蜀郡,道死于雍。"《汉书·惠帝纪》:"惠帝五年冬十月,雷声隆隆,桃李开花,枣树结实。"《晋书·五行志》:"夫政刑舒缓,则有常燠赤祥之妖。"

③(嘉靖三十六年)三月辛巳:三月癸酉朔(初一日),辛巳日为二十八日,二十九日为壬午日。《明世宗实录》:"嘉靖三十六年四月甲申朔。己丑(初六日),虏酋把都儿等拥众数万于三月二十九日由河流等口入犯永平、迁安等处,副总兵蒋承勋力战,死之。越二日出境。"同治十二年《迁安县志》:"嘉靖三十六年三月辛巳,蒙古犯冷口。壬午,攻刘家口关,副总兵蒋承勋死之,遂陷桃林营,掠迁安县及永平,至双望堡。夏四月甲申朔,陷河流口,及暮引去。"

④把都儿:亦作"把都""老把都",蒙古名昆都力哈(1510～1572),明朝蒙古右翼永谢布万户喀喇沁部领主,达延汗之孙,蒙古右翼济农巴尔斯博罗特第四子,衮必里克墨尔根(吉囊)、俺答汗四弟。察哈尔部东迁潢河后,占领察哈尔部原驻牧地,即张家口东北边外到独石口以北。隆庆五年(1571年),俺答封贡后,昆都力哈被明朝封为都督同知。《明史·鞑靼传》:"明年(嘉靖三十六年,1557年),俺答弟老把都复拥众数万入河流口,犯永平及迁安,副总兵蒋承勋力战死。"

⑤甲(申)[辰]:《明世宗实录》和谈迁《国榷》均为"甲辰":"嘉靖四十年九月戊子朔。甲辰,命神机营副将、署都督佥事孙膑充总兵官,镇守蓟州、永平、山海等处。"

⑥产芝:长出灵芝。古人以为祥瑞之兆。唐欧阳询《艺文类聚·祥瑞部·木芝》:"《古瑞命记》曰:王者慈仁则芝生,而食之则延年不终,与真人同。又神农氏《论芝》云:山川云雨,五行四时,阴阳昼夜之精,以生五色神芝,皆为圣王休祥焉。"明世宗朱厚熜信奉道教,习练丹术,服用丹药。地方常以所谓的祥瑞之兆取悦之。明万历十八年李时珍编著的《本草纲目·菜部》:"时珍尝疑:芝乃腐朽余气所生,正如人生瘤赘,而古今皆以为瑞草,又云服食可仙,诚为迂谬。又方士以木积湿处,用药敷之,即生五色芝。嘉靖中王

金尝生以献世宗。此昔人所未言者,不可不知。"嘉靖四十四年正月,方士王金等伪造《诸品仙方》《养老新书》,制长生妙药献给朱厚熜。嘉靖四十五年十二月十四日,驾崩。《明世宗实录》:"嘉靖四十一年四月甲寅朔。癸酉,陕西鄠县散官王金进灵芝五色龟。上大喜,诏授金太医院御医。仍谕礼部:龟芝五色既全,五数又备,岂非上以玄恩重示延生之祥,特为罕遇,乃建谢典,命驸马谢诏告。"《明穆宗实录》:"隆庆元年春正月丁巳朔。己巳,方士王金等下狱,论死。金,初以修炼夤缘真人陶仲文子世恩,希求恩泽,乃伪造五色灵龟、灵芝,以为天降瑞徵。"

穆宗隆庆元年(1567年)春三月癸未,地震。夏,淫雨,损禾稼。秋八月甲辰,免永平屯租。冬十月戊戌,前署都督佥事郭琥起总兵官,镇守永平、山海。甲午,免永平田租。(《国榷》)

【补录】

隆庆元年九月壬子朔。壬申,虏酋土蛮①寇蓟镇,由界岭口罗汉洞溃墙入,大掠昌黎县。十月壬午朔。甲申,以昌黎、乐亭、抚宁、卢龙县等处被虏残破,命巡按御史王友贤禁攘夺,掩骸胔。乙未,召福建总兵戚继光入京协理戎政,令总督蓟辽都御史刘焘回籍听勘。先是,虏入永平,焘报功不实。给事中陈瓒等劾奏焘,荐继光,故有是命。丙申,浙江道御史凌儒奏言:近者虏犯永平诸处,深入百八十里,僵尸数万,总督镇巡等官刘焘、李世忠、耿随卿自知失事罪重,尽割被伤民首以报功,致八百余级,请核正其罪,以纾民情。上命逮李世忠、耿随卿至京问,刘焘已别有旨,所获首级,下御史详核以闻。以界岭口失事下保定都司吴光裕、永平游击胥进忠狱,以参将刘乔寿、备御杨腾代之。戊戌,命原任镇守延绥总兵、署都督佥事郭琥镇守永平、山海等处。甲辰,直隶巡按御史郝杰劾总督刘焘、巡抚耿随卿,当虏入边,拥兵观望,任其卤掠。虏退乃割死人首效功。又攘夺辽东将士棒槌崖之功,肆为欺罔,俱为逮治。兵备沈应乾闻虏入即夜入永平,以私财托知府刘庠寄库。及游击李信、周冕逗留失事,法当并论。巡关御史王友贤奏亦如杰言。兵部覆议,上命罢沈应乾,下李信、周冕狱,仍趣勘该镇功罪以闻。十二月辛巳朔。己巳,刑部、都察院上九月中虏寇蓟镇诸臣功罪状,升赏黜罚有差。始,虏攻界岭口,入罗汉洞。时七路分守诸将,都司吴光裕等俱无御之者,而守墙军亦遁去,以故虏得溃墙入,进蹂昌黎、抚宁、乐亭、卢龙间,其所杀掠焚毁,不可胜计。乃降焘二级听用,黜随卿为民,世忠发戍,光裕等下御史按问,升诸有功。

隆庆二年五月庚戌朔。辛亥,总督蓟辽保定都御史谭纶上疏言:今之策虏事者皆曰乘障,曰设险,然计蓟昌十区之地,东西二千余里,见卒不满十万,而老弱且半,又分隶于诸将之手,散布于二千余里之间,率画地数丈而守一军,虏数以十余万众攻我一面,众寡强弱,远不相侔,欲虏势不张不可得也。故言者亟请练兵,意亦虑此,然臣以为游兵破虏,诚为制御长策,而行之有四难,四难不去,练之策终不可行也。……疏下,兵部主纶议,请命继光仍以署都督同知总理蓟昌保定练兵事务,该镇总副参游等官,凡受总督节制者并受继光节制,本官仍受总督节制,府州县官不得阻挠,违者听纶参奏处治,给以敕书、符验、关防、旗牌。得旨:继光以原职总理练兵事务。(《明穆宗实录》)

隆庆元年九月,东房土蛮十万攻入界岭口,由台头(营)四出杀掠焚伤。据勘被杀万二千五百余人。房由恶木林犯界岭等口,为炮伤退,续二三万,各抱梓楛叶一束填崖即平,援拥上墙杀军六人。拆河岭等空边墙二十九处,入杀百户金銮等并军三百六十余人。次日,开营杀掠抚宁、卢龙、昌黎、乐亭各县、卫、屯、社。据勘,此番杀人卢龙五百余,抚宁五千余,昌黎七千余。(万历二十七年《永平府志·边事》)

隆庆元年九月己巳,东房土蛮十万为董忽力(一名董狐狸,朵颜卫都指挥佥事——编者注)引聚恶木林,鸡号犯界岭口、分水岭、沙岭儿、梨树挖等处,为炮伤,退扎山梁,朝食。续二三万至梓楛岭墩西空,各抱梓楛叶一束填崖,即平,援拥上墙。杀军六人,遂溃入折沙岭、罗汉洞,挖边墙二十九处,入杀百户金銮并军三百六十余人,乃永平游击胥进忠、指挥李秉清等信地,青山百户陶世臣等不援,房于界岭口扎营。庚午黎明,由台头四出,抚宁、卢龙、乐亭各县卫屯社杀掠焚荡凶甚。据勘房于八十里间抢杀卢龙者五百有余,抚宁者五千有余,昌黎者七千有余,总万二千五百余。(万历三十八年《卢龙塞略》)

三年(1569年)春正月乙卯,诏郭琥入京,改戚继光总兵,镇守蓟州、永平、山海。(《国榷》)

【补录】

隆庆三年正月乙巳朔。乙卯,总理蓟昌保定练兵都督戚继光疏论蓟镇兵虽多亦少之,有原七不练之失,有六虽练无益之弊……章下,兵部谓蓟镇既有总兵,乃继光又为练兵都督,事权分而诸将怀观望之心,请取回总兵郭琥,为独任继光,尽蓟镇十二路事皆责之,使无他委。其督抚、总兵宜令互相应援,不得各分信地。上是之,召琥还京,改继光总兵官,镇守蓟州、永平、山海等处地方。(《明穆宗实录》)

四年(1570年)夏六月,燕河营城北真武庙钟鸣,自落地者三。(旧志)

五年(1571年)春夏,大疫。(旧志)冬十二月丁巳,治永平水利。(《国榷》)

【注释】

①土蛮:孛儿只斤·图们(1539~1592),达赉逊·库登汗长子。喀尔喀蒙古可汗,蒙语尊称为札萨克图汗,明嘉靖三十七年(1558年)十九岁时即汗位,万历二十年(1592)去世,在位三十五年,终年五十四岁。

神宗万历元年(1573年)秋九月戊子,设永平武学。(旧志)

六年(1578年),春,饥。秋,大有年①。(旧志)

七年(1579年)夏五月乙巳朔(初一日),雹大如拳。(旧志)

八年(1580年)春夏疫。(旧志)(闰)四月癸亥,修永平城。(《国榷》)五月(壬午至戊子,十四日至二十日),地连震。(旧志)(六月)癸卯,裁永平武学提调。(《国榷》)

九年(1581年)春正月,减永平均徭银。(《国榷》)

十一年(1583年)春二月丙申,镇守居庸、昌平总兵、右都督杨四畏改镇守蓟永、山海。(《国榷》)。六月,蝗。(旧志)。秋八月庚戌朔(初一日),永平大雨水。(《国榷》)

【补录】

万历十一年二月甲申朔。丁亥(初四日),命镇守蓟永等处总兵官少保兼太子太保、左都督戚继光以原官镇守广东地方,因兵科都给事中张鼎思言:继光先在闽浙战多克捷,今蓟永未効功能,乞改南,以便其才,故有是命。戊戌(十五日),改居庸昌平总兵右都督杨四畏为镇守蓟州、永平、山海等处总兵官。(《明神宗实录》)

十二年(1584年)春正月②,雷雨,滦河溢。

十五年(1587年)秋七月,淫雨。庚子,滦河溢,城不浸者三板,坏田庐,损禾稼,大饥。(旧志)。八月庚辰,镇守宣府总兵官董一元改镇蓟州、永平、山海。(《国榷》)

十六年(1588年)冬十二月辛巳,免永平灾租。(《国榷》)

十八年(1590年)秋,大熟。(旧志)

二十年(1592年)秋七月,大风雨,害稼。(旧志)八月丁酉,蓟镇永平总兵官张邦奇为右军都督府佥事。己亥,调山西总兵王保镇守蓟、永、山海。(庚戌,铸征略保定蓟辽等处关防,命总兵张邦奇佩蓟镇,王保仍山西)。冬十月辛丑,命沿海防御,仍听蓟镇、密云、永平三道整备,增入敕内。(壬寅)总兵官李如松为提督蓟辽、保定、山(海)[东]等处防海御倭总兵。(《国榷》)

二十四年(1596年)秋九月庚申,户部郎中(载)[戴]绍科奏:蓟州、永平事繁矿微,命分道开采。冬十月(癸未)[己丑],(尤继先为镇守)蓟州、永平兼备倭总兵官③。(《国榷》)

二十七年(1599年)春二月辛未,蠲永平屯田逋租。(《国榷》)。春夏,疫,地震有声。潞王④发粟赈饥。(《旧志》)

三十年(1602年)夏四月辛丑,蠲永平去年灾租。

三十二年(1604年)夏,淫雨四十余日。六月癸卯,滦河溢。丁未,复溢。(旧志)。秋七月,永平水。(《明史·五行志》)

三十三年(1605年)春,大饥。(旧志)夏五月己丑,雷毁燕河路墩台⑤。(《国榷》)。六月大雨,滦河溢。冬,饥。(旧志)

【补录】

万历三十四年冬十二月戊申,延绥总兵杜松调守蓟镇。(《国榷》)

三十六年(1608年)秋七月癸卯,山西总兵官、都督佥事马栋调蓟州永平山海总兵兼备倭总兵。(《国榷》)。冬十月戊辰,大雷雨⑥。(旧志)

【补录】

万历三十六年秋七月辛卯,蓟镇总兵、署都督佥事杜松为征北前将军、总兵官、镇守

辽东兼备倭总兵官。癸卯,山西总兵官、都督金事马栋调蓟州永平山海总兵兼备倭总兵。(国榷)

三十八年(1610年)春三月,燕河路营生豕[7],一身二头、六蹄、二尾。(《明史·五行志》)

【补录】

万历三十八年春三月戊寅,征西将军、宁夏总兵官萧如薰改守蓟镇。(《国榷》)

万历四十二年冬十二月壬午,蓟镇总兵萧如薰罢。(《国榷》)

四十三年(1615年)春正月,不雨,至于秋九月,大饥。(旧志)

四十四年(1616年)春,饥。秋七月,飞蝗蔽天,落地尺余,大饥。诏发通仓粟赈之。(旧志)。是岁为清太祖高皇帝天命元年。

四十五年(1617年)夏五月乙丑,免永平过路(落)地二税[8]。(《国榷》)

四十六年(1618年)夏闰四月甲申,大风霾。(旧志)。冬十月丁卯,宽永平田租。(《国榷》)。蚩尤旗见东方[9]。(旧志)

四十七年(1619年)春二月二十日,风霾,昼晦。(旧志)。夏六月丙子,甘肃总兵李怀信移驻蓟州、永平、山海。(《国榷》)

【注释】

①大有年:大丰收。

②(万历)十二年春正月:此处记载时间有误。康熙五十年《永平府志》无载。乾隆三十九年、光绪五年《永平府志》记载如是。同治十二年、民国二十年《迁安县志》:"万历十二年春正月,喜峰口大风雨,坏各墩台。(《明史·五行志》)"《明史·五行志》果有"万历十二年正月,喜峰口大风雨,坏各墩台。"但不合情理,当是夏季之时。

③蓟州、永平兼备倭总兵官:此处传抄有误。明谈迁《国榷》:"万历二十四年十月甲子朔。癸未,蓟镇总兵都督同知王保为征北前将军,镇守辽东。己丑,总兵尤继先为镇守蓟州永平兼备倭总兵官。"《明神宗实录》:"万历二十四年十月甲子朔。癸未,敕蓟州总兵都督同知王保挂印,镇守辽东地方。辛卯,敕尤继先镇守蓟州永平等处地方兼备倭总兵官。"

④潞王:朱翊镠(1568~1614),明穆宗第四子、明神宗同母弟。隆庆四年(1570)二岁时封潞王。明神宗赐其田地万顷。万历十七年四月二十二岁时就藩卫辉府。在藩二十六年,万历四十二年病逝,谥号简王。康熙五十年、乾隆三十九年《永平府志》:"万历二十七年,潞王发粟赈饥。"潞王远在河南卫辉,赈济北直隶永平府,似乎不合情理,疑旧志所载有误。《明神宗实录》:"万历二十七年二月辛亥朔。辛未,以灾伤蠲顺天、永平二府所属州县屯卫节年逋粮,仍以轻重征本折有差。其地方灾重人口,命有司发廪量赈,以示朝廷轸念穷黎至意。"

⑤雷毁燕河路墩台:《明神宗实录》:"万历三十三年四月乙巳朔。壬寅,顺天巡抚刘

四科奏:本月十六日,燕河路四号台被雷火震倒南北西三面垛口,焚毁火器等件,其砖瓦木料弃掷墙外,并跌伤军妻二口。"明谈迁《国榷》:"神宗万历三十三年五月甲戌朔。乙酉(十二日),雷毁蓟镇松棚路墩台。己丑(十六日),又毁燕河路墩台。"

⑥冬十月戊辰,大雷雨:记载有误,于情理不合,当为夏季之事。光绪五年《永平府志》:"万历三十六年冬十月戊辰(十四日),大雷雨(旧志)。"但康熙五十年、乾隆三十九年《永平府志》中并无此记载。

⑦燕河路营生豕:《明神宗实录》:"万历三十八年四月丙子朔。壬寅(二十七日),燕河路营军家生小猪,一身、二头、六蹄、二尾,有气不能食乳。"明李日华撰《味水轩日记》:"万历三十八年庚戌六月十七日,阅邸报:本年四月廿八日,永平燕河路军人潘真家生猪七口,内一口一身、二头、六蹄、二尾,有气息,不能食。"

⑧免永平过路(落)地二税:《明神宗实录》:"万历四十五年五月甲子朔。己丑,户部覆奏畿辅旱形可危,乞赐蠲税以存孑黎。上谕:畿辅近地灾荒,朕心恻悯,其顺天、永平二府州县过路落地二税银两,准免今年一年,以昭朝廷宽恤穷黎至意。其明年税银仍徵收解监应用,以济缺乏。"

⑨蚩尤旗见东方:蚩尤,上古时九黎部落首领。约5000多年前,与炎黄部落发生涿鹿之战,蚩尤战死。蚩尤旗,彗星名,专属于荧惑(火星)的妖星。古人以为蚩尤旗的出现,预兆兵乱将兴。此指万历四十六年四月,后金汗努尔哈赤以"七大恨"向明朝发难,率兵二万攻陷辽东重镇抚顺、清河等城。《明史·神宗本纪》:"万历四十六年夏四月甲辰,大清兵克抚顺城,千总王命印死之。庚戌,总兵官张承胤帅师援抚顺,败没。秋七月丙午,大清兵克清河堡,守将邹储贤、张旆死之。"《明神宗实录》:"万历四十六年四月庚寅朔。甲辰,建酋奴儿哈赤诱陷抚顺城中军,千总王命印死之,李永芳降。庚戌,总兵张承胤率师救抚顺,力屈死之,我军歼焉。"

光宗泰昌元年(1620年)秋九月朔,大风昼晦。(旧志)

熹宗天启元年(1621年)春二月初八,大风霾。(旧志)

二年(1622年)秋七月,淫雨,滦河溢。地震有声。(旧志)

三年(1623年)春二月辛巳,永平府东门城楼火,毙三十七人。(《国榷》)(秋八月,大雨雹。《府志》)

四年(1624年)春二月丁酉,永平地屡震,坏城郭庐舍。(《明史·五行志》)。秋八月望,大风雨,冻死人民甚众①。(旧志)

七年(1627年)秋九月甲子朔,分镇桃林口太监杨朝报插汉虎墩兔②西侵。(《国榷》)。是岁为清太宗文皇帝天聪元年。

庄烈帝崇祯元年(1628年)秋八月辛卯,以赵率教为总兵,镇守永平、蓟州。(《国榷》)

二年(1629年)春二月,地震有声。冬十一月庚寅,以参将杨春守永平。(《明史·本纪》)。

【补录】

崇祯二年冬十月戊午,进袁崇焕太子太保。戊寅,清兵入大安口,杀参将周镇;分入龙井口,游击王纯臣、参将张安德败走;又分入马兰谷,参将张万春降,山海关总兵赵率教以兵出援。先是,蓟镇塞垣颓堕,又汰兵,军伍益缺;而三卫属部,清已尽收之。至是,大举临边。已卯,围蓟州。十一月壬午朔。丙戌,清兵围遵化;遵化人内应纵火,诸军各奔救,众溃,巡抚右佥都御史王元雅自缢。已丑,特命孙承宗以兵部尚书兼中殿极大学士,督理兵马,控御东陲,驻通州;起家,陛见。袁崇焕入蓟州,以故总兵朱梅、副总兵徐敷奏等守山海关,参将杨春守永平,游击满库守迁安,都司刘振华守建昌,参将周宗武守丰润,游击蔡裕守玉田。辛卯,都督山海关赵率教入援;清兵于遵化逆战,率教败没。十二月申亥朔,召袁崇焕、祖大寿、满桂、黑云龙于平台。上问(崇焕)以杀毛文龙,今反逗留,何也?不能对。命下锦衣狱。甲子,孙承宗至山海关。(《崇祯实录》)

三年(1630年)春正月甲申(一作甲午),清兵入永平,右布政兵备道郑国昌、知府张凤奇、推官罗成功等死之,卢龙知县张养初、郡人原任山东参政白养粹、行人崔及第、贡士杨熠等以城降。五月癸巳,孙承宗复永平。八月甲寅,提督总兵马世龙罢。世龙玩寇,寇入永平,大杀掠。(《国榷》)。冬十二月戊午,地震如雷,大疫。(旧志。案:是年书"张凤奇等死之"后,七年又书"张凤奇阖门殉难",均出《国榷》,必有一误。)

【补录】

崇祯三年春正月辛巳朔。清兵东趋永平。甲申(初四日),清兵入永平府。先有人伏文庙承尘上,晨登城,守将杨春导之;兵备道副使郑国昌、知府张凤奇、推官卢成功等死之。国昌先令诸生击杨春死,中书舍人廖汝钦、故副总兵焦延庆、守备赵国忠、诸生韩原洞等俱力战没,中军程应琦被杀。戊子(初八日),滦州陷,知州杨濂迫于兵,自刎。清兵攻抚宁,不克;转攻昌黎,还永平。辛卯(十一日),清兵攻昌黎三日,知县左应选、守备石柱国力拒,乃退。二月辛亥朔。壬子,进祖大寿太子太保。癸亥,进孙承宗太子太保,荫子中书舍人。已驰谕承宗曰:"朕念卿与诸将吏折冲劳苦,日厪于怀。卿须间道飞报情形,以便彼此策应。"又遣鸿胪寺寺丞董用极渡海敕劳祖大寿等,并发甲紵之属千余赏功。三月辛巳朔。癸未(初三日),清兵攻建昌,都督朱梅遣刘邦(成)[域]、都督祖大寿遣刘应选拒战。丙申(初六日),清兵济师万余,入永平。会官军败于大安口,马世龙不之救,乃更番复围丰润;不克,移屯榛子岭。夏四月庚戌朔。壬戌(十三日),祖大寿拒清兵于永平,设三伏以待,诱败之;遂薄城下。时遵化、滦、永等城已为清所下,众议先攻遵化,后滦、永;孙承宗谓屯丰润、玉田以牵遵化,当先滦州。至是,捷上;有旨"当乘机用力滦、永,勿专待遵城声援,致生迁延。"诸将因办饷、治攻具。甲戌(二十五日),孙承宗令参将黄龙、汪子净携攻具,持十日粮赴乐亭、昌黎,游击傅以昭屯抚宁,副总兵刘应选、钟宇等屯乐亭,参将张存仁、游击孙定辽、蔡可贤合兵围遵化。五月庚辰朔。乙酉(初六日),各镇兵向滦州。先是,开平监纪主事丘禾嘉及丰润总兵尤世禄以清书至通款白孙承宗。奏上,上切责之,趣承宗曰:"关、宁兵将付卿,朕眷焉东顾,炎蒸涔至,弓弛骑汗;不即旧忾,待秋高马肥始图,岂兵事堪兹留处! 卿其灼观机位朕眷倚。特此驰谕。"承宗因檄总兵马世龙屯丰润,待合击;檄总兵朱梅以游击靳国臣取迁安,檄协将王维城、路将马明英、张国振同参将孙承业、刘邦域等候大兵趋滦州合攻,以牵迁安之南援;檄中军何可纲、参将申其祐、游击岳惟忠等分双望各山牵永平之师,游击刘法、守备刘启职合三万人屯滦州之莲泊,各持白棓为声援兼乡导焉。承宗驻抚宁,祖大寿来开平会之。己丑(初十日),祖大寿抵滦州,攻之。辛卯(十二日),入滦州,各镇兵分攻,梯而上。清兵出战东门,遇大寿伏发,不利,还永平。壬辰(十三日),各镇兵入迁安。癸巳(十四日),入永平。清兵屡却,稍稍引还。何可纲等居永平,诸将俱至;承宗檄禾嘉等曰:"向西北,遵化城必虚。大兵蹑击,橐重而迟,易及也;仍率轻骑追于塞下。"大寿如其言。甲午(十五日),入遵化,总兵宋伟同关外副总兵谢尚政、川湖副总兵邓玘等先登,清兵自北门整旅而归。承宗入永平,抚慰士民,回驻山海关,以收复四路上露布报捷。(《崇祯实录》)

天聪四年(明崇祯三年,1630年)正月,汗(皇太极,后金汗)赴山海关,留台吉齐尔哈朗、台吉萨哈廉办理永平府事务。初六日,擢永平道员白养粹为都堂。授孟乔芳以副将职,授杨文魁以副将职,授杨声远以都司职。初七日,开城门,纵城外庄村百姓各还其家探望。初八日,诸贝勒入城办事。是日,命白都堂(白养粹,清授永平巡抚)遣人给以招降书及令旗,往各地招降。初九日,台头营副将(王维城)欲降,遣张国良来请札付令旗,给之,于当日遣还。二月初一日晚,汗燕坐,与众人提及攻取永平城副将阿山、叶臣及二十四勇士事。汗曰:数次冒火,奋力登城取之,乃我国第一等勇士也。二十四人,无一阵亡,俱无恙者,乃上天眷佑之也。攻战之次日,我召二大臣及二十四勇士进见,时我心怆然,几不能忍。前已有旨,此等猛士与巴图鲁萨木哈图及各城先登超众之勇士等,勿令再攻他城。闻攻昌黎萨木哈图又参战等语。嗣后,勿令此等勇士攻城。十四日,汗谕驻永平、遵化等地诸贝勒大臣曰:"明帝之人民,天若赐我,则其民即我民也。以我之民,而我加以侵暴,则已服之国,将非我有之他国人民,亦无复来归者矣。守城诸贝勒大臣等,宜严饬我军士。嗣后,若有杀害剃发归降之民,则鞭一百,刺耳,并罚取安葬银,给与被杀之人。行窃者,勒令赔偿所窃之物,并鞭八十二,刺耳。抢掠者,亦按盗窃论罪。牛录额真、章京若有不知者,照失查之例,治以应得之罪。若知情不举,则与首犯同罪。"驻跸滦河,四日,诸事办妥,遂于十五日起行往沈阳,营於边内。十六日,驻遵化,永平、滦州诸贝勒大臣还。是日,出董家口,至十五里外。

三月初一日,出略台吉萨哈廉还。所有掠获牲畜,皆集於永平府西河岸尽处。台吉阿巴泰、萨哈廉亲赏同阿山、叶臣攻取永平城之二十六巴图鲁各驼一、马十、牛十、缎二十、毛青布二百。阿山、叶臣各有随从三人,均照与萨木哈尔第四登城人之例赏之。初十日,贝勒阿敏、台吉硕托及留守诸臣率每牛录甲兵二十,往代驻守永平、滦州、迁安、遵化等处诸贝勒大臣及军士等。二十四日，驻守永平台吉阿巴泰、台吉济尔哈朗、台吉萨哈廉得知贝勒阿敏、台吉硕托率留守兵前来，业已进边，遂至距城五里外迎见。见毕，进城，在衙门杀牛六、羊十五宴之。此项牛羊，皆驻永平之三贝勒私有者也。二十九日，贝勒阿敏、台吉济尔哈朗、台吉硕托率众兵西掠。行掠八日，稍有俘获，其招降榛子镇，以民半数编户，半数为俘，毁其城，四月初七日至永平。

四月十二日，台吉阿巴泰、台吉济尔哈朗、台吉萨哈廉，率众兵携俘获还沈阳。四月十九日，镇守滦州诸臣于樵采处，遇山海关祖总兵官前队精兵，击败之，获马四十匹，及其纛旗来献。二十一日，镇守永平诸贝勒，命乌赖率人十六，前来报信，所携书云："去时在途宿二日，计有十五日方至。入边时欲沿汗所行之道而行，因马残疾，不能抵达，便由建昌所属冷口而入。时边门不纳，故破台而入，至永平驻营五日。第八日，即四月初七日，至永平。二十三日，汗以驻守永平诸贝勒将还，遣人携五马及糇粮往迎，以资诸贝勒骑回。

五月十三日，汗致书谕永平贝勒阿敏曰："我等若遇天雨连绵，致误日期，则已；否则必乘草青时速往。此间，其永平、遵化、滦州、迁安等处降民耕种田禾，宜严禁扰害。这四处降民乃为汉人未降者所属目，岂可令其失望。又勿得照前妄指平人为奸细。真奸细，岂易查缉，反致官民不安矣！"十九日，永惠、噶尔图呼等偕七人自永平来报："明兵已围滦州"。二十一日，白格依、松果图、昂金等偕八人来报："我军将弃滦州、永平、迁安、遵化四城而归。"二十三日，汗御殿，集诸贝勒大臣众民等，乃宣谕曰："前我出兵时，每牛录甲兵，或二十人，或十五人。毁明坚固边墙而入，蒙天眷佑，故克其坚城，其所号天下雄兵，尽斩于各地。天以遵化、永平、滦州、迁安畀我，遂命每牛录遣护军三名，甲兵二十人驻守其地，兵数较前多，以阿敏贝勒、硕托台吉及诸大臣为统帅。时明兵来攻滦州，战三日，明兵发大炮，破城垛口二座，城楼被炮药焚烧，时我军稍避，其间，明兵从城圮处登城，我兵复冲击，尽歼之矣。固为城破，大臣等不收兵撤回，身先出城。军士复闻诸将已出道，或四五十人为队，或二三十人为队，奔向永平。时明兵到处堵截之我兵犹冲出，杀将前来，惟被创及染病者未得脱。驻永平阿敏贝勒、硕托台吉，未见敌形，即自入敌境，未发一矢，即杀永平、迁安城收养之降民，弃天赐之四城，率众兵而归。此皆贝勒不以政业为念，大臣不为汗与诸贝勒尽力之故也。汗谕毕，对众嗟叹。时举国众民皆痛慎。（《满文老档》）

六年（1633年）春二月戊子，山海关、永平大雨水，坏城郭、田舍、人畜亡算。（《国榷》）

七年（1634年）夏六月乙卯朔，张凤奇守永平，阖门殉难③。（《国榷》）秋九月辛巳④，巡抚山永右佥都御史杨嗣昌奏：今闰八月二十三日至九月十九（日），土、木、金三星聚于尾⑤，分（永）［在］永平、辽海之间，其占主内外有兵警。（《国榷》）

九年（1636年）九月己巳，顺天⑥始乡试。冬十月榜出百二十四人，例百五十五人。时真定、保定、永平之士被警不至。（《国榷》）是岁为清太宗文皇帝崇德元年。

十一年（1638年）夏四月，淫雨，至秋八月乃止，大水。（《明史·五行志》）

十三年（1640年）春二月⑦，大同总兵王朴至永平南关，胡丁叛者千人，永平兵追之。（《国榷》）

十五年（1642年）夏五月，大风雹，城颓四十余丈，卢龙学宫尽圮，大树皆拔，惟先师神位不动。（旧志）冬十一月甲戌，清师屯永平之台头⑧。（《国榷》）

十七年（1644年）春三月丙辰（二十八日），大风，昼晦，白气冲天。是月，李自成犯京师。封总兵吴三桂为平西伯，诏入援。尽撤辽民入关，分驻昌黎、乐亭、滦州、开平等处。丁（巳）[未]（十九日），京师陷。壬（戌）[子]（二十四日），平西伯兵至永平。夏四月，平西伯还驻山海，遣将出关乞师。甲（申）[戌]（十七日），李自成至永平。（丙戌）[戊寅]（二十一日），至山海，大战于城西石河。是月，清摄政王帅师抵山海，平西伯出迎于欢喜岭。庚寅，清师入关，分三路，平西为前锋，力战，连破七营；师乘之，歼贼于红瓦店。辛卯，贼回永平，杀明总兵、都督吴襄于范家店⑨。五月，摄政王入京师。（旧志）。是即为清世祖章皇帝顺治元年。

案：佘一元《山海关志》云：顺治元年春三月，流寇李自成犯京师，议者将辽东合镇兵民移驻山海关，赴京勤王。行至玉田县，闻十九日京师已陷，遂还兵山海关，遣人出关乞师。四月，自成来攻山海。十九日，传令聚演武堂，合关、辽两镇诸将并绅衿誓师拒寇。二十日，祭旗，斩细作一人，与诸将、绅衿歃血同盟，戮力共事。二十一日，自成至关，两镇官兵布阵于石河西，大战，自辰至午，忽西北角少却，寇兵数百飞奔透阵，直至西罗城北，方欲登城，镇城守兵用炮急击之，又遣偏将率兵还击，尽歼之。寇营望见气夺，不复来战，相持竟日，遂各收兵。二十二日，清兵至欢喜岭，主帅同关门绅衿吕鸣章等五人出，见摄政王于威远台前。拜毕，命坐。少顷，唤至前，谕云："汝等愿为故主复仇，大义可嘉。予领兵来，成全其美。先帝时事在今日不必言，亦不忍言，但昔为敌国，今为一家，我兵进关，若动人一株草、一颗粒，定以军法处死。汝等分谕大小居民，勿得惊慌。"语毕，赐茶，免谢，各乘马先回。方见时，忽报北翼城一军叛降贼，王遂分兵三路进关。时值大风扬沙，满汉兵俱列石河西，寇军识旌帜（者），知为清兵至。自成率骑兵先遁，各营数万人一鼓俱溃。追杀二十余里，僵尸遍山谷。傍晚，风定，细雨。炮车连夜（俱）进关。摄政（王）驻师郊外，三日遣人入城，登明伦堂，安民讫，领兵而西，遂定燕京。

【作者简介】

佘一元，字占一，号潜沧，山海卫人。顺治四年进士，授刑部江南司主事，调礼部主客司，升祠祭司员外郎，历任仪制司郎中，加从四品衔。康熙九年主编《山海关志》。著有《潜沧集》。

南昌刘健《庭闻录》云：崇正[祯]⑩十七年春三月初五日，封（吴）三桂平西伯，诏徙宁远之众入援京师，数十万众，日行数十里。十六日，入关。二十日，至丰润，闻变，还师山海关。吴（骧）[襄]既降贼，三桂亦以所（部）之众西行赴降，道遇家人来自京师者，诘问，得父被执状,莞尔曰:"此胁我降耳!何患?"复问:"陈姬无恙乎?"陈姬,名沅,字圆圆,吴门名妓,得之戚畹田宏遇者也。色美而善歌,三桂嬖之。贼执(骧)[襄],圆圆为伪将军刘宗敏所掠,家人以告。三桂怒曰:"大丈夫不能保一女子,何面目见人耶?"遂挥众返,(纵掠而东)。自成闻三桂之来而复返也,命伪(将)[相]牛金星假(骧)[襄]书招之,(降将唐通亦遗书招之),三桂不答,传檄远近,讨贼复仇,招集溃散及唐通降兵约二万人,以众寡不敌为虑。有进乞师策者,遂遣副将郭云龙、杨坤、孙文焕请兵于清。时和硕睿亲王西征,师次翁后,得三桂请,大喜,许诺。四月十三日,自成命牛金星居守,自率刘宗敏等以精兵数十万众东击三桂,并挟永王、定王及吴(骧)[襄]以行。十八日,贼兵犯关城,围之数匝。关东二里许有罗城外拒,贼虑三桂东遁,出二万骑,从关西一片石转东,夹攻关外城。三桂坚壁拒守,遣人趣清援兵,睿王兼程进,命英王将万骑为左翼,由西水关入;豫王将万骑为右翼,由东水关入;自以大兵随后。继使宿将祖大寿帅精甲驻欢喜岭,高张旗帜为声援。三桂选死士五百人,突围出,谒睿王,情辞恳切,声与泪俱,一军为之动容。三桂即壁中薙发,与睿王钻刀定盟而返。二十一日,开关出战,败之。贼分道并进。会日暮,乃罢。二十二日,复战,贼知边兵劲,成败待此一决,驱其众死斗。三桂悉锐而出,无不以一当十,杀伤过半。自成恃其众,鼓勇迭进,挟二王于庙冈,立马观战,贼众我寡,三面受敌。我兵东西驰突,贼众亦左萦而右拂之,阵数十交,围开复合。自成按辔冈上,见有骑兵出三桂旁,突阵而入者,自成麾后军益进。或曰彼骑兵非关宁兵,必满洲兵也,宜避之。骑兵锐甚,所至莫当。自成策马走,诸贼畏令严,未敢退。忽尘开,见辫而甲者,咸惊呼曰:"满兵来矣!"拉然崩溃。是日,战初合,满兵蓄锐不发,苦战至日昳,三桂军几不支,满兵乃(有)[分]左右翼,鼓勇而前,以逸击劳,遂大克捷,阵斩贼大帅十余名,歼贼兵数万,夺(军)资无算。自成溃败,奔至永平,使降臣张若(麟)[麒]诣三桂军议和。明日,三桂追至永平,又败之。自成杀吴(骧)[襄]于永平城西二十里范家庄。(二十六日,狼狈近都门,尽戮吴氏家属三十四口,尸诸王于二条胡同。二十七日,宵遁。)

【作者简介】

刘健,字汝嘉,江西南昌人。其父刘昆,顺治十六年进士,吴三桂叛清时为云南同知。著有《吴三桂传》和《滇变记》二书。吴三桂反清后,胁迫刘昆投降,刘昆不为所屈,将书稿藏于壁中,自己削发遁居宝台山。吴三桂之乱平定后,书稿仅存十分之一。四十年后,刘健将当日所受父教及所见所闻犹能记忆者,撰写成书,名之为《庭闻录》。

【补录】

崇祯十七年三月己丑朔。壬辰(初四日),封辽东总兵官、左都督吴三桂平西伯,平贼将军总兵、左都督左良玉宁南伯,蓟镇总兵、右都督唐通定西伯,凤庐总兵、左都督黄得功靖南伯,各给敕印。(吏部右侍郎兼东阁大学士)李建泰兵溃于真定,中军郭中杰缒城出降,建泰被执。始弃宁远,征辽东总兵吴三桂、总督蓟辽王永吉率兵入卫。乙未(初七日),唐通以八千人入卫。丙申(初八日),大风霾,昼晦。风腥,不可触。宣府陷。命唐通同司礼太监杜之秩守居庸关。庚子(十二日),寇薄近郊,中外大震。癸卯(十五日),寇自柳沟抵居庸关。甲辰(十六日),昌平陷。命趋吴三桂入关,三桂率众日行数十里;是日,始入关。丙午(十八日),大雷电,雨雹。寇攻城,炮声不绝,流矢雨集。贼架飞梯攻西直、平则、德化三门,太监杜勋射书城中约降。是夕,太监曹化淳开彰义门迎贼入,守城勋卫尽遁;御史光时亨迎降。是夜,上不寐。夜分,太监王相尧领内兵千人开宣武门迎贼;俄而,内城亦陷。人遽去,呼之不至。天且曙,携王承恩入内苑,登万岁山之寿皇亭。俄而,上崩;太监王承恩亦自缢从死焉。(《崇祯实录》)

甲申崇祯十七年三月己丑朔。癸巳(初五日),封辽东总兵吴三桂平西伯,平贼将军总兵左良玉宁南伯,蓟镇总兵唐通定西伯,凤庐总兵黄得功靖南伯,各给敕印。李建泰疾,兵尽溃于真定。始弃宁远,征辽东总兵吴三桂、蓟辽总督王永吉率兵入卫。甲午(初六日),密云总兵唐通、山东总兵刘泽清率兵入卫。乙未,昌平总兵唐通以八千人入卫。丙申,大风,昼晦,其风腥,不可触。宣府陷。命定西伯唐通同太监杜之秩守居庸关。庚子,寇薄近郊,中外大震。壬寅(十四日),召前太监曹化淳等守城。癸卯,寇自柳沟抵居庸关。甲辰,昌平陷。命弃宁远,趋吴三桂入关。三桂徙二十万众,日行数十里。是日,始及关。丙戌,寇攻城,炮声不绝,流矢雨集。李自成对彰义门设座,泰王、晋王左右席地坐,太监杜勋侍其下。上太息而去。天且曙,仍回南宫,登万岁山之寿皇亭自经,太监王承恩亦自缢。乙卯,辽东总兵左都督平西伯吴三桂以清师薄山海关,传檄远近,伪将不能御。报至,李自成协三桂父襄提督御营,居守京师。令作书以招三桂。因遣使赍白金万两,黄金千两,锦币千端,敕一封吴三桂为侯,以左懋泰为兵政府左侍郎,同唐通协守山海关,发百万金劳师于边。丁巳,唐通遗吴三桂书劝降。三桂不答,乃上书其父襄。

四月戊午朔。辛酉,辽东总兵、平西伯吴三桂缟素入山海关,至永平西沙河驿,闻拷其父,遂从沙河纵掠而东,屯兵山海城,规复京师。唐通御之,兵溃迎降,仅八骑还京师。乙丑,李自成闻吴三桂斩使,大怒,发数万骑东行。吴三桂讹闻父襄被害,即日自玉田还山海关。丁卯午刻,吴三桂义师入关。报数至,趋兵政府侍郎张若麒、左懋泰赴镇。戊辰,吴三桂杀贼骑殆尽。庚午,李自成率兵六万,声言十万东行。挟太子、永王、定王、吴襄自随出齐化门。甲戌,李自成简轻骑以向永平。乙亥,李自成益调诸军共十万攻吴三桂。自成亲至攻关城,围之数匝。东二里复有罗城外拒。贼虑三桂东走,又二万骑西出一片石,转东夹攻关外。适建人兵至,三桂度前后俱劲敌,不得已而与建人合。丙子,吴三桂击贼败于关内,败之,分道并进,日暮乃罢。丁丑,吴三桂大破贼于关内。自成策马而走。关兵、建人分道乘之。自成以数千骑亟走于永平。戊寅,李自成驻于永平,使张若麒赴吴三桂军中议和。己卯,吴三桂追贼于永平,又大败之。贼胆夺,连日夜奔窜,疲极无人色。贼李自成杀右都督吴襄于范家庄,永平之西二十里。伪山海道防御使张若麒投于建州,建人不受。以吴三桂转恳,乃受之,仍授若麒职方郎中。(明谈迁撰《国榷》)

崇祯十七年春正月,李自成称王于西安,僭国号大顺,改元永昌。三月乙巳(十七日），李自成自山西抵京师，环攻九门。丁未（十九日），京城陷，帝后崩。丙辰（二十八日），辽东总兵平西伯吴三桂闻京师陷，帝后殉难，遂缟素发哀，乞师于我大清讨贼，薄山海关，传檄远近。李自成闻之大惊，胁三桂父襄作书招三桂，令旧将唐通遗三桂书劝降。三桂不答，上书其父。书至，自成益惧。三桂屯兵山海关，以忠义激将吏，规取京师，唐通不能御，三桂杀贼骑殆尽。己巳，京城外遍张吴三桂檄，共约士民缟素复仇，一时都人皆密制素帻。庚午，李自成率兵六万东行，刘宗敏、李过等从之，挟太子、永王、定王、吴襄自随。甲戌，李自成向永平。丁丑，吴三桂大破贼于关门。贼初破京师，精锐不过数万，所至虚声胁下，未尝经大敌。既饱掠思归，闻边兵劲，无不寒心。自成知成败决于一战，益驱贼连营并进。三桂悉锐出战，无不一当百，奋击杀贼数千人。贼亦贾勇迭进。自成挟太子登高冈，立马观战。贼众三面围三桂兵，三桂兵东西驰突，贼散而复合。我大清兵至，绕出三桂右，所向披靡莫当。自成策马走，诸贼遂大溃，自踩践死者数万人。诸军分道乘之，杀其大帅五人，夺辎重无算。自成以数千骑急走永平。戊寅，自成遣使赴军中议和，三桂曰："归我太子、二王，速离京城，使钟虡如故，而后罢兵。"自成请旋师，如三桂言求和，三桂许之。自成拔营而西。己卯，三桂追贼于永平，又破之。贼奔窜还京师，毁京城外民居数万间，并夷牛马墙，稍迟者杀之，凡数万人。三桂兵压城，自成合兵一十八营以拒战。三桂进攻之，连拔其八寨，斩首二万。自成杀吴襄首，以高竿悬城上，尽杀襄家三十八口。三桂披发坠鞍哭于地，三军咸愤怒，拔刀砍地誓杀贼。丙戌，李自成自称帝，即位于武英殿，伪磁侯刘宗敏扶创出，平立不拜，曰："尔故我等夷也。"伪官皆拜，宗敏不得已，再拜而退。丁亥昧爽，李自成出齐化门西走。（清谷应泰著《明史纪事本末·李自成之乱》）

【注释】

①冻死人民甚众：农历八月冻死人，不可能发生之事。同治十二年《迁安县志》、光绪五年《永平府志》："天启四年秋八月望，大风雨，冻死人民甚众。冬十月丁未，风雨雷震，夜二鼓鸡鸣（《迁志》）。"把两件事时间记颠倒了，冻死人当发生在"冬十月""风雨雷震"当发生在"秋八月望（十五日）"。康熙五十年、乾隆三十九年《永平府志》无此记载。

②插汉虎墩兔：插汉，插汉儿，即明代蒙古左翼察哈尔部。虎墩兔（1592～1634），又称虎墩兔憨、林丹汗，孛儿只斤·林丹巴图尔，汗号呼图克图汗，蒙古帝国第三十五任大汗（1604～1634年在位）。实际上只能支配辽河套的察哈尔部（分为浩齐特、奈曼、克什克腾、乌珠穆沁、苏尼特、敖汉、阿喇克卓特和主锡惕八个鄂托克），建都城察汉浩特（今内蒙古赤峰市阿鲁科尔沁旗）。崇祯五年（1632年），皇太极远征蒙古，林丹汗逃往青海。崇祯七年，因天花病死，年仅43岁。其子额哲降清。清谷应泰编《明史纪事本末》："天启七年十月，插汉虎墩兔取板升以为穴。嘉靖中，叛逆赵全等为乡导，集被掠万人于丰州滩（今内蒙古呼和浩特市）东西一带，立为板升，桑种饮食悉如中国，所未易者胡服耳。自俺答款后，俺答义子怡台吉统之。虎墩兔新强，拥众数万，故板升富庶，甚习内地。会素囊

（蒙古右翼济农诺延达喇）死，卜石兔（卜失兔，顺义王扯力克长孙）有其地，然幼且弱，插汉遂顷巢而西，以旧地让建州。直抵杀胡堡，克归化城。卜石兔西徙避之。"

③张凤奇守永平，阖门殉难：此当为崇祯三年之事。《崇祯实录》："崇祯三年春正月辛巳朔。清兵东趋永平。清兵入永平府，先有人伏文庙承尘上。晨登城，守将杨春导之，兵备道副使郑国昌、知府张凤奇、推官（卢）[罗]成功等死之。"《崇祯长编》："崇祯三年庚午五月庚辰朔。甲辰，以永平知府张凤奇全家殉难，忠节可嘉，赐葬，与祭一坛，仍议赠官，行原籍建坊以旌忠烈。"

④秋九月辛巳：光绪五年《永平府志》作"秋九月辛巳"，有误。《国榷》："九月甲寅朔。是月，巡抚山海关永平右佥都御史杨嗣昌奏：今闰八月二十三日至九月十九日，土、木、金三星聚尾，分在永平、辽海之间，其占主内外有兵警。"记为"是月"（秋九月），而非"辛巳"日。

⑤土、木、金三星聚于尾：明谈迁《国榷》和光绪五年《永平府志》均无"于"字。根据中国古代五行学说，土生金，金生水，木生火，水克火，火克金。土、木、金三星相聚时是不吉利的征兆，预示着人间将有刀兵之事发生。崇祯七年，天下大乱，南有李自成、张献忠等农民起义，北有后金入犯，明王朝内外交困。《明史·庄烈帝本纪》："崇祯七年秋七月壬辰，大清兵入上方堡，至宣府。庚戌，大清兵克保安，沿边诸城堡多不守。闰（八）月甲申，贼陷隆德、固原，参议陆梦龙赴援，败没。丁亥，大清兵克万全左卫。庚寅，旋师出塞。壬寅，李自成围贺人龙于陇州。九月庚辰，洪承畴解陇州围。甲戌，以贼聚陕西，诏河南兵入潼、华，湖广兵入商、雒，四川兵由兴、汉，山西兵出蒲州、韩城，合剿。冬十月庚戌，湖广兵援汉中，副将杨正芳战死。"巡抚杨嗣昌预知天下将乱，却不敢向皇帝直言，只能借助"天象示警"来劝慰皇帝早做准备。

⑥顺天：顺天府（今北京），北直隶省乡试在顺天府举行，因而称为"顺天乡试"。

⑦（崇祯）十三年春二月：光绪五年《永平府志》记载如是，时间有误。《国榷》崇祯十四年二月："总督蓟辽尚书洪承畴恐蓟镇永平汉夷杂沓，令总兵白广恩屯蓟镇，曹变蛟屯丰润。俟各镇兵出关而后行。大同总兵王朴至永平南关，夷丁叛者千人。永平兵追之滦州，斩八级；曹变蛟追之鸦峰桥（今鸦鸿桥），斩四十九级；白广恩追之三河东，斩五十五级，余就招抚。"民国《奉天通志》载为"崇德六年（明崇祯十四年）"。

⑧永平之台头：台头营，属抚宁县。

⑨范家店：在今秦皇岛市海港区，秦皇岛火车站所在地。康熙五十年、光绪五年《永平府志》、民国二十年《卢龙县志》均记为"范家店"，非也。清刘健《庭闻录》为"永平城西二十里范家庄"，明谈迁《国榷》称"杀右都督吴襄于范家庄，永平之西二十里。"《明史·李自成传》："自成奔永平，我兵逐之。三桂先驱至永平，自成杀吴襄，奔还京师。"范家庄，原属卢龙县，今属滦县油榨镇。《吴逆取亡录》："贼众大溃，奔回永平，杀襄于城西之范家庄，狼狈还京。"

⑩崇正[祯]：崇祯。避雍正皇帝胤禛讳所改。《清高宗实录》："雍正十三年乙卯九月丁酉朔。庚子，定庙讳字。谕曰：……皇考圣讳，理应恭避，敬遵皇考从前钦定典制。嗣后凡内外各部院文武大小衙门，一切章奏文移，遇圣讳上一字则书'允'字；圣讳下一字则书'正'字。"

清

顺治元年（1644年）夏四月，摄政王帅师入关。五月，入京师。秋九月，世祖入关，经永平，驻跸城外，文武官朝见如仪，赏赉有差，抚安各州县。

【补录】

顺治元年甲申九月丙戌朔。甲午，上入山海关，驻跸西河地方。镇守山海总兵官高第、永平道李丕著率所属迎驾。赐高第等宴。乙未，上驻跸深河驿。丙申，上驻跸兔尔山河（即抚宁城西洋河）地方。丁酉，上驻跸永平府。知府冯如京、副将张维义率文武官员出城迎驾。上赐食谕之曰："尔等各安心轸恤所属军民人等，爱养孤贫，俾其得所。又须严查各属，遇有一二逃人获时即行解京，倘隐匿不解，被原主识认，或被傍人告发，所属官员从重治罪。窝逃之人，置之重刑，仍传谕山海关晓示各属。"

顺治元年甲申十二月乙卯朔。丁丑，谕户部：我朝建都燕京，期于久远，凡近京各州县民人无主荒田，及明国皇亲驸马公侯伯太监等死于寇乱者，无主田地甚多，尔部可概行清查。若本主尚存或本主已死而子弟存者，量口给与，其余田地尽行分给东来诸王勋臣兵丁人等。此非利其地土，良以东来诸王勋臣兵丁人等无处安置，故不得不如此区画。然此等地土若满汉错处，必争夺不止，可令各府州县乡村，满汉分居各理疆界，以杜异日争端。今年从东先来诸王各官兵丁及见在京各部院衙门官员，俱著先拨给田园。其后到者，再酌量照前与之。至各府州县无主荒田，及征收缺额者，著该地方官查明造册送部。其地留给东来兵丁，其钱粮应征与否，亦著酌议。至熟地钱粮，仍照额速征。凡绅民有抗粮不纳者，著该抚按察处。有司官徇情者，著抚按纠参。若抚按徇情事发，尔部即行察奏。

顺治二年乙酉二月甲寅朔。己未，令户部传谕各州县有司：凡民间房产，有为满洲圈占、兑换他处者，俱视其田产美恶，速行补给，务令均平。倘有瞻顾徇庇，不从公速拨，耽延时日，尔部察出，从重处分。（《清世祖实录》）

三年（1646年），命兵（部）[科]郝璧①来圈民田给旗丁，以各卫屯田补民。

四年（1647年），再圈民田，人户投充②英、裕二王③者半。

【补录】

顺治四年丁亥春正月癸卯朔。辛亥，户部奏请：去年八旗圈地，止圈一面，内薄地甚多，以致秋成歉收。今年东来满洲，又无地耕种。若以远处府州县屯卫故明勋戚等地拨给,又恐收获时,孤贫佃户无力运送。应于近京府州县内,不论有主无主地土,拨换去年所圈薄地,并给今年东来满洲。其被圈之民,于满洲未圈州县内,查屯卫等地拨补。仍照迁移远近,豁免钱粮。四百里者准免二年,三百里者准免一年。以后无复再圈民地。(《清世祖实录》)

七年(1650年),诏释英王投充人户,归籍为民。

【补录】

顺治八年(1651年)辛卯二月己卯朔。丙午,上谕户部诸臣曰:田野小民,全赖地土养生。朕闻各处圈占民地,以备畋猎放鹰往来。下营之所夫畋猎,原为讲习武事,古人不废。然恐妨民事,必于农隙。今乃夺其耕耨之区,断其衣食之路。民生何以得遂?朕心大为不忍。尔部作速行文地方官,将前圈地土,尽数退还原主,令其乘时耕种。(《清世祖实录》)

顺治九年壬辰六月辛丑朔。丁未,裁直隶抚宁卫,归并山海卫;卢龙卫、东胜左卫、兴州右卫,归并永平卫。(《清世祖实录》)

顺治九年秋九月,大雪。(永平)府城民家鸡生四足。(光绪五年《永平府志》)

十年(1653年)春,旱。夏四月,淫雨四十余日,滦河溢,有蛟见于河(牛首,身若枯槎),淹没田庐。冬,饥,大雪,人畜多冻死。

十一年(1654年),春饥,赈之。秋七月,滦河溢。

十二年(1655年)秋,雷击城南角楼鸱吻,火自壁中出,焚楼一(座)[柱]。

十三年(1656年)夏四月,大雨,平地成河,滦水溢,冲去西门外城桥。六月,蝗虫。冬,大雨雪三尺④,行人有冻死者。

十四年(1657年)夏,无麦。秋,滦河溢。冬,饥。十一月甲申,地震。

十五年(1658年)夏,饥,赈之。设工部分司。九月,大雪。

十七年(1660年)春二月,不雨,至于夏六月,民饥。撤工部分司。

十八年(1661年)秋八月戊辰,地震。

【注释】

①郝璧:字仲赵,号兰石,甘肃金城(今兰州)人。崇祯十二年举人。到扬州为官。入清后,授太常博士,顺治三年六月由刑科给事中转户科给事中。顺治四年七月升兵科左给事中。顺治六年擢安徽按察副使。清朝沿明制,兵部外设兵科,辅助皇帝处理兵机奏章,稽查兵部、太仆寺、銮仪卫之违误,并有建言进谏之责。兵科设掌印给事中,满汉各一人;给事中满、汉各一人,秩正五品。兵科给事中,也叫兵部给事中。康熙五十年《永平府志》作"兵科郝璧",光绪五年《永平府志》为"兵部郝璧",但从职责上看当为"户科"之责,故郝璧来永平时职务为户科给事中。

②投充:满清入关后,圈占大量土地,却不从事农业生产,大批失地汉族农民投靠满洲贵族为奴,从事农业生产,谓之"投充"。直到乾隆四年(1739年)规定"禁止汉人带地

投充旗下为奴,违者治罪"。

③英、裕二王:英王,努尔哈赤第十二子阿济格,多尔衮胞弟。崇德元年晋封英武郡王。顺治元年从摄政王多尔衮入关,封和硕英亲王。顺治二年,俘杀大顺权将军刘宗敏、军师宋献策,招抚宁南侯左良玉,屡立战功。"裕王",实为"豫亲王"、努尔哈赤第十五子多铎,阿济格、多尔衮同母弟。满洲镶白旗旗主。崇德元年,封为豫亲王。顺治元年以定国大将军从多尔衮入关,击败李自成残部,破扬州,杀南明史可法,下江南,俘获南明福王,晋封和硕德豫亲王。永平府地为摄政王多尔衮和英亲王阿济格圈占。据光绪三年《抚宁县志》所载,抚宁县口外哑叭庄堡、双山子堡、杨树窝铺堡、大蒿落树堡及所属各村(今属青龙满族自治县)"拨为正蓝旗豫亲王圈地,隶抚宁版图"。

④大雨雪三尺:光绪《永平府志》记载如是,又案:"《滦志》:大雪五十余日。""雨"为衍字。光绪二十四年《滦州志》:"顺治十年癸巳,大霖雨,滦溢,有蛟见于河(牛首,身若枯槎)。秋,无禾。冬,大雪,人畜多冻死。""十三年丙申,侍读学士石申(州人)女受封为贵人。"无冻死人的记载,疑是重复抄录顺治十年条目。

康熙元年(1662年)春正月丁亥,日生双珥①。三月辛巳,霾。夏,大旱。

二年(1663年)夏六月望日,雷火焚东南角楼。大水。冬十月十二日,雷。

三年(1664年)夏闰六月,滦河溢,漂木无数。时修清节祠,适供其用,如有神助。冬十月丙子(十八日)戌刻,地震(自乾趋艮)。

【补录】

康熙三年甲辰春正月甲子朔。甲戌,先是正黄旗副都统穆占奏称:伊牛录下四百四十名壮丁地亩不堪,(祈)[乞]给地更换,奉有各旗村庄有地亩不堪者,壮丁一百名以下,仍令留住;一百名以上,准其迁移之旨。至是、户部查覆:镶黄、正黄、正白、正红、镶蓝各旗壮丁一百名以上、地亩不堪者,共二万六千四百五十名,应将顺天、保定、河间、永平等府属州县圈出地亩十三万二千二百五十晌分给各旗,每壮丁一名给地五晌,准令迁移。并请差部员旗员,会同地方官酌量换给。得旨:右翼,著尚书去。左翼,著侍郎一员去。其更换不堪地亩各旗,著副都统去。余依议。(《清圣祖实录》)

四年(1665年)春正月戊子朔,大霾。二月戊子,地震。(辛亥),风雷,昼晦,拔古木千余株。六月甲子未刻,东南五色云②见。秋七月,大霖雨。

五年(1666年)春正月,异风,黄雪。三月甲辰(二十四日)巳刻,地震(自艮趋乾)。夏六月辛未夜,星流如织。冬十月癸丑,地震(自乾趋巽)。十二月甲子夜,大雪。辛未,地震。

【补录】

康熙五年丙午春正月壬午朔。丙申,先是,八旗地土,各照左右翼次序分给。时因睿亲王多尔衮欲住永平府,故将镶黄旗应得之地,给予正白旗,而给镶黄旗地于右翼之末保定府、河间府、涿州等处,二十余年,旗民已各安其业。至是,辅臣鳌拜与苏克萨哈,虽连姻娅,每以论事相争而成隙。且鳌拜,镶黄旗人;苏克萨哈,正白旗人。而镶黄旗应得之地,为正白旗所占。鳌拜故立意更换。索尼亦素恶苏克萨哈。遏必隆不能自异,因共附和之。鳌拜遂使八旗以地土不堪,呈请更换,移送户部。户部尚书苏纳海等奏:地土分拨已久,且康熙三年奉有民间地土不许再圈之旨,不便更换。请将八旗移文驳回。疏入,辅臣等欲构成其罪,称旨,著议政王贝勒大臣、九卿科道会议以闻。(《清圣祖实录》)

六年(1667年)春正月戊寅,雨水冰。壬午,井泉冻。辛卯,地震。旱。夏五月庚戌,钟楼灾。秋,蝗。

七年(1668年)春正月丙辰,地震(自乾趋巽)。夏六月甲申,地震,大水。至秋七月河凡五溢,坏民田庐无算。

八年(1669年)春,复圈民田。夏六月,诏追归本年所圈民房、民地,永行停止。秋七月,永平道移驻通州,更为通永道。

【补录】

康熙八年己酉六月壬戌朔。戊寅,谕户部:朕缵承祖宗丕基,乂安天下,抚育群生。满汉军民,原无异视,务俾各得其所,乃惬朕心。比年以来,复将民间房地、圈给旗下,以致民生失业,衣食无资,流离困苦,深为可悯。自后圈占民间房地,永行停止。其今年所已圈者,悉令给还民间。尔部速行晓谕,昭朕嘉惠生民至意。(《清圣祖实录》)

九年(1670年)秋,有年。冬十一月丁卯,大(雨)[雪]。

十年(1671年)秋七月朔,暑热如炽。冬十一月朔,严寒异常。

十一年(1672年)春三月丙戌,大风,昼晦。

十二年(1673年)春,旱,屡风霾,虫伤稼,谷秕。夏五月辛卯申刻,飓风大电(自兑趋巽)。秋七月,淫雨,滦河溢,损禾稼无数。九月乙亥,地震。

十四年(1675年)夏,麦秀三岐③。

十五年(1676年)夏四月,大风,昼晦。

十六年(1677年)秋七月甲午申刻,青气如霓(自震趋兑)。冬十一月朔,知府常文魁移修蜡庙④,工竣,有蝗云集庙前⑤,信宿⑥而去。十二月,雷,雨⑦。

十七年(1678年)夏六月,酷暑,暍伤人畜甚众。

十八年(1679年),复设工部分司。夏四月,旱。秋七月,蝗。民大疫。庚申,地大震有声(自乾趋巽)。

二十一年(1682年),诏蠲免地丁钱粮。

【补录】

康熙二十七年戊辰冬十月庚子朔。庚戌,裁涿鹿、永平、真定、河间、保定等卫守备千总员缺。(《清圣祖实录》)

三十四年(1695年),滦州满洲驻防移驻郡城,建营房于城内东南隅。

四十七年(1708年)秋,大熟⑧。

　　四十八年(1709年)夏六月,大水,滦河溢,城不浸者三板,凡三日乃退,浸田庐,损禾稼。

　　四十九年(1710年)夏五月,旱。秋,大熟,谷有一茎三四穗者。冬十一月,大雪,严寒。(以上俱康熙旧志)

　　五十年(1711年)夏六月,炎暑。秋,大熟。

　　五十四年(1715年),虫灾,饥。

　　五十五年(1716年),有年。

　　【注释】

　　①日生双珥:预示着将要发生大旱。日珥,太阳两边的白色光环。《靖江县志·四时占谚》云:"日生双珥,断风绝雨。"

　　②五色云:五色云彩,古人以为祥瑞。《旧唐书·郑肃传》:"天瑞有五色云。"

　　③麦秀三岐:一棵麦子长出三个麦穗,为丰收之兆。"岐",一作"歧"。

　　④蜡庙:八蜡庙。八蜡(zhà),古人认为与农业生产有关的除虫抵御自然灾害的八种神祇:一为先啬,即神农;二为司啬,即后稷;三为农,即古之田畯;四为邮表畷,邮为田间庐舍,表为田间道路,畷是田土疆界相连缀;五为猫虎;六为坊,即堤防;七为水庸,即水沟;八为昆虫,即螟螣之属。旧时于每年建亥之月(十二月),在农事完毕之后,祭祀诸神,以祈祷来年丰收。

　　⑤有蝗云集庙前:光绪五年《永平府志》记载亦如此。永平府地区冬十一月,滴水成冰,焉有蝗虫云集? 康熙、乾隆《永平府志》无载。

　　⑥信宿:两夜。

　　⑦十二月,雷,雨:此系抄录光绪五年《永平府志》记载,乾隆三十九年《永平府志》:"冬季,雷,雨。"冬季雷雨,不合常理,当是发生夏季之事。

　　⑧大熟:大丰收。

　　雍正三年(1725年)夏六月,滦河溢,损禾稼,坏田庐。秋,日月合(壁)[璧],五星联珠①。

　　六年(1728年)夏,大疫。

　　八年(1730年)秋八月十九日,地震。

　　十一年(1733年)夏六月,滦河溢,损禾稼。

　　十二年(1734年)春三月,虎入城。

　　【注释】

　　①日月合璧,五星联珠:太阳、月球与水、金、火、木、土五颗行星在天空一字排开,好像五颗珍珠穿连在一起。古代占星学以为国之祥瑞兆。《易坤灵图》:"王者有至德之萌,则五星若连珠。""五星联珠"时间不在秋季,而在二月初二日。《清世宗实录》:"雍正三年乙巳春正月庚子朔。戊辰,钦天监奏:谨推得本年二月初二日庚午(1725年3月15

日），日月合璧以同明，五星联珠而共贯。宿躔营室之次，位当娵訾之宫。查亥子丑同属一方，二曜五星联络晨见，亘古罕有。为此绘图呈览，请敕下史臣，永垂典册。二月己巳朔。谕诸王大臣等：据奏二月二日庚午，日月合璧，五星联珠，为亘古难逢之大瑞。"

乾隆九年（1744 年）春，旱，至夏五月十七日乃雨。是岁，大熟。

十二年（1747 年），大有年。

十六年（1751 年）夏六月，滦河溢。秋七月，大雨，滦河复溢。

十八年（1753 年）夏，蝗，不为灾。秋七月，蝝复萌，食稼殆尽。

十九年（1754 年）夏六月，滦河溢。

二十二年（1757 年）冬十月二十四日，大雨，震雷①。

二十四年（1759 年）春三月初七日，天雨黄土，旱。夏，腾②。秋九月二十六日夜，大雪。

二十七年（1762 年）夏四月，雨，至闰五月始霁，田尽淹。

二十八年（1763 年）春，饥（斗米钱十千）。夏，蝗蝻③生。七月，晦始尽。秋，有年。

二十九年（1764 年）秋，有年。

三十五年（1770 年），滦溢，损稼。秋七月二十七日夜，正北方，天光五色如霞④。

三十七年（1772 年）夏，二麦大熟。

三十八年（1773 年）秋七月十九日，大风雨拔木，禾尽偃。（以上乾隆旧志）

四十六年（1781 年）夏，淫雨伤稼。

四十七年（1782 年）春，饥。

四十八年（1783 年），滦溢，西南乡大水，圮坏民居。秋，未成灾。

四十九年（1784 年）夏五月，大雨雹，害稼。

五十二年（1787 年）夏，霖雨，合境大水。

五十三年（1788 年），大水，饥。

五十四年（1789 年），滦溢，浸田庐，损禾稼，河塌近岸一二里不等。

五十五年（1790 年）夏四月至六月，淫雨二十八日，滦河溢，郡城不没者三版。官民祈祷，不退，后投以"永平府"匾额，方退。先是，县学东系旗营驻防，因被水灾，奏移西北高处。

【补录】

乾隆五十五年庚戌秋七月己卯朔。乙酉，谕曰：阎正祥奏，据山永协副将黄大谋禀报：六月下旬，雨水连绵。永平府城外河水涨发，由南水门漾入城内，低洼地方水深一丈有余，至八九尺不等。驻防官署及守备衙署，兵民房屋，被水淹浸坍塌。城外各乡村水势漫溢，人口亦有被淹之处。现在一面雇觅水手，将淹浸地方及压伤人口分往救护，一面将本身应得养廉，备具印领支借仓米五十石，赏给灾民等语。永平府城河水暴涨，兵民仓猝被灾，殊堪轸悯。著梁肯堂即派委妥干道员一人，驰往该处确切查勘，将被淹户口给予口粮,分别抚赈。其压伤人口,亦即查明,酌给银两,以示体恤。并著该督严饬所属,实心经理,妥协赈给,毋使一夫失所,以副轸念灾黎至意。至该副将黄大谋于郡城猝被水患之时,即带同兵役协力保救,并指廉借领米石,散给灾民,俾资口食,尚有见识。黄大谋著交部议叙。

又谕:据台斐音奏称:永平府六月二十八日河水涨溢,城内水深数尺,至丈余不等,官房坍塌一百九十余间,并未伤及人口等语。该处自六月二十六日大雨,清河、滦河涨溢,城内水深数尺至一丈不等。官房倒坏,官员兵丁,暂就民房、庙宇栖止,殊堪悯恻,更念旗人俱赖钱粮度日。今所住房屋被水,生计未免拮据。著加恩兵丁各赏一月钱粮。所有被水官房,著交台斐音详细查勘,即行办理具奏。

辛卯,又谕曰:台斐音奏:查勘永平府被水冲塌旗房,应移建高阜之处,并请借给官兵俸饷,修理军装器械等语。永平府驻防兵丁被水官房,浸湿军装器械,理宜修补。著照台斐音所奏,赏借官兵半年俸饷银两。其应修房屋,即交该地方官迅速妥办。余照所奏行。

甲午,谕军机大臣曰:梁肯堂奏:委勘永平府城及天津、朝阳、两县被水情形一摺。内称,滦州、乐亭、丰润、玉田等州县,并天津四乡,及口外朝阳俱因六月下旬,阴雨连绵,河水陡发,洼地田禾,间被淹浸,民房多有坍塌。现在饬委道员分往查勘等语。永平、天津等处,因夏雨稍多,河流涨发,民房庐舍,不无被淹坍塌。其低洼地亩,亦间有损坏之处。自应详晰履勘,加意抚绥,即一隅偏灾,亦不可稍存讳饰。梁肯堂现在派委道员,分往查勘抚恤,俾灾黎均沾实惠,毋使一夫失所。此次被灾情形,较上年轻重若何,究于秋成有无妨碍,并上年被水各歉收之处,一并详悉查明,据实速奏,以慰厪注。

癸卯,谕军机大臣等二十三日夜间密雨连绵,昨日辰刻方止,夜间又复有雷雨连宵,势甚滂沛至二十五日丑刻,方见开霁。直隶永平、天津等处,前因雨水稍多,河流涨盛,田禾庐舍,间被淹浸。已据梁肯堂委员查勘,昨又令该督亲往永平察看,加意抚恤矣。今又连次大雨,直隶各属秋禾正在结实刈获之时,恐不免又有被淹之处。著传谕梁肯堂,即饬属确切查明二十三四等日,是否同时得雨过多,于秋田有无妨碍。据实迅速覆奏,不可稍存讳饰。(《清高宗实录》)

五十六年(1791 年),大水。

五十七年(1792 年)夏,大旱,旋大水,饥。

五十九年(1794 年)夏、秋,淫雨,滦水溢,禾稼尽淹,漂没田庐无算。

【注释】

①冬十月二十四日,大雨,震雷:乾隆三十九年、光绪五年《永平府志》、光绪二十四年《滦州志》均如是记载,但不合常理,疑"十月"为"七月"之误。

②螣(tè):食叶害虫。《诗·小雅·大田》:"去其螟螣,及其蟊贼。"毛传:"食心曰螟,食叶曰螣。"

③蝝蝼:蝗的幼虫。

④秋七月二十七日夜,正北方,天光五色如霞:当是彗星陨落于此。道光十一年《蓟州志》:"乾隆三十五年庚寅秋七月二十七日夜,西北方天光五色,如霞照地,天下皆见。"光绪二十四年《滦州志》:"乾隆三十五年庚寅秋七月二十七日夜,正北天光五色,如霞照地。"

嘉庆元年(1796年)春正月初七八九日,严寒,井冻,花木多枯死。夏闰六月十三日,地震。秋,大有年。

二(1797年)年春三月二十一日,大风霾。夏四月十四日,大风,昼晦(吹坠东城女墙十余丈)。闰六月十三日戌刻,地震有声。秋,有年。

三年(1798年)春二月二十九日,大风,昼晦。冬十月二十九日亥刻,流星如织,经时乃已①。是岁,有年。

四年(1799年)夏四月初三日,日月合(壁)〔璧〕,五星联珠。五六月,地震数次。盛暑,无蝇。秋,有年。

【补录】

嘉庆四年己未夏四月己丑朔。饬臣工勿陈符瑞。谕内阁:钦天监奏:四月初一日,日月合璧、五星联珠一摺。前因上年十月二十八九夜间,众星交流如织,实为天象示警,钦天监并未奏闻。曾降旨饬谕,嗣后占星观免过,有灾异,不可讳言,偶见嘉祥,毋庸粉饰,惟当据实直陈。原以上苍垂象,无非警惕朕躬,可以随时修省也。昨钦天监于初闻雷时,循例具奏,今复以合璧联珠侈陈祥洽,则未免误会前旨,转启盈满骄肆之心,大失寅畏钦崇之意。夫日月合璧,五星联珠,皆为前代史册所载,朕亦粗知算法,其躔度运行,无难推算而得,非若景星庆云麟凤来游之可以虚词附会也。然亦会逢其适,曾何瑞之足言?朕方悯恻戒慎之不遑,尚敢侈言符应乎?若此等铺陈,侈言祥瑞,近于骄泰,实为朕所不取。其不必宣付史馆,用昭以实不以文之意。(《清仁宗实录》)

五年(1800年)春,地震。夏闰四月癸亥,又震。秋七月丁酉,大雨雹,伤稼。辛丑,地复震。

六年(1801年)夏六月十九日,滦河溢,漂没田庐无算。(是岁,直省被水者七十余州县)

九年(1804年)春,旱。六月,方雨。

十一年(1806年)夏五月初四,大雨雹,淫雨四十日,滦河溢。秋,谷穗双歧,大有年。

十二年(1807年)春三月不雨,至夏六月二十五日始雨。

十三年(1808年)春夏,大雨,滦河溢,水灌城,禾稼、庐墓淹没无算。冬,无雪。岁饥,民多流亡。

十四年(1809年)夏四月,淫雨,滦溢,伤稼,高田有秋。

十五年(1810年)冬至次年春,每夜有光如火,近之则无。

十六年(1811年)夏三月,燐火遍地,高二尺许,月余方息。秋,雨,滦溢,伤稼。岁大饥。

十七年(1812年)春正月丁酉,大雨雪如绵,长二寸许。大饥(斗米十千),广设粥厂赈之。是年,秋熟。(以上新旧志)

十八年(1813年)春,大旱。夏秋之交,粮价踊贵。滦河溢,东徙。秋,大有年。

二十年(1815年),旱。

二十一年(1816年),有年。

二十二年(1817年)夏,亢旱。秋七月庚戌始雨,岁大熟。

二十三年(1818年)夏四月八日,大风霾,黄雾四塞。二十六日,大风折木。六月,滦水溢,分流故道,淹民居,伤禾稼。秋,大霖雨。

二十四年(1819年),滦河溢。

二十五年(1820年)秋七月,大风拔木。八月二十七日,东南方星月并见,已后始没。九月十八日,大雨雪,寒甚,人畜有冻死者。

【注释】

①经时乃已:经历很长的时间才结束。

道光元年(1821年)夏四月朔,日月合璧,五星联珠。大疫,民多死,乡里至不通庆吊①。秋七月,淫雨连旬,山上起水泡②,自冲成沟。

【补录】

道光元年辛巳三月辛亥朔。谕内阁:钦天监奏:本年四月初一日,日月合璧,五星联珠。兹朕初元,复遘嘉会。敬惟事天之道,遇微则当思修省,徵祥惟益励寅恭。朕嗣统以来,兢兢业业,犹恐弗及,何敢矜言符瑞?稍启侈心。惟当夙夜孜孜,与内外臣工,共图上理,期于政通人和,薄海群生,咸登康阜,以丕扬我列祖无疆之麻,仰副我皇考付托之重,斯愿克遂。其为休应,孰有大于是者乎?此事不必宣付史馆,用示朕崇实黜浮至意。(《清宣宗实录》)

二年(1822年),大饥(疫),人死甚众。夏五月,蚼虫伤麦。秋,有年。

三年(1823年)春三月辛卯,黄气四塞,复大疫,城中死者甚众,乡村少减。夏六月,淫雨四十余日,水大溢。冬,苦寒,岁饥。

四年(1824年)夏六月,霖雨,坏民屋。秋,飞蝗压境。冬,苦寒,人多冻死。

五年(1825年)春,蟓食苗。夏秋,蝗,大旱,禾尽枯。六月壬戌,大风(自西南来)。

六年(1826年)夏五月(初)八日,蝗自抚宁西北(方)来,伤田苗殆尽。六月,淫雨,大水淹濒河田庐甚众。

七年(1827年)夏六月,大旱,风。日如火,暍死者甚众。滦河溢③。秋九月丙午,大雷雨。冬十二月庚辰,大雪。

八年(1828年)夏五月甲子,雹。秋七月乙巳,水大溢。冬十月壬子,大雪。

九年(1829年)春二戊子,大雪。夏四月甲戌,雹。五月丁未,又雹。冬十二月,雾淞,竟日不消。

十年(1830年)夏闰四月癸巳,雹,平地深二寸许。

十一年(1831年)夏四月九日夜,郡城明远楼灾。六月,无蝇。秋,雨。冬十二月朔夜,大雪,深五尺许,鸟雀冻死者无算。

十二年(1832年)春夏,旱。四月戊寅,霜,大冻,大风数日。至秋,瘟疫盛行,夭(札)[折]过半。虫食禾稼,大饥。详请出借籽(种)[粮]。冬十二月初三日,大雨④。天气骤暖,冰凌俱消。

十三年(1833年)春,大饥,人多饿莩。设粥厂赈之,民困少苏。秋,大熟。八月初三日,雨雹。初七日,又雹,晚禾伤。是年,大疫。

十四年(1834年)夏,麦有秋。七月甲子,烈风折木(沉海舟)。

十五年(1835年)春三月戊辰、己巳,大风霾。

十六年(1836年)春正月元旦,风霾。夏,旱,合境大雩,后淫雨,滦河溢,损田禾。冬,大雪,饥。

十七年(1837年)春二月甲子,大风,昼晦。秋,有年。冬,大雪。

十八年(1838年)夏六月十八日,大风雨自西南来,郡城南门迤西女墙揭去大半,城内瓦箔乱飞,车甓等物有越墙飞去数里外者。太白昼见⑤,时当未、申之际。冬十月癸未,大雪。是岁,有年。

十九年(1839年)夏,旱。六月己丑,大霖雨。秋,有年。冬十月乙丑,大雨终日⑥,冰结尺许。

二十年(1840年)春二月,大风,昼晦。丁丑,大雪。夜,白气亘西南,逾月乃没⑦(或云其北有小星,盖长星也)。夏六月,滦河溢。秋七月,又大水。冬,饥。

二十一年(1841年)春闰三月己未,夜雨成冰。

二十二年(1842年)夏,滦河溢。冬十二月,燐火遍地。

二十三年(1843年)夏五月甲子,大雾。秋七月戊寅,河水溢。

二十四年(1844年)夏六月,淫雨,伤稼,滦河溢。

二十五年(1845年)春,大旱。夏六月,淫雨连旬,屋宇倾圮无算,滦河大溢。

二十六年(1846年)春,大饥。夏四月,蚜为麦灾。六月,淫雨,窪田尽潦,高田有秋。

二十七年(1847年)春三月甲辰,雨雹。夏六月癸未,大雾。秋九月甲午,大风。

二十八年(1848年)夏六月,大雨,河溢,损稼无算。详请缓征,免徭役。秋九月己卯,雹。

二十九年(1849年)春三月癸酉,地震有声。夏六月,大雨连旬,水入城。秋七月十八日,滦河大溢,平地水深四五尺至丈余不等,郡城不没者三版。详请缓征,免差徭。

三十年(1850年)春二月丙戌,大风,寒甚,河冰复冻,厚二尺许。秋,大雨雹。冬十一月⑧丙申,雨。丁酉,大雨。

【注释】

①不通庆吊：不举行贺喜、悼念仪式。庆，庆贺、贺喜；吊，吊唁。

②水泡：泥石流，山体滑坡。

③滦河溢：光绪《永平府志》记载如是，前面说"大旱，暍死者众"，后面又说"滦河溢"，前后矛盾。"滦河溢"当记于"秋九月丙午，大雷雨"之后。

④冬十二月初三日，大雨：光绪《永平府志》如是记载，有误。光绪二十四年《滦州志》："道光十二年冬十二月初三日，大雪，深三尺许。"卢龙与滦州接壤，故为"大雪"。

⑤太白昼见：白天见到太白金星。古人认为太白金星主杀伐，不祥之兆，比喻兵戎之事。

⑥冬十月乙丑，大雨终日：此系传抄光绪五年《永平府志》记载，"大雨"，当为"大雪"之误。

⑦白气亘西南，逾月乃没：白气，白色的云气。古人以为刀兵之象。长星，古星名，类似彗星，有长形光芒。民间称为扫帚星，是不祥之兆。是年，英军进攻福建、浙江沿海，引发第一次鸦片战争。

⑧冬十一月：光绪《永平府志》记载如此，但冬季"雨""大雨"不可能发生之事，当在夏秋之季。

咸丰元年(1851年)，大疫。夏五月丙午，大风，昼晦。

二年(1852年)秋九月庚午夜，大雷雨。是岁，多疫。十一月，郡城大雨雹①，雷震屋。

三年(1853年)夏五月，大雨连旬，平地水深三尺。麦没不见。秋九月，粤匪②至天津，诏令天下普行团练。冬十一月二十四日亥刻，燐火遍野，沿村钟鼓、枪炮不绝，如有寇警者然③。

四年(1854年)夏四月壬午，大雾。五月癸亥，大雷雨，河溢。

六年(1856年)秋七月(初九日夜子刻)，滦水溢，洼地尽潦，田禾浸没殆尽。

七年(1857年)春，蝼子复生。三月二十九日，大风如晦，昼皆燃烛。府城雉堞、城隍庙旗竿为之崩折。秋七月，螟，半害谷。次年夏，螟复生，捕之无害。

八年(1858年)春三月二十九日，大风，昼晦。夏，蝗。

九年(1859年)春，大旱，至四月不雨，五月乙酉乃雨。秋，大熟。八月九日，雨雹尺许，禾稼尽伤。

十一年(1861年)秋八月朔，日月合璧，五星联珠。冬十月十一日戌时，大雨迅雷④，前此连日风雨晦冥。

【注释】

①十一月，大雨雹：光绪五年《永平府志》、光绪二十四年《滦州志》记载如是，当在夏秋之时。

②粤匪：清廷对太平军的蔑称。洪秀全，太平天国领袖，广东花县(今广州市花都区)

福源水村人。咸丰三年五月,林凤祥、李开芳、罗大纲率二万余太平军北伐,由深州下沧州,抵杨柳青,直逼天津,十月攻克静海。清廷大惊,合力围剿。咸丰五年正月,林凤祥被俘就义。

③如有寇警者然:光绪五年《永平府志》、光绪二十四年《滦州志》为“如有寇警,永(平)遵(化)皆然”。

④(冬十月)大雨迅雷:光绪五年《永平府志》、光绪二十四年《滦州志》记载如是,但不合乎情理,当发生于夏秋之时。

同治元年(1862年)春二月二十六日,大风,昼晦。秋七月十五日戌刻,星流如织。瘟疫大作,人死无算。甜瓜剖之有血,食之立病。

三年(1864年)春,大风霾,风过处草木皆有火光。

四年(1865年),瘟疫流行,人死无算。

六年(1867年)春夏不雨,六月十八日雨始足,治城北尤多雹。是岁,种荞麦颇收。秋七月,滦河溢。(案:自去年秋八月不雨,至本年六月中旬始雨,盖赤地数千里云。)

七年(1868年)夏五月十五日申刻,有流星,大如斗,自东而西,过(处)有五色云,曲曲蛇行,已而天鼓大震,声殷墙壁,逾时云气始散。秋九月十五日申刻,有火球似灯光,自东南飞坠西北,俄而天鼓大鸣,飞龙在天,多有见其鳞爪者。云气化成五色,移时①始散。

九年(1870年)春,大旱。夏五月,大雨雹,损麦禾。

十年(1871年)秋七月辛未,淫雨连旬,治城乾方圮(城墙半边),平地水深尺余,伤稼。

十一年(1872年)夏五月,风霾。六月(二十二三日),大雨,滦河溢,平地水深二三丈。

十二年(1873年)夏,滦溢。是岁,滦溢三次。

十三年(1874年)夏六月二十八日,大雨,滦河溢,洼田尽没,高田有秋。冬,无雪。狼入城,城中畜豕者多被啮,间伤小儿。十二月二十二日,地震如雷。

【注释】

①移时:一会儿。

光绪元年(1875年)春正月五日夜,地震。初九日夜,天无片云,火龙游空。夏五月不雨,至六月二十三日雨后,大旱,人多暍死。秋八九月始雨,菽稗秀而不实。秋麦多枯死。冬无雪。十月初十日夜,地震。

二年(1876年)春,大旱。秋,麦尽死,失种,饥(斗米钱六千;斗麦钱八千)。夏闰五月始雨,粮价未减。秋八月初十日,严霜,晚稼尽枯。

六年(1880年),知府陈庆之立经师义学。

八年(1882年),铭字军①十三营来县驻扎。

九年(1883年)夏六月,大水入城,城内水深丈六。

【补录】

光绪九年癸未秋七月己卯朔。丙午,谕军机大臣等。谦德奏:永平府、喜峰口二处,同被水患。查勘抚恤一摺,据称永平府于六月二十六日,大雨滂沱,冲塌营房十五间,未伤人口,情形较轻。喜峰口于六月二十五六等日,山水暴发,冲塌营房一百八十余间,淹毙男女十五名口,情形甚重。现在措款,暂为抚恤等语。喜峰口猝遭水患,兵丁荡析离居,殊堪悯恻。著李鸿章设法筹款,即由谦德查明被灾兵丁,妥为赈抚,并将坍塌营房赶紧修理,俾有栖止之所。其永平府、喜峰口民户被水情形,并著李鸿章饬属妥查,量加抚恤,毋令一夫失所。将此各谕令知之。(《清德宗实录》)

十二年(1886年)夏,大水入城,较九年为大,城西北漆河分而西。

【补录】

光绪十二年丙戌八月辛酉朔。戊辰,谕内阁:前因顺直所属被水成灾。并永平府属,河水猝发,卢龙等县亦被淹灌。览奏殊堪悯恻,著照所请。由藩库先行提银十万两,李鸿章即督饬印委各员,迅速分投查勘,设法拯救,散放急赈。其各处漫决口门,严饬派出各员,赶筹堵筑,以工代赈。钦奉慈禧端佑康颐昭豫庄诚皇太后懿旨,直隶各属被水灾民,嗷嗷待哺。著户部再将此次中秋节应进宫内款项,拨银二万两,由李鸿章派员承领,以资赈济。钦此。该督务当仰体圣慈轸念灾区有加无已之至意。督饬各属,查明被灾轻重,分别妥速散给,务使实惠均沾,毋任稍有弊混。(《清德宗实录》)

光绪十二年,直隶总督李鸿章奏:"顺直地方前因伏雨过多,边外及邻省诸水汇注,盛潦横溢,……经饬印委分别查勘堵疏,业于七月初八日专折奏明。此后若再连雨,不堪设想。……乃入秋淫霖不止,七月十六及二十二日又接连大雨数昼夜,上游西北边外山水及西南邻诸水、山东黄河皆奔腾汇注,势犹汹涌。又查永平府属向有滦河、青龙河发源于热河一带,由迁安入边,经卢龙、昌黎、滦州、乐亭归海,光绪九年被水一次。昨据永平府及卢龙县禀报,七月十六日以后,连朝大雨,节次狂涨,势若排山,滦、青两河容纳不下。二十一日,该城猝被灌淹,洼地顿深数尺及丈余。虽二十二三等日即行消退,但来势过猛,庙宇、屋舍、民房冲塌甚多。沿河水到之处,百物几致荡然,情形甚重。滦州十八日水已入城,次日即退。二十一日又被漫入数尺,较卢龙稍轻,其沿河各村受害情形,与卢龙略同。当经该府州县官绅各船扎筏并带干粮分投济渡,救出灾民不少,亦有先期迁避者,仍不免损伤人口。……其迁安、昌黎、乐亭、抚宁各县处处阻水,东道不通,尚未报到。据老民声称,今年水势之大,为向来所罕有。灾区既广,民困益深,臣等赡灾乏术,莫名悚惧。"(《光绪朝东华录》)

十三年(1887年),知府福谦修城门水闸五。是年,仍大水。

十五年(1889年),河水溢,伤稼。

二十年(1894年),淫雨,伤稼。岁饥。

【补录】

光绪二十年甲午八月乙巳朔。乙丑,又谕:御史陈其璋奏:永平府属夏水成灾,请旨饬查一摺。据称本年五月二十日,至六月十八日山洪陡涨。承德府属之热河滦河一带,狂溜下趋永平府属迁安、昌黎、滦州、乐亭、卢龙等州县,田庐多被漂没,并有淹毙人口情事。该府县意存隐讳,置若罔闻。著李鸿章迅速派员,确切查明,据实具奏。一面筹款先行赈抚,毋任一夫失所,是为至要。将此谕令知之。(《清德宗实录》)

二十一年(1895年),民多饥殍,设粥厂于城内,就食者众。是岁,有秋。

【补录】

光绪二十一年乙未二月癸卯朔。己巳,御史李念兹奏:永平、遵化两处十属州县,去年被水甚重。访查该处近来情形,一村之中举火者不过数家,有并一家而无之者,转徙流离,懦弱者阘入人家就食,凶悍者结伙成群,专抢囤积。名曰分粮,窃恐啸聚日众,逃勇溃卒溷迹其间,致滋事端。请饬长芦运司筹借银两,办理平粜等语。览该御史所奏该处灾情甚重,殊深轸念。著王文韶酌度情形,应如何筹款解济,分别赈粜,以恤灾黎而弭隐患。即行迅速办理,原摺著钞给阅看,将此谕令知之。(《清德宗实录》)

二十四年(1898年),甘军[2]何统带率军六营驻县。

二十五年(1899年),甘军去。

二十六年(1900年),拳匪肇祸,民教相残。洋兵入城,焚烧泄忿,经抚恤乃已。(城西迷谷庄人张鸿[3],自言有仙附体,授以义和拳术,能扶清灭洋,并诡言能施药治病。乡愚惑之,群相附和,不期而会者不下数百人。立坛于洞山寺,群呼为大师兄。又城内陶洛五,绰号陶木人,亦率城内无知之民众,在钟楼上立坛,人以二师兄呼之。六月初一日,张、陶会于城隍庙,谣称教民赵品一,撒猪鬃箭,撒纸人马,因约期剿教堂,杀教民,造成枉法误国之祸。缘因清祚将斩妖孽,遂兴朝政,既非谗佞用事,以最信任之端王,竟蛊惑慈禧太后,颁发上谕,内有近畿及山东等省义兵同日不约而集者,何止数十万人,下至五尺童子亦能执干戈,以卫社稷等语。蚩蚩何知,乌得不为蠢动,卒酿成联军入都,两宫西狩,赔款议和,国几不国。噫!天实为之,谓之何哉?卢龙虽有杀戮教民之举,幸未害及洋人。陶木人未能保全,首领张鸿则莫知所终。八月十四日,俄兵进城,焚匪巢,炮轰东城门楼,声闻数百里。十八日,俄兵出城。二十五日,日、法兵进城。二十八日,俄兵又去后,此则法、意、日亦藉口保护侨民,更相换防,二十七年始回国。方洋兵之初来也,迫我地方官布告,焚烧洞山、迷谷庄、钟楼、城隍庙与四各庄之匪巢等处,未果。是冬,以城内新坡及火星庙之戏楼公地,外加牛痘局,本银八百两,抚恤天主堂之高神父。又以东门外附近山坡一段抚恤耶稣教堂。告一结束,民教由此复相安矣!)

【补录】

光绪二十六年庚子九月己巳朔。壬午,又谕:电寄李鸿章:电悉。永平府知府重焕,被俄兵执往旅顺。究因何事?并着向俄使催问,速令释回为要。十一月己巳朔。丁亥,又谕：李鸿章奏，特参纵匪酿衅文武各官一摺。永平府知府重煦，着即行革职。建昌营都司锡光、巡城把总贾桂一，着一并革职，发往军台充当苦差，以示惩儆。（《清德宗实录》）

直隶总督李鸿章电报 光绪二十六年九月十一日

据卢龙县禀，俄兵突入永平，将知府重煦执赴旅顺，各等情。鸿闻廷藩司于五月间纵容义和拳焚杀洋医及杀教民数十命，最为外人所恨。经向各使解释，未破其疑，候事定再陈奏。该藩司应否开缺简放，请旨遵行。至永平府重煦被执，已行文俄使询问何故，俟覆到酌办。永城俄兵已退，现委卢龙县兼护府印，请代奏。鸿章。十一（日）（《义和团档案史料》）

二十七年（1901年）二月，票匪入境绑掠。

【补录】

光绪二十七年辛丑十二月癸巳朔。乙卯，以保教甚力，复已革直隶永平府知府重煦职，仍留原省补用。

光绪二十七年辛丑八月甲午朔。乙未，谕内阁：人才为庶政之本。作育人才，端在修明学术。三代以来，学校之隆，皆以德行道艺为重。故其时体用兼备，贤才众多。近日士子，或空疏无用，或浮薄寡实。今欲痛除此弊，自非敬教劝学，无由感发兴起。除京师已设大学堂，应行切实整顿外，着将各省所有书院，于省城均改设大学堂。各府厅直隶州，均设中学堂。各州县，均设小学堂，并多设蒙养学堂。其教法当以《四书》《五经》、纲常大义为主，以历代史鉴，及中外政治艺学为辅，务使心术端正，文行交修，博通时务，讲求实用。庶几植基立本，成德达材，方副朕图治作人之至意。着该督抚学政，切实通筹，认真举办。所有慎延师长，妥定教规。及学生卒业，应如何选举鼓励。一切详细章程，着政务处咨行各省，悉心酌议，会同礼部覆核具奏。将此通谕知之。（《清德宗实录》）

二十八年（1902年），票匪复入境。是年，知府管廷献改敬胜书院为校士馆，旋奉令改为第四中学，城内义学改为官立初等小学堂。又老淮军第三营营长吴建功换防。

三十年（1904年），常备军④第二镇第三协六营驻境，以张怀芝⑤统领之。

三十四年（1908年），鼠疫大作。自治传习第二班。

宣统元年（1909年）正月，大雪，鼠疫复起。成立教育会。

三年（1911年），常备军秋操⑥后开去。成立自治预备会。

【注释】

①铭字军：1854年由刘铭传在合肥西乡大潜山所办的团练，1862年被李鸿章收入淮军，编为铭字营。1880年4月，铭军调往直隶天津一带驻防。1894年11月，大连湾失守，铭军副将潘万才马队2营进驻山海关、秦皇岛一带，扩充为4营。同年12月，命临元镇总兵姜桂题接统铭军。是年，潘万才4营和铭武军8营皆被裁撤。

②甘军：晚清时期甘肃的一支地方部队，其首领董福祥被陕甘总督左宗棠招安，将其所部收编为甘军，参与收复新疆之战。光绪二十三年（1897年），德国侵占胶州湾时，提

督董福祥率甘军入卫京师。光绪二十四年七月,调往京郊长辛店。戊戌政变后,任武卫军统领。

③张鸿(1880~1961):滦县油榨镇迷谷村(原属卢龙县)人。光绪二十五年(1899年),张鸿去天津采购药材时,得到一本义和团的宣传材料《天大待此》,书中阐述义和团宗旨、练武方法,以及符咒护身等。回乡后,张鸿谎称在夷齐庙得此天书,与本村张贺信等七人聚义结拜,发展义和团团员。光绪二十六年(1900年)正月,张鸿在迷谷村北高搭席棚,设立义和团神坛,自称大师兄。一个多月发展到数千人。后来,张鸿将神坛移到首阳山南洞山寺院内,正式称为"直隶关西津东洞山寺义和神团",同时竖起"扶清灭洋"大旗。慈禧太后赐黄马褂一件。当年五月初五端午节(公历6月1日),民团会于洞山寺神坛,永平府知府重煦应邀参加。张鸿身着黄马褂,登坛传道。六月初一日(6月27日),张鸿率团民到永平府城内城隍庙与二师兄淘洛五会合,拆除外国教堂,驱逐传教士,杀死有民愤的教民赵品一。中旬,张鸿回到洞山寺,率团民赶跑了依附洋教势力的何庄士绅何明照,杀死高各庄教民杨国珍等人。张鸿将其舅父、耶稣教徒何士林处死于何庄村东玉皇庙门前。八月,调集卢龙、迁安、滦州等处团民约五千人,在洞山寺神坛誓师,袭击驻扎在偏凉汀火车站的八国联军。双方激战于横山脚下,义和团伤亡惨重。张鸿带领残部一直退到迁安县白羊峪、大庄一带,又被迁安知县李大麻围剿,三百余团民全部牺牲,张鸿与亲兵张贺信突出重围,潜逃至青龙山区。后去东北,改名张宏,靠行医和做瓦工谋生,直至1918年才辗转回乡,家居8年后又去东北,1947年返乡。据1994年版《卢龙县志》载,四各庄陶洛武发动数千人于县城钟楼立坛。八月十四日,俄兵入城,陶洛武英勇就义,官府赔银34600两。

④常备军:清光绪二十一年(1895年)中日甲午战争后,清政府派长芦盐运使在天津小站训练新军。不久派直隶总督兼北洋大臣袁世凯统率训练,大加扩充,称北洋常备军。1904年8月,成立北洋军第一镇、第二镇。每镇12000多人。第一镇驻永平府迁安县,第二镇驻天津马厂。

⑤张怀芝:字子志,山东东阿县人。1903年任北洋常备军左镇步一协协统。1912年1月兼帮办山东防务大臣,1919年1月任参谋总长,1922年1月授陆军上将。1924年第二次直奉战争期间,任北洋政府参谋总长兼前敌总执法处处长。

⑥常备军秋操:又称永平秋操。宣统三年八月二十六日(1911年10月17日)至二十九日,清廷在永平府集结六万多兵力,计划在滦州以西的柏树庄到拐子山以北地区举行"永平秋操"。参加秋操的部队分为东、西两军。东军是汉人为主的"新式陆军",总指挥是军咨使冯国璋,副总指挥分别为陆军第六镇统制吴禄贞、陆军第二十镇统制张绍曾。西军是满人为主的"皇廷禁卫军",总指挥是陆军部正参议舒清阿,副总指挥分别为副军咨使哈汉章、军咨官田献章。秋操开始时,西军自北京向东北方向前进,进驻丰润至开平一线。东军自天津开拔,进驻山海关至滦州一线。参加演习的第六镇统制吴禄贞、第二

十镇统制张绍曾和第二混成协统领蓝天蔚三人密决于开操之时,以实弹攻击西军,扫清禁卫军后整军入京,直取首都。1911 年 10 月 10 日武昌起义爆发后,清廷急令永平秋操停止,并调集各部南下武汉,镇压起义。西路军陆续回京,东路军倡兴革命之举亦被清政府得知。二十镇第七十九标一营管带王金铭、七十九标二营管带施从云、第八十三标三营管带冯玉祥等极力敦促张绍曾即刻举兵,响应南方革命。张绍曾在滦州扣留支援南方的军火,共截获枪 5000 支,子弹 500 万发,于 12 月 29 日电奏清廷,实行兵谏,提出"废除内阁,速开国会",史称滦州兵谏、滦州起义。

民国

元年(1912 年),裁卢龙县,留永平府。

二年(1913 年),裁永平府,改永平县。立议、参两会。(卢龙缺,不及三等。看旧日府治面上,改为二等县。现在地方多故,摊款频仍,二等县之负担遂成为附骨之疽矣。)

三年(1914 年),改永平县为卢龙县。劝学所[1]复立。

四年(1915 年),验民间契纸。七月,蝗。(无论契纸已税、未税,均须呈验注册,嗣后遂成定例,不能剔除。)

五年(1916 年),袁总统[2]改年号为"洪宪"。本县成立师范讲习所。至八年停办。

六年(1917 年)夏,大水。

八年(1919 年),蝗入境。

九年(1920 年),大旱。

十年(1921 年),民工自修北门外道坡及东门内坡。

十一年(1922 年)夏,奉军入关,助曹攻段[3],战于长辛店。以卢龙为第二防线,号房拉夫剜壕,百姓流离失所。嗣奉军退败,自西徂东,渡滦河,焚桥梁。于是陆军第十五师二十九旅五十七八两团驻卢,据为重要防区。

十三年(1924 年)秋九月,驻卢军队开往山海关、九门一带,是为奉直大战。因冯军[4]倒戈,直军退散,东北陆军十二旅四十六团[5]来卢驻扎。

十四年(1925 年)秋,奉方遣郭松龄[6]入关观兵,倒戈反奉。有国民军[7]第九师工兵一连开到。阴历岁杪,戒严。

【注释】

①劝学所:1905 年 8 月,直隶学务处督办严修在直隶省创办,县一级特设劝学所,以劝办小学,在全省范围内按户普及初等教育。清政府设立学部后,严修被任命为右侍郎。1906 年 5 月,学部出台《劝学所章程》,在各省推行劝学所制度,要求各厅、州、县应各于本地择地特设公所一处,名曰某处劝学所。1922 年改称教育局。

②袁总统:袁世凯,河南项城人。历任直隶按察使、工部右侍郎,升山东巡抚,1901 年 11 月署理直隶总督兼北洋大臣。1911 年 11 月任内阁总理大臣。1912 年 2 月,逼迫清帝

溥仪退位,就任中华民国临时大总统,3月就任大总统。1915年12月,称帝,将1916年改称洪宪元年。在全国一片声讨声中,于1916年3月取消帝制,6月去世。

③助曹攻段:帮助曹锟进攻段祺瑞。此说不妥。1922年4月,张作霖率奉军开入山海关内,在长辛店、琉璃河等地与吴佩孚直军开战,5月奉军败退出关。曹锟,生于天津大沽口,直系军阀首领。1907年任北洋军第三镇统制。1912年3月,任陆军第三师师长。1916年9月任直隶督军,1923年10月贿选为大总统。段祺瑞,安徽合肥人,皖系军阀首领。1904年6月任北洋军第三镇统制。1905年5月,任北洋军第四镇统制。1909年12月任陆军第六镇统制。1913年代理国务总理。1912年2月袁世凯就任临时大总统后,段祺瑞任陆军总长。1916～1918年三度任国务总理。1924～1926年间任中华民国临时执政。

④冯军:冯玉祥的军队。冯玉祥,直隶青县人。1914年7月任陆军第七师第十四旅旅长,9月任混成第十六旅旅长。1921年8月任第十一师师长、陕西督军。1924年9月,张作霖率奉军分三路向山海关、赤峰、承德方向进攻,直隶讨逆军总司令吴佩孚迎战,在山海关和抚宁境内激战,双方展开激烈争夺。10月19日,直军第3军司令冯玉祥率部从古北口回师北京,发动北京政变,推翻曹锟政权,逼迫废帝溥仪出宫。

⑤东北陆军十二旅四十六团:团长富双英。

⑥郭松龄:字茂宸,辽宁沈阳人。1916年中国陆军大学毕业后任北京讲武堂教官。1919年2月,任东北讲武堂战术教官。1920年,经张学良推荐,郭松龄任卫队旅参谋长兼第二团团长。1921年5月,升任陆军混成第八旅旅长,与张学良的第三旅合署办公。1924年秋,在第二次直奉战争中,张学良任第三军军长,郭松龄任副军长。郭松龄率第三军主力增援九门口,激战石门寨,出击秦皇岛,所向披靡。张作霖任命张学良为京榆驻军司令部司令,郭松龄任副司令。1925年10月,郭松龄到日本考察军事时,听说张作霖准备与冯玉祥的国民军开战。郭松龄联络冯玉祥、李景林共同反奉。同年11月22日,郭松龄在滦州宣布起兵反奉,将所部改称东北国民军。11月26日,占领秦皇岛,28日,击溃张作相部,攻占山海关。12月7日,郭军占领锦州,奉军全部退却到辽河东岸据守。在攻打新民县巨流河时,遭到日本关东军的阻挠干涉,郭军遭遇惨败。12月25日郭松龄被俘枪杀。

⑦国民军:1924年10月,在第二次直奉战争中,正当作战双方在长城线东端的山海关、九门口一带鏖战白热化的时候,部署于古北口方面的直系将领冯玉祥突然率领部队回到北京,联合直军第二路司令胡景翼、北京卫戍副总司令孙岳,实行倒戈,发动政变,囚禁总统曹锟,驱逐清朝逊帝溥仪出故宫,将所属部队改编为国民军,冯玉祥任总司令兼第一军军长,胡景翼任副总司令兼第二军军长,孙岳任副总司令兼第三军军长。1925年底,国民军参加吴佩孚和孙传芳联合发动的反奉战争。奉系将领郭松龄在滦州倒戈,将所部改称东北国民军。12月25日郭松龄兵败被杀,张作霖挥师南下入关,挺进京津。1926年1月,直、奉联合,攻击国民军,冯玉祥宣布下野,去苏联考察。3月奉军占领天津。

1926年4月9日国民军驱逐段祺瑞。随后国民军又被直、奉联合击败，撤出北京。

十五年（1926年）二月，奉军长高维岳①进据抚宁双望镇②。十四日，开始攻卢龙城南面，占麻山，东面据驴槽庄，北据五里台、夹河滩，枪林弹雨，炮火横飞，白骨遍野，碧血流腥，老稚流离，房屋倾倒。二月二十四日，国民军乘微雨潜退，于滦河西岸焚毁桥梁。奉军入城，拉夫扎筏，备渡形势严重。国民军据枣山，觑奉军半渡，大施射击，死伤无算，河水为红。迨奉军尽渡，而国民军已西去。是役也，奉军放炮弹四千余发，耗枪弹子粒无算，剧烈之状概可想见。国民军以少数军队相持多日，竟得从容退去。惟百姓遭此战祸，与搜翻之损失，为空前所未有。

十六年（1927年）夏，口外匪炽，号称千余人。刘家口民团布防设岗，昼夜设备，得无恙。秋八月十二日，匪犯桃林口，保卫团所长带团击伤匪首朱玉璞（原名朱宝珍），毙匪首海金龙（原名宋魁元）。东北第六补充团助剿营长被掳一名，县警团吴宗福等死八名，远近震骇。匪首大青（原名王青），十二日由梧桐峪闯入，过燕河营，烧西吴庄，由榆林甸绑掳人票多名，向西北窜。刘家营民团设备严密，并击落毛驴数头，匪于十五日出迁安河流口。二十一日，第四五补充团出白羊峪口。二十三日，第六补充团出河流口。又第二团、第四十团亦次第出口，相机剿捕。十月奉令调回，余孽仍在。县长赵全璧请恤阵亡团警，并开追悼会，为文以慰之。

维中华民国十六年十月十四日，卢龙县知事赵（全璧）率同所属各机关法团暨绅商士庶等，对于剿匪阵亡团警吴宗福等八人设奠，为文以祭之曰：

知事去秋莅任斯邑，抚兹幅员方六七十（里）。东北多山，西南多水。四野桑麻，试问有几？嗟我士民，生不逢辰。频遭战役，祸变相循。兵燹之余，疮痍满目。转徙流离，元气未复。创巨痛深，未堪多难。胡天不吊，加以匪患。时维畴昔，幛起青纱。乘隙作乱，贼胆有加。犯桃林口，窥刘家营。入梧桐峪，势极狰狞。杀人越货，大肆焚烧。架票勒赎，决不宽饶。祸及燕河，迤逦而西。野天露宿，男号女啼。闻耗之下，大为震惊。饬警与团，益以请兵。风驰电掣，前往痛剿。杀机骤起，鼙鼓声高。匪势既众，遂敢相持。枪林弹雨，双方对峙。人亦有言，兵凶战危。炮火无情，孰克全归。牺牲一切，决斗疆场。伤之重者，折骨出肠。痛我福等，忠于公事。为之捐生，肝脑涂地。既经训练，谋岂不臧？恨深彼匪，实属披狂。警团尽职，贼胆遂寒。相顾引遁，不敢流连。况有陆军，追奔逐北。驱诸口外，半归颠踣。惟彼丑类，出没无常。此窜彼至，暗伏潜藏。莩苻未靖，殊深隐忧。愿我袍泽，敌忾同仇。痛定思痛，耿耿于中。每念斯役，福等有功。矧我福等，各有室家。生离死别，何胜咨嗟。忘其孤苦，奚慰生存。任其泯没，奚慰幽魂。谨请军部，恩加抚恤。知事于心，终觉未毕。爰率所属，定期追悼。清酒祭之，为文以告。噫嘻，人之云亡，予实怅惘。福等有知，其各来飨。

十七年（1928年），迁安唐县长③聘我保卫团所长张孔修出口剿匪三阅月，而匪势息。东北军回奉，嗣有炮兵军长邹作华、第十军军长王树常、三十一军军长于芷山、十一军军长富双英次第带同全军,驻卢龙城西沿河一带,并城东北五里台、三范庄、汤池王庄等武装络绎;滦西驻有革命军三师。秋八月,解决直鲁军,山南战祸不减十五年之烈,而国民革命军战事结束。党政府设临时县政府于石崖村,设党部登记处于油榨镇。斯时滦东西两县分治,行政方面诸多未便。是冬,河北省政府拨洋六千元赈济县境灾荒。

十八年(1929年)三月十五日,河西县政府入城,党部登记处亦随同迁入,取消议参两会,设建设、财务两局。全县政治取决于县政会议。后有东北军第二十七旅④全部来驻城内,分驻河西各村。本年,水、旱、蝗均为灾,缓征民间田赋。东北四省慈善团体施玉黍四百包,省府拨赈款三千元,又有华洋义赈会助款二万元,购小米一千二百余石,暨各机关私人团体劝募自捐之款,前后由县立赈灾会,分赈贫民。

十九年(1930年)一月,匪首白春祥⑤(系于收降后,充抚宁双山子游击队队长)叛变于钟响沟,卢龙民团会剿,匪势稍杀。三月,匪首白春祥被其党穿山虎⑥(原名单田)暗杀,而著名惯匪白龙⑦(即任福庆)与穿山虎结合,匪势大振,扰乱口外,蔓延迁、抚各区,啸聚二千余众,明目张胆,专与民团相仇雠。民团迭次出剿,因众寡不敌,子弹不济,未能捕灭。四月,党部登记处停止工作。六月,大水。九月,驻境第二十七旅开赴石家庄,东北陆军第三旅第六十四团开来驻防。冬十月,旅长何柱国⑧派第四十六团石团长世安⑨、第六十四团李团长树藩⑩,协同卢、迁、抚三县保卫团,大举包剿。又热河第八十三团邵团长⑪亦奉令夹击,卢龙刘县长鹤汀、抚宁张县长仁侃⑫均往双山子督率团警,以鼓士气。何旅长复亲至台头营,指挥出发之陆军、民团,剿击月余,转战数次,攀登(丛)[崇]山峻岭数百里,以在憋死牛及牛犄角峪两地战事为烈,毙匪数百人,生擒百数十名,毙巨匪于祉元⑬、忠心、滚地雷、大青山等多名,老耗子⑭、银山、白龙等无下落,匪患平。何旅长以临、抚、迁、卢边境向系盗匪渊薮,为彻底澄清计,商准河北省府(画)[划]迁、抚各区设治于都山⑮,从事清乡、建设诸端。九月,(画)[划]全县为六自治区,设六区公所,常年经费系随银带征,一如带征警款之数。于是民间田赋每银一两负担银四元六角,又加征军事特捐二元。是冬,省府拨给卢龙赈款一千元,分放六区极贫民户。

二十年(1931年)一月,匪患肃清,军团凯旋。三月,刘县长开会,追悼阵亡团警,复开肃清匪庆祝大会。四月,对于民团赏给有加。六月,东城豁口修补完整。七月,驻境陆军开往天津,省党部委员许惠⑰于审查卢龙党员资格后,旋成立分部,开始工作。

【注释】

①高维岳:字子钦,辽宁锦县(今凌海市石山镇)人。东北讲武堂毕业。1912年入东北陆军讲武堂步兵科学习,毕业后任军官军士团教育长,后任奉军二十七师参谋长。1924年已被提升为东北军19旅少将旅长。1925年夏,任东北军任第七师师长。1926年任安国军第三、四方面军团第九军军长,同年8月任察哈尔特别区都统。1927年6月,被

授予岳威上将军。

②双望镇:当时属抚宁、卢龙两县共管。据光绪三年《抚宁县志》记载,茶棚堡所属之韩官营、苗官营、双望东关。后皆划属卢龙县管辖。

③唐县长:唐玉书,字宝森,四川三台县人。清末优贡,一等钦用知县。历任三河、宛平、昌平、顺义、延庆县县长。民国十七年任迁安县县长。后任北平宪兵司令部秘书、北京师范大学文学系讲师、北京市文史馆馆员。

④东北军第二十七旅:1928年11月,原于学忠的第二十军改编为东北陆军步兵第二十七旅,旅长刘乃昌。先驻山海关,后移昌黎。下属三个团:第二十七团(团长杜继武)、第四十八团(团长张庆余)、第六十七团(团长赵荣枝)。(《辽宁省志·军事志》)。

⑤白春祥:籍贯不详。1928年聚众为匪,约40余人。1930年被收降。不久又叛为匪,被穿山虎杀死。

⑥穿山虎:1997年胡广利主编《青龙满族自治县志》作"窜山虎"。本名单田,1895年出生于青龙县娄子石乡齐集口村人,因带匪夜行都山百余里而得名"穿山虎"。1930年在隔河头被击毙。

⑦白龙:《青龙满族自治县志》《青龙文史资料》作"小白龙",本名任福庆,1895年出生于青龙县朱丈子乡老李洞村,身体强壮,枪法出众,远近闻名。抗战时期曾被收编,后又为匪。在宽城县崖门子战斗中被击毙。另1934年10月11日《世界日报》报道:"抚宁:津东著匪小白龙落网":匪首小白龙在抚宁县某村匿藏,被河北保安第二总队长周毓英探悉,将其抓捕归案。

⑧何柱国:广西容县人。1928年11月任东北陆军第三旅中将旅长。1930年10月,旅长何柱国率石世安第四十六团、李树藩第六十四团到青龙境内大举剿匪,在憋死牛和牛犄角峪两地毙匪数百人,生擒百数十人,击毙匪首于祉元、忠正、滚地雷、大青山等多人。为防御口外匪患,何柱国向河北省政府建议,在长城口外设治。1931年2月13日,经南京政府批准,在双山子镇设立都山设治局。将迁安县长城外五个区和抚宁县长城外第八区划属都山设治局(1933年3月5日,日军飞机轰炸双山子,设治局解体。同年8月11日,日伪成立青龙县,属伪满洲国热河省管辖)。1931年1月,第三旅改为第九旅,仍任中将旅长。1932年7月兼任临(榆)永(平)警备司令。1933年1月,率领第九旅第六百二十六团在山海关与日军激战。1933年2月升第五十七军军长,参加长城抗战。

⑨石团长世安:石世安,字蕴珊,辽宁黑山县人。1923年10月东北讲武堂骑兵科第四期毕业。1928年11月任何柱国第三旅第46团团长,驻辽宁北票。1930年9月,随旅长何柱国驻防在山海关。1931年5月东北军改编,任独立第九旅第六百二十六团团长。1933年1月1日晚,日军进攻山海关城,石世安率部抵抗,300多名官兵阵亡,战斗至1月3日下午3时,由于伤亡过重,被迫撤出山海关。1935年10月,奉命随国民党第一百零九

师牛元峰师长围剿陕北红军,11月24日在陕西富县直罗镇与红十五军团作战中,牛元峰和石世安等被击毙。

⑩李团长树藩:李树藩,籍贯不详。1928年11月任东北军第三旅(旅长何柱国)第六十四团团长,驻义县。1929年8月,移驻朝阳县西大平房子、木头城子等地。1931年5月,改编后任独立第9旅第六百二十七团团长。1931年秋,移防唐山。1933年春,调防秦皇岛,参加长城抗战。

⑪邵团长:邵本良(1888~1938),吉林省海龙县久长村人。土匪出身,大本营设在柳河县孤山子。时任热河督军、第五十五军军长汤玉麟所属第三十八旅(旅长董福亭)第八十三团团长。1928年5月,被授予陆军少将军衔。1933年2月日军攻占热河时叛变投政。1936年春由团长升任伪东边道讨伐司令官、少将旅长,充当铁杆汉奸。1937年秋,与抗联杨靖宇所部作战中负伤。1938年1月,病死于奉天"小西关"日本红十字病院。

⑫张县长仁侃:张仁侃(1885~1945),字陶卿,号礼园,河北南皮县人。清两江总督、军机大臣、大学士张之洞第九子。一品荫生。湖北高等方言学堂毕业,历任刑部、邮传部员外郎特赏郎中,交通部佥事,河北省完县、肥乡县县长。1930年5月任抚宁县县长。1931年5月调任新河县县长。1933年,因徇私枉法,被弹劾去职。

⑬于祉元:绰号草上飞。籍贯不详。匪众70多人,1929年组成土匪武装。1930年9月,旅长何柱国率第46团、第64团到青龙县后牛山大洞北沟岭下剿匪,打死匪徒100余人,俘虏50余人,匪首大青山(本名王青)、滚地雷(原名张福贵)、于祉元、忠心(一名忠正)被击毙。(《青龙满族自治县志》《青龙文史资料》)。

⑭老耗子:张魁元(1907.5~1933.11),一作张奎元,河北省任邱县人。1919年春,流浪到凌源县(今为市)城,加入热河十二军,因当过号兵,到处打家劫舍,人送绰号"老耗子"。1925年夏,落草为寇。1933年初,任东北国民救国军独立师司令。2月独立师在凌源县沟门子正式成立,张魁元任师长。9月,率众从临榆县义院口入境,与秦皇岛土匪郭亚洲等同流合污,组建所谓的"东亚同盟军",在石门寨、柳江、秦皇岛、海阳一带抢劫。9月23日攻入抚宁县城,大肆抢劫,给抚宁人民造成经济损失折合银元二十多万元。11月5日,在河北保安队的打击下,逃出抚宁城。13日在逃经建昌县猫岭时被当地民团击毙。

⑯设治于都山:都山设治局,1930年12月设置(1931年2月13日正式批准),由迁安、抚宁两县所属长城以北地区析置,局所驻双山子,下辖六个区:一区驻双山子,二区驻马圈子,三区驻土门子,四区驻大杖子,五区驻汤道河,六区驻峪耳崖。1933年8月11日,日伪建立青龙县,驻大杖子。下辖9区:一区大杖子,二区马圈子,三区土门子,四区双山子,五区汤道河,六区峪耳崖,七区凉水河,八区烧锅店,九区龙王庙。

⑰许惠:当为"许惠东"(1900~1954),河北省武清县(今天津市武清区)人。早年毕

业于北京大学。1925 年加入国民党,历任国民党武清县党部指导委员(书记长)、河北省党部民运科科长、国民党中央执行委员。1935 年任华北抗日协会副主任,1939 年初任河北抗日游击司令部战地处处长。1940 年,任平津两市党务特派员。1942 年冬,任第三十九集团军总参议兼洛阳办事处处长。1944 年夏,任北平市党务特派员、政治特派员、军事特派员。1945 年 10 月,任国民党北平市党部主任委员。1947 年冬,被选为国民党北平市国大代表。1948 年任北平市参议会议长、华北人民和平促进会会长。

卢龙县志卷二十四

故　事

轶　闻

《唐书·李白传》：裴旻①尝与幽州都督孙佺北伐，为奚②所围。旻舞刀立马上，矢四集，皆迎刃而断。奚大惊，引去。后以龙章军使守北平。北平多虎，旻善射，一日得虎三十一。休山下，有父老曰："此彪③也。稍北有真虎，使将军遇之，且败。"旻不信，怒骂趋之。有虎出丛薄中，小而猛，据地大吼。旻马辟易④，去，弓矢皆坠，自是不复射。

颜真卿《赠裴将军旻》诗云：大（军）[君]制六合，猛将清九垓。战马若龙虎，腾陵何壮哉。将军临八荒，烜赫耀英材。（舞剑）[剑舞]若游电，随风萦且回。登高望天山，白云正崔嵬。入阵破骄（胡）[虏]，威名雄震雷。一射百马倒，再射万夫开。匈奴不敢敌，相呼归去来。功成报天子，可以画麟台。

【注释】

①裴旻：唐开元年间人，剑术精湛，以善剑著名，镇守北平郡。曾参与对奚、契丹、吐蕃的作战，人称"剑圣"。官至左金吾大将军。唐文宗诏以李白歌诗、裴旻剑舞、张旭草书为"三绝"。唐张鷟撰《朝野佥载》："裴旻为幽州都督，孙佺北征，被奚贼围之。旻马上立走，轮刀雷发，箭若星流，应刀而断。贼不敢取，蓬飞而去。"

②奚：奚族人。本名库莫奚，中国北方古民族，主要分布于内蒙古西拉木伦河南、老哈河流域。唐贞观二十二年（648年）内附。辽初被契丹人征服。

③彪：幼虎。

④辟易（bì yì）：退避、躲避。

【补录】

裴旻为龙华军使，守北平。北平多虎，旻善射，尝一日毙虎三十有一，既而于山下四顾自矜。有父老至曰："此皆彪也，似虎而非。将军若遇真虎，无能为也。"旻曰："真虎安在？"老父曰："自此而北三十里，往往有之。"旻跃马而往，次丛薄中。果有一虎腾出，状小

而势猛,据地一吼,山石震裂。旻马辟易,弓矢皆坠,殆不得免。自此惭惧,不复射虎。(唐李肇撰《唐国史补·裴旻遇真虎》)

明郭建初《碣石丛谈》:旧志:燕出长人,东北古为多矣。如慕容皝①七尺②八寸,垂③七尺四寸,德④八尺二寸。时逢陵长王鸾⑤长九尺,腰带十围,贯甲跨马,不(据鞍)由磴。德见而奇之,赐食,立尽一斛。元魏南明太守慕容叱身长一丈,腰围九尺。辽卢龙节度使卢文进于无定河见人脑骨一条,大如柱,长可七尺。又大汉将军三屯营马玉⑥,侍卫三朝,语在母《节妇徐氏传》。时有与同选口西人尤长尺余,腹余十围,重五六百斤,为天下第一。凡选侍卫,必两相配,是独以无对,不用来访。玉家为具餐十人至二十,不得其一饱。城中或十户二十户合为具,不能供五日。语总府,留之,以饷之难而去。至冬,无能施之衣而冻馁,死于燕南矣。是后大将军有江南客,不满三尺,侈宠异常。时屯城台有僧,躯如之,客以类已善视焉。未尝失温饱,乃追怜巨人之莩死而不如侏儒易为生也。嗟!夫无论天下,但燕前如安禄山,其重三百五十斤,至为伪帝;孟业千斤而为幽州督,是人徒食粟必才无可用。傥有与对者则不论才否。玉为锦衣百户,而彼且指挥之矣。故历举燕长人种,姑以慕容家告之。若契丹阿保机,其靴可纳城台僧没顶。至为伪天帝,传国二百余载。长人富贵者,世岂少乎哉?是人至饿死,非长之罪也。

【注释】

①慕容皝:前燕文明帝,字元真,昌黎棘城(今辽宁义县)人,鲜卑族,西晋辽东公慕容廆第三子,十六国时期前燕的建立者。建武初年拜冠军将军、左贤王、封望平侯。太宁末年,拜平北将军,封朝鲜公。咸和八年(333年),慕容廆去世,慕容皝嗣辽东郡公,以平北将军行平州刺史,督摄部内,统治辽东。咸康三年(337年)十月,慕容皝自称燕王,建前燕。咸康七年(341年),被东晋任命为使持节、大将军、都督河北诸军事、幽州牧、大单于,封燕王。咸康八年,迁都龙城(今辽宁朝阳)。永和四年九月去世,时年52岁。

②尺:东晋、十六国时期,一尺为今24.5厘米。慕容皝身高七尺八寸,为1.91米。

③垂:慕容垂,字道明,鲜卑名阿六敦,十六国后燕开国君主。慕容皝第五子。元玺三年(354年),封为吴王。建熙六年(365年),任征南大将军、荆州牧等职。建元二十年(384年),起兵反秦,称燕王,史称后燕,次年称帝。慕容垂身高七尺四寸,为1.81米。

④德:慕容德,字玄明,慕容皝幼子,慕容儁、慕容垂之弟,五胡十六国时期南燕开国皇帝。太元九年(384年),慕容垂建立后燕,任车骑大将军,复封范阳王。慕容宝继位后,任使持节、都督冀兖青徐荆豫六州诸军事、特进、车骑大将军、冀州牧、南蛮校尉,镇守邺城,专统南境。隆安二年(398年),自称燕王,史称南燕。隆安四年(400年),正式称帝。身高八尺二寸,为2.01米。

⑤逢陵长王鸾:南梁萧方等著、清汤球辑《三十国春秋辑本》:"隆安三年(燕长乐元年、秦弘始元年、凉吕纂咸宁元年,公元399年),南燕慕容德传檄青州,燕征其东莱太守王鸾。鸾身长九尺,腰带十围,贯甲跨马,不据鞍由镫。燕王德见而奇其魁伟,赐之食,一

进一斛余,德惊曰:'所啖如此,非耕而能饱,但才貌不凡,堪为贵人,可以一县试之。'由是拜逢陵长,共有治绩。"九尺,2.21米。

⑥马玉:兴州右屯卫军籍,明代锦衣卫百户。《永平府志》:"马杰妻徐氏,年二十八,夫亡,抚两孤成立,仲子玉授锦衣百户。"《迁安县志》:"徐氏,三屯营马杰妻,二十八而寡,抚两孤成立。长名金,次名玉。玉后以魁梧充锦衣百户。"

明朱国桢《涌幢小品》:嘉(庆)[靖]年间①,永平大雨三日。雨中有列炬,后若千乘万骑,从西北至者,(末)[东]走入海去。雨既,有大木三十章,长十丈,大数围,遗永平城下。盖龙王采木来送,(闵)[阅]数十年一遇之。时南昌熊瑞②以恤刑至,所亲见者。

【注释】

①嘉(庆)[靖]年间:朱国桢撰《涌幢小品》注云:"亦嘉靖年间事",误。当为"万历年间"事。

②熊瑞:字宪祥,南昌府南昌县人。明隆庆二年进士,授南陵县知县,擢梧州府同知、北京刑部员外郎、郎中。万历十六年十二月升湖广兵备副使,十七年八月调任甘肃行太仆寺卿,十九年二月以"年老才昏不及降调"革职(《明神宗实录》)。

迁安高继珩《蝶阶外史》:何翁,永平人,居萧家庄,距城一舍①而近。家巨富,性好客,畜豚一苙②,客至必特杀,以远市也。一日夕阳西衔,闻马策扣门声,翁喜客至,自启门。突剧盗二十余人排闼入,势汹汹,将用武。翁曰:"我识若③皆英雄,承枉顾,何所需,告我,必有以应。"盗曰:"何翁,长者。吾辈走关东,乏资斧④,愿假贷焉。"翁曰:"诺。"延至厅事。众速之,翁曰:"诸君远来仓猝,宜尽地主谊,村醪一杯,勿辞。"众盗疑其缓兵,或有他变,咸犹与。翁曰:"天尚早,君等去,捕人见之,将以我为藏家,必大鱼肉我,诸君忍乎?"盗渠⑤曰:"愿拜嘉惠。"遂开筵。(炮)[庖]炙纷罗⑥,翁必先尝,以示无他。酒数行,漏三下⑦,众曰:"可矣!"翁命主计者献以桦⑧,朱提⑨累累。众大喜,各以囊取,盈束腰际。两人夹翁曰:"我辈不识路,翁长者,盍送我?"翁不得已,送之五里外,跄踉而归。方徘徊中庭,又闻马策挝门,翁皇然,意闻风继至者。开门,仍前盗也。问故,曰:"行数里,途迷,翁盍再送我?"翁不得已,又送之二十里外,既归。未几,盗又以迷惘返。时已迟明,盗曰:"休矣!翁真长者,我辈唐突。"各解囊,倾朱提院落中,连骑驰去。自是盗相戒,勿过何氏门,数十年来夜无警备云。

【作者简介】

高继珩,字寄泉,迁安人,寄籍宝坻。清嘉庆二十三年举人,由河间府大名县教谕,调任广东盐场大使。

【注释】

①舍:古时行军三十里为一舍。

②苙:猪圈。

③若:汝、你。

④资斧：利斧，借指盘缠、路费。

⑤盗渠：盗匪的头目。渠，首领、头领。

⑥(炮)[庖]炙纷罗：杯盘罗列，酒席丰盛。庖炙，烧烤的肉。纷罗，杂然罗列。

⑦漏三下：半夜三更，子时，相当于晚上 11 点至凌晨 1 点。漏，古代计时用的漏壶。

⑧柈(pán)：盛物之器。通"盘"。

⑨朱提(shū shí)：山名，在云南昭通市鲁甸县境内，因产银出名，称朱提银。

乐亭史梦兰《止园笔谈》云：余乡滨海，每当滦水涨发，父老相传有发龙木事，然而余未见也。偶阅近人诗话，见姚伯昂①侍郎有《龙伐木歌》，颇与余乡所传相符。其序云：顺天属三河等县每夏雨暴涨，水高数丈若山立。有木直立水中以行，端与水平，上恒有光，夜望如灯，或有鳖蹲其上，传为龙造宫取木也。木取于平谷县之深山中。癸未②三月，有木工十三人，衣青，腰斧锯，过平谷(县)西门外饭肆，人食馒首数枚，不茹荤，告主人以取木归，偿其值。主人心知其异，亦不与计。是岁大水，俗呼为龙伐木云。是亦异闻，因作歌曰：顺天属县有平谷，老林密箐森其麓。世间怪事竟有之，山人走告龙伐木。我闻瀨底多奇珍，水晶宫殿最华煜。珊瑚作柱贝作题，火齐明珠相缀属。取材岂或有穷时，乃向人间事斫斸。昨者西门卖酒家，有客遝来真果腹。手斧臂锯腰短襦，十有三人一妆束。酒家惊言辛酉年③，过者依稀见非独(辛酉岁，过其店食者十八人)。竭来又遇黑衣至，将毋不使黄(梁)[粱]熟。时当六月山雨倾，悬流挂天乱飞瀑。顷刻奔潮倒峡来，小艇上山鱼上屋。横流之中木竖行，跳浪翻波不一仆。鳖背倒撑巨笋排，云头遥接修竿蠹。木高十丈水十丈，水与木平如转毂。木端更露闪烁光，月黑星昏点华烛。直使明灯下淀津，龙工未兴山鬼哭。吾友李生祖母刘，行年九十闻见熟(李之祖母言：幼时其戚某家北山下，一日有六七人(为)[如]木工状，投村中宿。村人不留，因诣其家，以为异乡人，怜之止之宿。自(以)[与]妻移屋外葡萄架下，让屋居客。天明不见客起，隔窗以望，但见鱼蟹纵横于地，惊而退，乃呼曰："日高矣！"客出，故如昨也。辞而行，留一物，置檐牙间以为谢。及水发村没，此家独无恙。知其以是报矣！)。尝言有戚居北山，工师六七暮投宿。天明窥户阒无人，老鱼巨蟹分踌躅。主人大呼日三竿，夜客出门争拭目。犹是衣冠拜谢行，始知凿凿非人族。鱼鳖作人人其鱼，此事往往惊乡曲。吁嗟长江滚滚流，巨筏纵横断复续。千里万里息可致，取用未闻或不足。龙宫纵须山木材，顺流亦可供其欲。东瀨之龙何不仁，蹂践人命等牲畜。何当六丁为扑之，三河不波吾民福。同治六年(1867 年)七月八日，滦水大溢，濒河居者言是夜发龙木事，与所咏无异，且言鱼鳖之行有若队伍，每驻则水立如墙堵，将行水底三声如炮然，俱鸭鸭作人语，真是异事。

【注释】

①姚伯昂：姚元之(1773～1852)，字伯昂，号荐青，又号竹叶亭生，安徽桐城人。嘉庆十年进士，授翰林院编修。道光初年任右春坊右中允、日讲起居注官、翰林院侍讲、侍读学士，道光十二年升内阁学士兼礼部侍郎，改兵部左侍郎，转工部右侍郎、刑部左右侍郎，

十八年授左都御史,二十一年授内阁学士兼礼部侍郎。

②癸未:道光三年,公元1823年。

③辛酉年:嘉庆六年,公元1801年。

隆庆六年(1572年),滦河溢,中有大木数百筏,由口外入,上有灯火鼓乐。世传龙王取木造龙宫。

万历丁亥(十五年,1587年)秋七月大水,未至前数日,忽有二水鸟至公庭,欲巢于树。县令怪,逐之去。已而洪水滔天,浸城二三尺,塞门获免。水既涸数日,忽午后有蜻蜓自南北飞,高数十丈,广可数里,翳然蔽空,移时方尽。意者洪水告退故耶? 姑书以俟知历者。

天启二年(1622年)秋七月,滦水自口外,泛大木数千条,经迁邑城西,夜遗其一,上红字二行,不可识,土人以砂埋之。逾三日,水忽逆流而上,至遗木之所,澎湃汪洋,漂木入海,水方息。

卦和尚,居府东阳山庵,娶八妻,皆死,其寿百六十岁,人以为采补延年,能前知言祸(神)[福]如神。有访者辄知之,豫炊以待。盗至,先期呼山下庄客伏庵侧,闻磬声,各敲铜铁器以惊之,遂解散。又一日,知盗来,自避庵后高处静坐,盗盈担归,至庵下百步许,迷失道,尽一夜力,绕行庵四围以周,日出若有人拘者,齐至卦前,如梦醒。遂叩头流血,卦慰以善言,陈利害,各还物于故处而去。

释贞慧,府北安山寺僧也。卢龙人,姓胡,名建,幼出家念佛,持斋苦志修行。安山旧无围墙,乃日修一段,凡运石和泥,皆出己手,不数年而成。周遭数里,高可隐人,后坠山而死。方其堕山也,颠及于地,犹坐而不僵,乡人感焉,为建塔以葬之。

明时,抚宁东官庄李氏女,夏月阴雨为龙污,产一龙,时就母乳。母惊悸,几死。家人患之,因阴怀利(刀)[刃],俟其来斫之。误中尾,逃去,遂不复至。人因号秃尾老李,随其母姓也。后栖昌黎北龙潭洞,洞在山腰,峭壁陡峻,旧凿石磴一百一级,攀援可升。隆庆间,有人携妓登山,龙恶之,毁其磴道。嗣后,龙移星星峪[1],村人年旱祈雨,多在龙潭,亦或往星星峪,颇见灵应。(一说在卢龙大崖山东,有水名龙潭,潭迤东约二百步,有龙兴寺,是其遗迹。)

【注释】

①星星峪:猩猩峪,在抚宁区大新寨镇境内,西部最高峰背牛顶脚下,有龙潭,古时邑人祈雨于此,古称龙潭灵雨处。

明杜侍郎谦[1],为诸生时,胆量过人,友人与戏,以奎楼素有妖异,人多畏惧,置酒杯于上,使公贸夜取之。公至楼中,闻鬼私语曰:"侍郎,侍郎,好大胆。"公即前摩其顶,曰:"小鬼,小鬼,好大头。"盖预知其有贵兆,虽鬼神亦敬畏之也。

【注释】

①杜侍郎谦:杜谦,字益之,昌黎县人。明景泰五年进士,授工部都水司主事,七年改

礼部主客司主事。天顺四年升本司员外郎，七年升郎中。成化五年升浙江布政司右参议，十一年升右布政使，十三年转左布政使。十六年晋顺天府尹，十八年擢工部左侍郎。

蝴蝶飞于唐宫，罗之得金玉钱。古固有然，今犹见之。府治东北十五里董家庄有董扁头者，道光初积钱巨万，因年饥，恐乡人借贷，遂于宅后窖藏之。一日，闻宅中铮铮有声，出而视之，乃钱飞也，扑之不及，后村中老幼多有拾钱者，扁头由是遂贫。

咸丰三年（1853 年）癸丑，郎家庄民种蜀秫二十亩，秸上生纹若画鬼魅者甚多，间有字若篆籀，可识者"二十""三十一""一人""司平""平"诸字。

同治三年（1864 年），有鸟鸣于府城东北墙上，自夏至秋，夜鸣昼止，其声甚大，咸以为怪。或曰此王乾哥鸟也，关塞有之。又土人相传有王乾者，其父采樵坠涧死，乾携幼妹入山，求父不得，猝遇虎，惊散，妹失路，哀号呼兄不至，立崖而僵，化为鸟，犹呼王乾哥云。

同治十年（1871 年）五月二十日未时，府城石幢北瑞兴栈钱铺，大雨时，欻一火球入房，霹雳一声，墙壁皆颓，烟火满屋，匣内外铜钱、铁器皆化。

府城上水关清圣庙右，有大炮一座，九尺余，围六尺余，重约数千斤，或曰万余斤。府城铁炮无有大于此者，口微细，上有小字两行，曰"大明崇正［祯］己卯岁（十二年，1639 年）中春吉旦造"。

光绪八年（1882 年），本城罗圈铺李姓生一子，两头一腹，四手四足，弃于火星庙后，人多见之。

民国十五年（1926 年），城东驴槽庄丁姓母豖产一豖而八足。

滦河旧道，相传由石梯子、于家河向西，到安河，顺二郎河入海。现安河山下有迹可证。（案：嘉庆十九年载：滦河东徙。二十三年载：滦水溢，分流故道。可资考查。）

【补录】

汉灵帝和光元年，辽西太守黄翻（梁萧统《文选》、北魏郦道元《水经注》作"廉翻"）上言：海边有流尸，露冠绛衣，体貌完全，使翻感梦云："我伯夷之弟，孤竹君也。海水坏吾棺椁，求见掩藏。"民有褴褛视，皆无疾而卒。（晋张华《博物志》）

《染庄①社记》：契丹时，辽兴军飔麂②者，行货，路收一卵于筐，归置锦囊，系脐下。月余出蛇，如簪。饲之以肉，每出便饲。渐长盈丈，围将尺许。麂虽倾筐居之，而力不能任矣。乃纵之于野，任其自食。尝命以名曰雅，抚首似不忍别，雅知人恋恋然，但不能言而去。数岁益大，始食野禽，继而噬人。有司制之无策，乃闻于契丹，榜募能捕者。麂知其必雅，乃应募而抵放处，呼其名而至，叙故旧而数其罪，蛇遂俛首伏诛。其血流及近村，土石悉染红，而庄以名。庄老以麂能施恩除害而祀之，雅能知恩服罪而配焉。是岁，里人修祠落成，记其岁月。金至宁元年（1213 年）仲秋辛卯兴平路猛安蒲察孟里记。（清康熙五十年、乾隆三十九年、光绪五年《永平府志》）

清周春辑《辽诗话·染庄蛇诗》：余辑《辽诗话》，遍阅十六州志乘，无足采者，即辽时事迹，亦甚寥寥，为《永平府志》所载《染庄社记》，最为奇异，堪入齐谐之志，几同海枣之谈,因作绝句咏之云:"国士酬知己,由来未足夸。报恩拼一死,不见染庄蛇!"

案:䫻㲦,姓名甚奇,类金国书,不可识。䫻,疑即凨,古"风"字;㲦,疑即尧字之讹。

【注释】

①染庄:位于卢龙县城北偏东17.5公里处。据《卢龙县地名资料汇编》记载,相传战国时此地曾发生血染村庄事件,庙壁上有"血染庄"字迹。明代朱、任二姓由山西迁此立庄。据抚宁民间传说,官庄秃尾巴老李被砍断尾巴后,逃到染庄,血染红大地,故名。

②䫻㲦:女真文字,人名,字音、字义不详。按周春《辽诗话》解释,当为"风光"之意。

外　侨

天主教　侨居于此者,总计十八人,均荷兰国籍。或分散总堂所辖之他县,分堂传扬天主教道理,或居留总堂,教读学生,各有专责。言语则习学国语及本地土语,完全遵从法律,持躬谦让,待人和蔼,纯以道德为归也。

耶稣教　外国牧师、医生,时来教堂小住,无世居于此者。

跋

　　县志者，一方之史也。卢龙有志始于清顺治十七年（1660 年），重修于康熙十九年（1680 年）。自时厥后迄在失修，其间虽经贤明长官从事提倡，率因故中辍，弗克实现。光绪二年（1876 年），前永平太守游公智开重修府志，于是七邑文献灿然且备，独卢龙专乘未谋及焉。去岁各县奉通令一律纂修，卢龙已在拟办之间。今县长董公下车伊始，鉴于卢志之不可或缺，与功令之不可稍缓也，首先提会议决，克期编纂。林忝滥厕其间，顾修志事大，乌敢为撼山之举？爰追陪耆硕，襄而成之，而三百年来又有专乘矣，但纰缪讹误在所不免，姑为抛引之谋耳。是为志。

李茂林

书县志后

卢龙为永平郡附郭首邑，相传古孤竹国，自秦汉以迄清季，地踞要塞，介在东西两京之间。考献征文，足述者伙。虽前清顺、康年代两修县志，而三百年来并未续修，洵本邑文化之大缺点。自清同治初年，太守游公重修府志，县志概略已附载其中，此县志之修又在可亟、可不亟。亟者也，惟民国肇建而后，百度维新，所有政治之改革，风俗之变易，与前代大不相同。亦复迭遭兵燹，民穷财竭，教泽凌夷，古迹湮没于此，而欲搜残补缺，续编邑乘，恐非多稽。岁时另创体例，竭官绅之精力，费千百之金资，未易获藏其事。前县长董公佩实，才高倚马，文擅雕龙，上承省府修志之公令，担任总纂，并聘致耆绅宿学协助，得以急就成书。岂非难能而可贵者哉？鄙人鹭字津埠，未获列赞一词，仅于刊印工作事补效微劳，且喜县志之有新本也。谨赘数语于后。

邑人唐荣第碧盫识于天津益世报社。

【作者简介】

唐荣第，字碧盫(ān)，卢龙县人。清光绪二十三年拔贡，国务院存记简任任用。民国9 年(1920 年)二月至六月任吉林饶河县知事。

民国卢龙县志校注跋

2012 年 5 月,《康熙卢龙县志校注》出版以后,在社会上引起广泛好评,被列入"百度百科"词条加以介绍,县委、县政府把该书与《中国孤竹文化》《京东第一府》作为礼品书赠送给卢龙籍人士和关心支持卢龙的各级领导和各界朋友。为进一步挖掘卢龙历史资料,推动孤竹文化研究的深入发展,从 2014 年起,我们又聘请抚宁区档案馆馆长李利锋同志对民国二十年刊印的《卢龙县志》进行了校注,历时五年的时间,终于完成校注任务,现奉献给广大读者。

1930 年中原大战期间,董天华随东北军第 9 旅旅长何柱国将军驻防到临(榆)永(平)地区,1931 年 5 月任卢龙县长,主持编修了这部县志。该志记述了卢龙县数千年的历史,弥补了光绪五年《永平府志》刊行以后永平府、卢龙县历史记载的不足,可以使读者了解永平府历史的全貌。

随着社会的发展,语言在不断地变化,特别是"五·四"新文化运动以后,"八股文"逐渐退出历史舞台。民国县志仍然沿用八股文,用典较多,大多数年轻读者读起来费解。《县志校注》力求以让读者"看明白"为要旨,增加了大量的注释,也省去了查找工具书的烦劳。

民国版县志于 1931 年 6 月开始编撰,到 9 月份成稿。由于时间仓促,来不及认真核校,致使书中错误之处、漏记之处较多,仅勘误表即达 10 页,成为一册。此次校注,既对错讹之处予以订正,又对遗漏地方加以补记,以便使读者能够了解更多的历史信息。

李利锋同志对卢龙历史进行了深入的研究,倾注了大量的心血,完成了本书的校注工作。此外,本书在编辑出版过程中得到了县委、县政府领导和有关部门的大力支持,在此,一并表示感谢!

由于我们经验不足,水平有限,加之时间仓促,书中还有不足之处,尚请各位读者提出批评意见。

卢龙县档案局局长　周艳清

2018 年 9 月 26 日

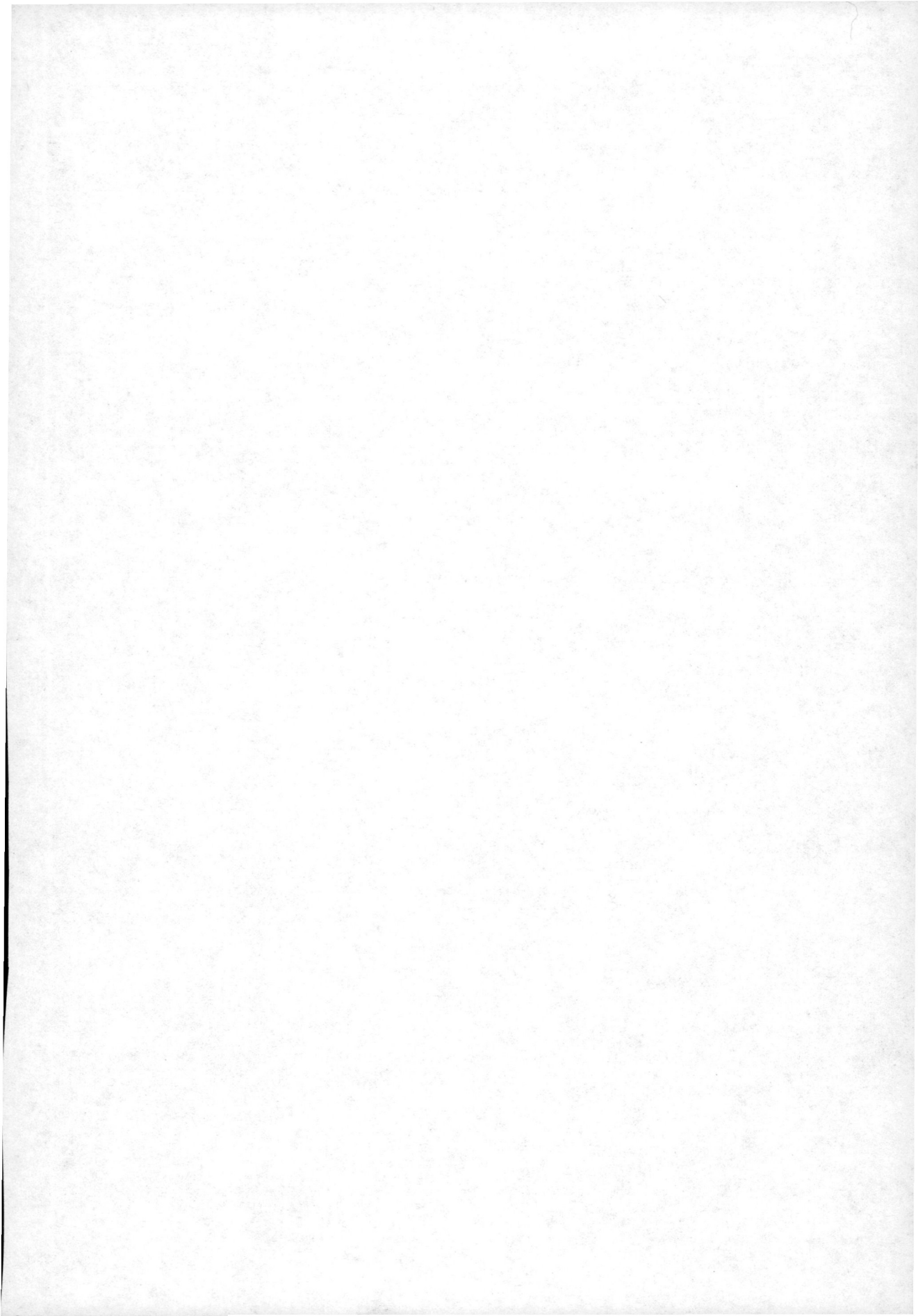